暗黑之门

The Black Door

历任首相主导下的英国情报史话

Spies, Secret Intelligence and British Prime Ministers

RICHARD J. ALDRICH
and RORY CORMAC

[英] 理查德·奥尔德里奇
[英] 罗里·科马克—著
闫亚婷—译

新世界出版社
NEW WORLD PRESS

著作权合同登记号：京权图字01–2016–8437号

图书在版编目（CIP）数据

暗黑之门：历任首相主导下的英国情报史话 /（英）理查德·奥尔德里奇,（英）罗里·科马克著；闫亚婷译.-- 北京：新世界出版社，2019.12
ISBN 978-7-5104-6496-6

Ⅰ.①暗… Ⅱ.①理… ②罗… ③闫… Ⅲ.①情报活动—史料—英国 Ⅳ.①D756.136

中国版本图书馆CIP数据核字（2018）第101507号

暗黑之门：历任首相主导下的英国情报史话

作　　者：[英]理查德·奥尔德里奇　[英]罗里·科马克
译　　者：闫亚婷
策划编辑：熊文霞
责任编辑：熊文霞
责任印制：王宝根
出版发行：新世界出版社
社　　址：北京西城区百万庄大街24号(100037)
发 行 部：(010) 6899 5968　(010) 6899 8705（传真）
总 编 室：(010) 6899 5424　(010) 6832 6679（传真）
http://www.nwp.cn
http://www.nwp.com.cn
版 权 部：+8610 6899 6306
版权部电子信箱：nwpcd@sina.com
印　　刷：北京亚通印刷有限责任公司
经　　销：新华书店
开　　本：710mm × 1000mm　1/16
字　　数：513千字　　印　张：42.5
版　　次：2019年12月第1版　2019年12月第1次印刷
书　　号：ISBN 978-7-5104-6496-6
定　　价：88.00元

致乔安妮和利比
二位间谍专家

目　录

缩略语和缩写词

“C”	英国秘密情报局（SIS）主管
CCC	剑桥大学丘吉尔学院
CIA	中央情报局(美国)
CIGS	帝国陆军总参谋长
CND	核裁军运动
Comint	通信情报
Comsec	通信安全
COS	参谋长
CPGB	英国共产党
CSC	反颠覆委员会
CX	英国情报局报告的前缀
DCI	中央情报局局长
DIS	国防情报处
DMI	军事情报部主管
DNI	海军情报部主管
D-Notice	国防机密通知，提醒媒体谨慎报道安全问题
DOPC	国防和海外政策委员会

Elint	电子情报
FBI	联邦调查局（美国）
FCO	外交和英联邦事务部
GC&CS	政府密码学校
GCHQ	政府通信总部（英国绝密监听机构）
GOC	总指挥官
GRU	情报总局
IRD	外交部情报研究处
ISC	情报与安全委员会
ISI	三军情报局（巴基斯坦）
ISP	互联网服务提供商
JAC	联合行动委员会
JIC	联合情报委员会
JTAC	恐怖活动联合分析中心
LHCMA	李德哈特军事档案中心
MI5	军情五处（负责搜集英国国内情报）
MI6	秘密情报局、军情六处（也称 SIS，负责搜集英国的对外军事情报）
MIT	土耳其国家情报署
MoD	国防部
NATO	北大西洋公约组织
NSA	国家安全局（美国）
NSC	国家安全委员会（美国）
NUM	全国矿工联盟
OSS	战略情报局（美国）
PKI	印度尼西亚共产党

PLO	巴勒斯坦解放组织
PSIS	常务次官情报委员会
PUSC	外交部常务次官委员会
PUSD	常务次官处
PV	彻底审查
RAW	研究分析处（印度）
RUC	皇家北爱尔兰警察署
SAS	特种空勤团
SAVAK	伊朗安全局
SBS	特种舟艇部队
Sigint	信号情报
SIS	秘密情报局（也称 MI6）
SOE	特别行动处
TASS	苏联通讯社
TUC	工会总会
Ultra	英国信号情报分类，超级情报
UKUSA	1948 年英美签署的信号情报协议
WMD	大规模杀伤性武器

简　介

这是我所经历的真实的间谍故事……

——温斯顿·丘吉尔[1]

1941 年 9 月 6 日是一个星期天，温斯顿·丘吉尔站在新落成的布莱切利园外的一堆砖块上。在这白金汉郡的郊外，德国恩格尼码密码机的神秘机制将被层层破解。译码员每一天的工作成果都将提供给身处唐宁街，内心充满期待的首相。如今，丘吉尔心有感慨，他向译码员表达了自己深深的谢意，并向他们解释他们如何改变了政府高层的决策和第二次世界大战的进程。10 年之后，在即将步入杖朝之年时，丘吉尔重归唐宁街。他对情报的兴致并未减退。1952 年，在丘吉尔的指示下，绝密间谍飞机盘桓于莫斯科上空拍摄照片。在飞过明斯克和利沃夫上空时，他的航空情报“使者”遭到了苏联密集防空炮火的阻击。

丘吉尔同样喜欢隐蔽行动。1953 年，他欣然对中央情报局和军情六处推翻伊朗政府的一次行动娓娓道来。此举凸显了情报不仅仅是英国领导人了解世界的秘密之窗，还是他们谨慎操控世界的一种手段。1956年，狂躁的安东尼·艾登成了丘吉尔的继任者，艾登神经质且饱受疾病困扰，在一通电话中咆哮着要让军情六处干掉埃及总统纳赛尔。哈罗德·麦克米伦的政府则起草了一个针对多名叙利亚领导人的暗杀计划，他称这个计划“异常艰巨”。有一个名单，上面是历任首相希望垮台的外国领导人，亚历克·道格拉斯-霍姆也利用英国情报机构将印尼总统苏加诺加进了这个名单。然而，当哈罗德·威尔逊要求了结乌干达独裁者伊迪·阿明时，政府官员们报以巨大的惊恐，并拒绝就此做可行性分析。秘密情报局冒着巨大风险行动时，往往是奉首相之命行事。

哈罗德·威尔逊激发了情报的阴暗面。他确信，潜伏在军情五处和军情六处的阴谋家，特别是国防部那些叛变的将军，都在密谋颠覆他的政府。他被南非情报机构BOSS吓得够呛，于是转而与以色列情报机构摩萨德发展亲密的私人关系。“水门事件”后，一些官员介入调查中央情报局参与的非法行动，他与他们进行会谈时，认可了他们所说的中央情报局并没有将其在伦敦的一切行动告知英国当局的说法。但是他仍然对秘密世界深深着迷，并且认为唐宁街的情报机器颇具价值，而且就如在牛津大学担任初级研究员时一样，他致力于与情报分析员就细节要点展开学术辩论。

情报使不止一位英国首相陷入险境。就在到达唐宁街的头几个星期里，玛格丽特·撒切尔坚持介入联合情报委员会，以更好地了解高层获取的情报从何而来。仅仅三年后，正是一次与马尔维纳斯群岛事件类似的重大情报失察险些终结了她的政府。约翰·梅杰则发现他自己不得不面对对伊售武事件，数位卷入其中的大臣一直在想办法掩盖军情五处和军情六处控制武器出口公司的事实。司各特勋爵后续的调查只揭露了这个阴暗故事的冰山一角，并且导致梅杰政府差点儿在下议院丧失多数席位。托尼·布莱尔的执政期则充斥着围绕情报展开的公众激辩。虽然他在北爱尔兰缔结《贝尔法斯特协议》时成功动用了情报，但对他在伊拉克问题上不当使用情报的指责终将使他名誉扫地。他鲁莽地决定公开使用情报为伊拉克战争正名，结果却事与愿违。2005 年，在伊拉克搜寻大规模杀伤性武器的行动宣告失败，险些让他提前结束任期。而且布莱尔政府的遗毒致使戈登·布朗和戴维·卡梅伦也被指控助纣为虐，令二人焦头烂额。就在最近，美国国家安全局的泄密者爱德华·斯诺登披露的海量情报重塑了戴维·卡梅伦、贝拉克·奥巴马和世界上其他领导人包括安吉拉·默克尔之间的关系。在因告密者频出，惊人内幕不断揭露，情报工作越来越受限的时代，英国首相们生活在对情报“反作用力”的持续恐惧中。

无论好坏，情报对首相们至关重要。情报可能只是改变他们想法的一个因素，但是它可能很关键、很私密，常常能反映出他们的对手是如何看待他们的。[2] 情报可以预警未来可能发生的危险事件，而且的确让伦敦免遭了重大恐怖袭击。它有助于阻止战争，即便真的发生战争，也可能影响胜负结果。但是情报也可能被滥用，使预想的政策诉求看似合理。通过在幕后以无形的手操控事件，秘密世界还能帮一位首相化解巨大的窘境。当某位领导人利用情报在国内或国外干什么见不得人的勾当时，它又成了一剂诱人的万灵药。而在情报变成黑暗力量的时刻，它能将首相们全都吞噬。

但首相和情报之间的关系还是变得密切。唐宁街 10 号和英国情报机构之间的联系亲密到如秘密般无法言说，对英国当权派来说至关重要。近一个世纪以来，大量的秘密盒子如潮水般涌向唐宁街 10 号——红色盒子存着军情六处的材料，而蓝色盒子则装着国家通信总局拦截的信件。经内阁大臣筛选后，最优质的情报资料会被放在一个带有条纹的，被称为“老细刺鱼”的特殊盒子里（表示细刺鱼的单词 stripey 和表示带有条纹的单词 striped 很相似），以使首相能够第一时间注意到。自英国情报机构于 1909 年成立以来，首相和秘密世界之间的关系从审慎合作转变成了首相集中决策。这个故事传递出一条很清晰的信息：情报机构不是粗放式的草台班子，亦不是被通往政治权力的通道远远排除在外的说不清道不明的生意部门。多数最惊心动魄的情报活动和最危险的隐蔽活动都与唐宁街 10 号直接纠缠在一起。情报是英国核心行政部门跳动着的心脏，而且始终在唐宁街著名的黑色大门之后占据着特殊的位置。

对秘密情报的运用是英国暗黑治国术中的一种。但是 20 世纪初的几位首相还只是笨拙的情报新手。相对而言，他们还是阴暗的谍报活动和秘密战争的门外汉，对情报这一课题漠不关心，或完全持怀疑态度。在他们真正使用情报的时候，更是令人不可思议地表现出生疏和幼稚。1909 年，当赫伯特·阿斯奎斯主持建立现代英国情报部门时，他对情报事务表现出来的兴趣还不如对自己的情妇高。戴维·劳合·乔治和斯坦利·鲍德温则尝到了英国战时重启的密码破译行动的甜头，但他们不懂节制，不仅将拦截到的德国情报公布出来，还将美国和俄国的情报公布出来，暴露了情报来源，更让情报机构的工作人员十分苦恼。英国的首任工党首相拉姆齐·麦克唐纳担心情报部门会阴谋推翻他的政府，因而与它们保持着距离。当勇敢的德国人冒着生命危险亲自拜访唐宁街、提供无价的情报时，内维尔·张伯伦却自大地不予理睬。相反，他更愿意相信来自希特勒同情者的外交报告，因为这些报告能够强化他的先入之见。

1940 年，丘吉尔改变了这种对立的情况。20 世纪中叶，一场丘吉尔主导的情报革命席卷而来。五年之间，英国命运未卜，而情报，尤其是由布莱切利园提供的超级情报，常常能使英国在军事行动中占得先机。丘吉尔十分看重那些能够向权力高层说出实情的情报机构首脑：他认为道格拉斯·黑格爵士在第一次世界大战中遭受的失败应归咎于懦弱的情报官员。“政策之所以失误，就是因为他们受到某种诱惑，只对首脑说他最爱听的话。”丘吉尔后来分析道。他在首相任期与秘密世界建立了密切的联系，其中一个特别重要的人物就是军情六处主管斯图尔特·孟席斯。孟席斯有时甚至在半夜被丘吉尔召见。首相沉溺于情报之中，而且更重要的是，他竭尽全力确保政府高效利用情报。

丘吉尔易于冲动，但这个性格特点在某种意义上也成就了他。正如大卫·雷诺兹在其权威研究中表达的观点，鲍德温和张伯伦二人都将丘吉尔排挤出政府，这是有原因的。丘吉尔富有想象力、勤奋、活力充沛，并且口才极佳，但他缺少判断力和智慧。劳合·乔治持有十分类似的观点，他认为在出现突发事件时，丘吉尔的洞察力和想象力显得十分重要，应该被运用到极致，但应该对他保持警惕。[4] 丘吉尔过分的热情也导致他与参谋长们之间产生了摩擦。参谋长肩上责任重大，需要时刻保持警惕，也确实偶尔出现疏忽。然而丘吉尔操纵情报力量的决心不仅让政府核心发生了转变，也让英国治国之道的本质发生了改变。[5]

丘吉尔积累了无与伦比的大量情报工作经验。他在第一次世界大战期间担任海军大臣时，亲眼见到过英国顶尖的译码员如何工作。在两次大战之间的岁月，他已经对情报工作产生了浓厚的兴趣，而且不断地推动其发展。1940 年 5 月，他上任成为首相，终于拥有了自高层改革政府工作程序的权力。他要求看到军情六处战地特工和布莱切利园提供的第一手情报资料。此举激怒了参谋长们，并且触发了白厅情报评估机构的改革——联合情报委员会来到了舞台中央，直到今天仍然运转良好，其成功的基础就是在当时奠定的。另外，冲动的丘吉尔是一个行动派。他不但致力于让间谍直接服务于唐宁街 10 号，而且促使特别行动和隐蔽战争成为新焦点。他对“最有趣”和古怪的事物很有兴趣，从钦迪队（远程渗透组）和敢死队，到特别行动处和著名的特种空勤团，在未来的几十年里，他改变了英国对待战争的方式。[6]

丘吉尔的战时政府本身就是一所情报工作学校。在他的周围，英国未来的领袖们学习情报业务及其在治国实践中的重要性。此后的数位英国首相——皆在丘吉尔的战时政府收获了大量经验——也理解情报资源的价格，以及情报决定事件走向的力量。经过情报和政策操纵方面的复杂培训后，丘吉尔的继任者们认识到，在英国风雨飘摇的危险时期，情报是任何一位领袖的利器。对江河日下的大英帝国而言，情报机构是其“高明手腕”的一部分，它能够在殖民地丛林战争中力挽狂澜，能使英国在对抗苏联的战略部署中占据上风，甚至能对华盛顿和布鲁塞尔方面瞒天过海。[7]

丘吉尔和克莱门特·艾德礼是一个奇特的二人组。作为丘吉尔的战时副手，艾德礼在他刚上任的几个星期看似对情报兴趣并不强烈，甚至面对一些敏感问题，如关押亲纳粹者时，也波澜不惊。[8]早在 1940 年秋天，他就提出让一个单独的部门来协调和改进情报工作。[9]后来，他牵头对战争中最黑暗的事件，即在抵制纳粹活动中有盖世太保渗透至英国发起了调查。虽然公众认为艾德礼胆小怕事，但他其实内藏锋芒。1945 年之后，他不动声色地批准了数起针对铁幕国家及中东国家的隐蔽行动。他对军情五处在针对安全官员进行正面调查，以及打击国内反颠覆势力方面的重要性表示认可，甚至不惜挫伤工党后座议员。最重要的是，他完成了丘吉尔未竟的事业，发展了新机制加强唐宁街对情报机构的控制。确实，在 1951 年，艾德礼通过着意搜集国家共同记忆库信息，吸收了过去 10 年的经验，完成了丘吉尔的革命，利用情报这只“看不见的手”的力量制定国家政策，第一次在英国建立起内部联系密切的情报社区。[10]

安东尼·艾登和哈罗德·麦克米伦同样见识到了战时情报机构日益壮大。尤其是艾登，他因为特别行动处长期与他作对而大为光火，这种情况有时会导致他出台平行外交政策。1942 年，在又一次荒谬的对峙中，艾登没好气地撂下话："我到底是不是英国外交大臣？"但一旦入主唐宁街 10 号，无论是艾登还是麦克米伦，便都认识到了情报的价值。他们还认识到美国正悄悄地利用中央情报局，通过清除显性干预带来的政治、经济和军事限制以扩大其影响力。相应地，英国首相们在发起隐蔽行动的同时，也与艾森豪威尔及肯尼迪达成了交易，在英美共同打击纳赛尔和苏加诺的秘密战争中，英国方面向白宫输送着情报。[11]

时间更近的首相们当然从来没有在丘吉尔或艾德礼的手下供职过，但在唐宁街 10 号继承了他们的政治遗产。丘吉尔坚定地将情报机器引入唐宁街，他的搭档和直接继任者艾德礼虽不如他铁腕，却极大地强化了内阁大臣对秘密世界的集中控制，并且使国家安全机构开始转向精细化。他们一起建立起情报社区，首次使之成为英国首相工作中不可或缺的一部分。此后，情报成了英国首相不断加强的"总统主义"的一部分。哈罗德·威尔逊对情报抱有一种奇怪的爱恨交织的情感，他的内阁大臣伯克·特伦德则延续了丘吉尔的道路，在情报机构与权力中心之间搭建桥梁。威尔逊执政时，内阁办公室与情报机构之间的关系变得盘根错节，以至于特伦德设立了一个新的职位，称为"内阁办公室协调员"，以协调双方的工作往来。让威尔逊感到高兴的是，首位内阁办公室协调员迪克·怀特曾先后担任军情五处主管和军情六处主管——都是十分令人艳羡的职位。

20 世纪，随着总理、总统、首相的权力不断增长，情报机构的力量也在增强。在这种背景下，特殊政策顾问、舆论导向专家等职业开始兴起，首相越权现象也呈上升趋势。举一个典型的例子，爱德华·希思设立了由维克托·罗斯柴尔德（二战期间任职于军情五处，负责向各情报机构反馈信息）管辖的中央政策检讨参议小组。玛格丽格·撒切尔则走得更远，她任命珀西·柯利达为她的私人外交政策顾问兼联合情报委员会主席。因为不满于军情五处和外交部的“庸才”不愿意与她眼中英国人的敌人交锋，撒切尔夫人甚至在唐宁街周围建立了一个秘密情报网。此种做法与“伊朗门”事件期间时任美国总统罗纳德·里根违反美国国家安全委员会禁令，对伊秘密销售武器十分类似。在白厅和华盛顿，情报机构让西方领导人获得了某种特权，得以实施“可否认的”（后文简称“可否”）秘密外交政策。[12]

到 21 世纪，情报和政治领导权终于合二为一。托尼·布莱尔先后在波斯尼亚、伊朗、塞拉利昂和阿富汗开战。这都需要获得英国情报机构的支持。讽刺的是，他没能理解情报的运作，他对情报施以个人控制的固执，加上接踵而至的灾难，都促使英国进一步重塑情报机构和外交政策之间的联系。戈登·布朗和戴维·卡梅伦正式将他们自身与情报机构之间的关系制度化，后者仿效美国建立了国家安全委员会。英国历史上第一次，卡梅伦每周在一种激励促动型氛围中定期会见三位情报机构首脑及重要决策制定者，他甚至自称“情报大臣”。[13]

对于英国历任首相而言，最大的梦魇就是情报机构的过往阴魂不散。一支由“删除者”和审查员组成的安全部队常年在英国政府历史的诸多分界线上巡视，以期保护唐宁街方面免于此类尴尬。解密封存了 75 年或 100 年的秘密档案可能会导致陈年丑闻败露，这样做便可以使真相大白的过程缓慢可控。最终，在基尤的国家档案馆里，在破败的文件和学术资料中，过往的风云际会能够安全地接受检视，毕竟可能出言不慎揭露真相的目击者已久不在人世。但是首相们偶尔会面对他们的前任不可告人的秘密。其中再没有比“对伊售武”事件关注度更高、更危险的了，约翰·梅杰政府险些因此倒台。[14]

“丑闻是政治中最令人不快的经历。”伯纳德·多诺霍指出，他曾担任威尔逊和卡拉汉的高级政策顾问。1977 年 9 月，据最新报道揭露，情报部门密谋发起颠覆行动乃至推翻首相，这便是“威尔逊阴谋”。多诺霍补充道，这些事件将“惊惧的政客，歇斯底里、自以为是的公务员和道貌岸然、满嘴谎话的记者”刻画得淋漓尽致。[15]长久以来，情报丑闻让唐宁街 10 号的历任掌舵者度过了无数不眠之夜。艾德礼几乎刚一上任就遇到“原子能间谍案”被曝光的问题。艾伦·纳恩·梅和克劳斯·富克斯两名英国政府雇用的战时科学家，似乎将西方国家的新式超级武器（原子弹）的秘密泄露给了莫斯科方面。1949 年 8 月，斯大林先英国一步引爆了一枚原子弹，英国议会不得不尴尬地面对来自公众的大量质疑，唐纳德·麦克林和盖·伯吉斯于 1951 年秘密飞往苏联，更是令情势雪上加霜。几年之后，艾登发现，安全丑闻的发生总是犹如平地惊雷，令人猝不及防。1956 年，苏联领导人对英国进行国事访问期间，海军蛙人“破坏者螃蟹”在开始执行一项危险的秘密任务时离奇死亡，军情六处无法向政治当局恰当地做出澄清，艾登却笨拙地试图回避问题。这起事件促使英国政府开始审查首相对秘密行动的批准是否合理，并建立起新机制评估随之而来的政治风险。

1963 年的普罗莫富事件对唐宁街而言是一个决定性的时刻。它不仅使得麦克米伦提前结束他的首相生涯，还预示着媒体对待秘密事件的态度将会发生改变。直到此时，第二次世界大战投下的长长阴影已经使得记者在处理情报问题时变得小心谨慎，有了安全意识。

但是到20世纪60年代，中央情报局特殊行动处爆出一系列丑闻，媒体又蠢蠢欲动，如饥似渴地搜寻关于间谍活动的猛料。1960年5月，美机驾驶员加里·鲍尔斯驾驶的U-2高空侦察机被苏军导弹击落，对麦克米伦造成了极大的震动，导致他极力促成的巴黎峰会因赫鲁晓夫的离开而草草收场。随后中央情报局发起了灾难性的冒险即“猪湾事件”，使得肯尼迪在就任总统后的头几个月中陷入严重的名誉危机，其判断力受到质疑。普罗莫富事件同样牵扯到英美两国，心急如焚的FBI调查员抵达伦敦，对肯尼迪是否见过克莉丝汀·基勒这一微妙事件展开调查。麦克米伦一向热衷于像爱德华·希思一样伪装出沉稳的样子，试图让人觉得在媒体的推动下，首相、政治界和秘密世界之间的联系日益紧密，但如今的事态让他觉得极为窘迫。这种变革之风是他不乐于见到的。

哈罗德·威尔逊却很乐于看到麦克米伦饱受普罗莫富事件的折磨。作为1963年的反对党领袖，他意识到这起事件不仅关乎性丑闻，还关乎上流社会和秘密世界，简直就是媒体求之不得的素材。1964年入主唐宁街后，他决定自保，避免重蹈覆辙。他还注意到他的前任亚历克·道格拉斯－霍姆已经设立了一个安全委员会，其职能是在令人不快的事件提交至议会之前提出参考处理意见，为首相建立起做实事的亲和形象。对唐宁街方面而言，对秘密事件进行长期调查的策略逐渐成为遏制恶性安全问题的中枢机制。但是威尔逊希望拥有自己的“安全强制执行者”，并且指定他的财政部生计长官乔治·威格任此职，负责探查政府内部可能发生的丑闻。内阁大臣们和军情五处极其憎恶威格在白厅最敏感的部分随心所欲地展开情报调查。然而这一切都未能让威尔逊成功自保，在1967年的“国防机密通知事件”中截获的电报让他陷入了极度尴尬的境地。之后在1968年，金·菲尔比出版了一部措辞尖锐的回忆录，他在其中炫耀般将军情六处的机密公之于众。

工党领袖们面对着一个罕见的困境。他们常常发现自己在公开场合维护国内安全机构，而私下里却害怕它们想要削弱自己。作为一位社会主义政党的首相，艾德礼发现自己在冷战开始后要面对尴尬的局面。而在这个节点上，工党和军情五处却貌合神离，艾德礼不得不在针对安全岗位官员的正面检查，以及后座议员对有人发起反共产主义政治迫害的指控之间进行平衡。艾德礼向来对情报、安全和自由之间的剑拔弩张心知肚明。他苦恼于是否对白厅官员展开个人背景调查，仅在美国威胁将停止核合作的背景下才引入调查，将此举写入法律几乎是艾德礼政府的最后一项举措。直到20世纪70年代，工党首相一直在审查军情五处的工党议员档案，想了解任命他们在政府任职究竟会有多大的风险。现在唐宁街方面已经知晓，一些议员，如约翰·斯通豪斯，事实上为东方集团的情报机构工作。事实上，下议院任期最长的议员之一——1987年之前一直代表东南部的伍尔弗汉普顿的工党议员鲍博·爱德华兹，是一名不折不扣的克格勃特工。其他一些议员则与中央情报局或摩萨德关系密切，并积极为其服务。[16]

杰克·斯特劳是近年来最著名的内阁大臣之一，他回忆了刚加入政府时接受的安全审查："一名穿着防水雨衣的男子，患有某种皮肤病，所以不能与我握手……过来盘问我……用了三个小时。"接下来同一名男子又回来待了三个小时，在第二次盘问中，他突然越过桌子把身子靠过来，直视着斯特劳的眼睛并问道："斯特劳先生，你喜欢男人吗？"这反映了这样一个事实：在历史上曾为苏联效力的数名间谍曾遭遇性勒索。1974年，斯特劳成为卫生与社会安全部顾问时，他的档案已经有5厘米厚，从其中包含的问题来看，军情五处搜集了他15岁以来所有家庭成员的资料。从斯特劳的经历可以一窥监听行动的规模。但是，他回忆道，“这并不让我感到多么惊讶”。在冷战时期的英国这个“奇怪的星球”上（在这里，克格勃的行动受到遏制），他把这看作日常生活的一部分。一些年后，斯特劳成为内政大臣时，军情五处感到紧张，担心他想要看自己的档案。但是他并没有运用这项特权，他的观点是和其他任何公民一样，他并没有查阅这类秘密资料的权利，并且当彼得·曼德森十分急切地请求查看自己的档案资料时，他也给予了同样的回复。[17]

20 世纪 70 年代，唐宁街方面同样处在水门事件的阴影中，总是疑神疑鬼，害怕会发生巨大的政治阴谋。阴谋和窃听似乎已成常态。1976 年 3 月，在威尔逊执政末期，后来成为能源大臣的托尼·本恩出席了美国驻英国使领馆的一个招待会，并与中央情报局驻伦敦工作站站长科德·梅耶亲切交谈。他们回顾了水门事件以来的余波，本恩表示尼克松事实上颇具魅力，媒体“对他不公平”。梅耶则表示反对，称尼克松是一个“可怕的人”，并且对他的事业造成了巨大的伤害。但是本恩看得更远，他列举了很多政治经验中的人为错误，称“监听你的对手也不是坏事”。[18] 一年后，詹姆斯·卡拉汉和内阁大臣讨论本恩是否可信到可让其查看截获的情报和政府通信总部的“信号”情报。[19]

工党首相同样对阴谋充满忧虑。拉姆齐·麦克唐纳害怕军情五处与他作对的事就很出名。在 20 世纪 30 年代，内维尔·张伯伦雇用了一名前军情五处官员约瑟夫·鲍尔，令其通过特工和电话窃听器同时监视工党和他在保守党内的敌人。哈罗德·威尔逊政府无疑惧怕有大量秘密元素——既有国内的也有国外的——试图破坏其政权。因为一些尚不为人知的原因，哈罗德·麦克米伦坚持在唐宁街安装监听设备，这样便可对屋内的对话进行录音，与肯尼迪在白宫的做法如出一辙。在麦克米伦政府及后来政府的任期内，这种手段被利用或者说被滥用到何种程度，至今仍是个谜。这个话题过于敏感，内阁办公室坚持在2009年官方授权出版的关注度颇高的军情五处发展史中，必须删除与之相关的文献资料。

哈罗德·威尔逊并不是唯一害怕监听的高层人物。1973年，在爱德华·希思的保守党政府即将届满时，国内文官首长威廉·阿姆斯特朗出现在内阁办公室，要求在“不受监听”的地方与内阁大臣谈话。被领到一个相当安全的房间后，他脱下衣服，躺在地板上不停地抽烟，“完全不受拘束地”谈到整个系统正在崩溃，“世界末日即将到来”。第二天他召集白厅所有的常务大臣开会，告诉他们为“末日大决战”做好准备。“他语无伦次，喋喋不休”，然后被“送到医院进行治疗”。后来他在罗斯柴尔德勋爵位于巴巴多斯的私人别墅里待了一个月恢复健康。虽然威尔逊在他的第一卷回忆录中几乎没有谈及安全部门，只令人费解地用了一章——也就是两页半——对这个话题一笔带过，但是他后来向媒体透露的可不止这些。当这些故事最初发表时，内阁办公室官员先是觉得好笑，然后略显尴尬，最后则表示不屑。但是到了1979年，关于南非情报机构在伦敦实施干预的证据越来越多，官员们逐渐相信了，威尔逊的恐惧看来是有根据的。[20]

威尔逊关于情报公开信口开河，唐宁街方面需要找到新的对策。自20世纪60年代初以来，首相们就被迫处于曝光风险上升的新纪元。如今，10年过去了，他们已经开始学会得体地进行反抗。受到内阁大臣——与威尔逊十分交好的伯克·特伦德——的鼓励，情报机构经过深思熟虑启动了一项政策，要由暗处走到明处。内阁办公室主持编写战时情报机构的官方历史，并且批准披露布莱切利园的资料。这个计划明显与高层情报有关，会追溯情报与高层战略间的内在关系。在整个20世纪70年代，英国首相们都在摸索如何赋予情报机构一个更为公开的形象，如何与它们建立密切的合作关系，思索着是否存在就它们的存在和活动发布公开声明的可能性。

玛格丽特·撒切尔对此深恶痛绝。在 20 世纪 70 年代担任反对党领袖时，她便不断反对对情报做公开披露，无论这个过程受到如何周密的控制。她入主唐宁街后，便立刻遭到媒体“轰炸”，被追问女王画作鉴定人安东尼·布朗特是不是“剑桥五杰”中的第四个。她接到任务，解释不对布朗特进行起诉的决定，此时她违背自己的本能，没有三缄其口，而是向下议院做了详细陈述。她很快就感到后悔了。每一个细节都被拿出来反复讲，似乎把媒体的胃口吊得更足了。如今撒切尔在她的个人承诺中确认了会严守秘密，在某种程度上，她在往后的数年中最为人知的一件事就是与军情五处的超级“抓间谍者”彼得·赖特之间荒谬的斗争了，她试图阻挠赖特的回忆录《抓间谍者》正式出版。她的内阁大臣在澳大利亚的法庭上忍受着公开的羞辱，试图掩盖已经暴露在公共领域的秘密，但也是徒劳。

相比之下，约翰·梅杰则发现自己被改革派所包围。20 世纪 90 年代的情报机关首脑不仅乐于公开宣称自己的合法身份，还渴望从暗处站出来。1994 年，军情五处新任主管斯特拉·雷明顿在 BBC 做了主题为“安全与民主”的演讲——虽然此举让内政部的官员们感到很不自在。军情六处在泰晤士河畔的沃克斯豪尔地区启用了一幢非同一般的新大楼，它看起来像是科幻小说中的事物。政府通信总部不甘示弱，随后也启用了其看起来酷似飞碟的新总部，这个建筑还成了第一个出现在互联网上的英国政府机构。但是媒体似乎仍然想把成功事件转化为丑闻。1999 年，军情六处披露了一些十分宝贵的资料，那是由克格勃档案管理员米特罗欣交给英国的情报汇编而成的，米特罗欣的这次投诚本称得上是冷战后期英国最辉煌的情报胜利，但媒体偏把重点放在披露文件的“情报小人物”没有受到指控上。政府的舆论导向专家感到很疑惑，军情六处是怎样把一个含金量极高的故事弄得一团糟的。内阁办公室厅的邓肯·威尔逊认为情报机构需要从唐宁街得到帮助来管理自己的公众形象。

托尼·布莱尔在包括情报机构在内的所有公共事务领域都自信满满。当一群等候的记者向他问及军情六处在莫斯科的行动时，他诙谐地答道："很显然，我们从来不评论情报事务……除非我们自己想这样做。"[21]甚至在"9·11"事件之前，布莱尔的公共关系团队还对军情六处的媒体运作，以及公开与保密之间的界限颇感兴趣。纽约世贸中心遭遇恐怖袭击后，在长达10年的"反恐战争"期间，秘密事务每周都会登上报纸头版。这引出了一些重要的问题：首相们应该如何把握将情报置于公务领域或解读政策的限度？他们又应该通过何种方式去做这些？在唐宁街两个臭名昭著的卷宗里，托尼·布莱尔和他的新闻秘书阿拉斯泰尔·坎贝尔表现糟糕，也付出了惨痛的代价，失去了信任和公众的信心。在这种背景下，军情六处高级官员中的一些改革派如理查德·迪尔洛夫，以及守旧派如约翰·斯卡利特，就公众形象和他们自己与唐宁街10号的亲近程度展开了讨论。没有一个人意识到这一事件将会让他们颜面尽失。

结果戴维·卡梅伦还是重蹈了布莱尔的覆辙。2013年初发生了叙利亚政府对国民动用化学武器的事件，卡梅伦向媒体公布了联合情报委员会的资料，在公开使用情报方面甚至比布莱尔还走得远。他认识到首相必须在情报的内在保密性质及其引导政府的公共职责之间找到平衡。如果说这是一种为重获控制权和信心而做出的努力，那它无疑是失败的。布莱尔在伊拉克事件中惨败之后，公众深刻怀疑情报并没能让政府抢占先机，议会投票否决了对叙利亚展开军事行动。同时，唐宁街方面发现在这个领域有哪些信息可以公之于众，不是他们所能控制的。当联合情报委员会主席乔恩·戴伊写给卡梅伦的一份两页长的信件被公布，令他们感到万分苦恼时，名不见经传的爱德华·斯诺登正要发布海量的秘密资料，涉及数千份文件。其中大部分资料都来自英国，而且随着越来越多的机密被曝光，唐宁街官员们越发觉得生无可恋。[22]

卡梅伦几乎未对斯诺登做任何评价，因为大部分资料都无情地揭露了首相和间谍间的合作。因为七国峰会的召开、移动电话的普及，以及政治家之间越来越频繁的接触，外交变得更加个人化。政府通信总部被明确谴责曾侵入比利时电信公司的电脑系统，而许多欧盟机构都是该公司的客户。卡梅伦拒绝回答他能否让盟国放心，保证英国情报机构没有卷入任何监听事件这类问题。[23]事实上，这算不上新闻。一代又一代内阁大臣都对英国监视其欧洲伙伴的规模感到惊讶。[24]但是斯诺登和之前的布拉德利·曼宁揭露的事实，令智利和墨西哥这种不是十分强大的国家感到慌乱，它们不仅深受公文被窃之苦，还受到西方国家的威逼利诱。个人间谍活动这种新业务业已暴露。让许多人感到吃惊的是，英国人已经意识到，詹姆斯·邦德在各种微妙的事件中常常是直接从身处唐宁街的首相，而非军情六处总部的 M 那里接收命令。

2007 年夏天，英国驻巴格达大使馆收到了五根邮寄来的血淋淋的食指。寄信者称它们来自五位英国公民，他们刚被巴格达的亲伊朗真主党分支绑架。同年的 5 月 29 日，数名什叶派武装分子化装成警察，在伊拉克财政部大楼实施了暴力袭击。他们的目标是英国顾问彼得·莫尔，他负责安装防欺诈电脑软件，以防止数十亿美元的援助资金流入新政府的账户。唐宁街决心让莫尔安全脱险。特种空勤团和军情六处的代表们出席了四个单独的内阁级别安全会议，与大臣们商讨营救计划，结果特种部队突击搜查了 20 多处房屋，以寻找被绑架者。戈登·布朗在几分钟之内下令攻击绑架者，但是经评估，关于行动地点的情报并不充分。事实上，在 2009 年 12 月，被囚禁 946 天后，莫尔被用来交换什叶派武装分子领袖卡伊斯·哈扎里。几乎在莫尔被绑架的同时，哈扎里的兄弟在巴士拉街头被特种空勤团抓获。谈判由一名军情六处驻巴格达官员负责。另外四名英国人，即莫尔的警卫，都在前一年遭到处决。[25]

最肮脏的外交莫过于与恐怖分子、绑架者和叛乱者谈判。这种行为必须是“可否”的，因为即便政府愿意承认自己参与的谈判，恐怖分子通常也不会这样做，各方最终都害怕自己被看作“软弱”。这可能将首相置于一个艰难的位置，很有可能迫使他们去误导下议院。哈罗德·威尔逊对他与爱尔兰共和军之间的反向信道进行严格保密——他内阁中的很多人不知道有什么事情在暗中进行。类似的还有，玛格丽特·撒切尔在公开场合坚称英国没有与恐怖分子谈判，可是，在她的前任威尔逊、希思和卡拉汉执政时期，各种反向信道都处于开放状态。事实上，撒切尔夫人私下卷入了多起交易。她在一份发给爱尔兰共和军的声明里附有手写评论，这份声明是就 1981 年饥饿罢工谈判的一部分，她个人调整并认可了英国的谈判地位。[26]她的继任者约翰·梅杰面对着类似的两难局面。虽然在下议院发表了声明称自己不会与恐怖分子谈判，但他确实已经批准了谈判，他的使者都是情报部门官员，爱尔兰共和军认为他们“难以捉摸”。但是当秘密谈话泄露时，梅杰和爱尔兰共和军便陷入指控与反指控的唇枪舌剑，双方都发布了自己版本的秘密公报。

奇怪的是，撒切尔夫人和梅杰与恐怖分子谈判，他们自己又是恐怖袭击的头号目标。两人都从爱尔兰共和军手里死里逃生，情报机构最隐秘的故事之一便是为安全部门和唐宁街 10 号提供更高级别的保护，以防止发生暗杀事件。1984 年保守党会议期间，和平时一样，玛格丽特·撒切尔和她的私人秘书罗宾·巴特勒排练完演讲，在凌晨两点五十分，一枚炸弹在布赖顿大饭店爆炸，饭店损毁严重。一位大臣回忆道，爆炸发生后，安保人员蹒跚前行，受伤的政要们爬出瓦砾时几乎看不到一名警察。两名爱尔兰共和军枪手本可以“在政府成员隐约出现时将他们一网打尽”，然后毫不费劲地逃脱。爱尔兰共和军还意图除掉撒切尔夫人的两名最亲密的顾问，分别在 1979 年暗杀了艾瑞・尼夫，在 1990 年暗杀了伊恩・高，恰巧是撒切尔夫人上任的那年和离任的那年。[27]

因此，唐宁街被改造成了一座堡垒。巨大的加固黑门阻断了公共通道。哈罗德・威尔逊曾在 1974 年拒绝了加固大门的建议，但它们还是来了，连同武装警察。[28] 在唐宁街地下，工程师们正在为“品达工程”收尾。该工程耗资一亿两千六百三十万英镑，位于白厅国防部下方深处，是一个指挥掩体，在危险时期唐宁街的住客们可以通过它撤退。[29]

到 2005 年，首相几乎每天都面临着死亡威胁。情报部门对暗杀企图的警告通常会出现在内政大臣戴维・布伦基特的办公桌上，他生性乐观冷静，这类阴谋不至于让他终日忧心忡忡，除非在这些情报提到的某个事件中，他有可能坐在托尼・布莱尔的身旁。布莱尔即将离任时，他如何走出白厅政府大楼都成了问题。阿拉斯泰尔・坎贝尔凝视着由防神经毒气的装甲车组成的大型首相车队，骑着摩托车的警卫在刺耳的警笛声中阻断交通，琢磨着每一次首相在这种“巴洛克游行”中前往机场，将会丢掉多少选票。

对首相最严重的个人威胁其实在海外。2001 年 10 月，布莱尔起程先后对俄罗斯、印度、巴基斯坦、沙特阿拉伯和埃及进行国事访问。BBC 忽略了安全指导，向全世界公布了首相的停留地，导致安全问题剧增。因此布莱尔的随行人员不得不被“警卫、机枪和装载防空导弹的坦克”所包围。[30] 在回程中，布莱尔的团队告诉 BBC 新闻主管，唐宁街 10 号已经“被他们对首相行动的持续报道所激怒”。

[31] 布莱尔仍然是恐怖袭击的最高目标。2014年，军情五处在一名恐怖活动嫌疑人的车里发现一张折好的、放在范思哲眼镜盒里的小纸片，便在这辆车里安装了监听设备，并连续两周监听此人的对话。[32] 在此之前，军情五处已经开始对自称基地组织在英国的领导人的伊斯哈格·坎密（Ishaq Kanmi）进行秘密监视。坎密宣称的目标包括"除掉政治领袖兼资本家布莱尔和布朗"。[33] 在21世纪，英国首相们都很看重他们的情报和安全部门，一部分原因就是它们能够保护他们的生命。

同样令人担忧的还有来访国家元首面临的威胁。任何一位访问唐宁街的元首，无论是来自俄罗斯、以色列、斯里兰卡还是沙特阿拉伯，都可能有行刺者尾随。每次访问令人不快的序曲都预示着死亡威胁。领导人们在伦敦巡视时，都会有载着与他们同样血型的大量血液的救护车如影随形。争论最多的问题还是每次来访中的情报预警，来访政要行进路线上的每处下水道和管路都要搜查，以排除爆炸物。防御性武器是个问题，每一位美国总统都要求自带威力越来越大的自动武器和地对空导弹阵列。乔治·沃克·布什曾要求带一辆SUV——车上的弹出式装甲炮塔中装有M134D型速射机枪——但被拒绝。军情五处通常认为，美国总统的特工处给英国公众带来的危险比潜在的暗杀者还要大。[34]

死亡的阴影已经在唐宁街上空笼罩了一个多世纪。近年来，恐怖袭击和阴谋的严重程度不断加剧，野心勃勃的新手不断涌现，相比之下，早期的首相们离公众近得多。1939年8月28日，一个名叫劳伦斯·希斯拉姆的伦敦牧师打开了一个小号手提箱，里面的东西散落出来，极像满脸胡须投掷炸弹的无政府主义者喜欢的致命装置，恐慌立刻席卷了正在唐宁街10号大门外进行抗议的人群。随后人群发生了骚乱，直到人们意识到所谓的"炸弹"事实上只是黑色橡胶球，上面写着“立刻举行和平会议”。希斯拉姆事实上是一名和平主义者，抗议不断加剧的国际争端正将欧洲推向另一场大战。警方将其带离了现场，虽然他辩称自己所为是“为了和平的事业”，但是法庭还是判他服半年强制性劳役。[35]

没有任何一位首相比丘吉尔更能显示他们的个人安危受到巨大的威胁。作为英国的战时领袖，丘吉尔接受了特别行动处的建议，即暗杀希特勒将会带来反效果，因为希特勒的策略不再有效，而且对德国造成了损害。然而，在 1943 年，丘吉尔的确批准了一项针对墨索里尼的暗杀计划，让一些女特工潜入意大利，将隆美尔和其他德国高级将领也列为必杀目标。同时，对相对次要的法西斯主义者则以贿赂收买，丘吉尔私下批准了第一笔 10 万英镑的资金。这些钱被装入一个大袋子中运到西班牙的一个高尔夫球场，送给佛朗哥周围的人员，诱导他们阻止西班牙加入第二次世界大战。[36] 此举令艾登大为惊骇，但是为佛朗哥申请更多贿金的申请递交上来时，丘吉尔即刻用红墨水做了批复：“是的，当然没问题。温斯顿·斯宾塞·丘吉尔。”[37]

英国的战时领导人很反常地对个人安危看得很淡，虽然有十几次旨在取他性命的暗杀行动。希特勒自然下令让他手下的多个情报机构把丘吉尔定为目标，其中最奇特的一次行动就是在 1943 年德黑兰会议上，一队纳粹特工骑着骆驼阴谋袭击同盟国领导人。[38] 丘吉尔多次从这些暗杀企图中死里逃生，似乎拥有令人不可思议的能力，大概是他的运气太好，而且他的贴身保镖沃尔特·汤普森永远保持着警惕。丘吉尔偶尔会坚持带上他的左轮手枪，但大部分情况下他都无所顾忌、随心所欲，只带着一名贴身保镖便在战争中跨越 30 多万千米，穿过欧洲、美洲和中东。再也没有英国首相会这样做了，因此从很多方面来说，丘吉尔站在唐宁街安全和情报的转折点上，不仅是善用情报的新一代首相中的第一人，也是腐朽过时的那一代中的最后一人。

1909年以来，共有19位首相领导过英国（截至2016年）。从赫伯特·阿斯奎斯到戴维·卡梅伦，从拉姆齐·麦克唐纳到戈登·布朗，这些首相政见各不相同，领导风格各异，面对着各种各样的问题、威胁和危机。本书逐个审视了每一位首相，追溯了他们各自处理情报的方式；并且探索了每一届首相任期中最令人印象深刻的国际安全问题。从中可以看出，无论首相们的个性及其所处的政治环境多么变幻莫测，情报对于所有首相都变得越来越重要。但也不尽然。回到20世纪的第一个十年，阿斯奎斯对秘密世界感到很陌生。丘吉尔和艾德礼共同着手解决这一问题，悄然酝酿了一场革命。如今，戴维·卡梅伦亲自主持着在白厅核心运转的、组织有序的情报社区。本书将回顾情报从舞台边缘来到舞台中央的历程。

第一部分　情报局创立始末

1

赫伯特·阿斯奎斯、戴维·劳合·乔治和安德鲁·博纳·劳（1908—1923）

翌日，人们煞有其事地传言：切特温德勋爵抓获了三名德国间谍，他们企图用灯光向齐柏林飞艇发送暗号，勋爵把他们当场击毙了。

——戴维·劳合·乔治[1]

20世纪初叶英国的情报体系业已完善，整个大英帝国好似一台情报机器，横跨大半个地球，可谓名副其实的“情报帝国”[2]，它仰仗着各种情报，把大英帝国的统治伸向边远地区。鲁德亚德·吉卜林的作品赋予情报一种浪漫主义色彩，它被描述为王室业余探险活动，故事尽显鬼魅伎俩、阴险狡诈。不同于今日，那时间谍活动通常是非正式的，由地方特工、古怪的旅人和学者实施。有“阿拉伯的劳伦斯”之称的英国陆军情报军官与古城卡尔凯美什中一批伪装成考古队的英国间谍往来于土叙边境，他们的间谍活动不但代表着中东和亚洲大国之间的较量，而且引发了一场学术争论：考古学如何改变人们对《圣经》的认识。最重要的是，情报工作不再打着学术研究的幌子。各种各样的信息都可以称之为情报，包括精通多国语言的学术怪才获取的信息、收集来的鸡蛋、灯泡和蝴蝶等。获取情报之后，他们便不着痕迹、心安理得地淹没在人群之中。当然，20—21 世纪之交，也发生过驻美索不达米亚的英国官员因为害怕考古人员人手不够，而督促印度事务部与学术团体取得联系，派送更多学术间谍以捍卫英国利益的事件。[3] 印度，大英帝国皇冠上的明珠，本身也有赖于特工。它演变成了一个令人叹为观止的“信息帝国”，使得英国仅以 1000 多名公务人员便能监督近 2.08 亿印度人。[4]

英国国内的信息帝国同样以某种形式存在。新推出的公共卫生措施和社会服务项目意味着国家比以往任何时候都更了解其国民。与此同时，迫于来自爱尔兰民族主义者和欧洲大陆惯于搞炸弹袭击的无政府主义者的压力，伦敦警察局于 1883 年创立了世界上首个“特别行动处”。从 20 世纪 20 年代开始，特别行动处不得不把情报网撒得更大，它们不再局限于依靠芬尼亚人和无政府主义者获取潜在外国间谍的信息，反殖民主义煽动者、妇女参政权论者、工会领导者、和平主义者，甚至激进的性别主义者都被囊括在内。[5]

然而，这些举措更像是为了使英国民众与专制监控保持一定距离。神秘的俄英间谍战毕竟发生在偏远的中亚地区，大可不必担心，而设立小小的特别行动处，让无畏的侦探投入反恐活动也是可取之举，比欧洲人青睐的那种咄咄逼人的立法措施来得低调。不论是对于远赴撒马尔罕的副领事还是怀特查珀尔的调查警司来说情报都很重要，但这极少能引起英国政府权力中枢的共鸣，更不消说让首相对间谍活动表现出兴趣。

1. 赫伯特·阿斯奎斯、戴维·劳合·乔治和安德鲁·博纳·劳（1908—1923）

而这一切将在未来的10年间发生天翻地覆的变化。令人意外的是，恰是文学风尚推动英国情报变革，第一次直捣政府权力中心。一股流行于爱德华时期的“入侵文学”风潮迫使原本对情报兴趣寥寥，更注重在国内推行渐进式改革的自由党首相赫伯特·阿斯奎斯转而留意国外间谍活动。虽然阿斯奎斯只是迫于压力走上了这条路，但它将从根本上改变英国情报界格局。情报革命也许可以说是丘吉尔和艾德礼发起的，但是真正的变革火花却是被“无心插柳”的阿斯奎斯点燃的。不过，尽管在第一次世界大战期间情报活动范围不断扩大，戴维·劳合·乔治对情报的兴趣也比其前任阿斯奎斯更浓厚，但是为了学会如何高效利用情报，继任首相们可谓历经艰辛。

虚构小说为英国现代情报机构的建立打下了基础。19世纪，引起轰动的犯罪题材小说源源不断地出版，让公众对侦探、破案和科学越发痴迷。此外，小说也催生了文化变迁，渐渐减轻了民众对政府监控的焦虑。在埃德加·爱伦·坡和阿瑟·柯南·道尔等小说家的笔下，虚构的侦探逐渐成为被人崇拜的英雄人物，而不是令人憎恶、专横野蛮的外国妖怪。[6]记者因为经常与现实生活中的警察互通情报，所以加速了这种转变，使得现实世界中也出现了享受人们狂热崇拜的警察。[7]后来坐上特别行动处掌门人宝座的威廉·梅尔维尔就是一个例子。他因多次粉碎无政府主义者的秘密袭击而名声大噪，这其中包括1887年针对维多利亚女王发动的“女王执政50周年庆典阴谋”和卑劣的“沃尔索尔阴谋”（西米德兰兹郡的无政府主义者意图制造炸弹）。当今有许多人认为后一起阴谋是他自己策划的，目的为自己的政绩添彩。[8]

1901—1914年间有300多本侦探小说付印，它们大多以“德国威胁”为主题。这类小说以毫不掩饰地刻画“真实犯罪”而独树一帜，据推测，故事以出于爱国原因导致的政府机密泄露为基础展开。

1903 年，厄斯金·柴德斯出版了《沙岸之谜》一书，描述了两名英国年轻人沿着德国东弗里西亚海岸开启了一段夏日帆船探险之旅，偶然发现了一起德国人策划的阴谋：他们试图率领一支舰队大举进攻英国。柴德斯称其主要就是为了警告英国民众将有什么潜在危险，同时鲁德亚德·吉卜林也敦促公众坚定地反对“寡廉鲜耻的野蛮人”以声援柴德斯。[9] 虽然故事纯属子虚乌有——德国海军部早就打消了从东弗里西亚发动入侵的想法——但是可怜的英国皇家海军还是被迫去把这些说法调查清楚。[10]

英国东部海岸（离德国最近）选区的议会议员们炮轰海军大臣塞尔伯恩勋爵，不得已，塞尔伯恩下令海军情报处就柴德斯描述的进攻计划写一份详细报告。侦察过弗里西亚沿岸之后，海军情报处在报告中给出了结论：没有铁路公路、水深不够，加上缺少设施，秘密进攻绝无可能。海军情报负责人路易斯·蒙巴顿勋爵认为柴德斯的故事“作为小说相当精彩，作为战争计划却是一文不值”。柴德斯几乎毫不掩饰他的得意之情，因为德皇威廉二世下令禁止该书在德国发行，他还声称，在那之后，他再次航行至波罗的海时，德国间谍密切监视着他的一举一动。[11]

谍报小说发展出了阴暗的一面，它将焦点转向国内，把移民和外国游客塑造为颠覆国家政权的“看不见的手”，一种新的比喻是，德国人早早潜伏在英国不为人知的“第五纵队”。其中最活跃的小说家要数威廉·勒丘，他专写惊悚小说，总是招惹是非，仅凭一己之力就制造了人们对“第五纵队”的恐慌。此外，他相信清算之时终会到来，所以要求设立国内安全局以对抗潜在的“德国威胁”。[12] 在威廉·勒丘所有的作品中，《1910 年入侵》影响力最大。这本书于 1906 年出版，讲述了德国军队在大批间谍和破坏者的协助下大举入侵英国的故事。勒丘本人承认这样写是出于政治目的，旨在告诉读者面对此类偷袭时英国的防御力量是多么不堪一击。他还坚称书中所写的内容来自与“有关当局”的谈话，千真万确。[13]

威廉·勒丘自诩国际间谍专家，但恰恰相反，他是一个笔耕不缀、收入颇丰的低俗小说作家，直到1927年去世，他一直保持着每年5本书的写作速度。[14]《1910年入侵》销量超过百万，《每日邮报》获得其连载权，该报宣传人员派一群男子分成纵队在牛津街头游行，他们身穿普鲁士制服，戴着血迹斑斑的手套，身上挂着为该书宣传的广告牌。[15]随着勒丘的稿酬滚滚而来，其他同类书的写作者也蜂拥而至，挤破了出版社的大门。为了不落下风，勒丘于1909年出版了新书《德皇的间谍》，书中坚称有超过5000名德国密探潜伏在英国。这倒是一个新的想法。显然，不止区区数个间谍和破坏者，而是整个卧底部队，他们伺机而动，直到祖国通知他们从英国乡村的一系列报废武器中取回他们自己的武器。还有一点也非常重要：小说口口声声说它爆出了鲜为人知的内幕故事——英勇无畏的英国侦探与特工联手捣毁外国的情报网络。[16]

英国公众陷入了狂热之中。英国在和平时期军队规模相对较小，那些急于扩军的政客们趁机开始游说。1908年，英国最著名的战士罗伯茨勋爵声称，德国有8万名训练有素的军人潜伏在英国，随时准备在德国入侵时进行协助。[17]报社则对所有发现可疑活动并举报者发放10英镑奖金，这样一来报社可以将可疑活动通报给勒丘，以便“对他的调查进行补充”。不出所料，很快他们便淹没在过剩的信息中，似乎国内处处都能发现德国破坏者的行踪[18]，可怜了外交部的一些行政人员，他们在东海岸度假时成了怀疑对象。[19]显然，这是那些支持军备扩张的人玩的政治阴谋，让英国政府大为光火。1906年，阿斯奎斯首相的前任亨利·坎贝尔－班纳曼在议会上拍案而起，公开指责勒丘“危言耸听、贻害无穷”，他的那些故事加大了英德之间爆发战争的风险。[20]

尽管首相对勒丘提出了谴责，但还是有多位政府要员与其密切合作。詹姆斯·埃德蒙兹是刚成立的军事情报单位“作战办公室军事行动局第五处”的负责人，他认为柏林方面在英国安插了规模巨大、分布广泛的密探。埃德蒙兹一直因为英国在反间谍活动中的短板对理查德·霍尔丹——坎贝尔·班纳曼和阿斯奎斯两届政府的陆军大臣——颇有怨言，霍尔丹却感到不屑。埃德蒙兹发现，勒丘的行动反响热烈。[21]埃德蒙兹交给理查德·霍尔丹的很多证据来自勒丘，而勒丘却说他的证据来自关心国家疾苦的大众。1907 年，遭到举报的德国间谍活动只有 5 起，而到了 1908 年，这一数字上升至 48，一切都在意料之中，埃德蒙兹勾画的特工行动地图作用不小。或许还有一件事也是意料之中的：消息很快便被泄露给报界。此外，埃德蒙兹还将政治保安处前任长官威廉·梅尔维尔招至麾下。威廉·梅尔维尔是一个颇有才能的特工管理者，但他喜欢往自己脸上贴金这事也是尽人皆知。[22]

到 1909 年时，德国特工在英国无孔不入，然而阿斯奎斯却另有盘算。他的首要任务是推动上议院改革，这项工作是重中之重，相当具有挑战性，也正是这件事让他在革新之路上举步维艰。1909 年，上议院驳回阿斯奎斯政府的预算案后（这件事很出名），他在上议院改革事务中加倍投入时间和精力，但是因为公众深陷间谍热，现在他不得不关注情报问题。在阿斯奎斯担任财政大臣之时和成为首相的最初几个月中，他已经是某高级委员会的主席，该委员会的职责是应对罗伯茨和勒丘施加的入侵威胁论。阿斯奎斯的报告驳倒了他们的阴谋论，证明了突袭是不可能发生的。[23]尽管如此，阿斯奎斯仍背负着公众施加的重重压力，1909 年他请求帝国防务委员会考虑在英国活动的外国特工带来的危险。曾经有观点认为国内反间谍活动都是专制主义的产物，而且不具备英国特色，但是目前发生的一切推动了文化变革，在这场变革中，旧的观点渐行渐远。[24]

尽管报告存有疑点，有伪造之嫌，但还是成了盖棺论定的依据。阿斯奎斯很快就批准了帝国防务委员会的建议，成立了一个新的秘密情报局。这一绝密决定（很少有人知道秘密情报局的存在）从根本上永久地改变了英国情报界的格局。间谍活动在英国不稀奇，但是它越来越正规，且与唐宁街之间的关系越来越密切，标志着英国情报系统开始走向规范化、集中化。虽然因为早期的首相们仍然不能或者不愿与秘密世界太过亲近，与唐宁街方面联系密切的情报界尚未形成。

秘密情报局由两个分部组成。作战办公室军事行动局第五处属于国内分部，负责反间谍活动，很快将改名为我们熟知的“军情五处”，也称安全局。它接管了大量陆军反情报军官，由作战办公室军事行动局第五处长官詹姆斯·埃德蒙兹的副手弗农·凯尔领导，凯尔在这个位置上服务了20余年。因为与情报打了半个多世纪的交道，时任内政大臣温斯顿·丘吉尔监督了此次人员任命，恰恰也是丘吉尔后来于1940年在首相任上将凯尔免职，这对凯尔多年担任间谍组织首脑的职业生涯来说，也算是前后呼应了。[5]同时，秘密情报局还有一个海外分部，最初名为MI1c，很快就改名为“军情六处”，已退役的皇家海军上校曼斯菲尔德·卡明爵士担任主管，他也是军情六处历史上最著名的主管。尽管在法国因为交通事故失去了一条腿，但通过将自己的木质假腿固定在改装过的儿童滑板车上，卡明继续在军情六处运筹帷幄，在白厅的走廊里高速穿梭。军情五处是一个小型机构，军情六处甚至更小，但是不久便发生了一个关键的变化。当时，由独立的政府部门，尤其是印度事务处，在地方上搜集情报，并为达成自身目的开展间谍活动。如今，白厅在权力中心设立了一台跨部门的情报机器，为所有政府部门提供“服务”，而且赋予了这台情报机器神圣的特殊使命。[26]

1909年之后，阿斯奎斯政府对待间谍活动更是有过之而无不及。公众对德国的恶意间谍活动一直心存忧虑，让阿斯奎斯政府深感疲惫，于是他将之前历届英国政府坚持封存了一个世纪的秘密资料拿了出来。1909—1911年，阿斯奎斯不仅建立了秘密情报局，还通过了苛刻的《官方保密法》，扩大了邮件的拦截范围。大约在50年前，自由党政府认为这是对自由的严重侵害，曾对其加以禁止。[27]作战办公室军事行动局第五处负责人埃德蒙兹促成的新的《官方保密法》，还能帮助政府镇压媒体。[28]阿斯奎斯与其说是一名独裁的首相，倒不如说是一名推动者。他还新成立了一个由温斯顿·丘吉尔担任领导的委员会，考虑英国如何处理“战时外国人”问题。因为引发恐慌的主体是外国人和流亡者，所以政府开始对生活在英国的外国人进行登记。到1913年，这份名单上的德国人数量已经达到1.1万，并且政府早已准备好对拘留事宜进行立法。[29]尽管国内掀起了间谍热，但在第一次世界大战前夕，英国情报活动的地点却不在国内。对德国军备计划的监视大部分由无所畏惧的领事、随员和军官执行，军情六处不介入实际的间谍活动，而是通过旅行者收集专业期刊，或者通过公开观察获取资料。虽然没有经过协同评价，但是资料还是一级级提交到政府高层，作为英国外交政策制定和战略行为实施时的参考。[30]

阿斯奎斯面对的直接人身威胁并非来自大批德国间谍，而是来自其他方面，尤其是妇女参政运动。1909年9月，在托特纳姆考特路92号的步枪射击场内，两名女子正忙着提高射击技能，这个射击场有一个与之非常不相称的名字——“仙境”。她们打算刺杀首相，因为他是妇女投票权的坚定反对者。即将成为杀手的两位女子盘算着加入一个妇女参政权论者团体，这群人近两个月来一直在议会大厦大门外举行抗议。阿斯奎斯经常从她们中间穿过，很容易沦为近距离射击的目标。但幸运的是，警方得到线报，阿斯奎斯得以逃过一劫。举报者名为摩尔女士，她是妇女自由联盟成员，同时也是阿斯奎斯妻妹的密友。摩尔太太倡导和平抗议，苦口婆心地劝说妇女参政权论者放弃采取暴力行动。

摩尔太太从其中一名练习左轮手枪的女子那得到一封信[31]，但是她拒绝透露她们的名字。警方对射击场进行了调查，射击场的老板亨利·莫利告诉警方，的确有两名妇女参政权论者来这里练习使用勃朗宁自动手枪。数月之前，刺杀印度事务大臣副官威廉·柯曾-怀利爵士的杀手来过同一家射击场，其使用的手枪与这两名女子使用的也是同一款。了解到这一情况后，警方立刻提高了警惕。此后数日便衣警员在那里蹲守了数天，但是她们两人一直没再露面。这使得阿斯奎斯政府陷入进退两难的境地，与后来的各届政府在处理恐怖威胁时所处的境地十分相似。他们深知，如果因自己不采取行动而导致首相遇刺，那么接下来的局面就是各方陷入争吵，相互指责。警方没有驱散议会大厦外面的抗议者，而是增派了警员。他们不希望刺杀的想法过于引人关注，害怕“刺激到这些近乎疯狂的女性，反倒提醒她们做出一些我们想要制止的行为”。此外，如果警方进行驱散，那些女性会将此当作暴力和不公的行为，然后她们“会陷入狂怒，更有可能犯下罪行”。还有一点，政府认为如果确实有人想行刺，而警方知道她就混在抗议者当中，那么也更容易对其进行阻止，“而不是在首相应该乘车直接离开时，他们却要奔走于议会大厦和唐宁街之间”。多亏了摩尔太太，首相仍然能够出入议会大厦，而且毫发未损。[32]最新研究表明妇女参政权论者中藏有一些十分危险的团体，她们炸毁教堂，后来又给劳合·乔治寄了一枚邮件炸弹。

一些更具暴力倾向的女性还成了包括奥斯瓦尔德·莫斯利的黑衫军在内的极端右翼势力的积极支持者。[33]显然，直到第二次世界大战之前，阿斯奎斯及其继任者们的生命安全很大程度上并未受到保护。

1914 年 8 月的萨拉热窝刺杀事件最终导致了第一次世界大战的爆发。此时，情报的作用越发凸显，越发真实可感。新成立的情报部门很快突袭了伦敦的小型间谍网，将已知的 22 名特工一并围捕。自 1911 年以来，英国当局就一直密切监视着这个间谍组织，现在，该组织的成员从一家英籍德国人经营的理发店中被赶了出来。在一个早期的成功案例中，密切监控可以防止间谍组织将有用的情报发往柏林方面。数百人处于监视之中。可以预料，最大的问题就是公众总是疑神疑鬼。在战争爆发之后的两周里，伦敦警方被迫调查了数千人，但基本上是无功而返。报纸争相追踪报道，到 1914 年 11 月底，警方共收到 10 万多起关于间谍行动的举报，入户搜查达 6000 次。

民众战争热情高涨，对间谍活动草木皆兵，阿斯奎斯政府被迫摆出强硬姿态。11 名德国间谍在伦敦塔被枪决，之所以选在这个地方，是因为它外观阴暗且恶名昭彰。第一次世界大战期间，在伦敦塔被处决的人数甚至超过都铎王朝时期。抓获德国的业余间谍并非难事，他们用柠檬汁和薄荷油代替墨水写字，从而使递到柏林的报告看不出字迹，但他们被捕的原因往往是钢笔尖有被酸柠檬汁腐蚀的痕迹。[34]这些故事为勒丘提供了素材，使其源源不断地创作出大量的耸人听闻的惊悚谍战小说。勒丘始终维持着间谍组织首脑的假身份，即使到了现在，他的一些亲属也坚称他是在 1927 年被苏联特工暗杀的。[35]

大众的猜疑将所有人都置于险境。不管是查尔斯·雷尼·麦金托什，一个敢于在沿海小镇沃尔伯斯威克的萨福克村画素描的苏格兰建筑师、设计师，还是拉尔夫·沃恩·威廉姆斯，那个当初拿着笔记本坐在马盖特的悬崖峭壁上谱写《云雀高飞》的作曲家，人人自危。这两人均引起了警方的高度警觉。任何与欧洲大陆之间的联系都会被怀疑与间谍活动有关。有一名波兰女孩是阿斯奎斯家族的朋友，但就因为有可能被误认为是德国间谍，她被解除了教职。[36]阿斯奎斯政府拘留的人越来越多，逮捕了近6万名在英国生活的德国人。[37]迫于民众的压力，虽然首相自己也不情愿，但他仍然私下强调：没有加入英国籍的成年男子，"为了他们及社区的安全考虑，应被隔离与拘留；如果超过了服兵役的年龄，则应被遣返回国"。[38]

第一次世界大战使英国情报部门发生了明显的改变，战前，军情五处只有15名工作人员，但是战争爆发后很快发展壮大。邮局也开始承担情报职能，成了审查办公室，雇用了2000多名员工每天用蒸汽打开大约150封信，审查里面的内容，再把信寄走。如此一来，英国便可以自我吹嘘，声称在国内拥有严密可靠的监视设备了。[39]1918年，审查机构的雇员数量达到了4871人，的确是颇具规模的监视系统。[40]在大英帝国内部，军情五处与德里的安全部门密切合作，以遏制德国妄图鼓动帝国附属国发动叛变的阴谋。有了可靠的情报来源，阿斯奎斯政府放任德国外交部继续其荒唐而又充满野心的，在次大陆鼓动叛乱的计划，一厢情愿地认为德国不可能成功。[41]

军情六处的海外情报工作比较薄弱，大多数重要的国际情报反倒得于密码破译复兴之后。在1914年的至少10年以前，陆军部曾经计划重建一个密码破译中心，以期在军事危机发生时派上用场，而就在1914年8月，陆军和海军都单独成立了自己的密码破译中心。虽然刚开始时它们相互合作，但由于双方在文化和行事方式上的差异不断扩大，和谐的合作关系只维持了很短的时间便结束了。毫无疑问，它们依然成功地破译了德、法、美三国的密码，还获取了大量高层通信中的重要信息。考虑到它们在1914年才成立，现在算得上是获得了惊人的成就。海军著名的密码破译机构——代号“40号房间”——破译率最高。在总是神经质般眨眼的雷金纳德·霍尔爵士的领导下，它开创了许多科学方法，甚至20年后布莱切利园仍在使用。[42]

第一次世界大战或许改变了英国搜集情报的方式，但阿斯奎斯依然对此兴趣寥寥，事实上，他对战争、战略或者情报毫无兴趣，另一方面他却能找到时间打桥牌、大量参加晚餐派对，或是去乡村度周末。他不是缺乏精力，也不是不够勤勉，而是他的心思不在这儿，全放在比他小30多岁的情妇维尼夏·斯坦利身上。阿斯奎斯在担任战时领导人期间曾给斯坦利写过500多封信，有时一天能写3封。在和平时期让他胜任首相职务的优秀素质在战时却无用武之地。作为政府中的首要人物，他和蔼可亲，总能调和分歧并找到折中的解决办法。但在战时，他总是看不到自由－保守联合政府中搭档们的价值。最重要的是，战时需要的是火速决策、果断执行，而阿斯奎斯面对困难时总是束手无策。他对军队也无法提供指导与支持，后来，军队由陆军元帅基钦纳勋爵领导。[43]

在爱尔兰战争发生时，情报被证明非常重要。可是，阿斯奎斯似乎又没有意识到整个事态正朝着越来越糟糕的方向发展，反倒不时管一管无关痛痒的小事。英国没能找到渗入持不同政见者运动的恰当时机，所以爱尔兰内部的情报人员数量很有限，而且他们递交的报告也零零碎碎、自相矛盾，[44]因此这些渠道事先几乎没有提供关于复活节起义的警告。反而是“40号房间”提供了更加确切的情报，它破译了发自美国的德国秘密电报，电报中包含着关于爱尔兰民族主义者在世界各地活动的重要信息，涉及与复活节起义相关的诸多细节，提及在起义期间柏林方面协助流亡中的爱尔兰民族主义者罗杰·凯斯门特煽动叛乱这一事实。尽管唐宁街收到的情报是不完整的，但是阿斯奎斯可以不断获得指向凯斯门特犯有罪行的情报。[45]但是，事实证明看似极有价值的情报源实际上并不可靠。这个情报源就是凯斯门特的男仆兼情人，他是一个双性恋，“撒谎成性，好勒索，满脑子幻想”。当凯斯门特发现他背叛了自己时，他公开指称英国密谋杀死凯斯门特，但这并非事实。尽管该事件使阿斯奎斯政府感到难堪，但也足以让军情五处就凯斯门特找到突破口，挖出其民族主义阴谋中的更多细节，并最终牵出他在德国的关系网。[46]

“40号房间”截获了30多封表明德国在第一次世界大战的头两年向爱尔兰提供援助的电报。[47]译码员不仅就复活节起义发出充分的警告，还揭露了德国向爱尔兰运送武器，试图让英国从西线战事中分神的计划。得到情报后，英国皇家海军拦截了搭载凯斯门特前往爱尔兰的德国U型潜艇，截获了运送中的武器。不过，信号情报只发送给了军方内部的一小部分人，似乎到不了政要手中，连阿斯奎斯都看不到[48]，更不用说都柏林当局了。这个令人惋惜的插曲反映了信号情报使用中一个长期存在的问题：如果不敢冒暴露情报源的风险，那么往往也不能很好地利用情报，结果为了保险，人人都不愿意分享情报，在威斯敏斯特也是如此。更有趣的是，有证据表明英国当局有意放任复活节起义发生而不加以制止，目的是让他们对爱尔兰持不同政见者的镇压显得合情合理。在审讯中，凯斯门特提议公开制止叛乱，但遭到拒绝。相反，他被告知“这是一个化脓的伤口，最好让它自己把脓血排出来”。[49]无论以何种方式，复活节起义还是失败了。

虽然“40号房间”已经提供了情报，但阿斯奎斯仍觉得此次叛乱犹如“真正的晴天霹雳”——虽然这个霹雳有着“喜剧的一面”。[50]他的妻子马戈特在日记中坦承：“没有人知道到底发生了什么”。[51]当时阿斯奎斯正深陷征兵危机之中，听到复活节起义的消息时，这位首相只是简单说了句“好，我考虑一下”，然后就上床睡觉了。情报似乎没有对唐宁街 10 号产生多大影响。这种冷淡的态度掩盖了阿斯奎斯实际上对爱尔事务越来越关心，毕竟在战争爆发的几个月前爱尔兰事务是摆在他面前的重要问题。之后阿斯奎斯亲自出任爱尔兰事务大臣，并前往都柏林尝试解决问题，但无功而返。[52]阿斯奎斯指派约翰·麦斯威尔将军强行使用军事手段去解决政治问题，麦斯威尔却试图利用政治保安处的情报劝说首相，如果处决所有叛军头目，后果将不堪设想。[53]

他所说的叛军头目也包括罗杰·凯斯门特。某种程度上因为信号情报让当局完全相信凯斯门特与德国密谋不轨，他后于 1916 年 8 月在都柏林被处以绞刑。为了压制宽大处理凯斯门特的呼声，总是眨眼睛的霍尔故意泄露了《凯斯门特日记》以期影响审判结果。这本日记记录了凯斯门特的同性恋行径，描述尺度之大令人震惊。之前，许多爱尔兰民族主义者还坚称这些日记是被伪造的，但他们错了。[54]这一事件凸显了这样的事实：选择性使用情报影响公众舆论的做法由来已久。

与此同时，战争策略似乎毫无头绪，内阁对此甚为满意。另一个不满的方面是情报的可信度。阿斯奎斯与保守党领袖安德鲁·博纳·劳共同组建了联合政府，但这个政府最终却不得人心。1915 年 9 月初，博纳·劳就更换战争领袖的事向首相施压，他想争取重新起用陆军部总参谋部，希望借此为内阁提供更好的战略建议，直到 9 月 22 日，基钦纳正好不在场时，事情才有了转机。保守党一马当先，坚持要精简战争委员会并提高其积极性，并且提出由总参谋部向内阁提供更可靠的情报。最终，阿斯奎斯迫不得已给基钦纳写信，强烈要求其提高递交给最高决策层的情报的水准。他任命亚奇巴·穆瑞将军出任帝国总参谋长，但是除此之外，内阁的其他改革提议均未落实，而且之后对于内阁提出的获取更多情报的要求，阿斯奎斯也没有任何后续动作。[55]

1916 年年末，阿斯奎斯组建的联合政府因其不称职和管理混乱而宣告瓦解。由于缺乏个人权威，阿斯奎斯花费了大量时间搞小派系，寻找盟友。整个政府毫无计划可言，令人惊讶的是，内阁对会议讨论不做任何纪要，只是在会议结束之后把首相交给国王的信件留档，权当记录。1915 年博纳·劳加入联合政府时，对内阁会议没有章法，甚至没有会议日程感到万分惊讶。1916 年年初加利波利战役的失败加速了阿斯奎斯政府的垮台。1916 年 6 月，上了年纪的内政大臣基钦纳勋爵在奥克尼群岛周围的海域离奇死亡，许多人认为这起事件是德国、爱尔兰、俄国阴谋破坏者联合制造的。这对于战事发展而言却是幸事。之后，年富力强的戴维·劳合·乔治接替了基钦纳的职位。然而，同年年底，阿斯奎斯和劳合·乔治先后辞职，而博纳·劳也拒绝再组建政府。两天后，劳合·乔治成为新的联合政府首脑，着手成立最高战争委员会。阿斯奎斯和博纳·劳均不具备在现代战争中做出适当决策的头脑。从现在开始到战争结束前，劳合·乔治面临的主要挑战是从军事指挥官手中夺回战略控制权，而这一任务他也没能彻底完成。[56]

显然，阿斯奎斯已远离战争事务了。他主持建立了秘密情报局，并在 1914 年之后使各情报机关快速扩张，但是他其实对这些事兴趣寥寥。反观戴维·劳合·乔治，他于 1916 年 12 月上台后，成为英国历史上首位乐于采纳情报的首相，尽管他使用情报的方式不太专业。这也许是他的本性使然，因为他本来就是一个精力旺盛的人，行事易冲动。但是，他最初犯下的错误也反映出一个事实：英国情报机构缺少一个中枢大脑。供高层政策制定者使用的情报没有经过系统的筛选和解读。尽管唐宁街在组织方面取得了巨大的飞跃，于1916年年底成立了内阁办公室，但是仍然出现情报被故意泄露的情况。因此，劳合·乔治总是一头雾水，拿到初始情报之后总是表现得情绪化，弄得大家不欢而散。[57]

劳合·乔治最初接触情报时也正是间谍狂热蔓延之时。1915年5月，作为军需大臣，他试图解决工厂发生爆炸的问题。发生这类灾难，问题几乎无一例外出在最初的生产环节——以最大产能生产，势必无法保障安全。然而，劳合·乔治和当时许多其他人一样，对德国人"看不见的手"带来的危险性感到十分忧虑，指责那些破坏分子。他批准手下成立反情报部门，将这些假想敌搜查出来。该部门被命名为P.M.S.2，但一个间谍也没有找到，于是慢慢地将视线转向了军需工厂的工会活动。[58]

劳合·乔治后来承认，他和一些朋友故意在英国军需系统内煽动关于破坏分子的谣言，其中包括地处诺丁汉特伦特河畔的奇维尔的大型炮弹灌装厂，这里是英国最大的高能烈性炸药集中生产地。1916年1月，有报告称一艘齐柏林飞艇在特伦特河上上下搜寻，据推测是想炸毁河边的灌装厂。翌日，有传言称劳合·乔治的好友切特温德勋爵，即这家大型工厂的老板，抓获了三名手持火把为齐柏林飞艇提供引导的德国间谍，并且已将他们击毙。切特温德对谣言加以利用，找人于夜间在山坡上挖了三个坟，并在每个坟前竖了一个没写名字的黑桩。劳合·乔治后来回忆此事：这是"把谣言变成毋庸置疑的历史"，打消了那些好奇心强的人在工厂周围窥探的念头。不出所料，这家工厂后来在战争中发生灾难性的爆炸时，更多间谍被安上了罪名。[59]

1916年年底，劳合·乔治出任首相前不久，德国人要求美国驻柏林大使向伍德罗·威尔逊总统解释，他们"渴望与美国议和"。但是他们不希望自己看上去懦弱，所以私下请求当时还处于中立地位的美国“主动”表示调解的意愿。对德国人而言，不走运的是，英国的“40 号房间”破译了美国人的电文。当劳合·乔治看到这份电文时，他误认为其含义是美国和德国将要联手。内阁陷入了混乱，没有情报评估机构，行事冲动的劳合·乔治决定单独行动。他就华盛顿方面试图干扰局势一事向美国媒体发出警告，并断言既然发生了战争，结局必然是“你死我活”。事实上，此时威尔逊总统正全身心地投入竞选活动当中，在这个节骨眼上根本无暇顾及什么和平提议。不管怎么样，外交不属于劳合·乔治的职责范畴，因此当外交大臣指责他多管闲事时，他拿出破译的电文为自己剖白。更糟糕的是，向议会解释自己的所作所为时，他也暗示是受到保密信息的影响。甚至在他于 1916 年 12 月入主唐宁街，更多被破译的电文出现在他的办公桌上时，他还错误地（其实是因为外行）认为这些电文表明德皇威廉二世与威尔逊总统依然密切合作。这是不祥之兆，说明中央政府在评估情报时还会栽更多跟头。[60]

劳合·乔治在政府最高层施展着他毋庸置疑的计划和组织才能。此次改革最重要的部分就是由莫里斯·汉基建立了一个专业的秘书处，这位前皇家海军军官同时也是第一位内阁秘书。他拥有情报工作的背景：曾作为下级官员被派往地中海舰队的旗舰“拉米利斯号”，投身于非官方侦察活动。1902 年，他加入了白厅海军情报部。作为一名能讲多种语言的杰出军官，他无疑是一位理想的管理者。1909 年，汉基为帝国防务委员会撰写了一份报告，提议建立秘密情报局。[61] 此时，托马斯·琼斯也加入了他所在的新成立的内阁办公室。琼斯被描述为“伪装的布尔什维克，是劳合·乔治在威尔士的一处煤窑里找到的”，但他无疑也是一位能力超强的组织者。在他们上任之前，内阁的混乱简直无法用言语形容，但毫不夸张地说，正是他们创立了现代内阁制政府。[62]

汉基的改革获得了巨大的成功。这些改革举措成了现代英国跨部门协作体系发展的核心，该体系由错综复杂的下级委员会组成，每一分钟都井然有序地聚焦于唐宁街事务。内阁会议不再是 23 个人毫无计划地闲聊，耗时漫长且没有主题。如今，内阁会议转变成了高效的讨论，在讨论中产生的决议也会被恰当地记录下来。然而，对于情报机构而言，这次改革却是一场灾难。汉基为一切事务建立了一套中枢机制，但情报工作除外。他的副手琼斯回忆说，汉基坚持认为新内阁秘书处不应变成“一个情报部门”[63]，尽管最初设立战时内阁的初衷就是建立“一个全面的常规情报收集渠道”，但这从未实现。[64]政府一直批评汉基没有建立中央交流中心来对情报进行评估，因此汉基虽然作为政府现代化的推动者受到褒扬，但与此同时，他也在 20 年的时间里使得英国情报界停滞不前。在唐宁街旁边建立一个中央情报机关的想法最终在下一场世界大战期间，温斯顿·丘吉尔成为首相后才实现。[65]

在战争期间，从劳合·乔治的个人档案来看，他在利用电文方面没有任何进步。他自己经常通过被截取的单个电文或“薄纸”（印有电文的纸很薄，故得名）对事情进行推断，而这些情报交上来时没有说明来龙去脉，也没有附上评估意见。也几乎没有人就安全需要向他提供指导。因此，1917 年 2 月，当时任美国驻英大使沃尔特·佩奇访问唐宁街并为威尔逊总统传达信息时，首相没能控制住自己。他竟夸口说因为情报泄露，自己已经看过威尔逊总统的信息了。佩奇认为“英国间谍部门”可能是从某个不可靠的美国官员那里获得情报的。无论如何，佩奇并没有将此事告诉威尔逊，因为他知道总统痛恨情报泄露。的确，威尔逊总统过于深藏不露，事实上，他坚持自己破译那些较为敏感的电报，有时是在妻子的帮助下。如果让他知道劳合·乔治一字一句地读了他的信息，他对伦敦方面可不会有多大好感。[66]

令人意外的是，即便劳合·乔治将英国译码员的工作置于危险之中，他们还是做出了第一次世界大战情报工作中最大的壮举，截获了一份很快就变得人尽皆知的信息，即“齐默尔曼电报”。在这份令人称奇的电报中，德国外交部长阿瑟·齐默尔曼向墨西哥方面承诺，如果墨西哥加入德国阵营，向邻国美国开战，作为回报，墨西哥将从美国手中重新夺回得克萨斯州、新墨西哥州和亚利桑那州三个南部州。这份电报是一战中的绝密之一，本应由德国潜艇上某个可靠的人携带，但是这艘潜艇在驶离海港之前就出了故障，柏林方面不得不寄希望于密码本身足够安全。

像“齐默尔曼电报”这样改变历史轨迹的单独一条情报只是一个罕见的案例。英国披露这份密电的方式十分得体，但是这跟唐宁街方面没什么关系。相反，这是“40 号房间”与外交部之间冒险进行的一次合作，或许正是因为这个缘故事情才没有搞砸。劳合·乔治对美国的态度很感兴趣，无疑会关心事态的最新进展。伍德罗·威尔逊总统凭借“他让我们置身于战争之外”的竞选口号在近期举行的竞选活动中获胜，但是，他被“齐默尔曼电报”以及柏林方面带有挑衅性质的“无限制潜艇战”策略激怒了，于 1917 年 4 月宣布加入战争。[67] 劳合·乔治在回忆录中对“40 号房间”的译码员和他们“在揭露德国机密方面惊人的效率”表达了感激之情。[68]

战争快结束时，人人似乎都感觉到了英国情报机关的存在，如德国著名哲学家汉娜·阿伦特就对英国职业间谍的兴起大为着迷。她写道，第一次世界大战后，英国情报机构“开始吸引英国优秀的年轻人，相对于为祖国的公共利益效力，他们更愿意为遍布世界的神秘力量服务”，她还补充道，在这种情况下，“所有潜在的恐怖事件即将登上的舞台已搭建好”。然而，她指出，与俄国和德国不同，在英国，“起码的人权始终能得到保障”。[69] 贝尔托·布莱希特写道，英国不仅控制着侦探小说，还掌控着全世界，他明显感觉到这两件事以某种隐秘的方式连接在一起。[70]

“40号房间”成立的初衷是应对战时突发事件，可是因为成果显著，到战争结束时，它也没有被解散，在和平时期，英国仍然能读到许多国家间秘密通信的内容。各国齐聚法国公开探讨停战协议事宜，威尔逊总统派自己的心腹爱德华·豪斯上校前去参加会谈。劳合·乔治对豪斯发送给威尔逊的消息巨细无遗完全了解。但奇怪的是，他的窃听行为从未被人发现。虽然窃听对掌握情报很有用，但是劳合·乔治对此依然热情不高。英国的情报开支在战争结束后大幅缩减，首相乐于将和平时期情报组织的重组问题留给自己的内阁同僚。同样，尽管劳合·乔治于1919年成立了一个政府委员会监督情报机关，但是他自己并没有加入。对情报充满热衷的丘吉尔取而代之成为这次重要重组中的活跃人物。[71] 在这次重组中，最重要的决定就是延续战时破译密码工作，将所有资源集中于一个机构，即政府密码学校，简称为GC&CS。[72]

虽然如此，1920年2月，劳合·乔治还是必须重新接触与情报相关的事务。他试图结束与布尔什维克之间不断加剧的冲突，认为英国对白罗斯人的支持是第一次世界大战令人不快的延伸，因此，是时候开启新的篇章了。尽管不愿意对革命派表示认可，但劳合·乔治还是向莫斯科方面提出签署贸易协定，借此让两国重修旧好。其内阁同僚丘吉尔与柯曾大为惊骇，不仅仅是因为有越来越多的证据表明布尔什维克想要颠覆大英帝国。尽管有明确的证据表明在20世纪20年代初期，俄国的资金确实直接流向了当时共产主义色彩越来越浓的劳工研究部，真正让英国内阁受到刺激的还是莫斯科方面对印度等地的干涉。[73]军情六处曾在这场秘密冲突中扮演积极角色，许多曾深入参与俄国内战的军事情报军官也感到惊愕。[74]

劳合·乔治再一次拿到了对手已被破解的电文。这不是英国首脑最后一次看到与自己地位相当的人如何在背后贬低自己。列宁斥责英国首相是个满嘴谎言、肆无忌惮的“下流坯”，并敦促伦敦的苏俄贸易代表团以更高水平的骗中骗予以回击。不过，既然列宁的指示已经逐字逐句被英国破解了，要想执行就不那么容易了。劳合·乔治声称“布尔什维克分子的诡计没有在自己心中引起半点波澜”——他认为这种行为太业余，不值一提。他还准备对1919年年末苏俄与波兰之间的战争坐视不管。但是，莫斯科方面的问题高度政治化并且容易引起分歧，1920年年初，一些高级军事指挥官已开始质疑劳合·乔治的动机。1月15日，帝国总参谋长亨利·威尔逊将军在日记中写道：“我一直在想，劳合·乔治是不是叛徒，或者是潜伏的布尔什维克，我会仔细地盯住他。”威尔逊对布尔什维克的阴谋有一种特别的偏执，而且在接下来的几个月里，他在日记中又做了几条类似的记录。[75]

苏俄谈判代表在英国的活动很有煽动性。1920年8月，苏俄贸易代表团代表列昂尼德·克拉辛在苏俄共产党领导人列夫·加米涅夫的陪同下抵达英国，出席会谈。破译的电文清晰地表明，加米涅夫正与尚在萌芽阶段的英国共产党建立秘密联系，用走私钻石获得的收益贴补极端左翼报纸《每日先驱报》。贸易代表团的每一个举动译码员们都看在眼里，威尔逊将军怀疑劳合·乔治并没有立即驱逐贸易代表团。8月18日，威尔逊向温斯顿·丘吉尔和军事情报主管威廉·思韦茨将军吐露了内心的担忧。在接下来的数天里，他挨个拜访了各个安全部门的主管，包括英国皇家空军参谋长特伦查德爵士、内政部的巴兹尔·汤普森爵士和海军情报部主管休·辛克莱少将，他们都对他所说的话产生了共鸣。[76] 8 月 24 日，他在日记中写道："我稍后与特伦查德爵士一起讨论了这个问题，并给他看了截获的情报，他和巴兹尔·汤普森看法一致，都认为劳合·乔治是叛徒。"[77]

9 月 2 日，劳合·乔治远在卢塞恩，他在联合政府中的搭档博纳·劳在唐宁街召集会议，鲍尔弗、丘吉尔和巴兹尔·汤普森参加了会议。汤普森让与会者传阅了从译码员处获得的最新资料。内阁副秘书托马斯·琼斯回忆说："根据从苏俄截取的最新情报，列宁说这是苏俄代表团自己的事，所有人都觉得这是一种回避和掩饰。没有别的办法，只能尽快把他们赶出英国。"[78]

陪同劳合·乔治前往卢塞恩的汉基看法恰恰相反。他坚称威尔逊是危言耸听，苏联人在伦敦开展的活动是愚蠢的，不难对付。他最担心的是如果驱逐苏联人，要想证明自己采取的行动是正当的，就不得不公开电文，这势必将首相置于困境。英国也会失去"最有价值、最可靠的秘密情报来源"，因为无论如何掩饰事实，莫斯科很可能都会意识到自己与外界联系的电报已被人破译。他还说："这套密码太巧妙了，只有刻苦钻研的天才才能解密，其关键在于密码每天都更换，有时候一条信息甚至要更换三次密码。因此，一旦暴露，被人发现我们破译了情报，世界各国的政府很可能就会发现没有情报是安全的。"[79]

回国后，劳合·乔治与反对他的人摊牌。他主动承认，苏俄人太"背信弃义"，喜欢搞"权术"，但坚持认为只有让贸易代表团留在这里才能获取可靠情报。尽管劳合·乔治认为赶走贸易代表团无济于事，但是他看出政府内阁的政治主张已经开始对自己不利，同时也后悔当初没有对情报事务多加留意，因为情报部门主管们也给了他不少压力。机会终于来了，9 月初，加米涅夫决定重返莫斯科，他来唐宁街与英国首相告别。就这样，加米涅夫踏入了外交埋伏圈。

在汉基、琼斯和博纳·劳的陪同下，劳合·乔治与加米涅夫会晤。劳合·乔治一上来就长篇大论地指责苏俄“背信弃义”，干涉英国内政，包括苏俄企图招募工会领袖，暗地里资助《每日先驱报》。他还指控加米涅夫试图把波兰变成苏俄的附属国，但是并未提及英国特工破译苏俄电文之事。很显然，这是一种两面三刀的手法，首相试图撇清自己，以免别人怀疑他对布尔什维克主义过于同情。[80]或许是故意说给旁人听，他警告加米涅夫，若不主动离开英国，就等着被驱逐出境。[81]

劳合·乔治言辞犀利，结果他自己也遭到左翼抨击，所以他最终被迫公开了所截获情报中的 8 条。他找了一个不太站得住脚的托词，声称这些情报是某个中立国交给英国的。丘吉尔深知情报的价值，再加上一贯冲动的作风，牵头发起这次运动，要求公开情报。令人大跌眼镜的是，对莫斯科意识形态的仇恨令英国情报主管们蒙蔽了双眼，以至于他们一致赞同情报公开。时任军情六处主管夸克斯·辛克莱曾在战时指挥过最优秀的译码员，他坚称“即使公开电报会导致接下来的情报无法破译，但目前这种情况下也只能这样了”。三周后，情报军官员将更多破译的电报泄露给报界。此后不久，劳合·乔治将巴兹尔·汤普森解雇，使某些人以为是巴兹尔泄露了情报。他的离开产生了积极影响，外交部和军情六处得以将外国情报控制权牢牢地掌控在自己手里。[82]

首相义无反顾地维护自己的政策，并于 1921 年促成英苏贸易协定的签署。尽管 1922 年再次侦察到大量来自苏联的颠覆活动，但此时劳合·乔治深陷政治丑闻泥潭，无暇顾及颠覆威胁，他被控卖官鬻爵，被迫于 10 月递交辞呈。同年夏天，他的内阁同僚们在博纳·劳的带领下选择将更多破译的电文公之于众。莫斯科有先见之明，更改了密码系统，一条获取可靠情报的渠道就这样堵死了。[83]纵使1920年、1922年和1923年这三次有意披露情报的行为愚不可及，但是政府密码学校仍继续截获到苏联很多高级情报。[84]

令人不可思议的是，苏联的无能更甚于英国。早在1920年年初，加米涅夫及其同僚便要求换掉已不安全的“玛尔塔”密码系统，但他们的上级驳回了这一请求，认为撤换密码费时费力。他们不仅忽略了《泰晤士报》所披露的情报，还对红军高级将领的强烈警告——我们与欧洲的绝密通信“已一字不落地被英国人看到，他们组织了一个情报网络专门监听我们的电台”——充耳不闻。1920年年底，任职多年的苏俄外交部长格奥尔基·契切林似乎明白过来，并警告伦敦的特工人员，以后高度敏感的资料只能由通讯员传递，然而，依然有许多密信被政府密码学校截获。[85]

因此，政府密码学校依然是两战期间英国茫茫情报苍穹中一颗耀眼的星星。1920至1924年，政府密码学校发布了截获的13000多个信号，相当于每月截获290个信号，大半法国通信内容被截获。可是，被传送至唐宁街的通信却少之又少，如果首相没有按时收到这些密报，那么它们去了哪里呢？答案就是外交部。随着战争的结束，外交部采用强硬的手段从军队夺回外国情报控制权。外交部截获了一条涉及一战战后一系列复杂条款条约内容的情报，如对塞夫尔和洛桑等重新划分边界的问题，这些情报往往能让英国外交官在谈判中占据上风。政府密码学校最重要的客户之一是外交大臣柯曾。1922年，柯曾也因外交部获得情报主动权而享有某些特权，他有权决定首相或内阁成员看到何种等级的密报。不巧的是，破译的电文还暴露了劳合·乔治极力主张一套自己的、秘而不宣的外交政策，完全不征求外交大臣的意见，有时候还胳膊肘往外拐，在条约谈判中反而支持希腊人，拖自己外交大臣的后腿。柯曾是个喜怒无常的人，在得知老友兼盟友的“卑劣”行为之后，他变得怒不可遏。

1922 年，在会晤法国总理雷蒙·普恩加莱时，柯曾不得已躲回房间里独自落泪，称除非普恩加莱向他道歉，否则他拒绝出去。[86]

柯曾蓄意向唐宁街隐瞒了许多情报。由于情报合成系统缺失，在国家首脑制定对外战略时发挥不出积极作用，使事情雪上加霜。相反，外交部常常只见树木不见森林。20 世纪 20 年代初期，关于英日同盟关系何去何从的谈判决定可谓影响深远，情报对谈判的作用可见一斑，但是情报的着眼点是日本的密谋和不法活动，而非日本的军事意图和军事能力。劳合·乔治在内阁称，相较于日本的情报机关，其他友好国家的所作所为只能是“有过之而无不及”。纵使他认为日本人“阴险狡猾、不计后果”，但柯曾依然要求重续英国与日本之间的同盟关系。丘吉尔反对继续做东京的盟友，他向内阁同僚们展示了落到军情五处手中的一份日本绘制的关于直布罗陀海峡的秘密地图为证。情报多关乎潜在危险和意外事件，很少做国情评估。[87]

与此同时，爱尔兰问题也是英国的心头大患。1919 年，复活节起义和第一次世界大战造成的创伤尚未痊愈，又爆发了爱尔兰独立战争。1921 年，和平谈判开始；次年，爱尔兰自由邦成立，将和谈推向高潮。这一次，虽然劳合·乔治的手里没有信号情报，但他却利用其他形式的情报辅佐英国摆正在爱尔兰问题上的立场。可惜，向他及内阁大臣们提供情报的恰恰是反对停战的军事情报官员们，他们报告说新芬党尤其是爱尔兰共和军打算先实行缓兵之计，然后蓄势再次发动进攻，其中还有“化学武器”（后被证明是虚假情报），结果劳合·乔治他们因偏听情报，做了一个最最错误的决定。幸运的是，都柏林的文官当局对和平前景信心满满，于是，对爱尔兰形势“两种对立的解读在 1921 年 7 月至 12 月轮番上演”。劳合·乔治属于乐观派，决心实现和平，但大惊小怪的情报险些使和谈分崩离析。到了12月初，首相对此忍无可忍，发了最后通牒：接受和平谈判的条件，否则三天内发动战争。这是一场博弈。情报自相矛盾、漏洞百出，他说不好新芬党是否能够接受，况且英国根本不能这么快就再次发动战争。然而，从爱尔兰截获的情报不容乐观，警告英国提防爱尔兰共和军重整军备，劳合·乔治不得已为和谈设定最后期限，要求严格执行。和谈结果悬而未决，当爱尔兰在协议上签字时，劳合·乔治"明显松了一口气"。[88]

作为首相，该庆祝就应庆祝，因为成功往往只是昙花一现，转瞬即逝。1922年5月，劳合·乔治看到爱尔兰新政府起草的宪法草案，气得脸色发青，绝望无助。当初他孤注一掷地与爱尔兰签订协议，可是现在这份宪法草案明摆着是打算"完全逃避"协议。情报一个比一个真实，揭开了数不胜数的针对北爱尔兰和英国大陆的阴谋，都柏林政府也卷入其中。劳合·乔治有种深深的挫败感，担心"可能要重征"爱尔兰。一个月之后，爱尔兰共和军在伦敦行刺陆军元帅亨利·威尔逊，英国政府在压力之下不得不彻底摧毁爱尔兰共和军设在都柏林的总部。小小的一条情报错误地将战火引向了都柏林，英国认为都柏林参与了此次刺杀，于是下令军队进攻爱尔兰共和军总部，一举瓦解了英国一贯奉行的对爱尔兰的政策。虽然如此，此次进攻还是获得了内阁的获准，由丘吉尔带队。这次丘吉尔又没能辨别原始情报的可靠性，再一次让自己冲动的性格弱点暴露无遗。一切都让首相深感挫败，但对于劳合·乔治及其奉行的爱尔兰政策而言，这无疑是幸运的，因为军队拒绝服从命令。[89]这标志着劳合·乔治是最后一次参与解决爱尔兰问题，到第二次世界大战时，丘吉尔不得不回过头再次面对这个问题。更不妙的是，这似乎预示着从哈罗德·威尔逊那一任首相开始，继任首相们将遇到无尽的麻烦。

1922 年，劳合·乔治的继任者博纳·劳成为 20 世纪任期最短的首相，在任只有 211 天。没过多久，他便患咽喉瘤逝世，被安葬在威斯敏斯特教堂，在无名烈士墓旁，因此葬礼仪式上，阿斯奎斯将他称为“无名首相”。汉基在日记里写道：“可怜的博纳从来没有过担当首相的那份勇气。我敢肯定，首相责任重大这一想法在他的脑海中挥之不去，从而加速了癌症病变。”然后他笔锋一转，落到博纳·劳的接班人身上：“鲍德温勇气可嘉，但能力不足，我担心他不会长久。”这个总结很到位，斯坦利·鲍德温的首个任期的确只维持了 8 个月，他于 1924 年 1 月辞去首相一职。在这些政治人物的衬托之下，劳合·乔治似乎是一个政治强人，正是在他的领导下，英国情报才不断地冒险前进。[90]

直到 1909 年，英国情报界才实现了互联互通，但情报集中化、职业化进程却早就开始了。确实，正如我们所看到的那样，阿斯奎斯政府改变了“情报”一词的意义。在世纪之交，情报的触角已经伸到帝国的各个角落。情报意味着各种各样的信息，只要它能为决策层服务，只要能使殖民统治更加高效，它就是情报。情报多半是由一群胆识过人、执行特工任务的非职业人员提供，还有怪才——他们一边收集稀有甲虫、郁金香种球，一边描画土耳其防御工事。到了 1918 年，情报局主要是开展秘密工作，尤其重视反情报任务。最重要的是，其军事化的特点也日益突出，并且开创了破译密码的技术科学。短短 4 年时间里，“40 号房间”破译了大量情报，但是迄今为止，没人知道如何安全地翻译情报、使用情报。[91]

或许因为有莫里斯·汉基这位智囊伴随左右，劳合·乔治已开始学习情报中的门门道道。与上任初期相反，到 1920 年时，他终于悟出了所有密电都有来龙去脉这一道理。因此，他没对列宁的激烈言语感到不安。他也渐渐懂得，获取密电的过程很难，但到手之后很容易泄露出去——唐宁街 10 号就常忘记这个教训。因此，尽管他最终愿意在回忆录里谈及密码破译工作，但是与他曾公开发表过的言论相比，几乎了无新意，而且每次谈到情报工作都要事先与汉基通气。[92]

相比之下，其内阁同僚，甚至那些情报经验更加丰富的成员，表现得也不尽如人意。柯曾于 1919—1924 年任外交大臣，他本应是一位情报大师——早期在担任印度总督时，曾掌管过高级情报系统。但是看到截获的情报上赫然写着法国对他的人身攻击之后，他居然气哭了。丘吉尔的表现更糟，尽管他对情报保持无限的热情，但拿到情报之后却冲动得要命。1923 年他滔滔不绝地讲述第一次世界大战期间的个人事迹时，还多次提及英国破译密码的本事。很快，德国人如饥似渴地解读他讲述的故事，不久之后，他们就开始研究一种全新且高效的“恩尼格玛”密码机。这绝非偶然。然而，20 世纪 20 年代中期，英国仍然没有把德国视为潜在威胁。第一次世界大战已然结束，一个名叫阿道夫·希特勒的年轻人刚刚建立了纳粹党，英国对此无动于衷，反而是苏联人引起了英国情报局的注意。一场颠覆与阴谋的“冷战”初露端倪，需要候任首相们巧妙而智慧地运用情报。若不能熟练地操控秘密世界，再加上缺乏统一的情报评估机构，要谈巧妙而智慧地运用，或许要求太高了。

2

斯坦利·鲍德温和拉姆齐·麦克唐纳（1923—1937）

如何才能摆脱嫌疑……让大家相信整个事件是场政治阴谋？

——拉姆齐·麦克唐纳[1]

在（德国）这个问题上，我们被彻底地误导了。

——斯坦利·鲍德温[2]

两次世界大战之间正是国际社会间谍活动风起云涌，新成立的情报机关暗中较量之时。英国和苏俄在全球范围内展开颠覆与反颠覆对抗的同时，共产主义的红色恐怖席卷了白厅大厦。据说，有人密谋通过舆论中伤扳倒工党出身的首相，而另一位首相则为一己政治私利公开滥用情报。十年间，有目共睹的就有两次。有意思的是，秘密情报组织和首相府之间的纠葛在历史中不断重演，继任首相们将再次面对两次世界大战之间暴露出的种种问题。

20 世纪二三十年代，斯坦利·鲍德温和拉姆齐·麦克唐纳两位首相叱咤风云。两人初上任时都缺乏使用情报的经验，还有很多有待学习的地方。斯坦利·鲍德温是一位“甩手掌柜“，他深谙委派之道，给予大臣们最大的自由，以至于大家说他既自满又懒惰。鲍德温的精力大部分都花在在议会厅与议员们联络感情上：他有时坐在下议院议事厅听议会辩论，听到无聊之处便闭目养神；有时懒洋洋地躺在扶手椅里，沉浸在政治氛围中，但总是不忘与人交谈。这种行事作风并不是人人都满意。一位怒气冲冲的同僚抱怨说：“一个只会坐在吸烟室里看《斯特兰德杂志》的领导你还能指望他做什么？”[3]

表象之下的鲍德温是一个神经容易紧张的人，他的很多习惯都表现出了这一特质：如眼皮轻微地抽搐，如凡是落入他手里的任何东西，他都禁不住去闻一闻，尤其喜欢把书拿到鼻子下面，然后深吸一口气，[4]但是，他处理危机的能力十分出色。这些自相矛盾但有意思的个性直接影响首相如何运用情报。鲍德温喜欢委派工作暗示他不太关注情报材料的细节，而紧张的举止则说明他不具备随时应对情报危机的能力。事实上，尽管鲍德温在情报工作方面略显笨拙、不够熟练，让人深感失望，他连累了政府密码学校这个极好的苏联情报源：鲍德温公开指责空军情报局的报告误导了他，这差点让军情六处一位密码分析专家丢了饭碗，此外，为监控爱德华八世国王的风流韵事，鲍德温与军情五处也闹翻了，但是，他在任期内的确曾稳扎稳打，充分利用情报为政府服务。

至少从理论上看来，鲍德温的政途本应比拉姆齐·麦克唐纳更加顺遂。作为一名农场工人与女仆的私生子，麦克唐纳是个圈外人，但他不仅是英国历史上首位工党首相，还是首位出身于“劳工阶级”

的首相。他不是体制内的人，也没有关系网，在入主唐宁街以前，麦克唐纳从未在大臣级职位上供过职。历任英国首相，甚至包括整个白厅的官员，很少有人像他那样对情报工作一窍不通。

虽然麦克唐纳精力充沛、外表帅气、富有人格魅力，但是他容易动怒，戒心重，而且性格内向。不像鲍德温，麦克唐纳在工作上吃苦耐劳，他能从早晨 7 点一直工作到次日凌晨。因为不善于委派工作，麦克唐纳在 1924 年初任首相的同时兼任外务大臣一职。1929 年麦克唐纳再次出任首相，出于政治因素考虑，这次麦克唐纳委派亚瑟·亨德森出任外务大臣，打算尽可能地将外交政策牢牢地掌握在自己手里。[5] 有人可能猜测，这样他应该能接触更多的情报工作，而且能比其他首相更主动地使用情报，但实际上，他总是与情报界保持距离，无意接见军情五处或军情六处情报长官。为了远离情报界的尔虞我诈，他甚至一度迫使军情六处的一位高级官员站到隔壁的房间里，让外交部常务秘书充当他们两个人的传话筒。[6]

麦克唐纳仍不失为工党的英雄，工党命运的使者，1924 年他首次出任英国首相，1929—1931 年再度出任。然而，英雄就是用来被打败的，英国的公众生活是这样，政治生活亦如此。为帮助英国渡过经济大萧条，1931 年麦克唐纳同意筹组国民政府，自认党魁，但自此事情变得一发不可收拾，昔日的支持者视他为工党的“叛徒”，麦克唐纳被毫不客气地开除出他含辛茹苦，一手带入“政轨”的工党。尽管直到 1935 年麦克唐纳仍挂首相虚名，但是政府大权已渐渐被包括斯坦利·鲍德温和内维尔·张伯伦在内的保守党把持。再加上他饱受失眠和疾病的折磨，上了年纪的麦克唐纳“渐渐地退出历史舞台”。[7] 几经劝告，麦克唐纳乘远洋邮轮出海，计划到南美洲休养，但于 1937 年 11 月在途中病逝。那时，许多欧洲危机显而易见，预示着他的继任者们将面临数不清的麻烦。

英国工党首次执政引发了首相府与情报机构之间的一系列纠葛。英王乔治五世曾感叹"亲爱的维多利亚女王"如果在世的话如何评价工党政府，又如何评价情报机关呢？军情五处留意麦克唐纳很久了：实际上，早在第一次世界大战期间，军情五处便建议起诉麦克唐纳，控告他发表煽动性的演讲。情报精英中的小分队继续以"怀疑、警惕、时而蔑视的眼光"观察着麦克唐纳及工党政府。这种不信任是相互的，工党对于情报工作抱有的疑心，掌权长达31年的军情五处主管弗农·凯尔心知肚明。[8]

外交部很谨慎，在将情报拿给新任首相之前，不动声色地等了好几个月，因为外交官们担心截获情报、间谍活动会吓坏工党大臣们，所以用丘吉尔的话说，让麦克唐纳"蒙在鼓里"。待他最终履新时，麦克唐纳很可能是内阁成员中唯一知晓政府密码学校活动的人。虽然麦克唐纳有过情报工作的经验，但是情报官员们仍然对他有所保留。20世纪30年代初期情报工作进行了改革，为便于协调工作、减少职责重叠，军情六处负责海外间谍活动，军情五处继续对付苏格兰场中的共产主义颠覆分子。这些改革举措决定了未来数十年军情六处与军情五处的发展方向，然而，麦克唐纳对此似乎一无所知。[9]同样，尽管信号情报和军情六处的报告能为政府制定对俄罗斯的外交政策提供指导，但是英国国会外交部政务次官亚瑟·庞森比被禁止查看这些内容。每当庞森比提及这些情报时，官员们守口如瓶，庞森比倒不是特别介意这点，因为他觉得情报是"肮脏"的交易。[10]

热衷情报工作的工党大臣为数不多。1929年，外交部高官罗伯特·范西塔特迫不得已在新任外交大臣亨德森面前袒护秘密情报局选举，因为它是秘密活动经费的来源。作为英国最资深的外交官，范西塔特不仅非常博学而且是一位唯美主义者。早年在巴黎参加外交实习期间，他用法语编写了一个剧本——《被遗弃的人》，该剧在莫里哀剧院的演出大获成功。此后，他继续创作了大量诗歌，获得托马斯·爱德华·劳伦斯的称赞。范西塔特，也就是我们熟知的“范”，他天性浪漫、敢爱敢恨、热衷情报。[11] 他为亨德森感到惋惜——亨德森是一位绝对的戒酒主义者：他“把秘密情报局看作烈酒，敬而远之，因为他不知道，也不想知道任何与情报有关的事情”。范西塔特感到很沮丧，他觉得政府把情报“捂得紧紧的”[12]，连工党内的高级大臣们都被禁止随意查看情报这未免太不公平了吧。麦克唐纳政府对整个情报机关的定位“持有偏见”，周围弥漫着一种“缺乏互信的氛围”，以至于只要是麦克唐纳的大臣们能听到的地方，军情六处的官员们不论讨论什么都会小心翼翼。[13]

作为首相，麦克唐纳每周都会收到一份由政治保安处撰写的英国革命活动书面总结。他不为所动，认为这些总结报告无不带有政治偏见，缺乏洞察力。令政治保安处生气的是，他拒绝让内阁传阅。随着时间的推移，他对情报的态度的确有所缓和，尤其在随着工业动荡，问题越来越多的时候，他渐渐地意识到军情五处、政治保安处，甚至还有军情六处提供的国内情报可以帮助政府应对挑战。[14] 麦克唐纳工作勤勤恳恳，赢得了白厅上上下下的一致尊重，内阁办公室负责人莫里斯·汉基就“非常”喜欢麦克唐纳，与他“打得火热”。[15] 麦克唐纳并非苏联的傀儡，而且苏联驻伦敦大使特别不待见他，说他浮躁、自负。在任期间，麦克唐纳一直密切关注苏联的活动，正如他监控保守党成员一样。[16] 但是臭名昭著的“季诺维耶夫信”事件给麦克唐纳与情报之间刚刚萌芽的关系带来致命打击，并且为未来数十年工党大臣们与情报局之间的关系蒙上了一层阴影。[17]

1924 年，麦克唐纳发现自己正处于风雨飘摇之中——少数党政府摇摇欲坠，自己身居高位，处境微妙。他是首位工党首相，这一事实更是使他前途未卜。麦克唐纳和未曾掌握过大权的工党损失惨重。跟 50 年后哈罗德·威尔逊遇到的状况一样，麦克唐纳在年初当选，但是同年 10 月又再次大选。此外，麦克唐纳在政府的右翼部门中也发现了敌手，他们迫切地想抹黑首相，破坏这届羽翼未丰的工党政府的稳定。

1924 年 10 月，大选前数日，《每日邮报》刊登了一则耸人听闻的标题："社会党的内战阴谋：莫斯科领导我们的红军"。[18]《每日邮报》不知怎么获得了一封传闻由共产国际主席季诺维耶夫寄给英国共产党的信。距离大选投票日这么近，"公开这封信"毫无疑问对麦克唐纳及其工党政府选举形势构成明显打击，而这正是《每日邮报》的目的所在。这封信使用了"亲爱的同志们"这一称呼，目的就是"搅乱英国广大的无产阶级"，煽动叛乱。它提出到英国部队中去"宣传马克思主义"，敦促英国共产党渗透到"各个小分队中"。对于麦克唐纳来说，最致命的打击莫过于这封信里还提到工党内的一小撮人"支持"建立更加密切的英苏关系。[19]这意指工党政府在对待布尔什维克的问题上太过温和。这种指控很有杀伤力，使"红色恐怖"情绪继续蔓延。

尽管麦克唐纳曾尝试让工党远离英国共产党，但作为首相，他早已经从法律上承认了苏联，并与其签署了两项条约。和前任首相劳合·乔治一样，他只希望改善双边贸易，并将苏联带入国际社会。遗憾的是，在那些害怕共产主义持续扩张的"有身份的人"看来，他的方法"几乎等同于背叛"。大众传媒也讨伐麦克唐纳，称其中一个条约是"给杀人凶手送钱"。工党内阁还曾拒绝控告约翰·坎贝尔，让事情变得更不乐观。坎贝尔是一名共产主义记者，被指控在军队从事颠覆活动，但实际上他在一战期间战功卓著。[20]麦克唐纳本人对内阁的决定持保留态度，担心"关于这件事会横生枝节"[21]，结果证明他的担心是对的。[21]

近一个世纪以来，人们一直在争论：在臭名昭著的“季维诺耶夫信”事件中情报界扮演了何种角色？是情报官员有意伪造这样一封信，就为了把经过民主选举产生的首相拉下台吗？如果不是，他们是否至少为达目的公布了信件内容？在20世纪20年代，国内情报部门的行为只是针对工党吗？军情六处官方历史学家基斯·杰弗里对这些猜测做了很好的概括：“获得安全机构和情报机构的默许后，右翼分子故意利用这封信——甚至有可能是被伪造出来的——确保工党在大选中落败。”[22]这些问题至关重要，它们引发了秘密世界最重要的问题：责任边界在哪儿？是否具有政治合法性？

几乎可以肯定季诺维耶夫信就是伪造的。外交部历史学家吉尔·班尼特能够看到军情六处的资料，他的结论是：这封信“基本上不可能”是季诺维耶夫本人写的。相反地，它很可能出自一个既与国际情报界存在联系，又相当了解共产国际的人之手。班尼特补充道，这名神秘的伪造者可能还“很清楚英国有一些利益集团会利用这封伪造的信挫伤工党政府，阻碍英苏协议的签署，从而进一步推进他们的事业”。英国情报官员很可能已经掌握了他们打算伪造信件的线索，而他们一直试图在即将举行的大选中助保守党一臂之力。[23]

那些支持沙皇政权的白罗斯流亡者嫌疑最大。鉴于流亡英国的白罗斯人对麦克唐纳签署英苏条约持强烈反对态度，他们理所当然有此动机。此外，他们也有渠道，包括精密的情报联络网和在欧洲伪造信件的条件。伪造者很可能身在里加——那座城市里一些向军情六处传递情报的线人显然与白罗斯流亡者这个圈子有交集。[24]这起伪造事件的重要嫌疑对象是一个白罗斯四人组，其中一人名叫亚历克斯·贝勒加德，他与军情六处关系密切，后来成为二战时期军情六处最成功的反纳粹双面间谍之一。[25]在信件逐级呈交给麦克唐纳本人的过程中，其他人很可能夸大了这封信的真实性。[26]

1924年10月2日，军情六处里加情报站拿到了这封信并将其英文版本发给伦敦方面。一周后，军情六处总部将信的副本发给外交部，并附上说明确认“该文件的真实性毋庸置疑”。军情六处的人坚称这封信确实出自季诺维耶夫之手。但实际上，军情六处并未核实其真实性。举个例子，军情六处内部没人问过里加方面是如何得到这封信的，也没人询问这是原件还是译本。[27]

外交部在把信呈给首相之前，还是严谨地寻找过“确凿证据”的。据说是军情六处的德斯蒙德·莫顿10月11日提供了所谓的“确凿证据”。他的报告显然是以一位打入英国共产党的特工提供的情报为依据的，报告中写道，英国共产党已经于10月初召开会议，仔细讨论季诺维耶夫写来的一封信，因此里加来信确有其事。然而，有意思的是这名特工最初的书面报告里根本没有提到任何从莫斯科发来的信件。莫顿声称他是在10月10日与这位特工见面做进一步的讨论时获得了额外信息。看上去莫顿是有过失的，不太严重的情况是，他问了一些诱导性的问题，以获得信息来匹配季诺维耶夫来信；最坏的情况则是，他明知道这封信是伪造出来的，但是他意识到了这封信能对麦克唐纳构成重大影响，有意弄假成真。显然，他既不喜欢共产党，也不喜欢工党。[28]

对外交部来说，莫顿这种漏洞百出的“确认”正中下怀。常务次官称：“我们现在确定得到了可靠消息，英国共产党中央委员会召开会议就那封来自苏联的信件进行了讨论。”[29]首相适时被告知了此事。10月16日第一次看到这封信时，麦克唐纳便心生疑虑。他“并没有把它当作一个经过核实的文件”，并要求“务必仔细核实该信件是否真实”。“在选举风暴中”，他居然没有产生过这种想法：这封信“会对大选产生影响”。[30]他要求掌握更多证据，但是他的指令没有被认真对待，所以什么都没有查出来。[31]麦克唐纳有对也有错，对在质疑了信件的真实性，错在忽视了它在大选中的作用。

军情六处知道这封信是伪造的：快到 11 月底时，“季诺维耶夫信”事件对工党造成的打击已无法挽回，莫顿这才私下告诉军情五处“我们坚信这封所谓千真万确的信件是伪造的”。[32]但他拒绝在更大的范围内承认这一点。军情六处主管辛克莱甚至列了一张清单，上面写着各项理由。这张清单很可能是由莫顿起草的，用来解释为什么这封信是真实的。然而，每个理由都有漏洞。第一，辛克莱辩称，可靠的情报来源增强了信件的真实性，即便军情六处并不知道情报终极来源——特工中的特工——的确切身份。第二，辛克莱表示有很多“确凿证据”，但是这些证据也都不可靠。第三，军情六处指出，苏联人曾疯狂地拘捕了两位共产国际官员——这最多只能算是间接证据。第四，辛克莱傲慢地宣布，军情六处被伪造信件的白罗斯流亡者欺骗的可能性可以“完全排除”。毫不夸张地说，这真是太自作聪明了。接下来，他错误地断言军情六处知道这封信所有经手人的身份。但这依然绝非事实，因为军情六处并不知道这封信的最初来源。最终，辛克莱辩称，信的内容与其他真实文件是吻合的——但这证明不了什么。莫顿隐瞒了一些事情。他一直为自己拥有识破伪造行径的慧眼而自豪，而且他很可能从一开始就知道这封信是伪造的。[33]

走漏风声在所难免，尤其是军情五处让本无权染指该情报的高级军事人员也传阅了此信。此外，军情六处内部有一小撮麦克唐纳政府的反对派，这些人在报界有不少人脉，巴不得麦克唐纳下台，所以当这封信到达伦敦时，他们乐不可支。因为当时情报界内部人员重叠，要证明元凶的身份难度太大。[34]嫌疑人倒是不少，而且个个狡猾得很。军情六处内部有两名嫌疑人：一位是德斯蒙德·莫顿；另一位是军情六处下一任主管斯图尔特·孟席斯。事实上，后来莫顿指控是孟席斯把这封信寄给了《每日邮报》。军情五处的约瑟夫·鲍尔也有嫌疑。鲍尔效忠保守党之后，勾结军情五处的老同事利用渗透、操纵社会舆论、窃听电话等拿不上台面的手段对付工党。[35]其他嫌疑人还有总爱眨眼的雷金纳德·霍尔。霍尔曾是海军情报局局长，后来才加入议会。因为麦克唐纳上台，导致了他失去了议会中的保守党席位。[36]

这些嫌疑人有三个共同之处：都曾效劳情报局；都是保守党的亲密盟友；都坚信自己是为了国家利益考虑才没有公开这封信，而是暗中动摇麦克唐纳的地位。值得注意的是，10 月 22 日当天，保守党总部也收到了一份这封信的副本。无论是谁泄露了这封信，他的目的都达到了："以牺牲政府为代价，确保既得利益者能够从中捞取政治资本。"[37]与此同时，霍尔之流利用保守党在情报局的关系，用相同的手段对付尚处于萌芽状态中的爱尔兰自由邦。斯坦利·鲍德温也摆脱不了嫌疑，至少在爱尔兰问题上他就撇不清干系，更别说他曾是 IB 俱乐部的荣誉会员。IB 俱乐部是由一群前特工人员组成的秘密组织，由弗农·凯尔任主席。"季诺维耶夫信"事件可简单地看作当局在更大范围内开展的一铲除异己运动的一部分。[38]

《每日邮报》报道此事时，竞选活动已接近尾声，拉姆齐·麦克唐纳此时正在别处参加竞选活动，他嗓音嘶哑，已经说不出话了。眼看就能实现连任，却爆出这样的丑闻，令工党成员的梦想提前破灭，这是他最不想看到的局面。尽管对这封信的真实性表示怀疑，他还是指示外交部草拟了抗议书发给苏联驻伦敦代表处。他要求抗议书要写得"有理有据，重要的是，它还要令人信服，进而产生负罪感"。[39]因没有符合他要求的稿子，10 月 23 日，他在阿伯拉文一家宾馆房间里大幅度修改稿件，但是因为要匆匆地赶去参加另一场选举会议，来不及写完，于是他将这份未完成的草稿寄回伦敦，连名字都没有署，因为他还想在信发走之前再看一遍。可是一听说《每日邮报》有“季诺维耶夫信”的副本并且马上要公之于众，外交部立马将麦克唐纳那份未完成的抗议书寄给《每日邮报》，打算让报社把抗议书和信刊登在一起，没人跟麦克唐纳商量[40]。所以，“当晚当一名前来参加会议的记者问他，是不是他批准把信公开时”，他自然“瞠目结舌”、措手不及，“感觉像是被人缝在麻袋中投入海中”。[41]

麦克唐纳思前想后，得出一个结论：“我不在的时候，外交部高官厄恩·克罗维爵士的反苏情绪失控。显然，他只是一时头脑发热。他没有要背叛我的意思，恰恰相反，冲动使他失去理智，蒙蔽了他的双眼，结果本该小心的地方却没小心。”[42]毫无疑问，麦克唐纳对克罗维极为失望，但并没有责怪他，而是把矛头指向了《每日邮报》和保守党。他在日记里痛骂：“如果《每日邮报》和包括保守党领袖在内的其他组织没有拿到这封信，没有把它当政治炸弹的话，哪来的这档子事？！”[43]更让人觉得天真的是，当他发现原来《每日邮报》得到了这封信的副本时，他竟然真的“目瞪口呆”起来。[44]

10 月 27 日，麦克唐纳在加的夫发表竞选演说，他终于借此机会向众人解释了“季诺维耶夫信”一事。尽管遍体鳞伤，满腹疑虑，麦克唐纳坚决否认自己推迟公布信件，他大力抨击“那些狗屁都不懂的保守党宣传者”，但却忠心维护外交部和克罗维公开抗议书的决定。此外，他炮轰报界，指责它们不该拿着一封信的副本试图对“工党政府搞突然袭击”。他暗示保守党在污蔑他，让民众觉得好笑的是，他还暗指“保守党是另一个盖伊·福克斯”，称“这是一场新的火药阴谋”[45]。演讲并没有化解“季诺维耶夫信”给他带来的威胁。离大选正式开始只有数小时的时间，记者们追着麻烦缠身的麦克唐纳不放，《每日快报》和《每日邮报》争相报道他与内政部不和的消息，连《曼彻斯特卫报》也来凑热闹，说如果那封信是个骗局，那么麦克唐纳政府就犯了一个“大错误”，但如果那封信是真的，那么首相就不能再指责自己的对手搞阴谋了。“报界鼠辈”令麦克唐纳大为光火，他越来越觉得整个事件就是一场私人恩怨。[46]

10 月 29 日，星期三，英国大选结果出炉。尽管麦克唐纳呼声很高，但保守党赢得了 155 个席位，打了个漂亮的翻身仗。选举专家提出，“季诺维耶夫信”不是工党败选的原因。即时没有这封信，保守党十有八九也会获胜。第二天麦克唐纳回到伦敦时，他确信这封信就是伪造的，一切都是一场阴谋，但他苦于没有证据。[47] 他做的第一件事就是拜访厄恩·克罗维爵士。但外交部没有克罗维的身影，此时他正卧病在床，为当时没有获得首相批准就公布抗议信一事伤心不已。10 月 31 日，麦克唐纳召开了最后一次内阁会议。因为一些人提出调查情报局在“季诺维耶夫信”事件中起的作用，所以会议就此展开了长时间的激烈讨论，但麦克唐纳驳回了这一提议，原因是他认为克罗维爵士和外交部无意破坏工党政府。麦克唐纳反倒委派了一个内阁委员会对这封声名狼藉的信的真实性进行核查。但是，由于缺乏确凿的证据，无法得出定论。事已至此，麦克唐纳辞去首相一职，前往英国西郡徒步旅行度假去了。[48]

“季诺维耶夫信”事件令斯坦利·鲍德温坐立难安。1924 年 11 月 4 日接任麦克唐纳出任首相后，他召开首相特工委员会会议，下令审查整个情报系统，要求委员会成员就如何“提升工作效率”提出意见和建议。1925 年年底，委员会向鲍德温汇报说，如果当初是他们一手创立了情报机构，他们就会单独建立一个统一的部门。然而，最终他们却建议首相顺其自然：尽管不尽如人意，但勉强过得去。[49] 鲍德温当然不会满足于此。两年后，也就是 1927 年，他再次召开委员会会议，派委员们调查苏格兰场（伦敦警察厅）——他担心工党以政府部门参与党派政治为由插手苏格兰场的“政治工作”。[50] 鲍德温有先见之明，他早就料到“季诺维耶夫信”事件会加深意识形态与情报工作之间的纠葛，所以他立刻下令对苏联驻伦敦代办处进行突击安全检查。这次行动政界争议颇大，而且结果也事与愿违。

1926 年的英国总罢工让当局更加相信莫斯科就是一心想要颠覆英国政府的幕后黑手。鲍德温依然镇定自若，但是比弗布鲁克报业集团和罗瑟米尔报业集团将此次罢工渲染成一场未遂的革命。军情五处和政治保安处拦截左翼领袖的信件，并且通过偷听月台上民众讲话的方式直接收集民意。在 1926 年 5 月结束英国总罢工也许是鲍德温最有成就感的一刻：他不但受到群众拥护还博得了议会的喝彩。但安全部门和军方时刻保持警惕，尤其担心发生武装叛乱。1926 年 10 月，内政大臣威廉·乔伊森－希克斯终于沉不住气了，下令政治保安处以莫须有的罪名逮捕了 12 位知名共产党人士。[51]

如今英国情报机构都齐刷刷地紧盯着穆尔盖特的一栋大楼。这栋楼有家叫阿克斯（ARCOS，全俄合作协会）的机构，专门负责处理英苏贸易事务。情报界有理由相信阿克斯是苏联宣传共产主义思想、颠覆英国政府的前沿阵地。苏联对阿克斯的定义是：“阿克斯是苏联政府在英国境内唯一一家采销机构。”军情五处认为这种说法既天真又幼稚，对它嗤之以鼻：“他们以为谎言说得多了就变成真话了。”[52] 更让人觉得棘手的是阿克斯与苏联贸易团共用办公室，这样一来这两个机构之间的职责界限就更加模糊不清。尽管如此，军情五处追踪到首个重大间谍组织，它即将被苏联派到英国阿克斯。[53] 军情五处、军情六处和政治保安处静观其变，准备放长线钓大鱼。

1927 年 3 月，一条新线索出来了。军情六处接到线人提供的情报：阿克斯复制了一份英国军事机密文件。辛克莱立即把这条消息转告给弗农·凯尔，一刻也不敢耽误，因为，用辛克莱的话说，“这与一次针对我国武装力量的间谍行动有关”，所以不是军情六处的职责所在。“季诺维耶夫信”留下的记忆尚未淡去，以此为戒，凯尔和军情五处在花了几个星期的时间确认证据后，才提醒检察官警惕苏联的间谍活动。采取行动的时间差不多到了。凯尔打算与内政部常务次官约翰·安德森见一面，但是安德森正在开会，不方便见他。凯尔并没有因此而气馁，紧接着他去找了军事行动与情报局主管，可还是扑了个空，对方当时不在伦敦。最后，由于帝国陆军总参谋长这些日子也不在伦敦，凯尔第三次吃了闭门羹，上演了一出“帽子戏法”，令他十分不快。午餐时凯尔仔细思索了一下问题所在，为自己在白厅内孤立无援而感到沮丧。在缓步走回办公室的途中，凯尔偶遇陆军大臣拉明·沃辛顿－埃文斯，终于与其约定下午 5 点在下议院面谈。凯尔等了沃辛顿－埃文斯 15 分钟，但后者在听他陈述了情报证据之后，便让他去见内政大臣。下午 5：40，一天内饱受挫折的凯尔终于在极端反共的内政大臣那里找到了一个愿意听他讲话的人：乔伊森－希克斯，绰号“吉克斯”。吉克斯马上嗅到这是苏联即将展开危险暴动的明证，他把军情五处的老大留在办公室，自己直奔首相办公室。当时鲍德温正与外交大臣奥斯丁·张伯伦在一起，他表示同意突袭阿克斯，以获取苏联违反《官方保密法》的相关证据。不到半个小时，吉克斯就兴高采烈地回到办公室说：“突袭阿克斯！不想赶紧写下来吗？”[54]

鲍德温这么快就做出决定，让凯尔惊讶不已。众所周知，鲍德温不是个当机立断的人，但是吉克斯一直向他施压，让他更加严厉地打击苏联人，并且他一直以来对苏联资助举行总罢工的煤矿工人都痛恨不已，凯尔的证据促使他痛下决心[55]。与“季诺维耶夫信”

事件一样，这一证据直指苏联破坏英国武装部队的企图，而这正是英国政府严正关切的，因此突袭迫在眉睫。[56]然而，不管是鲍德温还是外交大臣，都没有完全意识到这次行动的外交意义：攻击阿克斯其实就是攻击苏联贸易团。[57]值得注意的是，一开始是辛克莱把证据交给凯尔的，结果辛克莱本人和军情六处却并未被告知突袭阿克斯事宜。5 月 12 日，一向喜爱享受生活的辛克莱在俱乐部街的某个餐馆好好地享受了一顿丰盛的午餐。下午 3 点整他才知道突袭一事，此时距行动开始只剩一个半小时了，所以他生凯尔的气也是可以理解的。后来辛克莱以此事为由，试图将情报机关整合成一个单独的组织，但无功而返。[58]

突袭本身就是一种极不理智的行为。笨手笨脚的警察挥舞着手枪，命令阿克斯的员工把口袋和手袋里所有的东西悉数取出，但是到底要搜什么他们自己都不知道。此次行动也没有任何人负责，更糟糕的是，警察中没人懂俄语，自然无法看懂一堆堆的俄文文件，从中找到定罪的证据。与此同时，两名阿克斯的员工躲在地下室手忙脚乱地烧毁了大量秘密文件。[59]尽管首相亲自授权了此次突袭行动，但是军情六处还是大为光火，因为阿克斯也是他们的目标，鲍德温这么鲁莽地做出突袭决定只能使得军情六处针对国际间谍组织的侦察行动被迫中断。辛克莱破口大骂：这次突袭行动“使英国无法挽回地失去了一次前所未有的机会”。[60]突袭行动还对军情六处的行动产生了更大范围的影响：英国驻莫斯科代表处一直默默地充当着军情六处的“信箱”，假如苏联人对其采取报复性行动，那么将危及英国在莫斯科开展的间谍工作。[61]

还有比这更糟的。面对吉克斯的施压，丘吉尔和一群后座议员叫嚷着要对苏联的颠覆阴谋采取强硬态度，鲍德温政府决定与莫斯科断绝外交关系。他们本来希望在突袭阿克斯时能收集到定罪证据，这样一来突袭也就师出有名了，可惜一无所获。反对派议员对政府百般奚落，所谓的具有煽动性的文件“只不过是臆想出来的”。[62]安全部门为突袭中收集的资料“似乎没什么大作用”而感到惋惜，[63]尤其是没有任何证据能证明苏联外交代表团有煽动行为或大肆宣传鼓吹。[64]惊慌失措之下，鲍德温动用了政府密码学校截获的绝密情报，试图给苏联定罪。5 月 24 日，鲍德温做了一件“前无古人”的事情：下议院辩论会时，鲍德温起身发言，把情报部门拦截的信号情报统统抖了出来，借用内阁比较委婉的话来说就是读了“一般不能拿来引用的秘密文件”。[65]

疲惫不堪的鲍德温故意把阿克斯突袭行动定义为英国情报界的一次成功，声称“大英帝国以及南美洲和北美洲的军事间谍和颠覆活动都是苏联政府一手策划并实施的”。他还进一步补充道：“贸易代表团职员和阿克斯雇员的办公场所、工作职责都没有明显区别。二者都曾插手针对英国的间谍活动，并做过煽动性宣传。”[66]这两项指控很准确，但是在突袭现场找到的文件不足以对其进行支撑，所以鲍德温才把情报部门截获的高级别信号情报拿了出来。不光如此，他还披露了另一条被截获的情报，这条是苏联大使馆临时代办发给莫斯科方面的电报，内容如下：“我非常怀疑英国有可能突袭我方大使馆。不过我觉得这对我们而言倒是一个有效的预警：我将考虑将朋友、‘邻居’之间往来的以及从莫斯科发出寄往伦敦（反之亦然）的中转邮件暂缓处理。立即致电回复。”反对派质问鲍德温如何获取这些文件时，人群中爆发出一阵骚动，全凭议长出来维持议会秩序才帮首相躲过一劫。[67]鲍德温甚至将政府密码学校截获的绝密电报发表在一份白皮书上。[68]两天后，下议院再次召开会议就该问题进行辩论。有了鲍德温的先例，外交大臣和吉克斯也有样学样，亢奋地披露了更多情报。获得军情五处授权的历史学家克里斯托弗·安德鲁评论道，这场辩论“发展成了政府部门大肆泄露情报的一场狂欢，这在现代议会史上是空前绝后的”。[69]

从政府密码学校到鲍德温内阁，他们早就有机会接触包括外交和情报资源在内的所有苏联通信内容。政府密码学校还监听共产国际与英国共产党之间的通信内容。他们在伦敦南部有一处不起眼的情报站，这个情报站负责监听温布尔登的一个发报机。[70]然而，有了阿克斯突袭的前车之鉴，苏联人意识到他们的密码已经被英国人破译了，于是很有先见之明地用一套更精密、看似牢不可破的加密方案代替了原来的方案，即“一次一密系统”[71]。“一次一密系统”，顾名思义，就是每一条电文对应一套密码，这给译码员带来了巨大的困难，结果便是情报来源枯竭了。未来的几年中，政府密码学校截获的苏联外交方面的电文越来越少，英国想要从苏联方面获取高级情报，就只能从共产国际入手了。[72]

辛克莱、辛克莱的副手斯图尔特·孟席斯和政府密码学校运营主管阿拉斯泰尔·丹尼斯顿都因鲍德温在议会公开使用信号情报而勃然大怒。他们指出这一情报源具有不可估量的价值，鲍德温在议会如此公开情报很可能会给情报工作带来毁灭性的打击，他们说得没错，但又能怎样呢？苏联与工党中的左翼势力联手，已对英国构成威胁，更重要的是政府的政治声誉危在旦夕，所以情报成了替罪羊。[73]辛克莱不禁感叹：密电怎么就会被当作“政府孤注一掷的筹码呢”？他为情报机关内部缺乏协作感到悲哀，一再要求成立一个统一领导三个情报部门的机构。[74]此外，丹尼斯顿之所以攻击鲍德温，还因为后者说过“毋庸置疑，我们有必要做出让步”这句话。[75]

责任不应该由鲍德温一人来承担。如我们所见，受第一次世界大战带来的直接后果影响，情报部门首脑对苏联的颠覆阴谋越来越警觉，以至于他们自己也主张公布情报，以便让公众意识到威胁的严重性。事实上，连辛克莱的态度也发生了变化。七年前，因为担心十月革命会波及英国，他表示“哪怕公开电报会导致另一条电报无法破解，在当前的形势下，公开情报也是合理的”。[76]此外，鲍德温试图从情报工作的历史中吸取教训，于是他查阅了1923年以来的内阁会议记录，以了解此之前遇到类似情况时，当时的政府是怎么做的。令人惊讶的是，他们一致建议全面披露情报：“以苏联政府与特工之间来往的真实情报为依据公布情报，与公布情报源相比，利大于弊。”[77]对于情报机构和政要们来说，尽管他们依然缺乏一个中央情报机关教会他们如何在治国实践中运用情报这一重要武器，但在20世纪20年代这十年中他们受益匪浅。

人们不断地讲述着阿克斯的故事，最后这个故事变成情报机构出现安全失职的典型事件，世人皆知。政府密码学校的新学员会被告知：当政治风险过高时，包括首相在内的高层政要就会变得极其轻率。阿克斯突袭使情报界与首相府之间出现信任危机，这也提醒今后情报官员在情报使用方面要更加谨慎。[78]英国在二战中使用“超级机密”技术时，从阿克斯事件中吸取的教训显得益发重要。军情六处的战时局长孟席斯从没有忘记过，政府中没人理解保护情报源和保护情报专家同样重要。[79]这些教训将来的各位首相也不应忘记。或许是因为阿克斯突袭行动的惨痛失败还历历在目，丘吉尔坚持只允许他和他的六位心腹大臣接触布莱切利园的情报资料。[80]甚至在20世纪70年代，内阁大臣们学习“信号情报”时，内阁办公室也常有一个人（他们称其为“大叔派来的人”）来听他们上课，这名官员实际上是内阁办公室情报顾问。他听完课就会给大家讲鲍德温如何犯下大错的故事——那时候还礼貌地称之为“过失”——目的是要学员们记得绝对不能走漏关于信号情报的半点风声。[81]

1929年夏天，拉姆齐·麦克唐纳再次当选首相，但这一次，他是与斯坦利·鲍德温共同组建国民联合政府，鲍德温选择在隔壁唐宁街 11 号财政大臣的官邸办公。随着麦克唐纳的年纪越来越大，身体逐渐衰落，他慢慢淡出人了们的视野，而鲍德温的影响力与日俱增。尽管 1931 年至 1935 年间鲍德温并未担任首相一职，只是枢密院议长，但实际上，他行使与首相麦克唐纳一样大的权力，因此丘吉尔称他为“真正意义上的首相”。[82]

整个 20 世纪 20 年代，情报界关注的都是苏联、共产主义和所谓的“第一次冷战”。冷战战场常常发生在帝国边缘，远至香港和上海。相比之下，20 年代后半期内阁对爱尔兰问题关注得不够。麦克唐纳再次上台后，曾短暂留意过爱尔兰领导人埃蒙·德·瓦莱的权力之路。埃蒙·德·瓦莱拉曾参与复活节起义、爱尔兰独立战争，以及反对签署成立爱尔兰自由邦的协议的抗议活动。此后，他担任新芬党领袖并带领该党进入爱尔兰议会，还在 1932 年的大选中胜出。英国政府嗅到了麻烦的气息，因此想尽办法要把埃蒙·德·瓦莱拉下台。因为英国在爱尔兰缺少有效的情报搜集机构，所以麦克唐纳听到的情报带有偏见、过时且危言耸听，情报坚称德·瓦莱拉是个有暴力倾向的爱尔兰共和军成员，而不是一位民主政治家。麦克唐纳相信了，认为德·瓦莱拉“毫无疑问被爱尔兰共和军彻底地俘虏了”。这份漏洞百出的情报同时也证实了鲍德温的个人偏见——他越来越能左右麦克唐纳的观点，同时作为一个顽固的统一主义者，他对爱尔兰民族主义不屑一顾。尽管伦敦方面担心人们会对这条极具煽动性的情报做出过激反应，但麦克唐纳，尤其是鲍德温开始对爱尔兰实施经济制裁，以削弱德·瓦莱拉的势力。爱尔兰颠覆威胁论被扩大化了，在此基础上做出的战略安排也是失当的，结果一无所获，反而只有德·瓦莱拉从中获得了“巨大的政治利益”。[83]

不过，目前爱尔兰只是个烟幕弹，真正的威胁似乎来自英国的东边而非西边，人们开始把视线转向阿道夫·希特勒和纳粹德国，它的崛起带给人一种不祥的预感，德日两国关系在20世纪20年代末30年代初尤为密切，但情报机关并未就对德、对日的战略政策提供任何相关信息，尤其是在大英帝国统治下的中东、印度和马来亚地区，情报人员仍不合时宜地着重关注布尔什维克主义。[84]此外，有一部分原因是汉基在内阁办公室设立一个中央情报“中枢大脑”的尝试以失败告终。情报依然讲究战术性和实操性，而这两点对关于德国威胁的讨论帮助不大，因此，决策者们转而依赖传统渠道、开放渠道，要不就像在爱尔兰一样，向对政府持有偏见的人刺探情报。20世纪30年代中期，随着德国、意大利和日本不断叫嚣着挑战国际秩序，了解这几个国家的实力和工业产能成为情报收集工作的重中之重，然而依旧没有中央机关能够运用情报获取德、意、日的战略或意图。[85]除此之外，一战后英国穷困潦倒，加之战争的阴影挥之不去，麦克唐纳和鲍德温更无心于此，1929年华尔街股灾后，麦克唐纳依然把工作重心放在经济复苏上也是情理之中的事。[86]

是否重整军备依然是个颇具争议性的问题，与“绥靖政策”只在一念之间。因为没能阻止希特勒的进攻，鲍德温与拉姆齐·麦克唐纳、内维尔·张伯伦一样被列为“罪人”。但显然近来人们发现，在当时那么艰难的经济状况下，鲍德温确实曾为加强英国国防做出努力——虽然这种努力仍不足以对他国起到威慑作用。[87]1934年3月，鲍德温宣布英国将把空中力量提升至与德国相同的水准，企图借助这一声明震慑希特勒，遏制他在空军势力上的狼子野心。同年晚些时候，他宣布英国皇家空军将紧跟德军步伐，扩充军备。话虽这样说，但鲍德温仍竭力避免陷入一场劳民伤财的军备竞赛，他计划以公众能够接受的速度重整军备，而不是以最快的速度扩充，与希特勒抗衡。[88]

围绕重整军备展开的各种讨论中，情报是核心。麦克唐纳和鲍德温都知道英国军费不足，无法大规模迅速地重整军备。因此，要应对纳粹威胁只能准确把握所需军备的数量以及所需武器的种类，此时情报发挥着举足轻重的作用。所有人都沉迷于壮大空军力量，因为对法西斯分子来说空军实力是未来现代化的标志，而对其他人来说，它预示着战争爆发后城市将遭到多大程度的破坏。唐宁街想要获得关于德国空军当前规模和未来扩张速度的准确情报，然而在盖世太保日益猖獗的国家，想要获取这些情报相当困难，不断有新的加密 / 解密技术悄悄出现，有时即使是其开发者都会搞错。除此之外，希特勒扼住德国新闻的喉舌，迫使其夸大纳粹的实力。在其他国家，尤其是日本，获取情报也相当困难，因为“等待特工的是恐怖的死亡”。[89]

英国缺乏确凿的情报，尤其得不到关于德国战略意图的情报，与此同时政府密码学校译码员人数下降，情报工作真是举步维艰。20 世纪 30 年代，德国人越来越多地利用恩尼格玛编码机和机电编码机，创造出数百万个可能的加密方法，用于每一条电文，这些密码在当时都无法破译。整个 20 世纪 30 年代，政府密码学校逐渐失去了读取其他重要国家密码的能力，这些国家包括苏联、意大利和日本，20 世纪 30 年代末，英国唯一能破解的只有美国的通信内容了。鲍德温和麦克唐纳从来没有机会洞察德国的想法，而后来丘吉尔凭借布莱切利园能做到了。[90]

提升情报能力并非一朝一夕的事。继任政府大幅削减了公共开支，试图缓解第一次世界大战、经济大萧条接连对本国造成的重创。麦克唐纳政府大幅缩减陆军、海军，尤其是空军情报经费。引人侧目的是，外交部常务次官罗伯特·范西塔特后来承认情报机关的某部门主管“由于资金严重短缺，不得不向亲戚求助”。[91] 英国对德国空军力量关注尤甚，但作为20世纪30年代的神秘力量之一，英国对其知之甚少，此外，空军作为一种新型战斗力量，令人闻风丧胆，英国急需更多情报，此时资金不足，对情报工作来说是致命的一击。两次世界大战之间，德国空军力量突飞猛进，英国感觉自己不堪一击。在人们心中空军力量具有神话般的地位，1932年，鲍德温抓住人们这一心理，在演讲《对未来的恐惧》中坚称“轰炸机总能长驱直入”。[92]

空军情报落入一系列的思维陷阱中，让德国空军有了为其迅速发展自鸣得意的资本。分析人士认为，德国人发展空军重质量不重数量，所以他们觉得希特勒要制造出足够的飞机，对他国构成真正的威胁还需假以时日。[93] 因此，情报部门就要相应地去适应一种预设的句式，诸如此类：空军力量“以一种井然有序、步调一致的方式扩张，一个个空军师应运而生”。[94] 即使法国传来可靠情报称德国的野心远不止于此，英国空军部还是拒绝改变其思维定式。[95] 至于空军部为何固执地低估德国人的实力，现在依然是个谜，可能不仅仅是20世纪20年代空军部和海军部为争取更多资源而有意夸大法国空军和日本海军的实力这么简单。[96] 分析人士对德国人持有刻板印象，认为他们讲究效率和秩序，因此纳粹的脚步会放缓，毕竟他们需要时间训练机组人员，完善技术支持，还要建造兵营。空军参谋部副参谋长表示，“世所公认，德国做事周全严谨，他们不会只满足于为装点门面而增加飞机、扩编飞行员队伍。因此，空军部对未来形势持乐观态度，认为1945年之前德国的空军实力根本无法与英国皇家空军抗衡。[97]

与此同时，英国政府核心正在酝酿一场革命。1931年，富有幽默感的军情六处官员德斯蒙德·莫顿获准牵头筹建工业情报中心。

工业情报中心起初不过是个毫不起眼的经济情报清算中心，负责收集武器产能方面的情报，就是这样一个听上去就让人提不起兴趣的部门，依靠各种渠道收集来的情报，提供了精确的评估结果，更重要的是，该部门为日后成立集中化的情报分析机构奠定了基础，而这正是内阁办公室和首相府急需的。莫顿的评估报告不及空军部的评估报告那般令人乐观，而且影响不大，原因有二：其一，莫顿本人不受待见，对于“促进各部门间和谐相处”作用不大[98]；其二，评估报告巨细无遗，内容繁杂，显然“每次汇报都引起轩然大波”，因为“无论是鲍德温还是张伯伦都不愿相信报告内容是真的”，就连麦克唐纳自己也不愿相信。[99]虽然工业情报的水准在不断提升，但可悲的是，鲍德温低估了德国 1934 至 1935 年重整军备的速度。[100]随着罗伯特·范西塔特和外交部也参与到争论中，有关德国空军力量的情报变成了白厅最烫手的山芋。[101]

1935 年 3 月，希特勒也参与到讨论中，戏剧性地揭开了德国空军神秘的面纱。他声称德国空军水平与英国相当，此话一出，英国当权者大感惊慌失措。对鲍德温来说更是当头一击。因为丘吉尔早就指出如果英德都以当前速度重整军备，那么德国将很快超过英国。其次，他还警告当局一旦让希特勒占得先机，那么英国将难以望其项背。[102]第三，1934 年 11 月，可怜的鲍德温曾在下议院明确承诺，“德国要想很快与我们分庭抗礼是绝不可能的”。[103]很快，希特勒的话似乎证明鲍德温错了，而丘吉尔对了。其实丘吉尔的话是有依据的，莫顿一直秘密地向他提供情报，这些情报都倾向于让英国强硬遏制德国的势头。

鲍德温公开承认情报工作存在失误。他向下议院解释道，他以前一年的情报为依据预测德国空军力量扩张的思路是错的。[104]他坦言：“我错就错在错估未来形势。我错得彻底。”他还坦承之所以出现这种情况是因为没有优质的情报。“我之所以对下议院这么坦诚，是因为无论是我，还是任何向我们提供准确情报的顾问，都不清楚德国准确的生产速度是多少，能够达到多少，也不清楚 11 月到现在的这 6 个月中这个速度实际上是否在加快。”他觉得这还不足以说明问题。除了情报不足，他还认为“在这个问题上，我们被彻底误导了”。这无疑是在指责情报评估不准确，相当于承认英国情报机关被德国的诡计打败了。“我承认我们听到过谣言，”鲍德温继续说，“有很多小道消息，但是我们拿不到确凿的证据。”——除了希特勒亲口说过的话，大部分情报来源都不可靠。[105]

鲍德温勇于承认错误。[106]然而，像许多公开讨论情报的首相一样，鲍德温的表现“不诚实，如果这算是政治上的权宜之计的话”。[107]外交部和工业情报中心的观点显然更为客观。由于鲍德温公开指责情报工作存在失误，军情六处的一些情报官员险些为此丢掉饭碗，空军部常务大臣克里斯托弗·布洛克同样担心自己的前途——毕竟那份过于乐观的空军情报评估是他提供给鲍德温的，导致鲍德温放松了警惕。不过，最后鲍德温却借机解雇了空军大臣伦敦德里勋爵。[108]首相为了达到政治目的，撤掉对手阵营里的大臣，公开在下议院滥用情报。不过，事实很快表明希特勒关于空军扩张速度的言论多少有些夸张的成分。

英国情报部门在评估德国空军力量强弱这一关键问题上的失败反而为其挽回了一些面子。鉴于在重整军备这么重要的问题上，情报对他决策的帮助甚少，所以鲍德温做出加强军备的决定应该得到更多赞誉，可以说，他的决定确保了 1940 年不列颠之战的胜利。[109]然而，历史学家大卫·迪尔克斯则持不同观点，他认为如果英国情报机构得力些，“如果早点料到自己处境危险，提前两年而不是等到 1936 年才摩拳擦掌重整军备”，那么希特勒或许会被完全震慑住。[110] 20 世纪 30 年代，英国情报机构的孱弱加上中央评估机制的匮乏，很可能曾是英国采取绥靖政策的原因。相反，优质的情报“或许是拨开大臣们眼前迷雾的唯一手段”。[111]

对于麦克唐纳和鲍德温两人来说，情报还与桃色事件纠缠不清。据说，30 年代中期麦克唐纳第二个首相任期快结束时，他的一位旧情人曾拿一封信勒索过他，关于后来发生了什么众说纷纭，但是有证据表明，麦克唐纳用情报工作专项资金打发了她，他甚至有可能让军情六处趁其不备拿回了那封恼人的信。但无论他使用了哪种手段，反正最后“福斯特夫人”没能把证据寄给报社。麦克唐纳的传记作者觉得“无风不起浪”，但“授权动用公款，不像麦克唐纳会做出来的事——更别说下令这么做了，不过，狗急了还跳墙呢”。[112]

鲍德温面临的风险则更大。1936 年，他的健康状况越来越糟，只等着退休，结果遭遇爱德华八世退位危机。爱德华八世执意娶美国女子华里丝·辛普森为妻，但鲍德温认为她根本配不上爱德华，因为辛普森与第一任丈夫离了婚，并准备和第二任丈夫离婚。安全部门也听闻过她对纳粹持支持态度，为此，鲍德温和外交大臣安东尼·艾登决定不再向新国王递交密电。[113] 鲍德温态度坚决：政府宁可集体辞职，也不赞同这桩王室婚姻。虽然那时他饱受关节炎的折磨，靠吃药勉强维持，但鲍德温做好了迎接最后一个挑战的准备，他想这可能是命运的安排，让他在位就是要他解决这个问题。奇怪的是，使用如此巧妙的办法维护宪法，可能是鲍德温自担任首相以来在情报使用方面最为得心应手的一次。[114]

1936 年 1 月，爱德华八世继承王位，鲍德温私下很喜欢这位新国王，5 月他见到了华里丝·辛普森，那年秋天，鲍德温在把美国报纸报道的关于英国王室情侣的八卦新闻拿给国王看了之后感觉“僵局打破了”，他以这种不会令人不适的方式提醒爱德华八世在这件事情上要小心谨慎。[115] 尽管这起风流韵事在美国上了新闻头条，但显然爱德华八世国王说服英国报界对此保持沉默。11 月，爱德华八世召见首相，宣布他打算迎娶辛普森夫人时，危机正式爆发。不出所料，他习惯了我行我素，并且对鲍德温让他尽到国王责任的恳求置若罔闻。[116] 这场危机不仅使白金汉宫与唐宁街 10 号之间的紧张关系持续升级，还引发了鲍德温与军情五处主管弗农·凯尔的正面冲突。1936 年 12 月，鲍德温下令军情五处调查辛普森夫人，但遭到凯尔拒绝。鲍德温显然不喜欢这个美国交际花，他一度表示“我越来越讨厌那个女人了”。他觉得辛普森与国王交往 9 个月以来造成的伤害浪费了“维多利亚女王和乔治五世半个世纪以来为修复君主政体所付出的心血”，并指出国王的一位好友认为辛普森夫人是“一个难缠的婊子”。[117] 这远非个人恩怨，其实鲍德温担心的是会引发宪政危机，此外，他还没找到比军情五处“更合适的机构”来实施这种敏感的行动。[118]

情报局与首相较劲实属罕见，但凯尔丝毫不让步。他认为这场婚姻不会威胁到英国的王权统治，因此军情五处不应该插手。首相不依不饶，进一步向凯尔施压，凯尔没办法只能和副手们商议。他们看似被说服了，最后军情五处勉强同意了对辛普森夫人实施电话窃听和人身监视。随后，军情五处进行了“一些巧妙的打探”，通过窃听辛普森夫人的电话发现：除了爱德华八世国王，她还有一个地下情人——一名福特汽车经销商，住在梅菲尔区。这件事一直瞒着爱德华八世国王。显然，政治保安处也在盯着辛普森夫人，并设置档案记录她与汽车经销商的奸情。根据政治保安处的描述，这位汽车经销商“风度翩翩，外貌俊朗，温文尔雅，舞技高超”。即使在国王考虑退位一事时，辛普森夫人还在与她的另外一位情郎约会，送给他昂贵的礼物，大把为他花钱。[119]

鲍德温政府还派人监视爱德华八世。首相在唐宁街 10 号的顾问霍雷斯·威尔森要求邮政总局局长托马斯·加德纳拦截从国王住处——包括白金汉宫、欧洲大陆和伦敦某些辛普森夫人可能停留的地方——打进打出的所有电话。退位前 5 天，内政部以书面形式提出了“最机密”的要求。[120] 据说，人称“塔尔”（TAR）的军情五处官员托马斯·阿盖尔·罗伯森参与了这次“最机密”的行动，他因主管二战英国“双十字”战略欺骗行动而为人所知。入夜，“塔尔“大胆地闯入邮政总局绿园，走到隐藏在灌木丛中的接线盒那里，窃听国王与王位第二继承人即他的弟弟之间的通话，目的是“了解局势进展”。[121]

鲍德温以这种方式收集情报，不仅有助于他在与国王的交涉中做到知己知彼，而且有利于他在退位危机期间监测、控制国际媒体的相关报道，好些对英国不利的报道通过电报监听被截获，然后被内政大臣压下去了。[122] 然而，退位进程——鲍德温青睐的结果——似乎已经开始。军情五处似乎无法通过电话窃听行动获得辛普森夫人进一步的消息。不管怎样，鲍德温达到了目的，虽然他觉得“这是首相处理过的最恶心的事”。[123]1936 年 12 月 10 日，爱德华八世国王正式退位，那天当鲍德温出现在议会大厦时，民众“欢呼雀跃”，其中夹杂着寥寥几声无关痛痒的“嘘声”。[124] 不到 6 个月，鲍德温自己也辞去首相一职，让位于财政大臣内维尔·张伯伦。

麦克唐纳和鲍德温在位期间都面临过一系列错综复杂的情报工作，包括苏联颠覆阴谋、爱尔兰问题、纳粹德国崛起和爱德华八世退位危机。由于经验不足，外加受政治动机驱使，尤其是缺乏能够将情报纳入决策的一个“中枢大脑”，他们表现欠佳而且付出了沉重的代价。相比之下，张伯伦在位期间面临的问题则要简单得多，情报追踪的目标只有一个：希特勒和墨索里尼结成的轴心同盟。但历任首相中，能像张伯伦一样与情报界的关系糟糕到如此地步的，即便是有，也是少数。

第二部分　战争风云

3

内维尔·张伯伦（1937—1940）

> 呼！这一周真是难挨，各种消息都有。“一位绝对可靠的人士”不断地通过我们自己的秘密情报局传来关于一个极度危险人物的情报。有关德国入侵波兰的具体日期、具体时间的情报，我都不记得收到过多少次了。
>
> ——内维尔·张伯伦[1]

人们总是不记得二战期间英国有三位首相而不是只有一位。1940年5月希特勒入侵法国前，内维尔·张伯伦一直担任首相一职；1945年7月大选不久之后，克莱门特·艾德礼入主唐宁街，主管战后协议签订这一重要事项，另负责远东对日作战，此时离战争结束只有几周时间了。然而，对于首相丘吉尔领导英国获得二战胜利这件事，人们最感兴趣的则是神秘的情报故事和二战战事。最新公布的文件显示，艾德礼即便不是战争英雄，至少也是一位隐蔽行动的狂热爱好者。在丘吉尔的战时培训学校，艾德礼默默地在艾登和麦克米伦身边学习情报工作技巧，为将来入主唐宁街做准备。相比之下，张伯伦是个无足轻重的人物。[2]有关张伯伦和慕尼黑计划的书不计其数，而有关情报、绥靖政策和重整军备三者之间关系的书却少之又少。虽然在战争的前6个月里英国发生了重大的情报灾难，但是从张伯伦上台直至1940年5月他个人对情报产生的影响却鲜为人知。[3]

1939年之前，张伯伦对英国情报工作兴趣寥寥。他之所以回避情报工作，有部分原因是英国情报业本身力量不足。军情六处预算屡遭削减，在与纳粹德国的较量中表现欠佳。英国不再在墨索里尼统治下的意大利招募特工，而其在远东地区的情报代表简直沦为世人的笑柄。两次大战间期，英国有一小批才华横溢的密码破解人员表现英勇，成功地填补了大片情报空白，但20世纪30年代末他们渐渐无法获取苏联、意大利和日本的高层通信内容，而且再也无法破译德国的密码。1938年年底，也许是由于日本特工渗透到了英国驻日本大使馆各个角落的缘故，东京方面彻底地完善了其通信程序，此后，英国彻底失去了了解轴心国行动的最后一个渠道。但这并非只归咎于间谍人员未能很好地搜集情报，政府高层负责情报评估的官员把全副精力都放在了计算飞机和坦克数量上，而不是用心思考希特勒的战略意图。正当各方为是否应该推行绥靖政策而争执不休之时，情报机关无法告诉当局实情，因为他们根本不知道真相是什么。

张伯伦的骄傲自大、刚愎自用使得情报真空的局势更加恶化。尽管英国重整军备步履维艰，阻碍了张伯伦做出决策，但他还是在一系列替代政策中做出了一些正确的选择，他故意利用自己刚愎自用、顽固不化的个性，阻止他人严肃讨论这些选择。他对自己的判断相当自信，认为他个人具备的外交技巧必将克服一切困难，使他能够与那些不可信赖的领导人达成有约束力的协议。最糟糕的是，谁散布希特勒的负面情报，他就惩罚谁。此外，他还在军情五处的默许下，利用自己的私人监控系统打击政敌。

尽管缺乏有效的情报和合适的情报评估机构，但张伯伦的确掌握了大量获取有关希特勒情报的信息源。他选择依靠英国驻德国大使内维尔·亨德森获取希特勒的情报，因为亨德森不仅与赫尔曼·戈林走得近，而且对希特勒不侵占捷克斯洛伐克的“保证”深信不疑。外交部常务次官罗伯特·范西塔特对此持相反意见。范西塔特能力过人，得知军情六处处境困难，他煞费苦心成立自己的“私人侦探所”，潜伏在德国的秘密联系人时不时递来些情报，虽然断断续续，但出人意料地准确。张伯伦不但没有耐心地权衡这些相互矛盾的情报，反倒选择责难和排挤范西塔特。在两次世界大战之间，军情六处和政府密码学校截获并递交财政部传阅的情报寥寥无几。或许这有助于解释为什么张伯伦积累了丰富的政府工作经验，但对情报工作仍然一窍不通。[4]

尽管如此，张伯伦仍热衷于搞阴谋诡计。他背着外交大臣不断地派出秘密外交使团，还利用他的家人作为使者“智取”外交部。最近又有新的秘密文件公之于众，文件显示张伯伦准备用“看不见的手”对付自己党内的成员，甚至他的内阁同僚。此外，他还操纵公众舆论，人为地造出他的观点得到广泛支持的假象。在 1939 年年底至 1940 年年初的“假战争”期间，一些错综复杂的间谍游戏并非以德国为目标，而是围绕着张伯伦身边的人展开。

情报工作最大的失败就在于想象力匮乏。张伯伦及其政府之所以低估了希特勒，是因为他们很难想象会有人想统治世界，大搞种族灭绝，尤其第一次世界大战造成的恐怖仅仅过去了 10 年左右时间。而对于那些愿意洗耳恭听的人来说，希特勒则冷静地详述了他的计划。1933 年夏天，美国专门研究德国文学的退休教授约翰 · F. 科尔将自己与希特勒及其纳粹党副手鲁道夫 · 赫斯的谈话报告给美国驻柏林大使："希特勒叫嚣着要消灭所有犹太人，坚称其他国家没有任何权力提出抗议，德国要向全世界展示它如何摆脱笼罩在自己身上的最大的魔咒。他自认为自己是救世主。他将重整德国军备，吞并奥地利，最终迁都慕尼黑。"

即使亲耳所闻，也没人相信希特勒的言外之意是屠杀数百万犹太人。许多人以为他口中的"消灭所有犹太人"只意味着将犹太人从重要工作岗位上撤除，并限制他们的经济力量。[5]

尽管 20 世纪 30 年代末英国政界似乎在情报工作上分歧很大，但他们在战略问题上达成了广泛共识。人人都想避免战争爆发，最重要原因是英国领导者意识到战争将暴露出帝国势力的弱点。来自各国的威胁接二连三地出现，先是德国和日本，后来是意大利和苏联，而英国政界一致认为要优先处理来自德国的威胁，原因很简单：这个敌人距离英国海岸线最近。许多人也拥护张伯伦提出的"伟大的"绥靖政策，即依靠威慑和外交，而非以战争予以打击。然而，张伯伦误以为独裁国家跟他一样对冲突唯恐避之不及，事实上，围绕在希特勒、墨索里尼、东条英机（珍珠港事件爆发时任日本首相）身边的人都想方设法挑起战争。曾任财政大臣的张伯伦选择用精确的方法搜集情报，如清点枪支、评估军事实力，而非分析政治意图。[6]

英国情报机关的情报加深了张伯伦的误解。情报对德国原始军事力量的估计相当准确，但更重要的是，情报中没有提到闪电战。德国在第一次世界大战中已经输过一次，所以这次希特勒奉行的军事政策注重以高机动性应对冲突。1936 年，他开始第二轮更快的重整军备——速度如此快，以至于德军还没有耗尽新增的军费。英国情报机关开始重新评估德军的力量，1936—1938 年间英国越来越担心德军实力不断增长，但是 1939 年后，情报界却乐观起来，认为英德两国军队规模相当。这种“数豆子”的方法正中张伯伦下怀，促使他对德宣战，因为他觉得英国现在相对而言强大一些。事实上，纳粹德国国防军的真正强大之处不在于规模，而在于其信奉的新理念。希特勒胆大妄为，行动总是出其不意，这比军事力量要重要得多。

英国情报机关面临的最大问题是破解密码。英国已经在秘密通信之战中吃了败仗，现如今对希特勒的意图又缺乏深刻的洞察。尽管在两次世界大战之间，政府密码学校只有 200 人，但它或许仍然是世界上最大的密码破译机构，直到 1935 年人们也无法否认它的作用。然而 20 世纪 30 年代末正当英国面临情报危机之时，它的对手们率先采用了现代的电子机械密码机，英国的密码破译俨然停留在手工生产的阶段，根本谈不上形成一个产业组织，因此破译数量急剧下降。到了 1937 年，政府密码学校再也无法获取苏联和意大利的外交密电。次年，日本人改善了他们的密码系统，英国人又一次被关在了门外。如果情报工作得以顺利展开，英国本可以从苏联、德国、意大利和日本这四个国家之间的政治通信中获知他们的政治意图，张伯伦的绥靖战略也许会难以为继，墨索里尼也不会将他玩弄于股掌之间。轴心国外交好似一个密不透风的盒子，这个盒子只在 1940 年被打开过一次，那时美国人着手破解日本的高级外交密码，并且慷慨地与英国分享成果。[7]

增加谍报人员不足以弥补这种缺陷。20 世纪 30 年代初持续数年的经济危机显然给军情六处笼罩上了一层阴影，军情六处主管辛克莱海军上将解释说，虽然自己的主要任务是提供有关英国潜在敌人的原始情报，但是由于经费匮乏，连调查法西斯重整军备计划的费用都捉襟见肘。在听取了外国办事处的劝告之后，英国与意大利“友好”往来，结果当1936年墨索里尼入侵阿比西尼亚时，那里一个军情六处的特工都没有。军情六处集中精力对付德国，无暇顾及其盟友或欧洲中立国。这意味着英国低估了德国的长期工业总产能。[8]

英国驻柏林大使馆的处境更是难上加难。英国大使内维尔·亨德森与德国空军首长赫尔曼·戈林私交不错，因此对德国的保证不加判断，信以为真，而德国人则把亨德森及其手下像白痴一样愚弄。1938年“德奥合并”期间，亨德森要求他的军事专员打电话给德国军事情报部门询问事态发展，那里的高级工作人员回复说当天没有异常的调兵计划，一切都很平静，请放心。那名军事专员仍满腹疑虑，决心私下前往乡间侦察，结果车子刚开到柏林市郊就被堵得水泄不通，一支由士兵、警察、纳粹党卫军组成的3000人的队伍“或乘巴士，或乘面包店的货车，或乘家具搬运车，或乘着其他各式各样的交通工具，向奥地利前进”。[9]

英国情报力量孱弱，问题不仅在于情报收集环节，还在于白厅缺乏一个善于分析的核心机构解析情报、评估情报。英国情报界一盘散沙，加上当局把心思放在德国军力上，造成张伯伦一手操纵情报、无视情报的局面。早在1933年年末，国内文官首长沃伦·费希尔爵士就断定德国是英国的“终极潜在大敌”，提出应针对其制订出长期防御计划。[10]但为摸清德国实力而做出的后续努力却因海陆空三军情报机关之间的龃龉而受到阻碍，尤其是空军部和外交部之间相互“挖苦和猜疑”。英国情报机关还未形成合势，而是三分天下，鼎足而立。1936年，联合情报委员会成立，中央情报机关初现雏形，但此时它还很不起眼，只听命于参谋长。令人意想不到的是这时的联合情报委员会居然未纳入军情五处、军情六处或政府密码学校的代表。[11]

1936 年希勒特占领莱茵兰之后，英国加快了情报工作的步伐，所有服务部门都相应地加强了评估工作，但仍然是“单打独斗、各自为政”。正如我们已经看到的，唯一能调动白厅所有部门的机关就是承担重点研究德国战争机器任务的工业情报中心了，它由德斯蒙德·莫顿领导。因此，建立一个中央情报机关，为唐宁街和内阁办公厅提供政策支持的想法应该归功于莫顿。即便那时候已经有这样一个部门，但张伯伦虽掌握情报，却不好好利用，甚至故意视而不见，它也起不了多大作用。莫顿所做的一切只能让张伯伦觉得更加焦虑，束手无策，最后不得不加速推进绥靖政策。[12]

不理解情报工作也就罢了，但他竟厚颜无耻地监视起自己的内阁成员来，此外还推崇隐性宣传、操纵新闻媒体。没有什么能比他与军情五处神秘人物约瑟夫·鲍尔之间的私交更能说明这一点了。20 世纪 30 年代约瑟夫·鲍尔出任保守党研究部部长时，张伯伦担任保守党领袖。鲍尔暗中控制了一家周刊，这家周刊参与了保守党主流历史学家所称的对张伯伦的政敌进行的“恶毒的反犹太式暗杀”行动。[13]张伯伦的一位同僚回忆说：“（他）淫浸情报工作已久，是我认识的人里面最无所不用其极、极尽玩弄权术之能事的人。”[14]鲍尔决心保密到底，他销毁了自己手里的大部分文件，把自己的过去抹得一干二净。他对张伯伦忠心耿耿，不仅在工党内部安插间谍，还在张伯伦的党内对手，尤其是以丘吉尔和艾登为首的强硬派身边安排间谍暗中监视，甚至声称窃听了他们的电话。[15]

同时，张伯伦背着自己的第一任外交大臣安东尼·艾登利用鲍尔实施了另一套对外政策。艾登怀疑墨索里尼不仅是个恶棍还是个两面派，所以宁可向美国寻求支援，他没看走眼。可是，张伯伦根本没把华盛顿放在眼里，他相信自己一定能与希特勒达成具有约束力的协定，并诱使墨索里尼与他结盟。他设法与意大利驻英国大使迪诺·格兰迪搞好关系，格兰迪曾在墨索里尼手下担任外交部长。格兰迪的权力基础是意大利最激进、最残暴的法西斯主义者，此外他还擅长隐蔽行动。他深知他的意大利上司十分看不起英国，便极力支持建立秘密渠道，破坏艾登与张伯伦之间的关系。据说他曾在伦敦出租车的后座上与鲍尔见面。[16]

鲍尔在伦敦交友甚广，其中有一位是马耳他的大律师艾德里安·丁力。作为意大利大使馆的律师，丁力对格兰迪很熟悉，并且他俩都是圣詹姆士公园卡尔顿俱乐部（历史最悠久的、最重要的保守党俱乐部）的会员。于是张伯伦和鲍尔决定背着艾登通过丁力与意大利攀上话。[17]1938 年年初，张伯伦和鲍尔伪造了一封信，声称这封信是某个意大利人写给艾登的，信中主动提出希望与艾登举行会谈，然后他们请格兰迪把这封信转交给艾登。格兰迪感到有些不安，坚称如果这封信被曝光，那么“为了保全意大利的声誉”，他别无选择，只能说出张伯伦伪造信件的真相。阴谋还在继续。格兰迪最终在 2 月 18 日见到张伯伦和艾登。见他俩公开表示不合，格兰迪很开心，他回忆说：“两个政敌狭路相逢，都像好斗的公鸡一般竖起羽毛。”[18]张伯伦和艾登大吵了一架，紧接着周末内阁同僚多次开会，但仍未能化解接踵而至的危机。艾登对意大利往来的信件越来越多地通过鲍尔背地里交给他，而非通过外交部这一点越来越不满。让格兰迪窃喜的是：1938 年 2 月 20 日，艾登递交辞呈，由哈利法克斯接任外交大臣。[19]

张伯伦一直利用妹妹艾达充当他与墨索里尼之间的中间人。1938 年年初她到访罗马时便被这位国家领袖深深吸引，她说“他捧起我的双手并亲吻了它们”。她向张伯伦报告墨索里尼“态度友善且通情达理”，而且渴望和平。意大利外交官告诉她，他们喜欢张伯伦，但是一直都不喜欢也不信任艾登。意大利方心怀恶意地允诺只要伦敦方面承认意大利对其征服的阿尔巴尼亚的主权，他们就会叫停反英宣传。在与墨索里尼及其外交部长加莱阿佐·齐亚诺举行进一步会谈之后，艾达读了张伯伦写的一封长长的私人密信。摆脱掉艾登这个包袱之后，张伯伦对她给予的“极其宝贵的帮助”感激不已。[20]

艾登辞职事件可能会在日后制造某种尴尬，然而，鲍尔利用其对保守派报刊的影响力及时止损。英国广播公司（BBC）几乎只字未提艾登辞职一事，鲍尔向首相保证他“私下里已经采取了一些措施”，让事态处于可控范围内。令人惊讶的是，在接下来的几个月里，通过窃听“艾登一伙”和《白厅通讯》工作人员的电话，鲍尔密切留意着他们向张伯伦发起的反攻。[21]保守派派系庞杂，各个派系都有对内发行的报纸和宣传单，鲍尔神不知鬼不觉地取得了对其中一家报纸《真相》的控制权，鲍尔把它当作宣传绥靖政策的喉舌，以及削弱党内外政敌声誉的武器。对此张伯伦心知肚明，他高兴地告诉自己的妹妹，《真相》“暗中由约瑟夫·鲍尔先生控制”。[22]很显然，《真相》不仅与艾登和丘吉尔对立，还格外地亲德、亲意。最为引人注目的是它的反犹主义论调，用“舰队街简直是充斥着犹太人的阴沟”之类的话攻击主流媒体记者。甚至在 1939 年战争爆发、国民政府成立之后，《真相》依然以张伯伦的名义对其内阁成员展开攻击。[23]

随后张伯伦对意大利的访问归于失败。意大利特务在英国驻罗马大使馆畅通无阻，他们利用其窃听小组“飞虎队”打入英国的通信系统[24]，英国手里握着哪些牌他们一清二楚。另外，张伯伦的手段不够高明，他对意大利人过于客套，让对方觉得他太懦弱。齐亚诺总结得很准确：张伯伦愿意做出任何让步来避免发生战争，因为这样才能凸显德国作为军事同盟的价值。有了希特勒的支持，齐亚诺觉得此时的意大利人“能够从英国人那里得到它想要得到的一切”。[25]直到战争爆发前，张伯伦一直通过丁力的“秘密信道”与罗马方面沟通。[26]鲍尔是个注重细节的人，此后数年，他不断地整理自己与张伯伦遭遇重大失败的证据。1945年5月29日，他们的中间人艾德里安·丁力在马耳他意外横死。两天后，英国特工拿到了他生前的日记以期从中获得更多不为人知的内幕。[27]幸运的是，他的妻子另外留存了一份，从而得以保存事实的真相。官方披露丁力的死因是饮弹自尽，但鲍尔在战后写信给一位朋友时，解释了他如何雇用双面间谍窃取有关意大利政策的情报，然后又漫不经心地加了一句，这位间谍变得“不可靠”，所以“我安排军情五处的情报人员像往常一样‘关照’他”。[28]

1938年5月14日发生了一件不可思议的事情，说明张伯伦渴望对希特勒做出让步。英格兰足球队在柏林奥林匹克体育场客场对战德国队。希特勒错过了这场比赛，但戈培尔、戈林、希姆莱和里宾特洛甫却坐在11万名球迷中间。颇具争议的是，开球之前，在播放德国国歌时，英格兰队队长带领球队向纳粹敬礼。给纳粹敬礼的指示是外交部直接下达的，然后在比赛开始前传达给更衣室里的球员们。[29]斯坦利·马修是那天参加比赛的球员之一，他觉得这不仅仅是一场足球赛，纳粹党人把它当作了新秩序的一场考验：“这是史无前例的一天，我们将真真正正地为英格兰而战。”最终，英格兰队以6∶3战胜德国队；次日，阿斯顿维拉队在柏林大败另一支德国球队。[30]

捷克斯洛伐克危机一直悬而未决，拖到了年底。希特勒要求捷克人把苏台德区割让给德国，一张私人情报网悄然展开，张伯伦的自满心理开始动摇。20世纪30年代，情报网遍布欧洲各国的首都。其中最重要的一个网络由罗伯特·范西塔特负责。正如我们所看到的，范西塔特熟知白厅内部情报工作的运作机制，曾担任过两届首相私人秘书，曾任外交大臣，而且与辛克莱海军上将关系甚笃，因此在这个领域他比几乎所有人都更有经验。[31] 然而，1937 年，因为极力主张反德，范西塔特被张伯伦免去外交部常务次官一职，为此，张伯伦窃喜，终于成功地“把范西塔特赶出外交部了”，不过对于这件事目前“要守口如瓶”。[32]

从希特勒迅速崛起并上台执政伊始，范西塔特就料到欧洲各国迟早会有这么一天。一直以来，他不断向内阁大臣们施压，意图包围德国并对其采取孤立政策，当然他之所以提出提防德国，并非出于对德国民众赤裸裸的偏见，而是基于可靠的情报做出的判断，不过范西塔特之所以有今天，全拜他自己的尖嗓门所赐。[33] 接替他担任外交部常务次官的亚历山大·卡多根这样评价他：此人简直是一根筋。他激动地说：“他是个死心眼的傻瓜——心无城府，凡事都写在脸上，让人一眼就看透了。”范西塔特或许确实有点偏执，但他的观点基本都是正确的。虽然范西塔特遭到降职，如今只是外交部的“外交顾问”，不过他非常清楚：情报的关键在于搞清楚德国的军事意图，而非摸清其实力强弱。[34]

20 世纪 30 年代中期，军情六处自身的情报收集能力遭到重创。用于监视德国的情报站设在荷兰海牙，它是军情六处在欧洲的主要情报站，如今却成了纳粹迫害犹太人的间接牺牲品。和欧洲其他情报站一样，军情六处在海牙的情报行动也同样打着签证处（负责发放护照的部门）的幌子。如今签证处被犹太人挤得水泄不通，他们准备逃离德国，伺机寻求前往巴基斯坦的签证。该情报站站长、军情六处的道尔顿少校倒卖签证，收受客户巨额贿赂，并因此事遭到某职员敲诈，于 1936 年自杀身亡。调查后，该名实施敲诈的职员被解雇，不料他转而效忠德国特务机关，使得英国一名杰出的情报人员的身份遭到暴露，该情报人员一直致力于向英国方面提供德国海军情报。令人费解的是，接替道尔顿出任海牙情报站新站长的军情六部官员居然重新雇用起那名敲诈过道尔顿的前雇员，一同入职的还有一名德国特工。不出所料，很快该情报站就充斥着德国方面的虚假情报。[35]

屋漏偏逢连夜雨，1938 年 8 月 17 日早晨，托马斯·肯德里克上尉——军情六处驻维也纳情报站负责人——在萨尔茨堡附近被捕，理由是他在驱车前往慕尼黑的途中，过于接近德军野外作战演习现场。肯德里克上尉被囚禁在维也纳大都会饭店的盖世太保总部，每天有三组德国安保人员轮番对他进行惨绝人寰的审讯，三天之后德国人以他从事间谍活动为由，将其驱逐出境。他的手下关闭了情报站，并烧毁了所有文件。辛克莱把维也纳、柏林和布拉格等欧洲中部关键城市幸存的情报人员全部召回伦敦。如果说德国此举的目的是削弱英国收集其针对捷克采取军事行动方面的情报的能力，那么这无疑是一次巨大的成功。[36]

范西塔特最大的资本是好友马尔科姆·格雷厄姆·克里斯蒂创办的“私家侦探所”。克里斯蒂因曾于 20 世纪 20 年代在华盛顿任空军武官，从事针对美国的技术间谍和商业间谍活动而走入范西塔的视线。他在新闻界、政界和航空业广结人脉，深谙“灰色之道”，善于钻法律的空子。范西塔特知人善用，命其为空军武官前往柏林。因为克里斯蒂曾获得德国某大学理科学位，而且是位经验丰富的飞行员，所以很快与政府及工业界高层人士打成一片。1930 年 1 月，他辞去公职，利用其在德国的人脉化身跨国商人。他蓄意接近德国右翼分子，将情报汇报至伦敦。与范西塔特一样，克里斯蒂对纳粹恨之入骨，但他善于收集、破译情报。克里斯蒂不仅直接从纳粹分子口中套取情报，还讨好他们的政敌，他不仅与纳粹党左翼领导人奥托·斯特拉瑟关系密切，而且与德国天主教徒交好。由此看来，基础广泛是范西塔特－克里斯蒂情报网的优势所在，它囊括了包括纳粹分子和各种敌对势力在内的各个党派。与传统的间谍大师一样，克里斯蒂手下的得力干将都隐姓埋名，其中包括打入德国空军部的“X 特工”、天主教会里的“Y 特工”及潜伏在希特勒身边的“Fish 特工”。[37]

范西塔特及其“私家侦探所”借助捷克斯洛伐克危机名声大噪，希特勒不断对外侵略，助了他们一臂之力。1938 年 8 月 10 日，新任外交大臣哈利法克斯接见了克里斯蒂，克里斯蒂报告说捷克斯洛伐克即将爆发另一场危机。但是，频频传来的有关纳粹阴谋的消息似乎都有点儿荒诞不经，哈利法克斯和卡多根根本不知道什么该信，什么不该信。后来卡多根写道：“秘密报告的内容里确实有不少让人听了毛骨悚然的事，但我绝不能轻信，只有兼听才明。”与张伯伦一样，他们谁也没料到，一个欧洲大国首相会做出如此暴行。[38]

1938 年 9 月 6 日，范西塔特做出了一项惊人之举。影影绰绰中，一个身影悄无声息地潜进唐宁街 10 号的花园门，前去拜访。此人正是西奥多·科尔特，英国驻德国使馆的代办，同时也是范西塔特众多“私家侦探”中的一员。他拜访了文官首长、张伯伦最信任的顾问霍雷斯·威尔森并警告威尔森说希特勒将置一纸协议于不顾，大举入侵捷克斯洛伐克。威尔森闻之无动于衷。第二天，科尔特重访唐宁街 10 号，私底下把这条消息汇报给哈利法克斯。但哈利法克斯相不相信都不重要了，因为张伯伦与威尔森联手逐步掌握了外交政策的决定权。反对希特勒的德国将领也传来类似消息，但统统被他们当成耳旁风。他们对范斯塔特私家侦探提供的情报置若罔闻，而是把容易上当受骗的内维尔·亨德森直接提交上来的外交报告当作情报的主要来源。[39]

由于亨德森拥有一种不可思议的本事，能“与独裁者一见如故”，因此于 1937 年 4 月被任命为英国驻德大使。早在 20 世纪 30 年代初，他还与南斯拉夫的亚历山大一世国王建立了亲密的友谊。然而讽刺的是，亨德森的伯乐恰恰是范西塔特，范西塔特觉得他是一颗冉冉升起的新星，并答应在外交部“最初的 11 人”中为他谋个职位。亨德森动身前往柏林履新之前，张伯伦派人请他约谈，见面之后，亨德森更加确信自己的身份是首相在柏林的代理人，而不仅仅是一名外交官。正是他汇报说希特勒的“保证”有用，才为张伯伦在那年秋天签署《慕尼黑协定》打下了基础。1938 年 9 月 30 日一早，希特勒、张伯伦、墨索里尼和法国总理爱德华·达拉第就已经达成共识：同意德国占领苏台德区，其他地区问题择日再议。人为刀俎，我为鱼肉，捷克政府别无他法，只得屈从。张伯伦回国后受到英雄般的欢迎，得意扬扬地谈起了“我们这个时代的和平”。[40]

此时，哈利法克斯渐渐疏离张伯伦。起初，他赞同张伯伦的看法，认为希特勒只是想统一德意志民族，对其他民族主导的地区并无真正的野心，因此不会用武力激怒英国，但是白厅内部对捷克斯洛伐克危机的争论日趋白热化，动摇了他的观点。外交大臣哈利法克斯最终与张伯伦发生了正面冲突，哈利法克斯告诉张伯伦：虽然希特勒并没有赢得任何一场战争，但实际上这位“元首”在向我们开条件。张伯伦容不下别人与他意见相左。“自从昨晚我和你见面后，你的态度发生了 180 度大转弯”，他说“这对我是沉重的打击”。由于缺乏可靠的官方情报，张伯伦首相坚持以己之心，度人之腹。他相信，自己与希特勒会面之初，双方就已经建立了私交，所以他对希特勒的“保证”深信不疑：如果可以就德国人口占多数的苏台德地区做出安排，他绝不动用武力入侵整个捷克斯洛伐克。1938 年 9 月，张伯伦提到：“尽管这个人冷酷无情，但看他的面相，我觉得他是个说话算数的人。”张伯伦首相安慰内阁成员们说，他个人已经“对希特勒先生产生了一定的影响”，但是内阁成员们却越来越不相信他的鬼话。[41]

1938 年圣诞节至 1939 年 3 月德国入侵捷克斯洛伐克期间，范西塔特一伙人的影响力越来越大。关于希特勒未来意图的情报是他们手中的王牌武器。虽然卡多根觉得范西塔特从德国发回的报告令人“毛骨悚然”，但是传言四起，他最终得出结论：英国不得不承认如今德国侵略野心日益膨胀这一事实。令人意外的是 1939 年 1 月范西塔特被邀加入英国内阁外交政策委员会。他耐心地向张伯伦最信赖的两位盟友霍雷斯·威尔森和塞缪尔·霍尔解释：据他手中现有的情报来看，希特勒计划入侵荷兰。尽管在这场以德国威胁为主题的情报辩论中，范西塔特占了上风，但他提出的应对措施令某些人不快，从此被拒之门外。他的建议是与俄国结盟，但此建议一提出就连军情六处的同僚都表示怀疑。许多人认为与苏联建立同盟关系只会把德国推入日本的怀抱。[42]的确，政府密码学校破译的电报也证实了这一点。1938 年 9 月 14 日，政府密码学校分发了其成功截获的最后一批日本密电，其中一份密电表明，东条英机收到来自柏林的一份提案，提案正是要建立这种全面的进攻性军事同盟。[43]

《慕尼黑协定》签署前后的时间里，约瑟夫·鲍尔一直没有放松对张伯伦政敌的监视。张伯伦在写给妹妹艾达的信中甚至还炫耀此事，他沾沾自喜地说丘吉尔和捷克驻伦敦的部长“做梦都没想到……他们的一举一动、一言一行都在我的掌握之中”。[44]大多数观察人士怀疑张伯伦得到了军情五处内部某些人的协助，否则整理窃听到的对话是不那么简单的一件事。[45]但军情五处内部的高官都是绥靖政策的反对者，他们把张伯伦与德国搞私人外交的事情告诉卡多根和哈利法克斯都来不及，还能插手这些？[46]奇怪的是，与此同时，丘吉尔收到了原军情六处官员德斯蒙德·莫顿呈交上来的关于重整军备的秘密情报。当莫顿提醒张伯伦说，在一些给唐宁街传阅的高度敏感的情报中，丘吉尔也在名单上时，他大吃一惊，事实上，拉姆齐·麦克唐纳、斯坦利·鲍德温和时任首相张伯伦曾在和平时期批准了对传阅名单上人员的安排计划，只是张伯伦把自己的指示忘得一干二净了罢了。[47]

年轻的哈罗德·麦克米伦是政坛内部这一切荒谬的间谍与反间谍行动的中心人物。尽管麦克米伦只是一名后座议员，但他是包括艾登的“英国皇家空军”和丘吉尔的“老卫队”在内的形形色色的反对绥靖政策势力中关键的一环。这些强硬派在保守党议员洛尼·特利位于圣安妮门的家里举行的原本是一次秘密会议，但似乎遭到鲍尔一伙人的窃听。与此同时，希特勒的强烈反对者哈罗德·麦克米伦收留了 40 名从德控苏台德区出逃的难民，把他们安排在自己的白桦果园田庄里住下。1938 年 11 月初，这 40 名来自捷克的朋友参加了篝火之夜庆祝活动，他们把盖伊·福克斯人偶换成了张伯伦人偶，狂热的麦克米伦捐出了自己的黑色小礼帽和一把折叠伞，以确保人偶惟妙惟肖。[48]

到了 1938 年的圣诞节，内阁中只有为数不多的几个人与张伯伦一样仍坚信自己能够识破希特勒的意图。军情五处从德国驻伦敦大使馆内招募了更多的情报人员，包括前面提到的那名武官。[49] 此外，外交部明白大多数纳粹党人将大不列颠视作“头号敌人”，一场全面的军事对抗在所难免。武官们搜集到各路传言，从中得知希特勒手下的将领们已接到命令准备在西线发起进攻。哈利法克斯也注意到尽管这些情报五花八门、七零八碎，但内容大体是一致的，这令他感到十分不安。相比之下，张伯伦宁可相信柏林大使馆的亨德森做出的保证：这些都是“故事和谣言”。没有可靠的信号情报意味着没有确切的材料可以提供帮助。[50]为打击张伯伦的自满行为，军情五处一度把希特勒对张伯伦进行的人身攻击拿出来说事，特别强调希特勒使用 Arschloch（屁眼儿）这种字眼描述首相，嘲笑他的自负，“让人印象非常深刻”。[51]然而与此同时，希特勒政权才是真正的一团糟，各部门政策朝令夕改。德国流亡人士和反对派，包括德国特务机关的内部人员，蓄意散播谣言，以期刺激伦敦或巴黎采取行动。流言蜚语不断，军队调动频繁，人们分不清哪些是“信号”哪些是“噪声”。包括军情六处在内的那些苦口婆心警告英国当局提防德国计划的人，都担心发生谎报军情的情况，害怕因此招致混乱局面。[52]

1939 年 1 月，哈利法克斯从张伯伦阵营堂而皇之地倒戈，或许此事鼓舞了军情六处，他们也彻底地改变了态度。“德国掌握在希特勒先生一个人的手里，”军情六处报告说，“他的意志至高无上，他集纳粹狂热者、不可理喻的疯子和目标明确的现实主义者于一体。”报告还说道：“他野心勃勃，信心满满，把德国在欧洲建立霸权视作其谋求建立世界霸权过程中的一小步”，并且发出了“迟来的警告”——希特勒或许会在 1939 年向欧洲西部发起大规模进攻。军情六处估计元首“近乎失去理智，陷入对英国的极度仇恨而无法自拔，不论哪个欧洲国家，谁要是意欲阻挠，他敢立即下令对其发动空袭”。[53]

政府密码学校最后一次破译的宝贵信号情报更加证实了这种新的可能。1938 年年底，德国外长约阿西姆·里宾特洛甫向日本驻柏林大使大岛男爵解释说，希特勒打算把轴心国从一个单纯的对抗共产主义的意识形态同盟变成一个联合对英宣战的平台。大岛男爵立刻把这一消息电报给东京。这些情报是东京提升密码安全性能之前，政府密码学校为张伯伦政府截获的最后一批日本密电的一部分。这些最新截获的情报揭露了希特勒的政治意图，外交部的官员们读到这些内容时惊恐万分：这说明希特勒不啻正谋划一场世界大战。[54]

显然，如此明确的信号情报和军情五处在伦敦收集的情报资料都指向一处：战争一触即发。但张伯伦选择视而不见，这种状况一直持续到1939年3月德国进攻捷克斯洛伐克之前不久。尽管外交部对张伯伦搞私人外交深恶痛绝，但外交官们仍抱有幻想，希望首相对德国局势的判断是正确的。随着捷克的沦陷，希特勒正在挑起世界战争已成为不容争辩的事实。亚历山大·卡多根——曾在张伯伦的怂恿下接替极度反德的范西塔特出任外交部常务次官一职——承认他和张伯伦首相错了。局势朝着“范西塔特所预料的那样发展，我根本没想到会这样”。此外，他认为内维尔·亨德森作为首相在柏林的唯一消息来源，“彻底被自己的德国朋友蛊惑了”。[55]

1939年3月，德国军队浩浩荡荡开进布拉格后，英国情报工作接连失利。令英国政府和议会大惑不解的是4月7日意大利入侵阿尔巴尼亚。张伯伦闻言尤为震惊，因为4天前他刚刚通过鲍尔和丁力的“秘密渠道”再次向罗马发去了求和的消息。“在我看来，穆索（墨索里尼）就是一个卑鄙小人，”他悲叹道，“从头到尾他都打着犬儒主义的幌子，行侵占他国之实。”[56]尽管军情五处从德国驻伦敦大使馆得到可靠消息，并直接向外交部发出警告，但可笑的是哈利法克斯在入侵前两日出席内阁会议时仍坚持认为此事不可能发生。[57]

随后在下议院举行的一场辩论中，一位眼熟的后座议员——温斯顿·丘吉尔——起身发言，他选的主题是英国的秘密情报机关。丘吉尔称赞它是“世界一流的情报机关”，一般情况下议员很少涉及这个话题，但丘吉尔讲起来却游刃有余。他指责政府不懂合理运用优质的情报成果，他相信政府一定收到了大量关于捷克斯洛伐克和阿尔巴尼亚方面的情报，但极可能有一只阴险的“看不见的手”在背后操控着一切，故意向大臣们隐瞒情报内容。总之，他认为更有可能是张伯伦过于痴迷绥靖政策，迫切地想与德国达成协议，因此被蒙蔽了双眼：

> 在我看来，大臣们授权情报部门收集情报，然后让他们递交上来以便按先后顺序及重要程度依次筛选、分类、删减，这种做法风险太大，因为他们很可能只着重强调那些与他们的愿望相一致的情报。他们的愿望高贵且迫切：愿维护世界和平！

丘吉尔批评得对，张伯伦确实因盲目寻求和平而忽视了可靠的情报，但事实上，问题远不止于此。到目前为止，英国仍缺乏一个具备分析敌手战略意图及军备能力的中枢机构。丘吉尔发表讲话时，这个中央机构在联合情报委员会已初具雏形，但此时所有情报分析专家面临的挑战是，按照文明世界领导人通常的行事方式思考已经行不通，应反其道而行之。接下来几个月发生的政治事件将使各党派领袖大吃一惊。[58]

1939 年 8 月 23 日里宾特洛甫与苏联外长莫洛托夫在莫斯科会晤，签订《苏德互不侵犯条约》，此举对英国来说好比晴天霹雳，这不仅是一次重大的情报失败，更是一场外交灾难。当时，英、法、苏同盟谈判有序进行，虽然苏联有意向德国靠拢，但为促成谈判，英法联合军事代表团在莫斯科集合。可是《苏德互不侵犯条约》一旦签订，实际上是公开宣告三国莫斯科谈判的彻底失败。张伯伦从一开始就没有对谈判表现出多大的兴趣，他在日记里坦承他觉得自己“对苏联怀有深深的不信任感”，不相信苏联的军事实力，他认为斯大林的目标是吞并苏联周边的小国——或者用他的话说“揪住所有人的耳朵”，借机扩大其势力范围。随着绥靖政策的破产，如今哈利法克斯和参谋长一致认为英法苏缔结同盟共同牵制德国是唯一一个比较理智的选择，[59]所以，于张伯伦而言，寻求与苏联的合作不过是无奈之举罢了。

《苏德互不侵犯条约》是典型的“意料之中的惊喜”。虽然了解莫斯科内情的那些人早已准确预料到苏德的关系，并公开给予警告，但因为这些警告的声音与张伯伦及其下属高官们先入为主的观点及设想不一致，所以他们选择充耳不闻。苏联军事情报部原高官瓦尔特·克里维茨基早就料到了苏联和德国会签署互不侵犯条约。1938年克里维茨与苏联特务机关决裂，逃往美国寻求庇护，一年之后的1939年4月，他为《星期六晚邮报》写了一篇著名的文章，断言斯大林早就在寻思着与纳粹德国达成谅解。5月初，当外交部长马克西姆·李维诺因为有犹太血统可能不利于斯大林与希特勒之间的谈判而被撤职时，克里维茨基已经料到接下来会发生什么了，他猜想苏德很可能将签署互不侵犯条约，但伦敦方面对此说法心存疑虑，事实上英国外交部主管英苏关系的高官丹尼尔·拉塞尔斯曾认为这一预言是“危言耸听的噱头”。[60]

奇怪的是，1939年春天德国入侵捷克斯洛伐克反而助长了英国情报界的乐观情绪，甚至挑衅心理。德国入侵捷克斯洛伐克，再加上意大利入侵阿尔巴尼亚，这些大大小小的打击让英国政府无奈地接受了战争的脚步越来越近这一事实。联合情报委员会察觉到英国的军事力量，尤其是空军力量正在逐步加强，此外，伦敦突然向远在东边的波兰、希腊和土耳其等国家提供军事援助，这与范西塔特早就设想好的东线计划不谋而合。该计划意图包围并孤立德国，但美中不足的是，这条战线缺失了重要的一环——苏联。正是由于实施了这一部署，再加上为了兑现“保护”波兰的“承诺”，英法最终于1939年9月向德国宣战。同年夏天，军情六处信心满满地预测如果战争爆发，德国最有可能从波兰下手，果不其然。虽然军情六处没有料到会签署《苏德互不侵犯条约》，但它的确注意到有证据表明许多德国人寻求与斯大林改善关系。1939 年 8 月底，联合情报委员会判断：战争爆发是迟早的事。[61]

甚至到了这个时候，张伯伦依然自欺欺人地认为战争有望得以避免。军情六处曾报告说，赫尔曼·戈林希望来伦敦与张伯伦进行谈判，为此，西德尼·科顿（杰出的飞行员兼高级航空摄影师）与军情六处副局长悄悄地在首相乡间别墅紧锣密鼓地做准备。[62] 不久，辛克莱海军上将带来了德国统帅部可能发动叛乱的消息。当然，这些谣传很可能是纳粹为张伯伦精心安排的骗局。[63] 一周后，即 1939 年 9 月 1 日，德国入侵波兰。

9 月 3 日 11 点整，英国对德宣战。一位内阁大臣后来回忆起这件事，说："我记得张伯伦当时平静地说了句：'好吧，先生们，这意味着要打仗了。'外面下着倾盆大雨，话音刚落，紧接着一声惊雷，打得震天响，炫目的闪电把内阁大厅照得如同白昼。'雷声震耳欲聋，我一辈子都忘不了'。"[64]

战争爆发给情报机关带来的震撼不亚于惊雷。许多英国当地的情报机关和分析人士本能地开始抱团。他们随即选出一位外交官主持召开联合情报委员会会议，眼下该委员会考虑的是德国的政治意图，而非单纯地考虑战斗实力。委员会新任主席维克托·卡文迪什-本廷克是波特兰公爵的继承人，他在 1918 年出任外交官之前曾在部队服役，这段经历显然成了他的优势。大家都认识卡文迪什-本廷克，因为他在圣詹姆士公园散步时常带着他的宠物狗安格斯，安格斯经常陪着主人办公，一待就是一整天，所以人送外号"情报犬"。只可惜没过多久，安格斯就死了。有一天，它穿过海德公园演说角的时候，发现另一条狗正从宪法山朝这边跑来，安格斯边跳边吠，被一辆出租车碾死，成为英国"假战争"中为数不多的伤亡者之一。

宠物狗撞车事件暂且不提，话说回来，卡文迪什－本廷克作为联合情报委员会主席是非常出色的，而且他还是使得联合情报委员会在战火中崛起的关键人物。[65]

1939年的世界动荡不安，唯有张伯伦波澜不惊。他观念如此之固执，以至于似乎把“假战争”视作绥靖政策的延伸。战争已经打响了四周，张伯伦首相仍然告诉妹妹说，他认为希特勒不会突破德国西线，倒是可能会发起和平攻势。一年来，络绎不绝的神秘使者穿梭于英德两国之间，商讨可能的停战事宜，此外还有证据证明，《慕尼黑协定》签订之后不久，张伯伦还曾多次尝试秘密外交。[66]但英国只是宣而不战。“我可能走错了这步。”张伯伦预测说，但“无论纳粹分子如何自我吹嘘，如何威胁我们，我认为他们不敢贸然发动世界大战，除非我们把他逼急了”。“我的目标，”他天真地继续说道，“是确保我们按兵不动。”要是问起战后政府（丘吉尔、艾登受邀加入）的意见，张伯伦相信“包括温斯顿·丘吉尔在内的各位同僚定会一致同意”。[67]

张伯伦“亲自批准”军情六处“继续与德国人商讨和谈事宜”。1939年10月初，理查德·史蒂文斯和西吉斯蒙德·佩恩·贝斯特——军情六处驻海牙情报官——知会伦敦说他们有信心说服两位反纳粹德国高官（其中一位是伦德施泰特元帅）访问荷兰，与英国商讨如何推翻希特勒的统治，建立军人政权。贝斯特大喜过望，“认为这是主动出击，赢得战争胜利的机会”。求胜心切的心理影响了贝斯特在实际操作过程中的判断，也导致了周围其他人判断失误，他们有勇无谋，这次行动注定失败。英国驻海牙事务大臣内维尔·布兰德本该出面阻止，但他没有。布兰德曾负责在军情六处与外交部之间穿针引线，他在这方面经验极为丰富。假以时日，他很可能成为整个英国情报系统的战略评论专家。11月7日，军情六处官员们激动地向政府报告说“德国确定要发生政变”，但事情的真相是：德国安全局利用双面间谍诱使贝斯特和史蒂文斯落入了一个天衣无缝的圈套。11 月 9 日，当他们在荷德边境小镇芬洛与接头人碰面时，间谍按事先的约定把帽子摘了，以此向德国人发送信号，一支德国特种搜捕队从天而降，对空鸣枪，将两名军情六处官员俘获。此称“芬洛事件”。这事不但连累了许多英国特工人员，还破坏了英国与荷兰政府的双边关系。[68] 10 年过去了，傻乎乎的军情六处的掌门人斯图尔特·孟席斯依然认为德国军方是诚心诚意想要通过海牙提出和平谈判的。[69]

“芬洛事件”说明英国情报人员容易轻信他人。张伯伦不明白战争已经迫在眉睫，还是一如既往地自命不凡，他认为：“假战争”持续的时间越久，他越有理由无视情报报告，这样一来就能证明自己的判断是对的。事实上，炮火正在蔓延。苏联与希特勒联手入侵波兰，占领东部地区，释放了战争前几天被波兰人俘虏的德国士兵。两个月之后，斯大林向芬兰发动了“冬季战争”，这次战争对苏联人来讲无异于一场灾难。反倒是英国情报机关更能看清局势，认为这是一场大英帝国与“四头怪”（纳粹德国、苏联、法西斯意大利和军国主义日本）之间的较量，对策就是策划秘密任务和隐蔽行动以对付苏德。[70]

正当军情六处紧锣密鼓地筹划特别行动，拟派一批敢死队前往芬兰时，希特勒又打了他们个措手不及：入侵挪威。1940 年 4 月 3 日，德国军舰秘密地先于主力部队出发，德军在瑞典同谋——吉斯林分子——的配合下很快占领了整个斯堪的纳维亚半岛。更让张伯伦感到尴尬的是纳粹美女间谍、原芭蕾舞女演员玛丽娜·李成功地窃取了英国解放挪威的计划，胜利再次站到德国人一边。[71]

这已经是英国第二次没有收到任何有关德国入侵的预警了，连张伯伦都承认这是一次典型的情报失误。他下令彻查此事。原来空军部在一次侦察飞行之后，早就怀疑事有蹊跷，而且也在言语中向军情六处暗示了此事，只是没有告知具体的时间。张伯伦的首席私人秘书亚瑟·洛克向他解释道："我们现在知道的情况就是：德国正在准备大规模地调动远征军。"但是，他继续说道："当然，我们不知道他们被派往哪里。"高级将领们开始意识到，有时即使收集到了有价值的情报，也未必能理解，因此，有必要进一步加强联合情报委员会的职能。与霍雷斯·威尔森和内阁办公室负责人莫里斯·汉基商讨之后，张伯伦等人一致认为"如情报认为有必要采取行动"，联合情报委员会"需根据情报资料提前了解事情的来龙去脉。[72]德国入侵挪威，暗示世界大战一触即发，张伯伦自然无法坐视不理。虽然眼下他开始考虑大刀阔斧地推行情报改革，但随着 1940 年 5 月纳粹德国入侵法国，张伯伦政府随之土崩瓦解。[73]

那些瞧不起首相的人说，内维尔·张伯伦已无力回天了。[74]他面临着巨大挑战，但他认为文明社会的领袖就应该反对战争，他其实一开始就把敌人"镜像化"了，这种做法完全不对，只会使挑战变得越发困难。首相们常常忽略情报的作用，一厢情愿地认为敌我双方应该"英雄所见略同"。其次，张伯伦在情报工作方面经验不足。与自己的世界观相悖的情报，他不买账，情报管理工作做得又不到位，在他担任首相期间，唐宁街的中央情报机关的发展驻足不前。他试图以私人情报机构与罗马、柏林建立外交关系但未成功，结果反而暴露了自身的软弱，在一定程度上促成了德、意、日三国形成轴心国，助长了它们的气焰。同时，他排挤经验丰富的情报专家，片面地依靠柏林汇报的情报，只倾向于相信能够证实自己先入之见的"情报"。

没经验的不止张伯伦一个，政府高层中鲜有人懂情报，懂得如何将情报融会贯通以应对快节奏的闪电战带来的挑战。特工人员把德国情报写在纸上，别在衣领下带出来，纵然聪明能干如哈利法克斯，也曾经被这两条内容截然相反的情报弄得一头雾水。张伯伦手下的高官卡多根不太习惯情报世界的尔虞我诈，他乐得把这些事情交给自己的私人秘书格拉德温·杰布处理。杰布回忆说自己的老板似乎认为“办公室分发传阅的情报报告，是英国秘密情报局（军情六处）派‘雇佣刺客’在海外执行秘密监视任务搜集而来的”。高层有这种幼稚的想法，真是引人深思。[75]

希特勒一直让人捉摸不透，他一开始究竟只是俾斯麦式的民族主义者，还是一心妄图建立世界霸权的独裁者，德国历史学家们即使穷尽一生研究档案资料，也依然没有定论。不管怎样，希特勒喜欢出奇制胜，他不仅把这招用在跟随自己的将领身上，而且用在战争上。在二战中声名大噪的英国密码破译专家们偏偏无法解读希特勒的意图。他们哪怕能破译一丁点儿德国高层 1939 年的通信内容，张伯伦也不会自负地一个人在绥靖政策这条道上走到黑了。但讽刺的是，1939 年密码破译专家们暴露出来的弱点后来成了他们的强项。从此之后，一批批的年轻人，学生和思想家涌入情报机关，带来了变革，推动了情报革命，促进了布莱切利园的诞生。[76]随着温斯顿·丘吉尔大权在握，情报机关与唐宁街之间最终会掀起一场久违的革命。

4

温斯顿·丘吉尔（1940—1941）

（情报工作）诡异又致命。一旦掌握了它的游戏规则，我便会赴汤蹈火，在所不辞。

——温斯顿·丘吉尔[1]

温斯顿·丘吉尔对情报如痴如狂。1940 年 5 月入主唐宁街时，他已在情报工作中积累了相当丰富的经验。在长达半个世纪的时间里，他目睹了情报如何在和平时期发挥作用，又如何在战争时期产生影响。1909 年，丘吉尔见证了军情五处和军情六处的诞生，最重要的是 1911 年至 1915 年丘吉尔担任海军大臣，又在第一次世界大战的最后一年兼任陆军大臣和空军大臣，因此他知道情报工作——尤其是信号情报——在作战中的重要性。他还曾参与战后英国情报机关重组的一些细节工作。后来为防止国内特务与爱尔兰恐怖分子及共产主义颠覆分子勾结，丘吉尔全身心地投入到国家安全保卫工作中。尽管在国家安全领域积累了丰富的政府工作经验，但是在情报工作方面，他还是个门外汉。因为两度改变党籍，丘吉尔被人视为变节分子，但他的确勇于挑战世俗的眼光，并把这种勇气带到情报工作中来，使英国情报界得到了前所未有的发展。

丘吉尔满怀激情地相信情报的变革力量，并知道它可以在政府政策中发挥核心作用。他是个无可救药的浪漫主义者，热爱间谍技巧和一切秘密手段，并且因为卧底行动自身的特点而热心地鼓吹卧底行动。不仅如此，他还相信阴谋、秘密行动和特别行动，即所谓的“看不见的手”之力量。丘吉尔一直被誉为英国情报界的伟大冠军，但他冲动善变的个性常常令他的情报局主管们暴跳如雷。毫无疑问，正是因为丘吉尔对情报工作怀有的无限热情，英国情报界的规模才得以扩大，情报工作才得以改革、发展，情报才得以纳入二战的政府决策；但丘吉尔也要学会不插手情报事务，不要意气用事，企图掌控情报工作的方方面面。

更值得一提的是，丘吉尔的战时政府就像是一个学校，承担起了培养候任英国首相人选的重任。正如丘吉尔自己的情报工作方法是在好几届政府工作中摸爬滚打才学到的，现在他的战时大臣、未来唐宁街的主人们——克莱门特·艾德礼、安东尼·艾登和哈罗德·麦克米伦也有机会读到一手情报。后来在以上各位的政府中担任要职的欧内斯特·贝文、休·道尔顿和邓肯·桑兹尔，当时也都是丘吉尔战时政府的内阁成员。与前几任首相不同，丘吉尔告诉他的学生们：情报乃重中之重。他身边的人有幸高屋建瓴，以当权者的视角亲眼见证秘密行动的变革力量。

丘吉尔的政府管理理念一直走在时代前沿。他期望能形成一种总统式的执政风格，身边围绕着一群特别顾问和贴身侍从，随时准备回答他提出的各种异想天开的问题。就像德斯蒙德·莫顿，任命他担任情报顾问则可以很好地把唐宁街 10 号、军情五处、军情六处、政府密码学校和风云莫测的特别行动贯穿在一起。尽管后来哈罗德·威尔逊、玛格丽特·撒切尔和托尼·布莱尔沿袭了他的这种工作作风，但是都不如丘吉尔任首相时那般受到大臣们的青睐。例如，安东尼·艾登，作为外交大臣，当他发现莫顿干预夏尔·戴高乐和法国抵抗运动时恼羞成怒，甚至在 1942 年 11 月写下“我希望莫顿葬身海底”这样的话。[2]

矛盾的是，丘吉尔最大的缺点是不能保守秘密，关于这一点他常“宽于待己，严于律人”。1923 年丘吉尔在回忆一战故事时，恰恰是他自己把信号情报的秘密说出来；没过多久，出版公司觉得丘吉尔在二战中战功赫赫，出重金请他执笔讲述二战经历，这一次他又是“知无不言，言无不尽”，把情报故事统统抖搂出来。一开始内阁办公厅基于保密工作的需要，建议丘吉尔不要这么做，但无济于事，后来不得不请军情六处主管斯图尔特·孟席斯爵士出马说服丘吉尔。二战之后，莫顿与一位友人就“‘丘吉尔的生活与精神实质’是什么”展开讨论，莫顿认为用“自由撰稿人兼冒险家”来描述丘吉尔是再恰当不过的了。丘吉尔钟爱情报工作，但他也热衷分享情报故事，他就是那种肚子里藏不住事儿的性格。[3]

丘吉尔还是个生硬粗暴的人。上任伊始，丘吉尔就一心想读到第一手情报，而不是总结和评论之类的文字材料，最重要的是他想直接读到布莱切利园译码员截获的原始密电。随着恩尼格玛密码机输出的情报数量越来越多，丘吉尔俨然成了英国的战争领袖。情报的涓涓细流很快汇成了滔滔江河。但并不是所有的情报首相都能接触，对于这一点丘吉尔不得不勉为其难地接受了，作为权宜之计，孟席斯亲自将遴选出的“超级机密”装在米色盒子里交由首相批示。[4]丘吉尔深谙先发制人之道，在日本偷袭珍珠港的危急关头，他“不分昼夜”地给布莱切利园打电话以获知最新消息。[5]这样他便需要自己分析原始情报，因此经常在仓促间得出错误结论，误读“超级机密”或偏信情报常使得丘吉尔制订的计划不切实际。随着战争的推进，帝国总参谋长艾伦·布鲁克发现自己把越来越多的精力用在遏制丘吉尔的“盲目热情”，而非带兵打仗上。从 1941 年 7 月开始，布莱切利园将截获的最新信号情报提交给三军参谋长，每天三四次，以帮助他们应付首相“无休止的催促”。[6]

然而，多亏了这些令人头疼的脾性，丘吉尔才发起了一场自上而下的情报改革。在他的领导下，白厅建立了第一个将情报纳入战争策略和战略行动的现代体制。这不仅仅意味着联合情报委员会职能的扩大。将联合情报委员会发展成为英国情报的中枢机构是丘吉尔政府最突出的贡献之一。正如我们所看到的，在两次世界大战之间，外交部和三军大臣们曾一直围绕着对情报机关的控制和情报的解读这两方面做斗争，直到 1936 年为三军参谋长服务的联合情报委员会成立，这两个问题才得到解决，但该委员会一直动力不足，工作懈怠。随着丘吉尔的出现以及他对原始密电的渴求，一切都发生了变化。[7]

1940 年 5 月真是祸不单行，德国先是入侵挪威，随后挺进法国北部，整个欧洲为之震惊，唐宁街被迫采取行动。对于德国这两次行动，情报局事先都没有任何预警，让丘吉尔烦恼不已。他命令三军参谋长反思一下情报、高层决策、军事行动如何实现联动。因此，5 月 17 日，上任还没几天，丘吉尔就授权联合情报委员会成为唯一拥有战略评估与实操评估资格的机构，并新增了发布预警的职能，联合情报委员会的地位也因此大大提升。丘吉尔的高级参谋黑斯廷斯·伊斯梅少将（绰号“哈巴狗”）得到命令，让“首相随时了解”联合情报委员会掌握的情况。[8]

这不再是建立一个理想的政府机关的问题了，而是满足个人控制欲的问题了。1940 年 8 月，丘吉尔告诉伊斯梅他厌倦了各个部门将“经过筛选的”情报拿给他看，于是重申了自己查看原始情报、自己分析原始情报的要求，并坚称莫顿“有权阅读所有情报”，然后“把真实文件原封不动地提交给我”。[9] 数月之后，他要求审阅有权查看政府密码学校特殊资料权限的人员名单，看到这种“大型集会式”的情报权限，他十分惊恐，并下令务必大幅削减人数。到 1940 年 11 月，尽管很多人变着法子收到情报或收到经过处理的情报，但是只有寥寥几个人能够看到原始的“超级机密”。[10]

丘吉尔总是在看过“超级机密”之后，发连珠炮似的向三军参谋长抛出一个又一个出人意料的问题，有时候他对这些“超级机密”的理解与联合情报委员会的解读也会有出入。他把“超级机密”当作自己制定政策的基础，这些策略颇能鼓舞人心，但往往是不切实际的长篇大论，有时甚至是酒后“胡言”。丘吉尔常与人彻夜长谈，运用智慧和惊人的辩才滔滔不绝地高谈阔论，把战时内阁中的政敌耗得筋疲力尽。外交部的高官布鲁克和亚历山大·卡多根只能在日记中发泄他们对丘吉尔的不满情绪，记下他是如何使得身边的人苦恼不已的。卡多根经常问自己：“首相大人只管浪费他自己和其他人的时间在那儿胡说八道，讲些不着边际的话，还觉得挺有意思的，那这些人是怎么带兵打仗的？”[11]

联合情报委员会的职能经过强化后，三军参谋长终于能够从丘吉尔的死缠烂打中缓一口气。军情六处（还负责管理政府密码学校的译码员）、军情五处和经济作战部（主管特别行动）由联合情报委员会统一管理，而且有更多人员加入情报分析团队，草拟情报评估报告。人们寄希望于经过评估的情报数量增加能够防止首相继续亲自分析原始情报。可偶尔丘吉尔也能正确地解读密电内容，先于

“职业分析家”一步发现战争的重要转折点——例如在 1941 年 6 月 22 日，丘吉尔第一个参透希特勒做出突袭苏联的惊人决定。

丘吉尔迫使英国政府与议会意识到情报对于现代战争的重要性。情报不仅指拦截的情报，它的外延更大，包括科学技术的发展。实际上是丘吉尔助了一种全新的情报——电子情报的一臂之力，并在 R.V. 琼斯的辅佐下加速推进“巫师战争”①。到了 20 世纪 50 年代，“巫师战争”业已形成了一片崭新的秘密天地。最重要的是，他深知特种部队和隐蔽行动的战略意义。英国最著名的秘密部队——包括特种空勤团（SAS）、“二战特种兵”和“钦迪特”特种部队——的存在，都应归功于丘吉尔对于狂野人物的热情，但思想保守的参谋官则对这类惊世骇俗的行为深感厌恶。1940 年率游击队在东非对意军成功作战的奥德·温盖特旅长实际上因其特立独行的想法遭中东战区总司令部降职。丘吉尔救了他，使他免受军事流亡的命运，迫使三军参谋长们对其加以重用，并允许温盖特以第七十七印度旅为基础改编建立缅甸“钦迪特”特种部队。“钦迪特”激励了整整一代战争后方的狂热分子，这些人对所谓的“战争的第四维度”有着满腔热情。

这并非纯粹的浪漫主义。丘吉尔深知非常规思维对于战争的重大意义，因此他身先士卒，将特别行动处和军情六处等机构与国家政策紧密地联系起来。丘吉尔的核心集团学会了这些暗黑艺术，开始构想出一个全新的秘密战争方式——这种秘密方式一直延续到和平时期。丘吉尔的追随者和同僚，包括一些不大可能改变信仰的人，如副首相克莱门特·艾德礼，确保把这种革命的方法当作秘密治国

① 《巫师战争》（*The Wizard War*）是一本关于英国情报战的书《绝密战争：英国科学情报，1937—1945》在美国出版时的书名，其作者为哈米什·汉密尔顿（Hamish Hamilton）。——编者注

之道，利用贿赂、勒索和其他各种托词来施加大英帝国的影响力。这种治国之道沿用了 50 多年。

眼下丘吉尔的燃眉之急是解决邻国德国的问题。他担心英国或许会因纳粹的秘密战争而变得民不聊生。1939 年年底至 1940 年年初，丘吉尔主要担心“英国的后门”——爱尔兰的大门被纳粹攻破，因担心爱尔兰与德国互相勾结而备感焦虑。1940 年 5 月，军情六处调遣一名英裔爱尔兰资深情报军官查尔斯·特加特前往都柏林展开调查，特加特为此撰写了一份精彩绝伦的调查报告。这份报告要是写入威廉·勒丘 1913 年的小说真是再恰当不过了。特加特声称爱尔兰共和军领袖批准 2000 名纳粹间谍乘坐潜艇登陆，此外，他们早已着手建造了多个秘密军用机场，准备协助德国从西线发动突袭。丘吉尔及其新内阁轻信了特加特之言，坐立不安，于是决定孤注一掷，向埃蒙·德·瓦莱拉提出统一爱尔兰的请求，而这个德·瓦莱拉最擅长利用第五纵队制造威胁论。与此同时，英军暗中部署，准备先发制人，入侵爱尔兰南部。[12]

以丘吉尔这么些年与印度和爱尔兰交手的情况来看，他更加坚定了展开颠覆活动的念头。第一次世界大战期间，德国伙同加拿大、爱尔兰、印度、新加坡等地的叛军精心策划了一出出阴谋。早在 1937 年，军情六处就提醒过时任外交大臣罗伯特·范西塔特，一旦战争真的爆发，德国也会在爱尔兰开展阴谋活动。于是，英国所有的情报部门开始将侦查的注意力转向爱尔兰海对面的德国。过去十年来，爱尔兰共和军一直与苏联沆瀣一气，如今他们嗅到机会来了，企图与希特勒暗度陈仓。1937 年年初，爱尔兰共和军参谋长汤姆·贝瑞出访德国，与德方商讨于战时展开破坏行动的可能。随后，多名爱尔兰高层先后访问德国，以至于 1939 年爱尔兰政府都认为爱尔兰共和军情报部门负责人肖恩·麦克布莱德对德国殷勤过甚，比效劳爱尔兰共和军还卖力。[13]

1939 年，德国密使先后于夏、秋两季访问都柏林，他们与联络人各执一半一英镑纸币，通过对接纸币的方式确认身份。8 月，纳粹德国海外军事情报局（Abwehr）知会爱尔兰共和军“不到一周”战争即将拉开序幕。与此同时，军情六处获悉，爱尔兰共和军与纳粹德国海外军事情报局局长卡纳里斯海军上将举行过多次会面，但细节不详。事已至此，德·瓦莱拉仍极力否认爱尔兰共和军与纳粹德国的瓜葛，但军情六处却不这么认为。[14]

英国后院起火，爱尔兰共和军对英国大陆发动空袭，英情报机构诚惶诚恐，如临大敌。其实，20 世纪 30 年代末 40 年代初时爱尔兰共和军只不过是一个小型武装组织，四分五裂，如同一盘散沙：有些人主张袖手旁观，有些人主张与北爱尔兰打游击战，另一些人则企图空袭英国大陆。1939 年，空袭派胜出。不过，他们的计划却显得有些“稀奇古怪”，其中一个计划是用两吨的速干水泥堵住伦敦的下水道。但是因为他们的许多爆炸装置都是自制的，因此大部分袭击以失败告终。即便如此，截止到 1939 年 6 月，爱尔兰共和军总共向英国发起了 72 次袭击。最严重的一次发生在 8 月，一枚炸弹袭击了考文垂市的一条繁华的商业街，导致 5 人死亡，51 人受伤。1940 年年初，英国内阁经过多次听证讨论，最终决定对参与考文垂商业街爆炸案的两名爱尔兰共和军特务詹姆斯·麦考密克和彼得·巴恩斯实施绞刑。此外，在一次突袭行动中，英国军方从曼彻斯特市的一家炸薯条店中查获一批隐匿的炸药，大约有 500 磅重，但德·瓦莱拉拒绝与英国情报机关合作追捕炸弹袭击者。[15]

此后爱尔兰共和军继续发动袭击，到 1940 年 5 月，一共实施了 50 次袭击。丘吉尔深受其害，一进办公室心就惴惴不安，唯恐遭到来自德国第五纵队的威胁。新首相整天惶惶不可终日。当得知德军在爱尔兰西部沿海一带活动时，丘吉尔向军情六处主管征求意见，他问道：“有没有迹象表明德国潜艇在爱尔兰湾或入海口处等待援救爱尔兰共和军？”他敦促军情六处加派人手，把都柏林的特工团队打造得更加精锐。这时西德尼·科顿走入了军情六处的视野，他被派往爱尔兰西海岸调查德国潜艇事宜。西德尼·科顿是一位性情古怪的商人，曾与军情六处有过合作，是空中侦察的先驱。[16]

1940年5月10日，丘吉尔出任首相。5天前，纳粹德国海外军事情报局特工赫尔曼·格尔茨跳伞着陆于米斯郡。格尔茨是一名冷血特工，20世纪30年代曾因在英国从事间谍活动而被判处4年监禁。他此行的目的是寻求与爱尔兰共和军建立更加永久的联盟关系，为攻打北爱尔兰制订更加详细的计划。[17]到米斯郡才几周，警察就查抄了格尔茨众多藏身处中的一处，搜出制服、降落伞、与“凯瑟琳计划”有关的一些文件及两万英镑现金。都柏林政府对几名因涉及“凯瑟琳计划”而被捕的人员提起公诉，引起社会各界的广泛关注。[18]格尔茨侥幸躲过一劫，但最终于一年半后落网，被捕后他咬碎一个装有氢氰酸的玻璃瓶服毒自杀。[19]军情五处高官盖伊·利德尔最终认定：格尔茨案是德国人正与爱尔兰共和军暗中勾结的“确凿证据”。[20]

其实，1940年5月时爱尔兰共和军规模还较小、社会影响也不大。它对希特勒的崇拜不亚于过去10年里对斯大林的崇拜。如果说其之前的种种行为只不过是投机取巧罢了[21]，那么现在爱尔兰共和军在英国展开大规模炸弹袭击，加上纳粹特务在境内设立秘密电台，向爱尔兰共和军提供现金补助的事实就摆在眼前，英国则更有理由相信第五纵队这事不是捕风捉影那么简单。与此同时，赫尔曼·格尔茨及其同伙将约5万英镑汇入爱尔兰共和军的户头，足以使唐宁街胆战心惊。1940年5月，虽然联合情报委员会刚成立不久，但已经听到德国援助爱尔兰共和军的风声，所以立即向政府发出警告：爱尔兰共和军可能会迅速壮大至3万人，德国飞机零部件早已偷偷运入爱尔兰境内。丘吉尔下令拟订作战计划，准备调遣刚来不久的加拿大军队从爱尔兰南部进攻。[22]

到了1940年夏天，第五纵队令人闻风丧胆，人人草木皆兵。荷兰和法国没抗多久就向德国投降，欧洲局势急转直下，对丘吉尔甚至美国总统罗斯福来说，最合理的解释就是有“内鬼”潜伏在他们中间。事实上，英国截获了法国统帅部的加密情报，这些优质的信号情报透露了希特勒入侵荷兰、比利时的计划，当然，也暴露了英国对德作战计划。[23]即便如此，1940年7月，经丘吉尔批准，罗斯福派美国战略情报局局长威廉·约瑟夫·多诺万前往英国调查“纳粹第五纵队的阴谋诡计”。多诺万找到了一位忠实听众——丘吉尔，此时他正心神不宁，担心一支浩浩荡荡的第五纵队正在磨砺以须，准备攻破英国的大门。

多诺万发现很难找到确凿的事实证明第五纵队的存在。英国公众感染了丘吉尔所谓的“间谍狂热症”——一战时英国也害过这病，觉得德国间谍似乎无孔不入。有个很有意思的例子，有一次苏格兰西部的肖纳岛上发生了牛群踩踏事件，当地人居然一口咬定在是德国特工一手策划的。[24]全国上下草木皆兵，有人报告在火车上发现神秘的外籍人士，有人报告某人疑似用手电筒发射信号。还有人报告发现信鸽，这个发现可不得了，这是间谍向德国发送秘密情报的主要手段。类似这样的报告令警察局、军队和保安队疲于应对，为此英国编列了一大群食肉鸟类，专门用于捕杀归国途中的纳粹信鸽。[25]军情五处对信鸽之言不敢掉以轻心，甚至派空军上尉理查德·麦尔维尔·沃克专门组建了一个驱逐信鸽的部门。[26]

第五纵队激发了群众的想象。有一位女士是为数不多的对此事表示怀疑的人之一，她记录下了日常生活的点点滴滴："举国上下都流传着'仁慈姐妹'的故事，她们脚穿钉靴，腕上有文身，某某的兄嫂还在火车上见过她们呢。"似乎每一件不同寻常的事情的发生都是纳粹特务在幕后一手操纵的。令人意外的是，新成立的情报部认为谁要是怀疑第五纵队的存在，谁就是在从事颠覆活动。情报部坚称，凡是以为这事不可能在英国发生的人"恰恰落入了第五纵队的陷阱"，它还补充道：毫无疑问，第五纵队的首要任务是"故意让大家以为它并不存在"。在这样一个得天独厚的阴谋氛围中，就连那些认为第五纵队不存在的人，都不知不觉成了这个天大阴谋中的一枚棋子。关于纳粹荒诞行径的报告如潮水般涌进警察局和安全部门。[27]

丘吉尔担心政权被颠覆是有个人原因的。在英国贵族中，亲德情绪和恶毒的反布尔什维克主义情绪经常掺杂在一起。伦敦德里勋爵，丘吉尔的表弟，20 世纪 30 年代早期任皇家空军大臣，是一个臭名昭著的亲德人士。虽然他本人并非法西斯分子，却不惜一切代价寻求与纳粹的友谊，还特意飞到德国会见希特勒和戈林，并在 1936 年多次在他的豪宅中招待里宾特洛甫和"一群吵吵嚷嚷的党卫军成员"。[28]

丘吉尔在上任后短短数日内就收到了证据表明真正的纳粹间谍在政府中身居要职。1940 年 5 月 18 日，泰勒·肯特间谍案曝光，这个案子直接关系到新任首相对敌特颠覆活动的看法，丘吉尔压力倍增。泰勒·肯特是美国驻英国大使馆一名普通的密码破译员，但他与一个支持德国的反犹组织——"右翼俱乐部"——有着密切的联系。肯特通过中间人向德国人和意大利人递交绝密文件，其中包括丘吉尔与罗斯福两人之间的谈话摘要。军情五处突击搜查了他的公寓，发现了 1929 份反政府文件、丘吉尔的电报及一本笔记本，笔记本中载有被特工处和军情五处监视的人员的姓名。这次行动还搜出了《英美情报合作协定》。肯特的间谍行动之所以会被曝光是因为军情五处成功地渗透到“右翼俱乐部”内部，此外，布莱切利园的密码破译员也成功破译了意大利的通信内容。[29] 这一地下间谍网络之大，丘吉尔和罗斯福根本无从想象，但得知居然有纳粹党的坚定拥护者意图插足破坏尚处于萌芽状态中的英美关系时，两人震惊不已。盖伊·利德尔在日记中写道：“看来眼下首相势必要抓捕第五纵队队员了，内政大臣估计都劝不了他。‘泰勒·肯特案’对他的触动太大了。”[30] 但是肯特从未放弃过自己的政治信仰，刑满释放后，他依旧回到美国，在一家黑手党控制的报社做出版商，并一直试图证明约翰·F. 肯尼迪参与了共产主义阴谋活动。[31]

正是由于德国对欧洲发动进攻，英国的难民和敌侨问题日益严重。丘吉尔不禁问：这些人中谁会是德国或意大利派来的特务呢？第一次世界大战时，张伯伦政府煞费苦心地想要避免出现大规模拘禁的情况，但事实证明他这样做是错的。不过说归说，1939 年张伯伦对德宣战前不久还拘禁了不下 30 名男女。[32]1939 年，拘禁是各个地方法院排查嫌疑犯的程序，只有不到 1% 的人作为“一级”危险分子遭到关押，大多数是纳粹同情者，而现在“一级”危险分子的人数已高达 5600 人；“二级”危险分子约 6800 人；“三级”危险分子 6.4 万余人，这 6.4 万人中，还有一多半是受种族迫害的犹太人，他们拥有人身自由。1940 年 5 月英国正处在水深火热之中，丘吉尔颁布了“圈禁令”，下令严格执行，这意味着外籍男性和“二级”危险分子里的所有女性都要被拘禁。当局围捕了大约 2.7 万人，其中包括 4000 名妇女，她们大多数是犹太难民。因为这是当局害怕间谍活动渗透而采取的一项紧急措施，所以许多人被安置在临时拘留营里，这其中包括肯普顿帕克的赛马场，那里的条件之差令人发指。

第五纵队令丘吉尔坐立难安，他担心拘留营本身没准会成为暴动的发动点，而德国伞兵的到来则只会给暴动带来火上浇油的效果。为了解决这个问题，官员们想了一个办法，他们把其中一部分遭到拘留的人驱逐去了加拿大和澳大利亚。1940 年 7 月 2 日，一艘名为“阿兰多拉星号”的轮船在爱尔兰海岸被鱼雷击中，造成数百人丧生。许多遇难者都是“三级”危险分子里的犹太难民。没想到丘吉尔的这项举措适得其反，一时间在议会引起了轩然大波。迫于压力，丘吉尔的政策来了个戏剧性的大转变。到 1941 年 8 月，被拘留的难民只剩大约 1300 名，其中大部分关押在曼岛上。[33] 他们当中的许多人都坚定地信仰法西斯主义，1943 年 4 月希特勒 54 岁生日之际，他们齐聚拘留营餐厅，高唱纳粹党歌——《霍斯特 · 威塞尔之歌》(Horst Wessel Lied)。值得一提的是，不该拘留的被丘吉尔拘留了，该拘留的都通过社会关系逃走了。一位《泰晤士报》的专栏作家不禁想：如果把英国国内所有的亲德分子拘留起来，“上议院还能剩几个人？”[34]

1940 年，军情五处忙得焦头烂额。调查外籍人士和难民要花大量时间，仅靠这么几个人手根本应付不过来。此外，内政大臣们向来对窃听电话或拦截英国公民邮件持谨慎态度，所以军情五处不清楚德国特工行动、纳粹同情者和敌侨三者之间是否有勾结。另外，因为要调查外籍人士，他们无暇处理其他重要的事情。[35] 军情五处一直“忙”个不停，先是从泰晤士大楼的顶层搬到战时新总部沃姆伍德斯克拉布斯监狱，为了躲避德国闪电战的攻击，又从沃姆伍德斯克拉布斯监狱迁往布莱尼姆宫。[36]

丘吉尔却以此为由，罢免了弗农 · 凯尔的军情五处主管一职，凯尔在这个位置上干了 30 多年，丘吉尔这样做对他来说多少有点儿不公平。军情五处不再由内政部管理，改由新设的国土安全执行委员会管理，原空军大臣斯文顿勋爵任该委员会负责人。丘吉尔命令斯文顿勋爵“查明第五纵队是否真实存在……如果真有的话务必斩草除根”。奇怪的是，丘吉尔却选张伯伦的心腹、自己的政敌约瑟夫·鲍尔来主管神秘的情报委员会。与此同时，外籍人士不再是丘吉尔担心的“内部敌人”，他很快把注意力转移到了共产党和爱尔兰共和军恐怖分子身上。尽管如此，他明白军情五处的改革迫在眉睫。1941 年年初，丘吉尔任命在印度当过情报部门负责人的戴维·皮特里爵士为新任军情五处局长。皮特里觉得自己又重新得到器重，更加卖力工作，带领军情五处取得了一个又一个辉煌的成就。

尽管英国境内第五纵队的人数并没有丘吉尔想象的那么多，但是他的担忧不是毫无根据的。确实有叛徒，为此军情五处策划了一场巧妙的“假旗”行动对其实施抓捕。行动的据点在伦敦一家古玩店的地下室，因其常谈到诸如隐形墨水和秘密阴谋此类的话题，而吸引了百余名准纳粹间谍，一张抓捕叛徒的大网悄然拉开。这些人当中有外国人，也有英国法西斯分子。他们假象自己在援助柏林，所以不经意间向军情五处情报员提供了军事防御计划、水陆两用坦克的资料和尚未投入实战的喷气式战斗机的情况。英国安全官员甚至特意搞到一堆仿造的“铁十字勋章”，以奖励该组织中积极分子的出色工作，证明他们确实是在为希特勒效忠。[37]

丘吉尔一方面害怕颠覆活动，一方面又认为它是一种有力的进攻武器。他对包括颠覆性宣传活动和经济破坏活动在内的迂回战特别感兴趣。因此，他计划在欧洲建立一支“第五纵队反击队”，以其人之道还治其人之身。[38]莫顿对此同样表现出极大的热情。1940 年 6 月 27 日，他对丘吉尔说：在斯文顿的领导下，反破坏行动已经准备就绪，但反击轴心国集团的“地下活动攻势”群龙无首，犹如一潭死水。莫顿同意首相的观点，认为“强大的地下活动……如果细心安排，周密部署，能够在制敌方面发挥重要作用”。事实上，莫顿现在认为筹划行动比收集情报更重要。[39]

事不宜迟，丘吉尔马上着手准备。7 月 16 日，他委任长期以来反对实行绥靖政策的工党议员休·道尔顿在他所谓的“非绅士战争部”任负责人。“非绅士战争部”就是新的经济作战部，职责涵盖宣传、经济破坏和特别行动，下辖即将成立的特别行动处（SOE）。因为 20 世纪 20 年代曾在外交部担任政务次官，所以道尔顿对情报工作了如指掌，并且在处理政府密码学校截获的情报方面也积累了丰富的经验。丘吉尔还认为，工党政客们更适合从事地下工作，因为他们本身的工作就是搞经济破坏和引发劳工动乱。[40]然而，颠覆活动成了白厅的烫手山芋。早在丘吉尔入主唐宁街 10 号之前，劳伦斯·格兰德少校就负责军情六处下辖的一个专门负责颠覆活动的不起眼的部门，但军情六处的表现不佳，这个部门尤其拖后腿。尽管格兰德本人风度翩翩，八面玲珑，人缘极好，但所有人都知道他无法胜任这项工作，因此他成了大家的笑柄，道尔顿依照斐迪南二世的名字给他起了个绰号，叫“邦巴王”（King Bomba）——斐迪南二世是西西里王国第三任国王，曾于 1849 年炸毁自己的国家。[41]就连格兰德的老同事都说，让他负责颠覆活动“就像让骑在驴背上的杂技演员去对付一支装甲师”。[42]

道尔顿的经济作战部是必不可少的，但丘吉尔一心想要组建新机构的热情却引来不少麻烦。军情六处、外交部和三军参谋长都不喜欢特别行动处，因为特别行动处手伸得太长，管得太宽。在长达两年左右的时间里，道尔顿忙着处理官场中的钩心斗角，因此特别行动处没有发挥它的作用。孟席斯也坚决抵制这个部门，阻挠它的发展，他坚决认为特别行动处想处处挑事，会危及传统情报网络的安全。反之，道尔顿的参谋长抱怨说军情六处抱着“一种倚老卖老的心态……尤其是那些元老级的人物”。“今非昔比了，”他继续说，“现如今‘秘密’活动是常态而非个例。”正是因为如今秘密活动无处不在、无孔不入，所以白厅内部在颠覆活动问题上争得面红耳赤。1940年至1942年间各部门在特别行动处问题上爆发了一场非同寻常的战争，这场战争预示着丘吉尔决心改变英国对战争的看法，完全采用地下战术。直到1942年，塞尔伯恩勋爵接替道尔顿出任特别行动处处长，部门间的明争暗斗逐渐偃旗息鼓。塞尔伯恩勋爵行事低调、管理有方，再加上与艾登走得近，使特别行动处制造的一些摩擦得以平息。[43]

特别行动处是英国政府内部公开的秘密。与之相比，布莱切利园则神秘得多，除了极个别的人知道布莱切利园之外，连丘吉尔私人办公室里的自己人都对“超级机密”一无所知：负责管理神秘情报盒子的几位私人秘书直到20世纪70年代才知道这些盒子用于装“超级机密”。每次盒子送到唐宁街10号，秘书都会被严正告知：首相亲启。秘书将盒子放在首相的办公桌上，“然后由他自己重新锁上”。超级秘密真的是“超级”机密——即使在唐宁街也是如此。[44]

布莱切利园只参与了政府密码学校负责的大规模信号情报行动中的一部分。到战争结束时，英国的密码破译帝国已经有大约1万名员工。布莱切利园不仅负责破译密码，还负责拦截十几个国家发出的外交通信（称为“薄纸”，也称为“蓝色上衣”，因装情报的文件夹是蓝色的而得名）。这种材料满是些政坛八卦，但丘吉尔天生就是喜欢这些东西，难以抗拒它们的诱惑。不过，他最喜欢的还是一些晦涩难懂的东西，比如巴西驻英国大使发来的信息。这些材料数不胜数——1941年多达1.3万条，此后与日俱增。莫顿的工作就是筛选这些材料，挑选出那些他认为首相比较感兴趣的内容。[45]

同时，斯图尔特·孟席斯也从军情六处给丘吉尔送来线报，即CX。不过，总的说来，军情六处及其情报员，或者叫“人工情报”表现不佳，而且孟席斯认为译码员的译码速度对于保住自己的乌纱帽以及维护军情六处在唐宁街的声誉都至关重要。在欧洲，他多少可以通过帮助流亡政府恢复间谍网络，依附流亡政府获取情报，但在包括远东在内的其他地区，军情六处在战时收集情报的表现却乏善可陈。1940 年 8 月，一条电传打字线路将位于圣詹姆士百老汇大厦的军情六处总部与唐宁街连接起来，这样一来，身在唐宁街的空军上校温特博特姆将军就能帮军情六处掌门人孟席斯为丘吉尔挑选“头条”情报。[46] 军情六处一名代号为“克诺夫”（Knopf）的特工的确向孟席斯和丘吉尔提供了一份宝贵的情报，内容涉及希特勒在东线和地中海战场的作战计划，该计划还讲到了“狼穴”所在的具体位置，狼穴即希特勒在普鲁士东部建造的德军指挥部。“克诺夫”及其下线打入了第三帝国的高层，获得不少情报，比如他告诉伦敦方面：纳粹元首“决心不惜一切代价夺取斯大林格勒”。[47] 然而，大部分情况下，孟席斯还是依赖信号情报。

与孟席斯不同，丘吉尔崇尚科学，严重依赖科学顾问弗雷德里克·林德曼“教授”。林德曼几乎每天与丘吉尔会面，对丘吉尔的影响比其他任何一位文职顾问都大。他俩合力促成了一种全新的科学侦察手段——“电子情报”的问世。林德曼有一位学生名叫 R.V. 琼斯，年纪不大，是牛津大学的科学家，在军情六处供职。1940 年 6 月 12 日，英国皇家空军的负责人正和布莱切利园联手破解密码，他们碰到了一个令人百思不解的问题，消息中提到了一个叫“小不点”或“弯曲的腿”的东西，于是向琼斯请教。没人知道这指的是什么。琼斯则大胆提出了一个假设——德国人利用无线电光束为轰炸机导航。果不其然，这个大胆的推理传到了丘吉尔耳中。没过多久，英军俘获了一名德国飞行员，他在审讯中交代了有关这一导航系统的某些细节：当两根无线电光束相交时，轰炸机便自动投放炸弹并锁定轰炸目标。

6 月 21 日，丘吉尔把琼斯叫到唐宁街 10 号。当他被带进内阁会议室时，发现在座的有首相、前牛津大学导师林德曼及众多顾问。琼斯当时才 28 岁，但面对这么多人，他依然从容不迫——他知道“事关重大”。他意识到在座的人听不懂他的高深理论，于是决定像讲侦探小说一样把他的故事讲出来。可想而知，丘吉尔听得津津有味，他描述道：“大侦探福尔摩斯的故事都没有如此吸引力。”在没有通知内阁或三军参谋长的情况下，丘吉尔下令：假设德国无线电光波束真的存在，“那么，当务之急是制定出相应的对策”，他还说，“谁要是不情愿或者不照我说的做……都要向我汇报”。后来丘吉尔回忆说：“这个圈子人不多，又不对外公开，所以才能令行禁止，无往不利。”[48]

琼斯的理论不过是灵感一现的推理，但丘吉尔如此重视，说明他对情报部门的影响不小，事实上，情报部门也需要一个像丘吉尔一样意气用事但又不失浪漫情怀的人来管理，当这些部门变得散漫时，丘吉尔还能时不时鞭策他们一下。英国皇家空军打造了一支特殊的小分队，名为“80 联队”，“80 联队”利用一种代号为“阿司匹林”（Aspirin）的制敌武器干扰德国轰炸机的波束。有时候“阿司匹林”只能使光束弯曲变形，使纳粹德国空军将炸弹投放在错误的地点。1940 年 9 月，德国人发明了一种名叫“X 射线”的新系统，紧随其后，琼斯发明了一个代号为“庸俗之人”（Bromide）的新型干扰系统。为保全“超级机密”，丘吉尔曾眼睁睁地看着考文垂被纳粹德国轰炸，为此他一直承受着巨大的舆论压力。其实，真相并非如此。丘吉尔身先士卒，着力部署了一种新型情报，从而赶在 1940 年秋纳粹德国发动闪电战之前，拯救许多城市于水深火热之中，使它们免受炮火袭击。[49]

一年后，丘吉尔首相访问了布莱切利园。1941 年 9 月 6 日，他在安保人员的陪同下走进了一间颇有名气的小屋子。丘吉尔请阿兰·图灵介绍一下他曾在布莱切利园取得的非凡数学成就，图灵个性腼腆，于是请同事戈登·韦尔什曼代劳。戈登·韦尔什曼还没介绍完，阿拉斯泰尔·丹尼斯顿主管便打断他，带着丘吉尔继续参观。韦尔什曼后来深情地回忆道："温斯顿此行十分愉快，他像一个大男孩一样给我使了个眼色。"首相继续参观了 7 号小屋的机房，他的贴身保镖试图随他进入机房，但哨兵厉声呵斥道："你不能进去！"于是他们只能乖乖地在外面等着。在这里，丘吉尔看到 45 位操作员忙碌地操作着机器设备，情报像是工厂的产品似的，被大批量地"生产"出来。

丘吉尔站上了几块垒起来的砖丘，即兴对一群译码员讲了几句。"你们看上去都十分单纯，根本没人会料到你们手里握着如此重大的机密"。他解释道：形象地说你们是"下了金蛋却从不叫唤的鹅"。他满怀深情地表达了对译码员发自肺腑的感激之情，告诉他们，他们所做的工作是何等重要。但私下里，他觉得那儿过于随性，里面的人个个看起来古怪得很，所以一提到布莱切利园，他觉得与其说它是个军营，不如说它是个大学公共休息室。临走时，他摇下车窗玻璃，对丹尼斯顿说："关于招收新成员——我知道我说要千方百计、不惜一切代价去找，不过别把我的话太当回事。"

倘若丘吉尔知道布莱切利园此时处境艰难一定会大吃一惊。布莱切利园由军情六处管辖，其中一些官员千方百计地想要参悟破译技术，无奈情报资源有限。随着德国恩尼格玛密码机的新密匙接二连三地被破译，大批新情报有待处理，因此形势很快濒于失控。他们推选那些与丘吉尔见过面的译码员出来给首相写信。1941 年 10 月 21 日，在特拉法尔加海战 136 周年纪念日之际，国际象棋冠军、后来成为布莱切利园密码分析师的斯图尔特 · 米尔纳 · 巴里接受了这项谁也不愿意干的差事——把请愿信送到唐宁街 10 号的前门，然后交到官员的手里。他们首先对丘吉尔访问布莱切利园表示感谢，接着写道：

> 但是，我们觉得您有必要了解一下这里的实情，这事停了下来，可以说根本就没有开始，主要是人手不够。我们之所以直接给您写信，是因为几个月以来我们竭尽所能地通过正常渠道解决困难，但于事无补，您要是再不管，我们的问题就不能尽快解决……当局根本没有意识到这份工作的重要性，也没有意识到处理我们要求的迫切性和必要性。

他们在信中给首相讲了不少工作中遇到的瓶颈和困难，让人听了大吃一惊。其中就讲到了 6 号小屋及其破译的德国陆军、空军密码，这正中丘吉尔的下怀，因为近来他最关心的就是隆美尔及西部沙漠的进展情况了：

> 我们正在拦截大量的中东无线通信，里面包含许多新的“浅蓝色”情报，而这些情报我们这里的拦截站是无法接收到的。但是自 5 月以来，熟练的打字人员就一直不够，再加上现有的破译人员已经筋疲力尽，所以无法破译所有的通信内容。现在只要增加 20 名打字员，这个问题就能解决了。[50]

听闻消息后丘吉尔勃然大怒，结果他发了一封非常著名的电报——“今日行动”。丘吉尔认为不管什么时候都应该优先满足布莱切利园的所有需求。因此，1941年整整一年，英国都与布莱切利园的美军联络组合作，共同截获并读取了德国所有的空军、陆军情报。美国人在破译恩尼格玛密码一事上毫无进展，但在破译日本外交密码方面却取得了傲人的成绩，因此，1941年夏，英国解读了不少德国盟友日本的密电，包括日本驻德大使大岛男爵与希特勒的重要通信内容，希特勒与他知无不言、言无不尽，并将其视为知己。[51]

1941年10月，美国海军“奥古斯塔号”舰艇悄悄停靠在纽芬兰岛附近，丘吉尔和罗斯福在舰艇上举行了一次秘密会议，讨论美国对英提供“反德”军事援助等军事问题，这在当时属于绝密内容。与会途中，丘吉尔特意命令手下把超级机密装在“液压箱中带去，万一飞机失事，可以将其沉入海底”。[52]几个星期后，英国译码员截获了由日本驻伦敦大使馆发往东京的一封公报，公报详细地叙述了这次秘密会议的内容，丘吉尔闻讯后目瞪口呆，但接下来的调查结果更令人不寒而栗：泄密者正是备受尊敬的上议院议员、一直担任丘吉尔助手的威廉·福布斯·森皮尔爵士。

威廉·福布斯·森皮尔是皇家飞行队的首批指挥官之一，他的父亲曾任英王乔治五世的助手。1919年，森皮尔曾率领使团出访日本，帮助其发展海军空中力量，当时日本还是英国的盟友。即便1921年英日同盟终止，森皮尔仍旧在暗中协助东京，为其提供引擎、炸弹和航空母舰的最新设计方案。他还鼓励日本将发展海军空中力量作为一项国家战略来实施。早在1924年，军情五处就已经开始监视森皮尔并拦截其通信内容，但鉴于森皮尔是英国贵族心目中备受敬仰的战争英雄，所以军情五处不敢轻举妄动。到了20世纪30年代中期，森皮尔当选上议院议员，并加入了许多英国亲纳粹团体。他认为，英国应该与德国和日本联合起来对付苏联和共产主义分子。[53]

由于身份特殊，森皮尔免受牢狱之灾。他仍有机会见到丘吉尔，并把他们的谈话内容透露给日本大使馆。1941 年 10 月，首相终于意识到情报泄漏的严重性，他下令："趁现在还来得及，革了他的职。"几天后，首相助理莫顿写道："第一海军大臣……提议在苏格兰北部给他安排一个职位。我已经向斯文顿勋爵建议……在适当的时候应该通知军情五处，以便早做准备。"私下里，总检察长曾一度考虑起诉森皮尔。但当海军部与森皮尔当面对峙并要求他辞职时，丘吉尔出面调停，只要求森皮尔"走人"。丘吉尔首相显然是为了明哲保身。"假如森皮尔的间谍身份被揭露，那么丘吉尔在战争胶着之际又将面临一场政治灾难，这无异于雪上加霜。"日本偷袭珍珠港事件发生之后的一周内，森皮尔甚至还屡次打电话给日本驻英大使馆通风报信，但即便如此，森皮尔依然逍遥法外。战争结束后，英日两国双双为他授勋。大家普遍认为英国此举不过是因为防范"内鬼"不力而进行的自我掩饰罢了。[54]

1941 年 3 月底，丘吉尔收到了一份特别的"超级机密"报告，读后他"如释重负、心潮澎湃"。报告显示，纳粹德国将装甲部队从罗马尼亚布加勒斯特调到波兰南部的克拉科夫，这是一次重要的战略转移。他回忆道："它像闪电般照亮整个东线战场，让我豁然开朗。这次调兵如此仓促……唯一的可能是希特勒有意在 5 月入侵苏联。"这次丘吉尔猜得没错，特别行动处在巴尔干地区挑起的政变给德国带来不少麻烦，德国装甲部队回防布加勒斯特，希特勒不得不把入侵苏联的时间从 5 月推迟到了 6 月。"我立刻派人把这条重大消息告诉艾登先生。"[55]

丘吉尔得意扬扬，一副等着瞧的姿态，直到 6 月 12 日，也就是袭击发生的前10天，联合情报委员会才认定了丘吉尔的判断，相信希特勒势必入侵苏联。希特勒已经大举进犯西欧、北非各国，现在主动把战火烧到苏联，按理说这样做似乎不太合常理，但是首相这次对局势的判断却较为准确，他在讲起这件事的时候还得意忘形地补了一句“我对以集体智慧的形式分析的情报结果并不满意”，反倒是莫顿“每天挑选出零碎的趣闻供我阅读，我才有了自己的想法，因此或多或少能提前预见敌人的行动”。[56]

每每说起二战，丘吉尔总是吹嘘自己的战绩，然而，最新解密的档案证实他的确比其他人更早地预见了德军入侵苏联的意图。3月26日，“超级机密”表明，希特勒确实把包括两大陆军总部在内的一支庞大部队从巴尔干半岛调至波兰南部。没几天丘吉尔就将这一情况直接告诉了斯大林，不过他隐瞒了真实的情报来源，只是暗示说“一位可靠的特工”向其提供了这条重要情报。不过，他的话斯大林并不信，苏联三军参谋长也不信。[57]1941年，郁闷至极的丘吉尔再三催促斯图尔特·孟席斯把截获的“超级机密”材料送到莫斯科。然而，孟席斯担心的是向斯大林泄露这么多情报对英国不利，而且情报安全得不到保证。他曾多次当面警告丘吉尔不能让苏联人知道关于“超级机密”的情况，即使问起来，也要避重就轻、掩人耳目。孟席斯从破译的“超级机密”得知，苏联密码的安全性不高，丘吉尔对苏联人说过的每一句话都有可能会传到德国人的耳朵里。[58]

1941年年初，苏联情报工作捷报频传。截获的纳粹德国、东欧，甚至日本方面获得的密报，源源不断地送往莫斯科，希特勒为入侵苏联所做的大量准备工作暴露无遗。斯大林收到的入侵警告不下80余次，但他命令部队按兵不动。

德国空军获准深入到苏联境内执行侦察任务——其中若干飞

机撞机，导致数千英尺长的胶卷从装在飞机腹部的间谍摄像头中散落下来。德国突击队越过苏联边境，部署进攻的前进路线。可是，斯大林希望向希特勒发出这样的信号：苏联不会进攻德国，因此他仍按兵不动。他确信希特勒没有征服英国之前，不大可能在东线采取行动。斯大林之所以这样想，是因为希特勒曾两次亲自指挥欺骗行动，给斯大林写了两封信，制造烟幕弹。因此，即使大批德军在苏联边境集结，斯大林仍视而不见，每一次传来德国进攻的警告他也置之不理，认为都是些假情报，是挑衅，直到1941年6月22日拂晓，德国撕毁《苏德互不侵犯条约》，突然进攻苏联。[59]

斯大林认为丘吉尔主动向其提供英国截获的有关德军调动的情报是要诱使他掉入欧洲战争的泥潭。这些年来，伦敦和莫斯科互相猜疑，都认为对方会与柏林沆瀣一气。最重要的是，希特勒的副手鲁道夫·赫斯于1941年5月一反常态飞往英国，斯大林认为这绝不是某一方临时起意才这么做，而是英德双方谈判进展顺利的有力证据。斯大林一口咬定英德已经结成同盟，以至于到了1944年10月他仍追问丘吉尔为什么英国情报机关邀请赫斯去苏格兰。[60]讽刺的是，丘吉尔曾坚持让下属将赫斯来访一事应毫无隐瞒地告知斯大林，然而这样做却让斯大林在此事上更加纠缠不清。[61]

4月9日，丘吉尔不仅亲自警告斯大林，还通过其他措施警告苏联人警惕德国的侵犯。1941年2月，艾登告诉苏联驻伦敦大使伊万·麦斯基，德国人正在向保加利亚部署军队，并接管了空军基地。丘吉尔频频与艾登会面，讨论如何点醒斯大林以及斯大林知道后会做何感想等问题。[62]不仅如此，英国驻莫斯科大使斯塔福德·克里普斯也替丘吉尔向莫斯科转交了一封信，丘吉尔在信中写道：“据可靠人员（实则暗指‘超级机密’）提供的大量资料表明德国准备在3月

20 日攻下南斯拉夫之后，把 3 个装甲师从罗马尼亚调往波兰南部，另两支则按兵不动。”[63] 接到任务后，克里普斯有点儿不情不愿。他不知道这些情报来自“超级机密”，认为英国方面的警告只是源自他们单方面的推测，无足轻重罢了。如今看来，丘吉尔掩饰情报来源的做法是明智的，因为莫斯科的德国外交官很快就知道了克里普斯转交的信件的内容。[64]

到了 6 月初，“超级机密”提供了更多关于德国军队在苏联边境集结的详细情况。外交部将这一情报传达给麦斯基，最后上报给苏联外交部长莫洛托夫。6 月 16 日，卡多根向麦斯基详细介绍了更多从“超级机密”中提取的情报，并再次隐瞒了情报来源。那时离德国进攻苏联只有一周的时间。[65] 不久后，丘吉尔在弗布鲁克勋爵面前参了克里普斯一本，他固执地以为“如果他（克里普斯）服从指示”，自己与斯大林的关系可能会比现在更好。但事实上，克里普斯的情报也是模棱两可，他只是把许多人早已告诉斯大林的话语重复了一遍而已。[66]

丘吉尔继续向斯大林发送“超级机密”。1941 年年初，破译德国空军恩尼格玛密码是布莱切利园了解“远东战事”的主要途径。但到了同年秋天，德国空军恩尼格玛密码机代号为“秃鹰”（Vulture）的密码也被破解，“秃鹰”负责把德国东线战场总部的情报传递给特定的集团军，它揭晓了难得一见的德国战略部署，尤其是 10 月德军进攻莫斯科的行动计划。丘吉尔在短短一周内先后 9 次向斯大林递交伪装过的“超级机密”，对其发出警告。德国人发起十月攻势的当天，在丘吉尔的强烈要求下，孟席斯极不情愿地把“递交给莫斯科的最后 5 条消息”拿给他看。[67] 丘吉尔万万没想到克格勃安插在白厅的顶级间谍之一——约翰·凯恩克罗斯——就坐在离自己仅有几码之遥的内阁办公厅，而且他即将调入布莱切利园任职。

在这种情况下，也就不难知道为什么斯大林只相信从布莱切利园偷来的情报，而非主动送上门的。[68]

丘吉尔事先提醒过美国日本计划偷袭珍珠港吗？或者更确切地说，丘吉尔是否故意向罗斯福总统隐瞒情报，阴谋利用珍珠港事件把美国拖入战争的泥潭？历史学家们在这个问题上一直莫衷一是，不过能肯定的是丘吉尔并没有知情不告。实际上，丘吉尔多次向美国通风报信，在言语中暗示日本对美国的侵略意图，但是美国人都充耳不闻。例如，1941 年，军情五处曾派南斯拉夫籍特工达斯科 · 波波夫前往纽约。达斯科 · 波波夫家境优渥，风流成性，绰号"花花公子双面谍"。由于他喜欢同时与两个女人上床，所以英国情报当局给他取了一个代号叫"三套车"。他凭借着自己的双重间谍身份向不明就里的德国人提供了不少虚假情报。[69]波波夫说自己警告过英国和美国，说日本人很可能袭击夏威夷。虽然两位英国高级情报军官约翰 · 马斯特曼和艾文 · 蒙塔古相信他的话，但美国联邦调查局局长约翰 · 埃德加 · 胡佛却对他提供的情报不屑一顾，因此没有把这个消息告诉罗斯福。[70]胡佛不相信英国人提供的情报，他认为美国不仅要打击轴心国的间谍活动和颠覆活动，还要应对英国特工干涉美国内政并试图将美国卷入战争的阴谋，因此他的结论是："三套车"的情报是英国驻纽约情报机构伪造的。[71]在罗斯福所谓的"亲英派"政府内部，助理国务卿阿道夫 · 伯利对英国提供的情报也是满腹疑虑。

丘吉尔与罗斯福在情报工作方面的关系错综复杂。诚然，胡佛和伯利的怀疑也并非完全没有道理，即便"三套车"的情报不是英国人设计的阴谋，丘吉尔也的确批准了一系列大胆的计划，目的是将美国拖入战争泥潭。他偷听了截取到的罗斯福与国务卿科德尔 · 赫尔、美国驻英国大使乔 · 肯尼迪之间的私人通话记录，在电话中他们讨论了“如果欧洲被纳粹德国侵占”美国将何去何从的问题。此外，英国人还编了一份 4 英寸厚的关于孤立主义组织——“美国第一”——的档案，并开始抹黑这个组织。[72]

英国不仅在美国境内搞间谍活动，还干预美国内政。威廉·史蒂芬森爵士被丘吉尔和孟席斯选为英国驻美国情报机关的特别代表。尽管史蒂芬森是军情六处在美国的负责人，但其所在的英国安全协调处更像是一个百货商店，代表着包括军情五处、特别行动处及宣传机构在内的无数的秘密情报机关。[73]英国安全协调处驻纽约办公室坐落在洛克菲勒中心大楼，占了足足两层楼，员工过千人。伯利称史蒂芬森在美国境内操作着一个“配备齐全的秘密警察机构”，这话一点也不夸张。而且他清楚“为自由而战委员会”等干涉主义组织与英国安全协调处息息相关。[74]他试图说服罗斯福下令禁止史蒂芬森手下的特工们从事间谍活动，但这伙人反过来往他身上泼脏水。[75]

随着罗斯福加入战争的倾向越来越明显，伯利得出结论：英国情报机关试图通过“虚张声势”这一招来操纵美国外交政策。他说的一点儿没错。[76]历史学家现在全面掌握了英国从事的一系列高风险行动，这些行动常常是在支持干预的美国人的纵容下进行的。丘吉尔曾授权了一次高风险行动，目的是秘密援助干涉主义者，诋毁孤立主义者。这次行动造成了深远的影响。与此同时，英国大力支持包括“帮助盟友就是保卫美国”“为自由而战”等干涉主义组织。丘吉尔还授意开展秘密行动，以促成《驱逐舰换基地协议》和《租界法案》的签署，根据《租界法案》，从 1941 年起美国人同意向英国和自由法国提供石油、食品及军事装备等物资供应。最令人记忆犹新的是英国曾怂恿美国政府调查著名的纽约州共和党议员、美国国会孤立主义者领袖汉密尔顿·菲什。毫无疑问，是英国情报机关伪造了附有进军中南美洲计划的所谓的“德国秘密地图”。1941 年 10 月，罗斯福在一次公开演讲中亮出了这张地图，如今，它（实际上是军情六处在加拿大一个专门伪造文件的实验室里伪造出来的）静静地躺在大英博物馆二战展厅，供人参观。[77]

50 多年后，英国情报机关进行的一些重大黑色宣传活动依然不断被曝光。1941 年，美国十大最畅销的非虚构类图书评选结果出炉，两本有关欧洲二战见闻实录的图书上榜。一本是《柏林日记》，作者是哥伦比亚广播公司的驻德记者威廉·夏伊勒。他于 1940 年间负责报道有关希特勒及其统治的新闻。[78] 另一本是荷兰一位名叫德克·冯·德尔·海德的小男孩写的儿童战争日记《我和妹妹》。这本书以第一人称描述了纳粹德国入侵荷兰后德克一家在纳粹铁蹄下遭受欺凌的故事。这本儿童日记直观地描述了战争给人们带来的创伤，成了控诉战争最动人的证词。

德克是一位“12 岁的荷兰男孩，有一双蓝眼睛，一头淡红色的头发”。与他的母亲、父亲和妹妹凯蒂住在鹿特丹。当德国人在 1940 年入侵时，他的母亲开始鼓励他写日记，记录下他们一家不平凡的经历。他们的家乡鹿特丹遭到猛烈轰炸，他的母亲不幸身亡，而父亲早已奔赴战场，杳无音讯，无奈之下叔叔彼得安排两个孩子冒着巨大危险逃往英国。到达伦敦后，迎接他们的却是纳粹军队恐怖的闪电战，饱尝恐惧和绝望之后，他们登上了一艘开往美国的儿童难民船，开始了一段新的冒险，途中险象环生，他们闯过了北大西洋中的雷区，躲过了潜艇攻击，最终平安抵达美国。

德克·冯·德尔·海德的战争日记唤起了陷入浩瀚战争中的小人物的共鸣，但就是这样一本打动人心的日记，竟然纯粹是杜撰出来的。不管是德克还是他的家人，从来都不存在。英国炮制这部日记是为了进行反纳粹宣传，当初在英国出版时费伯－费伯出版社就已经默认了这一点，但却从来没有对美国哈考特－布雷斯出版公司透漏过实情。而这只是揭开了英国首相丘吉尔和情报部门发起的大规模虚假信息运动的冰山一角。[79]这部杰作到底出自谁人之手仍留待后人去猜测。[80]值得注意的是，这种宣传手段如此奏效，以至于海德日记不断被传阅与评论，仿佛是真人真事一样。不过也有破绽，这本战时日记中的孩子使用了化名，这种情况不多见，此外，从来没有出现过有关这家人的任何记录或照片。[81]或许我们永远都不会知道究竟有多少阴谋有待挖掘。尼古拉斯·卡尔是这方面的行家里手，在这一领域拥有举足轻重的地位。他说，英国政府似乎曾试图摧毁其在美国留下的战争宣传证据。[82]英国特工甚至把死老鼠放在美国国内纳粹同情者的水箱里——这种操纵舆论的手段似乎不怎么高明。[83]

为了玩弄美国人，就连丘吉尔本人也曾操纵过情报。1940 年 7 月，据“超级机密”透露，德国拆除了本将用于侵略英国的特殊设备。航空照相侦察确认德国准备用来入侵法国的驳船正被拖走。丘吉尔决定隐瞒这条信息，不告诉罗斯福或者总统特使哈里·霍普金斯。反之，他试图让美国保持一定的危机感，好让美国加入战争，支持英国，但又不至于让他们觉得败局已定。1940 年 11 月，丘吉尔下令减少发送给美国的情报数量，用些无关紧要的情报“滥竽充数”。控制“超级机密”十分关键，这在一定程度上解释了为什么丘吉尔和孟席斯与美国在这方面的合作素来小心谨慎。尽管如此，1941 年 2 月，美国首个使团抵达布莱切利园。作为回报，美国人给予英国阅读日本外交通信的权力。[84]

到了 1941 年年底，苏联和当时的美国已投入到一场如今可称为“世界大战”的战争中去了。这次战争几乎波及了各片大陆。国际媒体日益关注“三巨头”（英国、美国和苏联），不断讨论着随着战局推进，它们将如何改变世界的未来。丘吉尔比任何人都更清楚，在这场战争中密切关注敌军的动态很重要，关注盟友的动态同样重要。随着战争走向高潮，如何统筹情报成了一个更重要的议题。

5

温斯顿·丘吉尔
（1942—1945）

……战争年代里的淘气行为不再适用于和平年代。

——丘吉尔对特别行动处的看法[1]

如今，英国政府正面临着一场世界大战。早在1936年意大利和日本就开始冒险挑衅，而今他们却联手把战火蔓延到全球。英国和美国向日本宣战；纳粹德国向美国宣战；苏联打响了保卫莫斯科的自卫反击战。丘吉尔担任英国首相已近两年，他深知在如此大规模的战争中，情报将对军事战略及军事行动两者产生变革性影响。随着同盟国一步步走向胜利，情报再一次证明了它的威力。

对丘吉尔而言，第二次世界大战不仅仅是英国与轴心国之间的对抗，还是英国与包括苏联、美国在内的新盟友之间的较量。1942年，发现某些外交部官员未经他同意，私下与莫斯科商讨战后协议之后，丘吉尔“暴跳如雷，破口大骂”。[2] 他特别希望美国能长点教训，让他们看看放任苏联发展的利害关系，但是他清楚这尚待时日。1944 年，政府官员力谏丘吉尔与美国总统罗斯福商讨一些棘手的问题，但丘吉尔含糊其辞，用一句“这场大战将持续很长时间”搪塞了过去。[3] 在这场影响力与统治权的精彩较量中，用好情报和谨慎把握时机发挥着重要的作用。

然而，第二次世界大战后半段丘吉尔对情报工作的细节控制有所减弱，这是他把重心放在扩大情报部门规模上的必然结果。从政府密码学校流出的特殊情报数量激增：到了 1942 年中期，布莱切利园的译码员一天破解的德国、意大利和日本的情报就达到了 3000 ~ 4000 条，丘吉尔想要审查和翻译这些情报材料中的一小部分都很难。信号情报犹如洪流般迫使政府的中央情报评估机关变得更加强大，组织更加完善。如今，情报实现规模化生产，首相即便再想亲力亲为也力不从心。

这在丘吉尔与英国中东战场司令激烈的讨论中表现得尤为明显，他不断发起进攻激怒对方。1942 年年初，布莱切利园 8 号小屋破译了一份关于意大利的中级情报密码，这份新材料显示隆美尔已弹尽粮绝，急需补给。鉴于隆美尔曾有过在补给不足，空军兵力不够的情况下反败为胜的经历，丘吉尔力劝他在开罗的指挥官向德军发动进攻。秉持一贯好插手军务的作风，他将英国中东战场司令克劳德·奥金莱克召回伦敦，并在国防委员会长篇大论地讲了四五个小时。奥金莱克拒绝立即向德军发起反攻，并要求增派坦克。[4] 到了 1942 年年底，尽管丘吉尔依然热衷于解读送到他面前的密电，但恩尼格玛密码机破译的情报材料铺天盖地地向唐宁街和西部沙漠战场的指挥官们涌去，所以在军务上丘吉尔越来越插不上话。[5]

丘吉尔与军情五处渐渐疏离。1940 年“间谍大恐慌”之后，他插手免去弗农·凯尔主管一职，任命戴维·皮特里接任新主管。对于丘吉尔越俎代庖的行为，军情五处和三军参谋长的态度一直以来都是听之任之，唯有国内治安是他们的敏感区，唯恐丘吉尔横加干涉。正当秘密情报局（军情六处）主管斯图尔特·孟席斯在战争期间与丘吉尔会面千余次，处心积虑地拉近自己与丘吉尔的关系时，军情五处则对首相敬而远之。尽管是丘吉尔一手把皮特里推上了军情五处主管的位置，但他并不想向“高层”显摆自己的政绩。直到1943年3月，在接替斯文顿勋爵的达夫·库珀的敦促下，皮特里与丘吉尔疏远的情况才有所改善。

军情五处高级官员盖伊·利德尔面对这一窘境总结道：“目前，首相对我们部门一无所知，此时向首相推销自己，优势明显，但另一方面，首相看到某些特殊情报内容后，会头脑发热、贸然行事，这对我们手头的工作来说简直是空难性的。”[6]有一次，当得知葡萄牙驻伦敦大使馆里的一位职员正同时监视德国人和意大利人的动向时，丘吉尔鲁莽地写下：“为什么不干脆一枪毙了他？”[7]因此，国内安全事务很少让丘吉尔过问。皮特里仍不愿与首相面对面接触，为了表示让步，他考虑着把军情五处的月度最佳行动总结成公报呈交给丘吉尔。[8]丘吉尔很喜欢读这些公报，他用首相专用的红墨水批示道，它们“极其有趣”。[9]

1944年春天，为诺曼底登陆行动拟订的计划最终将丘吉尔和军情五处及骗局细节联系在一起。3月8日星期日，孟席斯、丘吉尔、艾登和三军参谋长一道参加了在唐宁街召开的一次特别会议，讨论盟军诺曼底登陆前“某些方面”的准备工作，这些信息甚至不得向战时内阁透露。他们反复讨论欺骗行动的计划，尤其是补给站、机场等艰巨的“伪造”工事，企图用调虎离山之计误导希特勒，致使其做出错误的战略部署。与会者面临的难题是：是否要禁止各中立国驻伦敦的外交官员使用密电向国内汇报情况。西班牙曾用这种方式向德国人传递了大量的情报，而瑞典空军武官也曾积极地为纳粹从事间谍活动。然而，孟席斯反对实施禁令。两年前，在入侵北非期间，幸亏德国驻西班牙情报军官不懂得“去伪存真”，英国才得以通过这些渠道散布大量互相矛盾的情报，从而“误导敌军”，各种各样的间谍报告也阴差阳错地“帮了我们大忙”，使英方的掩护计划做得天衣无缝，做到有的放矢。孟席斯信心满满，对即将到来的欺骗大战翘首以盼。[10]

随着诺曼底登陆的迫近，丘吉尔越来越痴迷于这些欺骗计划及其配套的掩护行动，军情五处高级官员则担心丘吉尔会再次擅自行动。但某些行动风险极大，需要获得唐宁街的批准，因此，1944 年 4 月 15 日上午 10 点，负责协调欺骗计划实施的伦敦管理处的负责人贝文上校造访了唐宁街 10 号。当时丘吉尔正穿着睡衣，叼着雪茄，坐在办公桌旁读着情报盒子里的秘密文件。贝文此次前来专门提请首相本人批准该部门打算实施的一个绝妙的欺骗计划，即后来成为二战传奇的“肉糜计划”。欺骗计划的策划者希望找到一具尸体伪装成实际并不存在的皇家海军陆战队“威廉·马丁少校”，“据推测”此人可能是联合作战总部负责人路易斯·蒙巴顿伯爵的参谋。最后，他们将目标锁定在一个因误食鼠药而中毒身亡的威尔士流浪汉格林杜尔·迈克尔身上，政府以 10 英镑的价格从医院太平间买走尸体，并为“马丁少校”穿上海军陆战队的制服，一切伪装细致入微，甚至手腕上还挎着一只公文包，包里有一份绝密计划，暗示盟军将横穿地中海发起进攻。听完这个计划后，丘吉尔兴奋不已，在首相热烈的祝福声中，“肉糜计划”悄然展开。[11]

两周后，趁着涨潮时，英国士兵把“马丁少校”投入海中。尸体漂到西班牙一个沿海小镇，被西班牙海军军官打捞上来，并按惯例交由英国有关当局处理。但他们事先打开了公文包进行检查，拍下包里的文件并将证据交给德国的情报机构。“马丁少校”携带的这份计划纲要指明盟军的进攻方向是希腊和巴尔干半岛地区，作战行动代号为“哈士奇”。事实上，后来破解的“超级机密”表明德国人“上钩了”。[12]情报机关进一步截获的情报表明希特勒相信了整个欺骗计划，完全落入了圈套，这让丘吉尔感到十分满意。

在丘吉尔位于乡间的契克斯别墅，他与孟席斯坐在一起。丘吉尔指向自己的爱猫尼尔森，此时尼尔森正专注地看向窗外，说道这只猫“正与湖面上的鹈鹕（代指警察）接头”，他接着说：“它们把我们的消息统统传给了德国情报部门！”[13]首相与孟席斯之间一直争论的一个问题就是如何把握利用和保护“超级机密”的分寸。他非常担心“超级机密”的安全性，但有时也不得不直接使用。比如，在1942年10月的阿莱曼战役期间，政府密码学校向丘吉尔报告称其通过侦听截获了一份安抚隆美尔的情报资料，情报显示一支意大利船队载着补给弹药和燃油朝隆美尔的驻地驶去。只犹豫了片刻，丘吉尔便下令突袭船队。隆美尔一向对恩尼格玛密码机的安全性心存疑虑，当英国蓄意发出一条未加密的消息，向一群不存在的意大利特工表示祝贺并对他们在袭击船队行动中提供的情报表达谢意时，隆美尔才放松了警惕。“超级机密”后来披露，德国人早已通过侦听截获了信号，对这伙“意大利人”穷追不舍。[14]

1943年，在得知轴心国成功地破译了英国通信内容后，丘吉尔要求立即对英国密码的安全性展开调查。[15]同盟国向意大利和法国挺进时曾围捕了一伙轴心国的译码员，并且震惊地发现英国大使馆早已遭到渗透。尽管意大利人未能攻破英国顶级密码机 Typex，但是摧毁了许多其他密码系统。布莱切利园的科学家们在相当长的一段时间里监听了意大利罗马密码局局长钱基司令及其属下之间的通话。钱基激情澎湃地讲述意大利情报人员取得的巨大成功，尤其是在获取英国海军部军事情报方面颇有收获。1942 年 8 月的迪耶普奇袭战以彻底的惨败而告终，因为德国人一直在监听英国皇家海军的消息，德军早在“突然”袭击开始前七天就收到了预警。舰队发出的消息安全性也较差。关于密码安全性的调查结果令人坐立难安，丘吉尔处在爆发的边缘，他坚决要求立即成立一个新机构，即密码安全委员会，以强调他对密码安全工作的重视。很快，密码安全委员会的职能加以扩大，涵盖了英国所有密码机的设计、生产和操作，这些密码机大部分是在布莱切利园的分站或外交部位于博伦汉伍德市切斯特路的秘密工厂制造出来的。10 年后，该委员会演变成伦敦通信保密局。该局是英国第四个秘密情报服务机关，与军情五处、军情六处和政府密码学校互相配合，并负责管理英国某些最敏感的情报项目。[16]

与个人安危相比，丘吉尔更担心的是密码的安全性。战争期间丘吉尔经常遭人暗算，数次命悬一线，光军情五处知道的就不下十余次。这些刺杀行动有些令人匪夷所思，有些幼稚可笑，比如 1943 年 5 月，有人试图在供战时内阁大臣享用的甜点中混入巧克力炸弹，炸死丘吉尔或其随从。军情五处拆弹专家维克多·罗斯柴尔德勋爵发现了这起阴谋。这不是罗斯柴尔德第一次救了丘吉尔的命，为此丘吉尔坚持亲自为其颁发勋章。[17]

德国多次对丘吉尔实施暗杀行动，其中一些可谓惊心动魄。1943 年 5 月底，孟席斯收到布莱切利园发来的消息，说破解了德国间谍从西班牙南部的阿尔赫西拉斯港发出的情报，内容骇人。这位特工注意到丘吉尔和戴高乐将军已乘机抵达，并乘车向东而去。丘吉尔主张入侵意大利和西西里，此行的目的就是前往阿尔及尔会见艾森豪威尔将军，与他共议此事。陪同前往的还有艾登、蒙哥马利将军和三军参谋长。孟席斯自然担心纳粹德国在丘吉尔回国途中趁机暗杀他。事实上德国间谍在暗中监视丘吉尔时自己被监视，这样一来丘吉尔才得到了保护。但随后事态的发展很快就超过了孟席斯的预期。[18]

6月1日上午9点35分，英国海外航空公司（英航）777号班机从葡萄牙里斯本国际机场起飞，目的地是比斯开湾。纳粹间谍确信丘吉尔正是搭乘这趟航班返程，事实上，有一位名叫阿尔弗雷德·特雷加·琴霍尔的不幸男性乘客不仅长相酷似丘吉尔，穿着风格也相似，甚至也抽大雪茄。显然，纳粹间谍误把琴霍尔当作首相本人了。而实际上，琴霍尔的真正身份是影星莱斯利·霍华德的商业经纪人，此次是他陪同霍华德一起出行。飞机起飞三小时后，整整一中队的德国战机对这架客机展开攻击，客机被炮弹和子弹打得千疮百孔，一头扎进海里，乘客与机组人员无一生还。发动攻击的战机围住着火的客机残骸，机组人员拍摄了坠机现场的照片并发回柏林。三天后，《纽约时报》报道："伦敦方面相信，纳粹袭击者在没有掌握足够证据证明丘吉尔在777号航班上的情况下对客机发动了攻击。"丘吉尔也觉得是纳粹认错了人，他将莱斯利·霍华德之死看作"命运的捉弄"，英国士兵士气也因此大大受挫。尽管谣言暗示实情并非如此，但飞机被击落极有可能只是一次不幸的巧合，琴霍尔很可能并不是孟席斯为保护丘吉尔而有意派去的诱饵。[19]事发时，丘吉尔正在P-38战斗机全力护航下乘坐皇家空军"约克号"专机前往直布罗陀，返程途中的最后一段航程更是有整整一个编队的喷火式战斗机同行保护。首相坚持自己帮忙驾驶飞机，令皇家空军的高级军官们惊恐不已。[20]

即便丘吉尔回到英国安全降落时，纳粹分子还在策划另一起暗杀行动——野心勃勃的"远跳行动"。苏联警察机构内务人民委员会（NKVD）向英国吹嘘他们发现了一起阴谋：希特勒意欲在1943年

11 月德黑兰会议召开期间暗杀英、美、苏三国首脑——丘吉尔、罗斯福和斯大林。德黑兰会议的主要议题是在西欧开辟第二战场。纳粹德国军事情报机关阿勃维尔通过破译美国海军密码，得知 11 月 29 日斯大林、罗斯福和丘吉尔将在伊朗首都德黑兰进行秘密会晤，于是决定指派部门内最可靠的纳粹党卫军特种部队头目奥托·斯科尔兹内负责此次行动。尽管英国派遣部队驻扎在伊朗南部，以保证物资能经由波斯湾顺利运往苏联，但此次会议主要由苏联负责，因此苏联在 1941 年 8 月调派部队驻守伊朗北部，以防德军乘虚而入。此次前往伊朗参加会晤是斯大林唯一一次在战时离开苏联占领区，因为他总是担心自己遭到暗杀。

有些人怀疑“远跳行动”是否真是一起阴谋，抑或只是苏联人的宣传手段？然而，它确实在伦敦引起了不小的恐慌，连罗斯福都收到关于此次暗杀行动的汇报。[21] 得知此次暗杀行动后，从 1941 年起，苏联内务人民委员会的一组情报官员，或称“轻骑兵”，经常骑着自行车在德黑兰走街串巷寻找任何可疑的蛛丝马迹。通过这种方法发现并证实的纳粹间谍有 400 多名。[22] 苏联内务人民委员会的某些行动还得到了英国人的支持，因为丘吉尔已经授意英国情报机关谨慎配合内务人民委员会，但须注意成效，但孟席斯对此举极为反感。1943 年 8 月，纳粹德国安插在伊朗的顶级特工弗朗茨·梅耶最终落网，宣告了苏联和英国的胜利。三个月之后，也就是 11 月德黑兰会议开幕时，德国间谍已所剩无几，当然剿灭德国残余敢死队队员的收网行动还得等到 1941 年年初。[23]

斯科尔兹内后来承认，德国确实策划了一起暗杀阴谋，但他认为该计划过于草率，因此拒绝率领自己的突击队参与行动。[24]1968 年回顾往事时，他仍然难掩怒气：“我和整件该死的事情一点儿关系都没有，非要说有的话，就是邀请我参加的时候，我一口回绝了。”他接着说，突击行动要想成功，手中得握有优质情报，“而我们什么都没有”。德国在德黑兰只剩下两名特工，所以“什么都无法继续”。[25]当时武装党卫军的负责人瓦尔特·施伦堡准将接手了这项计划。施伦堡派德国顶尖专家前往伊朗研究合适的秘密着陆地点并负责指挥突击队。这名顶尖专家就是阿勃维尔东部分支的瓦尔特·舒尔茨少校，这次他将以瑞士商人的身份前往伊朗。舒尔茨的真实姓名是“伊利亚·斯韦特洛夫”，他实际上是一名苏联特工，自1928年凭假身份潜入德国以来，一直为苏联秘密警察效力。在他的纳粹党入党申请书上签字的不是别人，正是鲁道夫·赫斯。正因为有了这层关系，苏联情报机关在德黑兰的指挥官瓦西里·潘科夫将军掌握了暗杀小组抵达的确切时间和地点。一架没有任何标识的德国J-52战斗机在进入伊朗境内时被苏联人击落。因为装载着自动武器、迫击炮和弹药，所以飞机坠落地面后爆炸依然未停止。[26]

格沃尔克·瓦尔塔尼扬是苏联内务人民委员会的一名官员，他回忆道，德国人曾在德黑兰西南部的库姆市附近空降了一批杀手，此处距德黑兰大约有129千米的车程：“我们尾随着他们到了德黑兰，纳粹野外站人员在那儿给他们安排了一栋别墅作为暂留之地。他们骑着骆驼，骆驼身上满载武器。”这批人悉数被捕，被迫在苏联人的眼皮底下与接头人联络。瓦尔塔尼扬称，按计划，此次暗杀行动的目标是除掉丘吉尔、斯大林，绑架罗斯福。他声称内务人民委员会早在德黑兰会议召开之前就逮捕了数百人，并且发现了一个由六人组成的纳粹特工小组，其中有几名无线电操作员。内务人民委员会部署了3000名反间谍大军隐匿在大街小巷，保护同盟国领导人的人身安全，也保障了会议的顺利进行。[27]

苏联声称时任纳粹秘密情报服务机构最高长官瓦尔特·施伦堡发动了一场精心策划的阴谋，令德国如芒在背。施伦堡即将从阿勃维尔手中接管大部分德国外交情报，最近又有消息称，同年他发起了一项代号为“模特帽”的隐蔽行动，试图把从纳粹党卫军那儿得到的情报透漏给丘吉尔，告诉他纳粹大量高级将领欲与希特勒分道扬镳，同英国单独媾和。可可·香奈儿在两人之间穿针引线，这个女人臭名昭著，她不但与施伦堡交往密切，而且整个二战期间她都未曾离开巴黎，仍在那儿过着声色犬马的上流生活。[28]施伦堡计划派香奈儿前往中立国西班牙的首都马德里会见原军情六处军官、现任英国大使塞缪尔·霍尔。之所以选择塞缪尔·霍尔，是因为丘吉尔和香奈儿两人都跟他相熟。虽然香奈儿被送到了柏林，但是计划失败了，丘吉尔从来没有收到那封求和的信。不管到底为什么没有收到，军情六处这类信收得不少，早已厌倦，而且丘吉尔觉得己方已胜利在望，自然无意议和。[29]

如果德黑兰暗杀计划没有走得太远的话，丘吉尔和罗斯福抵达伊朗时，苏联为何如此兴师动众？或许这是苏联精心策划的阴谋的一部分，目的是说服罗斯福住进苏联大使馆的公寓，方便对其进行窃听。此次会议代号为“尤里卡”，举办地点就在苏联大使馆，苏联人可以随心所欲地用窃听器窃听任何谈话内容。苏联情报机构首脑拉夫连季·贝利亚负责每天早晨 8 点亲自将录音文本交给斯大林。[30]一次在与会过程中，斯大林看到罗斯福递给丘吉尔一张手写的便条，他迫不及待地想要知道便条上写了什么，于是命令内务人民委员会驻德黑兰分支的负责人伊万·伊万诺维奇·阿加扬茨去搞到一份副本。阿加扬茨圆满完成任务，并向斯大林汇报了便条的内容，上面写着：“先生，您裤子的拉链开了。”[31]

针对丘吉尔的其他暗杀行动也逐渐被曝光。最新解密的军情五处机密档案披露了最后一拨暗杀计划中的一次：二战时期，巴勒斯坦犹太复国主义者曾欲暗杀丘吉尔。巴勒斯坦犹太复国主义武装组织“斯特恩帮”想要终结英国对巴勒斯坦的委任统治，建立以色列国。1944年，斯特恩帮一个名叫埃利亚胡·贝特·楚里的成员决定派一名特工前往英国刺杀丘吉尔。军情五处很快意识到“他提出的暗杀计划针对的是政府高层，也包括丘吉尔在内，为此目的他应该会派遣特工前往伦敦”。斯特恩帮确实在对暗杀组织成员进行训练，但随后贝特·楚里因在埃及首都开罗枪杀了英国中东事务大臣莫因勋爵而被处决。莫因勋爵是丘吉尔首相的一位密友。[32]

丘吉尔常将个人生死置之度外，但现在终于不得不谨慎起来。1944年12月，丘吉尔访问雅典，准备与包括总理乔治奥斯·帕潘德里欧和东正教大牧首达马斯金诺斯在内的各方人士展开初步会谈。一些当地民众白天为英国人工作，晚上则为极端左翼武装组织希腊人民解放军（ELAS）效力，据说，甚至妇女购物的篮子和黑色长裙下都藏着手榴弹。部队全副武装护送英国代表团驱车驶过希腊人民解放军游击队控制区，丘吉尔选择坐在一辆装甲汽车里，“他双膝上放着一把硕大的.45口径的柯尔特左轮手枪，神情严肃，随时准备开枪射击”。[33]

丘吉尔准备以牙还牙，以眼还眼，但军方则要谨慎得多。丘吉尔的高参伊斯梅少将，绰号“哈巴狗”，提醒首相说：“三军参谋长一致认为，从军事角度严格来说，考虑到希特勒曾犯下无数愚蠢的错误，他继续紧握德国战略大权未尝不是件好事，但就大局说来，越早把他除掉对我们越有利。”[34] 尽管如此，1944年6月，丘吉尔还是批准了由一名法国狙击手去刺杀希特勒，但具体计划不详。与此同时，特别行动处制订了一个更为详细的计划，代号“福克斯利行动”，准备置希特勒于死地。然而，与伊斯梅高参一样，特别行动处德国分支负责长雷纳德·索恩利上校也告诫丘吉尔，希特勒经常不顾将帅们的忠告一意孤行，他这种刚愎自用的行事风格对盟军有利。

索恩利上校强调："希特勒的价值不亚于特别行动处出于战略考虑打入德国内部的大量特工。"无论以何种方式对付希特勒，有一点特别行动处很清楚：苏联内务人民委员会和波兰反抗力量都曾研究过刺杀希特勒的可行性，最后得出的结论是：比登天还难。[35]

丘吉尔喜欢采取秘密行动，有时几乎不计后果。与他出于个人情感支持布莱切利园的工作不同，他对特别行动处工作的热情及对抵抗运动的鼓励则给他招来了许多批评的声音。约翰·基根是英国最杰出的军事史学家之一，他公开抨击特别行动处，认为它是"代价高昂且产生误导作用的失败"，特工的单独行动则是"无关痛痒且毫无意义的逞强行为"。[36]与基根相比，克斯·黑斯廷斯的话则剖析得更为深刻，黑斯廷斯是英国战时领袖智囊团中最有建树且最令人信服的学者，他谴责丘吉尔的军事干预像是"恐怖主义"行径，还说他"急不可耐地向希特勒开战，导致成千上万的英雄白白送命"。最后，他总结道：特别行动处将那些热衷内斗更甚于抗击德军的各地方派系武装起来，对整个欧洲产生了恶劣的影响。人们越来越觉得丘吉尔太情绪化，甚至可以说是不理性，他肆意操纵特别行动处采取即时行动，浪费军事资源，在白厅内部制造不必要的政治麻烦。[37]

但事实并非如此。丘吉尔在管理特别行动处方面表现得精明能干。他任命休·道尔顿担任特别行动处负责人，部分原因就是想取悦联合政府中的工党同僚。当发现道尔顿成事不足败事有余，只会惹恼其他利益相关方时，为救特别行动处于危难，1942 年 3 月丘，吉尔毅然选择让自己的保守党好友塞尔伯恩勋爵取代道尔顿的位置。塞尔伯恩勋爵曾任公共工程部大臣，为人稳重，讲求效率，而且是保守党的盟友。与道尔顿的喜怒无常形成鲜明对比，塞尔伯恩头脑冷静。在接下来的两年里，每当特别行动处与斯图尔特·孟席斯闹得不可开交时，丘吉尔都会制止军情六处的盟友德斯蒙德·莫顿出面调查，而确保由才智过人且思想开明的人，如考陶尔兹公司的董事约翰·汉伯里-威廉姆斯负责调查行动。塞尔伯恩知恩图报，他将特别行动处所取得的成就做成剪辑后派人呈送给丘吉尔，首相看后觉得“非常出色”。1943 年夏天，特别行动处要求皇家空军增加巴尔干半岛地区特种作战飞机的数量，理由是这些地区暴动频发，实施战略诱骗十分必要。丘吉尔出面介入并表示支持，又一次“效果立竿见影”。[38]

人们认为丘吉尔最大的失误就是批准特别行动处在巴尔干半岛地区展开活动。1940 年至 1941 年间，轴心国集团不断地向巴尔干地区国家施加压力，要求它们与轴心国合作。1941 年 3 月，南斯拉夫签署《三国公约》，正式与德、意、日三国结盟。丘吉尔陷入狂怒，积极支持特别行动处在南斯拉夫策划军事政变，废黜摄政者保罗亲王。亲纳粹的保罗政府倒台，取而代之的是反对南斯拉夫加入轴心国的彼得二世国王。丘吉尔与特别行动处为此扬扬自得，但他们高兴不了多久。南斯拉夫政变令希特勒恼羞成怒，为了惩罚南斯拉夫的背叛，他决定同时入侵南斯拉夫和希腊。4 月 6 日，德国、意大利和匈牙利联军开进南斯拉夫和希腊。不出一周，贝尔格莱德投降，一直受特别行动处庇护的彼得国王逃离南斯拉夫。十天后，德国国防军进军雅典。就眼前的情形来看，这不啻一场灾难，但为了保护其在巴尔干半岛南部的战略地位，希特勒不得不将入侵苏联的“巴巴罗萨行动”推迟了整整 3 个月，这对于日后对苏联的进攻将产生深远的影响。当 1941 年底德军被困在莫斯科郊外的大雪中时，这种影响显露了出来。[39]

现在，特别行动处更有理由对南斯拉夫国内的抵抗运动提供支持了。起初，丘吉尔敦促特别行动处协助塞尔维亚保王派德拉查·米哈伊洛维奇将军领导的塞尔维亚游击队——“南斯拉夫祖国军”（又称“切特尼克”），但到了 1943 年年初，他转而支持自己的敌人——南斯拉夫共产党领袖约瑟普·铁托。特别行动处南斯拉夫分支向伦敦及外交部同事发送了有关抵抗运动的情报。收到情报之后，特别行动处南斯拉夫分支副主管詹姆斯·克卢格曼和一名毕业于剑桥大学的共产党员展开舆论宣传攻势，贬低米哈伊洛维奇为抗击德国人所做的努力，夸大铁托的贡献。

克卢格曼吹嘘铁托领导抵抗运动有方，丘吉尔及政府内的多数官员都被他的话误导，唐宁街自然高估了铁托游击队的贡献，坚称他们牵制了 24 支德国王牌师。事实上，此时德国只剩 8 支兵力不足的师还留守南斯拉夫，而铁托游击队多数时候都在应付派系斗争，无暇顾及德国。铁托甚至派出代表团前往萨拉热窝的德军总部，提议休战，以便双方都能够集中力量对付米哈伊洛维奇的保王派。[40]

然而认为丘吉尔被特别行动处某个与莫斯科有暗中往来的中级官员误导的说法不过是个阴谋论罢了。丘吉尔还有许多其他的消息来源，包括他派往铁托处的首相特使、令人敬畏的菲茨罗伊·麦克莱恩。他是丘吉尔亲自挑选出来的，丘吉尔在寄给艾登的信中写道：“我们想要的是一位胆量过人的使臣，同时还要有魄力，能领导这群天不怕地不怕、东躲西藏的游击队员。”[41] 敢于冒险的麦克莱恩是丘吉尔最中意的人选，他希望麦克莱恩广览兼听，调查哪一派“干掉的德国人最多”。1943 年 9 月，麦克莱恩跳伞空降南斯拉夫，不久便与铁托建立起良好的私人关系，而且这段友谊维持了数十载。他告诉丘吉尔，铁托的游击队在抗击德军时最卖力。

批评丘吉尔的人大多是放些马后炮，这些人之所以在战后表现得草木皆兵，看谁都觉得像是深藏不露的间谍，多半是受苏联间谍金·菲尔比身份曝光的影响。但显然不管有没有特别行动处的帮助，铁托领导的游击队早晚都会在南斯拉夫各派系中获得优势地位。1948 年，铁托与斯大林关系破裂，为建立起反苏的共产主义阵营，英国情报机关，特别是麦克莱恩的地位再次变得重要起来，而米哈伊洛维奇及其领导的切特尼克是塞尔维亚民族主义的先头部队，这一切不可避免地造成 1989 年后南斯拉夫走向解体的厄运，因此不论从长期还是短期来看，丘吉尔为特别行动处撑腰、支持铁托的做法都是正确的。[42]

丘吉尔还能通过另一个渠道获得关于铁托的情报。1943 年 9 月，当麦克莱恩带着国家赋予的使命空降在南斯拉夫时，他手下有一个奇怪的“兄弟两人组”——丘吉尔的儿子伦道夫·丘吉尔及伦道夫的好友伊夫林·沃。伦道夫酒瘾很大，精力过剩，曾在特种空勤团任职。他因胆量惊人备受他人钦佩，但作为同伴却令人生厌。美国人富兰克林·林赛，也就是后来的猪湾事件的策划者，曾与他一同在南斯拉夫服役，他说伦道夫“是我见过的最粗鲁无礼的人之一”。但是，麦克莱恩看重的是他的勇气、耐力及政治关系。[43]

沃也是一个难缠的角色，他的上司经常挖空心思地避免与他共事——有一次突击队乘船前往意大利执行任务，他们故意不带沃，而是让他留下来休假。沃趁这段时间完成了小说《旧地重游》的写作。1944 年年中，伦道夫·丘吉尔告诉好友沃说他要去南斯拉夫，为麦克莱恩效力，并要求沃与他一同前往。当飞机坠毁时，两人都差点丧命，当时飞机上一共有 20 人，其中 11 人不幸身亡。[44]伊夫林·沃和伦道夫·丘吉尔简直是一对活宝。两人都是不折不扣的酒鬼，他们之所以形影不离，是因为大部人都受不了他们俩身上的坏毛病。沃在日记中写道：“（我）和伦道夫吵得越来越多……他就是个横行霸道的胖子，他总是对比他弱小的人咆哮呵斥，以此取乐；一旦遇到和他一样的人便开始发出刺耳的尖叫。”[45]虽然欺软怕硬，但伦道夫无所畏惧，他躲过了德军空军轰炸机和战斗机对营地的疯狂突袭，光着脚逃进山里，才得以保住了性命与铁托游击队员一起深入巴尔干腹地，并给父亲丘吉尔首相发回大篇幅的详细报告。[46]

关于特别行动处在法国及低地国家从事活动的报道有很多，但同时批评的声音也不少，那些批评丘吉尔推行秘密抵抗活动的人可谓鼠目寸光，很少放眼欧洲之外。相反，丘吉尔更鼓励特别行动处将自己看作一个在所有大陆展开行动的全球性组织，所以才在远至巴西、马达加斯加乃至巴布亚新几内亚等地获得了成功。令人不解的是，几乎没有人记录特别行动处在缅甸取得的巨大成功。事实上，第二次世界大战结束前一年，特别行动处在缅甸参与的战役是其在整场战争中最惊人的成就。其中比较突出的是特别行动处雇用绝对忠诚的缅甸山地部落开展的代号为“民族”和“角色”的一系列作战行动。丘吉尔在促进包括钦迪特在内的缅甸各特种部队广泛开展作战行动方面起到了关键的作用。这支军队由最为特立独行的战时领袖奥德·温盖特率领。奥德·温盖特个性极为古怪，丘吉尔不得不向将领们施压，他才能在部队保有一席之地，但此后他战绩不俗。丘吉尔之所以将怪异之人纳入麾下，正是看中他们做事不拘泥，能够打开局面，他觉得温盖特简直是个“天才”。首相甚至一度考虑着把他升为印度总司令，令参谋长们大为惊骇。[47]

1944 年年末，缅甸山地游击队似乎预感到了战争的胜利，同时，他们提供的情报也使同盟国方面发动的空袭“锦上添花”。据估计，“民族行动”中日本的伤亡人数在 3582~4650 人之间，同盟国的伤亡人数在 63~88 人之间。[48] 在克伦族部落地区展开的“角色行动”则得了更大的成功。“角色行动”包括三大行动小组，分别由塔洛克中校、皮科克中校和塔拉尔少校率领。1945 年 4 月 13 日，塔洛克的北部游击队指挥着一支 2000 人的部落军队伏击了日本驻缅第 15 师派出的一支5万人的精锐部队，当时日军取道克伦地区向南转移，与英军争夺军事重镇、通往仰光的战略要塞东吁。[49]战火绵延不绝，一直持续到1945年7月。7月21日，英国第33特种兵团指挥官斯托普福德将军承认：在过去的一个月里，特别行动处从克伦族部落地区征募的游击队比常规军围剿的日军更多，令人刮目相看。[50]丘吉尔爱江山更爱情报，但在这里——伊洛瓦底江的山上——江山和情报丘吉尔二者兼得。

1941年，罗斯福和丘吉尔在大西洋北部纽芬兰岛普拉森舍湾的美国军舰上会晤，并起草了一份联合声明，即著名的《大西洋宪章》，陈述了战争目标，但其实很少有人注意到罗斯福和丘吉尔并没有在文件上签字。令丘吉尔感到惊恐的是，宪章条款规定人人都拥有民族自决权——包括大英帝国的臣民。其实他一直将二战视作为拯救大英帝国而进行的一场斗争，而且已经考虑过战后条约对帝国领土产生的影响。由于担心罗斯福是一名反帝国主义者，丘吉尔转而将英国情报工作的注意力放在自己最亲密的盟友美国之上。

当涉及帝国领土问题时，丘吉尔所做的远不止自我防御那么简单，他相信要想让英国变得更加安全，就必须扩大版图。1942年在新加坡之战中遭遇耻辱的失败之后——丘吉尔称之为“英国史上最大的灾难”——他决心恢复英国对缅甸和马来亚的殖民统治，如果可能，他还将通过吞并泰国部分地区实现殖民扩张。丘吉尔甚至连托词都想好了，他告诉艾登，可对全世界声称这些地区是英国的“某种受保护领地”。[51]但美国战略情报局（OSS）深入敌后从事特别行动，并通过率先与泰国抵抗组织合作，阻挠了丘吉尔计划的实施。1945年4月，美国战略情报局报告总统称，泰国应该成为远东地区的“美国民族主义的孵化器”。[52]

丘吉尔认为远东战争是大英帝国重新崛起的一次演习，相反，罗斯福认为欧洲老牌帝国是导致战争爆发的重要因素。从意识形态的角度来说，罗斯福总统是一位坚定的反帝国主义人士，不仅如此，他还将欧洲列强视为战后美国贸易的一大障碍。在决定法属印度支那的未来时，罗斯福的某些情报机关甚至支持胡志明对抗法国。就此问题美英双方分歧颇深，以至于直到 1944 年以前，两人都拒绝讨论此事，只是暗中互相监视，试图破坏对方的计划。[53]

特别行动处是英国在亚洲最强大的间谍机构，由林利思戈侯爵的好友印度总督、“J&P 科茨”纺织公司主管科林·麦肯齐管理。20 世纪初期，“J&P 科茨”纺织公司是仅次于美国钢铁公司和标准石油公司的世界第三大公司，代表着大英帝国的经济利益，其主要商业对手是美国人。同样，特别行动处中国办事处的高级官员约翰·凯瑟克在香港上海汇丰银行任职，而军情六处在亚洲的行动主管则是化身英荷种植园主管的杰弗里·德纳姆。他们与丘吉尔一样，一心想要让战后英国的帝国基业永世长存。

最让丘吉尔挂怀的还是印度的独立运动。丘吉尔如此忌惮印度人，实在令人吃惊。他的私人秘书曾记录道，“首相大人说印度人是一个肮脏的种族”，希望轰炸将军哈里斯能“派多余的轰炸机把他们全部摧毁”。[54] 英国情报机关密切监视着印度民族主义者的一举一动，同时还发现美国战略情报局也在印度从事隐蔽行动。在德里，英美两国间谍之间的较量司空见惯。从 1942 年甘地发起“退出印度”运动开始，英国就陷入了在自己占领的土地上作战的窘境。印度国内安全是个大隐患，而且美国战略情报局似乎与颠覆分子站在同一战线。美国人并非没有察觉这种充满讽刺意味的局面。一直关注孟买局势的美国战略情报局官员唐纳德·道恩斯回忆说：“有一次，我看到圣雄甘地乘坐一辆绿色的劳斯莱斯去找英国牙医看牙，车顶上有一个指示牌，上面用五种文字写着‘抵制英国货’

的字样。”[55]

威廉·史蒂芬森所在的英国安全协调处继续在纽约开展行动，片刻不停地暗中监视着身在美国的印度民族主义者。为了表示“礼尚往来”，罗斯福故意任命战略情报局驻伦敦办事处负责人威廉·菲利普斯为总统私人代表前往印度，以此激怒丘吉尔。战略情报局的官员们一到德里就有人警告他们说：“在搞阴谋诡计方面英国人是一把好手，他们在美国各级政府机构里都安插了间谍，从各个渠道收集情报。”[56]事实上，英国人所做的远不止这些，自 1943 年年初，英国便拦截了美国驻印度领事馆收到的所有信件，[57]窃听了美国在印度级别最高的军官艾尔魏德迈将军的电话[58]

香港毫无疑问处于美国军事行动的范围之内。虽然香港在 1941 年 12 月被日军侵占，但人们都寄希望于美国人和中国国民党军队能救香港于水火之中。丘吉尔担心香港这么好的一块地方作为奖赏被转交给蒋介石，于是，他批准特别行动处借约翰·凯瑟克之便将一个特别行动小组打入香港，以观察事态的发展。1942 年 4 月，他们被国民党特务组织负责人赶了出去。但当时国共两党正打得不可开交，美国战略情报局与美国海军下属的某情报机构也正暗中较劲，特别行动处为此得以施展拳脚。1944 年，英国战俘从香港逃走，特别行动处以执行营救任务为由，在中国卷土重来。其花钱雇来 3 万名游击队员，并为其制订武装和培训计划，一切费用由英方支付，保证英军能发挥一定作用，在战争结束时使香港从日军手中获得解放。英国人能重新占领香港，还得益于特别行动处在那里大肆搞黑市货币走私行动，从中获利颇丰，这些钱也成了特别行动处在各个战区开展军事行动的资金来源。

法属印度支那对于罗斯福有巨大的象征意义，罗斯福在与斯大林的谈话中称，一个世纪以来，法属印度支那长期遭受殖民统治，

“那里的居民生活境况比以前更糟糕了”。[59]因此，他试图阻止法国特种部队在蒙巴顿的指挥下在该地区开展行动。在罗斯福总统不知情的情况下，丘吉尔于 1944 年年底拒绝法国特工进入越南。特别行动处驻印度支那分支已经完全交由法国人负责，从本质上讲，它已经变成了法国恢复在印度支那的殖民统治的跳板。科林·麦肯齐回忆道，既然法国人总是我行我素——“我们就让他们自己管好自己的事吧”。[60]1944 年，特别行动处让法国殖民地总督和警察以跳伞的方式空降湄公河三角洲。与此同时，美国战略情报局正在协助越南独立同盟（简称“越盟”）进行武装，战略情报局的一支医疗队还曾救过胡志明一命。[61]

到了 1945 年，英美两国情报机构把各自的准军事部队空降到印度支那，在当地的一片混乱冲突中各自扶植相互敌对的势力。英国间谍希望维持对印度的控制，他们的美国同行则想方设法破坏欧洲列强在亚洲的殖民统治。在这种白热化的气氛中，意外事件难免发生。因此，英国在“未通知美国”的情况下，执行秘密飞行任务，这意味着一旦英军飞机被误认为是日军飞机，将面临极大的危险。1945 年 1 月 22 日午夜来临之前，英国皇家空军 358 号特别任务中队的两架“解放者”轰炸机秘密起飞，向印度支那空投特工人员，结果这两架飞机一去不复返。很快相关调查就展开了。空军少将吉尔伯特·哈考特·史密斯的报告给出了最终结论：“现在基本上确定了，22 晚到 23 日凌晨特别任务中队的两架‘解放者’轰炸机被美军战斗机击落了。”他还补充说：“我相信，如果我们对这起悲剧守口如瓶，并且停止一切调查，对各利益方都有好处。”[62]

欧洲帝国在亚洲的争斗都被丘吉尔看在眼里。他请军情六处军官杰拉尔德·威尔金森在自己与道格拉斯·麦克阿瑟将军之间秘密牵线，麦克阿瑟将军时任西南太平洋战区盟军司令一职。麦克阿瑟作为下一届美国大选潜在的共和党候选人，对罗斯福恨得牙齿直痒痒。威尔金森回国后先去军情六处总部向孟席斯报到，之后才前往唐宁街，向丘吉尔做情况汇报。[63]报告的一个关键的问题是麦克阿瑟作为潜在总统候选人当选的可能性究竟多大。威尔金森评价他“冷酷、自大、不择手段、唯我独尊”，但“很有分寸”。[64]威尔金森每次从美国回到伦敦时，都在深夜被丘吉尔电话召至唐宁待汇报情况。[65]午夜谈话常围绕“华尔街帝国主义者”及其对英国在远东的殖民利益带来的威胁这两个主题展开。威尔金森不但拜访了艾伦·布鲁克——布鲁克发现他“是个非常有意思的人”[66]，而且向《泰晤士报》编辑、帝国烟草公司秘书、帝国化学工业公司总裁及英伊石油公司高层做了简要的情况介绍。[67]战争后期，在时任海军情报官员伊恩·弗莱明的建议下，威尔金森被调到华盛顿，继续监视美国、中国，看它们是否对英国在远东的商业利益构成威胁。正如威廉·史蒂芬森所指出的，这类工作“多少有点儿超出了英国安全协调处的活动范畴”。[68]

大英帝国为其经济利益在中东展开了规模超乎想象的隐蔽行动。最近通过对法国档案的研究显示，特别行动处和军情六处实施了数额巨大的贿赂计划以保证中东地区对英国的事务不要多嘴。[69]随着第二次世界大战走向尾声，人们开始审视特别行动处的未来。英国驻埃及大使基勒恩勋爵几经思量后终于想明白了：特别行动处在中东的主要工作是贿赂高级政治官员，他称之为“付小费”。[70]在决定特别行动处何去何从的节骨眼上，作为特别行动处的最后一任负责人，塞尔伯恩勋爵给丘吉尔写了一封信，这是一篇绝妙的文章，陈述了特别行动处如何捍卫他所深爱的帝国：

> 特别行动处可以通过不为人知的秘密手段为高层提供宝贵

> 的帮助。埃及大使基勒恩勋爵和波斯大使里德・布拉德爵士通过特别行动处收买那些对英王陛下政府不利的人。俗话说“吃人嘴短，拿人手软”，拿多少钱，这些人就得办多少事。这样一来还能避免让我们的士兵去冒送命的风险……在外交部的指示下，这件事能做得天衣无缝，但只有了解地下工作方法，懂得趋利避害的精英才能完成这一艰巨使命。[71]

随着这些军情六处希望早就被销毁的文件最近被披露，事情逐渐变得明朗：二战期间，英国情报机关将大量注意力放在了中东，把那里变成了情报工作的练习场，提高行贿技巧，暗中扩大政治影响力。许多大人物，包括埃及、伊拉克、叙利亚和黎巴嫩等国的领导人，都出现在行贿名单上。英国不仅贿赂该地区的大批大臣、官员及报社编辑，甚至还逼迫他们在字据上签字，以防他们翻脸不认账。[72]

1941 年，丘吉尔还把美国战略情报局局长威廉・多诺万看作自己的盟友，但到战争结束时，由于英美在殖民地问题上的利益冲突，威廉・多诺万成了丘吉尔眼中企图颠覆大英帝国的危险敌人。1945 年 4 月，当艾登向丘吉尔问及游击队的作用及香港解放的问题时，丘吉尔警告他说：“我可不想特别行动处和战略情报局两大英美间谍机构在对多诺万那个无耻小人有利的地方再起纷争。”[73] 多诺万的想法也如出一辙，1945 年 7 月，他到访伦敦，与美国战略情报局驻伦敦办事处相关人员举行会谈，美国情报和安全官员报告说“他不想看到‘有任何该死的英国人在场’”。[74] 多诺万说出这么情绪化的话，或许说明那时他已经预感到他已经输掉了这场在亚洲地区针对英国的反殖民战争。苏联迅速崛起，而罗斯福这位反殖民主义的伟大倡导者却于 1945 年 4 月与世长辞。多诺万作为美国情报首脑提交给白宫的最后一封公函还强调“越盟”成员心地善良，但太不谙世事，以至于“被奸细和共党分子误导”。[75]华盛顿战略情报局的其他官员却不赞同多诺万的看法，他们已经警告新任总统哈里·杜鲁门说美国应做的是支持欧洲殖民帝国，而不是坏其好事，因为二战后美国需要与它们共同遏制苏联。英美情报机构终于有了“共同语言”——反共和初露端倪的冷战。

1944年年初，对丘吉尔来说，在波兰问题上展开的辩论意味着冷战正式拉开了帷幕。斯大林粗暴地对待波兰抵抗运动，令丘吉尔感到气馁，他对艾登说：“恐怕世界将迎来一个大恶魔……苏联人被胜利冲昏了头脑，他们什么事情都能干得出来。”他又补充道，这一次无论如何，“我们和美国人必须全副武装起来”。很明显，丘吉尔早就料到英国会与斯大林来一场军事对抗——他甚至可能想过要动用新兴的核武器。[76]丘吉尔沉默良久后说，很快，在“苏联的皑皑白雪与多佛的白色悬崖之间”，一切将化为乌有。[77]

一年后，在德国即将无条件投降的前几天，首相盘算着“消灭苏联”。他下令制订对苏作战计划，代号“不可思议行动”。该计划需要数以10万计的英美军队，外加10万名重新武装的德军充当后备力量，向因战争而伤痕累累的苏联发动突然袭击。与此同时，皇家空军与地面部队配合，从北欧的空军基地向苏联各个城市发动空袭。[78]但军方对丘吉尔的计划却不怎么感兴趣，原因很简单：当年希特勒率领一百多个师都没能拿下苏联。[79]

丘吉尔的想法令艾伦·布鲁克和其他参谋长惊恐万分，他们猜想：首相或许会觉得要打败斯大林，只能动用核武器。这类想法和讨论一般不会写进正式的会议记录里，但布鲁克在日记中如实记下了这些高度机密的问题以及为此进行的私下讨论。他写道，丘吉尔如今认为“只有自己掌握了核技术，可以想炸哪儿就炸哪儿，神通广大，才能对斯大林发号施令”。[80]“不可思议行动”计划如此机密，以至于他们未向中央情报机关透露过只言片语。联合情报委员会对美国计划向日本投放原子弹一事毫不知情，而且1944年年末之后，因为白厅认为斯大林未来何去何从这个问题太棘手，像个烫手山芋，所以几乎停止了对苏联的监控。[81]直到1946年1月，它认为是时候重新考虑苏联这个具有争议的问题了。[82]就在日本遭美国原子弹轰炸前不久，艾德礼接替丘吉尔出任英国首相，他曾试图与苏联共同行动，以免盟军内部“祸起萧墙”。1945年7月到1945年8月间，艾德礼接替丘吉尔出席波茨坦会议，他写道：“时间紧迫……我相信只有勇往直前，才能拯救文明。”[83]

战争初期，丘吉尔对情报工作的影响举足轻重，到二战结束时，其影响已经微乎其微。他只是太累了，战后领土划分的问题错综复杂，令他疲于应对。关于英国情报机构的未来有很多重要的问题需要慢慢理清头绪，比方说能否把军情五处和军情六处合并成一个机构，还有特别行动处的去留及破坏活动等。一年多来，丘吉尔和艾登也曾讨论过是否有可能把特别行动处和军情六处合并，以免两个机构一直争来斗去。再三斟酌后，丘吉尔决定不合并：不管怎么说，特别行动处和军情六处之间的“战争”“都是我们的家务事，虽然令人遗憾，但也不可避免”。[84]

1945年，因为担心丘吉尔身体不支，而且人在极度疲劳的时候容易做出不理智的决定，高层官员们尽量自行商议情报机构的去留问题。外交部高级官员亚历山大·卡多根同意军方的意见，认为应该写一份报告，陈述军情五处和军情六处的关系。按理来说，这份报告本该让内阁秘书来写，但这样一来可能会引起首相的注意，他势必会刨根问底。盖伊·利德尔找到年轻的外交官彼得·洛克斯利商量到底由谁来执笔的问题，毕竟洛克斯利曾帮助卡多根处理过情报事务。盖伊·利德尔说："以我的经验来看，事情一旦上升到内阁级别，事情往什么方向发展，就只能听天由命了。"洛克斯利表示完全同意利德尔的看法，他还"私下"告诉利德尔，人们在讨论特别行动处去留问题的时候总会陷入一种诡异的气氛。忙碌一天后，丘吉尔收到了大家讨论的会议记录，他在上面潦草地写道："请莫顿少校仔细研究并给出意见。我清楚秘密情报局（军情六处）的情况，但特别行动处都有哪些人？我认识斯图尔特·孟席斯。他是军情五处的负责人。"[85] 孟席斯其实是军情六处负责人，但此时此刻，丘吉尔没有就情报工作的未来做出重要决定。

随着丘吉尔势力渐微，一些因循守旧的人伙同官僚不遗余力地要解散特别行动处。外交官和军官犹如井底之蛙，他们本能地害怕特种部队与"地下勾当"，丘吉尔有多爱它们，他们就有多害怕它们。随着二战接近尾声，英国驻远东的最高级别外交官埃斯勒·德宁爵士强调，如今大英帝国的情报网太大，而且杂乱无章，是时候加以规范了，接着他简单地补充了一句："我们非常希望来一场改革，因为我们与这些组织接触太频繁，罪孽深重。"[86] 一位高级参谋官感叹道，特别行动处是在正规军体制之外建立的，"它崇尚想象力，并把它发挥到极致。需要什么资源也是有求必应。人们希望以后再也不会发生这种事情"。[87]

战争期间，丘吉尔在扩大英国情报帝国"版图"，加速情报工作发展等方面做了很多工作。他为英国一手创造了诸多克敌制胜的突袭方法、发明了许多破坏手段，创立了多支特种作战部队，从特别行动处到突击队，再到钦迪特。他大力支持布莱切利园的情报工作，而且对他们有求必应并有额外的资源倾斜。他鼓励建立新的机制来分类和整合"超级机密"，并将其纳入政府决策程序。正是在他担任首相期间，作为中央情报机关的联合情报委员会才日臻完善，从被边缘地位走向唐宁街的权力核心。最重要的是，他明白“情报对于高层”的重要性，是第一个指定特别助理专门处理情报事务的首相。为了保护“超级机密”及欺骗行动的秘密，他克制住了自己冲动的个性，这一点做得非常不错。

讽刺的是，第二次世界大战期间，丘吉尔的最后一场大战役却是与自己的安保官员唇枪舌剑。在两次世界大战之间，写作是丘吉尔最主要的收入来源。正如大卫 · 雷诺兹所说的那样，20 世纪 30 年代，丘吉尔通过出书等文学活动一年赚到的钱，以当前币值换算合 50 万英镑。但钱永远不会多：他总是做财产抵押，并雇来一班财务顾问、法律顾问帮他避税。尽管从电影版权中又赚取了可观收入，但不知何故，他总是入不敷出。于是，二战结束一年半后，他请了包括 R.V. 琼斯在内一批影子写手和助理代笔，开始创作长达 6 卷的《第二次世界大战回忆录》。1945 年，丘吉尔首相拿到的年薪是 1 万英镑，而写书能赚大概 60 万英镑。[88]

丘吉尔在二战回忆录中有意避开“超级机密”不谈，对于欺骗行动和抵抗运动也只是点到为止，但他喜欢做出格的事，在“巫师战争”及他给斯大林传递情报等话题上知无不言言无不尽。他还在回忆录里讨论了联合情报委员会，在未来的半个世纪中，没有另一位首相会像他这样做。他甚至想把给斯大林、罗斯福、杜鲁门等世界首脑发过的电报原文写进回忆录里。这样做带来的最直接的影响就是密码安全问题，至少在理论上会导致许多其他在同一天发出的加密电报内容遭到泄露。布莱切利园正是利用这种“剽窃”的方法破解了恩尼格码传输的情报。1948 年 6 月 9 日，斯图尔特 · 孟席斯与丘吉尔共进晚餐，并借机向丘吉尔说明了公开电报原文的利害关系，希望他能“悬崖勒马”，另觅他法，但丘吉尔并“不为所动”，不过最终还是做出了让步。[89]

作为英国首相，丘吉尔领导了一场情报革命。他意识到，情报在为政府决策提供支持及影响事态发展等方面拥有变革性的力量。他用前所未有的方法，把情报机构纳入政府权力中心。然而，冲动的个性又使得丘吉尔与情报机构关系常常受挫。丘吉尔管理的是一个非正式的私人体系，其中他头脑发热、意气用事的例子比比皆是。所幸，整个情报机构能够良好运转，但也会行事轻率、招致讽刺。在情报改革方面，丘吉尔能做的都做了。为了将情报的力量发挥得淋漓尽致，未来首相更需要做事有条不紊，推动情报界有序、理性地发展。丘吉尔掀起的这场情报变革，需要一个信得过的人把所有创新的情报工作方法整合到一起，由中央情报机构统一管理。接下来，该是克莱门特·艾德礼登场的时候了。

第三部分　冷战中的对峙

6

克莱门特·艾德礼
（1945—1951）

不能把它们兜售出去吗?

——克莱门特·艾德礼[1]

克莱门特·艾德礼在首相办公室忙着处理手头上的各种事情，作为英国战后第一位工党首相，人们提到艾德礼就会想起他在国家一贫如洗时成功地推行国内改革；在印度民族独立运动不断高涨之时，他顶住重重压力，平稳地处理了大英帝国去殖民化时面临的危机。然而，最重要的是，艾德礼上任伊始，冷战就拉开了序幕——冷战是资本主义与社会主义阵营之间斗争的一种新形式，一旦萌芽便迅速发展，左右着20世纪下半叶世界政治形式的发展变化，而艾德礼做出的选择，尤其是在国家安全问题上的选择，将对后代产生影响深远。自1949年8月苏联成功试爆其研制的第一颗原子弹，成为第二个拥有核武器的国家，“冷战”压在新首相肩上的担子就越来越重了。次年，随着朝鲜战争脚步的临近，冷战即将全面爆发。

“冷战”使情报变得至关重要。继任首相们有必要了解苏联的军事力量和军事意图，包括其核武器库和科技发展，关键是——苏联是否会使用它们。这事关重大。与此同时，情报发挥着一种更加积极主动的作用，爆发出前所未有的力量，能否打赢一场大规模的地下战争，情报是关键。随着核武器的出现，公开的战争冲突带来的破坏性不可估量，所以战争被迫转入地下，颠覆、侦察、暴动和宣传成为首选的武器。克莱门特·艾德礼是首位不得不适应这种“热和平”，并意识到在和平时期积极利用情报有何重大意义的英国首相。他对即将面临的困难做好了充分的思想准备。二战期间英国政府过于依赖“超级机密”提供的情报材料，如今英国破译的苏联与外界联系的电报数量有限，新任政府不得不去适应这种没有高级情报的工作方式。英国政府通信总部（前身是成立于 1946 年，久负盛名的政府密码学校）无法截获敌方的电报，因此政府猜不透敌方的心思。艾德礼本人私下承认说：“我们在对付共产主义活动时遇到了前所未有的困难与挑战，因为铁幕实在太难穿越。”[2]

艾德礼的前任和继任首相都是温斯顿·丘吉尔，他被夹在中间。丘吉尔对情报工作充满热情，又喜欢卖弄，甚至积极倡导使用情报。相比之下，艾德礼之所以会被世人铭记，既不是因为他是一名天生的“冷战勇士”，也不是因为他是热心的情报使用者，而是因为他是一个谦逊且理智的人；他是最后一位收到决斗挑衅的英国首相，但他婉言拒绝了决斗请求，反而告诫挑战者别犯傻。[3] 和两次世界大战期间的历届首相不同，但艾德礼及其阁僚在上任时并非对情报工作一无所知。军情五处和军情六处是战时联合政府不可或缺的一部分，早在艾德礼当选首相之前，他就对这两个情报机构的工作了然于心。[4] 作为丘吉尔的副首相，他早在 1940 年时就参与讨论了情报机关的改革问题，而且亲眼见证了“绝密情报源”，尤其是第一手的信号情报所做的卓越贡献。[5]二战期间，斯图尔特·孟席斯不仅为丘吉尔筛选布莱切利园的密码译文，还为艾德礼进行了筛选。[6]

丘吉尔曾命副手艾德礼亲自主管一些最为敏感的战时情报工作。1943 年 12 月，艾德礼以参谋长联席会议主席的身份主持会议，探讨德国对特别行动处驻荷兰办事处的渗透等“棘手”问题。[7]并非只有他一人主持过特别行动处的工作，他自己的副手、曾任战时内政大臣的赫伯特·莫里森及财政大臣休·道尔顿都曾担任特别行动处主管。因此，艾德礼可以理直气壮地说自己“在管理一个高效且负责任的政府方面积累了丰富的经验”“懂得政府机器运作的规律”。[8]作为一名精通权术的委员，政府机器就是他的王牌。丘吉尔或许曾推动了情报界的发展，但却是艾德礼对其加以完善，使其在接下来的半个多世纪能够平稳运转。

20 世纪 30 年代末，作为工党领袖的克莱门特·艾德礼因强烈反对张伯伦对纳粹德国采取绥靖政策，博得了丘吉尔对他的喜爱。诚然，正是因为艾德礼拒绝加入张伯伦的战时联合政府，1940 年 5 月丘吉尔才得以上台执政。此后，艾德礼和安东尼·艾登、哈罗德·麦克米伦作为丘吉尔的左膀右臂，辅佐他圆满地完成了情报机构改革。他们在与纳粹德国多年的较量中，获得了丰富的情报战经验，深知情报的重要性，把情报机关融入政府核心事务俨然已成为他们的天性。20 多年来，唐宁街 10 号由丘吉尔战时联合政府中大臣级别的人物轮番执掌，军情五处、军情六处、特别行动处，尤其是布莱切利园与各届政府密切配合，相得益彰，取得一系列非凡成就。尽管艾德礼对情报工作了如指掌，但作为首相，他目睹了一个错综复杂的情报帝国如何在国内外冷战行动的对抗中一步步成长。[9]虽然英国陷入严重的经济衰退之中，但其在情报这一领域的优势可能依然无人能敌，与此同时，秘密行动为大英帝国去殖民化提供了各种机会，使得英国得以华丽转身。[10]

新任首相对国内反颠覆活动并不陌生，早在1940年5月艾德礼刚加入联合政府时，丘吉尔就教给他如何应对国内反颠覆活动的方法。[11]第五纵队的传言使丘吉尔坐立难安，他希望通过拘留敌侨的方法取得突破，于是指示艾德礼联手军情五处，寻找第五纵队的蛛丝马迹。艾德礼与其反间谍高级军官盖伊·利德尔一致认为，“在和平时期谈宪法所规定的国民权利、言论自由怎么都不为过，但这些东西在反法西斯斗争中却一无是处”。[12]

艾德礼当上首相之后继续对军情五处加以重用，尤其在防范“敌对势力打入我方防御组织”方面委以重任。他还认为，军情五处应摆脱政治控制，独立于政府和警察机关。[13]然而1945年7月当选后，他在与英国安全机关交手时却变得极为谨慎。他们并非天然的盟友。[14]英国高级情报军官中除了菲尔比、伯吉斯和麦克米伦之外，几乎没人推崇社会主义。利德尔在日记中不无讽刺地写道，艾德礼政府以渐进的方式追求的国家社会主义，与搞共产主义有何不同？[15]相反，自“季诺维耶夫信”事件之后，工党与军情五处的嫌隙越来越深。近来，拘留、审查及其他侵犯公民权利等行为令国会的新成员心神不宁，他们刚刚因为工党取得压倒性胜利坐上了政府议员的宝座，不过工党大比分胜出着实令军情五处感到意外。

艾德礼的一举一动都牵动着工党内部左右两翼的心。1945年7月，丘吉尔在一次竞选广播中毫不留情地暗指如果工党胜出，他昔日的二战同僚们将建立“一个类似盖世太保的组织”。[16]他问，“一旦这一强大的机体将民众玩弄于股掌之间”，那么他们将何去何从？[17]艾德礼担心如果采取过于明显的措施阻止英国共产党接触敏感材料，那么工党左翼将指责自己搞政治迫害。[18]上任伊始，他在国内安全问题上过于谨慎，令军情五处内部的高层人物备感挫败，此举本无可厚非的，结果大选结束后才过去几个月，这些高层又开始抱怨政府对他们的要求总是搪塞推诿。[19]

上任快接近一年了，艾德礼就对军情五处建立个人档案一事表达了强烈的担忧，要求他们将档案中不符合该机构“保卫国家”条款的文件全部删掉。艾德礼说话向来直来直去，他非常明确地表示如果这个人对英国国家安全没有构成威胁，他的名字就不能出现在军情五处的索引卡上。1946 年初夏艾德礼一直想着这件事。几周之后，他在办公室里召见军情五处主管，核实所有档案是否的确已将任何无关的材料清除掉。尽管军情五处主管再三保证一切无关材料都已清理掉，但艾德礼依然忧心忡忡。丘吉尔的话太过尖锐，显然刺痛了他，艾德礼首相“依然害怕反对派会指控他领导下的政府是盖世太保”。[20]

大家都希望才华横溢的盖伊·利德尔能成为下一届军情五处主管候选人，然而，1946 年春天当戴维·皮特里从主管位子上退下来时，艾德礼却任命了一位外部候选人，此举引来不小的争议。皮特里的接班人不是别人，正是珀西·西利托。他曾在警界工作多年，立下赫赫功勋。他原本希望在伊斯特本经营一家糖果店，过上平静的退休生活，但显然没想到自己这么快就投身于国际间谍活动的暗黑世界中，但珀西·西利托只能牺牲小我，成就国家了。西利托上任后，唐宁街与军情五处的关系迅速得到改善。[21]

艾德礼和西利托的关系十分融洽——这可能出乎我们的意料。大家都知道艾德礼外号“小蛤蜊”，是个少言寡语的人。他不喜欢闲聊、爱脸红，见到客人常流露出害羞的神情，连国王私下里都称他是“蛤蜊”。[22] 西利托是一个身材魁梧、不苟言笑的警察，他曾在谢菲尔德竭力镇压流氓，在格拉斯哥的穷街陋巷里制伏打架斗殴者。

尽管比新上司高大挺拔，但西利托也稍有些腼腆，这显然是因为他没有受过高等教育所致。因此，人们想：要是这两个人见面该多尴尬啊。[23] 但他们确实见面了——而且是“艾德礼本人特别指示的”。[24] 事实上，艾德礼与西利托见面的次数比此前或此后任何一位首相与军情五处局长见面的次数都多——或许戴维·卡梅伦是个例外。[25] “西利托对警察治国的危险性和限制警察职权的重要性等问题有着独到的见解”，他对唐宁街的鼓励多过对军情五处的鼓励，这在军情五处局长里是少有的。[26]

这就很好理解了，为什么人们对时任军情五处副局长盖伊·利德尔没什么印象了。尽管西利托上任都好几个星期了，利德尔在他留下的宝贵日记中还是经常拼错他的名字，或许是有意为之，把 Sillitoe 写成 Shillito。[27] 这些日记非常机密，被利德尔锁在保险柜里，并取了一个“壁花”的代号。曾几何时，利德尔也是个心思细腻的人，“一位伟大的模仿者、舞者和爱尔兰吉格舞教师”，只是因为妻子在二战中离他而去才变得越发落魄。渐渐地，利德尔发现只有拉大提琴能带给他慰藉，此外，他不是埋头工作就是与男性朋友在娱乐场所消磨时光。[28] 鉴于形形色色的卖国贼、苏联间谍，包括嗜酒如命的盖伊·伯吉斯常混迹于此，因此利德尔的声誉多少有些受损。[29]

西利托让手下准备好他与艾德礼首相初次见面时要用的文件，结果拿错了，西利托为此暴跳如雷，觉得这是有人故意要让自己难堪。军情五处内部其他工作人员还有意跟他讲拉丁语，嘲笑他才疏学浅。从军情五处退休后，西利托在戴比尔斯钻石矿业公司任职，负责调查钻石走私黑幕。在戴比尔斯的伦敦总部，西利托不厌其烦地向伊恩·弗莱明讲述自己的探险经历，后来他的事迹成了伊恩·弗莱明创作詹姆斯·邦德系列小说之《生死时刻》的素材。[30]

艾德礼独揽军情五处大权，他既没有把责任放在国防部长肩上，也没有按照惯例推给内政大臣。这正合军情五处的心意，如此一来那些爱管闲事的大臣们就不再方便插手军情五处的日常事务，而且一旦有什么事军情五处还可以“非常方便地”直接“请首相大人为自己做主”。[31] 艾德礼任期届满时，诺曼·布鲁克开始崭露头角，军情五处的特权地位受到挑战。诺曼·布鲁克身材高大，言行谨慎，从容不迫，历届首相在情报问题上都少不了听听他的意见。[32] 艾德礼甚至一度考虑将三大情报部门和安全局合并，由自己直接指挥，他知道“这些情报机构之间的摩擦和矛盾由来已久，都想一方独大”，而且“不满意我们独掌经费”[33]，不过，最终艾德礼还是决定把这个问题按下不表。

首相与国内情报机关负责人之间的关系是否密切很快成了头等大事。“冷战”初期世界局势的特点是一方面苏联加强对东欧各国的政治控制，一方面西方各国担心共产主义对其实施颠覆活动。1945年9月，苏联一个名不见经传的译码员伊格尔·古琴科叛逃，白厅担心是苏联与国内共产主义分子联手搞破坏。叛逃前，古琴科本在渥太华的苏联驻加拿大使馆工作，负责破译军事情报。他的叛逃使得一群加拿大特工的身份遭到暴露，同时披露了苏联为窃取核机密在“曼哈顿计划”里安插特工的事实。“曼哈顿计划”是第二次世界大战期间美国为研发世界上第一颗原子弹而制订的一项绝密计划。古琴科的叛逃不但使得英国意识到苏联对其渗透所带来的危害，而且使其意识到苏联利用英国当地共产党招募特工的危害。古琴科叛逃触发了一连串事件：作为英国第一批原子弹科学家之一，艾伦·纳恩·梅的间谍身份不仅遭到曝光，人也被警方抓获；英国核计划参与者、科学家克劳斯·福克斯因向苏联出卖英国核机密被捕；英国开始引入一种全新但备受争议的政府审查程序。[34]

艾德礼之所以会采取行动，情报的功劳不小。[35] 军情五处和军情六处披露敌方针对英国的地下威胁活动日益猖獗，基于此，1947年春天艾德礼成立了“反颠覆活动委员会”，随后亲自组织英国与各英联邦国家开展反间谍合作。[36] 虽然起初由国防大臣亚历山大担任反颠覆活动委员会主席，但随着安保问题的重要性日益凸显，艾德礼决定亲自出马。颠覆活动实在太危险了，不能放手给唐宁街以外的部门掌管。在讨论是否有必要对能够接触机密信息的个人进行审查时，首相的安全顾问们立场十分强硬，他们认为要想区分英国共产党中哪些会效命于苏联、哪些不会，是不可能的，因此，必须加强安全部署。对此，艾德礼一直闪烁其词，几个月之后，他最终同意禁止共产党员在这些关键职位上任职。有了大家的支持，艾德礼下令：“在这件事情上，我们容不得任何闪失”，[37] 因此1948年3月艾德礼政府向下议院宣布在“先订立后审议”的原则上发动一场针对公职人员的肃清运动，所谓“先订立后审议”指的是简单地核查共产党派和法西斯党派的现有记录。[38] 当军情五处发现一名潜伏在陆军部的秘密法西斯分子时，所有人都如释重负。[39]

但反常的是，艾德礼领导的肃清运动令军情五处坐立不安，虽然他们本能地想来一场大清洗，但高级情报人员担心，如果某个目标人士因为与共产党或者法西斯分子有联系而被清洗出去，军情五处宝贵的情报源将受到致命的打击。由于担心首相没有充分考虑这个问题，军情五处觉得有必要让内政大臣爱德华·布里奇斯把这个道理向首相“讲明白”。[40] 艾德礼的肃清运动对军情五处与白厅其他部门的关系产生影响，说明另有隐情——其他部门不喜欢被他们眼中毫无权威可言的“一群霸道专横之人”摆布，大家纷纷指责军情五处“无节制地滥用”权力。利德尔大呼冤枉，艾德礼不为所动，他说：“恐怕你很难让大家摆脱军情五处凌驾于其他权力之上、目中无人的狂妄刻板印象。”利德尔悻悻而去，觉得艾德礼“还是老样子，不善言辞，寡言少语，但让人觉得舒服”。[41]

丘吉尔指责艾德礼政府是盖世太保，这让艾德礼一直心神不宁，也导致他在审查问题上举棋不定。由于担心审查一事会做得太过火，一天傍晚艾德礼从唐宁街出发，动身前往军情五处总部，准备去那儿小酌一杯。酒过三巡，他一反常态地“侃侃而谈”“对在场的特工提出连珠炮似的问题，一个接一个地讲故事”。[42]“冷战”的脚步越来越快，裹挟着艾德礼一刻不停地往前走，1949 年 7 月，他公开发表演讲，抨击指责他实行大肃清的共产党“虚伪得令人作呕”，颇有点无所畏惧的气势。[43]

是什么使得艾德礼的立场变得如此强硬了呢？ 1949 年，他动用武装部队及应急部队对伦敦码头工人大罢工施行无情镇压。按照他的说法，这次罢工是由英国共产党秘密策划的，其目的不仅是为了破坏本就不堪一击的战后经济复苏形势，还妄图推翻社会民主。军情五处的报告让他越发相信英国共产党是克里姆林宫的走狗，蓄意加剧“冷战”紧张局势。伦敦码头工人罢工是在全球资本主义阵营和社会主义阵营竞争对抗的大背景下进行的。前一年，布拉格共产党在莫斯科的支持下突然发动政变，控制捷克斯洛伐克政权，这一举动凸显了斯大林主义的狼子野心，也让世人看到了斯大林主义的危险。说回英国国内局势，此时艾德礼正满腹狐疑：伦敦码头工人大罢工的同时英联邦其他国家也在举行罢工，莫非这是国际共产主义所策划的阴谋的一部分，目的是推翻英国政府？ 1949 年 7 月 11 日，艾德礼宣布全国进入紧急状态，7 月底派出 12792 支部队严正以待，这无异于是在向英国共产党下宣战书。[44]

“现在不同于和平时期。”艾德礼说道。他同意联合情报委员会的看法：苏联的外交政策旨在建立共产主义的霸主地位，它要把莫斯科的星星之火，烧到全球，而且苏联领导人寻求“通过地下战争的方法来实现这个目标”。艾德礼援引军情五处的资料称“苏联人惯用的伎俩就是将共产主义的同情者渗透到各个国有或非国有行业的关键岗位，并以此影响它们的政策”。为此，艾德礼在伦敦召开了一年一度的英联邦安全部门高级代表大会，“研究如何防范苏联巧妙而无处不在的渗透策略”。[45]

更有甚者，艾德礼支持暗中监视议会议员。他指示西利托上报“已确认为颠覆组织成员”的议员名单，此事只有他们两人知道。另外，他比后来的首相有过之而无不及的是“内阁大臣的家属中若发现任何图谋颠覆的迹象也要随时向他报告”。[46]这简直是自找苦吃：假如国会议员清清白白，但其配偶是一名共产党员，被怀疑和像罗马尼亚的特务组织之类的机构有联系的话，那该怎么办？艾德礼仗着自己与西利托的关系，再一次把反颠覆活动小题大做了。英国每一次大选之后“军情五处务必告知即将上任的首相，是否有证据表明被提名的内阁大臣会对英国国家安全构成威胁”，这个做法也是艾德礼开创的，他的这一举措为历代首相效仿。[47]

这些敏感问题往往留待艾德礼和西利托两人在私下讨论，然而也偶有西利托不在，轮到利德尔与他讨论的情况。有一次，利德尔进入内阁会议厅，看见已经 63 岁的艾德礼蜷缩在椅子里，倦态百出，他问首相打算怎么处理那些与颠覆活动有密切联系的议员时，空气瞬间凝固，场面有些尴尬，艾德礼只是生硬地说了一句：无论什么时候，无论该议员属于哪个党派，有情况只向他一人汇报。接着又是一阵令人尴尬的沉默，首相竭力避开利德尔的眼神。随后话锋转向了英苏之间爆发战争之前英国共产党会开展哪些活动上，这一次艾德礼还是没有多大反应，按利德尔的话说：他“是一个难以沟通的人”。之后又是一阵令人痛苦的沉默，利德尔只好起身离开，艾德礼“却有些不明就里地从椅子里起身”。[48]

朝鲜战争的爆发加剧了英国政府的焦虑，白厅越来越担心共产党会潜入军队内部、教育系统、工业组织和科学界，[49]因此，议会上艾德礼的前座议员常被问责：“政府到底采取了哪些措施确保信仰共产主义的教师不在地方教育当局就职”。[50]1951 年年初艾德礼政府任期即将结束，他同意吸纳高级官员，成立一个全新的绝密机构（最近该机构才被外界所知），它的使命是“集中所有有关英国共产主义活动的现有情报，以此为基础向内阁大臣提出应对策略”。该机构的成立表明英国政府更加主动地迎战共产党，同时该机构还承担“协调经内阁大臣批准的国内反共活动”的职责。[51]它更广为人知的名称是“官方反共产主义委员会（国内）”，直到 20 世纪 60 年代，它一直独揽大旗，是致力于打击国内颠覆活动的排头兵，而且成为艾德礼在情报与安全领域留下的另一重要政治遗产。[52]

艾德礼在军情五处的密切配合下，成立了“冷战”时期反颠覆活动的国家机器。情报部门、安全部门与民主自由三者之间的矛盾一触即发，令艾德礼痛苦不堪，他不得不承认这“是一个政治难题”，而且“人们对民主自由观念的诉求往往能使英国免遭敌方渗透”。[53]可能艾德礼仍然害怕被他人指责为盖世太保，所以他刻意强调“我们认为有必要制定有效的预防措施，防范共产主义分子的渗透，但与此同时，应极尽一切可能，维护民主自由”。[54]后来，他更是公开写道：军情五处主管“要充分尊重自由国家人民的权力”。[55]同时，他断然拒绝了保守党后座议员沃尔德伦 · 史密瑟斯在下议院建立特别委员会专事“英国以外地区活动”的再三请求，这个委员会与美国蓄势待发的麦卡锡反共运动有异曲同工之处。[56]

艾德礼对国内安全和反间谍活动给予足够重视是没有错的。除了第二次世界大战期间的核间谍，斯大林在英国政权核心内还安插了其他眼线，他们就是众所周知、臭名昭著的“剑桥五杰”：唐纳德·麦克林、盖伊·伯吉斯、金·菲尔比、安东尼·布朗特和“第五杰”，许多人认为这个“第五杰”是二战时在布莱切利园任职的约翰·克恩克罗斯。20 世纪 30 年代，他们被苏联征召加入秘密组织，当时他们还是剑桥大学的学生，此后摇身一变，成为情报界和外交圈中颇具影响的人物，在整个二战期间及后来的“冷战”时期向苏联输送情报。1951 年叛逃之前，麦克林和伯吉斯分别供职于英国外交部和军情六处。菲尔比是“剑桥五杰”中的“第三杰”，在军情六处算得上是个胸怀鸿鹄之志的有为人士，1963 年叛逃以前曾一度担任反苏部门负责人。1979 年布朗特的身份暴露，成为被曝光的“第四杰”，二战期间他曾任军情五处探员，与菲尔比一起协助麦克林和伯吉斯逃跑。

他们也被人称为“斯大林手下的英国人”，这些人之所以成功地隐瞒了自己亲共的过去是因为他们出身良好。这种障眼法在英国管用，但在美国却行不通。约翰·埃德加·胡佛就对他们的一些怪诞举动感到不解，打个比方说英国驻华盛顿使馆主管编码室的唐纳德·麦克林“在伦敦闯入两名美国女孩所住的公寓”，被送到伦敦精神病院接受医生治疗这事儿，胡佛思来想去总觉得哪里不对劲，他把盖伊·伯吉斯的一举一动一一捋顺，果然有所发现，他对杜鲁门总统的一位心腹顾问说：伯吉斯在华盛顿期间，曾与“军情六处的代表”金·菲尔比合住，而且菲尔比的第一任妻子爱丽丝“以前是个共产党员”。杜鲁门得到的关于英国地下党的消息比艾德礼的还可靠，[57] 正是来自美国的压力最终说服艾德礼采用一种更加积极的、更具侵入式的“正面审查”制度，这种审查不单单是逐一核对现存文件里的名字，经查对无误后在名字上做记号而已。[58]

1951 年听到伯吉斯和麦克林叛逃的消息，艾德礼目瞪口呆，他要求彻底调查清楚为何这两人过着觥筹交错、声色犬马的生活，却没有被外交部开除。艾德礼料到，他一定会“遭到社会舆论指责”，所以决定保持一如既往的低调。外交部回应称：麦克林没酗酒之前，精神正常，表现一直不错，他之所以被调到华盛顿任职是因为在所有的政府部门中，那儿的“工作压力最小”；反倒是伯吉斯“不负责任、举止草率，对秘密组织的事情口无遮拦”。至于外交部为何没有尽早将这些不适合担任本职工作的人开除，艾德礼从未得到一个合理的解释[59]，但他越来越担心外交部人员的“道德品质”会对国家安全造成不良影响。[60]

审查制度的出台与克劳斯·福斯间谍案息息相关，该案对英国国内治安和跨大西洋关系都产生了巨大影响。更重要的是，军情五处并没有把福斯案的全部实情上报给艾德礼，他们没有告诉首相情报有失误。所以，之后首相在议会和公众面前为军情五处辩解时说的话都是巧立名目而已。

克劳斯·福斯是一位杰出的理论物理学家，性格平和、内向，戴着一副圆框眼镜，他似乎有一种神奇的魔力，能唤起异性的同情，同时他还是一个坚定的共产党员，是战后最重要的核间谍人员。福斯生于德国，战争爆发前逃离纳粹德国，之后一直在英国接受高等教育。1942 年加入英国国籍并签署《官方保密法》之后，福斯参与到美国“曼哈顿计划”中，从事原子弹的研发工作。他是为数不多的对整个项目有全面了解的科学家之一，包括主要部件引爆装置的触发设计这一令人困惑的问题，他都弄得一清二楚。战后，他重返英国，在哈威尔原子能研究所工作，但英国政府不知道的是，福斯一直在向苏联传递秘密情报。在美国时，他常开着自己的二手蓝色别克车到处兜风，副驾驶座上堆着一堆文件，其中就藏着严格保密的、关于有史以来最具毁灭性武器的文件。尽管如此，他从没被逮住过。在英国时，他利用事先安排好的暗号在酒吧与自己的苏联接头人会面，他对其中一个人说：“我认为英国有史以来最优秀的重量级拳手是布鲁斯·伍德科克。”听到这话，接头人回答：“当然不是，汤米·法尔才是最厉害的拳手。”1949 年底福斯遭到军情五处一通“乌七八糟”的调查，最终他在 1950 年年初承认了自己的罪行。[61]

据西利托说，自 1949 年 8 月福斯的身份就遭到怀疑，因为维诺那计划破译了克格勃的部分密电。维诺那是美国和英国情报机构合作进行的一项秘密情报收集和分析任务，目的是截获和破译克格勃所发出的消息，因为苏联人重复使用一次性密码本，导致部分密码失效，才使得破译一部分信息变得可能。9 月，军情五处反间谍活动负责人 J.C. 罗伯逊和军情五处与政府通信总部之间的联络官阿瑟·马丁开始跟哈威尔的安全官员合作，联手调查福斯的背景。军情五处的审讯员吉姆·斯卡登负责提审福斯，与此同时军情五处窃听电话，并派跟踪小组实施跟踪。[62] 和之前碰到的情况一样，这一次从维诺那计划收集来的窃听材料同样因为内容过于敏感，不能公开作为呈堂证据。美国联邦调查局威胁要采取行动，迫于压力，军情五处着手自行收集物证，最好是能从苏联方面的接头人下手。

珀西·西利托的挫败感越来越强，他自己也承认“调查未果”。眼下无计可施，“维诺那计划”收集来的情报又不能用，西利托甚至不得不求助于供给部高级官员，请他们“一旦发现时机成熟，立马悄悄安排福斯（原文如此）离开哈威尔”。[63] 但是福斯是英国核武器研制团队的主力，这样做的话势必会让他同事和朋友起疑心。

当得知福斯多年前就被苏联收买，替他们从事间谍工作时，西利托怒不可遏。他不得不和迪克怀特（1953 年至 1956 年任军情五处主管，后转任军情六处主管）一起前往唐宁街，把这一坏消息告诉首相，路程不长，但一路上西利托如坐针毡，忐忑不安。怀特坚持说他们已经彻底调查过了——他们曾对福斯展开过四次独立调查，但均未找到任何能表明他有罪的证据——但艾德礼对此无动于衷，他想“如果军情五处的四次独立调查都一无所获，那么问题一定是出在调查上，而不是证据上”。[64]

1950 年年初，西利托简单地向艾德礼汇报了情况。军情五处说这次汇报“几乎涵盖了全部的事实”，但这样说显然是在为自己的行为辩白。一个月后，当西利托再次见到首相时，他发现首相“严阵以待”，时刻准备为“军情五处辩护”。为了帮首相辩护，西利托留在首相府帮艾德礼把论点细细地列出来才放心地走开，他觉得现在有艾德礼为他撑腰：首相不但“不打算批准相关人员继续调查安全局的活动”，而且表示“对安全局开展的工作表示十分满意”。[65] 西利托猜得没错。三天后，艾德礼在下议院议员面前，坚决地为军情五处辩护，自信地向全国公开宣称“我认为任何事情都不能玷污安全局的名誉”。[66] 这是首相第一次在国会如此详细地讨论情报和安全问题。

但他们都忽视了一个潜在的麻烦。西利托后来承认，他没有把真相原原本本地汇报给首相。军情五处的简报中有一部分是由罗杰·霍利斯撰写的，他是军情五处的苏联间谍专家，曾多次为福斯洗刷罪名。[67] 简报中有些战略失误和理解不到位的地方，影响了艾德礼在国会上的演讲。简报中自然会写军情五处主动对福斯展开了大量调查，时刻保持警惕，但均未找到任何定罪的证据，但其实，它故意把一些重要的时间节点弄错，因为军情五处试图把责任转嫁给其他政府部门，比如飞机制造部和供给部。[68] 军情五处一再向首相强调“安全局的职责仅限于提供意见”，意图借此否认自己在调查中的主导作用。[69] 因此，简报给出的调查意见是：福斯对英国安全构成的威胁“微乎其微”。[70]

军情五处的简报为艾德礼提供了另一条信息：1940年福斯关押在加拿大时已经与一位德国人“交往密切”。然而，值得注意的是，简报并没有透露这位德国友人的身份。他就是汉斯·卡勒——“一个臭名昭著的共产主义者，艾德礼可能早就听说过这个人”。[71]但就是这么重要的一条线索，罗杰·霍利斯之前却疏忽了。[72]他居然“忽略”了两人之间的联系，这点着实让人觉得奇怪，要知道这两个人一个是英国战后最具破坏性的间谍之一，一个是该时期最活跃的共产主义分子之一，所以这也成为后来英国政府一直怀疑霍利斯不忠的一大原因，不仅如此，更有人火上浇油，断言霍利斯曾是苏联间谍。另外，艾德礼还从简报中得知直到1949年都没能确认福斯德国共产党员的身份。与之前那件事一样，这并非全部事实——简报中并没有告诉艾德礼军情五处“自1946年开始便有机会读取盖世太保的记录，但却从不主动查阅”。[73]

西利托和他手下将矛头对准了除军情五处之外的所有人。他们一会指责警界办事不力，一会声称议会民主制令其在工作中束手束脚，一会抱怨战时雇用的外国间谍留下安全隐患。这些说辞似乎对首相影响不小，艾德礼在下议院演讲中甚至援引了军情五处关于议会民主的言论。他直接把军情五处提出的建议概括了一下，对议员们说：“虽然我们没有办法找到这个人，但军情五处能做到这样，我已经很满意了，毕竟我们没有极权国家那样的秘密警察，也不能效仿他们的办法，因为如果我们真这么做的话，可能会因妨碍民主而遭到每一位英国公民的责难。”[74]

除此之外，军情五处还敦促唐宁街做好媒体的公关工作，西利托向艾德礼抱怨说：“安全局在福斯案上遭到许多人的盲目指责。”他觉得，在这种情况下，首相“最好能在下议院发表一些声明，以正视听”，甚至到时候首相该说些什么军情五处都替他想好了。[75]

可以说，军情五处在公关方面做得比在国家安全方面要好得多。军情五处私底下还成功地说服制片商放弃拍摄以福斯案为题材的纪录片。[76] 听西托利这么一说，艾德礼还真替军情五处说起好话来，他说："媒体存在大量暗示安全部门办事不力的不实言论。我完全反对那些不实之说。"他对军情五处的工作赞许有加，说他们"只要有任何线索，便会及时采取有效行动"。[77]

1949 年年底当福斯案曝光时，艾德礼就知道，对英国人来说糟糕的还在后头。[78]1949 年 8 月，正是英美两国在核武器方面进行情报合作的决定性时刻，当时苏联试爆了它的第一颗原子弹，核武器也因此成为战后间谍活动最为敏感的地带。在苏联的核弹试验曝光之前，美国和英国已经互换了大量有关苏联核计划的情报。更重要的是，在发现苏联核试验之前的调查取证过程中，美国和英国官员不仅在收集放射性样本方面进行了合作，而且在分析样本方面也进行了合作。因此，1949 年 9 月底，关于在各自核武器生产领域恢复全面原子能技术交流的谈判正式拉开帷幕。讨论进行得十分顺利，美国国务卿迪安 · 艾奇逊对英国大使说，"是时候提请国会做出必要的改变了"。此外，内阁也被告知有望恢复英美两国的全面合作关系。可就在这个节骨眼上，福斯案爆发了。一位美国外交官回忆说："我们当时正准备与英国签署一份新的合作协议，结果偏偏出了这档子麻烦事，合作也就不了了之了。"这起事件摧毁了英国企图恢复战时核伙伴关系的希望，不管艾德礼在议会面前如何演戏都于事无补。[79]

在福斯案中，受骗的不止艾德礼，还有西利托。虽然当时艾德礼公开替军情五处辩护时被隐瞒了事实真相，但其实珀西 · 西利托也不知情。事实上，1947 年英国军情五处重新调查福斯案时，西利托就因为自己有好多事被蒙在鼓里而大发雷霆。当得知自己没能把全部情况告诉首相时，他更加生气了。于是，把他手下的几位高级官员召集过来，狠狠地批评了一顿。最让他生气的是手下在他向艾德礼汇报之前，居然没有把所有的文件拿给他过目。盖伊・利德尔认为，要是老大西利托掌握了全部的情况，“一定会非常担心首相的反应”。如果艾德礼继续查下去的话，西利托觉得“自己很可能丢掉饭碗，军情五处也会被彻底解散”。于是，他只好压制住怒火，私下批评军情五处在调查中的表现，觉得他们应该做得更好。他要求手下向他保证，下次再见到首相时“他汇报的任何内容都是准确无误的，没有歧义的”。但军情五处的官员们似乎是因为害怕被上级审查、指责，所以他们向主管隐瞒了全部真相。[80]

虽然战争结束后英美原子能合作逐渐减少，但克劳斯・福斯在推进英国核弹项目的发展中功不可没，他简直是个天才。美国国防科学家、被誉为“氢弹之父”的爱德华・泰勒非常看中福斯的才华，1946 年 4 月，日本广岛长崎原子弹爆炸事件过去还不到一年，泰勒就邀请他参加某次绝密的学术会议，共同探讨制造某种“超级武器”的可能性，所谓的“超级武器”其实就是指氢弹。福斯和一位美国科学家约翰・冯・诺依曼花了不到六个星期的时间就构思出了一种新型的内爆装置来引燃氢弹——引燃是最棘手的技术难题之一。1950 年初福斯接受审讯时笑称苏联很可能已经在研究氢弹了，因为他已经把所有的情报都泄露给了苏联。可想而知，军情五处当初呈交给艾德礼的简报中遗漏了这一信息。[81]

1950 年年底，艾德礼又被人摆了一道。还是熟悉的套路：还是核物理学家，还是“冷战”引发的叛逃，让人不由得替他难过。只不过，这起事件的主人公名叫布鲁诺・庞蒂科夫。布鲁诺・庞蒂科夫是一位意大利籍科学家，在哈威尔原子能研究所工作。庞蒂科夫与家人从芬兰度假回来的途中莫名失踪，可能是菲尔比向莫斯科发密报透露消息说抓捕另一名核间谍的收网行动开始了。[82]虽然艾德礼担忧日盛，但他不得不再听一次军情五处语焉不详的报告。这一次向首相汇报的大任落到了西利托的副手利德尔的肩膀上。利德尔可不像新闻媒体的报道一样唯恐天下不乱，他要给首相吃颗定心丸，告诉他实际上庞蒂科夫接触到的保密工作并不多。他这样做不过是在附和白厅原子能部主管迈克尔·佩林的观点罢了，其实不管是佩林还是军情五处都清楚这并非事实，早些年军情五处就曾因为庞蒂科夫频繁接触机密资料提议将其免职。[83] 西利托试图让艾德礼相信对庞蒂科夫展开侦查行动是不可能的，因为军情五处“没有磁铁可以探测到体内的针头”。艾德礼似信非信。[84]

1951 年 6 月，美国国会发布了一份报告，将“核计划外泄的全部责任都推到英国安全部门头上”，令英国哈威尔原子能研究所和奥尔德马斯顿原子武器研究中心里那些顶尖的核科学家人人自危。美国政界对英国涉及此次间谍事件表示惋惜，在已知的三名核间谍中，两名已确认为英国人，另一名身份虽未经确认，但极有可能也是英国人。这个人就是纽约的朱利叶斯·罗森伯格，他与妻子埃塞尔·罗森伯格被判电椅死刑。军情五处倒希望美国人能“揭自家的短”，但又不得不承认美国的间谍活动似乎并没有那么猖獗，“他们很可能有一些真正一流的核间谍，但我们手头没有任何证据”。[85]

克莱门特·艾德礼同时还支持军情六处在海外开展秘密行动。传统的观点认为艾德礼是不愿意开展冷战的“冷战勇士”，上台的头 2 年，他的同僚极力劝说他要遏制战时盟友约瑟夫·斯大林一心统治世界的野心[86]，其实，艾德礼不赞同军方鹰派的主张，他更倾向于相信情报评估的结果，认为 1955 年之前苏联不可能冒险发起世界大战。[87] 因此，开展海外秘密行动时，他是出了名的小心——时刻牵制军情六处。他希望了解军情六处最新的动向，每周令军情六处负责人斯图尔特·孟席斯爵士汇报一次工作，即使亲密如西利托也无法做到这样。

战后还有人时不时地称呼军情六处为白厅“海盗”。但不论从何种意义上说，艾德礼都不是海盗式的人物。用军情六处前副主管乔治·杨的话来说艾德礼是“一个没有谜语的狮身人面像”。[88]“小蛤蜊”远非表面看上去那么简单。在英国面临巨大压力的时候，他并不反对利用军情六处在海外秘密推行英国的对外政策。他批准军情六处于1946年到1947年间从英控德属地区绑架德国科学家、技术人员和商人。其目的要么是窃取商业信息，要么是强迫他们在英国工作，以促进英国工业的发展。赫伯特·莫里森向首相报告说："在这个初步阶段，最重要的是开始塑造德国经济，使之最有利于我们自己的经济计划，同时尽量不要使其发展成为英国的竞争对手”[89]

1947年，苏联报纸刊登了一幅怪诞的漫画，漫画中塑造了一个多头怪——它身体的一部分是欧内斯特·贝文，艾德礼最器重的工党外交大臣；一部分是丘吉尔。这幅漫画出自莫斯科“共产党和工人党情报局”之手，这是一个新成立的宣传部门，属于激进派。艾德礼迅速做出反应，和贝文一道劝说内阁批准成立一个秘密宣传机构——“外交部情报研究处”，与军情六处联手对这类攻击发起反攻。东欧剧变，尤其是1948布拉格政变和1948年6月至1949年5月爆发的第一次柏林危机（又称“柏林封锁”），使艾德礼的态度变得更加强硬，他越来越觉得苏联是一个巨大的威胁，有必要大力推行冷战。[90]他逐渐愿意放手让军情六处以自己的方式与共产党在颠覆活动和政治战争中展开较量。然而，不久外交部情报研究处就成为“冷战”后常用的秘密工具，借助舆论宣传，攻击任何对英国不利的东西，用它自己的话说就是“反反英”部门。[91]

在殖民地国家，艾德礼最乐于施加棍棒政策。战争结束之后，巴勒斯坦随之成为首相及其阁僚最为头疼的地区之一。1946年10

月，犹太复国主义组织伊尔贡轰炸了英国驻罗马大使馆，导致使馆一半的建筑被损毁。6 个月后，该组织又在伦敦的殖民部安放了一枚炸弹，但没有引爆成功。此外，艾德礼本人也曾收到犹太复国主义极端分子的死亡威胁。因此，艾德礼授意如果塞浦路斯移民营里的犹太移民试图逃跑，警察有权开枪射击[92]，因为越来越多的非法移民从欧洲南部大量涌入英属托管地，助长了叛乱的气焰。现在艾德礼要的是快刀斩乱麻，他授权对新兴国家以色列发动秘密战争，艾德礼高瞻远瞩，坚持认为“我们的当务之急是采取一切可能的措施在源头阻止非法移民的涌入”。当他意识到任何“一般抗议”都是徒劳之后，坚持让官员们拿出“实际举措”遏制移民事态蔓延。[93]

为了贯彻艾德礼的指示，高层官员们首先考虑进行黑色宣传，宣传的方法有：在难民营秘密散发传单、散布谣言，“甚至是设立秘密电台”。他们计划把巴勒斯坦描绘成人间地狱，把穿越地中海的航程说得危险重重，目的是让有偷渡想法的移民在起航前三思而后行。很快，这一计划因过于复杂、见效太慢而被弃用，艾德礼想要的是立竿见影的效果。[94]然而，此时一项更为严密且争议颇大的行动已拉开序幕。1947 年年初，军情六处内部成立了一支绝密行动小组，采用矢口否认，嫁祸他人的方法，减缓非法移民涌入英国的速度，也许受特别行动处情报活动的影响，这些秘密行动中包括蓄意破坏等手段。参与战时特别行动的退伍军人被悄悄从贝尔格拉维亚区的某个俱乐部带走，然后被派往地中海发动“困窘行动”。[95]

起初，他们在“游艇之旅”的掩护下，带着小型水雷和定时装置前往法国和意大利的港口。戴维・斯迈利也加入了他们的行列，他原本是特别行动处的一名官员，战争结束时，由于公文包爆炸而被烧伤，如今刚刚痊愈。很快，绝密行动小组乘坐载有鱼雷的摩托艇对整个地中海水域发动袭击。[96]从 1947 年夏天至 1948 年年初，他们袭击了5艘停靠在意大利港的船只，其中，3艘受损严重。另外两艘船上也发现了英国制造的水雷，但意大利安全部门以为这些水雷是阿拉伯人从英国商店偷来安装在这些船上的。军情六处甚至考虑炸毁“沃菲尔德总统号”蒸汽船，这艘船满载从纳粹集中营幸存下来的犹太人，它正准备从美国巴尔的摩出发，驶向法国执行偷运难民任务——“沃菲尔德总统号”后来更名为“出埃及号”，它是推动以色列国家诞生的命运之船。此次行动最关键的一点是：死不认罪。一旦被抓获，行动人员奉命“任何情况下都不许承认袭击行动与英国政府有关”，而要说他们是在纽约被跨国企业家征召来的。为了圆这个谎，配合袭击行动展开的还有黑色宣传和欺骗措施。总的来说，人们认为这次行动是成功的。[97]

艾德礼还支持发动“宝贵行动”，这是一项注定失败的计划，其目的是渗透阿尔巴尼亚，煽动叛乱，最终使阿尔巴尼亚从苏联的势力范围中脱离出来。[98] 尽管这个臭名昭著的计划以失败告终，但“宝贵行动”却预示着战后英国在运用秘密行动方面取得的重大进步。煽动苏联集团中的社会主义国家退出社会主义阵营无异于虎口拔牙，但英国选择从阿尔巴尼亚入手，原因有两个：其一，希腊边境内战正酣。这很重要，因为阿尔巴尼亚解放行动将阻止希腊共产党从北部寻找避风港和获取物资供应。其二，铁托元帅领导的南斯拉夫与莫斯科关系破裂。南斯拉夫与莫斯科的关系在1948年6月开始破裂，这使得恩维尔·霍查领导的阿尔巴尼亚在地理位置上与苏联集团的其他成员国隔绝开来，这样一来，阿尔巴尼亚被红军反攻的危险性就非常小，因为苏联人再也不能从陆路进攻阿尔巴尼亚。再加上阿尔巴尼亚自身的脆弱不堪，英国白厅内的鹰派似乎嗅到了血腥味。

1948年，勤奋好学的新任外交部常务副部长威廉·斯特朗向贝文提议采取秘密行动。外交大臣要求转告唐宁街首相办公室，由首相大人亲自定夺——尽管大家都知道艾德礼政府实行何种外交政策由贝文一人说了算，但贝文很在乎唐宁街对自己的支持。[99] 到 1949 年春天，艾德礼和贝文批准在阿尔巴尼亚南部建立一个情报系统，以测试是否可采取行动。如果事实证明这是可行的，他们愿意秘密地派人以游击战教官身份潜入敌人内部，对反共组织进行训练。然而，在第一阶段取得成功之前，他们一直没有做出任何真正想要解放阿尔巴尼亚的决定。

第一阶段算不上是一场真正的灾难。[100] 起初，艾德礼主要采取行贿手段，他要求手下"揣摩阿尔巴尼亚人的性格"，心想："能不能收买他们？"[101] 威廉·斯特朗回答说，很可惜，不能。政权的主要成员"很可能视死如归地"致力于共产主义事业，只有当他们认为自己将被自己的政党清洗时，才愿意公开叛变。此外，除非依靠外部支持的公开抵抗爆发并取得一些成功，否则意志不那么坚定的党员也不太可能动摇。

或许最关键的是军情六处手中没有掌握必要的情报，无法确定要对谁行贿或者跟谁接触。[102] 斯特朗请艾德礼放心，他认为将来行贿这条路也许能行得通。如果阿尔巴尼亚南部的情报站能按计划建立，那么获取信息就不再是个问题，"有了这些信息，行贿能不能成功我们心里就有数了——我们当然不能忘记这个秘密手段，它能以备不时之需"。[103] 与此同时，艾德礼和贝文却有更大的野心，他们希望自己扶植的傀儡政权接管整个阿尔巴尼亚地区。就在行动发起的前一天，贝文与迪安·艾奇逊讨论行动细节时，他还想着"什么样的政府能取代霍查领导阿尔巴尼亚呢"？他觉得美国中情局支持的"自由阿尔巴尼亚全国委员会"不具备这个能力，目前真正需要的是"一个听他们摆布的人"。他问道："有没有可以扶植的国王？"艾奇逊没有正面回答，而是说当前的形势“过于动荡”，很难做出合理的判断。[104]

尽管阿尔巴尼亚行动最终失败，但艾德礼现在已经开始接受秘密行动，不那么反感了。他甚至可能比丘吉尔在这方面都走得更远，因为他计划将秘密行动有序地融入主流外交政策中。对于艾德礼而言，这将意味着成立委员会：没有什么重大问题、神秘问题是秘密行动解决不了的。1950 年 2 月，他成立了共产主义内阁委员会，其目的在于“在防范敌对势力的颠覆活动中，与克里姆林宫平分秋色”。[105] 工党重量级人物，包括莫里森、贝文、道尔顿和亚历山大等，与艾德礼首相一起召开了一次机密会议，讨论秘密反共行动事宜。[106] 艾德礼早就想这么做了，无奈贝文与二战时的艾登一样认为让外交大臣从事破坏和颠覆活动是对其职责的一种侵犯，这种行为是决不能容忍的。[107]

到了 1950 年 12 月，贝文的病情开始恶化，身体一日不如一日，几个月之后，终因病去世。艾德礼的共产主义内阁委员会如今一马当先，委员会批准了由斯图尔特·孟席斯提出的新战略——“针刺”。为削弱铁幕背后的苏联政权，委员会采取了包括颠覆德国和奥地利红军部队在内的一系列的措施，[108] 经济破坏活动也在计划之列，捷克斯洛伐克作为一个重要的工业目标是这次破坏性行动的重点。[109] 诺曼·布鲁克消息灵通，可以随时向艾德报告最近进展，他向首相保证：军情六处的计划“是投资回报最高、最富成效的”。[110]

具有讽刺意味的是，对于一个致力于去殖民化的工党政府来说，艾德礼对秘密行动热情却日益高涨，不仅如此，他对维持冷战时期英国在第三世界势力的热情也在日益高涨。1951 年年初，穆罕默德·穆萨迪克被任命为伊朗总理，国王被边缘化。穆萨迪克上台后不久就将英伊石油公司旗下的英国大型冶炼厂收为国有，伦敦方面看出他与自己不是一路人。据英国财政部判断，如果英国得不到伊朗这 1.7 亿英镑的石油收入，结果将会是灾难性的，所以英国公司希望他尽早下台，但糟糕的是穆萨迪克的崛起在一定程度上得益于中情局的赞助，因为沙特阿拉伯实际上早就由美国石油利益集团在操纵，如今它像秃鹫一样盘旋着，对英国嘴里的这块肥肉虎视眈眈。[111]1951 年夏，查尔斯·道格拉斯·杰克逊——中情局驻欧洲最大情报站负责人——抱怨说：英国依然“沉浸在殖民霸权的优越感之中”，它觉得“吓唬黑鬼”是取胜的唯一选择。[112]

政变计划由接替贝文担任外交大臣的赫伯特·莫里森发起。曾几何时，莫里森坚决反对发动资本主义战争，但他在伊朗问题上竟然极力主张地方主义。他生性好战，以雅痞发型和喜欢领结而著称，[113]莫里森最开始主张采取激进的炮舰外交解决这场危机，但被杜鲁门总统否决了。艾德礼承认：“若是从前，我必然会采取这种方式，但现代社会这种做法会招致国内外的强烈愤慨。”[114]公然的军事行动行不通，艾德礼再次走上了隐秘路线，他与一小撮资深的内阁同僚一起策划了推翻穆萨迪克统治的秘密阴谋。[115]这个阴谋最初是东方与非洲研究学院的教授安妮·兰布顿提出来的。第二次世界大战期间，兰布顿教授曾在德黑兰工作，一边从事情报工作一边从事学术研究，在两个职业之间自由切换，天衣无缝。她推荐自己在军情六处的同事“Z 博士”担任当地的行动指挥，还说他“在德黑兰人脉广，而且行事缜密”。[116]

“Z 博士”就是牛津大学的学者罗伯特·策纳博士，不过他很少待在牛津大学上班。1950 年他受雇于军情六处，参与阿尔巴尼亚行动。策纳博士戴着一副厚厚的眼镜，特别显眼，声音尖细，身上还带有不少学者特有的怪癖——把钱放在放袜子的抽屉里，因为钱对他来说“没有什么特别用途”——这点看起来一点都不像詹姆斯·邦德。1951年夏，策纳博士被派往德黑兰，直接接受莫里森的领导。他与国王的私人秘书兼调停人欧内斯特·佩龙关系密切，于是他们在当地集市收买人心，出手相当阔绰。[117]

策纳博士第一次听到关于伊朗政变的汇报居然是由艾德礼和莫里森亲自做的，这说明20世纪中叶英国政府部门之间互不通情报。[118]在艾德礼政府任期将要届满时，策纳策动了一场旨在推翻穆萨迪克的政治行动与操纵运动，目的是改朝换代，帮助国王复辟。尽管这场命运多舛的是丘吉尔的批准实施的（因为由他来劝说美国人改变立场，支持伊朗国王更好），但发动这场准帝国式的冒险的人却是艾德礼。

正当艾德礼在帝国最前沿开启了一场不可思议的丘吉尔式冒险之旅时，十年来水火不容的英美情报机关最终实现"珠联璧合"。英国自1909年起就享有现代情报服务，但只有在丘吉尔和艾德礼的领导下，英国才诞生了真正完善的各级情报机构。丘吉尔是情报改革的创新者，他赋予联合情报委员会更大的作用，加快了实行隐蔽行动的步伐，积极开展宣传攻势，并且开启电子情报等全新领域。艾德礼则是整合者，他确保各个情报部门密切配合，相辅相成，相得益彰。最重要的是，艾德礼政府任期将要届满时遭受了一系列国家安全问题的危机，其中包括克劳斯·福斯、盖伊·伯吉斯和唐纳德·麦克林等人间谍身份的曝光，这些危机促使他不停扪心自问：我精心设计的这台情报机器是否运转正常？

福斯被定罪之后，艾德礼立即联系了自己的老战友菲利普·斯温顿和威廉·乔伊特，询问他们关于英国情报界改革的建议。艾德礼又做回了自己的老本行——情报，因为艾德礼在战时身兼数职，其中之一便是曾于1940年负责监督国内安全主管斯文顿的工作。斯文顿告诉他，一直困扰英国情报工作的顽疾就是各部门之间拒绝相互合作。每个部门都严格保密，好似活在“水密隔舱”里。尽管这种错误在丘吉尔执政时已得到某种程度的纠正，但斯文顿仍能感觉到“在一些下属的内心深处，他们渴望过去那种秘密的行事方式，渴望有属于他们自己的秘密空间”。[119]他坚称，“将军情五处和军情六处合并起来，由一个人主管至关重要”。

曾在战时联合政府任副总检察长，如今司职大法官的威廉·乔伊特得出了同样的结论。他们都想要找一个“大管家”统领情报部门和安全部门，并协调这两个部门之间的关系。而且，斯文顿还建议艾德礼不要被那些向他施压的“专家”官员所迷惑。相反，他需要的是一个具有远见卓识和高超管理能力的局外人，一个“能见微知著，统筹全局”的人。[120]艾德礼坦白地告诉斯文顿，尽管过去五年来情报工作的情况有所改善，但仍然有很长的路要走。两人决定 1950 年复活节之后再进一步深入探讨这一话题。[121]随后，斯文顿探访了杜鲁门总统的得力顾问斯图尔特·赛明顿和沃尔特·比德尔·史密斯，三人一起讨论了情报事宜，尤其是如何“在‘铁幕’背后煽风点火”。探访回来后，斯文顿便将讨论的结果反馈给了艾德礼。艾德礼很高兴听到“我们的美国朋友”分享他们对隐蔽行动以及两国政府协作的想法。[122]

让情报部门勠力同心，做事事半功倍，这是艾德礼一贯的领导作风。1950 年 4 月，他计划重组整个英国情报界。与斯文顿商谈之后，他命令诺曼·布鲁克全面调查军情五处、军情六处、政府通信总部及联合情报委员会。他早在 1947 年就已经安排过一次这样的调查，但这次布鲁克的调查内容更为深入，而且引发调查的原因是人们普遍认为英国情报机关表现不佳，[123]当时英国正遭遇福斯事件，此外英国情报机构在 1949 年 8 月苏联第一颗原子弹试爆一事中失察（尽管布鲁克的调查正在进行中）及联合情报委员会在朝鲜战争爆发一事中失算也是导致这次调查的部分原因。[124]

1950 年 10 月，布鲁克对艾德礼的结论发表了初步看法，两人最大的争议在于是否应该任命一个总负责人主管这三大情报部门。[125] 艾德礼之所以会提出这一建议，是因为军情五处和军情六处之间素来不和，但是布鲁克不同意这么做，他认为如今这三个机构规模过于庞大，不宜只设一个总负责人。艾德礼采纳了他的意见，认为当务之急是改进战略导向和计划。所以，他们没有选总负责人，而是选择成立一个高级别的规划小组，这个小组将在第一时间决定“情报方面的总投入是否是按比例在各个部门之间分配”。为此，布鲁克提议几位常务秘书与联合情报委员会主席共同管理该机构。他认为这个机构将成为“各个情报组织的权威，为其指引方向，并成为当今首相在情报事务上寻求建议的工具”。艾德礼欣然同意。[126] 该超级秘密委员会于 1951 年 6 月 5 日成立，最终命名为“情报事务常设秘书委员会”（PSIS），它将为英国情报界制定一个跨越 50 年的发展规划。[127] 三军参谋长坦承，以前没有人真正知道英国在情报方面的花费；如今，终于有常务秘书们来厘清，这真是史无前例。[128]

1951 年 6 月，当伯吉斯和麦克林逃到英吉利海峡对岸时，三大情报部门正在与强加在自己头上的情报与安全的“大管家”做斗争。随着议会再次就“安全”问题展开讨论，斯文顿又带头主张在特工局设立“大管家”。他认为鉴于近期安全方面的事务协调不当，有必要推举一个总协调人对整个白厅的安全网络进行审查。[129] 但政府官员和原内阁办公厅官员中的核心集团一致对该提议投反对票。在谈及推举一个总协调人的想法时，军情五处官员约翰・毛德警告斯文顿说：这将是个“苦差事”，把这个差事硬塞给不能胜任的人的话，那“将会带来灾难性的后果”。他又说：

> 我本该向当今首相推举你来做这个总协调人，因为你经历丰富，但我觉得他要这样做的话，就相当于和安全局在对着干——但我想他们不想把事情弄得一团糟。一个人被“调查”是最让人感觉不愉快的，这会使工作全面放缓。[130]

随着朝鲜战争的全面展开，艾德礼加快了情报改革的步伐。他对英国情报机构的重组，确保了各机构能同心同力，共同迈向 20 世纪 50 年代。英国情报机构的井然有序与盟友美国情报机构的混乱不堪形成了鲜明对比。[131]

1951 年 10 月 19 日，艾德礼悄悄地酝酿着一件令人意想不到的事。军情五处及其在外国办事处的新宣传部门——外交部情报研究处——正在国内与工会会员们（如英国工会的维克·费瑟）联手策反“英国工会里的共产主义”。官员们小心翼翼地强调说，这是“由首相授权”进行的。如此这般干涉国内政务是非常冒险的举动，不过这也说明过去六年艾德礼在反共之路上前进了不少。迄今为止，他对新建立的“情报事务常设秘书委员会”颇为满意。“情报事务常设秘书委员会”自成立之日起也一直没闲着，忙着对过去十年里艾德礼与丘吉尔一手发展起来的情报机构进行完善和重整。

仅仅一周后，艾德礼又将首相大权交回到自己的战友手里。[132]他把丘吉尔式的二战情报热情引导到一个井然有序的系统中，像是为冷战量身定做的体系一般。现在的关键问题是，丘吉尔在即将迎来 77 岁生日之际重返白宫，他是否会被冲动冲昏头脑，毁了艾德礼辛苦打下的基础。

7

温斯顿·丘吉尔
（1951—1955）

千头万绪、阴谋往复、诡计背叛……

交织难解，错综复杂，不可思议，却无可置疑。

——温斯顿·丘吉尔[1]

1951 年 10 月 26 日，温斯顿·丘吉尔再次入主唐宁街，开始第二个首相任期，安东尼·艾登第三次出任外交大臣，哈罗德·麦克米伦进入内阁成为住建部大臣。尽管丘吉尔再次回到了熟悉的环境里，但在他担任反对党领袖的六年里，一切都已时过境迁。在朝鲜、越南和中国台湾海峡，冷战向白热化方向发展——这些国家和地区随时可能发生一场毁灭性的核战争。世界笼罩在冲突的阴影下，丘吉尔渴望与苏联领导人举行一次首脑会议，以期结束冷战，或者至少在一定时期内使欧洲局势得以缓和。[2]

丘吉尔也变了。这位老人不再是英勇的战时领袖，在接下来的 4

年里，他花了很多时间试图证明自己，让身边的人相信他仍然能够继续工作。事实上，受病痛困扰的他已不再能胜任首相一职，而是越来越依赖一直追随他的老臣如内阁秘书诺曼·布鲁克孜孜不倦的帮衬。[3]用一位睿智的观察人士的话来说，丘吉尔如今“非常不适合担任公职”，他现在只关心“做别人眼中的首相”而不是“把事情做好”。他的这个任期只是一场“回归的盛会”。[4]这就提出了两个关乎高层情报管理的重要问题：丘吉尔是否仍能胜任情报管理工作？如果他对充满诱惑力的情报行动仍带有孩子气的热情，会不会引起灾难，使艾德礼的改革成果毁于一旦？

1953 年 5 月 3 日，丘吉尔在唐宁街举行了一场长时间的午宴。在 3 个小时的时间里，他喝了“数不清的”“各式经典葡萄酒”，还有香槟、波尔图葡萄酒、白兰地和君度，“最后喝了两杯威士忌加苏打水”。一个月之后，丘吉尔的中风再次发作，病情比上次严重多了。英国政府奇迹般地保守了这个秘密，部分原因是丘吉尔的副手安东尼·艾登在波士顿接受胆结石手术，工作已经停摆。[5]病情严重地削弱了丘吉尔的心智和身体机能，他尝试着在病榻上处理国事，不过，即使在中风前，他也经常卧床，直到午餐前不久才起床。病榻上的丘吉尔嘴里叼着一支没有点燃的雪茄向自己的秘书发号施令。他的脚边趴着一只满嘴口臭的贵宾犬（鲁弗斯），头顶一只聒噪不已、偶尔大小便失禁的虎皮鹦鹉（托比）。[6]这一不同寻常的场面经常被奉命前来首相府觐见的大臣和官员撞见。当生命的烛火逐渐熄灭，丘吉尔不是静静地坐在内阁会议上一言不发，就是喋喋不休说个不停。[7]用资深白厅观察家约翰·亨尼斯的话说，“这是一个富有、古怪、自以为是的人……无耻地以个人方式领导着一个政府”。[8]

1954 年 10 月，哈罗德·麦克米伦开始担任国防大臣，现在让他回过头去评价丘吉尔，他认为丘吉尔几乎是个“偏执狂”，并不无惋惜地说：“之前我们所有人都很爱他，也很钦佩他。但现在却慢慢地对他心生怨恨。”[9] 丘吉尔一心想要成为“结束冷战的人”，成为伟大的和平缔造者被后人铭记，因此他推行的许多政策都以这个目标为出发点。许多关于丘吉尔与苏联领导人之间的故事已经成了传奇，当然其中不乏真事：丘吉尔和斯大林曾共同豪饮7个小时，“就像婚礼钟声响起时一样洋溢着快乐”，这顿酒让两位领导人建立了私人关系。[10] 最重要的是，他对诺贝尔和平奖垂涎三尺。1953年，当诺贝尔委员会与他联系时，他兴奋得不能自已，可是当得知是自己的6卷本巨著《第二次世界大战回忆录》“由于他在描绘历史与传记方面之造诣和他那捍卫人的崇高价值的杰出演讲”而获得了诺贝尔文学奖时，他立马拉下了脸。[11]

“冷战”是因间谍活动发起的。如果丘吉尔想要结束这场战争，与苏联实现真正的和平，他将不得不严重依赖情报机构。“丘吉尔对情报的热情一直延续到他政治生涯的最后一刻。”[12] 然而，“冷战”并不是第二次世界大战。他已经习惯了布莱切利园源源不断地为自己送来“金蛋”，但战后已经不可同日而语了。政府通信总部虽然仍可以读取少量苏联高层通信，然而，有关苏联的情报却寥寥无几，令首相大失所望。尽管如此，他仍不断要求各部门随时向他报告有关苏联政治意图和军事能力的最新情况。外交部在安东尼·艾登的默许下曾一度与军情六处合谋，以确保只有一些聊起安慰作用的情报送达到这位如饥似渴的首相手中。与第二次世界大战时遇到的苦恼类似，外交官们不想让首相“了解太多情况”，因为如此一来他“更容易干涉”情报工作。但不巧的是，这些人终究露出了马脚，丘吉尔的私人秘书安东尼·蒙塔古·布朗爵士很快察觉到这点，并尽职尽责地通知了他的上司。

丘吉尔听闻后勃然大怒。他怒不可遏地“派人去叫情报局主管来，我要让这该死的家伙卷铺盖走人”。[13]这样做有失公允，蒙塔古·布朗爵士试图心平气和地解释：责任在外交部，而不是军情六处新任主管约翰·辛克莱。“辛巴达”·辛克莱“是个身材高大，体形瘦削的苏格兰人，有着长老会牧师那种棱角分明、不苟言笑的面容。他有一双蓝色的眼睛，戴着牛角框眼镜，说话细声细语，显得态度可亲”。担任主管一职显然有点让他力不从心，因为“天赋不够”，再说，他也不是丘吉尔心目中军情六处主管的首选。尽管斯图尔特·孟席斯指名让辛克莱接替自己，但丘吉尔还是倾向于选择BBC欧洲部主管伊恩·雅各布，但雅各布本人拒绝了。[14]为了发泄心中的怒火，丘吉尔不顾蒙塔古·布朗的忠告，故意给辛克莱写了一封信，火药味十足，他还命令辛克莱说：为与主题相符，交与首相府的“不愉快的信息”须用黑色墨水而非军情六处惯用的蓝色墨水书写。[15]用墨水的颜色区分情报内容这种精心设计的、不易察觉的小动作，只有像丘吉尔这样老到的情报专家才能想得出来。因为丘吉尔致力于为欧洲谋求缓和，所以他一再否决对苏行动，表示更愿意通过秘密行动打击中东和非洲等殖民地的敌人，这导致了他与军情六处的关系进一步恶化。[16]

类似的问题也阻碍了他和军情五处的关系。1953年，唐宁街10号的政府官员们正忙着迎接南斯拉夫领导人约瑟普·铁托对伦敦进行历史性访问——他是第一位访问伦敦的社会主义国家元首。这种场合下，安保工作一向很严密，但不久丘吉尔收到了一封电报，警告他有人企图暗杀他。军情五处并未怎么重视这一情报，但考虑到情报已经传到丘吉尔手中，这个插曲还是导致“人心惶惶”。尽管人们试图安抚首相的焦虑情绪，但丘吉尔依然坚持亲自处理此事，并于第二天把警务处处长传唤至唐宁街。[17]众所周知，丘吉尔动辄干涉情报工作，但如今他的判断力正在衰退。他这种冲动、不计后果的个性可能会激怒苏联人，致使本已水火不容的敌对关系进一步激化，造成无法挽回的后果，而这一局面是他自己极力避免的。

丘吉尔此次上任的头几个月一直笼罩在苏联间谍活动的阴影下：克劳斯·福斯因泄露核机密被判有期徒刑 14 年，刚开始服刑；盖伊·伯吉斯和唐纳德·麦克林逃往法国，导致丘吉尔政府陷入屡遭议会质问的尴尬境地。多亏了艾德礼，丘吉尔才得以把共产党叛徒和白厅清洗运动这两个棘手的问题甩给他的继任者。

对于伯吉斯和麦克林两人叛逃所造成的恶劣影响，丘吉尔无动于衷，令人十分惊讶。据丘吉尔的私人秘书约翰·科尔维尔说，首相“只是把他们看作两个颓废的年轻人，被酒精弄得神志不清，沉迷于同性恋情”。科尔维尔相信，如果他们曾教会了他什么的话，那就是他觉得外交部“水平不高”的看法是对的。[18] 丘吉尔的这种矛盾心理进一步延伸到了军情五处。迪克·怀特从 1953 年起担任军情五处主管，他认为首相在二战期间对军情五处产生了“偏见”。[19] 其他人则将其描述为“挥之不去的反感”：有一部分原因是 1940 年丘吉尔对待拘禁问题表现得十分狂热，另一部分原因是丘吉尔“怀疑军情五处可能对议会民主构成威胁”。这种不信任是双向的：“军情五处在战争后期暗中破坏了丘吉尔限制其权力的企图。”[20] 简而言之，一方面首相热衷于用情报防范外敌，另一方面他又在考虑利用情报对付内敌是否可行。[21]

珀西·西利托未能维持他与阿特利建立的友好关系。当丘吉尔在 10 月的大选中胜出时，他身在海外，并于 11 月中旬返回英国，期待着与唐宁街 10 号的新任首相会面。下飞机时，他见到了他的副手盖伊·利德尔，利德尔告诉西利托目前还没有得到来自首相办公室的任何消息。[22] 丘吉尔以前曾与这位身材魁梧的前警察有过交集。

1943年，西利托从格拉斯哥调到肯特郡担任警察局长。在“大个子”（他的手下这样称呼他）的新地盘上有两位居民，分别是温斯顿·丘吉尔和克莱门蒂娜·丘吉尔，他们住在他们心爱的乡间住宅查特韦尔庄园，庄园坐落在林地和山坡上的花园中。[23]战争的硝烟即将散去时，西利托帮助丘吉尔破了一桩离奇的失踪案——丘吉尔养的鱼不见了。当得知罗斯福总统喜爱养热带鱼时，丘吉尔答应把自己池塘里几条稀有的热带鱼送给罗斯福。但不幸的是，丘吉尔发现鱼消失了，他拼命向池塘里丢鱼食，而更加习惯于在格拉斯哥逮捕罪犯的西利托则发现了一只苍鹭。“我觉得，阁下，”他暗示道，“我们刚刚看见了其中一个小偷。”[24]

丘吉尔对安全问题抱有兴趣多半是为了避免丑闻。当金·菲尔比被怀疑为苏联间谍时，他出面干涉，很大程度上是担心菲尔比会像伯吉斯和麦克林一样逃往国外，怕这样一来又会在新闻界引起不小的轰动。当西利托来到唐宁街与艾登和外交部高官威廉·斯特朗讨论此事时，他惊讶地发现他们几乎不知情。西利托试图让他们相信，菲尔比不太可能潜逃国外，因为军情五处几乎没有针对他的确凿证据。艾登和斯特朗似乎并不知道菲尔比已被审问过三次，他们以为接下来的审问将导致菲尔比被指控。西利托不得不告诉他们，这种可能性微乎其微，因为没有对菲尔不利的直接证据。这时，丘吉尔突然发出了一声不耐烦的感叹，他不明白为何审讯不能“马上”开始，非要等到两周之后。尽管西利托不服气地说审讯律师还没有做好准备，但丘吉尔希望这件事不要拖过一周。与艾登一样，首相担心菲尔比会在此期间潜逃。西利托勉强顺从了首相的意思，但他指出，遗憾的是丘吉尔“得到了如此糟糕的汇报”。[25]在这次审问中，菲尔比什么都不肯招认，而且在以后的十多年里并未叛逃。[26]

幸好丘吉尔经常与西利托见面，否则他与迪克·怀特（1953年接替西利托上台）的关系会更糟。艾德礼树立了首相与情报主管相处的典范，但丘吉尔则不同，他很少与怀特见面，两人之间的关系岌岌可危。[27]在一次会议中，怀特不经意间表达了他对丘吉尔的一位朋友的极度厌恶，这位老人“意味深长地瞪了他一眼”说：“对我来说，恐怕这一刻很不美好啊。”结果，气氛顿时变得紧张起来。[28]然而，拿丘吉尔和情报主管们之间的关系与他的前任艾德礼做比较是不公平的。军情五处如今向内政大臣而非首相汇报。戴维·马克斯韦尔·法伊夫（1950年《欧洲人权公约》的作者之一）是一位勤勉平和的下议院议员，有人（这个人是诺曼·布鲁克）向他建议军情五处应向内政大臣而不是首相汇报工作，其目的是试图阻止首相插手情报事宜。[29]出人意料的是，丘吉尔居然没有提出异议，说“这应该是内政大臣分内的事——就这么办吧”。[30]

不管是军情五处，还是马克斯韦尔·法伊夫都对眼前的局面不甚满意。新任内政大臣是个大高个，秃顶，浓眉大眼但面色苍白。[31]他告诉西利托，自己只是“代首相经手此事”。曾与艾德礼有过直接接触的西利托立马一口气列出了一系列敏感问题，其中还包括政府大臣们一些不甚光彩的私事，他认为这些事情只能告诉首相一人。马克斯韦尔·法伊夫同意“敏感问题”还是应当直接报至唐宁街10号。他还承诺，军情五处不会变成内政部的一部分，从而缓解了一些人对军情五处被政治化的担忧。[32]西利托努力经营与新任内政大臣的关系，几周后，他在军情五处总部为马克斯韦尔以及与自己关系紧密的下属举办了一场鸡尾酒会——在上届政府执政期，在这类场合中，首相才是他的座上宾。[33]

丘吉尔的首要安全任务就是在1952年1月公开宣布艾德礼政府倡导的正面调查体系。因为这涉及对英国公民的监控，所以丘吉尔有些摇摆不定。为了避免让政府内部的清洗演变成大洋彼岸参议员约瑟夫・麦卡锡发起的政治迫害，他公开保证：对公务人员展开的调查将是“适度且谨慎的”。[34] 然而，盖伊・利德尔留意到，其他人在背地里告诉军情五处“要尽我们所能，把首相所说的肃清进行到底”。[35]

丘吉尔本人也受到调查。当他重回唐宁街时，他身边的瑞士男仆引起了军情五处的注意。出于安全及政治影响考虑，利德尔认为“首相雇用外国人是一件坏事”。[36] 丘吉尔当即把利德尔传到唐宁街——让利德尔一直等着，直到他“习惯性的午睡”结束。最终，丘吉尔的一名助手把利德尔引入内阁办公厅，丘吉尔正独自坐在那里对着文件陷入沉思。仿佛是为了强调他的不快，丘吉尔默默地坐了一会儿之后才询问军情五处各方面的调查情况。之后，他严肃地提醒利德尔说，男仆是去是留，军情五处说了不算。在确信没有发现男仆的任何罪证后，丘吉尔一如往常地大讲特讲战时斯大林和瑞士人之间的故事，这些故事在其他人看来多是些无关紧要的事。当利德尔起身准备离开时，丘吉尔问道：“你在军情五处过得怎么样？”利德尔不置可否地回答：“我们一切都好。”随后又补充了一句：“我们的工作压力很大，而且由于苏联人戒备森严，我们碰到了钉子。”为了把话题转移到保护英国不受外国间谍渗透上来，丘吉尔解释说，他希望克格勃把英国看作“刺猬的后背，而不是兔子的肚子”。利德尔自顾自地笑了笑，但未做逗留。[37]

1952 年 6 月，丘吉尔在查特韦尔庄园召见时任反间谍活动负责人的迪克・怀特，与他共同商议英国的叛徒、译码员威廉・马歇尔最近被捕一事。威廉・马歇尔之前曾负责军情六处的通信工作，在英国驻苏联大使馆任职期间被克格勃吸收。怀特来到庄园时，发现丘吉尔坐在床上，四周散落着星期日的报纸，嘴里叼着一支雪茄，床边还有一个装着更多雪茄的大盒子。怀特一到，首相就立刻询问“马歇尔案”的情况，关于这个案子报纸上的报道可谓铺天盖地。怀特花了 35 分钟把这个间谍故事详详细细地讲了一遍。

他解释道，军情五处照例每天跟踪驻伦敦的克格勃官员，观察他们会与谁见面，但苏联人一会坐上伦敦著名的红色巴士“马路主人”，一会儿又下车，试图甩掉跟踪他们的“尾巴”。最后，军情五处成功地跟上了一个名叫“帕维尔·库兹涅佐夫”的克格勃官员，他被怀疑从英国的某处情报源获取消息。1952 年 4 月，库兹涅佐夫在伦敦来回穿行以甩掉跟踪者，之后终于在金斯顿的一家电影院外与军情六处原无线电报务员、现外交部无线服务站工作人员威廉·马歇尔接上了头。第二次军情五处又发现马歇尔在温布尔登的道格与福克斯酒馆与库兹涅佐夫见面。在两人见过至少三次面之后，军情五处通知苏格兰场实施逮捕行动。6 月 13 日，警方在旺兹沃思公园成功抓捕目标人物，报界兴奋不已，刊登了具体细节。[38]这是军情五处第一次在伦敦街头抓获一个“随时准备接收信息”的克格勃官员，并且通过“成功的监视行动”追踪到与他联络的人。然而，利德尔担心，克格勃未来在行动时会更加谨慎，滴水不漏。[39]

丘吉尔听得津津有味，而且问了不少问题，但他没有提出任何涉及政策层面的问题，只是简单地了解一下事情的来龙去脉。他先询问了库兹涅佐夫被捕后发生了什么。怀特告诉他这个苏联人当时随身携带了一本笔记本，上面记录了军情五处“追踪小组”的车牌号，“追踪小组”还有一个听起来怪瘆人的名字——“守灵人”。怀特及其同事据此推断库兹涅佐夫是一个“职业间谍”。接着丘吉尔想知道报纸是否经常对涉及间谍指控的苏联外交官指名道姓。怀特承认它们确实很少指名道姓地点出外交官的名字，但这次也是不得已才这样做。其三，丘吉尔想知道马歇尔是否曾接触过机密资料，包括破译的外交信息，这一点非常重要。怀特保证马歇尔没接触过，但也不能排除这种可能。其实，事实远非如此：军情五处非常清楚，他们曾故意给马歇尔提供英国最新的一批密码，目的是保证在逮捕他的时候能搜到物证。但考虑到丘吉尔年纪都这么大了，他想问什么就回答什么好了，别的也无须多言。[40]

军情五处可能也渐渐发觉去首相府不是工作，更多时候是这个稀里糊涂的老头子一时兴起，自己不得不应付差事罢了。怀特离开之前，丘吉尔给了他一根雪茄、一杯酒，让他去和他的“教授”朋友弗雷德里克·林德曼以及近来对福斯案有着满脑子“奇思怪想”的切尔韦尔勋爵谈谈。切尔韦尔现在是负责核武器事务的掌玺大臣，他提出了一个“宠物理论”：福斯的故事是共产党在媒体上捏造的，目的是破坏正在进行的英美谈判。两人长篇大论地讲了一通，但怀特恐怕并未能说服切尔韦尔放弃他的阴谋论。[41]一个星期后，丘吉尔的私人秘书在午夜后给怀特打电话，抱歉地解释说，首相读了晚报之后又“相当兴奋”，想听听各种稀奇古怪的间谍故事。凌晨时分，怀特又一次踏进了唐宁街 10 号的首相府，抚慰丘吉尔的情绪。[42]

1952 年 7 月 28 日，丘吉尔的兴趣从新闻报道转移到了不明飞行物上。所幸这不在迪克·怀特的职责范围内。为此，他请教了几个二战战友，包括仍然负责核情报工作的彻韦尔：“这些关于飞碟的东西到底有什么意义？它意味着什么？真相是什么？”他咨询了多家科学机构和空中情报机构的意见，结果发现它们去年对此事已经进行了“全面情报研究”。有人告诉丘吉尔，英国情报机关得出的结论与美国人一样，大多数飞碟目击事件都是流星、视错觉抑或是恶作剧。人们感觉在丘吉尔卸任前几年，官员们时不时在迁就他。[43]

有人叛逃出去，就有人叛逃进来。尽管英国失去了诸如盖伊·伯吉斯和唐纳德·麦克林等人，但其他国家一些搞阴谋诡计的叛逃者也会以另一种方式来到英国。首相和情报部门显然担心英国人叛逃到莫斯科。他们利用媒体制造丑闻，使得首相和情报部门不得不面对下议院的质疑，回答一些令人难堪的问题，他们还削弱了人们在安全方面的信心，最重要的是损害了美国对英国情报的信心。令人意外的是，人们对苏联集团情报行动西渐的态度却并非如预期般热情。不用说，军情五处和军情六处的情报军官们倒希望苏联情报机构也出几个叛逃者，因此军情六处精心策划了许多阴谋诡计，如黑色宣传、怂恿告密等，诱使特工从苏联集团叛逃。叛逃者，尤其是那些身居高位的人，能够向军情五处提供有关潜藏在白厅各级部门的"地下活动者"的宝贵情报——比如说给金·菲尔比定罪的证据就是在1961年安纳托利·戈利岑从克格勃叛逃后才浮出水面的。

但丘吉尔不喜欢叛变，许多资深政客也对此持保留意见。叛逃会给外交工作带来负面影响。虽然媒体疯狂地报道有助于宣传，也满足了人们的猎奇心理，但是闹得如此满城风雨必然会损害英苏关系。丘吉尔年事已高，希望在有生之年能改善英苏关系，他担心叛逃者会使得一直以来自己为结束冷战所做的努力付诸东流。1954年，英国收留了5名从苏联集团叛逃的特工，他们个个身份显赫，只可惜对政治时机掌握得不好。前一年斯大林刚逝世，丘吉尔希望借此机会与这位独裁者的继任者们建立和平共处的关系。于是他寄希望于1954年4月举行的日内瓦会议，届时英、美、法、苏、中五国将讨论亚洲冷战局势加剧的问题。[44]

日内瓦会议前几个月，丘吉尔担心的事发生了：克格勃官员尼古拉·霍赫洛夫在德国被军情六处带走。在5名叛逃者中，霍赫洛夫是最棘手的一个。因为他曾受命暗杀流亡在联邦德国的一位颇具影响力的苏联籍移民领导奥尔基·奥科洛维奇，所以莫斯科方面对此人的叛逃尤为重视。1954 年 2 月，霍赫洛夫来到奥科洛维奇在法兰克福的寓所，他平静地解释说自己是克格勃的一名间谍，“苏联共产党中央委员会命令我暗杀你”。他的凶器是一支伪装成烟盒的手枪，烟盒里的烟只有过滤嘴，下面则藏有一个机械装置，只要轻轻一压，就会射出一颗装有氰化物的子弹。子弹能轻松穿透 3 米开外、约 8 厘米厚的木板，而且一点儿声音都没有。霍赫洛夫还携带了克格勃专用的迷你手枪，以防失手。[45]

但霍赫洛夫并未开枪。在他动身前往联邦德国之前，他的妻子劝他不要执行这次任务，她不想和一个杀人犯一起生活。霍赫洛夫内心一直在不停地做斗争，等到最后他站在奥科洛维奇家门前时，终于失去了勇气。奥科洛维奇说，“你最好进来喝杯茶”，然后给军情六处的联络人打了个电话。外交部情报研究处的官员约翰·雷尼及初级外交大臣安东尼·纳丁认为这是一个绝佳的机会。他们计划召开新闻发布会，向媒体公开霍赫洛夫的“光辉事迹”，并展示他的秘密暗杀武器，以此煽动公众的情绪，鼓励更多的人叛逃。他们前去拜见首相，准备说服他。没想到，丘吉尔连艾登的意见都没有征询就表示“坚决反对”，当即驳回了该计划。他认为如果批准了霍赫洛夫的新闻发布会，就意味着“把叛徒当英雄”“相当于煽动反苏仇恨情绪”。事实上，他只是担心此举会葬送日内瓦会议。“煽动反苏情绪”的时机还不成熟。[46]

最后，貌似军情六处和外交部情报研究处的宣传员们把丘吉尔给耍了。他们将霍赫洛夫交给了美国政府，然后美国政府又以其为叛逃者为由将其交给中央情报局。美国的冷战政策与丘吉尔截然相反，他们恰恰就是要激怒苏联。就在 4 月 26 日日内瓦会议开幕之际，美国中情局在德国举行了一场霍赫洛夫拥抱暗杀对象奥科洛维奇的专场新闻发布会。为了让全球各家媒体大开眼界，克格勃为霍赫洛夫配备的令人不寒而栗的秘密武器也被一一展示了出来，媒体大悦。5 月 1 日，《伦敦画报》用一整页篇幅报道了“霍赫洛夫”，并刊登了大量照片展示了“一名苏联特工的神奇武器”。

丘吉尔完全被蒙在鼓里，但事实证明他的判断是正确的，苏联方面恼羞成怒。1957 年，克格勃企图在霍赫洛夫喝的咖啡里混入铊，将其毒死。但值得一提的是，霍赫洛夫躲过了一劫，他回忆说，自己的身体“似乎在与某种奇怪的力量抗争，抽搐得厉害”，“眼睑爆裂，血流不止”。毒药烧穿了他的胃黏膜，进入全身的血液，万一他真死了，验尸官找不出任何蛛丝马迹。当时他的妻子也在苏联，因此受到牵连，被判 5 年有期徒刑。[47]

丘吉尔勉强同意以间谍罪将两名服务专员逐出苏联驻伦敦大使馆，不过他希望“能拖多久就拖多久”。但结果事与愿违，虽然丘吉尔认为自己很无辜，苏联随后仍以同样的方法、同样的罪名将一名英国助理武官驱逐出莫斯科。首相为此负全部责任，毕竟当初做决定的是他自己，同时他也承认苏联人的回应“有报复之嫌”。不过，他之前居然没考虑到这点，真是有些奇怪。[48] 眼看着冷战期间针锋相对的驱逐行为愈演愈烈，外交大臣埃尔温·劳埃德提醒丘吉尔“再找个人替那名武官也不是什么难事，苏联人这样做是为了和我们打个平手”。[49]

到底如何处置叛逃者，这得视个人情况不同而定。1954 年年底，距离上次召开日内瓦会议已经有一段时间了，叛逃问题再次出现。外交大臣安东尼·艾登告知内阁说苏联希望英国遣返一名曾在德国的英国占领区内避难的士兵。据艾登说，一般情况下英国通常会拒绝遣返这些逃兵，但这个案子非同一般，因为尼古拉·库普斯托夫中士在叛逃中杀害了另一名试图阻拦他的中士，这样一来事情就更棘手了。让英国方面觉得更尴尬的是，苏联不论是在归还擅自离境的士兵还是因犯下轻微罪行被逮捕的士兵方面向来非常配合。但首相丘吉尔又开始担心如果不遣返的话，会给东西方关系带来潜在的负面影响，所以他刻意强调："难民"（他这样称呼他们）不应是杀人犯。经过一番讨论之后，内阁决定先征求法律人士的意见，再定夺。考虑到库普斯托夫如果被遣送回苏联，很可能要面临死刑，不过如果再等 6 个星期的话，丘吉尔一定会回心转意，所以艾登同意扣下库普斯托夫，理由是：谋杀是出于正当防卫。[50]

特别行动让丘吉尔陷入了更加两难的境地。首相喜欢情报，但他更喜欢特别行动，并且一直沉迷于"看不见的手"的力量，相信它能左右世界局势的发展。1917 年，他支持采用特别行动推翻列宁的布尔什维克，更让大家耳熟能详的是他个人对特别行动处的鼎力支持，这些都证明他对非常规战争拥有无限热情。作为一个无可救药的浪漫主义者，他甚至从约翰·斯坦贝克的《月亮下去了》的情节中汲取灵感。[51]

20 世纪 40 年代末，丘吉尔利用自己二战欧洲盟友的关系，帮助成立"欧洲行动组织"，然后利用自己在中情局发展初期结交的朋友，如沃尔特·比德尔·史密斯，为这个组织争取了大量的秘密补贴。[52] 1951 年，军情六处军官想出了一条制敌的妙计，目的是一旦苏联发动入侵，他们方便在联邦德国开展幕后行动及破坏活动，鉴于丘吉尔在欧洲的威望，他成了当之无愧的核心人物。随着朝鲜战争的到来，军情六处加速升级军备，为与苏联的热战做准备，"蒙蒂"·伍德豪斯上校负责此次的战争筹备工作。军情六处还派技术顾问前往奥地利等国，一旦苏联入侵，他们方便为其进行战略破坏出谋划策。[53]

伍德豪斯是北约在欧洲的军事人员之一，他的职责是"在苏联征服西欧之后为恢复特别行动"出谋划策。根据情报部门的预测，如果开战的话，苏联红军将在60天内到达英吉利海峡附近港口。伍德豪斯的思路是：等苏联红军到达后，盟军可以借鉴希特勒的想法，撤至欧洲中部的阿尔卑斯山并以此为根据地与苏联对抗。他设想的是在阿尔卑斯山上建一个“欧洲堡垒”，靠飞机运送补给，“形成一夫当关，万夫莫开之势”。欧洲抵抗运动的成败在此“山区堡垒”，而非流亡政府。伍德豪斯还说：“丘吉尔先生或许会决定让艾登先生打理英国政府，以便自己亲自执掌欧洲政府大权。”丘吉尔身边的人认为这个想法很“滑稽”，因为希特勒向阿尔卑斯山区撤退事实上只是个城市传说，绝无实现的可能。

尽管如此，军情六处不仅资助了欧洲行动组织的一个特别部门（该部门以解放处于苏联统治之下的东欧“沦陷国家”为己任），还派了一人出任该组织的秘书。哈罗德·麦克米伦不仅与该组织的成员捷克、波兰关系密切，还尤其热衷于“解放”东欧各国，他注意到最近在联邦德国成立了一个“庞大的美国广播组织”，该组织的目的是开展抵抗运动，为地下活动提供源源不断的支持。但无论是丘吉尔还是艾登，都决不会允许他们在和平时期于东欧集团内兴风作浪。[55]

这是因为丘吉尔深知根本不存在所谓的“秘密战争”，任何企图武装苏联集团内部叛乱组织的尝试，都是冒险的，而且会引发争议，中情局的这个主张太大胆了，有点儿自不量力的感觉。所以，艾登的首席私人秘书伊芙琳·舒克伯勒表示，丘吉尔“害怕惹恼苏联人”，所以禁止采取此类行动。这一次，他还是不想激怒莫斯科方面，因此再三强调“采取任何‘情报’行动之前……都要首先征询他的意见”。[56]相反，丘吉尔把外交部情报研究处的宣传工作放在首位，外交部情报研究处现在由丘吉尔战时私人秘书约翰·派克掌管。[57]

1951年竞选期间，工党企图把丘吉尔塑造成“战争贩子”头目的形象，但是当年年底，联合情报委员会主席帕特里克·赖利提醒其美国方面说，保守党可能会因为这些问题被议会“绊住手脚”。赖利警告美国不要太过冲动，现在正处于危险时期，不要把莫斯科的卫星国“逼得太紧”，因为这样一来，“苏联会以暴力的方式来回应”，因此，新一届保守党政府需要“特别小心”。[58] 话音刚落，丘吉尔就命令赖利着手对东欧解放问题和冷战斗争进行全面调查。官员们认为现在最要紧的是“劝美国人悬崖勒马”。[59]1952年年初访问华盛顿时，丘吉尔曾警告杜鲁门，如果没有必要的话，不要在常规力量鞭长莫及的东欧挑起任何军事行动。他提出了另一个建议：停止对叛乱组织提供武装援助，转而关注心理战，但美国人不屑一顾，认为这“太懦弱了”。美国人拒绝采纳自己的建议令丘吉尔感到十分恼火，他突然取消了原定与自己的老友、中情局局长沃尔特·比德尔·史密斯的会面。颇有讽刺意味的是，比德尔·史密斯也在试图遏制各方采取危险的准军事行动，因为他意识到在克格勃严密的安全措施面前，任何行动都将以失败告终。[60]

但是，丘吉尔积极支持在建立帝国大业中采取特别行动。正如我们所看到的，穆罕默德·穆萨迪克当选伊朗总理后不久就将英伊石油公司，包括阿巴丹新成立的炼油厂国有化。1882年，英国占领埃及。同年，恺加王妃诞下王子穆萨迪克，因母亲说话尖酸刻薄，受其影响，王子天性古怪。童年时期的穆萨迪克受母亲影响最深——她曾对另一位家族成员说：“我宁愿遭受性虐待，也不愿像你那样整天就知道读书。”穆萨迪克既有家庭传承给他的自由思想，又在世界各地接受过良好的教育，1910年他在巴黎求学，随后在瑞士纳沙泰尔大学获得了法学博士学位。作为一个政治家，他积极推进政治和经济改革，其中包括为妇女争取选举权，但人们仍把他视为反帝爱国主义者而加以纪念。英国报界曾作漫画讽刺他是“一个秃顶、长着大鼻子、流着眼泪卧床不起的疯子”。[61] 他演讲起来总是情绪激动，经常在公共场合穿着睡衣，睡在床上由人推进议会办公。英国人眼里的他并非锐意进取的民选改革家，而是他们所看到的这个样子。

英国经济惨淡，定量供应政策仍在推行，伊朗在这样的经济背景下推行国有化，威胁到了英国的石油收入，触怒了英国政府。工党着手对伊朗采取颠覆行动，但收效甚微。丘吉尔想逼死伊朗，说明从情感上来讲，他内心仍然希望英国继续称霸中东。在具有浪漫色彩的帝国冒险故事中长大的丘吉尔，“热情投身于维多利亚时代晚期帝国建设的伟大事业”。[62] 他对中东地区及其文化有着浓厚的兴趣，心向往之。他的准兄嫂甚至写信恳求他：“请不要皈依伊斯兰教；我发现你的性格里有东方化的倾向，一种类似帕沙的倾向，我没有骗你。”[63] 这话有点太杞人忧天了，但据他的私人秘书安东尼·蒙塔古·布朗爵士说，丘吉尔“坚决”认为“统治与领导”中东地区是英国义不容辞的责任。[64] 他私下还对英伊石油公司产生了兴趣。1914 年，作为英国海军大臣，他帮助英国政府获得该公司 52% 的所有权。[65]

1952 年间的大部分时间里，杜鲁门总统都在劝说丘吉尔接受伊朗石油国有化。他警告丘吉尔，抵抗国有化只能引起左翼革命，最终把伊朗“带到共产主义的阴沟里去”。丘吉尔试图说服杜鲁门相信其实穆萨迪克是个亲共分子，阿巴丹炼油厂是被伊朗人偷走的。为了引起这位来自密苏里州的总统的注意，丘吉尔借用了美国中西部的一种比喻，极力主张英美必须“同心协力”，他不明白“为何两个好人在伸张正义的时候不能惩罚有错的第三者”。杜鲁门最终同意了一个修改之后的提议，其内容包括美国向伊朗提供 1000 万美元的援助，但穆萨迪克故意公开拒绝了这一大笔贿赂。[66]他知道英国还在暗中搞鬼，于是将英国大使馆里的大小官员一并驱逐出境，迫使军情六处将其在当地的特工移交中情局管理。丘吉尔临危不乱，静待佳期，他早算好了 1952 年年底杜鲁门就要下台给他的老朋友艾森豪威尔腾位置。原德黑兰警察局局长法兹卢拉·扎赫迪将军是一定会拥护军情六处的，扎赫迪目前是退役军官联合委员会的会长，大部分委员会成员都恨透了穆萨迪克。[67]美国新任总统艾森豪威尔跟丘吉尔一样喜欢发动政变，但他试图以美国介入为筹码要挟丘吉尔，他暗示说“我们的几家大石油公司或许会买断英国的石油产业，在该地区卷土重来”。丘吉尔断然拒绝，最终一家新成立的国际石油财团给了英美双方各 40% 的丰厚利益，此事才了，对战利品的瓜分预示着美国中央情报局和英国军情六处合作的开始。[68]

随后，军情六处与中情局联手收买民众，煽动抗议活动，企图推翻穆萨迪克政权。军情六处负责策划此次活动的蒙蒂·伍德豪斯上校曾试图收买德黑兰的街头暴徒——他们曾私底下偷偷见面谈过这事，见面回来之后伍德豪斯汇报说：“他开价 200 万英镑，没有商量的余地。”[69]他们甚至派密使前去与某个陆军小分队探讨合作事宜，但他们认为：“发动军事‘政变’过于冒险”，因为下级军官里可能“十有八九都是共产党”。[70]等到 1953 年年初万事俱备的时候，伦敦方面却犹豫不决。据军情六处驻德黑兰情报站站长说，外交部高级外交官“对发生的一切深感震惊”。[71]安东尼·艾登本来就是个神经质的人，如今更是拿不定主意。高级官员之一皮尔逊·狄克逊一想到“政变能否成功不说，而且有悖道德底线”就打起了退堂鼓。[72]1953 年年初的一天，他们一度取消了整个行动。当年 4 月，艾登接受胆结石手术，主刀医生不慎切到了胆管，导致他险些丧命。5 月，为了保命，他又在波士顿接受了一次手术，虽然身体好些了，但外交工作趋于停滞。

丘吉尔全面接管了外交工作，那时沃尔特·比德尔·史密斯刚从中央情报局局长的位子上退下来，丘吉尔给他写了一封信，一方面介绍了这次人员更替的原因“艾登患病期间由我接管外交部的工作”，另一方面告诉史密斯他已收到史密斯近期与英国官员就“波斯纠纷”举行会谈的消息，并表示“对我来说这是个好消息”。丘吉尔知道，虽然中东领导人是个刺儿头但艾森豪威尔也是个不怕事的主儿，因此他也表达了自己的希望：英国在苏伊士运河一带推翻“突然上位的埃及独裁者”时美国能伸出援手。1944 年比德尔·史密斯在伦敦任职期间曾是艾森豪威尔的参谋长和“得力干将”，因此他和首相算是老相识，事实上，丘吉尔还请他为《第二次世界大战回忆录》最后一卷做过校对。[73] 艾森豪威尔的新任国务卿约翰·福斯特·杜勒斯在共产主义问题上以强硬著称，在穆萨迪克及丘吉尔与左翼的关系问题上刁难过首相，他留意到“东方人诡计多端，与他们打交道时不要以为他们是率真的西方人”。至此，英美双方在穆萨迪克问题上达成了空前的一致。[74]

一想到丘吉尔将直接领导伊朗，蒙蒂·伍德豪斯十分高兴，早年在特别行动处供职时，他就认识了丘吉尔，甚至还参加过首相大人的生日宴会。伍德豪斯天生适合做情报军官，因为他不仅对古希腊文化有着浓厚的兴趣，还热衷于特别行动。他曾回忆说：“与艾登不同，丘吉尔认为对穆萨迪克政权发动政变没有什么不妥，而且他也不像艾登一样倾向于接受官员们的悲观论调。”[75] 丘吉尔觉得外交部一伙是“抱头鼠窜的窝囊废”。首相府上上下下都看不起穆萨迪克，觉得他是个“从来只穿着睡衣的爱哭鬼”——鉴于丘吉尔本人喜欢在卧室里办公，这话说出来有些讽刺，丘吉尔急不可耐地要把他轰下台。[76] 首相为军情六处与中情局联手发动政变大开方便之门，

7 月 1 日丘吉尔正式授权开始行动，数日后，艾森豪威尔也做出了相同的指示。[77] 可是行动前一周丘吉尔再度中风，所以可能是诺曼·布鲁克按照首相之前的意思做出最终授权。

这次行动的风险很大，以至于在德黑兰待了 5 年的美国中情局驻德黑兰站站长都坚持认为该计划一定会失败。为了克服阻力，中情局把此次行动转交给另一位军官克米特·罗斯福负责。克米特·罗斯福是前美国总统西奥多·罗斯福的孙子，他“行事谨慎、轻声细语、做事细心、有分寸”。金·菲尔比曾说过，克米特·罗斯福“是最无辜的人，你绝对想不到他会和你要手段”。话虽这样说，但事实上他和丘吉尔是一路人，都是“19 世纪的勇士”，在尔虞我诈中长大成人。[78] 7 月 11 日，罗斯福从大马士革驱车前往德黑兰，开始了一段惊心动魄的旅程，他随身带了好几个手提箱，箱子里装的都是小额钞票，总计 10 万美元。这些钱是用来雇人在街头闹事，要求现任总理下台用的。[79] 与此同时，伊朗国王作为伊朗君主立宪制国家元首，对穆萨迪克势力的崛起怕得要死，他天生胆小怕事，需要收到英国的信号，明确表示他们支持政变计划才敢行动。鉴于穆萨迪克曾于 1952 年驱逐了英国外交官和情报人员，找人传信很难。最后，丘吉尔设法说服了英国广播公司国际频道改变其平时播报波斯语广播所使用的说话方式。播音员没有像往常一样说“现在是午夜时分”，而是停顿了一下，“现在是（停顿）午夜时分”。这一细小的变化就是在向伊朗国王秘密地确认英国参与政变的信号，于是伊朗国王最终同意将穆萨迪克免职，让扎赫迪上台。可惜，该计划很快失败。穆萨迪克躲避过了警方的逮捕，他的拥护者纷纷涌上街头，伊朗国王趁乱出逃。正在伦敦耐心等待最新消息的丘吉尔可谓是“火冒三丈”。[80] 幸好前期有宣传造势作为铺垫，再加上当地伊朗人和中情局采取的行动及煽动的暴动，伊朗局势得以扭转，穆萨迪克政府下台。从此之后，伊朗国王成为伊朗的独裁者。

两个月后，行动圆满结束，丘吉尔私下会见了克米特·罗斯福。罗斯福发现英国首相抱恙，身体每况愈下，不光耳背，偶尔还吐字不清，明显有些偏瘫，头转不到左边。尽管如此，两人相见的场面还是十分感人。首相卧在病榻，与克米特一起追述往事，不无向往地对他说要是自己还年轻，他将非常愿意亲自参与“这个伟大的冒险”。[81] 如果能保住胜利的果实，这将是“二战结束以来最了不起的行动”。首相称军情六处为“我手下的”，言语中无不透露出他对情报工作的关心。[82]

罗斯福为自己在行动正酣时没有及时向丘吉尔报告最新情况表示歉意，他解释说，如果中情局的官员如实报告他们的所作所为，那么伦敦和华盛顿会认为他们“疯了”，而且会命令他们立即停止行动。如果罗斯福详尽地报告了他为什么认为采取这种行动是正当的，那么情报官们又没有足够的时间执行任务。所以，熟悉情况的罗斯福只能独当一面，因此几乎没向伦敦或华盛顿做任何汇报。假如行动失败自然另当别论，但这种十足的丘吉尔式的作风使得罗斯福的决定赢得了首相的赞同，他暗示罗斯福放心，纳尔逊勋爵会对这事睁一只眼闭一只眼的。[83] 他希望此次政变能带来深远的影响，“使中东地区的时局朝着有利于西方的方向发展”。中情局自己后来也承认，西方在该地区的影响力“持续下降”，但中情局和军情六处与德黑兰新政权的密切关系维持了足足 30 年。[84]

丘吉尔的身体大不如以前，精神也一日不如一日，罗斯福见了很难过。由于无法下床活动，身体机能不断衰退，首相连军情六处主管约翰·辛克莱的名字都记不得了。美国情报机构就更别提了，虽然隐约觉得它一定与战时的战略情报局有关，但是他已经不记得 CIA 这个三个字母的缩写表示什么意思了。[85] 幸好他的前任、战时副手艾德礼已于 1951 年将建立一套全新高效的情报管理体系提上议事日程。英国此时迫切需要这么一套管理体系。

丘吉尔或许已经放弃使用特工手段在东欧集团开展解放运动，但他的确意识到十分有必要在铁幕背后开展情报搜集工作。尽管丘吉尔上台后没几个月就调拨了大量预算外经费作为密码破解工作的专用款项，但政府通信总部在破解苏联高层通信往来方面依然没有取得大的突破。[86] 另外，尽管他担心冷战紧张局势加剧、核战争迫在眉睫，仍忍不住冒险一搏。事实上，正是因为担心朝鲜战争战事升级成核冲突，所以搜集一切有助于皇家空军袭击苏联主要城市的情报成为他的当务之急。过去的 6 年里，英国在没有美国人帮助的情况下，费尽千辛万苦才制造出自己的原子弹，并且在 1952 年 10 月成功试爆。丘吉尔对此相当满意。但是，如果不能获得对手的优质情报，英国新的威慑力量就缺乏可信度。[87]

白宫认为越空飞行过于危险，因此禁止任何美国飞机飞越莫斯科领空，但为了打探苏联的情报，美国空军把美 RB-45C 侦察机借给英国皇家空军。美国战略空军司令部知道这是一场豪赌，并送给丘吉尔一个“投注专员”的代号。[88] 丘吉尔亲自批准空军首次深入苏联执行危险的侦察任务。1952 年 3 月，他曾在唐宁街直接与参与侦察任务的一位飞行员进行过讨论。年轻的飞行员提醒首相，苏联空军可以通过防空情报雷达反馈的信息清楚地知道英方侦察任务的进展，这样做有很大的政治风险，因为莫斯科一旦察觉到我们有预定的飞行任务势必会出动苏 MiG-15 战斗机把我机击落。丘吉尔面带微笑地反驳道：“苏联人早就知道了，只是别让下议院的议员发现。”[89]

苏 MiG-15 战斗机威力不凡，美 RB-45C 侦察机如果在白天执行侦察任务的话，容易受到攻击。但这架苏联战斗机没有配备机载雷达，无法在晚间发现猎物，所以这些秘密的皇家空军侦察飞行计划演变成了夜间的“雷达摄影”任务。1952年5月初，3架执行侦察飞行任务的飞机经由不同的航线飞越了苏联的夜空，并顺利地逃走，没有发生任何意外，但苏联方面从地面雷达发现入侵者飞进飞出。1954年，当丘吉尔批准进一步在苏联领空执行空中侦察任务时，局势有了新变化。联队指挥官雷克斯·桑德斯回忆道，他驾驶的飞机靠近苏联上空时遭遇了严密的防空炮火，好似一座铜墙铁壁，明亮的炮火照亮了基辅的夜空。[90]丘吉尔的战时经验告诉他，航拍摄影与布莱切利园通过侦听截获的情报资料一样都十分有用，所以他优先考虑航空侦察。正是在他的领导下，皇家空军才于1953年部署了革命性的轻型喷气式轰炸机——“堪培拉”，它创造了约19406米作业高度的世界纪录，远远超过苏MiG-15的约15240米，在未来好几年，英国“堪培拉”轰炸机一直都是赴苏联执行航空侦察任务的首选机型。[91]

丘吉尔还批准了一项名为“雪貂行动”的项目，有了首相的首肯，该项目迅速发展起来。皇家空军和政府通信总部联合研制了一架特种机型以绘制苏联空中防御系统的电子图像，其实它称不上是一架真正意义上的飞机，只是一个飞行实验室。但是，如果英方驾驶该飞机绕东欧集团周边飞行时，十有八九会被击落。当时特别情报行动的审批程序多少有些随意，但对于这些危险系数极高的行动而言，艾登和国防大臣哈罗德·亚历山大还是希望能得到唐宁街的批准再行事。这是因为，为了捕获苏联防空系统发射的信号，飞机在执行“雪貂行动”时时不时会飞过境，引得敌方派出战斗机回应。因为飞机存在被击落的潜在风险，艾登和亚历山大把这次飞行任务当作一次例行的情报飞行任务写在绝密情报任务清单上提请首相亲自批准。[92]反正丘吉尔也不是第一个在情报问题上被误导的首相了。亚历山大对丘吉尔谎称英美只出动特种情报飞机在苏联领空执行了为数不多的几次侦察任务。实际上，5 年多以来，整整一个编队的侦察机全副武装地在苏联领空外围盘旋，借机收集电子情报。[93]

由于担心美国对俄罗斯的威胁反应过度，丘吉尔觉得中央情报局这个合作伙伴将来一定会惹不少麻烦。尽管如此，1954 年春天，他批准了一项代号为“黄金”的极其危险的情报逃脱行动。这项行动在 1955 年 2 月也就是丘吉尔结束政治生涯前数月完成。中情局和军情六处联手在中情局驻柏林站和苏联站的地下挖了一条隧道，即柏林隧道，目的是窃听苏联军方与情报总部通信的固定电话线路。尽管隧道还未动工之前，双面间谍乔治·布莱克就把这个消息给泄露了出去，但苏联也不敢立即发难，因为他们担心安插在英国情报机关里的最后一名王牌间谍遭到曝光。所以克格勃向苏联军方和外交部隐瞒了此事，英美情报机关通过柏林隧道获取了海量的通信内容。因为打的是固定电话，苏联方面也没想到会被窃听，所以通信内容多半没有加密。通信量如此之大，以至于政府通信总部不得不在圣保罗大教堂附近为译员新建一座 5 层的办公楼，方便他们破译截获的海量信息。黄金时期大概持续了一年，丘吉尔似乎看到了布莱切利园的影子，然而好景不长，一年之后克格勃“假装无意”发现并关闭了这条隧道。[94]

与此同时，丘吉尔快马加鞭地开展起新型无线电麦克风或者叫“窃听器”的研发工作。苏联密码依然密不透风，这次研发工作与柏林隧道行动一样，实际上是英国求密码而不得之后采取的退而求其次的方法。1952 年，英国一个技术团队发现，克格勃一直在监听美国驻苏联大使乔治·凯南。更令人担心的是，他们的窃听器使用了先进的微波激活技术。丘吉尔认为这是一项“重大的”技术进步，因为它代表着“苏联在这一高精尖领域发展的最高成就”。首相大人不甘示弱，指示军情五处和军情六处“采取一切必要的行动”。他下令专门针对苏联积极研究退则防御的安全措施，进则攻击的窃听技术。国防部首席科学顾问弗雷德里克·布伦德里特爵士协调组织了一次技术考察，探讨军情六处应用这类侦听技术，尤其是利用晶体管－波段装置窃听的可能性。布伦德里特爵士的秘密小组很快就研制出 4 种窃听器的样品，使军情六处在 1955 年年初执行窃听任务时再也不用为缺乏好的窃听器而苦恼。[95]几乎在同一时间，在约翰·辛克莱的领导下，军情六处加快步伐，争取在其他领域取得科技进步。由于担心苏联人已经研制出能够对人进行精神控制的药物，军情六处也打算效仿。科学家未经受试者同意就悄悄地为其注入了麦角酸二乙酰胺（LSD，一种强烈的半人工致幻剂），当然这个操作是严格保密的，谁都不能透露。待幻觉消失后，一个男性受试者回忆说当时看到了“萨尔瓦多·达利式风格的面孔，扭曲、破碎”。[96]丘吉尔是否知道这事尚不可知，不过，正如我们看到的那样，首相一直倡导间谍领域的科技“进步”。

1955 年 4 月 4 日，丘吉尔在唐宁街举办了一场晚宴，年轻的伊丽莎白女王、菲利普亲王，还有丘吉尔原先和现在的政界同僚都出席了宴会。宴会上，他眉开眼笑，高谈雄辩。“让我们共同举杯！”他高声说道，“还是女王陛下的高祖母维多利亚女王的次等骑兵时我就喜欢喝酒。”[97]第二天，也就是 4 月 5 日，81 岁的丘吉尔向白金汉宫递交了辞呈。尽管他身上存在诸多缺点，且体力严重衰退，但他在 81 岁的高龄还能像当年那个戍卫边疆的年轻骑兵军官一样对秘密情报工作保持着纯粹的热情。情报机关失去了一位强有力的倡导者。多亏了丘吉尔，情报机关从一个可有可无的机构变成了一个举足轻重的部门。更为重要的是，下届首相、丘吉尔的接班人安东尼·艾登及后来的哈罗德·麦克米伦也参与到这次情报变革中，无论战时还是战后都忠诚地伴随在他左右。艾德里是丘吉尔的副手，也是他的接班人，还是他的前任首相，虽然他魅力平平，却为情报工作打下了坚实的基础，所以如今唐宁街 10 号与情报部门之间的关系才更加稳健有序。虽然有如此坚实的基础，但未来 10 年双方的关系却面临着破裂的可能。

8

安东尼·艾登（1955—1957）

我不记得讨论过这个话题……我肯定没说过谋杀谁的话。

——安东尼·艾登[1]

尽管在位时间不长，但安东尼·艾登最终能登上首相宝座也是情理之中的事。艾登可谓“十年磨一剑，一朝试锋芒”，为了这一天，他等了太久。虽然温斯顿·丘吉尔的身体每况愈下，却牢牢抓着首相大权不放，幻想着在自己的有生之年与莫斯科重修旧好，“王储”艾登急不可耐，但又不得不在外交大臣的位子上待着，毕竟他自 1935 年以来几乎一直在外交部供职。1954 年两人还因丘吉尔曾私下向艾登允诺让其接任但迟迟不兑现诺言而大吵一架。[2] 艾登一边勤勤恳恳、兢兢业业地工作，一边愤愤不平地得等着丘吉尔让位，作为外交大臣艾登一直备受他人尊敬，几年过去了，他终于如愿以偿于 1955 年 4 月就任首相一职。丘吉尔或许会因自己被赶出唐宁街而对艾登心存“幽怨”，但事实上，保守党上下一致认为如果让丘吉尔继续担任首相，那么他们肯定会输掉下一次大选。[3]

4 月 6 日入主唐宁街后，艾登历经战争和和平的洗礼，在处理各国国际关系方面积累了丰富的经验。曾任三届政府外交大臣的他，执掌外交部长达 10 年之久，因此对情报、特别行动和海外黑色宣传的作用与功能了解得相当透彻。尽管艾登没有自己的前任丘吉尔和接班人麦克米伦那般丰富的想象力和历史感，但他胜在精明强干，具有谨小慎微、吃苦耐劳的品质，而且他头脑敏捷，善于化繁为简，在人际关系上也是八面玲珑、左右逢源。[4]作为丘吉尔领导的战时内阁成员之一，艾登与战后早期其他几位首相——从艾德礼到麦克米伦——一同接受情报工作的熏陶。艾登担任首相期间，在运用情报方面表现得游刃有余，堪称情报运作的典范。令人遗憾的是，现实却总是更加残酷。

艾登及其下议院同僚因个个风流潇洒，人称“魅力男团”，即使在这群魅力四射的男士中，他依旧算得上是一位英俊男士，不过作为首相，他则是一个带有悲剧色彩的人物：自负而且体弱多病，神经兮兮。当丘吉尔有意让位，着手规划自己迟来的退休生活时，人们渐渐担心起艾登糟糕的身体、善变的性格和急躁的脾气来。丘吉尔的私人医生莫兰勋爵就认为这位即将上任的首相将难以承受手握大权的压力。艾登是个喜欢大惊小怪的人，经常紧张兮兮，而且总是插手干涉内阁大臣们的事务，他给可怜的外交大臣、后来的财政大臣哈罗德·麦克米伦写便条，一天最多能写 20 次；1955 年圣诞节的那个周末，他给刚接替麦克米伦担任外交大臣的塞尔文·劳埃打了 30 多次电话。难怪军情六处主管迪克·怀特总觉得自己是直接对艾登负责而非对外交部负责。[5]

有一次闹哄哄的内阁会议结束后，麦克米伦这样评价：“艾登就是个怪胎。”[6]他防备心重、反复无常的脾气常搅得同僚们心神不宁。为免遭雷霆之怒，他的同僚们有时会向唐宁街10号隐瞒信息。[7]他神经质的行为也体现在对情报事务的处理上。有句老生常谈的话，情报官员要能“对权力说真话”。此话颇为有理。同样，历任首相也一定不能介入情报机构的日常事务。尽管情报机构和首相保持联络有助于情报的上传下达和落实，但首相干涉情报工作则有损于其客观性，容易把情报引到政治化的危险道路上来。在这两个方面，艾登的脾性引发了人们的严重质疑。成为情报人员必须先接受心理测验，被检验是否能守得住秘密，如果让唐宁街诸位首相，包括艾登，参加测试的话，估计无人能通过。

在过去的10年间，凡是涉及间谍和颠覆活动，丘吉尔的态度都十分强硬，但艾登则更愿意息事宁人。英国幽默小说家佩勒姆·格伦维尔·伍德豪斯战后的命运就是一个极好的例子，天真的伍德豪斯在纳粹的怂恿下以自己在二战中服刑时创作的幽默段子为基础写了一系列广播剧。军情五处的档案资料表明，二战期间伍德豪斯曾住在柏林的阿德隆，那是一栋4层楼高的豪华酒店，1943年为了躲避盟军的空袭才逃往巴黎。[8]到巴黎后，他的朋友、卖国贼约翰·阿梅里把他介绍给了阿勃维尔的阿梅伦博士，阿梅伦博士当时正潜伏在那里为即将到来的诺曼底登陆做准备。[9]战争结束后，军情六处的特工马尔科姆·蒙格瑞奇一直在巴黎保护伍德豪斯，带着他东躲西藏。[10]艾登想尽快带他回国，唯恐法国人以通敌罪将其处决。但丘吉尔坚持认为伍德豪斯“在英国的名声都臭了”，因此决定把他留在法国并派军情五处监视他：“我们希望永远不再听到有关他的任何消息，这对大家都好。”很明显，丘吉尔希望他不得好死，他冷冷地说让伍德豪斯“尽早见鬼去吧”。[11]结果，阿梅伦被处以绞刑，而伍德豪斯则获准携爱妻和爱犬“旺德”潜逃到美国。[12]1953年我们还看到艾登在伊朗总理问题上优柔寡断，迟迟不愿下令让军情六处采取强制行动，但到了 1955 年，艾登就像变了一个人似的，疾病、愤怒和不安让艾登失去了理智，频频召集情报部门采取行动。

艾登对反颠覆与反间谍的黑暗世界并不陌生。二战后期，他负责领导军情五处的工作，收到过不少情报报告的复本，因此也督办了各种各样有意思的事。法国情报机构把通敌嫌犯关押在其伦敦总部的地下室，那里有如地牢，嫌犯在那接受各种“刑讯逼供”。[13] 丘吉尔“处决女间谍”的热情不减，艾登与军情五处一道试图劝他有所克制，总是不厌其烦但又不失礼貌地建议：“宽大处理是明智之举。”[14] 诺曼底登陆前，英国派出“双重间谍”展开欺骗行动，这次行动给艾登留下了深刻的印象，他感激地对军情五处主管戴维·皮特里说：军情五处“理应以自己所取得的成绩为荣，你们当之无愧”。[15]

1951 年 5 月，盖伊·伯吉斯和唐纳德·麦克林叛逃到苏联时，艾登还是影子外相。他不愿将太多的责任归咎于工党对手、前内阁同僚赫伯特·莫里森，因为他同情他。相反，他认为叛逃这件事太过敏感，令英国政府十分尴尬，不如尽早做个了断才好。有意思的是，艾登与盖伊·伯吉斯有过短暂的交情，1950 年伯吉斯刚从伦敦调到华盛顿任使馆二等秘书，负责中东事务，寄宿在金·菲尔比的地下室里。他的职责之一是在影子外相艾登访美期间给他当司机。尽管伯吉斯开车技术不稳定，时好时坏，甚至“在关键时刻竟然会找不到车钥匙，但他们相处得挺不错”。[16] 不过，艾登并不知道克格勃给了伯吉斯一个任务，让他娶丘吉尔的侄女克拉丽莎·丘吉尔为妻。克格勃的这一命令令人匪夷所思，于是伯吉斯拒不服从，最后居然是艾登娶了克拉丽莎·丘吉尔。他们于 1952 完婚，那时艾登已是第三次出任外交大臣。[17]

然而伯吉斯和麦克林叛逃事件并未就此停息，作为外交大臣的艾登真是倒霉透了。1954 年，一位名叫弗拉基米尔·彼得罗夫的克格勃官员叛变，在社会上引起轩然大波，伯吉斯和麦克林变节叛逃的事件随之被推到舆论的风口浪尖。从悉尼叛逃之前，彼得罗夫曾在堪培拉的苏联大使馆从事密码破译工作，彼得罗夫变节这事谁都始料不及，它对澳大利亚乃至世界其他地区都产生了深远影响。有关菲尔比及“剑桥五杰”其他成员的谣言和爆料成为以后上任的七届首相挥之不去的梦魇，影响长达几十年之久。直到 2015 年，“第六杰”的身份才曝光，他就是军情六处的顶尖原子弹科学家、菲尔比和伯吉斯的好友威尔弗雷德·曼。[18]

彼得罗夫了解不少内幕，战后他同前克格勃同僚一同被派往伦敦做译码员，而彼得罗夫还担任莫斯科特别行动部门的负责人，该部门存放着伯吉斯和麦克林向苏联提供的所有机密。彼得罗夫的说法颇具权威性，他说伯吉斯和麦克林两人不仅是叛逃者，还是长期潜伏在英国的间谍，十分危险，他们泄露出去的机密文件能装满好几个“公文包”。[19] 彼得罗夫说确实有一个“人称‘第三杰’的间谍”向他们通风报信，说有人质疑他们的身份，让他们赶紧逃走。几年后，大家根据彼得罗夫提供的情报，竞相寻找这个神秘的“第三杰”。

在某些国家的情报界，这已经是一个公开的秘密：“剑桥五杰”中最臭名昭著的是十多年间不断向苏联泄密却未被发现的金·菲尔比。菲尔比魅力无穷，他热爱板球运动，喜欢举办派对，出入高级俱乐部。与安东尼·布朗特一样，他笃信共产主义，对其他意识形态持有偏见，这种偏见使得他背叛了自己的祖国，害死不少人。菲尔比在华盛顿期间因与伯吉斯交往甚密而受到美国方面的怀疑，1951 年 11 月被军情六处辞退。英国的不作为令约翰·埃德加·胡佛和中情局某些官员越来越失望，于是他们开始将菲尔比的名字透露给美国新闻界。[20]1955 年 10 月 25 日，星期二，工党议员马库塞 · 利普顿陆军上校在议会上指控艾登“为哈罗德 · 菲尔比先生的行动打掩护，而这个菲尔比很有可能是传说中的‘第三杰’”。[21]艾登吓得倒吸了一口凉气，后来的事情不用说也能想得到：马库塞 · 利普顿利用议员特权点名道姓地指出菲尔比就是“第三杰”，随后各路媒体争相报道，[22]军情六处颇为震惊。

军情五处主管罗杰 · 霍利斯私下拜访了英国下议院议员利普顿，想知道他从哪儿听来的这个消息。菲尔比的事利普顿是从中情局那儿得到的，但他可不想告诉霍利斯。霍利斯不甘心，立马散发假情报，准备请君入瓮。由于担心苏联不久后会在莫斯科大肆炫耀伯吉斯和麦克林的事迹，捅出更多秘密，所以他安排官员联系著名的间谍故事作家、《每日快报》的记者普曼 · 平彻。军情五处法律部门的负责人很快就联系上了平彻，告诉他说克格勃将利用叛逃的事挑拨英美两国的关系，平彻信以为真，随后在《每日快报》的头版撰写了一篇颇为引人注目的文章，该文章的标题为“当心那些外交官！”，文章称莫斯科发表的任何声明都是克格勃一手捏造出来的谎言，此文一出，帮了霍利斯的大忙，令他喜出望外。作为回应，克格勃委托各路记者和工党议员汤姆 · 德赖伯格为伯吉斯创作一本传记，以引起读者对其遭遇的怜悯。很快，各个秘密组织相继参与到无休止的口水仗中，越来越多的秘密被捅了出来。[23]

艾登觉得和这帮人瞎扯没意思，1955 年 11 月，他被迫出席下议院举行的辩论会，发言中他对近期的风波避而不谈，而是说到自己深爱的外交部，只听他悲叹道，“无论对外交部还是英国来说，这都是非常悲惨的一天。因为外交部的声誉代表着国家的声誉”。他驳斥了有关外交部官员过于“傲慢自大”且目无安全程序的流言，挺身而出，勇敢地为外交部及其工作人员进行辩护。他特别强调外交大臣压力重重，虽然麦克林酗酒，令外界颇感担忧，但再给他一次改过自新的机会也并无不妥。[24]

菲尔比事件让艾登头疼不已，不久后他把这个问题交给了时任英国外交大臣哈罗德·麦克米伦处理。如此棘手的问题乐于授权手下来处理，在艾登这里是唯一一次。在麦克米伦看来这么“卑鄙”且“极其可耻的故事”要借他的口公之于众，让他觉得十分尴尬。他觉得大家的批评都是冲着他来的，于是在日记中写道，“无耻的报纸”，尤其是《每日镜报》，“今天把我狠狠地骂了一通”。他还写道，“辩论结束了，我应该感到高兴才对”。[25] 菲尔比的好友们、与他一起效命军情六处的尼古拉斯·艾略特和理查德·布鲁曼-怀特帮忙起草了麦克米伦的声明，他们把菲尔比的罪名择得一干二净。麦克米伦向下议院保证，菲尔比工作起来尽职尽责，我们没有理由认为他是个叛国贼或是“第三杰”，接着他补充道：“就算有的话，也只有一个。”艾登和麦克米伦只盼着整件事能早点过去。[26]

11 月 8 日，菲尔比在他母亲位于切尔西德雷顿花园的公寓里演了一出好戏，全力以赴地帮了艾登他们一把。菲尔比穿着一身漂亮的灰色细条纹西装出现在媒体面前，向在座的记者披露了政府一直以来隐瞒的机密，并向他们保证自己绝对不是“第三杰”，然后给他们每人倒了一杯雪利酒算是送行。菲尔比的戏演得真不赖，他是个不折不扣的大骗子。不像麦克林和伯吉斯，大家多少有些了解，菲尔比这个人还真没人看得懂他。尤里·姆丁是菲尔比在克格勃时的主管，他在电视上观看了所有的直播之后感叹：他的表演简直“出神入化”。[27]

而在另一边艾登迟迟不肯动手。迪克·怀特敦促他向公众披露彼得罗夫事件的真相。怀特见多识广，不会轻易上当受骗，再加上如今在反间谍工作中已经积累了不少经验，所以他成了菲尔比的克星。“事情这么一闹，肯定对他有影响，”怀特说，“他多半也坐不住了，我们骗他再来一次采访，看他能不能招出什么来。”但艾登一而再再而三地拒绝了，原因不仅仅像倒霉的军情六处主管约翰・辛克莱说的那样简单：怀特和菲尔比有仇，小肚鸡肠。[28] 当这句话传到怀特耳朵里时，艾登毫不妥协的态度令他感到沮丧继而愤怒，从那以后，他一直觉得首相是“一个非常自负的人”。[29]

艾登对伯吉斯和麦克林的叛变深恶痛绝，最重要的一点是他不喜欢把局面搞得一团糟。作为首相，他逐渐开始对军情五处和联合情报委员会汇报的国内安全和反颠覆问题产生兴趣，并且“一丝不苟地”研读他们呈交上来的最新情报材料。[30] 尽管艾登阻止怀特调查菲尔比，但实际上他非常钦佩军情五处，觉得他们截获的情报具有一定的准确性，而且他们比军情六处总部那帮“强盗大亨”更加纪律严明，若没有首相授权他们不敢轻举妄动。[31] 艾登对军情六处的判断还挺准的。一项看似例行公事的间谍活动出了差错，严重打击了首相的权威，这一次他不得不再次因为间谍问题面临议会的质询。

艾登自我设定的形象是一位能把握全球动向的大政治家。作为资深的外交大臣，艾登的外交工作成就斐然，再加上精通国际事务，他与丘吉尔一样志存高远，希望自己成为“冷战”的终结者，所以不惜花大把时间来改善英苏关系。1956 年 4 月，苏联领导人尼基塔・赫鲁晓夫和尼古拉・布尔加宁计划对英国进行国事访问，艾登多年的努力终于有了回报，而且苏联领导人来访也是证明英国大国地位的一次绝佳的机会。[32] 未来三年，赫鲁晓夫都不会出访美国，而且这是 1917 年以来苏联高级代表团第一次访问西方国家。艾登打了个漂亮的翻身仗。[33]

绝不允许出任何差错。为确保这一点，艾登亲自指示：禁止对苏联代表团采取任何冒险或挑衅性的情报收集行动。情报部门千方百计地怂恿首相府采取无声的情报行动，包括对苏联代表团下榻的梅费尔区克拉里奇酒店实施监听，甚至还动用了双体船策划一起阴谋行动。[34]可是赫鲁晓夫和布尔加宁正好来自间谍大国，而且苏联人以其令人敬畏的通信安全纪律著称，所以艾登觉得暂时牵制住自己手下的情报机构，应该不会漏掉什么重要的情报。[35]有了唐宁街的这一明确指示，接下来令艾登和外交部最为头疼的事情就是送礼。印度首任总理贾瓦哈拉尔·尼赫鲁刚送给赫鲁晓夫两头大象以示友好，白厅里的达官贵人们思索着如何才能盖过印度的风头。[36]

布尔加宁和赫鲁晓夫正在对世界各国进行国事访问。到访英国之前，他们先去了印度，在那里，他们痛陈英国殖民史，引发德里的强烈反响，而在唐宁街则是另一番景象，有人建议取消苏联领导人来访，但艾登坚决表示欢迎。尽管如此，外交部情报研究处、英国外交部绝密宣传机构都忍不住在底下做手脚。苏联代表团成员包括克格勃主席伊万·谢罗夫将军，他的官方职务是克格勃的安全官。一名记者回忆说外交部情报研究处“塞给我一份伊万·谢罗夫的简历”，他的履历好似一枚枚勋章，记录着谢罗夫对那些不幸者的压迫、镇压和恐吓。结果，在整个访问过程中，谢罗夫都遭到“记者的围追堵截”，记者们对他的称呼五花八门，有人称他为“屠夫伊万”，有人称他为“恐怖的伊万”。[37]

4 月 18 日，赫鲁晓夫和布尔加宁乘坐“奥尔忠尼启则号”巡洋舰抵达英国，舰艇停靠在朴次茅斯的大型天然海港。英苏领导人会谈的首日艾登和宾客们共同回忆了英苏三次结盟的经历，一次是攻打法国的拿破仑，两次是对抗纳粹德国，他敦促和平时期英苏应致力于建立更加密切的双边关系。[38]英国政府知道苏联领导人担心自身的人身安全，于是同意护送他们在伦敦出席各项活动，苏联领导人的座驾两侧分别配有 50 名摩托车警卫全力保护其安全，号称当时最严密的安保措施。参观皇家大剧院时，政治保安处在屋顶布置了安保力量，监视周围的一切活动，确保他们的安全。一个个来自乌克兰和波罗的海的流亡团体正等着伏击苏联领导人，确切地说是谢罗夫，准备来一场疯狂的扫射，鉴于此，英国警方部署了大量的狙击手，第一次通过无线电通信警车对现场进行布控。[39]

其他未经艾登批准的侦察活动也在悄悄进行。4 月 19 日，军情六处一名身材矮胖、戴着巴拉克拉法帽的“蛙人”悄悄潜入朴次茅斯港口的浑水中，侦察“奥尔忠尼启则号”巡洋舰的底部，想看看水下到底隐藏着什么样的电子魔法。军情六处驻伦敦分局局长尼古拉斯・艾略特下流地说：“我们更想仔细看看那些苏联女人的屁股长什么样。”[40] 莱昂内尔・克拉布（绰号“破坏者”）虽然算不上是最出色的游泳健将，但他在第二次世界大战期间表现得十分出色，有一次克拉布在地中海徒手与手持大刀的意大利潜艇突击队搏斗，赶在船只爆炸前，一把扯开船上的水雷。[41] 报界对他在战时创下的这些壮举崇拜得五体投地，他的装扮也为他赢得了不少目光——头戴单片式潜水镜，手拿“一根头部似螃蟹的手杖，手杖内藏有刺刀”。[42] 他在军情六处兼职，偶尔替他们出水下侦察的任务，尽管他胆识过人、名噪一时，但可怜的克拉布已不再年富力强，他患有抑郁症，是个老烟枪，而且酗酒，所以身体很差。他曾努力适应和平时期的世俗生活，但他的私生活还是一团糟。他喜欢穿着潜水服带女伴去餐厅共进晚餐——“这身衣服很少能达到预期的效果”——当军情六处上门找他执行此次的任务时，他正在闹离婚，把桌子都变卖了。[43] 在遇难的前一晚，克拉布喝了五杯双分量的威士忌——这可不是执行秘密任务前该做的。次日一早，当他独自出发，潜入冰冷、黑暗和浑浊的深海中时，军情六处有些人觉得不放心，觉得他可能胜任不了这一高危的绝密任务。[44]看来他们的担心是对的。

与此同时，艾登与苏联领导人的会谈取得圆满成功。尽管有不顺利的时候，但双方私下交往都很愉快。[45]此次会谈展现了艾登的外交成就和政治家风范，他本人表示“十分满意”，此外，他认为苏联到访“有助于消除疑虑”。[46]4月30日，艾登私下告诉自己的外交秘书塞尔文·劳埃说，现在“苏联领导人的访问已经结束”，他将重新审视对苏政策：“我认为眼下苏联人没有任何武力入侵西方的打算。”对于苏联表示希望改善苏英关系、加强交往合作，他也不知道英国该做何回应。为了不影响英国在对外宣传中的形象，他问：“外交部情报研究处正在办的案子中，有没有哪些需要叫停的？”——艾登显然有些急不可耐，至少要等到苏联人证明他们是“说话算话”才行。

可是艾登还没高兴几天，苏方就发现有可疑的“蛙人”刺探“奥尔忠尼启则号”巡洋舰而且还失踪了。当发现克拉布没能浮出水面时，迪克·怀特立刻觉得大事不妙。虽然这是军情六处出的任务，但作为军情六处主管，发生在英国领土上的间谍活动统统需要他留心。怀特召集了一群资历最深的同僚，当他们“成群结队上楼”时，正好撞见军情五处主管，结果立马像学生见到校长一样毕恭毕敬。怀特坐在椅子上一会不停按揉着太阳穴，一会儿心神不宁地胡乱翻着手里的文件，他的脸上看不出往日的魅力，连温暖的微笑也消失得无影无踪。只听滴答一声钟响，打破了沉默，在场的人个个脸上露出恐慌的表情。最终，怀特决定亲自拜访艾登，看“我能不能搞定”。[47]没有人知道他究竟有没有对艾登说起这件事，如果说了，那么他是怎么说的？首相第一次听说这次拙劣的行动时正在同赫鲁晓夫参加晚宴，当时赫鲁晓夫还开玩笑说自己放在“奥尔忠尼启则号”舰艇上的财物丢了，结果第二天晚上，一位苏联海军上将报告说在舰艇附近发现了可疑的“蛙人”。纸包不住火，怀特不得不告诉首相实情。5 月 4 日，外交部正式向艾登通报了此事，可是，到那时媒体的报道已经铺天盖地了。[48]

艾登火冒三丈。这显然是在针对他——就像被人左右扇了两巴掌。他是一点儿风声都没听到。更重要的是他已经在第一时间禁止这次行动。苏联人早就对英国舰艇进行了水下侦察，海军部认为英国情报部门理应以其人之道还治其人之身，这并不奇怪。早在 1955 年 10 月，艾登就已经批准了英国情报部门对来访军舰进行侦察，但当海军部第一大臣特别申请侦察“奥尔忠尼启则号”巡洋舰时，艾登却坚决不同意。他以两国关系为重，礼貌地回应说：“我非常抱歉，但眼下我们还是什么都不做的好。”[49]

糟糕的是军情六处似乎有意违背首相的意思，真的展开了行动。[50]更糟糕的是，军情六处与外交部之间的通信当时也断了。迈克尔·威廉斯本来负责联络外交部与军情六处，可是当军情六处西欧负责人约翰·布鲁斯·洛克哈特提请威廉斯批准这次行动时恰逢威廉斯的父亲过世当天的上午。亲人离世令威廉斯无心工作，这乃是人之常情。威廉斯当时随手翻了翻文件就放在了一旁，也没有说一句话，洛克哈特还以为他不说话是默认申请获批了。其实不是。威廉斯也没有如常地请示自己的上级帕特里克·迪安，作为外交部情报与安全事务负责人，迪安对此事毫不知情，因此处境十分被动。[51]威廉斯因此事被免职。[52]

艾登为此暴跳如雷，他把海军部各部门的负责人叫到唐宁街，臭骂了一顿[53]。他知道之所以发起这次行动是海军部想刺探情报[54]，但他没想到军情六处会对此听之任之，他觉得这是对他这个首相的不敬[55]。军情六处局长约翰·辛克莱说话不起作用，他虽是个正派人，但能力不够，被迫内退了。事实上，艾登早在担任首相前就有意让迪克·怀特接替辛克莱[56]，克拉布失踪事件来得正是时候。艾登把怀特叫到唐宁街，告诉他接班一事，并让他把克拉布失踪一事做个了断。艾登毕生从事反间谍工作，对海盗式的特别行动毫无兴趣，在他看来军情六处只是当权者冲锋陷阵的棋子罢了，“他们沉浸在自欺欺人的神秘感中，真以为军情六处的行动能够影响历史进程”。[57]

把军情五处的主管调到军情六处当主管这是破天荒头一次，艾登的内阁秘书诺曼·布鲁克相信怀特是军情六处主管的最佳人选。“我们需要你，迪克，”他柔声鼓励道，“因为你知道英国民众会遭遇什么。你要把秘密情报局的风气正一正。”布鲁克对怀特说出了心里话，艾登“做不了，也不再是我们在战时认识的那个理性的战略家”，他还提醒怀特“前面有很多困难等着你”。怀特带着沉重的心情勉强接受了这一任命，他在军情五处的职位则由他的副手罗杰·霍利斯接替[58]。但是，英国内政部常务次官弗兰克·纽塞姆告诉怀特他的职责就是听命于首相[59]。这个要求很快让新任主管陷入两难境地。

艾登有更要紧的事情去处理。上任以来，他已经不是第一次就情报问题接受下议院质询了。作为一个功勋赫赫、小有名气的战争英雄，克拉布的失踪自然引发了媒体的诸多猜测。拖了四天，艾登不得不站上下议院的讲台，向议员们汇报最新进展情况，反对党的讨伐声不绝于耳。正如大家所预料的那样，他以这样的方式开场：“非常抱歉地告诉大家，克拉布军官很有可能已经丧生了。”然而，接下来的这句话却令人震惊不已：“虽然按惯例应该由涉事大臣来承担责任，但鉴于此案情况特殊，我认为有必要说清楚，如今发生的这一切，当局及女王陛下的各位大臣们毫不知情。”此话犹如火上浇油，进一步引发了媒体的猜测，但随后他向议员们保证，“已采取适当措施”对涉事人员进行纪律处分。[60]

工党反对党终于逮着机会了。在后座议员的惊讶声和咆哮声中，有人问艾登是否意识到“首相说这样的话简直是滑天下之大稽”。艾登故作镇定地掩饰自己的失态，坚持重申了一遍自己的立场：“我对下议院说的这话并没有错，我也没有什么要补充的了。”艾登料到自己会成为众矢之的，早已有备而来接受工党党魁休 · 盖茨克尔对自己的嘲弄，说自己说话半真半假，语焉不详。为了早点结束这场辩论，艾登承认“在某些问题上，首相难辞其咎”。他企图打首相牌，但没人买账。盖茨克尔穷追不舍，乐在其中，他反驳道：“那首相大人有没有意识到大家对这个答案并不满意呢？”艾登支支吾吾半天回答不上来，盖茨克尔嘲笑说：在我们看来政府是打算掩盖一个“弥天大错”。[61]

一周不到的时间，艾登不得不第二次面对盖茨克尔的质问。盖茨克尔是一个有胆量的政治家，坚持自己的信念，很少利用反对党手上的特权[62]。但如今他对艾登穷追猛打，此时的首相已是四面楚歌。盖茨克尔接着上次的话说艾登“对内缺乏切实有效的控制”。艾登泰然自若，坚持己见，说“议会从古至今就保留有这种惯例：一个负责任的首相绝不会透漏任何不符合公众利益的信息”。[63] 对于军情六处未经批准就擅自执行行动，艾登没有进一步详谈，只是透漏了只言片语，因此掀起了“一场媒体风暴”。[64] 显然，赫鲁晓夫非常喜欢看到艾登在公众面前如芒在背的样子，他说“奥尔忠尼启则号”是一艘旧舰艇，根本没有什么秘密装备。事发后不久便卖给了印度尼西亚。[65]

同年晚些时候海军第一大臣黑尔什姆勋爵谴责这一事件是战后“最愚蠢、最不光彩”的事。[66] 艾登看似无招架之力，但其实他的表现让人佩服。外交部曾建议骗过下议院，就说是克拉布擅自行动，

"想一出是一出"，把责任都推到这个大家都知道的"蛙人"身上，但被艾登当场驳回了，他觉得这样做实在是毫无人情味。艾登拒绝公然掩盖真相，让人们心中的战争英雄成为替罪羊。[67]

不出所料，军情六处并不欣赏他的正派作风。令人意想不到的是，自始至终都参与其中的尼古拉斯·艾略特争辩说整个克拉布事件的责任在于政府官员，尤其是艾登。艾略特坚称"这本是小事一桩，由于政府无能，如今演变为一场重大的外交风波，结果还让军情六处背了黑锅"。[68]艾登本可以"为了国家的利益低调行事，拒绝表态"，但军情六处的话让他勃然大怒，因为当时根本没人征求过他的意见，而且他们发表了一系列声明混淆视听，制造公众舆论。[69]更令人不可思议的是，艾略特还指控工党不许反对党置喙自己的这次失败，简直是小题大做。[70]艾略特真是胆大包天，能保住饭碗算他走运。他虽然"奇丑无比"——艾略特父亲的原话——但擅长挑事儿，上帝真是公平！[71]他是军情六处里面为数不多的几个爱搅局的人之一，正如他之前的同事所说，克拉布行动的失败是"一场独角戏版的猪湾事件"。[72]

间谍行动一旦失败，危害极大，没有哪个首相希望看到这一幕。因为向公众披露太多细节会危及国家安全，闭口不谈无异于掩饰，而披露部分细节又会助长媒体的贪婪。就拿克拉布失踪事件来说，十年过去了，大家对这件案子的揣测却从未停止过，其中一部分原因是政府一再拒绝解密与此案相关的任何档案材料。人们议论纷纷，有人说这是英国政府在掩盖自己的过失，有人说克拉布在潜水任务中遭遇苏联"蛙人"，两人在水下进行了一场殊死搏斗——2007 年前苏联一名退役老兵声称自己用匕首割断了克拉布的喉咙。[73]更有甚者说克拉布被苏联人俘虏，而且被洗了脑，他们认为克拉布失踪 14 个月后在奇切斯特岸边发现的那具无头无手的尸体根本就不是克拉布本人的。[74]

艾登恼羞成怒，他要查个究竟。他认为这次行动“判断不当、有失理智”，于是下令前内阁秘书爱德华·布里奇斯展开调查，他要知道“谁授权了这次行动”，“为什么行动失败后要等到5月4日才上报”。[76]首相认真阅读之后在空白处气愤地写下“荒谬之极”“违抗命令”“禁止”等字眼。[77]艾登显然没有轻信报告的内容，他认为这是一些当权派官官相护，保护自己人。6月，他把涉案人员召集到财政部狠狠地批评了一顿，训斥他们没有及时向他汇报情况[78]。

紧接着艾登展开了一次更大范围的调查。此次调查由内阁秘书诺曼·布鲁克和联合情报委员会主席帕特里克·迪安牵头，不但对情报行动的未来发展进行了考察，而且评估了艾登所谓的“政治风险”问题。[79]这次调查开辟了政府对各类情报行动实行密切监控的新纪元，依靠强盗大亨和绅士从事业余情报活动的行为都将成为历史。克拉布事件最直接的影响是艾登决定禁止中央情报局最新研发的U–2侦察机飞越萨福克郡拉夫·拉肯西斯空军基地，因为他担心这可能会再次引发国际纠纷，这次苏联可能不会再像上次一样善罢甘休了。不仅如此，原本打算利用英国潜艇收集信号情报的秘密行动也被取消了。虽然艾登的做法可以理解，但他的这些条条框框损害了英国情报机构的声望。水下间谍活动和高空成像技术的发展日新月异，他这样做无异于把主动权交给了美国——这些更具有侵略性的间谍行动直到哈罗德·麦克米伦上台之后才得以恢复。[80]

艾登一直以来都对情报持有一种谨慎的态度，这点更像艾德礼，而不是丘吉尔。他审批的情报报告不在少数，但他更希望的是手下能循规蹈矩。作为外交大臣，他希望对苏联采取隐蔽行动能有所收敛，也“十分反感”针对伊朗穆萨迪克总理发动的政变。[81]关键是他不喜欢被人晾在一边，可以说，过去十多年丘吉尔就是这样一直晾着他的。所以如今有人胆敢奉令不遵，引发克拉布事件，他势必追查到底，明令禁止此类事件发生，以便防患于未然。由此看来，艾登在苏伊士运河事件中滥用情报，试图利用军情六处来推行他自己的秘密外交政策，尤其是荒诞的暗杀行动，简直是令人匪夷所思。1956 年 7 月底埃及总统加麦尔·阿卜杜勒·纳赛尔将苏伊士运河国有化，这一举动成了苏伊士运河事件的导火索，艾登正是因为此事对纳赛尔恨之入骨，视他为“希特勒”的化身，于是坐立不安，走火入魔。

苏伊士运河危机期间发生了两件事，使得艾登与情报界之间关系更加恶化。其一，有传闻说首相无视联合情报委员会提出的严重警告。尽管他在对待联合情报委员会的资料时以谨小慎微而闻名，但在苏伊士运河问题上，艾登觉得自己对一切了然于心。其二，私下动用军情六处执行首相府的命令——讽刺的是，这颠覆了他自己在克拉布事件之后刚刚确立的新规定。英国外交部常务次官部是负责领导军情六处的直接上级单位，其负责人杰弗里·麦克德莫特回忆说，他收到的指令“是艾登亲口下达的”。“参与所有情报和策划活动”的官员总共只有三位，“后来减少至两位”。[82]

正当苏伊士运河危机令各方焦头烂额之际，军情六处主管迪克·怀特会见了帝国陆军总参谋长杰拉尔德·坦普勒。两人愁眉苦脸，怨声载道，抱怨艾登做事如何“一意孤行”。他们说得没错，首相一方面听不进去情报部门的情报评估意见，另一方面又希望军情六处在开展秘密行动、勾结行动方面对他唯命是从。[83] 外交部常务秘书伊冯·柯克帕特里克短小精悍、雷厉风行，如今他在首相府待的时间比在办公室还多，他得协助艾登推动政策的制定——但首相一直无视联合情报委员会给出的意见。[84] 相比之下，高大魁梧、红光满面的联合情报委员会主席帕特里克·迪安却一直被蒙在鼓里，他根部不知道艾登暗中计划与以色列勾结[85]。显然，艾登知道联合情报委员会与美国人合作密切，他担心“我们活动计划的风声被泄露出去。”[86]

艾登坚信纳赛尔已然成为苏联入侵中东的棋子。[87]尽管迪安及其联合情报委员会同僚们时不时地戏称纳赛尔为“小希特勒”，但拒绝将纳赛尔妖魔化，他们的看法是如此不偏不倚，以至于艾登十分不爽。[88]他们主张“稳扎稳打”，而艾登恰恰相反，他“一心想尽早除掉纳赛尔”。[89]由此看来，并不是联合情报委员会“在苏伊士运河公司被国有化之前”向艾登灌输“推翻纳赛尔政权的念头”。[90]即便英国收回苏伊士运河经营权后，联合情报委员会还曾明确地提醒艾登：“我们认为通过武装威胁、集结部队的手段，纳赛尔政权不会垮台，也不会取消运河国有化政策。”迪安“超然、冷静、智商过人”[91]，他明确地警告艾登说：“假如西方国家的军事行动不足以确保提前取得决定性胜利，那么阿拉伯国家及其他国家的局势将会使我们陷入极其尴尬的境地，后果不堪设想。”[92]联合情报委员会敢谏言最高领导人实在是勇气可嘉，不辱使命。

可是艾登自负得很，对于联合情报委员会的警告他充耳不闻。珀西·克拉多克是联合情报委员会主席，在几任主席中算是个厉害的角色，他说：“虽然首相可以随时召集个别官员或者情报机关执行命令，但他及其同僚们明显没有心思听取资深人士的集体意见。”[93]所以，到了1956年春天，联合情报委员会似乎在苏伊士运河问题没有多大的话语权。有“明显证据”表明艾登和他的小圈子意图采取行动，他们有意将“许多高层人物，包括整个联合情报委员会，蒙在鼓里”。秘密潜伏人员（有些人的身份依然是国家机密）明确表示“联合情报委员会基于情报汇报对形势做出了准确的判断，不过艾登对他们汇报的情况置若罔闻”。[94]

艾登究竟为何无视联合情报委员会的情报呢？首先，他曾目睹过对希特勒和墨索里尼采取绥靖政策带来的危害。由此及彼，使得他对纳赛尔政权带有偏见。[95]其次，由于个人恩怨，他对纳赛尔恨得咬牙切齿，这必然影响了他的判断；有时候情报人员经过好几个小时客观分析才得到的结果，常常被首相的个人好恶推翻。再次，艾登以战时的丘吉尔为榜样，自己分析情报，并且相信自己能够比情报机器做得更好。艾登不仅拥有丰富的外交工作经验，而且在牛津大学学习的是波斯语和阿拉伯语，此后他便专注于中东问题的研究。因此，如果从一个古典的东方学者的角度而言，他是精通该地区历史和文化的大家。[96]艾登自认为没有人比他更了解该地区的发展情况。他认为纳赛尔是一个"追求一己之荣的独裁者"[97]，所以挑选情报时，也带着先入之见。

对联合情报委员会的准确预测置若罔闻，专挑自己感兴趣的情报看，这种做法不禁让人想起在两次世界大战期间担任首相的张伯伦和50年后的托尼·布莱尔。一名潜伏在开罗、代号为"幸运来临"的军情六处特工曾给怀特、坦普勒和联合情报委员会其他成员发去情报，但他们熟视无睹。情报特别强调纳赛尔有亲苏倾向，并预测埃及将于1956年6月对以色列发动攻击。但艾登对这些报道津津乐道，并在与艾森豪威尔总统的对话中大量提到了"幸运来临"提供的情报。[98]艾森豪威尔清楚这些话大部分都是无稽之谈，他直言不讳地对首相说："你太看得起纳赛尔了"，偷拍的照片"太黑了，什么也看不清"。[99]结果证实"幸运来临"根本不是纳赛尔的核心集团中的一分子，而是捷克情报机构一名传播虚假信息的间谍。不过，是军情六处误导艾登，使他相信"幸运来临"与纳赛尔关系密切，还是艾登首相自己故意扭曲和夸大现有情报就不得而知了。[100]

苏伊士运河事件没能把纳赛尔拉下马，但作为一个欺骗美国的战略骗局，它可以称得上是一流。时任中情局局长艾伦·杜勒斯后来承认，直到计划启动前“大约几个小时”他们才得到消息说英国插手埃及事务[101]。艾登在他们眼皮子底下搞出如此大规模的军事行动让华盛顿方面不但被打了个措手不及而且十分恼火。派驻伦敦的中情局与军情六处联络官丹·德巴德莱本因为“没有及时报告盟友的行踪”而“被适时开除”。德巴德莱本是一个资深的亲英派，曾于1940年被美国战略情报局派驻伦敦工作。接替他担任联络官的是特雷西·巴恩斯——“一个非常难对付的间谍”，曾在纳粹德国担任中情局的一线指挥工作。用一句话概括他的任务，就是“密切加强监视”。但需要密切监视的远不止这些。[102]

艾登很少接见军情六处新主管——而且通常是应迪克·怀特的要求才见的。怀特很会利用时机，展现自己的魅力，但又不会过于张扬，他会尽量表现得毕恭毕敬，让首相觉得他并不是个桀骜不驯的人。但他心里清楚，与大多数国家领导人一样，在私下场合，艾登会情不自禁地向自己表达“亲密感”，而且忍不住“向他一个人披露‘令人兴奋的只言片语’”[103]。怀特明白，虽然按规定情报工作应向外交大臣汇报，但实际上他是直接对艾登负责。艾登做外交大臣的时候就表现出强烈的控制欲，现在又赶上克拉布失踪这档子事，因此艾登要求逐步掌握军情六处的控制权也就不足为奇了。

起初，艾登对军情六处开展的各项隐蔽行动兴趣盎然，尤其对军情六处在中东通过秘密电台开展宣传活动甚是热心，他一度要求加强宣传力度，与“纳赛尔政权”一较高下。这个老牌帝国主义分子相信，军情六处如果能在禁地发起秘密行动，它就有本事让帝国保持不败地位，同时弥补英国军力下滑、经济衰退所造成的劣势。在与怀特的第一次会面中，他对这位新任主管说，英国的外交事务需要“一流的情报机构”，这个情报机构能够在幕后有效地开展工作，再不“让政府难堪”。对于艾登而言，情报是一种神秘的国家力量，尽管这种力量十分危险。[104]

开始，艾登优先考虑的是秘密行动。除了哈罗德·麦克米伦和诺曼·布鲁克等精挑细选出来的得力干将，他还为第三世界——在第三世界国家，英国残余的影响力面临着共产主义和极端民族主义的双重威胁——制定了一项绝密战略。首相认为，“我们应时刻准备在中东和东南亚等严重受到共产主义渗透威胁的小国更多地使用反颠覆手段”。[105]据布鲁克说，反颠覆包括“宣传和军事行动等各种地下活动”，目的是对抗共产主义的渗透或者民族主义的颠覆。[106]如今艾登制定的这个新的绝密战略不但包括暗中发动政治战争以削弱纳赛尔的地区影响力，甚至还包括在叙利亚策划政变。1955 年至 1957 年，英美情报机关排除异己，密谋推翻叙利亚政府。艾登倾向于暗中策划，“把叙利亚变成伊拉克的附属国”。[107]1956 年 4 月，军情六处中东行动负责人乔治·扬格与奈杰尔·克莱夫甚至提出促成推翻沙特阿拉伯国王的现有统治，改朝换代。这两个人前者特立独行，后者对中东事务了如指掌，他们的这番话让美国大惊失色。扬格和克莱夫提议暗中利用沙特王室的内部分歧，必要时借用英国在特鲁西尔酋长国（阿拉伯联合酋长国的旧称）中的地位，加速沙特国王的倒台，算作对当年沙特国王背信弃义，使英国石油利益蒙受重大损失的报复。[108]

但纳赛尔仍是艾登的首要目标。他把纳赛尔视作“穆斯林的墨索里尼”，全权委托军情六处奉行他自己的那套秘密外交政策，欲除掉纳赛尔而后快。[109]他对密谋推翻埃及总统的计划严格保密，希望知道此事的人越少越好。时至 1955 年 12 月，只有外交大臣、柯克帕特里克，以及包括帕特里克·迪安在内的其他 4 名外交部成员知情。柯克帕特里克把最高机密文件锁在保险柜里，秘而不宣。[110]艾登鼓励大家积极讨论（包括与美国中情局）如何尽可能地利用埃及“新革命组织”推翻纳赛尔的统治。[111] 1953年伊朗政变、1954年危地马拉政变纷纷成功，受其影响，他计划以煽动反对党作为中心展开行动，首先确定一名合适的替代人选，然后对其加以训练，最后唆使其发动军事政变。[112] 幸好外交部其他人员对艾登的秘密计划一无所知，所以他们对纳赛尔政权采取了一种更为谨慎的遏制政策。英国驻埃及的资深外交官们担心，纳赛尔紧紧地控制着当地民众，而且眼下也没有别的傀儡政权可以扶持，所以推翻埃及总统所进行的秘密尝试可能是竹篮打水一场空。[113]

艾登下令在亚丁新设一处地下电台以遏制纳赛尔在该地区日益增长的影响力。他似乎有点儿等不及了，先是催促塞尔文·劳埃加紧建设电台，而后又抱怨军情六处在塞浦路斯开办的“英国之声”电台（Sharq el-Adna）放不开手脚。他对纳赛尔的“埃及之声”“在我们的油田上肆意鼓吹宣传”十分不满，表示“我们必须尽快采取行动”。[114] 艾登还利用自己的关系试图在别的方面暗中削弱对手。他甚至联手军情六处建成了自己的私掠船。保守派议员朱利安·埃默里崇尚帝国主义，一心想建立“丰功伟业”，艾登不动声色地把他请来，命令他带领一个由民间人士组成的神秘组织鼓动埃及反对党破坏时局。当时埃默里还是一位后座议员，在苏伊士集团担任秘书，他受命调查建立新政府替代纳赛尔政权的可行性。埃默里及其同僚，包括绰号“比利”的特别行动处老特工尼尔·麦克莱恩（曾因信奉《圣经》而走火入魔）以及军情六处驻伊朗情报站的老特工诺曼·达比希尔在前往瑞士与埃及穆斯林兄弟会（“穆兄会”）代表们见面之前与埃及的异见分子举行了会谈。[115] 阴谋活动如火如荼地进行，哪知随后事态的发展令他们始料未及。

越来越多的间接证据表明艾登欲除纳赛尔而后快。多年来这事已经闹得满城风雨[116]联合情报委员会的官方历史学家迈克尔·古德曼断言“无论是公开还是未公开的文件都没有任何证据表明艾登起过除掉纳赛尔的念头”。不过，他还指出，苏伊士运河事件的记录存在“重大漏洞”，而且英国内阁秘书诺曼·布鲁克承认他非常小心地确保“整个真相永远不会暴露”。[117]

艾登对埃及领导人有自己的看法。虽然他在采取高风险的情报行动方面向来谨小慎微，但其在埃及问题上似乎一反常态。早在1953年，他就策划刺杀前埃及民族主义领袖穆罕默德·纳吉布，因为纳吉布通过发动政变废除了腐败无能且亲西方的埃及国王，使英国在苏伊士运河地区的利益受到威胁。纳吉布曾扬言“除非我们死了”，否则英国军队休想留在此地。[118]但是，艾登的政府同僚劝说艾登放弃刺杀计划，他们认为刺杀没有任何意义，因为纳吉布只会被纳赛尔取代，而纳赛尔只会是个更加狂热的民族主义者[119]。

1956年3月，约旦国王侯赛因免去了约翰·格拉布的职务，艾登再也忍无可忍。格拉布是阿拉伯军团的英国指挥官，也是英国在该地区残余势力幸存下来的一个显著象征。艾登认为纳赛尔是幕后指使，不堪重压的他忍不住破口大骂。他丝毫不顾忌电话可能被偷听，在致电外交部长安东尼·纳丁时大声指责他说：“孤立或者用你的话说‘中立’纳赛尔是什么鬼东西？我想要整死他，明白吗？我让你把他干掉！如果你和外交部都不同意我这么做，那么你们最好来内阁给我解释解释。”[120]

艾登先是绕过塞尔文·劳埃，直接找到帕特里克·迪安。艾登一向重视政令的上传下达和强调官员要有政治责任感，现在他绕过劳埃，直接找迪安，简直是在打自己的脸。随后又和迪安公然绕开了军情六处主管，找到了乔治·扬格。[121]事后说起苏伊士运河事件，扬格觉得这是“腐朽的大英帝国所做的垂死挣扎”。“这次远征的溃败，”扬格不无惋惜地叹息道，“使英国落下了病根，一代传一代。”[122] 显然，怀特接管军情六处时扬格向他明确了自己的职责，他是首相亲自挑选出来“干掉纳赛尔”的人。[123] 扬格将自己目睹的这一切奉为首相亲自给自己颁发的杀人执照，在苏伊士运河危机之前就开始激动地着手制订暗杀计划，危机之后也没闲着。[124]

在过去的十年里，大量涉嫌暗杀纳赛尔的阴谋被曝光，有些国家的刺杀行动相对成熟，有些则显得幼稚可笑，但没有一个是成功的。目前，军情六处碰到的问题是他们很少杀人，而克格勃则拥有一系列种类繁多的致命武器，所以，英国得一切从零开始。可能是事先查阅了一本 88 页的《中央情报局暗杀方法手册》，军情六处的技术官员先是密谋在纳赛尔政府总部的通风系统中散布神经毒气[125]，可是当官员们意识到实施这个行动会伤及无辜时，他们立即放弃了这一计划[126]。其次，据说军情六处计划直接效仿尼古拉・霍赫洛夫的武器，在改装过的香烟盒里放置可发射的毒镖。尼古拉・霍赫洛夫是克格勃派出的一名暗杀特工，虽胆小怯懦但装备精良，已于 1954 年叛逃到西方。英国国防科技实验室波登当一名绰号为“巫师”的科学家在一只可怜的绵羊身上对该武器进行了测试，绵羊被毒镖射中之后口吐白沫，慢慢倒地不起。虽然测试很成功，但军情六处技术部主管弗兰克・奎因（伊恩・弗莱明系列 007 系列电影人物 Q 的原型）阻止他们用毒镖毒杀纳赛尔。这并非出于道德考量，而是因为奎因担心埃及方面按图索骥，轻而易举地就能追查到军情六处头上。与此同时，奎因从南部海岸的生化武器实验室获得了一种无味的贝类毒素。奎因知道纳赛尔喜欢吃某种品牌的巧克力，于是打算利用这一点。他先把巧克力的底取掉，然后将毒药注入巧克力中，再盖上底，一切做得神不知鬼不觉。准备就绪后，他把这盒有毒的巧克力交给了同事，但是这些巧克力却一直没有送出去。甚至在苏伊士运河危机之后，各种稀奇古怪的暗杀装置依然层出不穷。据说1957年，军情六处开始研发一种带爆炸装置的电动剃须刀[127]。

最后，军情六处还想过干脆直接买凶杀人。如果是在战争时期，这事儿一般委托第三方来做[128]。军情六处打算花两万英镑（约合现在的50万英镑）收买纳赛尔的私人医生，让他对纳赛尔下毒。[129]据说这名私人医生是经军情六处千挑万选出来的，当时还考虑过其他人选。几年前，穆斯林兄弟会曾企图暗杀纳赛尔，有传言说如果有人出25万英镑，他们愿意再尝试一次。[130]此外，奈杰尔·克莱夫和乔治·扬格还物色了不少小人物，包括一小撮持异见的军官；一支三人职业杀手队，不过传言这三个人刚到埃及就认怂了；还有一个德国雇佣兵，可是埃及情报机关得到暗杀密报后，这个雇佣兵从埃及仓皇出逃了。他俩甚至还请了英军特种空勤团。[131]

“医生阴谋”似乎是一系列不太可能的选择中最好的一个。这个任务最后落到了一位年轻的军情六处军官身上，他名叫詹姆斯·麦格拉申，名义上是英国驻开罗大使馆的三等秘书。他选择詹姆斯·莫斯曼作为他的“接头人”（或叫“中间人”），莫斯曼因与BBC公司联合制作《全景》节目而闻名，第二次世界大战期间曾为军情六处效力，现在是《每日电讯报》驻埃及记者。有一天麦格拉申突然邀请他一起喝咖啡，让他颇感意外。麦格拉申解释说英国即将与埃及开战，但为了避免无休止的流血，对大家来讲暗杀是一个更好的选择。莫斯曼的任务只是给杀手送酬金。他驱车32千米前往开罗城外的一个约定地点，把装着两万英镑旧纸币的包交给对方，然后打电话确认钱已被安全送到——但他给错了人。这笔钱此后便没了下文。[132]

现在看来，纳赛尔在运用情报方面比自己的对手英国更高明、更无情。1956年8月，前盖世太保警察建议并协助埃及秘密警察

“穆卡巴拉”捣毁了军情六处在埃及的大部分关系网。很快，军情六处的 23 名间谍被捕入狱，詹姆斯・麦格拉申即使身为外交官也未能幸免于难。军情六处的主要情报网由阿拉伯通讯社经理詹姆斯・斯温伯恩以及查尔斯・皮塔克（马可尼电台台长）、约翰・索恩・斯坦利（军情六处的战时特工，现在的身份是保诚保险公司的埃及业务主管）运营。纳赛尔把这些人一网打尽，并押运至开罗最森严的巴拉杰监狱接受审讯，埃及检察官要求判处这些人死刑[133]。他们中的埃及籍特工更多的是被判无期徒刑，只有一人被判死刑，但其中 4 名英国人却在一年内便获释出狱[134]。他们灰溜溜地走出监狱大门，手里还拎着狱中的包裹，生怕被媒体撞见公布出去，这一幕很好地总结了军情六处在苏伊士运河危机期间取得的“成绩”。扬格说得没错，军情六处在埃及开展的行动象征着帝国的没落，当初艾登是多么热切地希望能扭转这种局面啊！[135]

艾登对这些所谓的行动细节究竟了解多少呢？用乔治・扬格的话说他是艾登钦定的，目的就是为了完成艾登的心愿。这句话似乎提供了一点儿线索，我们可以循着它找到问题的答案。但是这次行动不是按照军情六处的正常渠道来开展的，而是由军情六处内部一小伙与艾登志同道合之人经手的。有一次，在三军参谋长委员会会议上，有人提议弄死纳赛尔，军情六处的代表天真地说“暗杀”不在这次会议的议程之列，艾登看到这一幕不禁“露齿而笑”。[136]还有一次，迪克・怀特声称他已经直接禀明艾登，军情六处如果继续参与暗杀纳赛尔的行动，他一律不予批准，[137]而外交大臣伊冯・柯克帕特里克则直言不讳对艾登说军情六处没有干掉纳赛尔的本事[138]。有趣的是，20 年后，在阻止哈罗德・威尔逊刺杀乌干达总统伊迪・阿明时，劳埃的说辞居然是一样的[139]。外交大臣塞尔文・劳埃和怀特一样持有保留意见，他声明任何为了掩盖暗杀而伪造的秘密文件都与外交部无关[140]。

让艾登感到惊讶的是，1977 年 1 月，艾登离世前一年左右，纳赛尔刺杀行动被公之于众。中情局驻伦敦情报官、后来担任中情局驻伦敦站站长的迈尔斯·科普兰对前来调查的美国参议院委员会讲出了刺杀纳赛尔的计划，并遭《泰晤士报》曝光。艾登气急败坏地予以否认，称其为“一派胡言”“无中生有”。但科普兰记得不是这么回事，他说自己“频繁地”与艾登、高级情报官员及安全机关的高层，尤其是扬格、迪安等商讨刺杀纳赛尔一事。“安东尼·艾登想让我用枪暗杀纳赛尔。”他回忆道。艾登不厌其烦地“说服”我。鉴于美国中央情报局及其在埃及分部的联络员也“想除掉他”，所以杀了他似乎并无不妥[141]。科普兰之所以这么做，不是想揭发什么丑闻，而是把知道的事情一五一十地说给参议院委员会听，让他们明白这些事在秘密世界中真的算不上什么，再正常不过了。他还补充道：“常在河边走，哪能不湿鞋。”他并非想让艾登难堪，后来他写信给艾登道歉，说自己竹筒倒豆子，把什么都抖搂了出来，因此与中央情报局结下梁子，“麻烦缠身”。他觉得自己的话被断章取义了，但他还是忍不住告诉艾登，1956 年在中央情报局伦敦站，有个老掉牙的笑话，“赶紧拦住安东尼爵士，要不然他能像一阵风一样卷去开罗，亲手干掉纳赛尔”[142]。

最终，艾登没能推翻纳赛尔政权。1956 年 10 月，苏伊士运河战争一爆发，艾登又做回了那个传统的首相角色。与许多战时首相一样，他和女王每天都会收到联合情报委员会呈交上来的战事总结报告。这些报告或许能帮他及时掌握事态发展，监督英国战略政策的实施——尽管这样做只是浪得“和平使者”的虚名，[143]然而用彼得·轩尼诗的话说，危机前后和苏伊士运河战争期间，艾登成了首相如何经营战时内阁的“反面教材”。虽然联合情报委员会提供了不少情报，但重压之下，首相“目光短浅”，“战争打响后，甚至连对军事行动进行日常监督这么基本的职责都没能履行”。[144] 对艾登来说，不幸的是这些军事行动纷纷以失败告终，在美国的巨大压力之下，他最终同意在 11 月 6 日午夜停止对埃及的入侵。

安东尼·艾登在与纳赛尔交手前，对待情报一直是小心谨慎的。埃及总统肆无忌惮的行为令艾登敏感脆弱的性格中最糟糕的一面暴露无遗，使得他在运用情报时缺乏智慧，择优挑选的情报虽然合了他的先入之见，却忽视了联合情报委员会的集体智慧。其间，艾登绕过外交部相关渠道，拉拢军情六处的高级官员执行他的个人命令，此举破坏了内阁的既定政策。讽刺的是，这恰恰发生在他公开表示对“破坏者”克拉布失踪事件中指挥系统失灵而感到愤怒之时，为此他还承诺要进一步严格控制情报行动。纳赛尔刺杀计划搞砸之后，艾登躲到伊恩·弗莱明在牙买加购置的一处名叫“黄金眼”的水上草屋里休养，这座小屋建在珊瑚湾之上，风光旖旎，美不胜收，确是疗养的好去处。在这里，弗莱明获得了大量的创作灵感。邻居诺埃尔·科沃德还给他送来弗兰克·库珀牌的橘子酱、亨特利和帕尔玛牌的饼干，但他们的款待没能让艾登振作起来，1956 年 12 月 14 日一回国，他就向女王递交了辞职申请。[145]

1957 年 1 月 10 日，哈罗德·麦克米伦接替艾登担任英国首相时，他正面临着一项逃也逃不掉的任务。这位即将上任的首相必须重新树立起人们对外交政策机器的信心，尤其是使大家重拾对情报界和唐宁街 10 号之间关系的信心。然而，与前任首相艾登和艾德礼一样，麦克米伦同样是处理情报事务的高手，并且由于曾在丘吉尔政府任职，所以他清楚情报的变革性力量。当然，他可没有艾登这么倒霉。

9

哈罗德·麦克米伦
（1957—1963）

一位大臣自取其辱，害我今天不得不花大量时间给他善后（谢天谢地，这次是女人，不是男孩子）。

——哈罗德·麦克米伦谈约翰·普罗富莫[1]

哈罗德·麦克米伦在任的7年，在陈腐的20世纪50年代与“摇摆”的20世纪60年代之间搭建了桥梁。然而，麦克米伦本人却尽显爱德华时代的绅士形象，没有什么比身穿花呢上衣、头戴猎鹿帽拍照更让他高兴的了。这种装腔作势的姿态，让人觉得他“时髦地自嘲”，用一位睿智的政治观察家的话来说：“他沉迷于大英帝国的荣耀历史及其在世界上难以超越的地位不可自拔。”在一系列安全丑闻被曝光后，麦克米伦作为首相的威望越来越弱，人们指责他思想保守、故步自封。在媒体曝光度越来越高的时代，他是否有能力在新的情报领域披荆斩棘、乘风破浪依然是个未知数。

表面上看起来麦克米伦才智过人，但实际上他并不喜欢间谍组织首脑这个角色。尽管麦克米伦将自己特有的智慧运用到情报工作中，但大多数情况下，首相发现间谍活动令人恼火，与丘吉尔不同的是，他甚至质疑整个间谍活动的价值。[3]他认为，海外间谍活动“明显违反了国际法”，而国内接二连三的安全风波则“令人痛苦而沮丧”。[4]鉴于其任期内频频曝出间谍丑闻这一事实，麦克米伦这样说不足为奇，难怪麦克米伦时不时觉得情报工作价值不大，反而带来一堆麻烦。虽然他曾与丘吉尔有过密切接触，近期还担任过外交大臣和国防大臣，可是一迈进唐宁街的大门，他就不知为何觉得自己还没做好充分准备去解决秘密世界的各种“复杂而又专业”的问题。麦克米伦曾是一位好书之人，常秉烛夜读，徜徉在狄更斯和萨克雷的经典著作里，他坦承这些书并没有提供揭示秘密世界的线索。他承认自己“鲜少涉猎侦探小说”。[5]更让他痛苦的是，他意识到领导安全机构逐渐被视为当今首相所肩负的一种特殊职责。因为不时爆出的安全丑闻引发了“广泛且包括敌意的”公众批评，其他内阁大臣们欣然接受了这一新兴的宪法惯例，让首相牵头操心安全事宜。[6]

尽管如此，中央情报机关仍然积极配合麦克米伦的情报工作。首相认为内阁秘书处“办事得力”，反过来，秘书处也对首相“毕恭毕敬”。[7]内阁秘书和联合情报委员会主席都曾客气地请“首相密切地参与情报事务”。[8]当然，读起情报总结来，麦克米伦总是认真细致的。他担心虽然1957年联合情报委员会迁至内阁办公厅，但情报工作仍以防御为导向，于是呼吁政府更多地关注欧洲、埃及和古巴的政治问题。有时他可能表现得粗鲁，急着扩大信号情报工作，在英联邦国家和中立国开展情报行动。[9]让联合情报委员会感到高兴的是，他常常询问一些诸如法国研制核武器的进展如何之类的细节问题，他还会采纳联合情报委员会关于英国核武器的评估报告，将其当作制定蓝光导弹和北极星导弹等重大决策的依据。[10]再者，他与军情六处主管迪克·怀特相处融洽，对苏联双面间谍奥列格·佩尼科夫斯基和政府通信总部为情报工作所做的巨大贡献不吝赞美之词。[11]

然而，尽管麦克米伦尽职尽责，大力改进上届首相自战时遗留下来的情报机器，但他仍然对情报持怀疑态度。虽说曾在丘吉尔的战时内阁中专门负责过中东情报事务，但在许多方面麦克米伦与丘吉尔都截然相反，他并不热衷于间谍活动。从一开始，他就“反感一切有关间谍及间谍活动的事情”，随后发生的一系列风波似乎更加证实了他的这个看法。1960 年 5 月 1 日，加里·鲍尔斯驾驶的一架中央情报局 U–2 侦察机在苏联领空被击落，导致麦克米伦与赫鲁晓夫举行的东西方峰会被迫取消。为这一天，麦克米伦已经耐心准备了两年。他私下里大发雷霆，指责“无组织无纪律的美国将军们”“炸毁了峰会”。[12]他立即下令内阁秘书组织审查他所谓的“嗡嗡声”——派飞机侦察苏联海军演习和秘密潜艇任务——并优化执行特殊情报任务的船只及飞机的出入许可程序。“这些行动多少都有风险（永远记住 U–2 侦察机的教训），但不入虎穴焉得虎子。”他若有所思地说，这不过是“如何权衡的问题”罢了。最终，他还是觉得执行这些特别行动弊大于利[13]。

美国 U–2 侦察机被苏军击落使得谍报活动登上了报纸头版头条。麦克米伦一向不喜欢搞间谍活动，不过他最厌恶的还是公开讨论情报事宜。他认为，情报工作不应该走入公众视野，即便是随后发生的盖伊·伯吉斯案和唐纳德·麦克林案，首相也坚持认为这两名特工变节的真相传得满城风雨，比他们泄露给苏联的秘密更挫伤政府锐气。在退休后的几次公开采访中，他有意对伯吉斯、麦克林甚至菲尔比的事情轻描淡写，有一次他曾说谍报活动和叛逃“不是什么大事”，大家说得有点儿“言过其实”。[14] 麦克米伦一直想把这件事定性为行政事务，意欲完善情报机器，促成安全委员会的成立，假如以后有更多的间谍被抓（他们终究会被抓），这些问题可以提交给安全委员会解决。麦克米伦私底下也意识到这对他的政府来说是生死攸关的大事。任期届满之时，他获悉了菲尔比和安东尼・布朗特叛逃的所有真相，并意识到真相一旦传播出去，他领导的政府将一败涂地。这些内幕就像是一颗颗定时炸弹，麦克米伦小心翼翼地隐藏了数年，直到 1963 年另一起安全丑闻爆发，将麦克米伦政府推到了风口浪尖。[15]

矛盾的是，麦克米伦热衷于特别行动和突击行动。这着实令人费解，因为大家都知道这些准军事活动通常委托给雇佣军或其他神秘人物执行，所冒的风险也最大。1961 年，他目睹了新入主白宫的肯尼迪总统为中央情报局猪湾事件的失败而苦恼。麦克米伦曾认为，由古巴流亡人员组成“2506 旅”在古巴实施两栖登陆，占领滩头，迫使菲德尔・卡斯特罗下台的行动从一开始就是个失误，并指出“我对他们取胜并不抱多大希望”，后来他称这一结果“对肯尼迪是沉重打击”。[16] 不过，他对美国中央情报局局长艾伦・杜勒斯十分钦佩，敦促军情六处在实施各类高难度行动时多与中情局合作。麦克米伦与肯尼迪联手在古巴、老挝、印尼及整个中东对纳赛尔政府发动过四次不宣而战的战争，其中最为惨烈的一场发生在亚丁与也门接壤地区附近。作为与丘吉尔和艾登级别不相上下的老牌帝国主义者，麦克米伦意识到了在这个地方实施隐蔽行动、“烟幕”行动和“镜子”行动，有助于逆转大英帝国的没落趋势。迪克・怀特认为还是小心为妙，他下令军情六处不得支持也门保王派继续对抗纳赛尔领导的游击队，无奈之下，麦克米伦组建了自己的私掠船队与纳赛尔交战。麦克米伦派去的人兴高采烈地回来报告说：“埃及人被保王派虐得不成样子。他们把俘虏的鼻子、耳朵和嘴唇割掉，然后把他们赤身裸体地送到共和党领袖纳赛尔的面前。”出人意料的是，纳赛尔丝毫不为之所动，而是为英方负责此次秘密行动的军官送去他的官方圣诞贺卡。[17]

麦克米伦在首相任期中也过了一段快活的日子。英国在两年内没有出现关于情报的任何争端。1959年年底，中情局收到一名潜伏在波兰安全机关内、代号为“狙击手”的顶级间谍发来的消息，称海军部水中兵器试验研究所向克格勃提供了高质量的情报，其中大部分与核潜艇有关。军情五处很快就获悉了此事。哈里·霍顿成为了头号嫌疑人，他原是波特兰海军基地的一名海军办事员。霍顿名下有四辆新车，一套新房，而且出手阔绰，经常请朋友喝酒，在当地酒吧和俱乐部也算得上是个人物，那么现在问题就来了，仅凭他那点微薄的薪金又怎么够他如此挥霍呢？

军情五处的“侦察员”开始密切监视霍顿及其女友埃塞尔·吉。他们发现霍顿经常带女友去伦敦与戈登·朗斯代尔见面，朗斯代尔是一个卖点唱机和泡泡糖自动贩卖机的加拿大商人。军情五处发现，朗斯代尔经常拜访古董书商彼得·克罗格和他妻子海伦，克罗格一家住在伦敦西北部赖斯利普克兰利大道45号，于是克罗格夫妇同样进入了军情五处的侦察视线。1961年1月7日，在耐心监视了12个多月后，军情五处开始收网了。霍顿和吉在滑铁卢火车站附近的老维克剧院外把一只购物袋交给朗斯代尔时，被逮捕了。经查，这个购物袋里装的是英国最先进的核潜艇“无畏号”的秘密文件。军情五处主管罗杰·霍利斯激动不已，心想这次麦克米伦非得感谢自己不可，没想到，麦克米伦又让他失望了，但这仍然不是最后一次。将危害国家安全的行为公之于众令麦克米伦感到如坐针毡，他担心如此庞大且成熟的间谍团伙潜入英国本土，一旦把他们曝光，会显得军情五处办事不力。更令人担忧的是，这将导致新闻界妄加揣测，猜想是否还有更多“地下工作者”潜藏在英国其他机构内为非作歹。麦克米伦对这两方面的考虑都是正确的。[18]

绰号“狙击手”的特工带来了更多惊喜。1961 年，中情局的一名一流特工在访问柏林期间带着大量重要法律资料逃往美国。他的真实姓名叫迈克尔·戈勒尼夫斯基，事实上他是一名出色的三面间谍，曾担任过波兰安全部门的副主管及科学情报部门的主管，一直替苏联人暗中监视波兰，但苏联人并不知道他还听命于美国中央情报局。值得注意的是，准备叛逃之前他自己单方面联系美国，佯装波兰间谍，匿名向美国方面汇报情况，因为他清楚西方国家有很多“地下工作者”，自己的身份随时可能暴露。在他安然无恙地抵达华盛顿之后，中情局和联邦调查局对他进行了严密的盘问。戈勒尼夫斯基给人疯疯癫癫的感觉，蓄着又浓又翘的胡子，口口声声称自己是沙皇尼古拉一世在世的儿子、俄国皇位的继承人，此话一出，其可信度便大打折扣。但不可否认的是，他随身携带的文件却是真的，其中包括 3 份军情六处的报告。经仔细调查后中央情报局发现这 3 份报告都看过的人可能总共不超过 10 个。此案牵出了另一个嫌疑人是乔治·布莱克。布莱克是军情六处的特工，1950 年 6 月 25 日朝鲜战争爆发之后曾沦为共产党的阶下囚。被伦敦召回时，布莱克正在贝鲁特“间谍学校”，即中东阿拉伯研究中心，学习阿拉伯语。审讯过程中，布莱克坚决否认朝鲜人曾对自己刑讯逼供，反而得意扬扬地说自己是自愿改变立场的，并向军情六处审问官们彻底交代了自己已经信仰共产主义的事实。至此，莫斯科方面残留在英国情报与安全机关的头号特工被一网打尽了[19]。

军情五处提出公开审理布莱克案，这个建议着实把麦克米伦大感惊骇，但最后军情五处答应大部分审判都以非公开形式进行，首相才勉强同意了。英国最高法院首席法官帕克勋爵在宣判前致电麦克米伦，这明显严重违反了司法独立的原则。与首相商议后，他判处布莱克42年有期徒刑，这在英国司法界还是首例。[20]然而，这次真相披露还是十分引人注目，公众为之瞠目。毕竟麦克林和伯吉斯泄密风波才刚过去没几年，现在又出现了另一名叛国者。借着媒体热切关注另一起间谍丑闻的契机，麦克米伦拼命想隐瞒布莱克与军情六处的关系，不做声张："公众尚不知此事，一定不能让他们发现布莱克是军情六处的特工——它是一个理论上并不存在的机构。"麦克米伦主要担心的是那些"可怕的"记者，他们"毫无责任感可言"，貌似就喜欢幸灾乐祸、落井下石。按照宪法先例，麦克米伦在首相府亲自向休·盖茨克尔和反对党的其他几位高级议员，包括影子外相乔治·布朗等人通报了具体情况。麦克米伦注意到现在才刚11：30，布朗显然没有喝酒，但从他那副无精打采的样子"看得出来他前天晚上一夜无眠"。[21]

麦克米伦没有料到《每日快报》的记者查普曼·平彻这么有拼劲，这么有人脉，抢先刊登了布莱克为军情六处效命而且泄露柏林隧道秘密的消息。首相先是失望，继而愤怒。平彻这次又是怎么打败政府的呢？原来，他不过是邀请乔治·布朗共进了一顿午餐，"开怀畅饮"了一番罢了。这一意外事件徒增了麦克米伦对布朗的厌恶，觉得他是个"普通的、没教养的乡巴佬"。麦克米伦曾问下属："难道我们就没有办法压制住他或者摆脱他吗？"经过这件事之后他对平彻更是恨到了极点。[22]令他感到更为不安的是，1961年年初，他将与美国新任总统约翰·菲茨杰拉德·肯尼迪会晤商讨安全问题，而布莱克事件将是他们讨论的首个议题之一[23]。

如今谈到间谍案总逃不过性，这是另一个让麦克米伦不寒而栗的话题。紧随布莱克案之后的是约翰·瓦萨尔案。约翰·瓦萨尔是一个同性恋者，生活奢侈，好穿名牌，在阳光沙滩度长假。然而作为英国驻苏联大使馆的一名普通密码译员，瓦萨尔不但长期在幽闭、恐怖的环境下工作，而且受尽了英国外交官和他们夫人的势利眼，因为这里等级十分森严。[24]遭到孤立后，他被苏联情报部门盯上，成了一个非常容易下手的目标。克格勃将军奥列格·格里巴诺夫惯用“美人计”陷害西方外交官，他一手策划并偷拍了瓦萨尔的“大量不雅照”，由于被别人握住了把柄，瓦萨尔在担任克格勃特工的 8 年里曾向苏联递交了各种机密文件。[25]

丹尼斯·艾米是英国驻莫斯科大使馆中负责国内安全的外交官，他回忆说：克格勃的手段“极其恶劣”。上任前，他奉命到军情五处与军情六处学习，按道理这其中的手段艾米多少有些了解，但在苏联首都莫斯科的经历，还是打了他一个措手不及。艾米早料到会有人对他们夫妻俩进行技术监视，果不其然，“我们从公寓里拆下来 8 个窃听器”。但桃色陷阱更令人不快，而且苏联方面是谁都不放过，克格勃“你知道，会设局让中年女子，勾引男人上床，然后偷拍床照，让人百口莫辩。这让那些受害者从此生活在阴影中”。他们不仅陷害外交官，还陷害颇具声望的来访者，并且“不惜用上各种下作的手段”。曼彻斯特大学一位资深数学教授来莫斯科大学出席学术会议，可谓是“吃尽了苦头”，结果这位教授回到英国后不久就自杀了。“他们还让人吸毒”，埃米回忆说，而且他的许多同事在“前途被毁”后纷纷被遣送回国。英国人已经按捺不住了，他们打算报复苏联，以牙还牙、以眼还眼，“我们不能不痛下决心了，因为已经深陷这场游戏中”[26]。同一时期，陷入克格勃桃色陷阱中的英国知名人物还包括记者爱德华·克芮恩克肖和保守党议员安东尼·考特尼。[27]

1962 年 9 月瓦萨尔案曝光时，诺曼·布鲁克将这条坏消息告诉了首相[28]。不久之后，罗杰·霍利斯便去拜访麦克米伦，扬扬得意地宣布：“我抓住这个家伙了，我抓住他了！”麦克米伦面无表情地坐在那儿，一言不发。想着军情五处饱受诟病多时，本希望这回能被人多少夸奖几句，结果首相的反应如此冷淡，令霍利斯困惑不已。“您看起来不太高兴，首相大人。”霍利斯失望地说。“对，我非常不高兴，”麦克米伦严肃地回答道，“当我的猎场管理员射杀了一只狐狸时，他不会把它挂到‘猎狐犬’主人的客厅外面，他会把它埋在一个别人看不见的地方。”[29]

麦克米伦继续训斥霍利斯，细数和平时期与间谍交锋时面对的各种困难。“你不能像打仗时那样随随便便就一枪毙掉一个间谍。你要试探他……最好是揭他的老底，然后控制住他，但永远不要抓他。”与下一任首相撒切尔夫人一样，麦克米伦讨厌把这类间谍和叛徒丑闻公之于众。他认为逮捕瓦萨尔必将导致“一次声势浩大的公开审判”，其间“安保部门不会被人表扬办事高效，反而会被指责糟糕得不可救药”，他夸张地说“之后相关部门将开展调查……他们在调查之后会说……没有人应该受到指责……媒体会吵嚷起来，接着下议院会爆发一场激辩”。说完这些他手一挥：“然后政府很可能就垮台了。”“你这家伙，”他问霍利斯，“‘抓’他干什么？”听闻此言，霍利斯立马决定把他们在海军部追捕另一名间谍的事瞒下来。[30]

霍利斯的自尊心受到了重创，心情跌到了谷底，此次与首相见面让他鼻青脸肿，其严重结果就是影响了他军情五处与唐宁街10号之间的联系。与艾德礼政府执政时期形成鲜明对比，情报主管与首相的会面的次数变少了。在例会上，麦克米伦对军情六处主管迪克·怀特也说了类似的话，命令怀特“谨记一定要保密”。[31]但他对军情五处尤其反感。有一次，他当着接替盖茨克尔成为工党党魁的哈罗德·威尔逊的面嘲弄般地称军情五处是“所谓的”安全局。倒霉的罗杰·霍利斯成了他最讨厌的人，麦克米伦毫不客气地批评霍利斯一无是处、无足轻重。[32]

麦克米伦的预言应验了，瓦萨尔案的确在报界引起了一阵骚动。虽然首相成立了调查组，让拉德克利夫勋爵负责调查本案，但这并没有成功转移报界的注意力[33]。弗利特街发现公众对间谍和丑闻感兴趣，于是搜罗了与瓦萨尔案有关的材料和各类谣言，刊登了250多篇耸人听闻的文章。许多文章对他的性取向添油加醋地做了报道，并且字里行间都流露出对同性恋的憎恶。记者们质问唐宁街，为何安保官员不曾注意到他穿着女性服装频繁地出入伦敦西区。[34]故事越传越离谱，有些被人夸大，有些则完全与事实不符，首相不由得警觉起来。[35]他私下向内政大臣亨利·布鲁克坦承，报纸宣传力度如此之大令他“始料不及，心烦意乱”。“据我所知，”麦克米伦似乎在思索着什么，说道，“自从他被逮捕以来，就一直被拘留。不过据说，报纸正在印他的什么回忆录。”有些事情仍然解释不通，首相迫切需要答案，[36]于是还在气头上的他又命令海军部第一大臣彼德·卡灵顿好好想想像瓦萨尔这样的服务专员是否真的对莫斯科有利用价值，值得为他们冒这么大的风险吗？[37]

麦克米伦随后给卡灵顿勋爵写了个便条以示安慰：希望“您不要太担心”瓦萨尔案，“因为有我与你一起分担”。[38]但首相并不清楚自己肩膀上的担子会有多重。1961年12月15日，前克格勃少校阿纳托利·戈利岑从赫尔辛基叛逃至西方，使瓦萨尔案再次被推到风口浪尖。整个1962年，不断有人定期向戈利岑汇报最新进展，因此他声称自己知道英国政府和议会内部潜伏着不计其数的“地下工作者”、间谍和叛徒。戈利岑第一次言之凿凿地证实了金·菲尔比的确是苏联间谍，作为一个非常有价值的叛逃者，克格勃于1962年稍晚些时候计划对他实施暗杀行动。[39]

1962年4月18日星期三，英国驻华盛顿大使哈罗德·卡恰爵士乘飞机回到英国，他打算前往财政部，把戈利岑透露的消息转告给首相哈罗德·麦克米伦。在内阁秘书诺曼·布鲁克的陪同下，卡恰要完成一项艰巨的任务：向首相解释消息是从“苏联情报局一名叛逃到美国的特工那里听到的”。麦克米伦计划稍后赴美访问，与肯尼迪总统举行会晤，英方希望约翰·菲茨杰拉德·肯尼迪和新任中情局局长约翰·麦科恩最好不要哪壶不开提哪壶。布鲁克建议麦克米伦让迪克·怀特随他一起访问华盛顿。他们的理由是：卡恰注意到，尽管在审问官眼里戈利岑“说话靠谱，实事求是”，但他年纪轻轻，虽然什么都干过，但什么都不精，因此他提供的信息多半都“不精确”，但他们补充说道，这些消息“或许能够作为调查的基础”，这句话仿佛某种不祥的预言。戈利岑曾提到英国情报机关、外交部和海军部遭克格勃渗透，并声称议会内有5个不知姓名的议员“接受了苏联人分派的任务”。[40] 与许多叛逃者一样，他会突然“想起来”一些新东西，以此让自己显得重要的时间长一些，渐渐地他开始胡编乱造。不过，此时无论是麦克米伦还是霍利斯都没有意识到自己将深陷麻烦之中。

1962年10月，麦克米伦正焦头烂额地忙着应对一系列国内安全丑闻，根本没有意识到加勒比地区正在酝酿着一场重大危机。10月21日晚，唐宁街10号的书房一片寂静，首相正在办公，10点左右，值班人员交给他一份肯尼迪总统发来的加急电报，上书：“航空情报已证实上周苏联的确在古巴部署了大量中程导弹。目前已确认部署的地点有6个，另外两个处于战备状态。总之，显然尽管苏联一再保证不部署核武器，但是一场大规模的秘密行动仍在进行。”如今，整个美国都处在导弹的射程范围内，留给美国的预警时间仅有短短的4分钟。肯尼迪提醒麦克米伦：“苏联走了一步险棋，显然造成了一场最严重的危机。”[41]

第二天，麦克米伦亲眼看到了这份情报，美国驻英大使戴维 · 布鲁斯和中情局高官切斯特 · 库珀带来了 U–2 侦察机拍摄的古巴导弹基地图片，证明苏联正在古巴秘密地部署一个新导弹基地，给周边地区带来巨大威胁[42]。当麦克米伦仔细查看这份证据时，华丽的首相书房陷入寂静，只有滴滴答答的时钟声和听起来带着焦虑的吸烟斗的声音。最后，麦克米伦用几乎听不到的声音嘟哝道："这下美国人总算认识到过去的许多年我们在英国到底经历了什么。"意识到自己这句话在来访者听来或许有些尖酸刻薄，麦克米伦略带歉意地抬起头来。"我可能没有表述清楚，"他说，"当然，我会全力以赴，支持肯尼迪总统。"这么重要的情报麦克米伦只花了几秒钟就看完了，令戴维 · 布鲁斯和切斯特 · 库珀大为吃惊。首相看了侦察机拍摄的这些图片并没有特别激动，他丝毫不怀疑其真实性，也许他觉得如果肯尼迪觉得这些照片可信，他也应该相信。[43]

曾任美国驻伦敦情报部门负责人的戴维 · 布鲁斯随后向麦克米伦出示了美国总统交给他的详细资料，报告中肯尼迪强调，兹事体大，它不仅"威胁到西半球甚至是整个自由世界的和平"。有意思的是，肯尼迪再次强调了情报是"通过侦察机拍摄的，是不容置疑的军事证据"。在这起事件中，情报发挥了重要作用，它使领导人相信威胁是切实存在的。布鲁斯表面上看起来若无其事、处之泰然，但他感觉到随着会议进程的推进，英相开始变得心神不宁。布鲁斯前脚刚走，麦克米伦便叫来外交大臣亚历克 · 道格拉斯 – 霍姆，请霍姆在接下来的几天里密切协助他。他后来在日记里感慨道："今天是世界危机的第一天！"一个个不眠之夜就这样开始了。[44]

苏联的确在古巴部署了大量中程核导弹。美国三军参谋长主张立即对古巴发动空袭，并辅以地面攻击，但这也只能摧毁 95% 的导弹，这些导弹还只是他们已经发现的，也许还有其他没有侦察到的导弹。万一苏联人向纽约和华盛顿发射剩余 5% 的核导弹怎么办，肯尼迪只好另想其他办法。10 月 22 日，肯尼迪向美国公众和全世界发表广播讲话，通告了眼前的核导弹危机。两周来，波及全球的核战争一触即发，与此同时，美国对苏联实施海上封锁，以防其向古巴运送更多军事物资。但最终，经过艰苦的谈判，美苏达成了一项秘密协定：如果美国从土耳其撤除导弹，尼基塔・赫鲁晓夫将宣布关闭古巴所有的导弹基地。[45]

就在麦克米伦看到航空侦察图片的同一天，西方国家的情报界失去了一笔宝贵的财富——伟大的特工奥列格・佩尼科夫斯基。奥列格・佩尼科夫斯基上校是苏联优秀的军事情报官员，他干劲十足、积极进取，从 1961 年 4 月起他同时效力于军情六处与美国中央情报局。[46] 他知道与高层闲聊和从事秘密活动一样重要，都能获得情报，佩尼科夫斯基通过这些方法向白厅和华盛顿方面提供了大量高级别的核武器情报。他还发明了一套秘密预警系统：一旦出现突发情况，他可以通过一条电话线路向西方情报系统发出警示。经过一段时间的严密监视后，1962 年 10 月 22 日，佩尼科夫斯基以叛国罪和间谍罪被克格勃逮捕——当时正是肯尼迪和麦克米伦最需要他的时候。次年，他在莫斯科一座监狱被处决。

在为期 19 天的古巴导弹危机期间佩尼科夫斯基到底发挥了多大的作用，人们众说纷纭。[47] 麦克米伦自然相信佩尼科夫斯基，他提供的关于苏联导弹威力的情报，包括那些已被部署在古巴的导弹在内，起到了定心丸的作用，让英美看清了苏联的实力[48]。他非常欣赏军情六处，能够成功招募并和中央情报局共同管理佩尼科夫斯基，相比之下军情五处简直让他过于失望，他们只知道抓间谍，破坏政府声誉。迪克・怀特貌似亲自向麦克米伦介绍了佩尼科夫斯基在苏联担任双面间谍期间提供了哪些重要情报。[49] 此外，当怀特今年早些时候与麦克米伦一起访问华盛顿时，他注意到：佩尼科夫斯基提供的情报资料渐渐彻底改变了华盛顿对莫斯科的态度，首相对此印象特别深刻。大选期间，肯尼迪曾声称苏联人在研制导弹方面领先于美国，但现在看来，佩尼科夫斯基的情报证明情况恰恰相反。“首相大人，您看，”怀特对麦克米伦说，“美国开始承认苏联人在走下坡路，而不是上坡路。”[50]

U-2 侦察机提供的航空情报使决策者意识到了古巴的威胁，从而提高了警惕，但佩尼科夫斯基等特工人员则让英美看清了世界形势，让它们确信自身所具备的战略优势，在苏联面前能保持沉着冷静的心态。然而，情报在帮助麦克米伦走出古巴导弹危机中到底起了多大作用，谁也说不清楚。虽然麦克米伦在与布鲁斯和库珀会面期间貌似相信了中情局提供的照片不假，但他随后仍然下令英国皇家空军复核情报真假。同时，他也利用自己的情报系统，尤其是通过政府通信总部驻塞浦路斯情报站收集信号情报。[51] 有了这双重保障，他才“对事实确信不疑”。[52]

古巴导弹危机最水深火热之时，首相经常半夜里与肯尼迪总统通电话。10 月 24 日，肯尼迪问了英相麦克米伦“一个价值 6.4 万美元的问题”：美国应该把古巴“灭了”还是“留作在柏林问题上的筹码”？麦克米伦在这个问题上表现得非常谨慎，他没有直接回复，而是为自己争取足够的时间，把事情考虑清楚再说。不过，他的确告诉过肯尼迪，英国情报机构透露，“之前排队等候的俄罗斯船只，目前正在通过波罗的海或苏联港口返回”。经过一番深思熟虑之后，他建议不要采取军事行动[53]。

10 月 24 日，肯尼迪下令封锁古巴。与此同时，他就是否向各国媒体公布航空侦察图片一事征求麦克米伦的意见。这还是英国首相第一次讨论是否应该公开情报，而这份情报居然还是用于制定一项针对大规模杀伤性武器的政策。正如托尼·布莱尔和戴维·卡梅伦后来意识到的那样，这个决定不好做。尽管麦克米伦不喜欢媒体公开报道秘密事件，但他仍然敦促肯尼迪公布情报。麦克米伦首相的私人秘书菲利浦·德朱略塔曾担心，拿不出铁证证明“苏联在古巴集结导弹”就做出如此强有力的声明，不知道各国政府做何反应，但他仍然认为白宫应该把照片公之于众。麦克米伦同意他的看法，认为有资料“表明集结行动仍然未停止”，并且“收集证据至关重要”。英国驻华盛顿大使戴维·奥姆斯比－戈尔也同意公开照片，并建议公布这些照片时要做明确的说明，让不知情者意识到苏联在古巴部署导弹是具有攻击性的行为，而这些导弹也确实具有攻击性。但并不是每个人都这么认为，资深反对党人物如丹尼士·希利早就对猪湾事件不满，他气愤地谴责美国伪造情报，并抨击美国在古巴展开的侦察行动。[54]

空中侦察不仅促成了整个古巴导弹危机，而且恢复了美国中央情报局在大西洋两岸的地位。奥姆斯比－戈尔注意到，无论是“照片的质量”“情报的准确性”，还是西方情报组织在应对危机方面的效率，都在很大程度上恢复了情报界的声誉。如今，中情局“已从去年的猪湾事件和 1960 年 5 月的 U–2 击坠事件的创伤中恢复过来”。此外，美国中央情报局新任局长约翰·麦科恩的地位得到了进一步的巩固，因为他曾一度怀疑苏联打算推出攻击型导弹，但那时美国国家评估办公室，一个类似于英国国家情报委员会的机构，认为这“不太可能”[55]。

由于尚不清楚对古巴海域的封锁是否起作用，麦克米伦提高英国战备等级，英国新式 V 型轰炸机时刻处于戒备状态，政府要员被动员撤离到巴斯市郊外一处代号为“旋转门”的秘密地堡。据一名轰炸机飞行员回忆说，他们在沃丁顿皇家空军基地随时准备待命，士兵身着飞行服，和衣而睡，行军床就铺在不远的战争疏散点：“我的‘火神’（轰炸机）就停放在 20 码开外的地方，油箱里装满了油，飞机满载着核武器……舱门钥匙就挂在我的脖子上。”他觉得自己要飞上天的话，7 分钟就够。麦克米伦不知道这个秘密的复仇计划进展得如此之快。[56] 正当英国内阁大臣愁眉苦脸地吃着午餐，准备餐后商讨疏散计划时，消息传来：危机已经解除，赫鲁晓夫已同意拆除部署在古巴的导弹。麦克米伦虽已精疲力竭但仍倍感欣慰。[57]

说起过去的一周，首相仍旧是一副轻描淡写的语气：“不可思议的一周。”[58] 佩尼科夫斯基的情报固然非常重要，但最重要的是肯尼迪重视麦克米伦的建议，麦克米伦曾在第一次世界大战中负伤并在第二次世界大战期间担任英国战时内阁成员，他是个过来人，再说慕尼黑、敦刻尔克和最近的苏伊士事件还历历在目。肯尼迪经常这样结束他与英国首相的谈话：“好吧，首相，我明天晚上再给你打一个电话，到时候我们再讨论这个问题。”[59] 麦克米伦所提建议的关键在于心理暗示，不针对某一个政治或军事细节。他向肯尼迪强调，重要的是让赫鲁晓夫有反转的余地，不要损害他的声望。肯尼迪需要制定一个“退出策略”。[60]

麦克米伦和肯尼迪之间的所有这些敏感的深夜通话都是通过英国最不为人知的情报机构实现的，那就是伦敦通信安全局。它与政府通信总部密切配合，保护英国通信免遭外国窃听。自 20 世纪 50 年代末以来，伦敦通信安全局就致力于开辟出一条安全的电话线路，专门用于唐宁街和美国白宫之间的通信，即“暮光计划”。在美国国家安全局的帮助下，该系统于 1960 年 5 月安装完毕。美国国家安全局帮助美国电话公司和白宫工程师解决了不少安装过程中出现的疑难问题。红色的新电话极尽奢侈，连接着唐宁街、财政部，以及麦克米伦位于西苏塞克斯郡的私人宅邸白桦果园。然而，因为问起电话的拜访者太多，菲利浦·德朱略塔不得不把唐宁街新装的红色电话从首相的办公桌上挪到了一个更为安全的位置。红色电话变成了一个“不受欢迎的话题”。[61]

古巴导弹危机使人们的注意力转移到如何确保跨大西洋电话通信安全这个问题上。新安装的“暮光之城”系统运行良好，但缺点是接通电话得花上2个小时，这也就意味着突发危机之时，它“形同虚设”。如果时间紧迫，唐宁街不得不使用美国布设的一个旧电话系统，它只需半小时便能建立安全的连接，但通话质量很差，以至于官员们把它称为“唐老鸭”系统，即便“暮光之城”接不通，肯尼迪也拒绝通过“唐老鸭”打给麦克米伦。[62]安全通话至关重要，因为克格勃在伦敦实施了电子监听。古巴导弹危机表明唐宁街的基础设施过于陈旧，因此修缮工作正在如火如荼地进行。所有的通信设备都被检查了一遍，打字机也换成了低功率的电传打字机，此外，一群“秘密监听者”驾驶着安装了车用窃听设备的监控专用车在内阁办公厅周边进行“辐射检测测量”。[63]

奇怪的是，尽管麦克米伦对国内安全问题厌恶至极，也不喜欢由此带来的不可避免的公开报道，却热衷于秘密行动。这种持久的热情甚至威胁着他与迪克·怀特之间和谐的关系，与怀特不同，麦克米伦倾向于暗中支持东欧流亡者。作为冷战时期的国防大臣，他倡导“智取”苏联，推荐了一名战时大臣为行动“注入活力”，此外，塞浦路斯发生叛乱期间，他大力支持军情六处“设计骗局”。[64]作为外交大臣，他极力游说议会支持政府通过“隐秘的手段”和“间接的方法”抗击“女王的敌人”。如果说麦克米伦和艾登与丘吉尔的性格有什么相同点的话，那就是他们本能地“不惜一切代价”保护帝国的残余势力，尤其是在中东和东南亚地区的残余势力。[65]

麦克米伦在担任首相期间对隐蔽行动的热忱有增无减。他对大胆的特别行动无所畏惧——往往与美国携手——而且他热衷于驾驭美国的秘密力量，以便维护英国在国际舞台上的影响力。[66] 他把美国中情局局长艾伦・杜勒斯看作一个“非常不错的朋友”，并指出是他“使我们在情报领域处于一个非常有利的位置”。[67] 1961 年 11 月杜勒斯离开中情局时还特意前往伦敦与麦克米伦道别。麦克米伦坚持以个人名义送给杜勒斯一件礼物。“一张签名照还是……一本书？”德朱略塔问道。首相选择了签名照，并嘱咐：“你一定要把它裱起来。”在告别之际，麦克米伦对杜勒斯说：“我认为，你所做的工作不仅伟大，而且意义深远，我们对此深表感谢。”[68]

麦克米伦支持在世界各地——从中东到东南亚，从拉丁美洲到非洲——开展隐蔽行动。他授权军情六处与中情局联手推翻帕特里斯・卢蒙巴在刚果民主共和国建立的政权；苏联在拉丁美洲的渗透令华盛顿坐立不安，麦克米伦于心不忍，于是没多久便批准中情局在英属圭亚那开展隐蔽行动，迫使切迪・贾根辞去总理职务。[69] 想起苏伊士运河危机时期，美国总统艾森豪威尔袖手旁观，而如今美国人“一再情真意切地恳求我们无论如何也要坚持‘殖民主义’和‘帝国主义’政策，这让麦克米伦窃喜不已”。[70]

这一点从美国在清算纳赛尔问题上的态度的变化中可以明显地看出来。开罗与莫斯科的关系越来越密切，并且在整个中东地区取得了全面胜利。1958 年 7 月 31 日，伊拉克国内发生流血政变，亲西方政权被推翻，国王费萨尔和伊拉克总理被处死。英国驻伊拉克大使迈克尔・赖特侥幸躲过了一颗子弹，捡了一条命。迪克・怀特的顾问杰弗里・麦克德莫特回忆说，军情六处掌握的“大量情报”显示有人要刺杀约旦国王侯赛因，侯赛因是英国最坚定的地方盟友。[71] 不出所料，麦克米伦却执意刺杀纳赛尔，他的这一想法颇受华盛顿方面的欢迎。与此同时，首相成立了一个英美秘密工作组，调查在大马士革密谋推翻叙利亚亲苏政权的活动——这个活动计划刺杀包括叙利亚领导人在内的多个重要人物。[72]英美领导人之间用一套只有他们自己能听懂的密语交流他们对各种可选方案的看法。杜勒斯告诉麦克米伦，在叙利亚“一切看起来都没有什么特别的吸引力”，在它们之间做出选择“会很难”。他还说：“行动只许成功不许失败，一旦开始，不管要冒多大的风险，都要坚持下去。”[73]

麦克米伦的首相任期堪称多事之秋，针对印度尼西亚政权采取的隐蔽行动几乎从他刚上台就开始在策划，直到他的任期结束。英美受“冷战”思维驱使，再加上担心印尼总统苏加诺会毅然决然地加入社会主义阵营，两国图谋推动印尼的政权更迭。为了达到这一目的，1957 年至 1958 年，军情六处与中情局并肩作战，支持印尼国内叛乱，以达到推翻苏加诺政府统治的目的。麦克米伦起初还怀有疑虑，但英国负责东南亚事务的专员罗伯特·斯科特直接说服首相秘密地向叛军提供“外部支援”，理由是“是时候与澳大利亚和美国秘密计划如何最好地向这些人提供他们需要的援助了”。虽然斯科特承认这是一项“大胆的策略，风险太大”，但他相信，鉴于苏加诺“无可救药地视自己为”共产党，那么推行该策略也是合情合理的。[74]

外交部有人认为应谨慎行事，斯科特对此予以反驳，麦克米伦支持斯科特的做法。首相意识到，明目张胆地介入印尼国内事务会使英国面临侵略他国之嫌，其他人也觉得这可能会升级成一场旷日持久的战争，从而为苏联插手此事打开方便之门。[75]采取隐蔽行动这种方法更稳妥。在英国驻华盛顿外交官们的帮助下，麦克米伦又建立了一个英美秘密工作组，专门负责印度尼西亚事务。英美秘密工作组趁热打铁，仅在 1958 年 1 月就召开过多达 5 次会议，[76]并且在此后的 4 个月中，经常策划各种阴谋诡计，为印尼政府制造麻烦。

比如，他们曾试图获取或拍摄苏加诺与未成年女孩交欢的照片。[77] 最后，麦克米伦主张实施准军事行动，前提是只要叛军不公开他们的身份，英国愿意秘密为叛军提供援助。尽管他差点儿促成了“印尼国内形势的进一步分裂”[78]，但他仍强调英国虽然参与了英美两国联手推翻印尼民主政府的计划，却还需要“把自己撇干净”。一般情况下，英国负责为中情局秘密参与轰炸的飞机补充燃料，利用新加坡作为补给站，向叛军运送物资。[79] 然而，到了 1958 年 3 月，麦克米伦却是一副愁容满面的样子，他说：“虽然我们和美国为其提供不少‘秘密’物资，但印尼‘叛军’依然节节败退。”[80] 同年晚些时候，有人告诉他反叛武装“已经溃不成军”，所以中情局和军情六处决定停止向印尼反对党提供支持，而是试着在印尼军队中发展反叛力量[81]。

麦克米伦及其部下确实在美国隐蔽行动中助了他们一臂之力。20 世纪 50 年代末，美国人调拨大量资源投入这场秘密战争中，但是其他许多机构想在里面插一手，结果弄得一团糟。美国国务院与中情局的关系尤其糟糕，有人坦白地告诉麦克米伦：“他们彼此之间相互不信任。”美中情局宣传负责人忙着“为美国国务卿杜勒斯效劳”，他眼里看不到美国其他的机构，更不会注意英国的机构，所以情报机构“实际上是在摸黑独立行动”。宣传不力还导致了黎巴嫩危机期间联合行动的失败。麦克米伦敦促艾森豪威尔“经常”召开会议，扩大对工作组原则的宣传，落实在行动组的每一个人，包括美国其他的情报机构上[82]。

1960 年，能与担任过自己战时助理军官的艾森豪威尔总统携手展开秘密行动，令麦克米伦大为欢欣鼓舞，他相信艾森豪威尔的判断不会错。但是肯尼迪似乎是个新麻烦。英国驻华盛顿大使戴维·奥姆斯比－戈尔回忆说，1961 年 4 月猪湾行动的失败令麦克米伦“颇受刺激”，他花了“相当长的一段时间”才从他所谓的对美国新总统的“重大判断失误”中恢复过来。[83]同时，英国官员们警告说，美国的隐蔽行动其实不够隐蔽。他们曾亲眼看到一个骑摩托车的人从南路驶入华盛顿时经过了一个大大的路标，上面写着“为方便中情局，请靠右行驶”。他们觉得简直难以置信，这说明在美国所有的事情迟早都会公开——“通常会提前公开”：事实上，猪湾行动尚处在筹备阶段时，美国新闻界就已经铺天盖地地宣传了。他们注意到肯尼迪总统曾试图解决美国“无隐私”这个问题，但新闻界则“故意挑衅”[84]。

尽管如此，还没过一年，麦克米伦又与美国新总统携手策划起另一起秘密行动来。当印尼问题愈演愈烈时，麦克米伦拜访了肯尼迪，力劝两国通力合作“清算”苏加诺。[85]1963 年 5 月，英国促成马来西亚与英国殖民地沙巴等组成马来西亚联邦，苏加诺对此表示强烈反对，推出“对抗”政策，利用政治宣传和军事手段等向英国施压。英国官员将他们的反应视为防御反击，因此转而采取隐蔽措施对印尼在婆罗洲交界地带发动的袭击做出反击。麦克米伦的私人秘书菲利浦·德朱略塔认为，应该利用军情六处“在印度尼西亚－婆罗洲地区煽动颠覆运动”。这场特殊的秘密战争将由麦克米伦的接班人亚历克·道格拉斯－霍姆来完成，因为霍姆一直游说麦克米伦加大开展颠覆活动的力度。[86]

整个 20 世纪 50 年代，历届保守派政府均参与过针对也门的特别行动。哈罗德·麦克米伦政府也不例外，隐蔽行动的范围进一步扩大，英国甚至秘密赞助位于阿拉伯半岛南部边境的友好部落对也门发动突袭。麦克米伦与丘吉尔和艾登相比简直是有过之而无不及，他不仅武装南阿拉伯境内的部落，还把也门国内的各个部落武装起来。麦克米伦政府甚至一度讨论过煽动政变的可能性[87]。同以往一样，迫于国际舆论的压力，隐蔽行动似乎才是上策。采取军事活动的国家会被视为侵略者和殖民者，这无疑会招致国际社会的广泛谴责，进而招致联合国各成员的相互指责。

1962 年 9 月，也门“自由军官组织”发动了一场革命，成功推翻了伊玛目的统治。在埃及总统纳赛尔的支持下，他们宣布成立阿拉伯也门共和国，将也门拖入一场持久而惨烈的内战之中，使英国在其邻国亚丁的地位受到威胁。政变后，麦克米伦发现自己被夹在白厅两个派系中间，左右为难。一方面，联合情报委员会觉得保王派中反对党的获胜概率不大，建议不要采取秘密行动来帮助他们。联合情报委员会援引政府通信总部的信号情报内容说：此时埃及士气高涨。迪克·怀特也认为，军情六处对保王派的实力没有多大把握，因此无意支持针对埃及人发起侵略。[88] 而另一方面，麦克米伦的女婿、英国也门事务非正式大臣朱利安·埃默里则希望采取行动，他向麦克米伦展示了一系列沙特情报报告，这些报告使保王派的反抗带上了传奇色彩。埃默里招募了一大批从事间谍工作的朋友和同事，其中包括曾参与过军情六处在阿尔巴尼亚的行动的老特工比利·麦克莱恩。埃默里和麦克莱恩越过联合情报委员会，直接游说首相麦克米伦参与秘密行动，理由是：联合情报委员会低估了保王派的实力，建议首相亲自去亚丁实地了解一下那些坚决反对纳赛尔政权的英国官员是怎么想的。[89] 麦克莱恩——当代的“阿拉伯的劳伦斯”——于 1963 年 3 月亲自视察了该地区。他首先拜访了约旦国王侯赛因，说：“我发现安曼王室中弥漫着一种可怕的氛围，暗中酝酿着阴谋。”侯赛因国王一直支持保王派抵抗纳赛尔军队，但由于此举遭到美国的反对，他也就不抱什么希望了，所以现在他迫切希望英国能起到表率作用。据麦克莱恩报告说，利雅得的费萨尔亲王同样对伦敦的反应感到失望，他与侯赛因国王一样受到“来自美国的巨大压力”，因为美国要求他停止支援保王派。麦克莱恩坚称大家低估了反对党成功的可能性。这些情况统统都经由埃默里传到了麦克米伦的耳朵里。[90]

麦克米伦接受了埃默里的建议，驳回了迪克·怀特的意见。与埃默里不同，军情六处无法提供任何有关该地区事态发展的目击者情报。首相感到越来越沮丧，他甚至寄希望于新闻报道，悲叹道：报上随便刊登的一篇文章“都比我们从民众那里得到的消息要可靠，因为文章条理清晰，显然作者去过那地方，而我们没去过”。[91]尽管麦克米伦确实收到了联合情报委员会的警告，但他仍然说服怀特协助埃默里，帮其在也门发起秘密行动。[92]不过，他对埃默里等人并非有求必应，只是向保王派提供了“谨慎的支持”，军情六处通过位于也门边境上的一个受英国保护的部落间接地提供支持。[93]虽然麦克米伦向美国一口咬定英国政府未向保王派提供任何援助，但他至少“曾授意行动人员在边境的共和党地区布雷”，而且可能是针锋相对的部落袭击[94]。与丘吉尔一样，麦克米伦对帝国主义多少抱有一些幻想，在他退休很久之后，他写信给比利·麦克莱恩，称赞他是“我们亲爱的祖国的效力者之一，你们为国家所做的贡献却鲜为人知”。[95]

普罗富莫案是10年来最令人瞩目的间谍案。尽管轰动一时，但实际上，从情报或安全角度来看，普罗富莫事件的重要性稍逊于其他丑闻。军情五处后来承认，很明显，在苏联情报人员看来“性感”但“徒有其表”的克里斯汀·基勒并“没有搞到有重要价值的情报”。[96]尽管如此，麦克米伦最担心的事还是发生了，这起丑闻激发了公众对英国体制内的安全丑闻和性取向日益增强的好奇心。桃色风暴涉及英国高等法院的8位法官——“似乎有点儿多。”麦克米伦说道——男人们道貌岸然，从“拍立得”照片上可以清楚地看到一名女子正在为某个男人提供“服务”（据说这个男人是名议员），另外还有性派对，参与者包括政府主管和王室成员，当然这些只是冰山一角。[97] 普罗富莫事件给麦克米伦政府造成了巨大的打击，当然不仅仅是他处理不当这么简单，不过幸好政府并未因此垮台。或许影响首相的心理状态才是它带给首相最大的伤害。麦克米伦心里清楚会有更大的间谍丑闻即将曝光，但他早已心力交瘁、束手无策，无奈之下他采取了一些非同寻常的安保措施，之后便匆匆下台了。

1961 年，陆军大臣约翰·普罗富莫与克里斯汀·基勒有过一小段时间非正常的男女关系。丑闻事件的女主角克里斯汀·基勒是一个模特兼应召女郎。他们在骨科医生史蒂芬·沃德举办的泳池派对上结识对方，史蒂芬·沃德把普罗富莫介绍给了一个半裸的性感女郎，这个人就是基勒。史蒂芬·沃德在伦敦的人脉非常广。根据政府随后展开的调查，沃德是个“完全没有道德底线的人”，专门物色十六七岁的女孩并将其介绍给自己有权势的朋友认识。而且他还会迎合那些人“变态的口味”，为其组织安排性虐待派对和“不堪入目、令人作呕的放荡派对”。情报安全问题就是从沃德与海军武官尤金·伊万诺夫的交情开始引发的。伊万诺夫名义上是在苏联驻伦敦大使馆助理海军武官，但其实际上是格勒乌的一名情报员。更为糟糕的是，他“似乎很有女人缘”，同时与基勒有染。普罗富莫、沃德和伊万诺夫共用一个情妇的事情一直没有引起人们的注意，直到 1963 年 3 月，基勒的另一个毒贩旧情人对她开枪，随后她就把自己的故事卖给了媒体。[98]

刚开始麦克米伦并没有把普罗富莫案当回事。[99] 彼时恰逢法国总统夏尔·戴高乐否决了英国加入欧洲经济共同体的申请，麦克米伦为此一筹莫展，认为普罗富莫事件不过是“愚蠢的麻烦”，因此不予理会。麦克米伦这次的反应与上次的瓦萨尔案不同，他补充说：“谢天谢地，这次是女人，不是男孩。”并且认为那些谣言纯属“流言蜚语，即便不都是假的，也无疑言过其实了”。起初他还觉得这事挺滑稽的，他留意到军情五处其实是想利用这名女士从苏联人手里搞点儿情报，但目前看来桃色陷阱失败了。[100]但随着性丑闻事件升温，很快麦克米伦连苦笑都笑不出来了。

军情五处对史蒂芬·沃德和格勒乌情报官尤金·伊万诺夫都感兴趣。1961 年 8 月，他们的情报透露，一个名为沃德的男子为了跟伊万诺夫攀上关系故意吹嘘自己的社会关系。在监视沃德的过程中，军情五处发现陆军大臣普罗富莫也在他的圈子里，因此他们担心普罗富莫会在不知不觉中迷失于黑暗的间谍世界。罗杰·霍利斯立马提醒诺曼·布鲁克，但布鲁克没有把此事告诉麦克米伦，而是私下找到普罗富莫谈心，警告他不要与沃德来往。虽然军情五处直到 1963 年 1 月才知道普罗富莫与基勒存在不正当关系，但普罗富莫误以为布鲁克是在警告他军情五处已经知道此事了——而且甚至很可能对此事不予深究。[101]

军情五处对沃德和伊万诺夫的兴趣越来越浓。由于伊万诺夫的社会关系深厚，1962 年古巴导弹危机期间，沃德利用他充当自己与苏联的秘密联络人。同时，由于沃德与伊万诺夫交情不浅，外交部也认为将来或许能够利用他在苏联大使馆打探情报。事实上，有明显的迹象表明军情五处有意把沃德招至麾下，试图进一步打探伊万诺夫作为军事情报员的职责。很明显，军情五处曾一度利用基勒使美人计，诱使伊万诺夫叛变，以此报复当年克格勃对多名驻莫斯科外交官的陷害。麦克米伦后来指出，普罗富莫案最为敏感的地方之一便是军情五处“妄想利用普罗富莫说服伊万诺夫上尉叛逃”。随后开展的公开调查中隐瞒了这一点。[102]英国军情五处后来与沃德断绝了关系，因为麦克米伦开始担心一旦沃德被控靠不义之财生活，他可能会把其他大臣给供出来。听闻军情五处要暗杀自己，沃德自杀了，没能听到法院在庭审中对自己做出的有罪判决。[103]

自从 1962 年秋天起，社会上就一直流传着有关普罗富莫的谣言，但直到 1963 年 3 月 22 日，他的风流韵事才被大众所知。哈罗德·威尔逊的高级助理之一乔治·威格选择在议会就媒体对瓦塞尔安的报道进行辩论时，扔下了普罗富莫这枚炸弹。普罗富莫的太太瓦莱丽看完剧回家，结果发现家门口被记者堵得水泄不通，记者们连珠炮似的对她发问，而且他们的问题令她大为震惊。普罗富莫当时不在下议院，下议院领袖兼保守党主席伊恩·麦克劳德结束议会辩论时，已是凌晨时分，但他仍然召见了普罗富莫。当着政党纪律委员和多位同僚的面，麦克劳德对普罗富莫进行了严密的盘问。凌晨 3 点，普罗富莫见到了自己的律师，他的律师告诉他他要么矢口否认整件事，要么立即辞职，只能两者选一。麦克劳德后来告诉《旁观者》杂志的记者朋友说他认为这件事很简单：“你看，杰克，根本问题是：你到底有没有跟这个女人上床？”普罗富莫坚称自己没有——随后他又对《巴黎竞赛画报》和其他几家杂志提起了诽谤诉讼，否认了这一点。[104]

第二天，他在下议院就此事发表了个人声明。麦克米伦坐在普罗富莫身边，当这位丑闻缠身的陆军大臣回到座位后，麦克米伦拍了拍他的肩膀以示支持[105]。几天后，麦克米伦与罗杰·霍利斯开会讨论这件事会对安全产生何种影响。霍利斯告诉愁眉不展的首相，据基勒说，沃德让她从普罗富莫那里拿到美国人把核机密泄露给联邦德国的确切日期。他让麦克米伦放心，基勒拒绝了这一要求，并驳斥了哈罗德·威尔逊关于沃德是俄罗斯特工的说法。“国安局的人，”霍利斯安慰麦克米伦说，“认为他是个皮条客，不是间谍。”[106]

事实上，普罗富莫与基勒的枕边话不止谈心这么简单。若干年后，调查记者查普曼·平彻问基勒普罗富莫是否的确对她说过真正的国家机密。她回忆说，曾经有过一次：有一天晚上，普罗富莫在床上对基勒说，就在当天，“差点儿发生核爆炸，因为一只老鼠咬断了一些电缆，露出了电线之类的东西”。于是，平彻推测这绝对不是基勒能凭空编造出来的[107]。历史学家们发现，英国皇家空军制造氢弹的技术非常落后，而且技术不稳定。首个生产出来的模型代号为“黄太阳”，其安全机制薄弱，内部的工作机制非常原始，极易受到腐蚀。事实证明它确实是不稳定，以至于几年之内，不得不让它退役。[108]基勒的故事并非完全不可能，但这是真的吗？虽然平彻致函当时的主要国防官员予以求证，但他们绝口不提有老鼠在核武库肆意妄为这一令人尴尬的问题[109]。

基勒一开口，局面便混乱得一发不可收拾。约翰·肯尼迪对此越来越感兴趣，委任阿瑟·施莱辛格调查这起性丑闻将对麦克米伦政府产生多大影响。“他们的处境十分糟糕，”施莱辛格对总统说道，“而且整个党派都分崩离析。”[110]记者本·布莱德里与肯尼迪总统认识已久，他注意到了肯尼迪总统对他关于普罗富莫案的报道很“痴迷”，“一字不落地”看了好几遍——这里面牵涉的事情多得让他无法自拔：性、间谍活动、英国社会。美国驻英大使戴维·布鲁斯得到命令每24小时对该案进展做一次汇报。[111]3月初，工党党魁哈罗德·威尔逊访问华盛顿，并被安排与肯尼迪总统进行半小时的会面——但总统让他待了两个小时。当威尔逊最终出来后，他说：“真不敢相信。肯尼迪一直说啊说，不停地讲普罗富莫这件事。他真的是在拷问我，让我把我所知道的事情交代出来……”[112]

威尔逊并不知道肯尼迪对此感兴趣的深层原因。联邦调查局的探员秘密来到伦敦，任务是调查清楚肯尼迪总统在每次访英时是否和沃德的应召女郎有过接触。[113]肯尼迪可能与沃德的一个熟人苏茜·常有一腿。[114]麦克米伦很早就知道肯尼迪私生活十分糜烂，发现他“性格很怪、性欲旺盛”。[115]事实上，似乎所有人都认识沃德——就连哈罗德·威尔逊都曾私下里在工党圈子打听过有关这个人的其他情况，并把这些材料交给了唐宁街。威尔逊认为，军情五处随后把这些材料泄露给了媒体。[116]

此时，麦克米伦命令大法官迪尔霍恩勋爵悄悄地展开调查。尽管霍利斯一再让首相放心，但担忧日盛。一位历史学家表示，他甚至"差点儿干扰司法公正"。[117]麦克米伦曾希望等到大法官迪尔霍恩递交调查报告，各方做好防范工作之后再逮捕沃德，以免沃德入狱再次把普罗富莫案推到舆论的风口浪尖。[118]军情五处为何要花这么长的时间向首相解释这件事的安全影响呢？麦克米伦与霍利斯有怨在先，而且他在瓦萨尔案上所做的"猎狐"评论使军情五处不敢再把这类事情报告给唐宁街 10 号——霍利斯"不会急不可耐地再次冒险"。[119]不管怎样，如果军情五处认为普罗富莫案不会构成任何安全威胁，他自然没有义务告诉首相陆军大臣的性行为主要会带来什么样的后果。但在艾德礼和西利托时期，唐宁街和军情五处关系亲密，互相信赖，假如发生普罗富莫这类事件，军情五处一定会"私底下"提醒首相一句，这样的话很可能就不会再出现现在这种局面了。

结果，现在麦克米伦不得不在下议院接受工党的炮轰，他留意到哈罗德·威尔逊显然不想就这样放过普罗富莫案。"他希望，"麦克米伦叹了一口气说，"打着安全的幌子，重提'性'丑闻。"首相显然对反对党领导人的行为不感兴趣，他挖苦地说："威尔逊，本就是个喜欢趁火打劫的人，绝对靠不住。"[120]1963 年 6 月，下议院就普罗富莫的最终辞职申请进行辩论，一决高下的时刻到了。麦克米伦后来承认，他从来没有承受过这么大的压力。数百人通宵达旦地排队，希望能在公众旁听席抢个座位，结果导致英国议会广场交通瘫痪。[121]威尔逊嗅到了血腥味并指责首相为达到政治目的不惜拿国家安全冒险。虽然他抓住"肮脏的罪恶网络冲击民族道德良知"这一点不依不饶，但其实矛头仍直指安全威胁。他斩钉截铁地指出，首相粗心大意，无视严重的安全威胁。[122]

这已经不是首相第一次迫于无奈站在议会讲台为间谍丑闻辩护了，当然，也不会是最后一次。麦克米伦的表现与艾登在“破坏者”克拉布事件后的拙劣表现稍有不同，他的登台让人为之所动。与艾登一样，麦克米伦以一段感人至深的开场白开始，对这起政坛丑闻造成的“久久难以愈合的切肤之痛”表示遗憾。随后，他直言不讳，指责普罗富莫不该对下议院说谎，并且十分详尽地说出普罗富莫与沃德的来往及沃德与伊万诺夫的关系。与艾登不同的是，麦克米伦没有打算逃避，他的策略是：能讲的都讲，并试图博取下议院的同情，让他们相信自己是一个被信赖的朋友背叛的受害者，此外，他借此机会向下议院解释为何自己没有亲手揪住普罗富莫。麦克米伦能言善辩，巧舌如簧，不但很好地表明了自己的立场，而且博得了保守党的喝彩。[123]

与瓦塞尔案一样，麦克米伦下令对普罗富莫案进行调查。保守党主席伊恩·麦克劳德对此表示竭力反对，坚称“我们应该毫不退让”，但麦克米伦的情况“糟透了”，什么都听不进去。[124]此类调查通常由法官们完成，而且枯燥乏味。但负责此次调查的丹宁勋爵认为这事并非看上去那么单纯，或许该事件不仅牵涉到安全威胁，应该还涉及性道德和社会阶层的问题。调查报告的副标题赫然写着“道貌岸然的男人”，令人浮想联翩并很快销售一空。为买到一份报纸，人们不惜排数小时的队，皇家出版局旗下的出版社昼夜不停地工作。丹宁勋爵报告中的某些文件属于国家机密，保密期限长达 50 年，因为这些文件详细地记载了政府机关人员卷入的性丑闻。就连霍利斯都不能翻阅这些文件。[125]丹宁收集起来的原始材料让唐宁街犯了愁，不知道该如何是好。根据《公共档案馆法案》的相关规定，该文件必须予以保留并最终向大众公开。“首相，”一名面如土色的官员惊叫道，“我希望他们把丹宁收集的大部分证据烧了，因为里面的内容太不堪入目了。”[126]

然而，丹宁的确为麦克米伦和军情五处开脱了罪名。他发现首相轻信了普罗富莫对下议院的谎言：他和他的顾问团“无法想象他们当中居然有如此胆大包天的同事，胆敢对下议院做虚假声明”。[127]丹宁同时发现，军情五处把自己的职责局限在保家卫国范围内：“一旦他们得出结论，认为此事与安全无关，而只是一位部长的道德不端行为，他们就没有义务向任何人报告此事。”[128]丹宁的报告因为揭露了性丑闻而畅销一时，连皇家出版局的也赚了个盆满钵满，但经过此事麦克米伦更加坚信：必须建立一个由3位法官组成的常设委员会调查存在的安全漏洞。这个想法他早在1955年就向艾登提出过，但当时未获批准。[129]哈罗德·威尔逊附议成立常设委员会，麦克米伦下台后不久，威尔逊就贯彻落实了[130]。

讽刺的是，或许最大的安全漏洞与基勒和沃德都没有关系。似乎伊万诺夫不一定非要依靠与基勒的枕边话，也不用吸收沃德做特工或者传信人，其实他早就直接和普罗富莫攀上了关系。据说，有一次，他登门拜访普罗富莫，普罗富莫太太把他让进屋里，让他在书房等着。书房桌上放着很多与美国的飞机制造技术有关的秘密文件，而且这些文件甚至很可能涉及战术核武器。显然，伊万诺夫拍了很多照片。但由于当局把重点放在基勒、沃德的不正当男女关系上，所以真正的安全风险似乎被掩盖了。[131]。

值得注意的是，普罗富莫案实际上是麦克米伦最不需要担心的间谍案。1963年7月，正当人们纷纷街谈巷议陆军大臣的性丑闻时，首相含蓄地强调“其他相关的‘安全’调查已经启动了”。从苏联叛逃至中情局的明星人物阿纳托利·戈利岑曾受邀访问英国，以讨论政府机关内部有哪些潜在的“地下工作者”。但这件事被外界知道了,《每日电讯报》不顾军情五处的强烈抗议依然把消息刊登出来了，麦克米伦得知后惊慌失色。戈利岑逃回美国时就已经猜到了克格勃会派大批职业杀手埋伏在伦敦。但是肯尼迪“完全没把这件事放在心上”，他更担心的是有媒体报道说——英美情报局在“地下工作者”问题上存在不和，他认为所有这些言论是“愚蠢的诽谤”。[132]

麦克米伦一点儿也不轻松。这几个月他刚得知金·菲尔比和安东尼·布朗特案的真相，而且现在安全局正全力摸查关于“剑桥五杰”中的“第五杰”及其同伙的线索。布朗特案的风头被盖了下去，但麦克米伦预计菲尔比的消息会传出来，到时候“又要闹得鸡飞狗跳”。值得注意的是，直到此时麦克米伦才明白，1951 年伯吉斯和麦克林飞赴苏联不仅仅是叛逃这么简单 :“他们是间谍，多年来受雇于苏联。”果不其然，麦克米伦已疲惫不堪，他若有所思地说 :“我开始怀疑，这场间谍与反间谍的游戏到底值不值得我们这样。”[133] 由于神经越来越紧张，他开始相信上了阴谋论，并备受折磨，觉得红色恐怖的大网遮蔽了整个白厅。陆军大臣普罗富莫辞职 12 天后，他叫来迪克·怀特，问自己是否中了苏联情报局设下的圈套。尽管怀特不愿相信这是真的，但他请首相放心，军情五处与军情六处会建立一个联合工作小组，“调查苏联情报局是否有可能为败坏女王陛下政府的声誉而参与策划了普罗富莫事件”。[134]

首相只能尽人事听天命了。1963 年 9 月 21 日，也就是离麦克米伦以身体状况不佳为由辞去首相一职前不到一个月，麦克米伦收到了中情局的通知，通知说中情局从戈利岑那儿了解到了更多情况。麦克米伦记录道，有大量证据表明苏联人“在过去的 10 年中编造了一个故事，然后经由他的手交给了美国当局”。事实就是 : 从 1951 年开始，哈罗德·威尔逊多年以来一直效力于苏联，他实际上是克格勃派来的特务。中情局局长约翰·麦科恩曾问麦克米伦怎么“评价”这件事。“我认为，纵观英国历史——至少在现代史上——没有首相会被盟友问一个这么特别的问题。”麦克米伦首先想到的是“就回答说这很荒唐”。但是经过整整一下午的反复考量，他最终觉得“我们必须做点什么”，于是开始和怀特、霍利斯、外交大臣和内政大臣商量——“这是一个奇怪的世界！”最终，霍利斯告诉麦科恩，所有指控都是假的[135]。

麦克米伦在辞职前使出了绝招。恰逢唐宁街的老旧建筑正在进行现代化改造，麦克米伦觉得这是个机会。[136]有了普罗富莫桃色事件、菲尔比、布朗特和现在的怀疑对象威尔逊的前车之鉴，首相在内阁办公厅、等候室及他在唐宁街的私人书房安装上了电子窃听设备。虽然麦克米伦下台后这些窃听器被暂时拆掉，但由于担心苏联特务打入英国政府核心、唐宁街内部，其继任者亚历克·道格拉斯－霍姆又重新安装了窃听器。这一高度保密的监控系统一直使用到1977年，最后被詹姆斯·卡拉汉拆掉。虽然不确定哈罗德·威尔逊和爱德华·希思是否曾意识到这一监控系统的存在，但至少在五届首相的任期里它都是存在的。[137]

哈罗德·麦克米伦觉得间谍丑闻真是个麻烦事，它们不仅可能致使政府倒台，还使他的领导才能受到质疑。约翰·比芬回想起自己在下议院待的36年里，“最难忘的”还是普罗富莫事件。保守党后座议员在公开场合抱成一团，但在1922年召开的一次非公开委员会会议上，他们明确告知麦克米伦“这个错误首相难辞其咎”。他一向虚怀若谷，但突然之间，这一优点似乎与这里格格不入，而且看得出，保守党迫切地希望让一个年轻的领袖领导自己。[138]1963年年末，麦克米伦给女王写了一封道歉信。他在信中表示，由于对普罗富莫事件处理不当，政府机构受到了“伤害”，特此向女王陛下表达歉意。“唉，当然，我并不知道，”他解释说，“在神秘的情报界，除了普罗富莫，居然还有其他人也自甘陷入圈套。”这或许是在小心地影射伊丽莎白二世女王的艺术品顾问安东尼·布朗特，直到1963年7月21日，军情五处主管才简单地向麦克米伦介绍了他的情况——这又是一桩潜在的安全丑闻，麦克米伦认为这个丑闻可能会造成“毁灭性”的后果，并提前宣布他的政府任期结束[139]。

麦克米伦为何做出窃听唐宁街这一惊人举动呢？他骨子里是一个地地道道的爱德华七世时代的人，他觉得这些间谍活动具有颠覆性，甚至能危及社会秩序和国家安全。在写给女王的信中，他直言阴谋诡计可能摧毁“王室”。麦克米伦的最后一招——监听唐宁街的线路——拉响了一段前奏，自此政府各部门机构都被监听，这种状况一直持续到“冷战”结束。在接下来的几年里，陷入麦克米伦所说的“奇怪的神秘世界”的人将陆续被曝光，令继任首相们坐立不安。

10

亚历克·道格拉斯–霍姆（1963—1964）

穿越自由社会和警察国家之间的界线非常容易。

——亚历克·道格拉斯－霍姆[1]

由于接连遭受安全事件的打击，加上健康状况越来越糟，哈罗德·麦克米伦于1963年10月辞职。这样一来，他将情报事务的烂摊子甩给了他的继任者。这个烫手的山芋最后落到了亚历克·道格拉斯－霍姆的手中。亚历克·道格拉斯－霍姆是有史以来曾踏入情报"暗黑之门"的历任首相中最正派、最受人尊敬的一位。道格拉斯－霍姆出生于苏格兰一个富有的地主家庭，他原本是第十四代霍姆伯爵，但后来为了进入下议院而放弃了贵族身份。因为其曾经显赫的出身，道格拉斯－霍姆在伊顿公学和牛津大学基督教堂学院学习期间颇受欢迎。他在校期间主修现代史，不过在1925年毕业时仅取得了文学硕士三级荣誉学位。他的主要成就在木球运动上，霍姆曾效力于米德尔塞克斯队和玛丽勒本队。如果说麦克米伦多少带有爱德华七世时代的特点，那么道格拉斯－霍姆似乎更倾向于维多利亚风格——反对党领袖哈罗德·威尔逊多少有点儿看不起新首相，认为他“优雅却不合时宜”[2]。然而，甫一上任，道格拉斯－霍姆就把手头的工作不声不响地处理得井井有条，并且很少碰到节外生枝的事。尽管只做了363天的首相，而且几乎被人遗忘，但道格拉斯－霍姆却是办事效率最高的英国首相之一[3]。

在其受到遗忘的任期内，最鲜为人知的领域当属情报工作。然而，道格拉斯－霍姆对情报给予了极大的信任，有一次他在北约会议上公开说：“身为决策者，当我们做出错误的决策时——我们经常犯错——通常是因为我们没有掌握足够的情报，或者是没有用好手中掌握的情报。”[4]他绝对有能力监督情报部门，因为丘吉尔战时政府解散前几个月，他曾在内阁担任外交部次官一职，所以也算得上是丘吉尔战时政府中最后一名接受过情报训练的首相。他先后担任过英联邦关系大臣及麦克米伦政府的外交大臣，与麦克米伦的副手爱德华·希思密切配合。由于对世界时事无所不知，霍姆备受尊重，1970年希思上台后，霍姆又回到外交部工作，在担任外交大臣期间，他领导一个代号为“富特”的行动，一举将90余名苏联情报官员逐出伦敦，“对于苏联间谍大规模在伦敦刺探情报一事”，他建议首相希思有必要“表明立场”。[5]

别看道格拉斯－霍姆的任期较短，但他的工作可谓是卓有成效。上任仅一个月，他就遇到了美国总统肯尼迪遇刺一事。肯尼迪遇刺牵扯到情报工作的方方面面，其中一些与中情局和克格勃在全球范围内掀起的隐蔽行动有关。在海外，还有两场英国自己发起的秘密战争有待道格拉斯－霍姆去处理；而在国内，他不仅要为普罗富莫案擦屁股，还要安抚国内对苏联颠覆的日益焦虑情绪。关键的问题不是道格拉斯－霍姆是否与英国情报机关牵扯很深，其实他也是别无选择。更有趣的是情报机关和霍姆之间的关系，以及在20世纪60年代的动荡中，一位悠闲的贵族子弟是否能迎接挑战，监管好英国的情报机构。

上任之初，道格拉斯－霍姆关于处理国内安全事务的经验并不多，而且也没有记录表明他在任职期间与军情五处主管罗杰·霍利斯有多少往来。他似乎更愿意找约翰·塞西尔·马斯特曼非正式地商讨这方面的问题。马斯特曼是军情五处的一名资深特工，曾参与英国战时策划的欺骗行动，他同时也是道格拉斯－霍姆就读牛津大学时的历史课导师，主讲授的就是安全问题。[6]形势迫使霍姆快速地将注意力转向国防，这意味着他不得不面临与前任首相们同样的困境：平衡安全、自由和开放三者之间的关系。由于军情五处与警察部门之间本质上是合作关系，安全局应该继续对内政大臣负责，这些关系道格拉斯－霍姆都明白，但是他心里更清楚，实际上首相应掌控全局。议会发言时，正好提到军情五处，他宣布："如果首相本人认为这些问题涉及国家安全，他必须随时准备予以回答。我十分肯定，任何首相都不会逃避这一职责。"[7]过去几个月发生的风波告诉我们：国土安全首相府责无旁贷。

1963年夏天，道格拉斯－霍姆东奔西走、马不停蹄地与美苏就禁止核试验的条约进行谈判，因此得以从难缠的普罗富莫案中抽身出来。然而，新首相曾亲眼看到了普罗富莫丑闻对麦克米伦执政生涯的晚期造成了何等损害。经过这些风波，他和前任首相才痛苦地意识到那些通过了安全调查的大臣都没有通过正面决议程序的审查，达不到最高的安全标准，因此发生更多令人难堪的事情也只是时间问题。所以，道格拉斯－霍姆迫切地希望在任期内避免引起媒体对安全问题的广泛关注，因为这样可能会阻碍工党为1964年大选做准备。

当时有关情报机构的出版物非常罕见。直到1989年英国政府才正式承认军情五处的存在，但在普罗富莫案发生后，军情五处的公众形象得到了提升。丹宁勋爵有关这一丑闻所做的报告一经发售便被抢购一空，其中，有些内容甚至泄露了军情五处的工作惯例和指令。1963年《每日电讯报》驻外编辑约翰·布洛克从弗农·凯尔的遗孀那里获得了军情五处第一任主管的回忆录，并出版了一本关于军情五处完整早期历史的著作。[8]各位情报主管在是否承认内容属实这个问题上意见不一。迪克·怀特赞成进一步公开，首相的非正式安全顾问约翰·塞西尔·马斯特曼与怀特看法相同。但罗杰·霍利斯更倾向于传统做法——保密，而且还吹嘘自己"与媒体很好地达成了协议"，保证报纸对军情五处一个字都不会提。[9]

虽然表面上道格拉斯－霍姆赞同公开丹宁的报告，但他私下在想：有没有一个更好的机制对此类丑闻加以遏制，避免其成为媒体津津乐道的对象。他在下议院发表演说时特别强调军情五处"绝对不能带有政治偏见或受政治影响"，并警告说"穿越自由社会和警察国家之间的界线实在是太容易了"。尽管如此，"任何人，"道格拉斯－霍姆说，"不可沾沾自喜。"他提醒前后座议员："下议院已经被警告过多次了，我们的安全系统一直承受着压力。这种情况恐怕会持续一段时间，因为间谍活动不会以我们希望冷战局势变弱的速率消失。"他警告道："间谍活动攻击的往往是政府机构中最敏感的部门，会导致一些意想不到的问题。"[10]

首相希望引前车之鉴，避免重蹈覆辙。首先，他故意想办法扩大间谍活动与反间谍活动的职责范畴，甚至超出保守党前座议席上与自己关系亲近的内阁同僚可控的范围。他坦白地说："当然，它们的确是亟待解决的问题，尤其对当今的政府来说，但无论如何，从某种程度来说，国家安全问题是所有人的责任，所以，它们也是反对党、议会及整个社会需要直面的问题。”[11] 他这样说其实是在暗指议会的惯例：在公众不知情的情况下，议会在幕后就安全问题存在跨党派商议的情况。

其次，首相担心的是间谍丑闻本身的保密问题。也许是从前几任命运多舛的首相身上吸取了教训，他声称保密性“往往会带来后顾之忧，因为每个特定间谍引起的破坏程度不一样，而且整体而言安全系统行动的有效性也是未知的”。丑闻的苗头刚出现时，艾登和麦克米伦表现出的莫衷一是的态度实际上是自欺欺人，道格拉斯－霍姆可不想重蹈覆辙，他说：“我们一再强调，抓间谍是为了说明安全系统切实有效，但这只是说给别人听的，我可不认为大臣们和议会真会这么想。”[12]

道格拉斯－霍姆清楚时代已经不同了。普罗富莫事件等一系列早年曝光的丑闻和越来越没有底线的媒体，令历届政府元气大伤，再也打不了“信任牌”。1963 年年末的冬天漫长而又严酷，大雪铺天盖地，导致泰晤士河全面结冰，新任首相道格拉斯－霍姆决心打破议会各党派之间的坚冰，将安全事务和情报事务提升到超越党派政治中的诽谤中伤和斤斤计较的高度。他希望此举能构建政府成员之间以及政府与反对党之间的信任，以防止丑闻升级或流言蜚语四散传播[13]。

为达此目的，道格拉斯－霍姆首相提出成立一个“新”安全委员会。事实上，这一想法在 1962 年由拉德克利夫勋爵在调查瓦萨尔案过程中最先提出，麦克米伦政府早已为此打下基础，“新”安全委员会最终得以在 1964 年 1 月成立。首相与反对党领导人就违反保密要求的案件依次进行商议，新安全委员会则以此为基础展开调查。在公开场合，哈罗德・威尔逊依旧表现冷淡。他不同意“抓住更多间谍和叛国者就意味着万事大吉”。他的逻辑是：“如果哪天在达特穆尔境外抓到大批逃犯，我们可能会说这是当地警察和狱卒的功劳，但我们也可能质疑：为什么会有这么多犯人逍遥法外。”威尔逊更担心的是，新安全委员会只会放马后炮——等事故发生后才做追溯处理。政府仍需加强防范措施。[14] 当然，虽然极不情愿，但威尔逊私底下还是支持首相的。等到自己上任时，威尔逊意识到了这项提议给他的政府带来的好处，而他也确实在 1965 年 5 月下令扩大委员会的职权范围，并考虑着手对“某些大臣”做正面审查。[15]

更为重要的是，道格拉斯 - 霍姆再也不想像上次委托丹宁勋爵调查普罗富莫案那样，任由这位特立独行的大法官把权贵的家丑写在报告里抖搂出来。但新安全委员会的职责范围太小，仅起到在每次出现新的安全事件之后督促办案的作用。它没有审查的职能，只是一个独立的监督机构，对内阁办公室和那些挖空心思想寻找夺人眼球的新闻的舰队街记者来说只不过是个可有可无的角色。[16]

道格拉斯 - 霍姆一手创办的安全委员会可谓影响深远。在普罗富莫案发生之前，安全突发事件通常由常务次官、枢密院议员或法官组成的特别情报委员会处理。这个专门的安全委员会起初设在帝国防务委员会下，之后搬到了内阁办公室。因为普罗富莫案被弄得路人皆知，因此须采用一种新方法来善后，因此安全委员会一直保留到 2010 年。安全委员会最近经手的一起案子是调查某人未经授权擅自闯入王室宫殿一事：一名装扮成蝙蝠侠的男子爬到白金汉宫主阳台旁边的墙檐上。[17]

而道格拉斯 - 霍姆没有告诉议会，或确切地说，没有告诉哈罗德 · 威尔逊的是，他知道更多安全丑闻正在酝酿之中。一年多前，美国方面传来消息说克格勃叛逃者阿纳托利 · 戈利岑透露了克格勃对国外情报机构的渗透情况，但唐宁街一直将信将疑。如我们所见，麦克米伦政府执政的最后一段时间里，连哈罗德·威尔逊都曾遭到指控。尽管大部分人觉得戈利岑说西方多个国家政府遭克格勃渗透之类的话是无中生有、一派胡言，但英国和美国显然买他的账，一场大规模的间谍抓捕行动已在进行当中。

我们知道在普罗富莫案爆发后，丑闻缠身的麦克米伦被逼无奈在唐宁街上上下下安装了窃听器。虽然在他卸任之后这些窃听装置被拆除，但貌似道格拉斯－霍姆又把它们重新安装在了内阁会议室、内阁会议室等候室和他的私人书房里。看起来新任首相已经决定主动出击对唐宁街进行监听，而不仅仅是顺从前任的安排而已。针对苏联一般性的间谍活动成立安全委员会是明智之举，而对政府的核心白厅实施电子监控则提供了终极保障，使得政府不用再担心莫斯科方面的渗透。

哈罗德·麦克米伦对电子监控十分了解。1959 年访问苏联时，任意一次谈话，哪怕是在花园里或建筑外的广场上，都极有可能被监听，这让麦克米伦不得不为之叹服。英国大使馆内唯一安全的地点就是一个所谓的“安全屋”，也就是一个有机玻璃搭的帐篷，里面有一台唱片留声机，用以干扰苏联人的窃听。他曾向肯尼迪总统抱怨，由于窃听行动密不透风，在莫斯科处理重要的外交事务几乎是不可能的。显然，他决定回到伦敦后对反对党进行绝地反击，彻底扭转局势。[18]

20 世纪 60 年代初，整个唐宁街的建筑内饰都被拆卸一空，做了整理和修缮。麦克米伦上任时，主楼梯已经下沉，大楼其他部分也摇摇欲坠。[19] 克劳福德委员会曾建议把唐宁街 10 号、11 号和 12 号做现代化改造，所以首相在 1960 年 8 月搬进了海军部大楼，直到 1963 年 10 月普罗富莫案爆发之后，卸任数周之前，才再次搬回唐宁街。[20] 随着工程的推进，老旧建筑暴露出来的问题越来越多，需要大面积浇筑混凝土、加固地基。唐宁街 10 号内部的结构完全被破坏了，内阁办公室的墙壁、地板甚至柱子统统做了替换。曾经位于唐宁街 12 号的政党纪律委员办公室，改成了分别加在唐宁街 10 号和 11 号的两个房间。通向内阁办公室的走廊也得到了改造。[21] 由于劳资纠纷频发，翻修工作进展缓慢——1961 年至 1962 年间，改建工程中发生了 13 次罢工、停工事件。其中，4 次罢工都是因为“茶歇受限”“带薪茶歇被取消”“茶点凉了、受潮了”“茶叶品质不好”等理由。[22]

在唐宁街下方，狭窄而密集的地下隧道和防灾地堡相互连接。修缮工作断断续续地进行，一直持续到 1965 年。其中最为敏感的工程都是关于通信和监听的。政府通信总部和外交无线新闻社对唐宁街外部进行检测，看是否有从密码机或电传打字机泄露发射出来的信息流，还在阁楼的屏蔽室安装了一台新的电话交换机。[23] 最难的还是为首相府安装窃听器布线，为了掩人耳目，只好说成是“为 BBC 广播电台安装电视和广播设施”。建筑监理强调，一切都是“与首相办公室和安全官员协商后”做出的安排[24]。

2009 年，经军情五处授权，剑桥大学知名历史学家克里斯托弗·安德鲁耗时 10 年创作的新书问世。在安德鲁的创作过程中，安全局表现得十分开明，允许他查阅任何一份文件，无论其涉密程度有多高。然而，新书即将付梓时，内阁办公室要求删去涉及 20 世纪 60 年代对唐宁街实施监听的某些段落。有报告表明是戈登·布朗本人下令禁止披露相关信息的。当然，我们对这个故事只有一个大致的了解，但即便如此，考虑到数十年间议会发表过一系列声明强调唐宁街从未安装过窃听装置，此书一出必将令舆论哗然。事实上，军情五处的档案显示，唐宁街 10 号 3 个极为敏感的区域都装有传声设备。

就在本书的发布会举办之时，军情五处主管乔纳森·埃文斯确认，禁止披露这段文字本质上并非出于国家安全的考虑，而是更广泛的公共利益。因此，军情五处认为，这部分内容不应被删除。但就在出版前数周，内阁办公室仍坚持要求删除相关内容，理由是“公共利益”这个概念太模糊。如此随性的审查制度导致安德鲁教授产生了抵制情绪，他后来指称此次不愉快的经历为“一次意义重大的删除”，而且觉得这样做“很难看出有什么合理性”。《每日邮报》随后披露，内阁办公室要求删除的内容涉及1963年7月哈罗德·麦克米伦下令对唐宁街实施监听一事。军情五处的文件并未透露为何道格拉斯-霍姆也想对内阁及政府各办公室进行监听，或揭露他在自己的私人书房里安装窃听器是出于何种原因[25]。

十余年后，詹姆斯·卡拉汉开始调查有关对唐宁街遭窃听的指控。到那时，民众似乎推测这是军情五处的无赖行为，而非各位首相下达的命令。卡拉汉向下议院发表声明，否认唐宁街曾遭到窃听：“安全局或者英国任何其他情报机构和安全机构从来不曾主动地或在任何人的要求下对唐宁街10号实施电子监听，首相对此深感欣慰。”卡拉汉说得没错。严格来说，对唐宁街各建筑实施窃听的的确不是军情五处，而是哈罗德·麦克米伦。显然，尚未解密的军情五处档案显示，受水门事件的影响，最终正是卡拉汉于20世纪70年代下令拆除唐宁街的监听设备。[26] 白厅居然对如此卑劣的行为做出授权，消息一经披露，群情激昂，众怒难平，美国国务卿亨利·基辛格私下表示：“英国人无法理解我们。卡拉汉都说政府内部人员被监听是惯例。”[27]

奇怪的是，关于在唐宁街安装传声器的细节内容，所有人可以随意查看。但就在戈登·布朗及其内阁办公室忙不迭地遮掩安德鲁教授书中披露的具有学术权威性的最有趣的史实时，却忘了派人前往基尤国家档案馆看一看。该档案馆存放着英国工程部和英国物业服务管理局的档案，但长期以来无人问津，其中有数百份关于唐宁街翻修的文件，可谓是巨细无遗。例如，我们知道，首相坚持要用最豪华的家具，包括“特别的洪都拉斯桃花心木马桶座椅”，每个马桶座椅的售价为 11 英镑，另外加收 2 英镑做“抛光”处理。[28]1963 年 4 月，突然新增了一些神秘的开支项目，显然这些项目官员们不想详细说明，其中包括价值 8800 英镑，被称为“特殊要求”的某种物品。[29]在另一个尘封已久的被遗忘的文件中隐藏着这样吸引人的文字——“安装传声器地插”[30]。

就在道格拉斯 – 霍姆跨进唐宁街的大门时，间谍抓捕行动发生了不可思议的逆转。1963 年，肯尼迪邀请美国知名学者迈克尔·斯特雷特出任艺术顾问委员会主席。艺术顾问委员会主席是公职，斯特雷特意识到自己的出身背景可能会受到核查，所以找到小阿瑟·施莱辛格说明自己的情况，小阿瑟·施莱辛格是肯尼迪的安全顾问之一，经常处理情报事务。斯特雷特告诉施莱辛格，20 世纪 30 年代，当自己还是剑桥大学三一学院的大学生时，一个名为安东尼·布朗特的人曾招募他做间谍。很快，联邦调查局副局长威廉·沙利文找到了斯特雷特，让他把自己的过去交代清楚[31]。

军情五处负责抓捕间谍的部门主管阿瑟·马丁迅速乘飞机前往华盛顿。虽然在之前的多次调查中布朗特的名字已经浮出水面——最重要的是戈利岑曾提到他——但一直没有引起军情五处足够的重视，而且这是军情五处就关于苏联渗透的令人晕头转向的谣言和半真半假的事实进行的调查工作中取得的“关键突破”。[32]例如，麦克米伦就曾经听过有人指明布朗特是间谍，但他却认为克格勃安插在剑桥大学负责招募特工的是菲尔比。[33]事实上，布朗特与菲尔比是同样重要的“星探”和招募者。[34]

马丁的副手军情五处的彼得·赖特回忆道，事情越来越往政治化方向发展了。霍利斯和军情五处里的高官们刚刚见证了普罗富莫丑闻的附带后果，但他们清楚这次事态要严重得多——霍利斯认为“这件事非同小可，如果要对布朗特提起公诉，那一定会导致风雨飘摇中的政府倒台”。[35] 他也知道道格拉斯 – 霍姆的接班人是哈罗德·威尔逊，尽管可能性微乎其微，但戈利岑指认他是苏联间谍。霍利斯与道格拉斯 – 霍姆就这件事当面讨论了多少，我们永远都不会知道，不过内政大臣亨利·布鲁克欣然接受了军情五处主管的建议，同意布朗特对犯罪事实供认不讳，应撤销对他的公诉，这一点倒也不令人感到意外。因为“揭发”布朗特将引发另一起令人尴尬万分的间谍丑闻，对政府产生威胁。布朗特曾担任伊丽莎白二世女王的艺术品顾问，这样做的话势必会引来人们对王室不必要的揣度[36]。

1964 年 4 月 23 日，身为考陶尔德艺术学院院长的布朗特接受了阿瑟·马丁的采访。刚开始交谈时，双方都很客气，但马丁注意到，一提到迈克尔·斯特雷特，布朗特的右脸颊就会抽动一下。马丁直接切入正题，挑明了说如果马丁说出真相，就可以获得豁免权。几杯烈酒下肚、稍作思量之后，布朗特坦白了。他没有把所有的秘密都倒出来，而是小心地透漏了部分实情，他承认自己是苏联克格勃特工，还说出了另外 12 名间谍的名字，其中有约翰·卡尔克罗斯。[37] 副检察长彼得·罗林森称确实是他授权，正式延长了布朗特的豁免权，因为“他供认的事实非常有价值”。[38]

虽然麦克米伦和道格拉斯 – 霍姆多次被告知布朗特的事情，但唐宁街方面很可能永远不会知道有关布朗特获得豁免权的全部细节：罗杰·霍利斯和迪克·怀特说服内政大臣亨利·布鲁克豁免布朗特，然后由副检察长罗林森和检察总长约翰·霍布森进行授权。1963 年 10 月道格拉斯 – 霍姆首相上台时，布鲁克这个越来越不受人待见的实用主义者对霍姆闭口不提此事。但我们都知道，麦克米伦、道格拉斯－霍姆和布鲁克都是一个彼此联系紧密的圈子里的人，霍利斯调查来的秘密他们都知道，所以若说道格拉斯－霍姆对此浑然不知似乎也不大可能[39]。

无论如何，道格拉斯－霍姆和霍利斯可能都没有意识到这是英国情报史上一个开创性的时刻。令阿瑟·马丁感到失望的是，他们居然没有提审布朗特。现在回过头去想想，这其中包含的政治原因很容易理解——亨利·布鲁克在这件事中伤得最重，其理由显而易见。但对于马丁来说，当局决定豁免布朗特似乎确认了一个非常重要的信息：英国当权派中依然秘密隐藏着一个克格勃特工，他在保护着其他同伙不被暴露。霍利斯的反应则是命令马丁休息两星期，好好冷静冷静。两个人在这个问题上一直存有分歧，结果此事以马丁离开军情五处而告终。值得注意的是，原军情五处主管、军情六处现任主管迪克·怀特倾向于赞同马丁的观点，他也认为老同事布朗特及其副手格雷厄姆·米切尔身上存有诸多疑点。1964 年 11 月，怀特重新请马丁出山，让他成为军情六处“流利委员会”的一名官员。该委员会是负责调查克格勃对英国的渗透情况的级别最高的组织，该组织一共为军情六处审查了 200 余起可疑案件。[40] 马丁并不是头一个因说话太直白而离开军情五处，然后被军情六处雇用的官员。[41]

道格拉斯－霍姆最担心的是不知什么时候又有关于丑闻的风言风语从圣詹姆士公园吹来，席卷整个白金汉宫：首相是女王的私人朋友，两人都是拥有土地的贵族，而且都对乡村生活充满热情。[42] 布朗特作为一位杰出的皇家艺术史学家，先后担任过乔治六世及伊丽莎白二世的艺术品顾问。但早在 1951 年，王室就对他起过疑心。乔治六世的私人秘书乔治·拉塞尔斯给盖伊·利德尔打电话，表达了他对布朗特的质疑。军情五处向拉塞尔斯保证布朗特没有问题，拉塞尔斯回忆说："曾经有一次，布朗特向伊丽莎白王太后暗示说自己是一个无神论者……伊丽莎白王太后听了他的话之后，多少有些震惊。"拉塞尔斯"确信如果他现在走到她面前告诉她安东尼是个共产党，她的第一反应会是'我一直都是这样告诉你的'"。[43]

所有人都知道布朗特与王室成员有着更隐蔽的来往。第二次世界大战接近尾声时，布朗特被温莎公爵夫妇派去执行一项秘密任务。战时情报官休·特维罗伯成了一位历史学家，他断言布朗特曾奉命追回一些令人尴尬的文件，据信这些文件掌握在英国王室的许多德国亲戚手中，甚至保存在纳粹档案中。布朗特向特维罗伯吹嘘说他的任务完成得很圆满，其中收获了温莎公爵写给阿道夫·希特勒的信。全球知名的世界史教授唐纳·卡麦伦·瓦特教授查阅了德国外交部档案资料中关于温莎公爵的记载之后肯定地说，关于温莎公爵夫妇与希特勒在贝希特斯加登会面的重要文件丢失了。[44]

布朗特为王室秘密寻找档案的旅程一直都吸引着调查者们。实际上，他有过多次神秘的旅行。1945 年夏天，布朗特至少与皇家档案管理员欧文·穆尔黑德爵士一同出访过欧洲大陆三次，他们访遍了德国各地的档案馆，甚至德皇威廉二世在荷兰的居所。接着他便把自己找到的资料呈递给他的克格勃接头人。他究竟发现了什么，现在仍然是个谜：联邦调查局新近公布的文件显示涉及此事的文件不过是些老调重弹的闲言碎语罢了，其中有些文件暗示温莎公爵夫人是纳粹德国的里宾特洛甫的情人。然而，西班牙佛朗哥将军的个人档案文件显示温莎公爵支持德国 1940 年 6 月对英国实施大轰炸，他认为这样一来，英国就会有条件投降，进而为促使英国和德国之间缔结和约。没人会愿意看到这样的事情被公之于众，现在看起来，他们之所以与布朗特交换条件，对其进行豁免，为的就是确保这些关乎王室的秘密不泄露出去。[45]

布朗特与王室成员的联系从未中断。有时他会与伊丽莎白王太后同坐在一个皇家大剧院的包厢里看戏。布朗特还执行过其他的秘密任务。1963 年夏天，就在普罗富莫案爆发前不久，布朗特又为王室处理了一件私事。史蒂芬·沃德是一位才华横溢的艺术家，曾经为社会名流和王室贵族创作了出色的肖像画，并借此进入了更高的社会圈子。爱丁堡公爵曾请他画像，而且这些绘画作品即将在梅菲尔区画廊展出。女王的私人秘书迈克尔·阿迪安要求布朗特悄悄买下这些画像，结果它们在画展第一天上午便从王室收藏品中消失了。[46]

道格拉斯–霍姆侥幸在第二年又躲过一劫。1964 年 7 月，普罗富莫案已经过去了一年，另一起性丑闻又险些令新一届政府垮台。一个令人震惊的消息传来：粗俗鲁莽的资深保守派政客布思比勋爵是同性恋，他的同性恋爱对象则是臭名昭著的伦敦东区黑帮成员罗尼·克雷。布思比私生活糜烂，而且与哈罗德·麦克米伦的夫人多萝西在很长的时间里保持着不正当关系。军情五处在之前早些时候就听闻布思比与克雷之间有不正当关系的流言，但鉴于布思比接触不到安全级别较高的机密文件，军情五处认为不管他们是否有不正当关系，都还不至于对国家安全造成影响。尽管如此，道格拉斯–霍姆担心，随着大选临近，这桩丑闻有可能会演变成第二个普罗富莫事件——与上次的情况一样，这两起案子的关键点都不外乎当权派、非法性行为和肮脏的伦敦黑社会。布思比对这些指控矢口否认，并威胁要起诉《星期日镜报》，最后《星期日镜报》向布思比支付了一笔庭外和解金，此事才算告一段落。直到布思比死后，有关他双性恋的进一步证据才浮出水面。[47]

奇怪的是，对道格拉斯–霍姆的人身安全构成威胁的人既不是来自伦敦黑社会，也不来自共产党，相反，他险遭阿伯丁大学左翼联盟的学生代表绑架。1964 年 10 月大选前不久，他前往苏格兰，与好友约翰和普里西利亚 · 特威兹穆尔夫妇共度了一段时间。约翰 · 特威兹穆尔是著名间谍小说《三十九级台阶》的作者约翰 · 巴肯的儿子。一天晚上，约翰和普里西利亚 · 特威兹穆尔有事外出，留下道格拉斯 – 霍姆一人在家，这时传来一阵敲门声，“首相亲自应的门”。使他感到惊讶的是，来者竟然厚颜无耻地宣称是来绑架他的。道格拉斯 – 霍姆一如往常，没有惊慌失措。他对几个学生有理有据地说道：“我猜想，要是你们绑架了我，保守党将以 200 或 300 张选票的优势赢得大选。”他礼貌地请求这些学生在把他带走之前给他些时间收拾行李。这几位学生勉强同意了，给了他 10 分钟时间。在这堪称最文明的绑架行动中，道格拉斯 – 霍姆邀请想绑架他的这些学生喝啤酒。他们接受了，坐下来喝了几杯，直到特威兹穆尔夫妇回来。他们也不得不放弃了绑架行动。[48]

首相不知道前一天下午在他参加完苏格兰联盟党会议，开车到特威兹穆尔夫妇家时，这几名学生就已经跟踪了他的车。他们本想制造一起交通事故，拦下道格拉斯 – 霍姆的车，把他控制住并带到阿伯丁的一处房子，过几个小时再把他放走。当天整个地区大雾弥漫，不得不说实施这个计划风险极高。但这几个学生最终还是没勇气那样做，他们没有在半路上拦截首相的车，而是决定当天晚些时候夜闯特威兹穆尔夫妇家。无论如何，这是半个世纪以来对首相个人安全最严重的一次威胁。[49]他的私人保镖在哪里？他傍晚时去阿伯丁了，绑架事件发生之后，他要道格拉斯 – 霍姆发誓保密，因为他害怕丢掉工作[50]。首相是一位真正的绅士，看来他已经同意对此事三缄其口了。

在国内，道格拉斯 – 霍姆与安全部门的关系仅限于避免发生更多的间谍丑闻；而与之形成鲜明对比的是，在国外，他跟随着麦克米伦的脚步，继续在采取秘密行动上保持着攻击性。外交政策是他熟悉的领域，他与军情六处的关系自然也是曲折多变。自他来到唐宁街，便面临着两场由上一届政府挑起的秘密战争——一场发生在也门，另一场则是对付印度尼西亚。道格拉斯－霍姆从麦克米伦的外交部长的位置上直接进入首相府，对这两场战争并不陌生。如今在首相的位置上，他可以对英国的秘密外交政策施加更大的影响，而且他很清楚，自己在这个领域面临着重大抉择。他可以逐渐平息秘密战争行动，恢复传统外交手段；也可以选择公开宣战；还可以效仿麦克米伦授权继续在小范围内开展隐蔽行动；此外，他既可以在其中一个战场上，也可以同时在两个战场上加强隐蔽行动。霍姆选择了后者。在短暂的首相任期内，他不仅加速了秘密战争，而且改变了白厅对内的隐蔽行动机制——这些改革将影响英国未来数年的秘密外交政策。

道格拉斯－霍姆其人看起来温文尔雅、谦逊谨慎。然而，外表往往具有欺骗性——的确，哈罗德·威尔逊对他的这位继任者有一句很著名的评价，他这样向女王的描述道格拉斯－霍姆——“外柔内刚”。显然，作为首相，为了实现英国的政策目标，道格拉斯－霍姆不惧弄脏自己的双手，也不怕采取抵赖的方式或大耍阴谋诡计。历史学家斯潘塞·莫比描述道，道格拉斯－霍姆担任首相期间，“世界各地发生的大事小情看似与英国无关，但须臾间能使英国的海外活动土崩瓦解”。这些事件暴露出英国防务政策过度扩张，近三分之一的国防力量都被投入东南亚一场不宣而战的战争中。道格拉斯－霍姆把所有可能的选择都考虑了一遍，认为特别行动是性价比最高的方式，它既能为马来西亚的东古·阿卜杜勒·拉赫曼等重要盟友提供支持，又能保卫新加坡和亚丁的重要基地。[51] 与许多首相一样，他利用各式各样的隐蔽行动为幌子，迟迟不肯放弃殖民统治，以在殖民地行使责任来掩盖使帝国实力日趋衰弱之实。许多他雇来执行任务的人，不是怪人，就是秘密殖民主义的狂热崇拜者。

甚至在掌控唐宁街 10 号之前，道格拉斯－霍姆就一直倡导实施隐蔽行动。1960 年，霍姆甫一担任外交大臣，就快马加鞭地推进隐蔽行动，试图把刚果（金）的第一位民选总理帕特里斯·卢蒙巴拉下台。在命运的驱使下，卢蒙巴向苏联求援，以应对国内猖獗的分裂势力，力图恢复刚果（金）的社会治安。投靠苏联也就意味着疏远西方，这使得华盛顿和白厅一度恐慌不已。

1960 年 9 月，道格拉斯－霍姆知会自己的内阁阁僚，“自诩总理”的卢蒙巴“已经成功地获得了苏联阵营的大力支持，其中很可能包括一些军事人员”。英国接下来应该如何应对呢？道格拉斯－霍姆非常清楚，公开反对卢蒙巴会“适得其反”。毕竟他是民选领袖，是带领刚果民主共和国结束殖民统治实现民族独立的英雄。所以，道格拉斯－霍姆建议，一切行动“秘密”进行。麦克米伦同意霍姆的同意并授权军情六处与中情局联手推翻卢蒙巴政府。[52] 随后道格拉斯－霍姆亲自打头阵，与美国高层磋商此事。听闻艾森豪威尔总统希望卢蒙巴被鳄鱼吃掉，新任外交部长惋惜地说西方怎么失去了这么多“老派外交技巧”呢。第二周，道格拉斯－霍姆向艾森豪威尔强调“除掉卢蒙巴”迫在眉睫。[53] 英国高级外交官、军情五处未来的主管霍华德·史密斯提议“杀了他，让他彻底没戏唱”。[54] 1961 年 1 月，在华盛顿方面的大力支持下，卢蒙巴蹊跷地死于国内政敌之手。中情局驻非洲特工约翰·斯托克韦尔回忆起当时的情形：那天夜里，他开着车在伊丽莎白维尔四处转悠，思考着如何处理放在汽车行李箱里的卢蒙巴的尸体。[55] 达芙妮·帕克衣着亮丽、神采飞扬，是军情六处驻刚果（金）的一名特工，后来她确认卢蒙巴是“被谋杀”的。当被问起谁应对卢蒙巴的死负责时，她明确表示：“当然是中情局。”不过，帕克认为卢蒙巴死有余辜，她说，卢蒙巴曾多次下令暴打或绑架他的政敌——但她对卢蒙巴抱有一丝同情，因为他自己在遇害前曾受酷刑折磨。[56]

道格拉斯－霍姆对苏联最近在非洲接连取得成功感到震惊。在殖民主义时期，克格勃只能通过诸如青年运动等前沿组织把触角伸进欧洲大陆，但随着民族独立运动的高涨，苏联和东欧集团得以在多个新兴的非洲国家建立大使馆，情报机关凭借使馆的庇护明目张胆地对西方国家展开行动。道格拉斯－霍姆跃跃欲试，迫不及待地回击。1964 年 3 月，道格拉斯－霍姆以英国首相的身份访问尼日利亚，与总理阿布巴卡尔·巴勒瓦举行会晤，霍姆迫使巴勒瓦认识到苏联在非洲的势力扩张带来的危害，随后他拿出了一封令人毛骨悚然的私信——在他的要求下，这封信由联合情报委员会和军情五处共同写就——警告巴勒瓦苏联势力在非洲多么猖獗。其实，军情五处已经将这份材料转交给了尼日利亚安全部门，但道格拉斯－霍姆想让最高当权者看到，所以亲自拿出了这封信。他解释说，如今苏联和中国在 20 个非洲国家展开秘密行动，约有 1500 余名工作人员。加纳使馆有 120 名工作人员，是苏联在非洲的总部，就连苏联驻加纳大使捷尔吉·罗季奥诺夫都是克格勃特工。道格拉斯－霍姆警告巴勒瓦说，苏联驻尼日利亚的使馆工作人员中，每 20 人里面就有 7 人是特工。他们的任务不是单纯地从事间谍活动，而是“以阴险狡猾的手段占领关键阵地”。他们利用“奉承和行贿”的手段培养“有影响力的代理人”。许多非洲学生被安排前往苏联“卢蒙巴人民友谊大学”深造，而该校校长就是一名克格勃领袖。[57]

在肯尼迪的总统任期内，许多外国领导人因惹怒美国而“夭折”，帕特里斯·卢蒙巴只是其中之一。越南共和国总统吴庭艳因彻底激怒了白宫而被罢免，并于 1963 年 11 月 2 日被杀害。肯尼迪及其弟罗伯特都对古巴的菲德尔·卡斯特罗恨之入骨，为推翻其政权，美国做了大量布局。1963 年 3 月，法国处决了法国空军上校让 – 马里 · 巴斯蒂安 · 蒂里，几个月前，他企图刺杀戴高乐总统。暗杀行动正在如火如荼地进行，伦敦和华盛顿的官员们担心先例一开就会变成惯例，进而危及世界各国领导人的生命安全。然而，所有人都还未准备好面对接下来将要发生的事情[58]。

1963 年 11 月 22 日，肯尼迪总统遇刺身亡，这是道格拉斯 – 霍姆在首相任期内首次遇到的“紧急状况”之一。整整一周，他辗转奔走，处理应接不暇的事务。在得知这一致命消息后，他秘密从苏格兰赶回伦敦发表电视讲话——他险些错过了节目录制，因为之前他被困在电梯中，到达演讲地点时，仅仅剩下 3 分钟时间可做准备。总统的葬礼同样匆忙，因为华盛顿当局只有 3 天时间组织。邀请名单中不小心漏掉了可怜的爱丁堡公爵，道格拉斯 – 霍姆的夫人伊丽莎白友善地把自己的入场券让给他，他才获准进入华盛顿圣马修大教堂。葬礼现场气氛凝重——道格拉斯 – 霍姆首相回想起当时的场景：数千名安保人员的“双眼紧紧盯着穹顶，枪口毫不松懈地指向上方，因为已故总统遭到的致命枪击正是从屋顶射出来的”。[59]

道格拉斯 – 霍姆觉得自己失去了一位可以推心置腹的朋友。他回忆起自己最后一次与肯尼迪总统的会面，“当时我们漫步在白宫的花园里”，边走边讨论着法国总统戴高乐的问题，及其在英国加入欧共体一事上投出反对票一事。肯尼迪一如既往地直来直去，他说“法国有点儿妄自尊大”，而且如今法国领导人只一心谋求“法国的私利”。[60] 戴高乐总统一直都是英国开展隐蔽行动道路上的绊脚石，所以，即使在华盛顿参加肯尼迪总统的葬礼期间，英国首相也在寻找着新的机会。他好不容易在一个极为仓促的葬礼外交场合挤出点儿时间与美国国务卿迪安 · 腊斯克说上两句。腊斯克悄悄地问他：“为何不在苏门答腊岛做点儿什么呢？”正如麦克米伦政府发现的那样，随着对峙不断升级，印度尼西亚总统苏加诺开始在苏门答腊岛针对马来西亚展开行动。道格拉斯－霍姆回答说：“这是麦克米伦在过去两年里一直想做但没有做的，因为他说服不了其他人，人人都觉得这个主意糟透了。”[61]现在道格拉斯－霍姆说了算。虽然上任不到5个星期，但他已经着手强化英国在印度尼西亚的秘密行动了。

同样，也门的秘密斗争也业已升级。道格拉斯－霍姆就任首相之前4天，他曾亲自向肯尼迪总统保证，英国不会暗中援助也门的保王派——这充其量是一张空头支票，但肯尼迪直接将这番话转告给了埃及总统纳赛尔。[62]结果，道格拉斯－霍姆上台才几个星期，霍姆的政策就趋于强硬。隐蔽行动逐渐强化，超出了麦克米伦在位时派雇佣兵对付纳赛尔的程度。资深特工比利·麦克莱恩和戴维·斯迈利带来的详尽汇报使得原本拿不定主意的人——尤其是首相——坚定了采取隐蔽行动的决心。麦克莱恩和斯迈利都支持英国政府对纳赛尔加紧实施隐蔽行动。他们俩生性喜欢冒险，都在第二次世界大战的特别行动处中有过杰出表现，而且后来都参与了阿尔巴尼亚的战后隐蔽行动，麦克莱恩在苏伊士运河危机前期还秘密地参与了推翻纳赛尔政权的军事行动。自1962年和1963年也门革命开始，麦克莱恩深入当地参与调查行动，了解也门政变的内幕，后来又发展了斯迈利从事秘密活动。之后，两人双双当上了保王派和某些雇佣兵的非官方顾问。[63]这一切行动的幕后指挥者是朱利安·埃默里，他凭借空军大臣的身份热切地推动秘密战争。[64]

埃默里为麦克莱恩和斯迈利直接与首相接触大开方便之门。的确，1963年10月，道格拉斯－霍姆刚上任，麦克莱恩就向首相递交了一份报告。斯迈利能够与唐宁街10号取得联系，“无疑得益于自己的妻子是道格拉斯－霍姆的远房亲戚这一事实”。[65]1963年12月中旬，他结束了为期两周半的也门之行，回到唐宁街向道格拉斯－

霍姆汇报了也门保王派控制区内部的政治和军事局势。他对保王派夺得先机表示乐观，而且按照斯迈利的说法，“首相亚历克・道格拉斯－霍姆爵士仔细聆听了我的叙述，还说以后无论何时出访回来，我都可以直接联系他”。[66]过了几个月，斯迈利又一次私下面见首相，发现国内“尤其是政府部门，对战争兴趣越发浓厚了”。[67]与其前任麦克米伦一样，道格拉斯－霍姆显然也喜欢，而且鼓励非官方冒险家私下向他汇报他们的见闻——尽管此时他们仍旧无视联合情报委员会提供的情报及外交官力劝他们谨慎为上的建议。[68]

道格拉斯－霍姆对于白厅在针对纳赛尔的行动上一再拖延感到气愤。政府内部的分歧越来越大，对英国实施连贯的策略造成了阻碍，即打击埃及在亚丁开展的颠覆活动，或在也门内战中支援保王派抵抗有埃及撑腰的共和派。公务员们特别害怕麦克莱恩——在这段时间里，他们一再恳求大臣们离那个“与也门雇佣兵行动有密切联系”的人远一点儿。[69]道格拉斯－霍姆受够了内阁成员相左的意见和评价，1964年春天，他下令对情报及与之相应的策略进行审查。霍姆任职的时间虽然不长，但他意识到，随着纳赛尔不断加大颠覆活动的力度，也门的安全形势正在迅速恶化。他要求重新审视也门局势，并命令联合情报委员会把最新评估报告呈交给高级决策者传阅。情报部门官员认为局势不容乐观，并强调直接为叛军提供武器援助可能会有危险。

军情六处对此表示怀疑。迪克・怀特认为麦克莱恩是一个不切实际且容易陷入自己情绪中不可自拔的冒险家，因此不考虑其想法。更重要的是，他明白约翰・肯尼迪及其继任者林登・约翰逊都反对在也门进行秘密干预，美国公司甚至还为纳赛尔武装修建了公路。他担心英美两国伤了和气。[70]外交大臣拉博・巴特勒大量引用新的报告，称向保王派提供间接援助是徒劳的，而且会造成暴力升级的风险。他敦促首相限制对边境部落而非保王派提供秘密援助。然而，殖民地事务大臣邓肯·桑兹是保王派的热心支持者，他一心想要采取更多的隐蔽行动。联合情报委员会的评估报告并没有“说服”道格拉斯－霍姆，他倾向于支持桑迪斯，而不是巴特勒。[71]

巴特勒对此心有不悦，首相派他去会见约翰逊总统的国家安全顾问麦乔治·邦迪。甚至在巴特勒抵达之前，美国人就知道英国方面存在内部分歧，而巴特勒本人并不认同“桑迪斯主义”。美国人认为，对付纳赛尔最好的方式是“牵着他的鼻子走，而非把他打得鼻青脸肿”，所以打算继续实施自己的支援计划[72]。巴特勒对邦迪忠心耿耿，他提醒邦迪说，纳赛尔是“一个主要敌人”，他图谋把英美两国赶出他们在中东的基地，巴特勒还补充说：“英国不会眼看着保王派垮台。”邦迪对整个秘密战略提出了质疑，他坚称保王派游击队无法进入海港，所以他看不出为其出资价值何在。巴特勒回答说：“边境部落都是见利忘义之徒，金钱能买到经由边境被带进来的武器，同时可以换取他们的支持。”邦迪仍然没有被说服，解释说他不想撤回美国的援助，免得“惹恼或激怒纳赛尔”，如果出现这种情况，将意味着“失掉我们在开罗微弱的影响力”。双方不欢而散，巴特勒强调“他所说的也代表了亚历克·霍姆爵士的立场”，他还警告说，“（英国）内阁内部有一些人很极端”，他们的立场要“激进得多”。[73]

华盛顿方面深感震惊。邦迪还主管着“303委员会”，该委员会负责指挥美国的所有秘密行动。现在他意识到，在一场秘密战争中，英美这对盟友实际上是各自支持对立的一方。他的顾问们认为，“让纳赛尔在也门的战斗中血流成河简直易如反掌”（实际上这几个月来英国一直在这样做），但这样一来，纳赛尔不得不一直留在也门，如果这样的话，阿拉伯人则有理由趁机团结起来共同反对帝国主义。他们强调，启动更多的秘密行动“没有任何好处，只会带来麻烦”，而且将激化反殖民主义情绪，“让一个本将在 10 月解散的内阁起死回生，其政策本来可能发生反转”。他们力劝邦迪放手一搏，怂恿总统“把决定权交给霍姆”。如今约翰逊总统应该“态度强硬，不再与英国废话半句”。[74]

然而，道格拉斯－霍姆仍然咬牙坚持，并试图在这场行动中注入更多的凝聚力。他指示巴特勒派人“控制住”与首相持异见的外交部、殖民部和国防部等利益集团，强调针对纳赛尔政权采取“可否行动”（因为没有明确的证据，事后可否认是自己所为的行动）的必要性。[75]大约在同一时间，就内阁大臣伯克·特伦德所主张的继续对内阁委员会系统进行审查，事实证明首相积极支持。为提高内阁办公室工作效率，道格拉斯－霍姆可以利用首相特权，设立特别委员会和常务委员会，对委员会成员和主席人选进行提名。[76]他联手特伦德解散了大量多余的、没有实质性作用的委员会，同时还新设了一个很有影响力的秘密委员会，其机密程度如此之高，以至于从未听人提起过它的名字。

关于也门外交政策的问题亟待解决，此外对白厅政治机器的审查也刻不容缓，因此道格拉斯－霍姆和特伦德于 1964 年 7 月建立了“联合行动委员会”。[77]对于不熟悉情况的人来说，在政府官僚体系上再添加一个委员会或许听起来令人乏味、毫无新意。然而恰恰相反，这一新机构的套路是用一个低调的名字，掩盖其展开有趣甚至刺激的行动之实。首相向其指派的任务是“在英国部队可能介入的地区或海外局势中协调各部门之间的秘密行动”。[78]联合行动委员会成了协调白厅秘密行动的一个重要机构，并且在许多地方发挥着作用——包括在北爱尔兰和阿富汗——直到 20 世纪 90 年代中期被取代。

联合行动委员会满足了首相加速展开秘密行动但避开“离群的

危险分子”这一诉求。他想要展开行动，但并非没有得到批准就擅自行动。联合行动委员确保秘密活动的提议会在白厅内得到有效而充分的讨论，并以尽可能负责的方式得到推进。它的侧重点是较大规模的特别行动，尤其是那些涉及军情六处和特种部队之间协作的行动[79]。出人意料的是该委员会定期召开会议——每两周一次，并根据需要召开额外的专门会议，这从另一个侧面说明英国在道格拉斯－霍姆领导下开展的秘密活动规模不小。[80]联合行动委员会的第一批文件中曾主张向议会和联合国撒谎，目的是保护“可否行动”[81]。这个异乎寻常的提议与道格拉斯－霍姆就国内情报和反间谍活动向下议院做汇报时用到的“信任”这个字眼形成鲜明的对比。首相在呼吁军情五处更加开放的同时，事实上隐瞒了部分军情六处开展的秘密工作。1964年7月，他竟明目张胆地向议会表示“我们的政策是不干涉也门内战”。[82]这当然与事实背道而驰。

事实上，早在当年春天，英国方面就在也门开展了秘密活动，其内容包括排布地雷，给部落成员发放武器弹药，以及破坏活动与与颠覆活动。[83]通过泽西的一名曾与军情六外有过合作的武器顾问，当地部落购入了两万支英国李－恩菲尔德步枪，并且他们对这些步枪视若珍宝。到了当年3月，又有武器和物资在夜间被暗中投放给这些部落，其中甚至包括从东欧集团购得的原纳粹德国的自动武器。[84]这是道格拉斯·霍姆对比利·麦克莱恩书面请求购置武器做出的回应。麦克莱恩的采购清单中不仅包括两万支步枪，还包括价值25万英镑的黄金、反坦克地雷和大批弹药。与平时一样，他大笔一挥署下“亚丁事务下议院议员”比利·麦克莱恩的大名。[85]拉博·巴特勒与首相讨论了一系列将来可能进一步采取的秘密行动，包括进攻战术，如进一步深入也门搞“非报复性破坏”，甚至包括“暗杀埃及情报官员”等。其中一些建议让巴特勒心惊胆战，他只能干巴巴地表示：与其方案相比，某些行动“可能会带来更大的政治风险”。[86] 首相批准了一些行动文案，但否决了另一些。如今，有联合行动委员会作为保障，他在这一微妙的领域就享有操控权，可以高枕无忧。[87]

随着时间的推移，所有首相在应对外来干涉方面变得越来越有信心。到 1964 年夏天，道格拉斯 – 霍姆已经同意加大秘密行动的力度，以及支持给保王派提供更多援助。[88] 虽然避免了被卷入一场全面战争，但他批准采取更为激进的方针，即政府处于核心地位进行严格把控，打击某个特定目标。[89] 结束与中情局秘密行动计划副主管迪克・赫尔姆斯的会面之后，迪克・怀特也加入到秘密行动中来。赫尔姆斯透露，纳赛尔在阿拉伯半岛的武装推进让他大为震惊，现在他一门心思只想着破坏国务院在也门问题上奉行的消极政策。在内阁会议厅召开的两场耗时 30 分钟的会议上，怀特以信心十足、专业且“光芒四射的表现”，说服首相支持利用以色列秘密情报局摩萨德的支持让秘密行动开展得更为隐蔽。[90] 在道格拉斯 – 霍姆的主导下，英国发动了一场针对也门纳赛尔武装政权的秘密代理人战争。大臣们得知，“那一地区的朋友们”越过边境对埃及人发起了进攻。“虽然苏伊士运河危机已结束了 8 年，”一位历史学家总结道，“但英国人对抗纳赛尔的战争仍在继续，虽然他们这样做的时候避开了国际社会的目光。”[91]

道格拉斯 – 霍姆还亲自指挥军情六处向印度尼西亚发起秘密行动。1964 年年初，作为国防和海外政策委员会主席，他收到了大量关于开展秘密行动的建议书。例如，“鉴于印度尼西亚发动颠覆运动和游击战作为其削弱英国的策略之一”，拉博・巴特勒赞同提出（出于保密考虑而口头同意）“把秘密行动当作持久战来打，以回敬印度尼西亚”。[92] 国防大臣彼得・桑尼克罗夫特同样敦促首相采取秘密行动。1 月底，道格拉斯 – 霍姆及其同僚一致认为，迪克・怀特和军情六处应该开始策划一场秘密行动。[93]一旦任何秘密行动的细节泄露，政府就按照事先已经准备好的做出回应，优先级如下：先无视，再否认，要不就以边界存在争议为借口。为防万一，政府还打算“以印度尼西亚早年提出许多荒唐的指控为借口，误导人们相信今后他们提出的任何指控都是值得怀疑的”。[94]

到了夏天，英国与马来西亚政府联手给予“印度尼西亚各个岛屿上持不同政见的团体”一定的支持。[95]首相对英国秘密干预印尼政局的情况了如指掌，1964 年 7 月，马来西亚驻伦敦高级官员亲自向英国首相通报了印尼的情况，告诉他马来西亚政府在“制订颠覆印度尼西亚政府行动的计划中获得了很有价值的支持”。至于也门，尽管道格拉斯 – 霍姆支持开展秘密行动，但他仍拒绝采用过于激进的方案。但马来西亚人谋求采取最大化策略，利用秘密行动一举击溃印度尼西亚。[96]在一年多的时间里，东古 · 阿卜杜勒 · 拉赫曼及其秘密情报局局长迫切要求英国采取“特殊的政治行动”，英国则担心，假如他们不配合，马来西亚人将不管不顾地擅自行动。“这样是极其危险的。”一位官员强调道。[97]道格拉斯 – 霍姆意识到围绕着也门问题各方各执己见，当务之急是遏制地方政府的野心。

在也门问题上，首相意识到自己在这场地下战争中面对的主要敌人之一便是美国国务院。20 世纪 60 年代初，大量美国外交官，甚至包括肯尼迪总统本人，都曾热心地与纳赛尔和苏加诺“修复关系”，这令唐宁街方面和中情局颇为恼火。1964 年 1 月，道格拉斯 – 霍姆会见了中情局局长约翰 · 麦科恩。麦科恩的首席私人秘书奥利弗 · 赖特向首相提出建议：“在谈论印度尼西亚的问题时，您恐怕应该态度强硬一些。”“我应该让军情六处主管跟我一起吗？”道格拉斯 – 霍姆问道，他想要有人支持他。[98]联合情报委员会主席伯纳德 · 伯罗斯补充道：“您最好直截了当地告诉麦科恩我们在东南亚问题上的看法”，以免美国人报复，说英国在越南共和国问题上没有给予美国政策足够支持，所以现在他们对英国在印度尼西亚的困境也同样无动于衷。[99]与麦科恩会面时，道格拉斯－霍姆的口气似乎并没有非常“强硬”，反而采用外交辞令，告诉麦科恩自己“理解”美国此举的用意所在。两人一致认为，“印尼边境地区千余英里的地方已被游击队渗透，假如开战还不知道要打多久，因此前景不容乐观”。[100]话虽如此，2 月时道格拉斯－霍姆即恳求约翰逊总统停止向苏加诺提供援助，理由是英国事实上正在和印度尼西亚打一场不宣而战的战争。约翰逊回答说，他不是不愿意帮忙，而是国务院阻止他这么做。这话无法令人信服。[101]。

1964 年 7 月，联合行动委员会批准了一系列防御性的秘密行动。同样，这些行动计划本该提请道格拉斯－霍姆审核批准。道格拉斯－霍姆政府同意利用可否行动对边境周边 3000 码距离内的印度尼西亚游击队团体进行干扰，但却没有授权英国特工对印度尼西亚的前沿基地采取直接行动，用桑尼克罗夫特所说，因为这些行动“不是‘可否’的”。然而，英国特工可以利用大片分散且难以辨认的边境丛林，从那儿开始发动进攻，拉开与前线的距离，确保行动“可否”。与此同时，军情六处和特种部队的官员正忙着训练参与颠覆行动的马来西亚教官。事实证明，因为苏门答腊岛受到警方的严格控制，这些行动执行起来难度更大。然而，在西里伯斯岛开展的颠覆行动则更成功些，因为那里的民族独立运动发展得更好。[102]。

印度尼西亚向联合国大倒苦水，并提供了有关英国具体行动的某些线索——不过他们的话不应该全信。根据印度尼西亚的说法，1964 年英国在婆罗洲北部的一个小镇建立了一个秘密组织，“目的是促进走私，并向加里曼丹的叛乱组织提供武器和资金”。约 50 名印度尼西亚人显然曾在婆罗洲北部接受过“如何使用武器、心理战及煽动民众反抗”等方面的训练。与此同时，在西里伯斯岛中部，印度尼西亚人声称发现了“573 支李－恩菲尔德步枪、6 支布朗式轻机枪、6 门迫击炮和数吨弹药被空投在浅水区”，这些武器都是为叛军组织准备的。[103] 我们确实知道，桑尼克罗夫特一直在鼓动英国对印度尼西亚的通信系统发动秘密进攻，而首相又想让特种空勤团发挥点儿作用。1964 年夏天，首相最终通过了桑尼克罗夫特的请求，“对印尼方面的横向通信发动有限且可否的进攻……而印度尼西亚人无法证明英国越过其边界”。[104]

军情六处还使出了欺骗战和心理战。有些想法非常荒诞，近乎于闹剧。某位前任军情六处驻印尼官员还记得，大约在这个时候，军情六处计划让印尼人相信，他们的领海正在闹鬼。其实，这是再现了第一次世界大战英国 Q 船（伪装猎潜舰）的把戏，他们把船只伪装成老式蒸汽船或拖船，然后对印度尼西亚船只发起突然袭击，将其击沉。官员们希望以这种方式击沉四五艘船，让印尼方面感到惊慌失措。同时，它还利用印尼信奉邪恶水灵的迷信心理，让当地人以为他们的船只是被马六甲海峡里的鬼怪击沉的。可以预见，这一计划愚不可及，遭到驳回。有些人推断，这样做只会让印度尼西亚人提高警惕[105]。

情报与秘密活动如今已成为主流外交政策的一部分，但控制权掌握在谁的手里仍然是个问题。早在 1964 年 3 月，三军参谋长就开始反思反颠覆委员会的“不足”，该委员会是协调如几内亚和桑给巴尔等偏远地区反共活动的核心机构。其中一个“不足”就是秘密行动的保密性令人难以想象。在一份标记为“仅限于内部传阅”的报告中，他们记录了这样一句：“朋友们不愿意在委员会内广泛讨论秘密行动。”“朋友们”是英国政府的暗语，指代军情六处。[106] 关于“中苏在撒哈拉以南地区的渗透”问题，他们给出的答案不是特别具有说服力。例如，他们建议增加小学教师的人数，并异想天开地认为派一支英国足球队访问西非“或许可达到反颠覆的目的”。

看来反颠覆委员会要协调的东西太多。“完美委员”艾德礼曾试图整合一个横跨白厅各个部门的机构指挥秘密行动的开展，但他的这一政治遗产具有局限性。最终，还是需要首相及其核心集团对危险的秘密活动负责。[107]

正是由于历任首相的坚持，英国在也门和印度尼西亚开展秘密行动的时间比道格拉斯－霍姆在位的时间还长。尽管这些首相的公众形象不同、意识形态各异，但是在整个20世纪60年代，唐宁街历任首相私底下在该问题上贯彻的政策方针其实是一致的。为了证明采取此类行动并非由各自的政治立场决定，哈罗德·威尔逊继续让军情六处和特种部队发挥应有的作用，此外，他还一直与摩萨德和中情局保持合作关系，直到1966年英国与印度尼西亚的对抗结束，英国殖民势力于次年从也门撤离。

1964年10月，道格拉斯－霍姆搬离唐宁街10号，他的离去标志着保守党统治的结束。在保守党掌权期间，历任首相在情报问题上都面临过一系列的挑战，其中最可怕的那些牵扯上共产主义颠覆、间谍丑闻和英国上层社会。每一位在任首相都曾强调过警察治国的危险，并不断地进行自我检讨。与丘吉尔一样，每一位执政首相在国外实施起秘密行动来都是一副毫不畏惧的样子，他们力图充分发挥秘密情报局的优势。与艾德礼一样，每一位首相也都热衷于创造高效的情报机器，确保大权掌握在唐宁街的手里。如今，在野十余年的工党重新回到权力中心。哈罗德·威尔逊，这个对秘密行动一无所知的首相，接管了这一日益壮大的秘密机器。同时，他也需要做出一些艰难的抉择。

第四部分　关系缓和分歧犹存

11

哈罗德·威尔逊（1964—1970）

我必然会专注于安全问题，但任何一个肩负此任的人都明白什么将被置于危险当中。

——哈罗德·威尔逊

对于英国来讲，1964 年 10 月似乎标志着一个全新的开始。伦敦卡尔纳比街仿佛跳着摇摆舞，电台不停播放着披头士乐队的音乐。新政府上台后承诺将借着科技革命的白热化，促使英国不断向前发展。事实已经证明，哈罗德·威尔逊是一名杰出的反对党领导人。他很有头脑，能说会道，由他修订的议程能够使其下议院的辩手哈罗德·麦克米伦和亚历克·道格拉斯－霍姆处于下风。在普罗富莫事件和戴高乐两拒英国加入欧共体的影响下，麦克米伦大势已去，被哈罗德·威尔逊轻松打败了。道格拉斯－霍姆的遭遇稍微好一些，但在他入主唐宁街 10 号之前，这位温文尔雅、具有贵族气质的前勋爵在过去十余年间从未踏进过下议院。尽管他内心坚忍，但在公众眼中，他似乎与那个摩登时代格格不入。[1]威尔逊迫不及待地走进了那扇赫赫有名的黑门。[2]

尽管威尔逊公开表示自己重视安全问题，但令人惊讶的是，他并没有做好与秘密世界打交道的准备。他曾在艾德礼政府中担任贸易委员会主席，还曾在休·盖茨克尔手下担任影子外交大臣，直到 1963 年 1 月盖茨克尔去世。但是，他对于英国情报机构的认知依然浅薄无知。1963 年，作为反对党领袖，他在得知金·菲尔比的简要情况时，表示对情报机构并不了解。哈罗德·麦克米伦对此颇感意外，他不得不耐心地向其介绍军情六处的领导层，并告诉他迪克·怀特爵士的部分背景，称其是英国有史以来最杰出的间谍首脑之一。威尔逊明显对这些事务漠不关心，这与其继任者如托尼·布莱尔形成了鲜明对比。在担任反对党领袖时，托尼·布莱尔已经与军情五处和军情六处主管共进午餐了。[3]

但威尔逊很快就熟悉了情报事务。据他自己承认，1964 年 10 月 16 日刚上任成为首相时，他受到了“一场暴风雨般的欢迎”。就在前一天，中国第一颗原子弹爆炸成功，再往前一天，苏联领导人尼基塔·赫鲁晓夫下台。赫鲁晓夫被迫退休——其命运好于更早之前被免职的苏联领导人——引发了人们对苏联未来政策的问题。与此同时，英国与印度尼西亚的“对抗”不断升级。[4]威尔逊明白，情报对于理解这些事件将至关重要，而且他现在拥有一个带领他通往秘密世界的完美向导。1963 年，任职多年的内阁大臣诺曼·布鲁克退休，他曾帮助艾德礼重塑英国情报机构。他的继任者是曾在财政部负责情报预算的伯克·特伦德，白厅上下都认为特伦德对秘密事务相当狂热。他向威尔逊简要地介绍了联合情报委员会、间谍交易的复杂之处，以及被敌方监听和窃听的危险。[5]

总之，威尔逊想要避免类似普罗富莫的事件再次发生。他见识过媒体如何折磨麦克米伦政府，当时，《每日快报》的一位年轻记者称之为“充满纯粹新闻刺激的一年”[6]。同时，威尔逊还通过首相问答箱给麦克米伦使绊子，并以此为乐。如今他也成了首相，便决心避免走麦克米伦的老路。所以，当务之急是采取安全预防措施，做好人身保护工作，而非着眼于传统的间谍事务。他意识到，下议院议员可能会是一个薄弱环节，于是他快速地把自己的好友乔治·威格安插了进去，任命其为财政部主计长。乔治·威格对秘密事物颇感兴趣，并且自称是安全专家。威格联合迪克·克罗斯曼亲自在下议院挑起了普罗富莫事件，被麦克米伦核心集团视为“彻头彻尾的恶魔”。[7]他还成功地操纵着威尔逊的工党大选，熟练地利用一系列的“威逼利诱”，以确保威尔逊得到必需的选票。如今威尔逊打算进一步发挥威格对自己死心塌地且手段高明的优势，使其成为自己意志的执行者。威尔逊需要四处巡查，及时了解整个安全工作中存在的麻烦，他享有前往唐宁街直接面见首相的专属绿色通道。威格悄悄潜入进议会大厦走廊，把耳朵竖起来，伸长鹰钩鼻，窥探与议会同僚有关的绘声绘色的小道消息，以便发现是否有人与苏联间谍共用应召女郎。[8]

威格提交的有关工党大臣的政治活动和私生活的非官方报告对首相颇具吸引力。军情五处主管罗杰·霍利斯和军情六处主管迪克·怀特对威格越发怀疑了。尤其是习惯了通过内政大臣提交报告的霍利斯，他抱怨这样容易让大臣的职责产生混淆。[9]事实上，他们是讨厌外行对自己的事情横加干涉，把水搅浑。伯克·特伦德提醒威尔逊，“威格的工作最好仅限于安保事务，而不应延伸至秘密情报领域”[10]，同时，他建议威尔逊向威格“说清楚”，“他不应干涉军情六处的工作或情报事务”[11]，提醒首相不要“模糊内大臣的职责，也不要干涉各部门的事务！”。[12]

大臣们痛恨威格要的花招。国防大臣丹尼士·希利回忆起威格“对安全问题的兴趣，如何让他能随处发现并策划阴谋”，这有可能助长了威尔逊成为偏执狂的倾向。与之类似，内政大臣罗伊·詹金斯形容威格这个人“既滑稽又险恶”，而且是“白厅渣滓里获得特许的强盗，肆意干涉安全事务”。[13]面对这样的敌意，特伦德觉得有必要跟威尔逊把话说清楚，为何应该由内政大臣而非像威格这样的人对军情五处负责。特伦德告诫威尔逊，只有内政大臣能够签发“拦截通信”的授权。因此，他需要“巨细无遗了解安全局的工作”。[14]

威格不会听到这些话。上任后一个月内，他便要求国务大臣、政务次官及各部门与外交和防务政策相关的议会私人秘书接受正面调查。伯克·特伦德及其团队一想到要调查下议院议员们的私生活就深陷恐惧。特伦德疾呼，即使是“那些一有机会就带着批判眼光看待我们做法的美国人，他们也从未提过对大臣们进行正面审查”。他们试图用精巧的话术向威尔逊解释其反对理由，辩称军情五处开展实地调查的结果就是“调查到的大量个人隐私，让审查官们很难确定哪些方面与大臣们有关”。局面将会“非常尴尬”，可能会“摧毁政府”。他们试图让威尔逊知道，爆炸性的信息一旦被收集起来，就可能被泄露出去，反而让他千方百计想要避免的丑闻被曝光。很快，威尔逊被说服，并让威格打消他的念头[15]。

然而，威格在安全问题上引发的麻烦还远未结束。1965 年，因为一项发给军情五处新任主管马丁·弗尼瓦尔·琼斯的修订指令，他与内政大臣发生了冲突。[16]该指令反反复复、长篇大论地阐述了军情五处主管在什么时候、什么状况下应直接向首相请示。[17]1966 年，议会就下议院议员的电话受到监听发生了争论，而争论中屡被提及的就是威格。威尔逊破例对所有下议院议员做了讲话。他回忆说：

> 我的答案非常明确，首先，在工党上台前，下议院议员的电话一直被窃听；其次，监听的范围不限于一个党派；再次，我在当选首相后，断然制止了这种做法。从那一刻起，只要工党还在执政，任何议员的电话都不会再被监听。

威尔逊表现出极大的坦诚，却被指责“污蔑”前任[18]。威格依然保有其职位，并且像一名兴奋过度的业余侦探，经常为琐事和无关紧要的事，如“外国互裨女孩雇用问题”而分神。[19]他几乎没为保护国家安全做过什么贡献，而威尔逊面见他却比面见其他大臣频繁得多。

有威格监视议会的造谣者以及国内的安全形势，威尔逊觉得自己可以放心地转向外国情报事务了。一开始，他有些犹豫不决，只是偶尔对世界事务中的绝对资料表现出兴趣，这些资料每周登载在联合情报委员会的高度机密内参“红皮书”上。由于希望“红皮书”能够包含更多与“直接政治利益”相关的内容，威尔逊的私人秘书迈克尔·帕利泽感觉，“有几个星期，‘红皮书’读起来似乎无比冗长枯燥”。然而，威尔逊自诩颇具洞察力，当他真正开始处理联合情报委员会的情报时，他“常常被其刺起灵感”，“快速写下批注”——用通常为军情六处主管准备的绿色墨水。情报评估者则乐于看到首相对他们的工作表现出热情。[20]当世界各地发生的事件要求他更多地关注秘密情报时，威尔逊出人意料地成了间谍活动与隐蔽行动的热情拥护者。他选择继续推进道格拉斯－霍姆在印度尼西亚和也门的秘密战争，但他面前最棘手的问题存在于撒哈拉以南非洲。[21]

1965 年 2 月 24 日，赞比亚第一任大选产生的总统肯尼思·卡翁达向威尔逊介绍了中非地区急速发展的势态。卡翁达对英国有好感，最重要的原因是因为军情六处驻赞比亚官员达芙妮·帕克在大选中为他筹钱，即便他是众多候选人当中“最不受欢迎的”的那个。[22]尽管他是一名激进的民族主义者，但他把自己看作是英国最重要的伙伴，继续为英国新任首相提供中非动荡局势的概况。在“饱受战火蹂躏的”刚果（金），一支由比利时秘密警察与中情局支持的雇佣兵组成的队伍曾打了一场混乱的内战，对整个地区产生了影响。卡翁达热衷于强调美国介入该地区会带来的危险，他担心这种危险依然是“非洲政治组织阴谋的目标”。他抱怨说，中情局在刚果（金）的受保护人莫伊兹·冲伯携“数百万”国家资金潜逃，“冲伯留在安哥拉的宪兵和雇佣兵对他将要统治的国家依然构成重大威胁”。“雇佣兵必须离开……尤其他们大多数是南非人，他们对黑人的歧视是出了名的。”卡翁达敦促威尔逊尽可能制止支持冲伯的美国人和比利时人。他还为“刚果人民的灵魂人物”帕特里斯·卢蒙巴之死表示哀悼 。人们都知道卢蒙巴是被谋杀的，但卡翁达在这个问题上非常务实，希望所有人都能继续前行。他说不能进行验尸或调查，“关于卢蒙巴的死隐情太多”。威尔逊礼貌地对他致以谢意，因为他如此“充分且坦率”地表达自己的想法。[23]

然而，现在困扰着卡翁达的不是刚果（金）的问题，而是罗德西亚的一场新危机。1965 年 11 月 11 日，南罗德西亚总理伊恩·史密斯发表《单方面独立宣言》，试图阻止该地由占大多数的黑人统治。实际上，这是一场本土起义。对罗德西亚邻国南非的种族隔离问题已经敏感起来的整个英联邦被激怒了。威尔逊记得，卡翁达“一次又一次将我们推到被告席上”，使英国在南非的不作为与在塞浦路斯、肯尼亚和亚丁动武形成了鲜明对比。[24]卡翁达本人动员赞比亚步枪队，并在维多利亚瀑布一带与罗德西亚轻步兵对峙。史密斯实行了“巫师行动”——一项旨在阻止英联邦军队入侵的绝密应急计划。但是因为在印度尼西亚展开了大规模的军事行动，威尔逊眼下抽调不出兵力应对此次行动，所以只能选择采取制裁手段。[25]

在罗德西亚问题上，威尔逊对自身情报能力过分自信，以至于犯了一种众所周知的首相病：他自认为是"情报 DIY 分析专家"。他亲自上阵，坚信经济制裁将迫使史密斯改变态度[26]。威尔逊本应坚守本职，但作为前贸易委员会主席兼牛津大学经济学家，他过高地估计了自己的判断。他痴迷于经济战，在这场危机中"积极出头"。[27]有一次，他从军情六处拿到了一份报告，报告证实了葡萄牙向罗德里亚提供援助，威尔逊口气强硬地说："让葡萄牙人见鬼去吧，给他们点厉害瞧瞧。"[28]据一位内阁大臣所说，罗德西亚是"他的古巴"。[29]

威尔逊公开吹嘘道，"用不了几个月，仅在几周内"，他实施的制裁措施就会有成效，而后来制裁失败时，他遭到了众人的奚落。事实证明，制裁很难实现。意料之中，苏联集团向罗德西亚提供了占了非法交易数量一半以上的重型武器，以此尽可能地削弱英国的优势。但是友好国家也会成为问题；政治与安全同盟在经济领域可能会不知所措。美国人继续从罗德西亚购买战略物资，尤其是铬。或许更为重要的是，英国自身拥有的经济财富与南非息息相关，而南非却下决心要破坏制裁。奥地利、联邦德国、瑞士和比利时的企业毫无原则，为许多此类交易做了安排。到了 1966 年 2 月中旬，在"罗德西亚友好协会"的安排下，石油从南非运往边境。伊恩 · 史密斯每天收到从英国石油公司购买的 23.5 万加仑燃料，而这个公司的大股东是英国政府。英国间谍所能做的就是眼看着长长的油罐车队伍穿过边境。[30]

威尔逊意识到向罗德西亚发起的经济战变得一团糟，牵扯到太多部门的太多官员，他让自己行为古怪的朋友乔治 · 威格负责此事，依然无济于事。[31]一位观察家评论道，威尔逊的制裁仅仅造成了"安古斯图拉树皮制剂和马麦酱短缺"，与此同时，创造了一个黑帮大行其道的世界，充斥着黑市投机商和试图偷偷通过封锁线的船只，“詹姆斯·邦德在这个世界里才能大显身手”。[32]一年后，联合情报委员会警告威尔逊，有南非往外输送石油意味着罗德西亚能够“无限期地继续生存下去”，即使其经济规模有所缩减[33]。美国人将威尔逊的表现描述为“以政策愿景指导情报判断的经典案例”。[34]这种说法不完全正确。英国情报界不会为了顺应威尔逊的世界观而修改材料。相反，威尔逊曾编造数据并无视联合情报委员会的评估。但他最终吸取了教训，认为“未来应该更强调经济情报的重要性”——特别是在非共产主义世界。[35]

此时，南非和罗德西亚在伦敦发起了情报行动。1965年，一个名为约翰·费尔勒－史密斯的南非情报官员来到伦敦，并且不久便控制着一支名副其实的间谍部队。其主要目标是非洲解放运动及其在前线国家如安哥拉、莫桑比克和赞比亚的联络人。他们的王牌特工诺曼·布莱克本是一名英国国民，他在英国驻罗德西亚部队服役时被招募。1966年，他回到英国，加入了一个间谍网络，如今该网络人数已暴增至大约70人。此次他招募了一名年仅21岁、名为海伦·基南的特工，她刚成为唐宁街的打字员。由于基南等人在位于靠近唐宁街10号的一个地下室办公室，这里有一个令人愉悦的内部花园，所以基南所在的小组被称为“花园女孩”。基南负责处理最为机密的通信，将她所做的有关罗德西亚和南非的速记笔记递交上去，一页的价格达到令人咋舌的10英镑。1967年，基南和布莱克本两人被政治保安处逮捕并被判监禁。[36]安全委员会把重点放在基南身上，她声称从约克郡来到首都之后，“伦敦的生活冲昏了她的头脑”。但真正引起威尔逊和伯克·特伦德注意的是南非层面的问题。[37]

1965年至1966年间，双方都在探索秘密交易。在这些错综复杂的谈判中，军情六处扮演着什么样的角色仍然是一个未解之谜。罗德西亚中央情报局首脑肯·弗劳尔来自康沃尔郡。他的职业生涯始于英国皇家税务与海关总署，随后在南非警界平步青云，直至1963年他开始领导罗德西亚情报系统。弗劳尔与军情六处主管迪克·怀特保持着良好的关系，可以自由出入伦敦。他为人冷酷无情，策划了许多次暗杀行动，无疑是一个现实主义者。他鄙视罗德西亚内阁中他所谓的“顽固分子”，当索尔兹伯里的政客们拒绝在恰当时机做出政治让步时他备感失望。[38]值得注意的是，1966年年初，弗劳尔与威尔逊和特伦德曾秘密会面，敦促他们进行谈判，他强调，罗德西亚武装部队里的资深成员比伦敦方面所认为的更“可靠”。[39]

1966年3月，威尔逊一边思考着在罗德西亚由温和派发动温和政变的可能性，一边想着向秘密会谈敞开大门。[40]4月底，威尔逊首相和约翰逊总统共同讨论“对罗德西亚的最新试探”，并仔细琢磨中情局刚刚“获取的”一份与罗德西亚谈判有关的机密文件。“你放出诱饵的方式恰到好处，”约翰逊兴奋地说，“虽然我认为鱼并未上钩。”[41]整个夏天，威尔逊继续漫不经心地考虑如何开展隐蔽行动——煽动政变，让更多自由主义的白人控制政权。但罗德西亚人先行一步，他们发现英国空降兵正在马耳他卢卡机场演习，作为对袭击索尔兹伯里机场的预演。[42]12月，威尔逊诱使史密斯同意在英国皇家海军巡洋舰“老虎号”上与英方开始谈判，这些谈判差一点就取得了成效。但是有太多利益方需要取悦。在英联邦峰会上，赞比亚总统肯尼思·卡翁达大声质问，为何英国在所有地方都用武力镇压叛乱，却不能让史密斯屈服呢？要让新联邦国家的领导人高兴，威尔逊就不得不采取军事行动或更严格的总体制裁措施，而这些做法将伤及英国在南非的经济利益。[43]

威尔逊暗中对国内政治态度更为谨慎。1968年夏天，他让马克斯·艾特肯和阿诺德·古德曼重新考虑通过协商解决罗德西亚问题的可能性。马克斯·艾特肯来自比弗布鲁克报界，而阿诺德·古德曼是一名资深律师，曾为威尔逊化解过大量问题。在他们动身前往罗德西亚之前，威尔逊严肃地提醒他们，史密斯“不仅是个精神分裂的骗子，还是个始终保持乐观的人”。然后威尔逊的脸色变得更加阴郁并暗示说，史密斯的战略目标是与英国的某些人合作，让工党政府垮台，因为他相信罗德西亚能够“与保守党达成更好的交易”。罗德西亚人和南非人在伦敦的活动让威尔逊颇感忧虑，心头阴云挥之不去。[44]

因为英国与印度尼西亚的冲突，威尔逊与罗德西亚被拴在了一根绳子上。印度尼西亚总统苏加诺如今对马来西亚及其亲英领导人东古·阿卜杜勒·拉赫曼展开了打击，进一步扩大了战争的范围。因此，威尔逊调动了约 5 万陆军和皇家海军三分之一的兵力投入这场秘密战争。英国士兵，包括特种部队在内，因为参与了某项不能公开的任务而受到嘉奖，获得维多利亚十字勋章。威尔逊感到担忧，如果还需要投入更多兵力——哪怕只是一点点，他将不得不取消定于 6 月举行的皇家军队阅兵仪式，因为已经没有剩余的军队可以参加了[45]。

白厅的秘密机器“已经准备就绪，总结出一整套方法，让印度尼西亚有可能放弃或至少调整这一政策”。[46] 这项政策包括“实施隐蔽性宣传和采用秘密行动”，目的都是消磨印度尼西亚军队的意志，以及向印尼国内的反叛组织提供援助。[47] 威尔逊手下的官员们甚至考虑重演一次战时骗局。[48] 印度尼西亚的亲共倾向日益强烈，军情六处在约翰·科尔文的指挥下对其进行反制。科尔文曾在英国驻吉隆坡高级专员公署工作，在马来西亚危机的最后阶段被卷入其中。他是一位知识分子，对东南亚历史和文化，特别是陶艺充满热爱，另一方面又针对印尼实施反暴动措施。他在二者之间很好地转换角色。1964 年，他返回伦敦，成为一场可否难度更高的不宣之战的缔造者。[49]

幸运的是，大环境正在朝着对威尔逊有利的方向发展。与上一任总统相比，约翰逊对苏加诺表现得不怎么友好，因此正在加大美国介入越战的力度。[50] 十几年前丘吉尔策划了伊朗政变，如今威尔逊也自在相似的情境下。印尼国家领导人与印尼共产党的关系日益加深，苏加诺与远在北京的中国政府联系也更加紧密，这些都让美国人忧心，而威尔逊正是很好地利用了这种担心。[51] 另一方面，印尼国内也存在很多机会。在过去 5 年的时间里，随着议会政治逐渐崩塌，内乱此起彼伏，印尼的政治斗争逐渐演变为从中间派到右翼，再到支持共产党的左翼等各军队派系之间的微妙角逐。而对于其与英国之间的“对抗”，印尼军方的顾虑也在加剧，他们的感受实则受到了苏加诺的误导。他最近命令破坏小组通过海路或以空降的方式抵达马来西亚大陆，但这些小组的成员很快便遭到残酷杀害。印尼高级军官大惊失色，于是开始利用他们的秘密情报机构在曼谷与马来西亚展开秘密谈判，以扼制事态升级之势。在乱局中，印尼的任一派系都害怕其他派系发动政变。[52]

威尔逊希望美国协助自己铲除苏加诺。1965 年年初，他提醒约翰逊总统，苏加诺“没有诚信还不讲道理”。他说，近来印尼共产党实力变强，“主要就是因为苏加诺的支持”，他还补充道，“多年来，苏加诺的思想在‘左倾’的路上越走越远”。接着，他对未来可能出现的情形做出了预测：“我们认为，在未来大约一年的时间内，假如苏加诺死了或者投降，印尼共产党的态度就不会如此强硬了。”威尔逊称，假如苏加诺垮台，在随后组建联合政府中，军队中的右翼将最终赢得这场权力之争。因此，他认为，“虽然苏加诺的死亡本身可能不会结束对抗”，但会为问题的解决提供一个不错的契机。相反，威尔逊强调，假如苏加诺依旧手握大权，“势必继续推行其壮大印尼共产党的政策，最终的结果就是印尼政府将由共产党把持”。[53]

威尔逊抛出这些观点并非要鼓励一举清除印度尼西亚领导人。相反，这些观点折射出一个全新的情报收集领域：世界各国领导人的健康状况。中情局堪称该领域的开拓者，他们曾在 20 世纪 50 年代初弄到埃及国王法鲁克的尿液并对其化验结果进行分析。1959 年，中情局买通了一名飞机乘务员，让其在一次国际飞行结束后故技重演获取苏加诺的尿液样本。除了心脏问题和轻微中风，这位印尼领导人还被其他多种疾病缠身。一如中情局所述：“尽管苏加诺颇好房中之术，这几乎成了传奇，但他确实面临严重的健康问题。”[54] 威尔逊入主唐宁街仅仅 3 个月后，军情六处便向他递交了一份情报报告。报告显示，苏加诺被确定患有肾结石和各种泌尿系统并发症，正在维也纳接受专家诊治。随后，军情六处又成功获得了苏加诺的 X 光片。1965 年 1 月初，联合情报委员会预测，如果不做手术，苏加诺可能只能再活 12 个月。[55]

1965 年的春天和夏天，公众关于英国阴谋的议论让整个印度尼西亚为之震惊。事情的起因是所谓的“吉尔克里斯特的信”。1965 年 4 月 1 日，与印尼共产党所属的印尼共青团袭击了美国电影发行商比尔·帕尔默的豪华别墅，因为他们怀疑他是一名中情局特工。在被翻得凌乱不堪的别墅里，他们声称找到了英国驻印尼大使安德鲁·吉尔克里斯特写给伦敦方面的一封信，信中提到英国人与“我们在当地的军人朋友”未来会展开合作。众所周知，吉尔克里斯特拥有情报背景——他曾在战争期间领导特别行动处驻曼谷站，20 世纪 50 年代中期则担任联合情报委员会驻远东机构的负责人。这封信加剧了人们对右翼发动军事政变颠覆印尼共产党和苏加诺政权的既有恐惧情绪。[56]

5 月底，苏加诺命令印尼情报局对吉尔克里斯特在这封信上的笔迹与他在其他文件上的笔迹做司法鉴定，比照二者。尽管鉴定结果表明这封信是伪造的，只不过造假水平很高，但在出席完阿尔及利亚不结盟国家首脑会议回国之后，苏加诺在开罗一个火药味十足的新闻发布会上公开宣布这封信绝非伪造。[57] 通过明目张胆地阻挠西方国家的计划，以及发动“对抗帝国主义的光荣战役”，苏加诺在第三世界声望日隆。那么到底是谁伪造了“吉尔克里斯特的信”呢？中情局怀疑，伪造者不是苏加诺的左翼同伙就是印尼。事实上，这些猜测都是错误的。捷克叛逃者拉吉斯拉夫·比特曼后来坚称，这封伪造的信件是捷克情报部门与苏联人合作打造的，是名为“帕尔默行动”的密谋一部分。他们将伪造好的信交给一名印尼驻海牙的极端左翼大使，然后此人把怀疑引向他在牙买加的同事，回报是“一套公寓和接连不断的女伴”。比特曼还声称，有关电影发行商比尔·帕尔默是中情局特工的谣言是在东南亚为捷克情报机关工作的那些印尼记者扩散出去的。[58]

“帕尔默行动”预示着苏联秘密情报部门称之为“假情报”的新一波情报活动即将拉开序幕。它之所以选在印度尼西亚展开，是因为苏加诺及其核心圈子已经因为中情局和军情六处的行动而变得疑神疑鬼。1965 年 2 月，苏加诺告诉约翰逊的一名助手，印度尼西亚已经脱离了中情局的掌控。6 月，当美国驻印尼大使霍华德·琼斯的任期接近尾声时，苏加诺向他断言，中情局正在制订针对他的暗杀计划。奇怪的是，苏加诺还认为极端左翼亚洲学者、反越战运动推动者乔治·麦克特南·卡欣教授是中情局驻雅加达站的负责人。琼斯大使与卡欣教授是好朋友，彼此因为许多事情，比如对中情局的厌恶而形成统一战线。所以他们觉得这一切都极其可笑。但在 1965 年的秋天，情势发生突变。[59]

苏加诺糟糕的身体状况此时扰乱了局面。1965 年 9 年 28 日，苏加诺在发表演讲时身体突然疼痛不已，不得不从讲台上下来。[60]

9 月 30 日，发生了一场组织蹩脚的政变，陆军战略储备部队司令苏哈托少将很快便将其镇压下去。6 名主要的陆军将领在混战中丧命，原是温和派灵魂的军方如今也被激怒。[61]

在接下来的 1966 年，陆军在全国实施了声势浩大的反共清洗。一些学者称，“接下来的暴行造成超过 50 万人死亡，被监禁的人数量则可能超过 100 万。哈罗德·威尔逊得知了有关此次政变与反政变的大量细节，包括苏加诺的一举一动，大部分信息的来源是政府通信总部的信号情报。几个月内，印尼共产党不再作为一个重要的政治实体而存在，苏哈托接任总统一职。苏加诺黯然下野，之后因慢性肾病于 1970 年 6 月逝世。苏哈托就职后，曼谷秘密谈判的进程加快，“对抗”逐渐终结，集体防卫组织东南亚条约组织（简称“东约组织”）成立，威尔逊得以从苏伊士运河东边造成沉重负担和巨大花费的军事冲突中抽身。[62]

白厅和华盛顿到底多大程度介入了印尼事务，如今依然是一个谜。英国必然使尽浑身解数让美国军事首脑和中情局相信苏加诺应该被除掉。美国军方与雅加达的高级指挥官联系密切，并且给一千余名军官做过培训。中情局否认与 1965 年 10 月的谋杀事件有任何关系，但美国政府向印尼敢死队提供了一份长长的共产党名单这件事却被捅了出来。[63] 很明显，英国急于加快推进反共清洗，在那次政变后不久便启动了秘密宣传，目的在于“暗中抹黑印尼共产党在陆军和印尼民众眼中的形象”。[64] 英国大使吉尔克里斯特被安排为军方高层传递消息，让他们确信英国不会在婆罗洲发动袭击，因为他们正在忙着对付印尼共产党。[65] 数次秘密行动曾在这些戏剧性的事件中发挥作用，但没有一个能够左右事态走向。设计制造骗局的捷克特工拉吉斯拉夫·比特曼回忆起出人意料的结局时感到沮丧。“帕尔默行动”只是东西方情报机构“常常发生的秘密冲突”中的一个，在这些冲突中，双方都试着骚扰对方。他还轻描淡写地补充道，“此次行动的结果与初衷相去甚远”，并且成了印尼政界及其与西方的关系中一个“爆炸性”因素。[66]

到了20世纪60年代中期，唐宁街方面开始对中情局曝光度上升表示担心。媒体暗示美国在世界各地——从印度到智利——开展秘密活动，这让白宫方面提高了警惕。1965年1月，中情局局长约翰·麦科恩召开危机会议，“十分粗暴”地斥责他的最高级别权力层造成了大范围信息泄露，安全工作也没做到位。麦科恩“表情冷峻地”指出中情局官员与媒体关系过于亲密，并勒令其立刻结束这种局面。他警告他们，约翰逊总统“下定决心要找出向媒体泄密的源头……一旦被他找出来，他一定会让肇事者滚蛋”。但中情局官员置若罔闻，继续与其媒体联络人推杯换盏。[67]

与美国的情况大不相同，英国仍然遵循着保密高于一切的文化。在历史上，英国官员在提及情报工作时常常用词隐晦。早先一位内阁大臣回忆道，他们的一位高层官员“连‘秘密情报局’这几个字几乎都不会说起”。他继续说道，“就像是一位老妇人尽量避免说‘洗手间’这种字眼”。他们会“低声”使用“特定筹备”作为替代[68]。同样，英国外交官把军情六处称作“朋友”，中情局则是“美国朋友”。极其有趣的是，有时候会同时提到军情六处和中情局，他们便用“我们的朋友和他们的朋友”分别指代二者。[69]但这样用词并不总是暗指双方存在真正的友谊，在20世纪60年代中期，中情局的秘密行动正处于巅峰，英美的政策制定者看待世界其他地区的方式也并非完全一致。

相应地，威尔逊入主唐宁街的第一年，政府官员忙于升级“警戒”程序。这是一个特殊代号，用来表示在任何情况下都不能让美国人看到的文件。正如他们以微妙的方式取代号，其目的是要避免在任何情况下英美关系陷入尴尬。这个程序还被用来保护“从美国非官方渠道获取的情报”。在通信过程中，这一敏感材料会“被添加特殊密码做安全保护”，而且必须严格遵守伦敦通信保密局制定的指导方针。[70]特殊密码有可能被美国国家安全局破译，这引发了显而易见的焦虑——英国官员被告诫说，如果有可能，一定不要通过电子渠道发送“警戒”材料。如果必须发送无线电信号或电报，那么理想的选择是借助安全性最好的密码即一次性密码本发送，即便使用起来不太方便。[71]联合情报委员会的文件在发送时封面上通常会有“联合王国亲启”字样，而发送给美国人的文件则会专门设计成其他样式。[72]

哪些事情不能让美国人看到呢？值得注意的是，20 世纪 60 年代中期，政府通信总部不愿与美国人分享所有领域的外交信号情报，包括关于中东地区海湾国家的情报，因为牵涉到石油问题。[73]另一个备受关注的领域是武器销售，这是英、法、美三国竞争最为激烈的领域[74]。另一个问题是华盛顿方面或许会发现英国在核武器研发领域能力有限。三军参谋长指出，美国人“急于了解我们掌握了多少这方面的知识，如果让他们做到了，那我们就会失去重要的谈判筹码”[75]。我们有可能永远都不会知道美国人是否真的试图破解英国密码。但他们肯定有这种想法。紧随第二次世界大战之后，就在政府通信总部和美国就著名的“五只眼”信号情报条约展开谈判时，华盛顿的高级情报官正在考虑战后他们要优先注意哪些国家的信号情报。名单上显著地列着如下国家：英国、苏联、法国、荷兰、中国和阿根廷。[76]

另一个摩擦点是越南。哈罗德·威尔逊的重要政绩之一就是让在越战中置身事外。到 1966 年，约翰逊已调派成千上万的陆军兵力，并且渴望英国能提供援助。威尔逊对自己的内阁阁僚说道："林登・约翰逊请求我送一支风笛乐队去越南。"但对于英国工党内的许多人来说，反对卷入越南战争可谓是一件大事。1968 年 3 月，迈克尔・斯图尔特在乔治・布朗辞职后接任外交大臣。他认为，越南"是令人最痛苦的问题，但我又不得不直面它"。威尔逊明白，美国轰炸越南民主共和国在英国国内是极为敏感的事件，他希望它尽快结束；而在其他一系列棘手的国际问题上，他又需要得到约翰逊的支持[77]。

威尔逊利用亚洲情报资源来化解眼前的困境。他对这些情报资源做了安排，目的是秘密支持美国人，他知道这能够安抚白宫方面，同时又不会引起英国公众的关注。这种秘密支持有多种形式。英国设法支持和掩护美国在欧洲的专业情报资源，比如信号情报侦察飞行，便于美国在东南亚的空战中投放更多力量。政府通信总部在亚洲的大型监测站香港小柴湾监测站和大帽山监测站提供了大量信号情报。这里是美国中情局最大的驻站，对外称"领事馆"，并宣称其拥有数百名员工。在越南民主共和国，英国最大的贡献是英国驻河内总领事馆开展的情报活动。[78]在越战的高峰时期，这座秘密存在的前哨仍然是至少 6 名军情六处情报官的大本营，包括约翰・科尔文在内。1965 年，英国在印度尼西亚的秘密行动刚刚结束，他就来到了这里。[79]

约翰・科尔文、布莱恩・斯图尔特及达芙妮・帕克三人都就美国对越南民主共和国轰炸升级向哈罗德・威尔逊提供了一手报告，涵盖了从战略打击到高强度袭击（所谓的"滚雷行动"）等各个方面。越南民主共和国当局自身也心存猜忌，于是设法通过限制物资供应给军情六处的驻越官员造成生活上的不便。达芙妮・帕克回忆道，当汽油出现短缺时，她想从海外弄一辆自行车过来，便于她去会见乘机抵达的外交访客。为此她向河内当局提出了申请，后者如此回复：“一位体面的女士总在晚上蹬着自行车去机场，恐怕不太安全。”她转而要求运一辆双轮双座自行车进来，这次河内当局以沉默作为回复。几个月之后，她又改为申请给她运来一辆三轮车，让越南民主共和国反情报机构的人给她当车夫——这次终于获得批准了。然而，她的恶作剧有点儿过头了：“苏联国庆节那天，她骑着三轮车出现，车把上插着一面英国国旗。之后三轮车突然被收走了。”[80]

如果在河内挑起空战会出现什么后果？这些军情六处的情报官员向威尔逊和约翰逊提供了颇具价值的意见。他们提供的珍贵的资料还传递给了美国国家安全顾问沃尔特·罗斯托、中情局及军中情报机构国防情报局。“滚雷行动”是约翰逊“渐进主义策略”的外在表现方式，而渐近主义策略是国家安全委员会争论不休的话题。如今约翰逊迫切地想要评估“滚雷行动”的影响。白宫方面绞尽脑汁想要找到一种方法，能在向越南民主共和国进一步施压的同时，不至于造成摧毁目标的风险，避免使谈判流产。约翰逊确实了解到一些细节，并对其印象深刻。1967 年 5 月，他拿到了一份关于美军最近一次轰炸越南民主共和国的一手资料。事实上，当空袭警报响起时，约翰·科尔文和同事杰弗里·利夫西就站在领事馆的阳台上。七八架美国 F-105 雷公式战斗机在他们眼前以屋顶高度飞过，看起来“近在咫尺，我们几乎能够碰到它们，或是让飞行员听到我们的喊叫声”。[81]

伦敦方面利用来自河内的这条不同寻常的一手情报，对“不可调和的争论”推波助澜——如今，战争已经成了越南民主共和国的一种生活方式，对于看不到头的动荡，越南民主共和国的人民只能听天由命了。一轮接一轮的轰炸并没有击碎越南民主共和国的意志，反而给越南共产党员增加了宣传素材。威尔逊急于确定从英国获取的情报能够佐证他的论点，即空袭会阻挠约翰逊达成其最终目的：通过协商达成协议。1966 年，他公开谴责美国空袭越南河内市和海防市，引发了约翰逊的狂怒。与此同时，美国人在秘密推进和平外交工作，即“金盏花行动”时把英国晾在一边，该行动细节是被身在河内的科尔文揭开的。[82] 威尔逊在军情六处的联络人告诉他美国人想要促成和平，但是把事情搞砸了，并把美国人的行动描述为“一个非常阴暗的故事，主人公搞不清方向，缺乏信心，并且无能”。[83] 威尔逊希望通过苏联总理阿列克谢·柯西金达成和平协议，他并没有把这件事告知华盛顿方面，但其实华盛顿方面已经从中作梗。[84] 他曾向柯西金透露，其实越南民主共和国的“代表”以媒体记者身份为掩饰驻扎在伦敦。英国首相打出社会主义这张牌，通过其议会私人秘书埃内斯特·费尼霍与苏联方面保持联系。埃内斯特·费尼霍“是胡志明的老朋友”。柯西金说，他认为有这样一个斡旋者且军情六处在河内有布局是件“好事”。[85]

有时军情六处情报官员提交的材料显示轰炸策略没有偏离正确的轨道，在这种情况下材料就会被压住，不发送给华盛顿。英国负责亚洲事务的高级外交官亚瑟·德拉梅尔指出，在一次递交材料时，有人对他说“你不应该复制河内 7 号材料，也不应该将其发送给美国人”。[86]

颇具讽刺意味的是，林登·约翰逊和哈罗德·威尔逊最终都被理查德·尼克松弯道超车。这位共和党总统候选人在其入主白宫之前就已开始其不合法的职业生涯。如今，我们知道其人做事不择手段，令人瞠目，不管怎么说，他成功地毁掉了 1968 年的巴黎和谈。这一切都发生在总统竞选活动的最后几周，也就是在英国说服约翰逊暂停对越南民主共和国的轰炸，转而寻求和解之后。背地里，尼克松的高级特使向越南共和国总统阮文绍承诺，假如尼克松当选总统，那么他在签订和约时能获得更有利的条款，但如果当选的是副总统、民主党候选人休伯特·汉弗莱，那么事情就不会那么顺利了。阮文绍认为这个说辞很有说服力，所以拒绝和平谈判。尼克松的介入有可能使成千上万的美国人在这场消耗战中丧生，而他的介入几乎可以肯定不合法。他已经踏上了前往水门和白宫隐秘腐化文化的道路，这对 20 世纪 70 年代的数任英国首相产生了深远的影响。[87]

如果说哈罗德·威尔逊在面对美国时总有一种矛盾情绪的话，那么美方也有着同样的感受。中情局密切关注着英国首相，并向白宫递交了一些十分奇怪的材料。在威尔逊第一次访问华盛顿之前，时任中情局计划处副处长理查德·赫尔姆斯正在就当时哈罗德·威尔逊与其政治秘书玛莎·威廉斯之间的绯闻，以及“她即将离婚”的“谣言事件”做报告。这条情报纯属无稽之谈。事实上，威廉斯离婚已经有一段时间了；赫尔姆斯断定她的前夫是“一名英国共产党正式党员”，但这也不是事实。这表明中情局驻伦敦站是多么积极地监视着威尔逊。赫尔姆斯在报告中提到，自己的手下与“工党最支持的《每日先驱报》的一名编辑”有私下接触，这名编辑曾把眼下有关威尔逊及其秘书的绯闻的讨论汇报给工党总部。中情局另一位官员从“数位伦敦知名律师”那里获取信息。此外，赫尔姆斯补充道，鉴于事件的敏感性，中情局“无法通过军情五处这个我们常用的渠道确认其真实性”。[88]

正如我们所看到的，中情局对威尔逊产生猜疑主要是因为苏联的叛乱特工，这些线索被传回了伦敦。因此，新任首相是唯一一位在军情五处备案的唐宁街主人，这能不能算得上一种荣誉呢？回到 1945 年，威尔逊第一次当选为奥姆斯柯克选区议会议员，其档案如此敏感，以至于上面标出的人名不得不化为诺曼·约翰·沃辛顿这个假名，档案级别为绝密。[89]有一段时间，年轻的威尔逊出现在军情五处的监视名单中。担任贸易委员会主席时，他可以频繁地访问苏联，并在苏联与一两个可疑的人保持联系，这引起军情五处内部某些人的怀疑。一次在莫斯科河边举行的板球比赛结束后，威尔逊曾宣称自己是“唯一一个在内场位置让内务人民委员会成员得分的击球手”[90]。威尔逊的交游甚广，其身边的圈子中还有极端左翼人员，所以得知军情五处监视自己，他并不感到意外。事实上，他甚至出人意料地引以为傲，认为被军情五处监视“是他这个左翼人员受到重视的明证”。[91]1964 年 11 月，当罗杰 · 霍利斯第一次见到新任首相时，他强调军情五处应避免引发“党派政治问题”，让军情五处不要因为怀疑工党而对首相施以过度关注。[92]

20 世纪 60 年代，克格勃叛逃者阿纳托利 · 戈利岑成了头号问题人物。从海军部果断逐出约翰 · 瓦萨尔，并拿出证明金 · 菲尔比是苏联特工的铁证之后，戈利岑成了重要人物。然而他喜欢编造阴谋论，不仅暗示哈罗德 · 威尔逊是苏联间谍，还暗示威尔逊的前任工党领袖休 · 盖茨克尔被离奇暗杀，是因为有人要为威尔逊夺权扫清障碍。1963 年在伦敦召开述职会议期间，戈利岑曾说克格勃北欧作战部某部长提到要干掉西方的一名反对党领导人。这可能是真的，但要杀的那个人并不是盖茨克尔。盖茨克尔于 1963 年 1 月因狼疮去世。这种病导致他关节肿胀、重要器官衰竭。狼疮虽然是一种罕见病，但并不是人为造成的。顽固的反情报官员、离开军情五处后加入军情六处的阿瑟 · 马丁对盖茨克尔的主治医生说狼疮可能是人为造成的，但医生觉得没有这种可能。无论如何，那时候最有可能因盖茨克尔去世获得实际利益的人是乔治 · 布朗而非威尔逊。即便如此，现在军情五处仍然就盖茨克尔理论专门建立了一个档案。[93]

威尔逊不是苏联特工。然而，克格勃也为威尔逊建立了档案，当然，其他任何访问过莫斯科的外国政治家也都获得了这种待遇。

苏联情报机关希望把这位年轻的政治家当作目标，想把他招为做长期渗透的特工，并给他取了一个代号“奥尔丁”。毫不意外，同样的事件引起军情五处注意的同时也吸引了莫斯科方面的目光：威尔逊积极推动东西方贸易，与苏联内部人士和工党内部的极端左翼成员日常往来过于密切。克格勃认为威尔逊口风不严，他谈到的政治流言很有价值，但未能成功将他招募。[94]

在戈利岑的鼓动下，中情局也为威尔逊建了一份档案。威尔逊成功上演了一出帽子戏法，成为伦敦、华盛顿和莫斯科共同关注的“冷战”偏执狂的代言人。中情局给他的代号是“燕麦束”。喜爱吞云吐雾的中情局反情报部门主管、詹姆斯·耶萨斯·安格尔顿身先士卒。他偏执地认为内部潜伏着克格勃间谍，怀着传教士般的巨大热情依照戈利岑的谣言展开追踪——而他的密友金·菲尔比的叛变行径可能加深了他在反情报工作中已经足够狂热的激进主义精神。[95]有些人认为他是个制造争端的天才，另一些人则认为他是政治迫害的领头人，毫无疑问，安格尔顿毁掉了大量无辜且忠心耿耿的公职人员的职业生涯。他最终于1974年引咎辞职。

哈罗德·威尔逊并没有任意妄想。相反，英国一些最具才华和奉献精神的反情报官员总有挥之不去的猜忌，而威尔逊成了受害者。受到戈利岑的刺激和安格尔顿鼓励，一小部分具有献身精神的狂热的核心成员开始在军情五处和军情六处内部活跃起来。有一点引人注目，嫌疑者名单不断加长，甚至令人尊敬的达芙妮·帕克也出现在上面。一名沮丧的军情六处官员回忆道，一旦他们被类似宗教狂热的情绪裹挟其中，他们便“深挖材料，以最好地佐证事实”。[96]中情局驻伦敦的官员对军情五处员工“公开造谣生事，还发表不忠言论”感到震惊。[97]事实上，威尔逊不是他们的主要目标。他们正忙着偷拍摄军情五处副主管格雷厄姆·米切尔——白天通过单向玻璃观察他办公室，晚上则潜进去从废纸篓中找线索。但是，因为连威尔逊都成了嫌疑人，所以没有人过问此事，而且这种疯狂的行为随时有可能失去控制。麦克米伦和肯尼迪会定期听取有关戈利岑泄露机密的简要汇报，而威尔逊和他们不一样，他只是模糊意识到距唐宁街数百码远的各幢大楼里正在发生着不可思议的事。幸亏他这样想。[98]

值得注意的是，即使在自己和安全部门高层官员遭到怀疑时，威尔逊依然十分依赖军情五处。这在 1966 年春末全国海员工会举行罢工时表现得最为明显。他特别乐于听军情五处主管马丁·弗尼瓦尔·琼斯和军情五处反情报主管迪克·西斯尔思韦特向他汇报情况，频率是一天两次[99]："历任英国首相中，没有哪一位在出现劳资纠纷时还对军情五处定期汇报的最新情况抱有如此大的热情。"[100] 尤其让威尔逊感到兴奋的是，军情五处对位于科芬园的共产党总部实施了全方位的严密监控，并且他觉得通过此方式获得了情报，自己就能够"预测出该组织在下一次会议上将提出什么具体方针，以及如何在各个工会中找出支持海员罢工的共产主义同情者"。[101] 为了指控英国共产党对罢工施加影响，威尔逊甚至在下议院一字不差地重复了军情五处的评估。[102] 他指认工党内"冷酷无情的"国有工业组织者伯特·拉梅尔森在幕后操纵了一次工会"收购行动"，他还补充道，伦敦的各个码头都是他的"狩猎场"[103]。

威尔逊过分重视秘密情报，以至于以其他政治要素为代价。迪克·西斯尔思韦特甚至担心他会以共产主义视角解释这些问题——"我们被迫这么做"，导致考虑欠周全，忽视军情五处的报告没有涵盖的非共产主义影响因素。[104] 首相本该采纳军情五处的意见，着眼于更广泛的背景，但与之相反，他力图利用秘密情报镇压罢工，不顾一切地保护薪酬政策，这种做法是狭隘的。[105] 过分强调共产党的影响力激怒并疏远了工党中的左翼[106]，但威尔逊固执己见，坚信全国海员工会执行委员会中的温和派“实际上受到一小撮训练有素的共产主义者或类似共产主义者的恐吓”。[107] 令人匪夷所思的是，在工会政治和左翼渗透方面，他比军情五处更有安全意识。

哈罗德·威尔逊与媒体建立了良好的关系并引以为傲。他与报界的蜜月期比大多数英国首相都要长。但在 1967 年，“‘D 通知’事件”，有些人称之为“英国的水门事件”，导致他之前为取悦媒体所做的全部努力付诸东流。[108] 这个问题对唐宁街产生了长达数周的影响，威尔逊又一次亲自出马，并做出了一些不明智的决定。令人悲伤的是，威尔逊后来说他自找没趣，由此造成的一系列麻烦成为其“近 6 年执政期间犯下的代价最高昂的错误”。[109]

1967 年 2 月 2 日，威尔逊在下议院站起来回答关于“D 通知”的例行提问。“D 通知”如今依然存在，也就是所谓的“国防与安全媒体咨询通知”，当涉及发布诸如情报一类敏感内容时，这一机制提供了一套在政府与媒体之间达成共识的指导原则。它之前是，现在依然是一种具有随意性的制度，知会编辑不要刊发可能危害国家安全的信息。“D 通知”秘书在一年 365 天里随叫随到，为双方提供了一个友好的沟通渠道，以协商者的角色确保双方最终达成协议。这是一个具有挑战性的角色，依靠的是协商者的魅力和说服力，而非手握多少权力。无论如何，多年来“D 通知”制度一直行之有效。

但是，威尔逊心情很糟糕。前一天，《每日快报》刊登了一个由其臭名昭著的国防通讯员查普曼·平彻撰写的故事。平彻被称为弗利特街的独狼，拥有发掘耸人听闻的情报故事的独特天赋，所有政党的领导人都惧怕他。而他最喜欢的手段包括利用松鸡狩猎期接近头面人物，从他们的口中套取秘密。他做事方式如此下作，加上树敌颇多，终于有一天让他沉陷困境，当时他的车在一个命案现场被发现，而且车上血迹斑斑。然而，他所犯的“罪行”只是用枪打死野鸡，再把它们塞到汽车后备厢里[110]。

平彻已经决定曝光一个极其敏感的目标人物：这个充满秘密的国家里机密程度最高的部分，即政府通信总部的窃听活动。很难想象这个问题的机密程度多么惊人——当时还没有谁听说过布莱切利园，更不知道它是一个战时译码中心。平彻的独家新闻没有指名道姓地点出政府通信总部，但披露了政府曾秘密搜集数百份国际海底电报，并在电报发送到海外之前对其进行备份。这个进程被称为“电缆审查”，但比今天的情况更甚，仅仅是轻声说出如“信号情报”或者“拦截”等词语，都会让白厅方面神经性头痛发作。[111]

虽数月前威尔逊曾给平彻颁发了“十年最佳记者”奖项，但平彻依然让政府感觉如鲠在喉[112]，他发布了一条与事实不符的新闻，暗示工党领导层 1961 年在后座议员中搜寻共产党秘密党员的行动触动了军情五处的神经，致使其对工党展开调查。[113] 平彻的一系列独家新闻曾令哈罗德·麦克米伦无比懊恼，如今威尔逊也是感同身受，他怀疑平彻对国防机密通知秘书萨米·罗汉上校过于友好。两人的确彼此熟识，而且威尔逊担心实际上就是罗汉给平彻提供各种猛料。为了证明他的怀疑是正确的，威尔逊授权对平彻的电话实施监听。首相专注于阻止可能导致破坏性后果的泄密行为，甚至建议在唐宁街的影印机上方安装一个摄像头。[114]

如果说首相仅仅是不喜欢平彻，那么他对萨米·罗汉可谓是极其厌恶。这个戴着圆顶硬礼帽、留着卷曲八字胡的“D 通知”秘书，在白厅内是一个能轻松“在下一部 007 电影中扮演角色的人”。[115] 在威尔逊眼中，罗汉是一个没能力又嗜酒成性的保守党支持者。他怀疑罗汉曾向反对党通风报信，为其提供内部材料，让工党在议会质询时尴尬地回答关于国防的问题，或许甚至与军情五处内部人员相互勾结破坏工党政府。[116] 1965 年夏天，罗汉因纵欲和酗酒而受到多项指控，军情五处主管罗杰·霍利斯谨慎地对其展开调查。虽然霍利斯找不到足够的证据解雇他，但霍利斯的待命继任者马丁·弗尼瓦尔·琼斯的确承认，罗汉有时会在下午“因为喝多了而迷迷糊糊”。[117]

同时，首相与《每日快报》之间也存在嫌隙。该报启动了一系列针对他的秘书玛莎·威廉斯的计划，在他看来是“一场丑陋的运动”。当他听说《每日快报》因为纵容平彻发表有关海底电报审查的新闻，先后被罗汉和外交大臣乔治·布朗警告，称他们违背了“D通知”的多项准则，更是怒火中烧。[118]因此，发现《每日快报》一意孤行发布新闻时，他大发雷霆。

伯克·特伦德则警告威尔逊不要过度反应[119]，但气头上的首相在下议院起身回答关于“D通知”的例行提问时，说了一些气话。他指责《每日快报》破坏了整个“D通知”系统赖以存在的“信心与信任”原则。随后，他指控平彻写的是“具有轰动效应但失实的新闻”，给民众这样一种印象：“工党政府之下有一个‘老大哥’系统，专门窥探他人的私生活”。[120]最后，他指责这家报纸虽然早就被警告，却仍不知收手，违反了不止一条而是两条“D通知”准则。[121]理查德·克罗斯曼在日记里透露道，首相行事“相当粗鲁蛮横”。[122]

威尔逊与新闻界斗了起来。让事情变得更糟的是，他打的是无准备之仗，事先没有了解事实的全貌。《每日快报》对此早有准备，第二天便发起反击。报社辩称，与首相在议会上表述的内容相反，罗汉事实上已经向平彻保证，这篇文章并不违反“D通知”准则——虽然他曾劝告平彻不要发布。[123]很快，《泰晤士报》和《每日电讯报》也加入到针对威尔逊的攻击中来，声称即便那条报道不够准确，也可以肯定首先它并没有违反“D通知”准则[124]。威尔逊毫不退让，坚持自己的立场：“我必须重申，那天上午发布的文章违反了存在已久的‘D通知’惯例；而相关人士早就清楚地被告知这一点。”[125] 他错了。事实上，罗汉并未与平彻勾结，反而曾尝试阻止平彻发文。[126] 不幸的是，信息混杂在一起——特别是在新闻发布的前一晚，罗汉和乔治·布朗曾与平彻的编辑一起谈话，在此重要关头，他们居然喝多了。

威尔逊承认自己表现得很笨拙，而且没有预料到等待他的是媒体对他的恶意攻击。[127] 左翼报纸《镜报》的编辑为表抗议从服务新闻广播委员会辞职，强调“‘D 通知’委员会并不是一个审查工具，而是一个志愿团体”。[128] 威尔逊曾希望该委员会能对此事展开调查，但他的希望落空了；他没有放弃，转而要求高级法官拉德克利夫勋爵展开调查。[129] 最终的调查报告让威尔逊大失所望，报告指出平彻发表的新闻既无失实之处，也没有违反任何“D 通知”准则。简而言之，这份报告证明错的是威尔逊。威尔逊盛怒之下找来拉德克利夫，试图说服他来阻止这些结论传播出去。[130] 随后，威尔逊被告知已经来不及搜集证明罗汉有罪的新证据，他命令拉德克利夫把调查中搜集的秘密证据连同这份报告一同发表，希望能置罗汉于不利境地。正如英国研究保密性的著名历史学家克里斯托弗·莫兰所说，这是“威尔逊最擅长搞的阴谋诡计”。[131]

在乔治·威格的挑唆下，威尔逊愚蠢地决定驳回拉德克利夫的报告[132]。令人匪夷所思的是，他之后开始疯狂地公开秘密证据，并想编造一个与拉德克利夫报告结论不同的白皮书，他还花了几个小时考虑应该在白皮书里写些什么。毫不意外，他要求外交部把已发表文件中所有涉及政府通信总部的资料和提到信号情报的内容删除干净，还要求威格把会在政治上引起尴尬的材料一并删除。但是，由于过于自信有机会打击罗汉，威格只是忙着删除对这位深陷困局的国防机密通知秘书表露同情的相关报告。[133] 这样的事情伯克·特伦德见多了，他提醒威尔逊说，他的荒唐行为可能会在不经意间暴露政府通信总部的秘密。[134] 首相尖刻地回应道，他这么做是在履行首相的职责。威尔逊声称，“最后一场战役由我来指挥”“一旦涉及政治问题，我不能容忍官员的干预”。[135] 接下来，他继续单枪匹马上阵，不留情面地把拉德克利夫的调查结果贬得一无是处。[136] 威尔逊的固执对他与拉德克利夫这位内阁秘书的关系造成了永久的伤害。[137]

6 月底，威尔逊在议会会议上就拉德克利夫的调查情况进行陈述。他开了个好头，给人们留下一个关心国家安全的、富有责任感的领导印象。[138] 但当他感觉到下议院似乎处于自己的掌控之中，威尔逊突然开始即兴发挥。画风急转直下，威尔逊开始对罗汉进行人身攻击，他说“我想让下议院听一下这个”。在一片哗然和下议院议长“注意秩序！”的呼声中，威尔逊强调罗汉与平彻之间的关系过于密切，暗指罗汉存在性格缺陷，他还强调，罗汉没有接受过全面的道德审查。[139] 直到最后，首相平复了一下情绪，在台下工党议员席嘈杂的欢呼声中坐了下来。[140] 并非所有人都被打动。迪克・克罗斯曼认为首相此举是一个“致命的错误”，芭芭拉・卡素尔则觉得“最后一刻就像变兔子魔术，让人一时难以消受”。[141]

首相毁掉了自己多年经营的与媒体之间的关系。[142] 作为回应，记者们不断挖掘关于情报和安全的更大新闻。《星期日泰晤士报》和《观察家报》相继曝光金・菲尔比是苏联间谍。与此同时，威尔逊、威格跟平彻之间的龃龉变得越来越私人化，越来越琐碎。[143] 平彻一直喜欢户外运动，1967 年 9 月初，他把刚刚钓到的一条新鲜的三文鱼送给威格，希望对其和解。威格却轻蔑地告诉平彻，三文鱼“不太新鲜了”，所以他喂给邻居的猫吃了。他又补充道，“我喜欢用罐头刀吃三文鱼”，“鱼就和报纸上的新闻一样，只有来源可靠并且保持新鲜，才能拥有最佳风味”。[144] 平彻并不觉得这些话有趣，只是认为威格“瞧不上”自己送的礼物[145]。然而，威尔逊却觉得这种交流饶有趣味，并且厚脸皮地问："财政部主计长（威格）愿意让自己的三文鱼接受正面审查吗？"[146]

威尔逊在"D 通知"事件中犯了严重的错误。他急于证明自己在敏感的安全领域也能胜任工作，现在看起来却不是这么回事。他还得罪了对他忠心耿耿的内阁办公室负责人伯克·特伦德。不过，几乎在同一时间，他在幕后与数位重要大臣一起帮助特伦德对中央情报机关做了重大改革，许多改革措施直到 21 世纪仍然有效。威尔逊曾在丘吉尔的战时政府任职，后来还于 20 世纪 40 年代末加入了艾德礼政府。所以，在丘吉尔和艾德礼两届政府期间，他是最后一个与英国情报界形成阶段存在直接联系的人。他带领白厅对情报机关发展过程做第一次重要检阅是非常恰当的，因为在他之前，工党掌权还是将近 20 年前的事。[147]

早在 1950 年，艾德礼就提出的一个关键问题，即是否应该选举一个最高情报掌控者。最后的共识是"不"，部分原因在于缺乏能力突出的候选人。在特伦德的催促下，如今这一决定被逆转，而且在内阁办公厅内新设了情报协调人的职位。部分原因是眼前就有一个理想的候选人——迪克·怀特爵士，他先后在军情五处和军情六处担任主管。威尔逊喜欢平易近人的怀特，而且在 20 世纪 30 年代，怀特曾经是特伦德的老师。怀特担任情报协调人的重要性多少被低估了。[148]没错，这是一个兼职岗位，而且无论如何怀特不是负责人或是主管。但他对情报界形成一体产生了重要影响，政府通信总部再次成为白厅的重要组成部分，负责操控译码机和语音保密系统。此外，他还热衷于推动计算机技术在整个情报界的应用，并把落实这件事的任务交给政府通信总部的特迪·波尔登负责。[149]但是，他所扮演的最重要的角色是情报界的主要理财规划师，代表特伦德及其常务次官情报委员会（PSIS）工作——该委员会负责为政府制定未来的情报策略。[150]

考虑到特伦德在政府中的核心地位，他自然而然会对各情报部门的架构抱有浓厚的兴趣。在一个对英国国家安全所做的极其简短又有点儿怪异的评论中，哈罗德·威尔逊曾写道，唐宁街的“责任通过内阁秘书执行，而内阁秘书是首相与当局相关权力部门之间的关系纽带”。特伦德本人对安全事务兴趣浓厚，而且是约翰·勒卡雷的热心读者。作为一名年轻的财政部官员，他便照看着决定情报部门能拿到多少拨款的“秘密经费”。威尔逊非常尊敬特伦德，并且十分依赖他就情报工作提出的意见，虽然他在“D 通知”事件中自我发挥的幅度有点儿大。[151]

这些重要的改变被恰如其分地称为“特伦德改革”，但威尔逊、防务大臣丹尼士·希利和外交大臣乔治·布朗在其中多少也发挥了作用。威尔逊政府举行了一场白厅“情报方法”年度会议，对外高度保密。特伦德和所有高级官员出席了会议，并在会上提出了多项改进建议。充分了解了效率惊人的美国国家情报评估机构如何为约翰逊总统效力后，他们觉得必须要见贤思齐、迎头赶上。1967 年，希利不仅对情报界做出了表扬，而且表达了进一步强化中央情报机关的强烈愿望。布朗表示赞成，而且大家普遍认为，英国应该对华盛顿精妙的情报机制和美国人对计算机的运用予以密切关注。[152]

最近，威尔逊着手让傅尔顿委员会探索文职部门的未来，以此应对受公众普遍关心的一个问题：政府高层缺乏经济和科技专业知识。[153] 在努力把情报与经济、科学与技术联系起来这个方面，他的投入显而易见。他从未忘记罗德西亚的经验，他和特伦德二人都急于加强联合情报委员会的力量，将其关注焦点扩展到经济和技术问题。1968 年 4 月，内阁办公室建立了一个新的评估小组，为联合情报委员会的撰文工作提供支持。这个评估小组被分成两个委员会，一个专注于安全问题，另一个则专注于经济事务，财政部主持后者的工作。[154]

被任命为情报协调员后不久，迪克 · 怀特便遭受了打击：1968年，英国没料到苏联入侵捷克斯洛伐克以及“布拉格之春”被粉碎。他发现，英国驻德国的下级情报工作人员准确预见了这一切，“而外交和联邦事务部和他的朋友们却错了”。作为回应，他赋予了国防情报局主管更高的权重并为其增加了人员配置，让外交官们大感诧异。他在自己的职权范围内扩充国防情报局，目的在于“告诉那些闭目塞听的人他们不想知道的事情”。[155] 可是，无论是特伦德还是怀特，都没有解决外交官与防务官员之间为争取情报控制权而不断升级的斗争。[156] 怀特的身份由军情六处主管转变为内阁情报协调员这个特定的事实促发了新一轮势力争夺。国防部希望看到怀特的朋友兼同事莫里斯 · 奥德菲尔德被任命为怀特的接班人。但控制着军情六处的外交部坚持指定一名外交官而非军情六处一位经验丰富的情报官出任该职。这名人选是约翰 · 伦尼——而且，在威尔逊政府最后两年的任期里，他作为军情六处主管表现得不尽如人意。[157]

1968 年 8 月捷克政府对“布拉格之春”的压制使威尔逊对待苏联的态度变得强硬起来。议会人员被召回，威尔逊匆匆结束在西西里岛的假期，乘坐皇家空军一架性能已经不太稳定的飞机赶回伦敦。下议院各党派的议员都被苏联的行为激怒，威尔逊向他们保证，英国不是“无能为力”，并补充道，他不能仅仅提出“无效抗议”，而是要做得更多。[158] 与新任外交部长迈克尔 · 斯图尔特交换意见之后，他决定向苏联大使馆施压。斯图尔特注意到，“近年来，苏联驻伦敦人员的数量急剧上升”。间谍人数也一样急速增加——军情五处“已确认有 137 名驻英苏联官员担负情报工作职能”。斯图尔特认为英国“对此已经忍得太久了”，应该要采取某种行动了，威尔逊对此表示认同。斯图尔特想要驱逐数量巨大的苏联职员，但觉得这只是一个备用手段，要等他们先看看“使用不那么激烈的手段就能取得一定效果”再做决断。相反，威尔逊决定给苏联一个警告，并且对苏联驻英大使馆“现有人员”中的外交人员和非外交人员设置人数限制。[159]1968年11月11日下午，英国最高级别外交官保罗·戈尔-布思向苏联大使米哈伊尔·斯米尔诺夫斯基提出正式警告。[160]

威尔逊和斯图尔特都明白光这样做是不够的。回想起1927年斯坦利·鲍德温发起的阿科斯突袭行动，马丁·弗尼瓦尔·琼斯向军情五处指出，单独的苏联贸易代表团从未受到过任何限制——依然是滋生间谍与颠覆活动的温床。[161]斯图尔特极力主张对苏联贸易代表团实施严密监视，以防苏联“在其中混入更多情报人员，以应对我们限制使馆工作人员的数量”。[162]弗尼瓦尔·琼斯还提出，并非所有的苏联情报人员都驻扎在使馆或者贸易代表团内，因为苏联最近被批准在伦敦之外设立新的使领馆。[163]迪克·怀特此时正亲自盯着一个抵制大批驻伦敦苏联间谍的计划。

作为情报协调员，怀特的主要工作是让英国建立相互协作的情报界这一传统传承下去。标志性的事件是军情五处和军情六处建立了第一批联合部门。这些最重要的新部门中的一个负责监视苏联在伦敦的情报活动，负责人是英勇无畏的前特别行动处官员托尼·布鲁克斯。这个新部门被称为“伦敦站”，其于20世纪70年代从克格勃招募了大量官员，工作成果丰硕。未来数年，布鲁克斯及其团队耐心地与苏联情报局玩着情报游戏，甚至当哈罗德·威尔逊的继任者上台时，他们依然时刻准备着采取行动。[164]

12

爱德华·希思 (1970—1974)

在苏联大使馆500名使馆人员中，超过100人是情报人员……必须采取坚决且精心准备的行动。

——爱德华·希思[1]

爱德华·希思喜欢情报局。随着他对颠覆活动日渐痴迷，他认为，在这场与国内敌人之间不断升级的斗争中，秘密世界将发挥不可估量的作用。随着“冷战”阴谋慢慢地为行业动荡、北爱尔兰政治暴力及国际恐怖主义抬头所替代，20世纪70年代初预示着英国的安全格局将迎来一个变革时期。新兴组织脱颖而出，这要求将注意力再次集中到情报工作上面。例如，军情六处曾用数年时间渗透进西欧共产党官方内部。但是，军情六处一名欧洲区域负责人回忆道：“现在出现了激进的‘新左翼’——我们对其一无所知！”[2]充满颠覆和阴谋的世界已经十分迫近。希思心里有所触动。1971年5月4

日，在位于他选区的锡德卡普和奇斯尔赫斯特语法学校附近发现了粗糙的简易爆炸装置，而在此他刚收获贝克斯利的荣誉市民称号。同日，在比弗布鲁克夫人的车下发现了一个未爆炸的炸弹。当局怀疑这是一系列不同组织所为。如今，就连树木繁茂的伦敦周围各郡似乎也因暗杀者而沸腾。死亡可能就潜伏在每一个角落。[3]首相发现自己在与革命分子做斗争，这一点儿都不令人感到惊讶。

在处理情报的过程中，希思不管是在处理官方还是非官方的事务时都非常谨慎。新任首相继承了内阁秘书伯克·特伦德对情报界一贯的热心。迪克·怀特为人和蔼可亲、工作经验丰富，还是第一任内阁情报协调人，特伦德得到了他的帮助。20世纪60年代初，希思与怀特不期而遇时，怀特就给时任掌玺大臣的希思留下了“非常深刻的印象”。[4]怀特风趣幽默，遇事能分清轻重缓急，所以深得两任首相威尔逊和希思的厚爱。他在军情六处的一位同事回忆道，情报局创造了“一些性格古怪的人”，开展的行动会让人偏执或造成理解的局限。相比之下，在真实的世界中，怀特理智而又无拘无束，所以博得了历任首相的信任。[5]

但是，希思也喜爱非官方顾问和特殊部门。于是，他在罗斯柴尔德勋爵之下建立了一个中央政策评估小组，随后它变成了唐宁街政策小组。战争期间，罗斯柴尔德曾在军情五处任职，在巴黎解放后开展反破坏行动，并且与情报界许多高层人物保持着密切关系。他是希思的情报工作非正式顾问[6]。与哈罗德·威尔逊的非官方顾问乔治·威格相比，罗斯柴尔德的经验更丰富，更好相处，但特伦德依然不欣赏这种附加渠道。罗斯柴尔德办公室里的人热情好客，成为大家交口相传的佳话——经常供应烟熏三文鱼三明治和由纯正白兰地配制的果汁饮料。[7]尽管如此，罗斯柴尔德从计算机策略到抓间谍事事都管，特伦德对此感到绝望。[8]

新任首相对与秘密世界打交道相对较有经验。前任首相威尔逊曾主张跨党派磋商有关情报问题，所以作为在野党领袖，希思在当选首相之前就与军情六处打过照面。例如，1966 年 10 月，威尔逊和外交大臣乔治·布朗邀请希思与时任影子外交大臣的亚力克·道格拉斯－霍姆一起来到威尔逊在下议院的办公室，在那里，时任军情六处主管迪克·怀特向他们简要地介绍了乔治·布莱克从沃姆伍德·斯克拉比斯监狱成功潜逃、又被抓回来和接受审讯的情况。[9] 同样，1970 年 3 月，威尔逊与希思密切协商，计划委托人编写第二次世界大战期间的英国官方情报历。威尔逊解释说，这么做的意图是极力否定金·菲尔比充满讽刺意味的回忆录，菲尔比在他的书中把英国情报人员描述成一群没有能力的小丑。[10] 最终，1970 年 6 月，威尔逊竞选失利，换作希思来做决定了。按照迪克·怀特的建议，加上来自特伦德的压力，即将上任的首相不情愿地同意委托人开展这项工作。[11] 他们警告说，布莱切利园的秘密无论如何都会被人知道，政府最好还是掌控为好 [12]。

希思或许以经常做出巨大转变而出名，但他是一位大胆的情报利用者。他有自己的想法，人们普遍认为，他在位期间情报工作做得非常成功。他批准了“根除行动”，百余名苏联特工被大规模驱逐出境，使克格勃在英国的侦察行动在 10 年时间里受到削弱。他在北爱尔兰采取了有效的情报干预措施，特别是禁止对囚犯使用酷刑，尽管有些官员做出种种辩解。同时，他不顾军情五处的反对，依然亲自上阵加强有关颠覆和行业动荡方面的情报内容。他或许是第一位没有接受过丘吉尔或艾德礼政府情报学校洗礼的首相，但此时情报界已牢固地嵌入英国政府内部。与前任首相一样，希思明白情报蕴藏的力量。

爱德华·希思的任期也是恐怖主义活动在英国高涨的时期。尽管这一阶段的主旋律是爱尔兰共和军的暴力活动，而事实上，伦敦充斥着各种各样的危险组织。希思遭遇的第一个恐怖主义挑战出现在反主流文化的十年。从 1968 年至 1971 年，自称“愤怒旅”的一个奇怪组织最终在英国实施了 20 多起炸弹袭击。受德国巴德尔迈因霍夫集团的影响，他们相信与统治集团有关的一切都是错误的。他们的目标范围很广，从议员的居所到世界小姐大赛，从军营到肯辛顿的比芭时装店，不一而足。1969 年 8 月，他们的第一批行动之一便是放火点着邓肯·桑兹的家，邓肯·桑兹是温斯顿·丘吉尔的女婿、英国前防务大臣。但第二年，当他们在大都会警察局局长约翰·沃尔德伦爵士的家里安装一颗炸弹时，没有人真正知道他们的身份，因为他们签署了联合公报“虎豹小霸王”，或者叫“流寇志”。

当他们把就业事务大臣罗伯特·卡尔锁定为目标时，希思才真正表现出关心。1971 年 1 月 12 日傍晚，当他坐下来准备打开公务盒时，一枚爆炸力极强的炸弹从他家窗外飞入。之后第二枚设置好时间的定时炸弹击倒了刚好赶到现场的警察。出乎意料的是，卡尔及家人未受重伤。希思同样遇到了威尔逊所遇到过的工会麻烦，卡尔成为新就业法争议的焦点，新法旨在约束工会权力——上个月，就业部成了袭击目标。这一次，神秘的肇事者利用儿童印花图案把“愤怒旅”几个字压印在他们的公报上，并且他们在之后发动的所有袭击中都将使用这一名字。3 月 23 日，他们轰炸了埃塞克斯郡布伦特伍德福特汽车公司办公室，而就在一周前，希思曾与该公司管理层见过面。6 月，“愤怒旅”加大赌注，致信《泰晤士报》，宣称他们计划刺杀爱德华·希思。不出所料，首相被激怒了，且万分担忧。他要求“粉碎”该组织。

希思成立了一支特别防爆小组去抓捕他们。在政治保安处官员、曾在欺诈案调查小组工作过的罗伊·哈伯申对假支票一事进行盘问时，事情终于有了进展，这些假支票满足了大量与该组织有关系的公社的生活需求。[13]1971 年 8 月 20 日，警方突袭了位于伦敦北部斯托克纽因顿的阿姆赫斯特路 359 号的一座公寓。他们发现了两把贝瑞塔冲锋枪、葛里炸药、雷管和假美钞，以及一长串的潜在袭击目标。用来印签名的儿童印刷套件放在堆积如山、杂乱无章的存货中间。警方很快围捕了组织头目。他们原来是一群以伊恩·珀迪和杰克·普雷斯科特为首的左翼学生，受到 1968 年巴黎工人起义的鼓舞。两人分别逃离了在埃塞克斯郡和剑桥的社会学学习后加入了公社，事实上，他们在考场把期末试卷撕了个粉碎。最终 8 人被起诉，主审法官詹姆斯先生将问题归因于大学校园里马克思主义泛滥，并断言："毋庸置疑，对社会学的歪曲理解导致你们出现如今这种状态。"[14]

"愤怒旅"相当怪异。虽然受到巴德尔迈因霍夫集团的鼓动，但与实施暴力相比，他们对吸毒和为地下报刊撰文更感兴趣。他们从未杀过人，因此被描述为一个"古雅滑稽版"的巴德尔迈因霍夫集团。不过，在希思政府刚上台时，他们制造的社会危机氛围具有一定的重要性，使新任首相相信危险的革命势力在作祟。[15]

在日益拥挤的伦敦街头，"愤怒旅"只能算是一种暴力源头。希思上台前一个月，位于格罗夫纳广场的美国驻英大使馆遭到两枚燃烧弹袭击。4 天后，一枚火焰炸弹在一架从伦敦希思罗国际机场飞往西班牙的飞机上发现并拆除。1970 年 10 月，英国海外航空公司伦敦总部在分别寄往以色列驻英大使馆和以色列航空公司办公室的两个包裹中各发现了一枚手榴弹。[16]事情刚过去一年，1971 年 12 月 15 日，约旦大使乘坐的汽车驶过肯辛顿的荷兰街时遭遇机关枪扫射，一名巴勒斯坦"黑色九月"成员用藏在外套下面的司登式冲锋枪射出 40 余发子弹。这一时期，只有少数大人物的座驾具有防弹功能，约旦大使扎伊德·里法伊蜷缩躲在搁脚空间才幸免于难。[17]里法伊的姐妹告诉希思，他只是手部中弹，这简直就是“一场奇迹般的逃脱”。[18]军情五处根据现场证据推断此次袭击非常容易实施。[19]希思饶有兴趣地读了联合情报委员会关于“黑色九月”的最新报告，他问了一个毫无创意的问题：“为什么不采取更多的预防措施以确保约旦大使的人身安全？”[20]情报官员们认为，希思可能被联合情报委员会之前针对“黑色九月”做的一份评估报告“误导”了。没有迹象表明有人准备在英国本土发动袭击，而且此次袭击是贝鲁特策划并发起的。袭击者弗拉泽赫·卡尔法于12月9日从法国来到英国，并在袭击发生4个小时后前往福克斯通乘渡轮离境。扎伊德·里法伊大使没想到自己就是袭击目标，所以没有向英国寻求保护。更令人尴尬的是，事实上，袭击者使用的冲锋枪是英国新近出售给利比亚的。[21]

1972年9月5日，恐怖的“黑色九月”对慕尼黑奥运会展开袭击，随后德国警方营救人质惨败，这次事件更加引起了希思的注意。1973年，巴勒斯坦恐怖分子威胁用飞机攻击“伊丽莎白女王二世号”邮轮，该邮轮从南安普敦驶出，目的地是以色列，船上所载的1400名乘客大多是犹太人。面对威胁，希思建议派出数名特种空勤团成员秘密登上邮轮。[22]在这种情况下，希思下令对英国的反恐工作做一次全面审查，涵盖军方、警界和安全部门。作为此次审查的一部分，内阁办公厅官方反恐委员会和多个工作组成立了，要求警界、军方和军情五处进行联合演习。简而言之，该委员会的宗旨是创建一个跨政府策略，以应对英国本土发生的恐怖事件。该委员会由内政部主导，成员包括外交部、国防部、军情五处、贸易部工作人员，以及分别负责希思罗机场和斯坦斯特德机场安全的大都会警察局和埃塞克斯郡警察局的警员。联合情报委员会向军情五处施压，要求其开展更多反恐工作，但后者积极性依然不高。军情五处将超过一半的精力放在反间谍工作上，反颠覆工作又占去其另外三分之一的时间[23]。反恐工作进展缓慢，甚至在慕尼黑奥运会恐怖袭击事件已经过去两年之后，军情五处仅仅投入 3% 的时间用于国际反恐行动。[24]

相反，特种空勤团一马当先。在慕尼黑奥运会恐怖袭击发生后不久，英国第 22 特种空勤团指挥官彼得·德拉·比利埃中校受到了首相对陆军反恐计划的问询。德拉·比利埃及其副官早已建议第 22 特种空勤团建立一支代号为“宝塔”的专门营救人质的部队。越来越清楚的是，那名“黑色九月”的枪手在慕尼黑之所以能杀死那么多人质，是因为德国巴伐利亚警方没有接受过专业训练。“宝塔”参加了由内阁简报室（或称“眼镜蛇”）举办的一个新型恐怖袭击预警程序演习，该演习于 1973 年 2 月开始。新团队即将投入的行动被冠以“雪莲花”的代号。[25]

“愤怒旅”或许是一个由幻想破灭的社会学家组成的古怪小团体，巴勒斯坦人发动的多起袭击似乎像是遥远处各种问题的反响。但国际反恐工作渐渐开始有了眉目。到了 20 世纪 70 年代初期，军情六处已在“黑色九月”内部招募到至少一名特工。更为引人注目的是，军情六处招到了“黑色九月”的主要军火供应商之一。这名军火商名为莱斯利·阿斯平，原本是英军特种空勤团的一名士兵，后来转行做军火走私。以“特工科瓦奇”为代号，他为穆阿迈尔·卡扎菲上校位于利比亚西北的“黑色九月”训练学校供应军火。20 世纪 70 年代初，他还曾安排过四次军火贩运，把武器从利比亚运送给爱尔兰共和军，并帮助爱尔兰共和军恐怖分子前往利比亚接受训练。到目前为止，发生在遥远地区的重大恐怖事件开始与北爱尔兰更加本土化、长期性的问题产生关联。到了 20 世纪 70 年代初期，爱尔兰人也开始对英国大陆发动攻击。[26]

北爱尔兰是希思眼前最大的挑战。以实现充分的社会变革为目的的民权运动的失败迫使受挫的民族主义者转而实施政治暴力。1970 年至 1972 年间，北爱尔兰恐怖主义活动猖獗，让希思政府猝不及防。1972 年，恐怖活动达到高潮，导致约 479 人丧生，大部分遇难者死于一波又一波的爆炸事件。陆军盲目地向边远的反暴力殖民地如塞浦路斯、肯尼亚和马来亚等地学习原始粗暴的安全措施，效果适得其反。[27] 民族主义者聚集的贝尔法斯特下瀑布地区被迫实施宵禁，就是众多例子中的一个。

希思试图对爱尔兰共和军，尤其是在天主教地区，如贝尔法斯特、德里的伯格赛德和克雷甘区的爱尔兰共和军，开展宣传反击。[28]1972 年 8 月，他要求白厅内"善于心理战"的员工倾巢出动，前往北爱尔兰。[29] 他十分清楚，来自外交部情报分析部门的宣传员正在贝尔法斯特活动，而且他们已被告知，诸如迪克·怀特和诺曼·雷德韦等高层官员正在想办法使反爱尔兰共和军的宣传出现在英国媒体上。[30] 特伦德还对希思说，军情六处和情报分析部门都在忙于收集可被"公开或秘密用于黑化爱尔兰共和军"的资料。[31] 被首相的热情所感染，希思的首席私人秘书罗伯特·阿姆斯特朗做出指示："反击不应限于反驳爱尔兰共和军对英国政府的各项指控，而且还应彻底毁掉爱尔兰共和军的双翼。这需要立即行动，并且持之以恒。"[32] 这将包括"自由支配金钱"，以便获取信息、赢得朋友、影响人民[33]。这些指示看起来非常像一种行贿许可，由首相本人颁发。

更加戏剧性的是希思做出"不经审判进行拘留"的决定。仅数周前，特伦德曾提醒他，除非拘留的绝对必要，否则要"小心"采取此类措施。同时，高级军事顾问就拘留的各种危险提出过警告，甚至连希思本人也曾意识到此举可能会在国际上产生影响，招致联合国审查。然而，他觉得自己没有太多选择。对他而言，唯一的选择就是定下直接的规则[34]。不出所料，拘留就是一场灾难。从 1971

年 8 月 9 日开始，英国军队围捕了大量无辜的天主教徒。对于爱尔兰共和军来说，这场宣传战他们赢了，而在未来几年中，民族主义者对英国的敌意越来越重。后来，希思把责任归咎于呈上来时“为时已晚”的情报。的确，绝大多数被拘留者并不是共和党激进分子，而且许多重要人物已逃到南方去了。[35]

希思还面临着一个新的爱尔兰组织：临时爱尔兰共和军（PIRA）。其成立于 1969 年底，从民族主义运动中分离出来自立门户。它在两年内实施了 1300 多起爆炸袭击，经常以企业和商业楼宇为目标。1972 年 7 月 21 日，贝尔法斯特市中心有不少于 22 个炸弹被引爆。与此同时，他们对忠于政府的准军事部队，如北爱尔兰志愿军和北爱尔兰防务协会，加速开展宗派杀戮行动。由于遭受恐吓或难忍焦虑，天主教徒和新教徒都逃离了混合居住区。安全部队认为，如今他们面临着紧急情况。

英国的审讯手段是从各殖民地引入的。在第一次世界大战期间，英国便以富有创新性的审讯方法而闻名。例如，驻中东的情报官们会让囚犯躺在一张“电毯”即波斯地毯上，对其进行审讯，地毯下面藏着电极。[36]囚犯在回答问题时若不配合就会遭到一连串电击。如果这一审讯方法还不奏效，情报官们就会把这个不幸的人倒挂起来，往他的鼻孔里撒尿。这种方法与现代的水刑差不多。[37]

到了 1965 年，英国声称已经建立起一套更加复杂的审讯规则。而且，随着军事审讯小组向亚丁、英属圭亚那和印度尼西亚的国内安全行动提供协助，制定一整套规则势在必行。要兼顾道德和有效性，这套规则提倡坚持高行为标准。1965 年 2 月，联合情报委员会发布了指导方针，并且其语气毫不含糊：“除了从法律和道德方面考虑，从专业角度来说，各类酷刑和肉体折磨都是不提倡的，因为受刑者或许会不堪折磨而招供，但说的并不是实话。”在被禁止的行为中，包括“残酷对待和折磨”，还有“羞辱或有辱人格的对待”。值得赞许的是，联合情报委员会懂得通过情感共鸣达成目标，所以该指示被认为是“审讯官的《圣经》”。[38]

爱尔兰的审讯官对此却不太在意。为了在拘留过程中逼出口供，皇家北爱尔兰警察署用一种被称作“高压审讯”的手段——这一手段更多地被称作“深度审讯”——来对待临时爱尔兰共和军嫌疑分子。这一手段通常被在陆军情报团的指导下工作的皇家北爱尔兰警察署的审讯官采用。他们充分使用5种臭名昭著的酷刑，把被审讯者折磨得精疲力竭：面墙站立、戴头罩、强噪声干扰、剥夺睡眠、剥夺饮食。被拘留者在一周内会轮番受一遍以上酷刑。这与《圣经》中的“仁慈与命运”的信条相去甚远[39]。

引进拘留这一方法被视为潜在的情报财富。当局希望据此拘留大量爱尔兰共和军成员，使其被软化、接受审讯，从而供出大量宝贵的可指导行动的信息。安全部队的确成功地获取了一些有关安全藏身处和爱尔兰共和军作战序列的有用情报，同时还发现了一个武器藏匿处。[40]大多数被拘留者是无辜的，只在20世纪20年代或50年代被卷入过各种运动。他们没有什么可提供的信息。对于首相来说，更糟糕的是，有关“深度审讯”所使用的“五大酷刑”的谣言很快泄露了出去，不久便登上了英国各家报纸的头版头条。

1971年秋天，酷刑丑闻迫使希思政府不得不下令对审讯展开调查。审问的每一个环节都经不起推敲。调查负责人埃德蒙·康普顿不仅与统一派关系密切，而且为安全考虑，他同意“只字不提审讯过程”。这一奇怪的决定似乎意味着他在调查过程中省略了许多环节。[41]随着媒体继续施压，气氛变得越来越紧张。例如，《星期日泰晤士报》强调使用“白噪声”这种审讯手段，“简直会把人逼得失去理智”。记者强调这种手段用心险恶，断言这是对“苏联洗脑术”的一种模仿，经一名皇家空军中校“改良”后在英国加以运用，这名中校后来自杀身亡。[42] 有人对 1965 年的一部具有代表性的影片《伊普克雷斯档案》记忆犹新，在影片中，迈克尔·凯恩所扮演的角色被用刑，审讯官用各种声音对他进行干扰，使他神经错乱、意识不清。公众认为，其中一定有某些不可告人的秘密。议会也开始关注此事，议员们在提到这个酷刑时，称其为“噪声酷刑机”。焦急的公务员开始着手调查，坚称囚犯听到的噪声强度是 87 分贝，略低于开着窗户听到的地下列车传来的噪声强度。这种噪声被比作一台未调谐的收音机或一个蒸汽火车头发出的声音。对于持续暴露在噪声中会受到何种影响暂且无人探讨，不过通常这种噪声会给人们带来极大的干扰[43]。

11 月，当康普顿递送报告时，首相大发雷霆。他原本希望看到的是一份关于安全部队的“健康证明书”，恰恰相反，康普顿对他们的行为予以批评。“在我看来，这是我看过的最不平衡、判断失当的报告。”希思十分恼火。在审讯问题上，他万分痛悔，康普顿“无休止地表示凡是没有享受到三星级酒店设施的人就是遭受了极大的苦难，受到了虐待”。对希思来说，最大的困惑是康普顿似乎对媒体提供的信息和官方证据给予同样的重视。[44]

这份调查报告的发表引起了公众的骚动。这是意料之中的事——内阁一看到这份报告，他们就意识到深度审讯有可能引起舆论哗然。共和派必然会争辩这是一种掩饰，而其他人则会坚称事实证明皇家北爱尔兰警察署与陆军部队受到太多约束。在《每日快报》中，查普曼·平彻指控康普顿“太过神经质”。平彻坚称：“和颜悦色并不能获取情报。要想得到需要的信息就必须震慑他。”[45] 各方围绕着审讯手段争相调查，使得事态更趋复杂化。除康普顿和媒体关注以外，国际特赦组织进一步施压，爱尔兰政府就拘留案件向欧洲法院提请诉讼。与此同时，下议院议员不断施压要求了解更多细节。

希思动用了中央情报机关机构，旨在先发制人，减轻舆论影响。在调查报告公开发表的两个星期之前，希思政府决定请情报协调人迪克·怀特重新评价北爱尔兰的讯问方法。[46]这多少在怀特的意料之中，数周前，军情六处官员、联合情报委员会秘书布莱恩·斯图尔特曾到访北爱尔兰。作为五大审讯手段的爱好者，斯图尔特认为，为了避免囚犯见人和被人看到，有限制地施用戴头罩这一酷刑的确是很有必要的，这既是为他们的安全着想，也符合其他人的利益，而且他声称，在运送过程中，为了保障纪律，有必要让囚犯限制性地面墙站立。对于斯图尔特来说，适度的“白噪声”“必不可少”，因为这样能够避免囚犯无意中听到别人的声音，或者他自己的声音被人无意间听到。然而，他承认，这些审讯手段同样被用来消磨囚犯的意志，消耗其体力[47]。当迪克·怀特访问北爱尔兰北部六郡时，表达了类似的观点[48]。1971 年 12 月，连怀特都意识到，需要优先考虑的事情是“阐明我们的制度”。重要的是“消除我们被控给囚犯‘洗脑’或‘让其神经错乱’的所有可能性”。[49]

随着国际特赦组织和欧洲法院展开调查，希思开始感受到压力。在与哈罗德·威尔逊谈过之后，他觉得自己别无选择，只能在帕克勋爵之下建立一个由 3 位枢密院成员组成的新委员会，更加深入地探究审讯手段。[50]调查报告并不能平缓首相的怒气，他觉得这份报告缺乏方向感。亚历克·道格拉斯－霍姆一眼便看出内阁所处的困境。“我发现这个问题无解。”他沉思着说，“审讯无疑能拯救生命，证据不会对被审讯者造成永久的伤害。我会把这件事交给国内的律师去处理。”这是一种不充分的陈述。律师的生意非常红火，全世界的目光都投向了欧洲法院即将开庭审理的案件。或许可预见的是，吸取了这次深刻教训，大臣们将决定彻底废除这五大酷刑。

1972年3月，希思命令联合情报委员会改写审讯指令。意识到这项工作的政治重要性，特伦德让新秘书迈克尔·赫尔曼加快工作进度。[51]事实上，在改写“圣经”的工作中，联合情报委员会已经前进了一步。新规定很稳妥。审讯如今成了民政部门的事情，军事人员若想参与，需要得到内阁的批准。新指令特别重视国际法与国内法律。它强调完全遵照《日内瓦公约》，明确主张审讯官“在任何情况下都不应做出违法行为”，这一点“至关重要”。此外，它还禁止使用五大审讯手段，包括禁止使用制造噪声的设备。[52]赫尔曼明智地忠告特伦德，虽然有关文件目前暂时保密，但在不可预见的未来某个时候，它很可能会被公开，所以在制定指令时要考虑到公众审查这一点。[53]

私下里，英国政府官员仍然存在分歧。北爱尔兰总指挥官弗兰克·金将军致信北爱尔兰国务大臣，为新规所做限制的效果感到遗憾——他对“从我们逮捕的许多恐怖分子口中获取的情报越来越少感到不安”。他继续说道，“在当前叛乱四起的局势下”，新规定没有任何意义。[54]但是，随着有关对囚犯施用酷刑的案件涌向斯特拉斯堡欧洲法院，面对随之而来的公开报道，英国外交官采取了一种“低调的防御方法”。爱尔兰部的J.B.唐纳利预测，庭外和解将会给爱尔兰共和军制造宣传价值，而且还会被国际组织人权机构广泛利用。“这些案件是我们不可言说的自家丑事”，他补充道，然而不幸的是，“接下来几个月，随着更多案件的结案，每隔一段时间，这些家丑就会被人拿出来议论。”[55]

希思在处理有关北爱尔兰的情报方面十分稳健。1972年，109名士兵在爱尔兰被杀，另有20名北爱尔兰防卫团成员遇害。这一死亡人数高于最近在伊拉克或阿富汗的战乱中任何一年的死亡人数。虽然希思宣布臭名昭著的五大审讯手段为非法，但根据其在肯尼亚的丰富经验，陆军建立了一个全新的情报与秘密行动部门实施具有危险性的行动。这场致命战斗的全貌才刚刚浮现。以疏远民族主义阵营为代价，希思在与爱尔兰共和军的较量中占了上风[56]。这些麻烦还将持续一代人的时间。

对于军情五处而言，苏联反间谍活动依旧是其面临的最大威胁。军情五处的领导人一直试图名正言顺地把潜藏在伦敦的大量苏联间谍消灭干净。但在威尔逊执政期，唐宁街和外交部曾担心这样一来不利于英苏关系改善，所以总是对苏联间谍睁一只眼闭一只眼。[57]1968 年，面对苏联的一系列挑衅行为，例如通过极具魅力的女佣勾引英国驻苏联大使为克格勃效力，白厅不得不对苏联驻英大使馆人员数量做出限制。如我们所见，莫斯科通过扩大贸易代表团的规模，轻易地逃避这一限制。因为民主德国的地位即将获得认可，加上可能会有更多东欧集团的外交官和使馆工作人员涌入英国，导致情况进一步恶化。[58]

希思上台为情报界提供了一个契机。希思没有威尔逊那么关心英苏关系的缓和，他不怕惹恼苏联人，随后斥责克格勃“明目张胆地”在英国开展大规模情报活动，对“我们的国家安全构成了真实的威胁。”[59]幸运的是，对于希思来说，由军情五处与军情六处的联合部门、试验性的“伦敦站”开展的一项行动成功地发展了一名内线。他就是奥列格·利亚林，一名克格勃人员，被指控在战争爆发时策划特别行动，在英国制造动乱。其中包括袭击约克郡法林代尔斯基地的预警装备，计划使用炸弹淹没伦敦地下铁路网，并且最极端的是在白厅下方的隧道里散布毒气胶囊。利亚林用英格兰中部地区纺织品买家的身份做掩护，成为贸易代表团中潜藏着的诸多间谍中的一员。[60]

军情六处的托尼·布鲁克斯和军情五处的哈里·沃顿把利亚林

与其秘书存在不正当关系的有失体面的证据摆在他面前，说服他做一名英国特工，为他自己和他的女朋友两人的未来考虑。[61] 利亚林的代号是“金翅雀”，他接受了全面盘问；落到纸上，他所知的情报多达满满的五卷，关键是其中还包括完整的苏联驻伦敦的情报官员名单。[62]

但是，利亚林轰轰烈烈的爱情生活使其成为一名很难被操控的特工。到了 1971 年春末，他又开始了另一段恋情，这次的对象是一个已婚的英国女人。可以预见的是，他与妻子的关系非常不稳定，他遭到克格勃驻伦敦负责人的斥责。他是穿着时尚，套装剪裁合体，留连鬓胡子，或许歌星都没有他那么光彩照人，但利亚林的形象几乎不符合苏联对采买粗纺毛织物和针织品的贸易官员的要求。他想让军情五处安排他被当局驱逐出境，被遣返回莫斯科，这样他的个人生活就能稳定下来，他也能安心地作为特工为英国效力。但是，军情五处明白，如果这样做，他的身份很快就会被发现，接着会被克格勃灭口。相反，为了恢复这位衣冠楚楚的浪子的名誉，他们为他安排在国防部招募一名“特工”，故意向他提供机密材料，以便提升他在苏联情报机构的地位。[63]

利亚林提供的情报令英国情报部门惊恐万分。5 月 25 日，军情五处主管马丁 · 弗尼瓦尔 · 琼斯和军情六处主管约翰 · 伦尼来到外交部，与外交部高官丹尼斯 · 格林希尔爵士一起开会。弗尼瓦尔 · 琼斯报告说，苏联间谍已渗入外交部、国防部、海陆空三军、工党和贸易委员会。他们还把试图跟踪他们的军情五处“监视者”甩掉。使馆人员 189 人，贸易代表团和承包工程 144 人，塔斯通讯社和苏联民用航空总局 134 人，外加苏联所称的“陪丈夫前来工作的太太”，总共有约 1000 名苏联人在伦敦四处转悠，军情五处认为这些人中的四分之一参与了某种地下活动。这是一个很荒谬的数字，因为它远高于欧洲其他国家首都的苏联人的数量。伦尼补充道，科学与工业机密成了苏联间谍活动主要目标，这将给西方带来高昂的防御成本。7 月 30 日，亚历克·道格拉斯 - 霍姆与内政大臣一起施压，要求采取行动[64]。

据希思回忆，他们先是客气而坚决地要求削减间谍活动，接着又向来访的苏联外交部长安德烈·葛罗米柯做了转述。他们的宾客葛罗米柯绷着脸回答道："苏联没有间谍。"[65] 道格拉斯 - 霍姆并不受影响，随后于 1971 年夏天写信给葛罗米柯，希望他至少把某些克格勃官员安静地撤走。8 月 4 日，他发出最后通牒。葛罗米柯没有回复——这是对道格拉斯 - 霍姆这样的绅士的最大侮辱。[66] 事实上，有可能是葛罗米柯没有这个权力或人格魅力来控制克格勃，如今的克格勃主席是大权在握的尤里·安德罗波夫。伯克·特伦德完美地揣摩到了葛罗米柯的心思。据内阁秘书说，他是一个"随性的人"，"生性害怕"担责任。[67] 现在，对抗无可避免，但时机只会偶然出现。

8 月 30 日，奥列格·利亚林因醉酒驾驶在托特纳姆宫路站被捕。他向警方提出强烈抗议，声称"我是一名克格勃官员"，享有外交豁免权。在被警方拘留期间，利亚林清楚自己会立即被遣送回莫斯科，于是他决定叛逃。他与军情五处的对接人取得联系，后者向他派了一支携带抗毒素的支持团队，以防苏联人试图加害于他。他和女友被重新安置在一个地方，但苏联方面正在四处找他。更为重要的是，英国失去了自己安排在克格勃内部的关键特工。利亚林被捕的那一天，皇家海军军官戴维·比格汉姆供认他曾泄密给苏联人，凸显了庞大的苏联间谍队伍给英国构成的持续威胁。[68]

9 月 21 日，希思把一群值得信赖的重臣以及唐宁街 10 号内部的官员召集到一起，做出最终决定。在讨论极度依赖秘密情报、事实上也是关于秘密情报的问题时，却没有任何情报机构代表在场，着实令人感到意外。尽管克格勃间谍并不是希思考虑的重点，但他十分清楚其中的利害。此举可能使英苏两国彻底断绝外交关系，正如1927年的“阿克斯”突袭行动一样。但是，他也清楚，大量苏联间谍出没于英国沿海会对其治安与政治稳定造成严重影响。他希望恢复英国情报界的声誉，私下里抱怨威尔逊不愿意解决这个问题。

坐在希思身旁的最重要的人物是道格拉斯－霍姆，他是一位经验丰富，坚韧不拔的政界元老，并且有长期与莫斯科打交道的经验。希思十分谨慎，试图从自己的同僚那里寻求安慰。道格拉斯－霍姆解释说，他们已经试图用安静平和的方法，迫使苏联悄无声息地撤走他们的间谍。但是，苏联方面做出的唯一反应是驱逐了两名英国人。内政大臣雷金纳·麦德宁也赞成把苏联间谍驱逐出境，但是担心政府会因放任如此多的苏联间谍徘徊于伦敦的大街小巷这么久而遭受批评。唯一有异议的人是贸易工业大臣约翰·戴维斯，他担心这将给出口造成巨大损失。希思决定立即公开地把苏联间谍驱逐出境[69]。

第二天，首相依旧紧张不安，要求道格拉斯－霍姆向他保证：“我们已经做好充分准备，若有人从政治层面批评我们，我们有万全之策予以回应，保障我们的每一步都有理有据。”他想要知道，英国“没有其他令人满意的办法来处理现在的局面”。在乘飞机前往联合国之前，外交大臣向首相保证，称他“非常满意”。[70]据希思的传记作者所说，最终的决定是首相的“亲自裁定”。之后，他不得不让内阁放心，向其解释清楚为何没有事先征求他们的意见[71]。

得到首相的个人支持之后，丹尼斯·格林希尔把苏联代办伊万·伊波利托夫召唤到外交部，并把数张被逐出英国者的名单交给他。一共有90人将被驱逐出境，另外禁止眼下不在英国的15人返回英国。伊波利托夫显然大为震惊，但声音沙哑地回答：“一切都清楚了。非常严厉的措施，格林希尔爵士，非常严厉！”或许他兀自冷笑了一下，因为在外交身份的掩护下，他自己也是一名克格勃特工，所幸自己的名字不在名单上。外交部已经将精挑细选的少量有关利亚林的内容摘要提供给了报界以佐证自身行动的正当性，所以就在伊波利托夫被司机载着通过前往苏联大使馆的街道时，《伦敦标准晚报》的广告牌早已宣布“克格勃出局！”。[72] 在叛逃后，利亚林与 BBC 主管格雷厄姆·卡尔合作，制作了一部长达一小时的纪录片，其中包括军情五处贡献的克格勃特工从伦敦一个公园的秘密情报传递点搜集情报的连续镜头，英国政府向媒体公布了关于利亚林的大量细节。希思自豪地对内阁说：“英国的公众舆论，通常表明人们已经理解政府采取行动的动机了。” [73]

在随后的 14 年里，克格勃发现，“与西方任何其他国家的首都相比，从伦敦收集高级情报更为困难”。[74] “根除行动”引发的反响依然广泛。苏联领导人列昂尼德·勃列日涅夫取消东欧之旅，返回莫斯科召开紧急会议。利亚林所在部门派往欧洲各地的破坏行动参与人员被撤回，因为苏联担心他们受到怀疑。后来这些人再也没有恢复工作。克格勃解释说，这次灾难应归咎于利亚林对其他官员太太的巨大诱惑力。最引人注目的是，克格勃驻伦敦原头目尤里·沃罗宁被认为是掩护利亚林偷情的罪魁祸首。虽然作为外交情报第三部门主管，他算是一名后起之秀，但依然被免职，不光彩地退休了。[75]

军情五处举办了一场盛大的庆祝派对。20 世纪 70 年代，组织派对时酒是必不可少的，此时官员们打开了一个巨大无比的冷藏室，展示出其中珍藏的各种各样的酒。[76] 希思同样因“根除行动”而自豪。事实证明这是一个大胆的决定。对于他来说，这次行动“是任何西方国家所采取的最重要的一次安全行动。此外，它完全破坏了苏联之前以伦敦为中心展开的巨大情报网络”。[77] 英国在对抗克格勃的反间谍战争中取得了胜利，这一胜利的决定性意义可能是当时任何人都没想到的。尽管希思高兴地庆祝英国打赢了一场重要的战争，让苏联人狼狈不堪，但让他真正感到担心的是工业颠覆活动。与对苏联采取的行动不同，这一次他与军情五处之间的冲突很快爆发了。

保密问题和颠覆活动让希思日渐焦躁。他与马丁・弗尼瓦尔・琼斯的关系并不融洽。军情五处的普通雇员认为主管非常不合群。在为数不多的接触中，他并没给希思留下很好的印象，而且对于首相来说几乎难得的是，他特地在自己的回忆录中毫无掩饰地强调了对弗尼瓦尔・琼斯的蔑视。据希思所说，他“不足以令人信服”，找不到与首相共同打发时间的最好方式[78]。导致这种不和的部分原因是他们性格不合，而且各自的策略很不同，甚至是原则迥异。从一开始，希思便向伯克・特伦德和军情五处施压，要求其采取更强有力的行动，以遏制他所认为的工业颠覆活动。希思一上台便遭遇了码头工人罢工，政府很快屈服认输，他要求军情五处针对此类事件，向政府提供更高级别的预警。军情五处答复说这是不可能的。

首相确实获得了一些成功。他批准军情五处对运输和普通工人工会主席杰克・琼斯实施监控，包括拦截邮件和窃听电话。这一决定是在无视麦德宁的建议的情况下做出的，经过多次争论，军情五处最终依照首相要求实施了监控，理由是通过监视琼斯能够获得苏联人对工会施加影响的相关证据。它还补充道，无论如何，这项行动将获得“就业部和政府关于产业纠纷等一般领域的具有极高价值的”总体情报。希思固执地做出要求似乎是出于政治考量，是情报局难以应付的领域，公务员们很难自如地施展拳脚。[79]

1970 年 12 月，希思政府发布了一项有争议的劳资关系法案，目的是为了迫使各工会在召集罢工行动之前手里留有适量的选票。一周后，发电厂开始怠工。希思认为此举是左翼策划的通过非民主手段夺取国家大权的阴谋，是所谓的“颠覆活动”，于是他亲自要求军情五处在工会召开处理纠纷的重要会议的会议室里安装电子监听设备。这让军情五处觉得很不舒服。副主管安东尼·西姆金斯担心，“为这一目标而发动窃听无疑将把我们抛出情报工作专业领域，要知道，在我供职安全局的 25 年时间里，安保工作一直在该领域运行”。一场紧张的辩论随之展开：希思提出这样的要求是为了获取党派情报，支持某个政党对付真心为职工争取提高工资待遇的工会，还是实则为了收集安全情报，抵制试图破坏民主甚至可能得到外部力量支持的激进分子？没人知道答案。虽然违背了希思的意愿，但伯克·特伦德还是确保了工会会议不被窃听。[80]

1972 年 1 月，全国煤矿工人工会举行大罢工，让希思感到出乎预料。全国煤矿工人工会执行委员会最年轻的成员阿瑟·斯卡吉尔主张使用飞行纠察队，事实证明，这是一个行之有效的战术，将一个全国性混乱局面展现在政府面前，包括交通瘫痪、食品供应短缺、电力和下水道系统故障，甚至可能包括治安问题。很快，政府向工会做出妥协。军情五处对煤矿工人和大不列颠共产党之间的联系进行监视，并且已在大不列颠共产党总部安装上窃听设备，但坚称窃听范围有限。相比之下，希思确信罢工是有人搞颠覆的明证，要求军情五处对情报进行重要审查。军情五处做出的反应令他和内阁感到失望，因为它仅仅把注意力放在大不列颠共产党上，声明共产党对罢工有所影响但并没有操纵罢工。它忽略了组织性更弱的“新左翼”。特伦德告知军情五处，希思认为当前的乱局是“大量心怀不轨的人，特别是工会内部的这类人的行为”造成的，他们中的一些人必须“被除掉”。他试图制止首相，但在这种冲突激烈的氛围中，他在内阁中的唯一支持者是雷金纳·麦德宁。[81]

令人惊讶的是，如今我们知道，全国煤矿工人工会主席乔·戈姆利与希思意见一致。煤矿工人工会中的温和派担心极端分子决心实施工业破坏，以至于一些人竟然开始成为效力于政府的间谍。20世纪70年代，戈姆利曾向政治保安处提供消息，把阿瑟·斯卡吉尔及其他煤矿工人的罢工计划细节透露给当局。尽管有戈姆利提供的大量内部情报，政府还是没能阻止1972年大罢工的发生。后来接替戈姆利担任全国煤矿工人工会主席的斯卡吉尔经采取了细致的措施避免被监视，他还表示“身处领导位置的人参与了工会运动，他们或是与政治保安处有关系，或与国家机关有联系”。[82]

希思政府及优秀实业家们对激进分子感到惊恐。据政治保安处官员所说，为了获得军情五处和政治保安处许诺的支持，福特汽车公司只同意在默西赛德郡新建一家汽车制造工厂。政治保安处前官员托尼·鲁宾孙声称求职者——事实上是所有员工——要接受常规审查，“以彻底清除颠覆分子”。[83] 大多数大型企业或是与政治保安处合作，或是与私营安保公司合作，两者执行的任务大体相同。[84] 军情五处出于历史经验不愿卷入这场工业冲突当中，以至于让越来越多的私掠者钻了空子，包括“经济联盟”——一个长期存在的反共狂热者组织，如今其规模迅速地扩大。1972年间，“经济联盟”的最大支持者包括英美烟草公司、壳牌公司和帝国烟草公司，在该联盟领导者戴维·巴伦爵士的催促下，所有公司都增加了资金支持。英美烟草公司的秘书解释道：“经济联盟在散布有关经济和工业问题消息及打击极端左翼宣传方面做得不错。”[85] 各种各样的私掠者组织比军情五处拥有更多的行动自由，并且不断发展壮大，在20世纪80年代成为玛格丽特·撒切尔政府下一个完全独立的情报实体。

1972年夏天，军情五处领导成员换届。弗尼瓦尔·琼斯即将退休。雷金纳·麦德宁和公务人员想让内政部官员而非军情五处现任官员接替他出任主管。得知麦德宁等人的想法时，弗尼瓦尔·琼斯大吃一惊。他清楚，上一次发生这种情况时，军情五处遭遇了“特大灾难”。维克多·罗斯柴尔德也提醒希思说，任命一位外部候选人将摧毁大家的士气。希思会见了这位外部候选人，但是发现他太过于谨慎，让弗尼瓦尔·琼斯松了口气。相反，希思选中了军情五处自己的候选人，即时任副主管迈克尔·汉利，这是一位率真的行动派。汉利回忆说："我和他一拍即合。"[86]不久之后，希思免去温文尔雅的雷金纳·麦德宁内政大臣一职，从就业事务部擢升罗伯特·卡尔接任内政大臣。卡尔一直奋斗在工会战斗的第一线，有与“愤怒旅”交锋的经验，当时“愤怒旅”曾试图对他发动炸弹袭击。显然希思希望军情五处能拿出一种强硬的新办法。

对汉利的任命象征着更广泛的变革。情报界逐渐把工作重心从反间谍活动转移到反颠覆与反恐工作方面来。汉利非常欢迎希思对颠覆活动的投入，因为这使得他能够把更多注意力集中于本土目标，尤其是极端左翼势力。与此同时，他们面临着爱尔兰恐怖主义活动的巨大挑战，而且伦敦爆发了更多与中东地区冲突有关的暴力事件[87]。1972年汉利上任时，军情五处士气低落。但是，新主管定下了新的目标，提高了军情五处的公众形象，并且定期与内政大臣会面，这是前任主管们所没有做过的事情[88]。

现在该采取行动了。1972年夏天，内政部底下设立了一个新委员会，评估英国国内的整体安全形势。汉利打算创建像联合情报委员会那样的机构，但是只对国内安全负责。他憎恶联合情报委员会，将它视为外交官的产物，“里面充斥着外交和联邦事务部的人”，这些人“对国内事务一窍不通”。伯克·特伦德心里清楚，他在反颠覆战中输给了希思，1972年7月31日，在该委员会第一次会议上，他解释说首相希望他们做更多的工作，揪出共产党中的“幕后操作者”。他汇报道，军情五处必须更加关注行业动荡。这包括对进行中的码头纠纷事件的领导者进行技术性监视。在1972年晚些时候，希思希望对军情五处开展活动所依据的全部章程进行重新讨论，并且军情五处获得授权的行动范围扩大至他所认为的极端左翼阴谋。[89]

1973 年年初，希思再次向军情五处施压，要求其披露更多关于工业领域颠覆活动的情报。拖拉机制造商麦赛福格森总裁蒂姆・鲍威尔抱怨道，他不知道如何判断新招募的员工是否为“麻烦制造者”，他要求军情五处提供一份“小心提防”名单。这一次，希思没有直接把鲍威尔的问题交给经济联盟处理，而是让安全官员口头简单汇报。这样一来，他驳回了内阁大臣的反对意见，即政府可能被指控干涉就业事务。[90]

希思明白自己是在玩火。在美国，理查德・尼克松正是因为被曝出窃听政敌的丑闻而受到舆论批评。1973 年 8 月 17 日，星期五，议会处于休会期，希思与特伦德安静地共进午餐，讨论着“颠覆分子目前企图在英国营造出水门事件的氛围”。几天后，他们再次讨论此事，焦点是希思所谓的“我们的工业情报及相关责任人所使用的方法”。他安排特伦德审查当前的行动，评估他们面对的危险。特伦德与迈克尔・汉利、内政部的官员和他的继任者约翰・亨特讨论了这个问题，因为他意识到再有一个月自己就要退休了。[91]

特伦德让希思放心。他认为授权令的数量相对较小，而且他们一致认为“真正的颠覆风险”是比“纯粹的工业纠纷带来的风险”更合理的说辞。希思同时还得到承诺，“相关行动开展时一定会特别小心”，这表明在某些情况下，军情五处会进行人身侵犯而非仅仅窃听电话和截取邮件。特伦德认为，维持现状才能保持安全，“免于遭遇太多危险”。但他同时也意识到，希思正向着与全国煤矿工人工会对抗的方向前行，所以这一话题会变得“越来越敏感”，“我们的行动一旦暴露，将造成相当程度的破坏”。他建议希思亲自与汉利谈谈，确保规划中的行动“既不会太少，损失有效性；也不会太多，导致安全性下降”。[92]

一个月之后，希思及政府高层询问汉利，军情五处能否提供罢工预警。但此类预警的一大潜在来源工业评估小组（IAG）十分谨慎地指出，即使是“秘密消息来源”，对这类总体评估的作用也可能微乎其微。连工会领导本人也不知道下一周会发生什么情况，因为“形势瞬息万变”，一个事件与另一事件如何发生相互作用，没人能够预知。工业评估小组担心“陷入纯粹的揣测当中”。尽管如此，该小组同意尽力让希思看到一份有关“工业领域在不久的将来的发展形势”的总体评估周报。[93]

希思密切关注工业评估小组的周报。1973 年 12 月 17 日，另一场煤矿工人大罢工即将爆发，希思放弃整个夏天表现出的谨慎。他希望利用工业评估小组提供的情报对矿工展开攻势，他询问包含在某些特定段落里的信息“能否以某种方式公开”。[94] 亨特提醒他说，20 世纪 50 年代，帕特里克·迪安爵士在外交部供职时就密切参与了情报工作，负责一个小型的跨部门小组，小组成员在内政部监视颠覆活动。亨特指出，该小组工作内容涉及公开宣传和“曝光”反颠覆。

亨特和希思的首席私人秘书罗伯特·阿姆斯特朗继续调查“什么样的方法可能被用于”即将发生的矿工罢工。亨特指出，全国煤矿工人工会与大不列颠共产党之间的密切关系已是有公开记录的事实，问题是“公众很快会忘记这些”。希思想要让多数信息能够被公之于众而“不依赖秘密来源”。亨特明白，自己目前处境微妙，劝告希思不要建立“一个微型信息部”，或者让政府公职人员卷入“政党政治活动”。但他也认为，一旦有公开证据证明激进分子试图“破坏民主制度”，就必须采取行动。亨特和迪安两人都建议把情报局的一些成员吸收进来，组建一个能够快速响应并把有关材料通报给媒体的“小型行动组”[95]。

在希思卸任前的几个月，他越来越难以压制自己的怒火。事实上，他想要自行使用情报资料。1974 年 1 月 8 日，当英国为期三天的工作周开始时，他准备利用已征得军情五处官员和就业部同意使用的材料发表一篇题为“颠覆”的演讲。亨特相信任何秘密情报源都不会被泄露，但他提醒劝希思：“把秘密来源提供的情报用于这场特殊的辩论中是否明智，关乎你的政治判断力。”[96]

如今，希思认为自己在打一场阴谋仗，在某种程度上的确如此。至此，一个更具攻击性的军情五处正在密切监视着领导苏格兰矿工罢工的共产党员米克·麦加希和阿瑟·斯卡吉尔。他们发现有越来越多的证据表明，全国煤矿工人工会执行委员会的一些成员在与高效的工业组织者、英国共产党员伯特·拉梅尔森协调战略，定下更大的目标企图推翻英国政府。1974 年年初，由于掌握一系列新情报，希思决定就“谁来统治英国”这个问题举行大选。[97]令他意外的是，他在 2 月 28 日的普选中竟然败给工党，不得不将首相大权移交哈罗德·威尔逊。随着军情五处在反颠覆活动中发挥着越来越大的作用，更多的情报风暴正在酝酿之中。整个英国被笼罩在一种令人震惊的狂热氛围中，四处充斥着阴谋和偏执。威尔逊很快将被问到同样的问题：谁来统治英国？与希思不同，威尔逊的答案与当权派更加接近。

13

哈罗德·威尔逊（1974—1976）

如果一名警察意志坚定，或者谦恭有礼，那他有充分理由期待升职。如果他两者兼备，他将申请加入政治保安处。而如果他两者均不具备，那么他将加入安全局。

——哈罗德·威尔逊[1]

大多数首相对情报事务讳莫如深。当其在位时，甚至退休之后，秘密世界依然神秘。然而哈罗德·威尔逊和大多数首相都不一样。1976 年 3 月，在突然宣布辞职后不久，这位身体抱恙的约克郡人把两名菜鸟记者叫到他的家里，把一份资料交给他们，这样的独家新闻在他们的职业生涯中可能都不多见。这是一个非同寻常的故事，包含着国际阴谋、密谋、颠覆活动和政变企图，这或许就是英国版“水门事件”。

威尔逊采取了一种充满想象力的叙述方式。“我把自己看作房间角落里的一只又肥又大的蜘蛛，”最近刚退休的首相喋喋不休地说道，“有时候，我会说梦话。你们两个真应该听听。偶尔在我们见面时，我或许会让你们去查令十字路，踢一脚站在街角的一位盲人。他或许会告诉你们某些事情，带你们去某个地方。”[2] 由于痴迷于这种幻想的方式以及秘密世界的耳语，威尔逊在辞职时确信有一个专门针对他的阴谋，其中不仅涉及英国情报界，还与美国中情局和南非情报局密切相关。

无数次地重温“蜘蛛”片段，而且每次目的都很明确。哈罗德·威尔逊通常被塑造为一个偏执狂形象——甚至疯狂得不可理喻。回顾过往，聪明绝顶的威尔逊只是提出了正确的问题。每一天，针对“水门事件”的调查都会披露出令人咂舌的真相，这些耸人听闻的信息从美国散播出来。1975 年，工党在布莱克浦召开年会，一位大臣强调，美国联邦调查局刚刚承认曾在国外 250 次潜入室内进行搜寻，而中情局则被爆资助西欧社会主义政党。同时，华盛顿还了解到，尼克松总统在任时，显然安排让人“每晚把联邦调查局和中情局收集的最为淫秽的窃听报告拿到他面前，供他睡前阅读”。[3] 自然而然地，工党大臣们想知道究竟英国正在发生着什么。

事实上，真正受到偏执困扰的是英国的情报机构，而非首相本人。一群反情报官员仍然怀有一种“执念”，认为英国潜藏着“鼹鼠”，他们在军情五处的一些同事认为，这种执念，用他们自己的话说，是“极其疯狂并且相当危险的”。讽刺的是，到了 20 世纪 70 年代，抓“鼹鼠”者与几十年前真正的苏联鼹鼠造成了同样多的麻烦。在一定程度上，威尔逊及其同僚是被这种成天疑神疑鬼的环境拉下台的。[4]

1974 年 3 月，哈罗德·威尔逊重返唐宁街，成为少数党政府领袖。在随后的 10 月大选中，工党仅以 3 票的优势赢得多数席位。

大选结果，以及有关水门事件的连续新闻报道，使整个政治形势产生了一种强烈的不安全感。威尔逊与情报界之间的关系被人误解。虽然外界常以为他害怕和讨厌情报界，但事实上，威尔逊与秘密世界之间存在着一种复杂的“爱恨交加”的关系，甚至在某种程度上，他是这个秘密世界的一部分。军情五处把与重新回归的首相之间的关系描述为“非常友好”。[5]反过来，威尔逊并不完全信任军情五处，尽管如此，他还是广泛地应用情报机关，尤其是用于对抗工会。[6]总的说来，他与现任情报官员的关系远比公认的更温暖、更积极。

威尔逊热爱秘密的沟通渠道，并且为了与革命团体建立友好关系，厚着脸皮打出了社会主义者这一王牌。正如我们看到的那样，在首次出任首相时，他绕开美国人，自己寻求和平解决越南问题的方法。作为反对党领袖，他甚至与爱尔兰共和军建立了秘密联系。这是一个非常规的举动，但在征得爱德华·希思的同意之后，他似乎是这一角色的合适人选。希思拒绝让政府与爱尔兰共和军直接谈判，而威尔逊公开支持爱尔兰统一，所以很可能对反叛者更有吸引力。[7]1972 年 3 月，威尔逊悄悄来到位于都柏林凤凰公园的某处房子。在里面，他见到了爱尔兰共和军的三位临时领袖，但拒绝与他们握手。这三位临时领袖分别是：爱尔兰共和军陆军委员会首要政治战略家戴西·奥·康奈尔、爱尔兰共和军贝尔法斯特指挥官乔·卡希尔和爱尔兰共和军参谋本部官员约翰·凯利。[8]这是一场史无前例的会议，是爱尔兰共和军与英国政要举行的首次会晤。

威尔逊坐在爱尔兰共和军代表的对面，一口一口地吸着烟斗。房间里烟雾缭绕，使原本已充满阴谋的气氛又越发浓重。他打探着爱尔兰共和军是否有轰炸英国大陆的意图，但对方对此不置可否。他坐回到自己的位置，改变策略，试图说服叛军领导人相信他们的暴力活动将不会奏效，但并未成功。威尔逊又抽了口烟斗，向他们打探他们所信任的北爱尔兰当前的民族主义政治家。这并不明智。北爱尔兰共和军临时派高级成员并没有想要通过民族主义者作为中间人受到保护或是与大陆沟通。当午夜的钟声敲响时，双方未取得什么进展。“好，先这样吧。”威尔逊用放松的语气说道。“我们走吧。”一个小时后，72 小时的停火期结束。[9]

值得称赞的是，威尔逊并没有放弃。数月之后，他在离契克斯首相别墅不远的白金汉郡一处小屋里秘密地接见了少数几位爱尔兰共和军二级领导。[10] 与第一次会议一样，这次会议也几乎没有取得进展，会议中，爱尔兰人一直在唠唠叨叨地斥责英国在 1610 年对其实施的残酷镇压。[11] 但威尔逊试图听到反对派的真实想法，并且和丘吉尔一样，他想获取最原始、最直接的情报。这在某种程度上有助于所有首相都必须坚持的自我信念：认为自己是那个能够做成大事，甚至创造历史的人。威尔逊十分享受自己作为秘密谈话者的角色——一个身穿短大衣的神秘国际人物。

1974 年 11 月，以微弱优势重返唐宁街后，威尔逊批准在军情六处与北爱尔兰共和军临时派之间开辟一条永久性的秘密沟通渠道——这是自威尔逊私下非正式会见爱尔兰共和军代表之后，双方的第一次直接会晤。[12] 这一秘密沟通渠道两端的联系人分别是狡猾而思想独立的军情六处官员迈克尔 · 奥特利和主要共和派成员鲁埃里 · 奥 · 布雷迪，后者被《第三只眼》杂志取笑为“罗里 · 奥 · 布拉德巴斯”。[13] 真正的英雄是介于两个人之间的那位“联系人”——他们两人想要的东西不同，而他们唯一共享的就是秘密行动。“联系人”是布伦丹 · 达迪，一个勇敢而无私的商人，他知道自己会因献身和平进程而轻易被杀。他不仅是一个民族独立主义者，还是一个和平主义者，热衷于对话解决问题。事实证明，这个秘密沟通渠道富有成效：在 1981 年绝食罢工期间，达迪继续充当政府与叛军之间的中间人，正如我们将要看到的一样，他成为 20 世纪 90 年代和平进程中的核心人物。

与前任首相希思一样，威尔逊坚持要求务必对和平对话保密。英国只是不能被人看到与恐怖分子对话。事实上，他如此重视谈判的保密性，以至于除北爱尔兰国务大臣默林·里斯之外，其他内阁成员都被蒙在鼓里——甚至连里斯一开始都不知道达迪的身份。[14] 迈克尔·奥特利向北爱尔兰办公室英国高级官员弗兰克·库珀介绍了“联系人”的基本情况。之后，库珀与内阁秘书约翰·亨特和威尔逊进行商议。一切情况只是严控在这个小圈子里。[15] 因为秘密沟通渠道的存在，有关爱尔兰共和军对于停火及其他政治意图的态度的情报，被直接交给首相处理。[16]

威尔逊个人对爱尔兰共和军的情报十分感兴趣。1975 年，协议停火期间，威尔逊绕过内政大臣罗伊·詹金斯，固定在每周四早上把军情五处主管迈克尔·汉利召唤到唐宁街 10 号，听取其关于爱尔兰共和军情况的详细报告。[17] 理论上，军情五处对内政大臣负责，但是威尔逊喜欢处于中心位置。到 1975 年年底，他甚至动了自己分析情报的念头。威尔逊展现出丘吉尔式的对原始材料的热情，军情五处在爱尔兰共和军的安全藏身处找到一份“死亡名单”后，首相要求获得该名单的副本。“死亡名单”涵盖了从女王的美术馆到杜莎夫人蜡像馆，从英国电信塔到伦敦证券交易所等一系列目标。被列入“死亡名单”的个人包括下议院议员、上议院议员、警察和军事人员。虽然内政部答应了威尔逊的请求，但官员们担心首相只是容易激动，有强迫症倾向，于是礼貌地提醒他保持理智。有人写道：“这份名单并不是一份‘死亡名单’，像这样谈论它是不对的。”尽管如此，与他的战时前任一样，威尔逊无法阻止自己介入其中，并且希望近距离了解行动情况。他潦草地把自己的评语写在页面顶端：“很显然，这些很散乱”“一些似乎已经过期了”。然后他就开始辩论式的分析，乐在其中，并就目标名单向情报官员提了一些建议：“毫无疑问，他们会查看多少人（已经）死了，或者更换了工作或地址，以推测每一页名单的时效性。”[18]

首相对于情报的热爱并非罕见。然而，他对通信安全和窃听威胁的焦虑却不同寻常。而这有时又会被误解为偏执。实际上，他明白，即使是他在唐宁街主持的关于爱尔兰问题最绝密的讨论，讨论的内容也会被泄露出去。例如，在一场有关北爱尔兰问题的头脑风暴会议上，威尔逊稍微提了一下重新统一南北爱尔兰的想法。仅仅过了几个小时，都柏林不经预约给唐宁街打来电话，私下坚定不移地表示，在任何情况下，都柏林方面都不想要北爱尔兰的任何部分，也不想处理与其相关的任何问题。威尔逊大为震惊。[19]一听说北爱尔兰共和军临时派的另一份重要文件已被拿到，威尔逊便召唤情报协调人、原政府通信总部主管乔 · 胡珀到契克斯别墅开会。首相担心唐宁街装有窃听器并有可能泄密，于是坚持为了保证安全，在白金汉郡这处僻静的寓所开会。胡珀按响了门铃，而令他意外的是，热切的首相亲自打开了门。威尔逊立即让他坐下，并开始询问新情报的内容。[20]

哈罗德 · 威尔逊同样是个秘密行动爱好者。为了达到目的，他不怕运用非常手段和秘密机构。例如，他继续贯彻执行爱德华 · 希思的策略，让英国秘密参与阿曼的冲突。自 20 世纪 60 年代末开始，阿曼的国家元首苏丹就在开展镇压叛乱的运动，以镇压地方起义。尽管公开声称没有英国人员主动加入进来，威尔逊却授权特种空勤团参与当地的可否行动。至少直到 1975 年 1 月，他批准勇敢的经由特种空勤团秘密训练的部落成员在也门发起跨边境袭击。只有首相、外交大臣和国防大臣知道特种空勤团参与程度的真相。[21]从这个意义上来说，威尔逊故意把工党前任首相煽动起来的一场秘密战争继续进行下去——正如1964年他初任首相时在也门和印度尼西亚所做的一样。

威尔逊将特种空勤团执行任务的范围扩展至北爱尔兰。这一次，威尔逊打破了传统。他站在首相问答箱前，公开宣布特种空勤团卷入了北爱尔兰暴力冲突。慕尼黑奥运会发生恐怖袭击（慕尼黑惨案）后，在希思的要求下，特种空勤团以反革命战争部门的形式发展出了反恐职能。然而，这项新的职能还处于保密状态。然而，到了1975年夏天，国防部官员向威尔逊施压，要求其公开承认特种空勤团在呈扩大趋势的反恐领域具备相应的能力。一味沉默可能会产生反作用。他们认为，"在我们看来，拒绝承认特种空勤团参与反恐行动几乎没有帮助，采用一个更加开放的政策反而可能带来一些优势"。军方担心"如果像现在这样拒绝公开，很容易给人造成这样一种印象——特种空勤团参与反恐这件事潜藏着什么秘密"。[22]军方有这种担心是有道理的，因为围绕着特种空勤团在干什么罪恶勾当已经谣言满天飞了，它甚至被视为某种隐秘的职业杀手团队。威尔逊也认同，承认特种空勤团在英国本土参与的行动或许会产生更大的威慑力，在任何情况下，他都很愿意表现得语气强硬。[23]

这条反恐新途径是在暴行的刺激下出现的。1976年1月5日午后，一名身穿英国陆军制服的男子打着手电筒，让一辆满载着刚下班的阿马纺织厂工人的红色小型巴士靠边停车。很快，很多藏在树篱之后，脸被涂黑的持枪歹徒围拢过来。他们让乘客中的一名天主教徒单独站在一边，而让新教徒站成一排，然后近距离地对着他们开枪。共有10人丧生。随着暴力事件的不断升级，工会领导呼吁政府采取行动。威尔逊史无前例地通知议会"特种空勤团部队"将被派往阿马郡。“他们将在那里巡逻和监视，他们做起这类工作来得心应手，并且接受过相关训练。”威尔逊继续说道，“大英帝国的任何地方需要他们，他们都会采取行动。”[24] 虽然威尔逊已经在前一天把自己的打算告诉了武装力量总参谋长和总司令[25]，但他的决定可能还是让特种空勤团感到意外。特种空勤团曾极力游说议员同意其参与阿曼、亚丁和婆罗洲的行动，但是将他们派去爱尔兰的决定显然“是首相不顾国防部的意见强行做出的”。[26]

威尔逊的声明在某种程度上是一把双刃剑。这的确会在政治上带来一些利益，因为公众舆论能让北爱尔兰新教团体感受到英国政府对抗暴力的决心。这也有风险，可能使特种空勤团在情报工作中相当常规的角色引起骚动，导致公众提出质疑：对这些训练有素的杀手还能干出什么好事来。[27] 威尔逊声称下议院完全清楚特种空勤团将从事秘密行动。[28] 情况或许就是这样，但特种空勤团的秘密属性会滋生有关秘密活动的谣言。社会民主党和工党领袖、西贝尔法斯特议员格里·菲特在议会向威尔逊发难：“首相大人是否意识到眼下有很多关于特种空勤团的质疑，有些人会说这简直是天方夜谭？”相应地，菲特要求特种空勤团在严格的军事纪律下开展行动[29]。不出所料，威尔逊的回答是让下议院放心，“关于特种空勤团发挥什么作用，其本质、训练情况、生活目标等，人们还存在一些误解”。当然，特种空勤团不是妖怪，他们“作为士兵只能由将军级指挥官征召和调遣，协同其他士兵共同处理爱尔兰的恐怖主义问题”。[30]

奇怪的是，首相选择中情局作为他的参照点。虽然没有被问到与中情局的关系，但他依然宣称：“我认为特种空勤团与中情局没有可比性。我认为，在大多数情况下，中情局的官方职能是收集海外情报。而且据我所知，其工作难度在一天天加大。而我可以说，这并不是特种空勤团的基础工作。”[31] 这话虽然没错，但考虑到威尔逊刚才强调了特种空勤团的监视职能，这样的解释让人感到有点儿奇怪。更重要的是，他强调美国国会对“水门事件”的事后调查披露了中情局的大量信息，致使舆论哗然，这也给英国关于情报活动的讨论设定了框架。由于威尔逊向爱尔兰调度特种空勤团看起来像是一种强硬行动，所以他让自己陷入到了模棱两可的境地。几天后，《每日快报》披露，尽管所有宣传都称“采取重大特殊举措，但实际上政府只向爱尔兰派了 20 名特种空勤团士兵”，这让威尔逊感到“异常焦虑”。[32]

与在首相问答箱前讨论情报事务的许多首相一样，威尔逊在议会发言都是做半真半假的陈述。实际上，特种空勤团早就被派往北爱尔兰了。1969 年北爱尔兰动乱爆发时，特种空勤团第一次被派去救场。第二次是在 1974 年——两次均在威尔逊的密切监视之下。因此，他于 1976 年发表相关声明在很大程度上是一种政治行为。[33] 此外，虽然威尔逊一再强调特种空勤团的监视职能，但该团的确将“成熟、锐意进取且能熟练使用武器的士兵派往战场”。[34] 他们甚至比威尔逊在声明中所暗示的还要积极，而且参加了更多情报部门的行动。

私下里，威尔逊不怕采用终极制裁方式：暗杀。1974 年，重新掌权的威尔逊独自坐在唐宁街的书房里，苦苦思索着乌干达在残暴的独裁者伊迪·阿明的手中充斥着流血杀戮。他让自己的新闻秘书乔·海恩斯上楼找他。海恩斯回忆道，威尔逊对“发生在乌干达的大屠杀感到无比震惊——每个星期都有成千上万的人被杀。他问我是否支持对伊迪·阿明实施暗杀”。威尔逊一生都是死刑反对者，但是他相信应该为阿明破个例。威尔逊不像艾登那么神经质，他是以严肃的态度考虑这件事的。正如海恩斯做出的合理分析，“这是通过终结一个人的生命挽救成千上万条生命的难得机会”。海恩斯后来回忆说："哈罗德也不比艾登做得多。他们或许是属于不同时代的人，但艾登其实应该那么做，哈罗德也是。"[35]

威尔逊的成就甚至还不如艾登。他要求外交部看看能做些什么，但他的不同寻常的要求使政界要员们陷入恐慌：他们几乎被吓得魂飞魄散，认为在某种程度上在国际外交这场文雅的游戏中，暗杀就类似于作弊。他们警告威尔逊此举有风险，可能会招致乌干达人的报复，使肮脏伎俩之战进一步升级。他们极力劝说，实施暗杀会对一个国家的国际地位造成"灾难性的急剧下滑"。威尔逊对此并不信服，在外交部几次搪塞之后，他迫切要求他们给出最终决定。"我们没有人能做那种事。"得到简短的答复后，首相不得不放弃了这个想法。[36]

这或许是事实。20 世纪 70 年代中期，军情六处和 20 年前的情况完全不同。乔治·扬格这种特立独行者的光辉岁月早已不再，1973 年，军情六处主管莫里斯·奥德菲尔德发布了一份备忘录，向其工作人员保证军情六处绝不会重新诉诸暗杀手段。[37]

伊迪·阿明或许从威尔逊的枪口下死里逃生，但是仅仅几年之后，新的工党政府再次面临这个问题。20 世纪 70 年代末，詹姆斯·卡拉汉的外交大臣戴维·欧文同样问出暗杀阿明的可能性有多大这个问题。此外，鉴于阿明犯下的罪行罄竹难书，欧文觉得实施暗杀合情合理。他向军情六处提出了请求，但是被"极其傲慢地"告知"军情六处不会考虑安排这样的事情"。相反，英国决定迅速提高援助坦桑尼亚预算，因为英国人深知这可以为朱利叶斯·尼雷尔总统提供资源，使其能够批准其对乌干达发起军事打击，从而罢免阿明。[38]

威尔逊在首相任期的最后一年并没有陷入偏执当中。正如我们看到的那样，他创造性地利用情报，重视特种部队的作用，并开始与军情五处友好相处。但在国内安全领域，这种热情转瞬即逝。当威尔逊发现军情五处没告诉他正在调查前任主管罗杰·霍利斯，一个转折点出现了。最终看到审查结果时，他草草地写道："全是废话，徒增烦恼。"[39]事实上，军情五处中层官员想直接向威尔逊汇报，但被打发到内阁秘书约翰·亨特那边去了。[40]军情五处不能告诉他的是，早在1962年，一名叛逃者不仅咬出军情五处内部存在间谍，而且指认威尔逊本人也是一名潜伏特工。

到了1975年夏天，首相和军情五处的关系变得相当紧张。军情五处主管迈克尔·汉利，"一个性格直爽、态度生硬、面色涨红的大块头，因唐突和脾气暴躁而出名"[41]，与首相见面交谈，以便消除分歧。结果非但没有解决问题，两人反而大吵一架。迈克尔·汉利向首相抗议自己总被问到不合理的问题，但也是徒劳。据说，威尔逊自己描述，他以"你休想脱身"结束了这次会面。[42]

首相后来向约翰·亨特吐露了心声。他担心军情五处"对他进行报复"，并且他正在被"怀有敌意的或者表示友好的情报机构监视、监控或暗中观察着"。[43]这一年结束时，威尔逊确信军情五处里的流氓分子，还有中情局及阴险狡诈的南非国家安全局（被称为"BOSS"）都试图置他于死地。他甚至逐渐沉迷于这个想法不可自拔：南非人试图陷害被围攻的自由党领袖杰里米·索普，以莫须有的罪诬告其是同性恋。在这个问题上，首相确实错了。索普在自己性取向的问题上多次撒谎，后来被逮捕，接着他被指控密谋杀害前男友，但被判无罪。尽管如此，威尔逊要求得到关于南非情报活动的报告，后来斥责了内阁情报协调人约翰·胡珀，强调军情五处并没有严肃看待这些活动对英国构成的严重威胁。[44]此外，威尔逊要求亨特向其报告中情局的活动以及苏联和南非特工的行踪。亨特表面上照办，但最终"只就苏联的情况形成了报告"。[45]

克格勃也引起了威尔逊的注意。威尔逊担心，当他在钟爱的锡利群岛休年假时，苏联情报船会伪装成拖网渔船监视他。[46] 他从来不是一个任凭疑惑折磨自己的人，于是敦促国防部调查苏联在这一区域内的活动，当得知自己在锡利群岛度假期间的确有一艘苏联电子情报船从 30 英里外的海域经过时，他可能更加相信自己的判断是正确的。这艘船伪装成了拖网渔船——正如他怀疑的那样。国防部试图向他强调，这不是什么新鲜事，也没有特殊之处，因为在普利茅斯和朴次茅斯海岸附近能经常看到间谍船。他们坚称，没有任何直接证据表明在威尔逊度假期间，苏联人曾试图拦截其通信内容。[47]

这些保证难以令威尔逊信服。他的通信安全所面临的最大威胁是苏联对通过微波传输的步话机设备和电话发出的信号进行拦截。[48] 英国人和美国人已开始在苏联国内收集这类信号，并且在 20 世纪 70 年代初，这些信号让他们的情报工作变得卓有成效。但所有这一切显然触动了内阁办公室安全团队的神经：苏联布满天线的“拖网渔船”在锡利群岛周围海域游荡，希望以同样的方法捕捉首相闲聊时的一些片段，对此他们深信不疑。[49] 时时跟在威尔逊身边的政治保安处探员开玩笑地说，如果首相在游泳时遇到麻烦，他们不用担心，因为他很快就会“被苏联间谍船救起来——用长长的天线”。[50]

威尔逊的政治保安处团队承担的任务之一是在海滨一带巡逻，寻找能够很好地接收信号的地方，方便他与自己的私人秘书罗宾・巴特勒就财政部紧急事务进行沟通。有一天，因为过于专注于重要政策，无线电话接收到的信号时断时续，威尔逊距离玛莎・威廉斯仅几英寸远，猝不及防地听到“一个十级大风般的沉闷巨响”。当威廉斯反应过来，吐出一连串的咒骂时，警方退回到安全距离以外。[51] 玛莎・威廉斯代替乔治・威格成为威尔逊的政治执行者，并且与她的前任一样，她经常与首相会面。唐宁街内部人士称她是“只有一个女人的情报局，监视并汇报议会工党成员的每一个重大举动”。因此，威廉斯成了威尔逊倚重的人，承担敏感度最高的任务，包括在英国政府和以色列使领馆之间进行斡旋。[52]

威尔逊随行人员也许只是把苏联间谍在海上监听他的这件事当作玩笑，但语音保密有其严肃的一面。威尔逊在其第二个首相任期内，斥巨资研制出一套加密安全性高的语音系统，以免通信安全失控。约 4000 个最先进的电话扰频器将用于连接军情五处、军情六处、政府通信总部、奥尔德马斯顿和波顿唐的武器研究中心、法林代尔斯的预警雷达、白金汉宫以及唐宁街，当然，还有威尔逊在锡利群岛的度假屋。为加密唐宁街和白宫之间的电话通话，投入的技术支持甚至更多。[53]

奇怪的是，这些精密防御工事的弱点仍是唐宁街本身。过去几十年，为确保语音保密，安全部门付出了巨大的努力。可唐宁街 10 号没有足够的空间放置复杂的加密设备，以连接英国首相和美国总统之间的安全电话线路。因此，加密设备被放在了“219 号房间”，这也是联合情报委员会服务的内阁办公室的通信中心。其薄弱环节是一条明语语音和文本线路，该线路连接着这个安全度极高的信息中心和唐宁街，穿过屋顶的双层筛选生产管道。由于这条线路未加密，所以政府通信总部的工程师要定期对它进行检查，看它“是否被安装窃听设备，信号有没有受到干扰”。晚上还有警察在此巡逻。所有人都知道这里是敌对情报机构的“首要目标”。[54]

随着威尔逊最后的任期一天天过去，毫无疑问，他的身体素质和心理素质都呈下降趋势。他喝了太多白兰地，越来越缺乏安全感，行为常常显得偏执，变得疑神疑鬼，觉得唐宁街一直被诡计多端的情报局窃听。有一件事情很出名，有一次他与一位同僚站在唐宁街 10 号的洗手间里，指着上方的电灯，并把一根手指放在嘴唇上。这是一个清楚的暗示：有人正在偷听。还有一次，他在说话前先把卫生间里所有的水龙头打开，希望水流声能够对据说无处不在的窃听器形成干扰。[55]避开窃听装置成为政府的一项日常事务。与威尔逊关系最为密切的一位政策顾问伯纳德·多诺霍在回忆时提到一个有趣的时刻。他指出，威尔逊“叫我跟他一起去厕所。我们一边小便一边讨论财政预算案和这一周的内阁工作。放松且完全没有任何偏见。或许是因为厕所里没有监听设备”。[56]在唐宁街其他地方，威尔逊会指着内阁办公室墙面上一幅威廉·格拉斯顿肖像后的一个神秘小洞，他相信里面有某种窃听装置。[57]直到1976年2月，他才安排一位私人安全专家查看他在唐宁街的书房，看有没有被装上窃听器[58]。他的安保人员也昼夜巡逻，试图找到敌对国家情报部门安装的窃听设备。威尔逊的防窃听行为看起来或许有点儿神经质，但正如我们今天所知，他的担心是有道理的。哈罗德·麦克米伦和亚历克·道格拉斯－霍姆曾在唐宁街10号安装窃听器，这些传声设备直到詹姆斯·卡拉汉接替威尔逊入主唐宁街才被拆除。

威尔逊广泛表达了自己的担忧。1976年2月，他会见了美国参议员弗兰克·丘奇。这位敢于冲锋陷阵的参议员在过去一年中领导了一场对国会山的调查，审查情报活动，暴露出中情局无视法律和滥用职权的行为，其中包括许多暗杀企图。他的调查是充斥英国报纸版面的有关中情局新闻的主要来源，并且英国情报部门曾担心自己的秘密会被置于美国媒体的聚光灯下或卷入国会闹剧中——正是担心发生这种情况，中情局才销毁了英美联手在伊朗发动政变的相关记录。[59]然而，威尔逊的看法稍有不同。与他的多数同事不同，首相似乎十分享受丘奇调查委员会对事情的揭露，并且对有关政变和西西里岛职业杀手的故事异乎寻常地感兴趣。当两人见面时，威尔逊心想终于找到一位能够耐心听他讲述的听众。他告诉丘奇“自己听到的总是各种保证，称中情局没有参与过英国的隐蔽行动”——

但他又补充道，可信度可能只有 98%。丘奇表示同意。随后，首相表达了对中情局和南非国家安全局开展的秘密活动，以及它们在伦敦可能实施的违法行动的担忧。他特别担心的是南非国家安全局和中情局花钱招募英国雇佣兵参与安哥拉内战。首相原本就担心私人右翼武装部队会在英国发动政变，招募雇佣兵的行为更是加重了这种担忧[60]

丘奇向美国官方转达了威尔逊的担忧。3 月，中情局局长乔治·布什飞往伦敦，向英国情报机关领导人保证，尽管最近一段时间丘奇从中情局翻走了大量机密，但英国人的秘密依旧保护得很好。外交大臣詹姆斯·卡拉汉本来得到一个机会可以见一见布什，但他“考虑再三”后婉言谢绝了。首相本人当然也没有打算在百忙中抽空接见这位中情局局长。因此，布什的安排是与军情六处主管共进午餐、与联合情报委员会共进晚餐，以及与约翰·亨特和军情五处领导私下会面。

不出所料，这一计划没有完全执行。以哈罗德·威尔逊的一贯风格，他不可能让与情报界高层谈话的机会溜走，所以邀请布什在好友乔治·韦登菲尔德的公寓（可能还是担心唐宁街装有窃听器）小酌。英国官员试图让威尔逊相信在唐宁街 10 号接见布什更为合适，并仓促安排了一场 45 分钟的会议。向首相做了简要介绍之后，亨特建议威尔逊把重点放在关于英美情报合作的重要事务上，暗示他重视英美跨大西洋建立紧密联盟的价值，缓和美国对英国削减安全和国防开支的担忧。[61]

威尔逊没有完美按照计划行事。相反，他拟定了一个更加私人化的议程，咄咄逼人地质问布什中情局的经费是否被用于在安哥拉为英国雇佣兵提供武装。布什承认确有其事。[62]也有报告称中情局和军情六处与在南苏丹招募的雇佣兵合作。[63]所有这一切令威尔逊十分苦恼。英国雇佣兵在他看来就是“三教九流的骗子”，中情局招募这些人只会让他更加怀疑南非安全局在英国国内搞间谍活动，而军情五处可能对此睁一只眼闭一只眼。[64]威尔逊顺着这个话题继续就南非情报部门在伦敦搞的其他非法活动追问布什，特别问到其与一系列入室行窃案件是否有关系。[65]当首相突然把话题转向阴谋论中，请想象一下可怜的约翰·亨特极力控制自己，以免露出恼怒的表情。出席会议的中情局局长大为震惊，思忖道：“那个人是不是疯了？他一直在抱怨被人监视！”[66]尽管如此，事后布什还是致信威尔逊，感谢他的热情款待，并称赞了英国情报机关的专业性。威尔逊把这封信带回家，官方档案中只有其复印件。[67]

尽管对美国态度强硬，但威尔逊自己却积极鼓励在其他领域开展监视活动。他将麻烦的工会置于电子监控之下。与此同时，威尔逊很可能知道，右翼工会成员与军情五处合作防范共产主义渗透。哈里·克兰爵士是总工会和市政工会的中流砥柱，也给工党策划年会，在其中参与度非常高。克兰向一位内阁大臣透露，左翼颠覆活动会制造问题：“我过去与安全局有常规接触，无论何时我从他们中的任何人那里获得任何信息，都会将其传递给萨拉·巴克。”萨拉·巴克是工党的国内代理人，有权开除工会成员。他补充道：“你必须时刻地关注共产党的活动。”工党右翼成员与军情五处私下保持着这种紧密关系，并且没有留下书面记录。[68]

到他退休时，威尔逊坚信，军情五处对他有所隐瞒：“我不确定，在我还是首相的过去 8 个月里，我是否完全清楚在安全工作方面发生了什么事。”他谴责军情五处内部某些人“严重偏向右翼”，不排除军情五处和军情六处有人在提及唐宁街 10 号一间关押共产主义者的牢房时，可能对他进行了诽谤。他甚至声称军情六处主管莫里斯·奥德菲尔德已确认军情五处内部的确存在一个“不可靠的部门”。奥德菲尔德似乎答应帮首相处理这件事，但之后却没有任何回复。[69]

到了1976年，威尔逊越来越确信有人暗中策划针对他的阴谋。关键问题是他的直觉是否正确。军情五处的历史学家克里斯托弗·安德鲁坚决否认存在任何所谓的“威尔逊阴谋”。他说得很清楚，军情五处没有任何记录表明其精心策划过恶意行为，大量受访者已经证实了这一点。尽管如此，军情五处随后的继任者认为，这个故事已成为一个都市传奇，为该机构的利益考虑不应该对它采取回避态度。1969年，斯特拉·雷明顿加入军情五处，后升任主管，最终组织了一次有工党高级贵族参加的会议，试图平息“威尔逊阴谋”，但是她出于好意做出的努力只是引发了更多阴谋论[70]。最终，詹姆斯·卡拉汉总结道，在纪律糟糕和内部派系纷争的情况下，安全部门里有一两个坏蛋“失去了控制”。“真是太不幸了，”他又补充道，“当被首相问到这些事情时，那些牵涉其中的人没有完全坦白。”[71]

20世纪70年代的内政大臣们退休之后，就“关于到底发生了什么”这类带着重大怀疑的问题做出了解答。[72]回顾其事业初期，英国最优秀的内阁大臣之一罗伊·詹金斯甚至责怪有人在他初入政界时对他进行政治监控，并且他坚持认为这妨碍了他试图在新闻界发展的努力。1993年，他最终披露了自己的经历，向上议院解释他们如何改变了他的职业：

> 当我后来被卷入核裁军运动时，我很快就发现他们又在监视我，但我不确定是军情五处还是军情六处干的。我的电话被拦截。我在帕特尼的公寓遭到盗窃。窃贼没有拿走任何东西，但是纸张和文件四处散落……我试图加入英国广播公司。我被录用了，但没过多长时间情况就发生了变化。我试着换了个部

门。我再次被录用。但当我填写申请表时，又遭遇了阻力。于是我放弃了当播音员，决定成为一名工会官员。我误打误撞从政了并最终进入议会上议院。我之所以在这里，应该归功于——或者说归咎于——军情五处或军情六处。[73]

詹金斯作为监视和审查对象的个人经历，连同他担任内政大臣的经历，使他倾向于认为军情五处不适合政治监督者这一角色。他论称要扮演好该角色，应该能够准确判断什么是颠覆、什么是合理的分歧，他认为“生活在被扭曲的世界和《爱丽丝漫游奇境》故事中的世界里的人无法做出这种判断。在这样的世界中，谎话成了真言，事实成了虚构，幻想成了现实”。

罗伊·詹金斯抱怨军情五处采用“向内生长的单一培养模式”，并呈现出一种“毁灭性最大的同室操戈的趋势”。[74] 他还声称军情五处在做事时总能利用保密机制跟大臣们耍花招，并且认为自己“活在间谍世界里”，于是疯狂地在政府高层中寻找“鼹鼠”，从而形成了“一种扭曲的人生观”。然而，雷明顿发现许多问题出在内阁，潜藏在对官员所做的小心翼翼的层级划分中，他是对的。事实上，大臣们和高级官员们并不是真对发生了什么想多知道一些。虽然詹姆斯对于军情五处如何履行职责并没有什么深刻的印象，但他故意不去调查这些问题。[75]

实际上，在 20 世纪 70 年代，军情五处已然落后于时代、表现不佳，而并非恶意为之。当然，军情五处多少还是有点儿钱的，官员们常常成为取笑的对象。雷明顿回忆起，他们的社会态度始终停留在过去，毫无长进。许多负责对白厅官员进行正面审查的军情五处职员曾经都是殖民地警察，他们将自己定义为“马来亚黑手党”或者是“苏丹幽灵”。早晨喝酒和长时间午睡很普遍——一位资深反情报官员“在一次任务之后在电梯里‘突然晕倒’，之后再也没有见过他”。[76]雷明顿放浪的一面得到了其同事史蒂芬·兰德的确认：“是的，他们总是饮酒过度、无精打采。”[77]

这些人是来自另一个时代的难民，他们的政治触角完全与现代英国社会格格不入。各种不同类别的新左翼开始涌现，他们明显对此缺乏政治认知。伯纳德·多诺霍成了唐宁街的备受攻击的靶子。“一个情报员来跟我讨论我手下一位员工的审查情况。这些人是不可信的。总的来说，他们缺乏政治意识。男仆留着大胡子也让他感到担心。”军情五处怀疑大胡子可能是毫无根据的，但确实没有比这更险恶的情况了。[78]

威尔逊是一个自我营销的高手，并且很享受这出大戏的烂俗情节。有人甚至会问，“威尔逊阴谋”是否恰恰是威尔逊自导自演的一场阴谋。但是，严谨的历史学家依然可以肯定，一些肮脏的行动还在进行中，并且有确凿证据表明有人在开展反对首相的诽谤活动。[79]真相逐渐浮出水面，不是一个阴谋，而是一系列小阴谋，有些算不上是阴谋，甚至让人觉得滑稽可笑。大多数阴谋都被挡在军情五处门外，与其说是深思熟虑的颠覆民主制度的企图，倒不如说是“一系列彼此关联性不高的非法伎俩”。[80]

事情的背景很重要。到了20世纪70年代中期，偏执情绪已经渗透了整个英国统治集团。很多事情让人疑虑丛生。整个左翼势力都因尼克松水门事件丑闻和参议员丘奇揭露的中情局惊人内幕而心惊肉跳；智利和希腊右翼发动军事政变，所有这一切似乎都得到了确认。关于阴谋的担忧不仅出现在政界，还蔓延到右翼势力的圈子。油价、工会运动、葡萄牙左翼政变、莫桑比克和安哥拉可怕的左翼游击队以及欧洲街头巴勒斯坦恐怖势力抬头，所有这些都表明西方陷入了自由民主危机。在德国，公务员和律师把巴德尔迈因霍夫帮成员藏在地下室里。整个国家的结构似乎遭到威胁。[81] 军情五处官员对共产党和左翼颠覆活动的风险高度敏感。由于被菲尔比这样的人背叛，他们发自内心地害怕英国政府被苏联严重渗透。[82] 威尔逊的说法或许看起来很荒唐，但许多人都这么认为，而且站在他们的角度想一下，也就不会觉得那么牵强附会了。

军情五处内部的偏执氛围达到了顶峰。斯特拉・雷明顿解释说，在过去的 10 年间，因为害怕高层被苏联渗透，军情五处“几乎把自身撕成了碎片”。同样的忧虑使哈罗德・麦克米伦给唐宁街各处都装上窃听器，还使得安全部门过度怀疑自身内部存在问题。在军情五处内部，以资深间谍捕手彼得・赖特为首的一派因为坚信有克格勃特工潜伏在“情报局中高层”中，几乎使整个情报局的工作陷入停滞。多位主管和副主管均被怀疑，包括罗杰・霍利斯和在威尔逊手下担任军情五处主管的性情暴躁的迈克尔・汉利。赖特与中情局的詹姆斯・安格尔顿一起工作，他们“互相刺激彼此的偏执想法”；苏联叛逃者通过进一步披露渗透情况提高自身地位，更加强了二人的偏执情绪[83]。

两大最著名的关于阴谋故事来自彼得・赖特和北爱尔兰军方新闻官科林・华莱士。这两人的描述都是漏洞百出。由于坚信哈罗德・威尔逊对安全造成威胁，赖特声称军情五处大约有 30 个人密谋破坏政府稳定，甚至想要推翻政府。他们利用媒体舆论诽谤首相，这被认为是“季诺维也夫信事件的翻版，而季诺维也夫信事件极大地破坏了第一届拉姆齐・麦克唐纳政府”。[84] 然而，鉴于赖特觉得自己的退休金被骗而吵吵嚷嚷地离开军情五处，所以他的话并不可信。1987 年，他出版的回忆录《抓间谍者》大部分内容是找人代笔的，而且漏洞百出。[85] 在压力之下，他公开地承认有些夸大其词，并不存在所谓的军情五处反动派，但那个时候危害已然铸成。

毫无疑问，赖特是军情五处的一名高级情报官，且对威尔逊充满怀疑。但是，到了 20 世纪 70 年代，他被认为是一个特立独行的人，发现自己越来越边缘化。[86]不过，重要的是，他的一些指控后来得到约翰·亨特的确认。作为威尔逊的内阁大臣，约翰·亨特调查过此事，因此他无疑是可以信赖的。亨特后来回忆起军情五处这位小干部如何牵涉其中，随后理出了一连串符合逻辑的思路，而这些思路在“冷战”的偏执氛围中显得非常自然：苏联人试图诱骗或招募所有感兴趣的人；其中自然也包括威尔逊，因为他有些可疑朋友；苏联人过去就成功得手了。因此，他们有可能收服了威尔逊。“完全没有疑问，”亨特回忆道，“军情五处内部有一些，应该说是极少数对现状不满的人……他们中的许多人，如右翼分子、心怀恶意、公报私仇的彼得·赖特，为了发泄自己的怨气，到处散布有害信息，旨在破坏工党政府。”[87]

北爱尔兰军方新闻官科林·华莱士也宣称存在“意图使哈罗德·威尔逊名誉扫地”的情报阴谋。他的证据与 1974 年北爱尔兰两次选举之间的活动有关，当时威尔逊的地位岌岌可危。这次阴谋是一场代号为“发条橙”的心理战的一部分。通过散布假情报，让公众认为威尔逊是支持爱尔兰共和军的苏联的同盟或特工，情报官们显然在抹黑首相。据说，以匿名方式向媒体揭露的内容包括威尔逊所谓的经济问题、私生活不检点、政治立场不坚定、在苏联的影响下操控工党，甚至还有威尔逊是共产党傀儡的说法。[88]不出所料，对于北爱尔兰情报官密谋抹黑威尔逊的说法，历届英国政府一直极力否认。[89]但威尔逊首相的北爱尔兰事务大臣默林·里斯最终承认这些活动的目标是其他人：

> 关于北爱尔兰，我发现北爱尔兰的“肮脏伎俩”……包括

所有党派的一连串政客。他们的名字列举在有关性、政治和金融的头条标题下面。这是我看到过的最受抽劣的废话，甚至比在一些全国性报刊中看到的内容还要糟糕。这实在是离奇。为了打击这些政客，南方和北爱尔兰采取了心理战术。北爱尔兰不可能赢得这场战役，更不用说参与这里的政治。[90]

与彼得・赖特类似，华莱士的证据也有一部分不可信。1975 年，他被迫离开国防部，后来因误杀同事的丈夫被捕入狱。虽然罪名被撤销，外界传言华莱士是被人栽赃陷害，但他从此名誉扫地。[91] 尽管如此，虽然华莱士和赖特是各自独立发出声明（后来里斯也加入进来），但是他们的说法是彼此呼应的。[92] 另外，还有证据进一步证明对威尔逊的怀疑。原军情六处高级情报官安东尼・卡文迪许后来回忆道，但凡"有些势力、表面看似支持天主教或者想要彻底改变当前南北关系的人"都将成为被中伤的目标。[93] 由此可见，首相就是主要目标，因为他曾不止一次考虑采用激进的方法来解决爱尔兰问题。[94]

并非只有威尔逊意识到有人在对他进行诽谤。他的朋友和许多的政策顾问也怀疑过。例如，一天晚上，出版大亨乔治・魏登菲尔德出现在一个宴会上，交谈中有人提起唐宁街内有一间关押共产党的牢房。尽管这个传言听着荒谬，但始终无法驱散。它在伦敦精英所在的酒吧和会客厅回荡，毫无疑问再经渲染，很快就传到了当权派那里。魏登菲尔德回忆道："看上去的确是精心策划的诽谤和抹黑，目的是挫一挫他（威尔逊）的锐气。"[95]

一连串的政治盗窃案件仍是未解之谜。在威尔逊首相第二次执政期间，他连同和他关系密切的顾问遭遇了数量惊人的入室盗窃。1974 年春天，有人从威尔逊位于诺斯勋爵街的住宅里偷走了他的个人所得税纳税证明，才过了几个星期，威尔逊位于白金汉宫路的次要办公地点又遭到洗劫。在短短几个月内，威尔逊律师的办公室就经历了两次入室盗窃，而窃贼还把他的首席私人秘书迈克尔·霍尔斯、新闻秘书伯纳德·多诺霍及资深阁僚安东尼·克罗斯兰定为目标。玛莎·威廉斯也被锁定，或许因为她是与威尔逊关系最密切的顾问和好友。她有两处住所——一处在伦敦，另一处在乡下。有人还曾盗窃了她哥哥托尼·菲尔德的家。[96]毫无疑问，这些活动不可能只是巧合。

最终，高层开始讨论政变计划。这要追溯到塞西尔国王和蒙巴顿勋爵召开的一场秘密会议。塞西尔国王是一位对权力地位充满幻想的媒体大亨；蒙巴顿勋爵是伊丽莎白女王的堂亲，他在威尔逊的第一个任期内出任国防参谋长。1968 年 8 月一天的傍晚，塞西尔国王与蒙巴顿勋爵见面了，陪同的还有报纸出版商休·卡德利普和政府长期首席科学顾问索利·朱克曼。他们在蒙巴顿位于伦敦的小公寓见面，这个公寓就在白金汉宫花园的后面。国王也在军情五处服役多年，他开启议程[97]。他夸大其词地指出威尔逊的过失，并要求采取行动，警告要避免出现流血事件、混乱局面和民间暴力。其间，他显然在暗示蒙巴顿应该发动政变推翻威尔逊，之后建立一个民族团结的政府并担任政府首脑。蒙巴顿本来会成为一位可靠的候选人。他十分令人钦佩，拥有王室的威严，在两次世界大战中表现出色，夺回缅甸，监督日军在新加坡举行投降仪式，随后成为印度总督。[98]卡德利普回想起在听国王讲话时，蒙巴顿的脸沉了下来。蒙巴顿转而去找老友朱克曼，询问他的想法。“这是无以复加的背叛。”朱克曼回答道，“这次不顾场合的危险谈话简直骇人听闻。我是人民的公仆，不会参与这件事。你也不要参与，迪奇。”朱克曼随即起身，快速走出公寓。蒙巴顿礼貌而坚定告诉国王，所有这一切“都办不到”。[99]

毫不意外，国王的看法不同。他声称蒙巴顿传达了女王对于国家现状的担心，对让其担任新政府首相的提议未置可否，暗示这项提议对他没有吸引力。[100] 蒙巴顿当然否认自己对此感兴趣，但是考虑到他的经历及性格，有可能他私下里曾幻想过重拾大英帝国昔日的荣光。[101] 我们不可能得知所有的真相，但是在这两种叙述中，卡德利普的描述可能更接近真相。首先，蒙巴顿本身是一名左翼分子，是一个思想自由的人，他的战时男性爱人是一名共产党员。他尊重威尔逊，当威尔逊获封爵士时，他也感到高兴。其次，作为一个对政治合法性坚持己见，并且在英帝国和英联邦主持过许多正式的权力交接仪式的人，蒙巴顿是最不可能考虑做出违宪行为的人。他喜欢强势的领导风格，但只可能在女王和政治领袖一致同意的情况下他才会考虑掌权。[102] 无论真相是什么，威尔逊弄清楚了秘密会议的情况。他大发雷霆，并在白金汉宫举办的一个派对上当面质问可怜的朱克曼。短小而健壮的朱克曼背靠着自助餐桌，被威尔逊泼了一身的威士忌，并且听着对方大声咆哮谴责军情五处的阴谋[103]。

国王的阴谋不止这一次。1974 年，一个矿业集团极具影响力的主席瓦尔·邓肯邀请资深媒体记者参加晚宴。喝了几瓶酒之后，他怂恿他的客人与同样围坐在桌边的退役将军及业界巨头一起参与政变。为了唤醒这些潜在的革命分子，邓肯劝告他们："是时候勒紧我们的裤腰带了，我们国家变得越来越难统治了，正处在无政府状态的边缘。"他继续说道："很快，我们将不得不出面干预，接过大权。"[104] 这次鼓动又失败了，充其量无非是饭桌上的闲谈。

同时，低强度作战方面的高级军事理论专家弗兰克·基逊也深度参与了北爱尔兰的肮脏伎俩，他一直主张需要通过军事干预来击败国内的颠覆活动。他的想法基本上就是利用军队打败激进的工会。该观点获得了陆军上层的支持，但基逊作为一个长期饱受争议的人物，后来不得不否认自己有参与政变阴谋的想法[105]。1975 年，著名军事史学家约翰·基根在桑赫斯特听塞西尔国王谈起让陆军拯救国家的必要性。这一次，基根毫不怀疑，“塞西尔国王是想利用军官们对女王的忠心，教唆其犯下叛国罪”。[106]

相比宴会上的不忠谈话，已退役的几名军事领袖走得更远。沃尔特·沃克将军“作为英国的皮诺切特，勇敢地发动政变”。[107]沃克之前曾负责监督婆罗洲的秘密战争，担任过北约北欧军队总司令，他在军事生涯中表现杰出。1974年，他组建了一个名为“民间援助”的右翼团体，其宗旨是当发生不可避免的政治危机时，它保证出面干预。沃克自以为很了不起，非常放肆地声称“民间援助”有将近300万成员。可事实上远非他一人这么做过。原军情六处副主管乔治·扬格是一名多才多艺、特立独行的极端右翼分子，他曾于1973年建立了一个与“民间援助”类似的团体“优尼森”（“民间援助”的前身）。扬格以为“优尼森”可等同于特别行动处，想象它是“一个强大的治安维持会，帮助保护英国不被共产主义者接管”。他甚至声称“注意到一些不忠的组织团体和颠覆分子正在蓄势待发”。[108]

而大卫·斯特林建立了另一个团体：GB75。斯特林特立独行，是特种空勤团创始人，在战后经常参加军情六处主导的秘密行动，他有这方面的经验，其权威性不容忽视。的确，其中许多秘密右翼团体似乎都与高级情报机关里的某些人有着安全或军事上的联系。考虑到这一点，加上满大街似乎都充斥着秘密组织，有人抱有策划一场阴谋的想法也就不那么荒谬了。[109]在希思罗机场的军事演习说是例行训练，但威尔逊并不知情，一些人将这次演习解读为某些人发动政变前的实力展示。[110]

只有沃克的“民间援助”还有一些实质性的东西。但是有关政变的传闻愈演愈烈，人们频繁地谈及混乱和社会骚动。国防大臣罗伊·海森向威尔逊保证没有证据表明任何组织真的试图发动政变，而且还没有任何人被划为颠覆分子。然而，他有点儿担心武装力量中可能潜藏着异见分子。不出所料，威尔逊要求召开会议就此问题展开进一步的探讨。[111] 在 1974 年威尔逊第二次赢得选举之后，各种各样的右翼团体的活跃度有所降低。尽管如此，就在 1976 年，威尔逊的内阁大臣形容他在得知“由退役军人组成的突击部队在英国发动右翼政变时，着实大吃一惊”。所以，他如此强烈地反对招募英国雇佣兵和组建秘密武装，也就没什么好惊讶的了。[112]

威尔逊日渐成为人们的笑柄，很少有历史学家不取笑自称“大肥蜘蛛”的威尔逊。到 1976 年，有些人才认为威尔逊并非因为心理压力过大而不适合担任首相一职。他当然是个“喜欢秘密情报”的人，并且“是一个总在内阁会议上迟到，带着许多故事——伦敦与白宫或克里姆林宫之间的神秘谈话——的浪漫主义者”。[113] 在 1987 年的一次调查之后，玛格丽特·撒切尔终于在下议院宣布确实不存在所谓的阴谋。[114] 这有可能是真的，当然没有确凿的证据表明军情五处策划阴谋推翻威尔逊的政府。

但是，威尔逊的直觉是正确的，英国情报界的核心的确出了点儿问题。彼得·赖特本应被迈克尔·汉利开除，但相反，汉利保持了宽容，并继续任由赖特制造麻烦。卡拉汉和撒切尔夫人成为首相时，都曾察觉到氛围异常，并且都让从未在军情五处任职的外来者处理这些问题。正如斯特拉·雷明顿在回忆时所说的，领导集团中有一张秘密之幕和一种令人窒息的战时英国特色，甚至在这些部门之间也是如此，阻止这些问题得到解决。“没有人认为就此发表意见是合时宜的”。[115] 直到 20 世纪 80 年代末，在外交官安东尼·达夫的领导下，军情五处才最终转型，实现现代化。

唐宁街方面感觉到了这种影响。威尔逊的新闻顾问伯纳德·多诺霍起初认为自己的上司有点疯狂，但到了 1976 年，他开始产生赞同威尔逊的看法的想渗，一些非常古怪的事正在酝酿：“我相信我的房间遭到了窃听。当然，我的电话也一样。”唐宁街的其他官员曾警告他，他的房间里装有窃听器，但最开始他不假思索地做出了反驳，“拒绝认同这种他感觉缠绕着威尔逊和玛莎·威廉斯偏执的想法”。但是，证据确定无疑。随着时间的推移，他注意到其他人知道了很多自己曾经只对一两个人吐露过的事情。最终，他开始把监视看作一件很自然的事，“当然，内阁办公室是情报活动的中心”。[116] 如今，詹姆斯·卡拉汉在全力以赴夺回首相之位了。

14

詹姆斯·卡拉汉
(1976—1979)

你的电话没有被监听……甚至所有驻外大使馆都没有被窃听。

——詹姆斯·卡拉汉[1]

詹姆斯·卡拉汉十分了解神秘世界。他曾在战争期间担任海军情报官，到1950年，已成长为海军部的初级大臣，专门处理欧洲防务事务。在第一届哈罗德·威尔逊政府中，卡拉汉作为内政大臣掌管军情五处，并且也开始了解政治保安处的运作方式。20世纪70年代中期，卡拉汉作为外交大臣同时监管军情六处和政府通信总部。再加上做过财政大臣，卡拉汉内阁经验的深度无与伦比。这使他在处理情报事务时比前任首相更加稳健自信。[2]

不过，尽管自信满满，但卡拉汉政府还是陷入水门事件的浓重阴影之中。虽然名誉扫地的美国总统理查德·尼克松已于1974年夏天离开白宫，但水门事件在很多年之后余波未消。美国对尼克松从事的越界行为和中情局的不端行为分别举行听证会，并一直持续到1976年，但直到现在真相才慢慢浮出水面，关于针对外国领导人的暗杀企图的细节也显现出来，引起一片哗然。[3]重要材料已经被白宫录音系统捕获。尼克松在上任初期一再直接要求中情局闯入华盛顿区的著名智库布鲁金斯学会大楼，这件事最能反映他的性格。“你记得休斯敦计划吗？”他问道，“我希望你们把它偷出来。”据信这座大楼中的保险箱里放着与越南、尼克松的政敌及尼克松本人有关的资料。他坚持要求“炸了保险箱，把东西拿到手”。汤姆·休斯敦是尼克松手下最具冒险精神的特工，但有些事即便是他都拒绝去做。经历了水门事件、石油危机、越战失利等一连串失败之后，如今美国转向了某些人所谓的“偏执风格”。[4]

这种偏执具有传染性。英国记者每天早晨都带着惊讶浏览《纽约时报》的标题，他们自然想知道在英国有什么事在暗地里发生。白厅官员也担心新闻评论员透过所谓的“中情局的邪恶活动”这一棱镜，观察英国情报或特别行动的方方面面。他们还说，如今这些活动“正在不断遭受攻击”。[5]结果，卡拉汉政府中更加偏向左翼的内阁成员如托尼·本恩询问有关安全机构的责任的问题，让人觉得越来越不合时宜。一开始，首相发现这个问题令人恼火，但事实证明，托尼·本恩关于成立某种议会监督委员会的提议超前于时代。最终，连一向明智的卡拉汉也开始问一些试探性的问题——并且发现有一两个令人意外的答案。

卡拉汉在任何情况下都不喜欢公开讨论情报。或许在他上台的头一年，在这方面做得可能有些过分，当时松林制片厂邀请他为巨大的新摄影棚揭幕，此处是007最新影片《海底城》的拍摄基地，但卡拉汉拒绝了这一邀请。松林制片厂对此有些失望，于是转而去找刚退休的前首相哈罗德·威尔逊，并且威尔逊痛快地接受了。1976 年 12 月 5 日，罗杰·摩尔与联合主演芭芭拉·贝芝不可思议地现身于邦德影片中反派角色乘坐的单轨电车，而后摩尔担任了揭幕仪式的司仪。威尔逊站在三个全尺寸的苏联核潜艇复制品前，向国际媒体发表了充满蛊惑力的演讲。他选择的演讲题目十分契合邦德电影的特色：他用令人赞叹的新摄影棚来比喻英国永远从“大处”着眼，并且在世界上保持着领先地位。[6]

甚至当他站在舞台上时，威尔逊也在演绎自己编导的间谍剧情。正如我们所见，一离开唐宁街，他就把他假想的有人加害于他的阴谋告诉了两名记者。他们合著的书《彭考特档案》——标题合并了巴里·彭罗斯和罗杰·考提尤尔两位作者的名字——在《观察家报》连载，1977 年夏天这本书刚一出版，就引起了公众极大的关注[7]。由此导致的结果就是，卡拉汉在上任之初就陷入了关于唐宁街的舆论风暴，关于其前任遭人算计和监听的流言满天飞。卡拉汉政府政策部负责人伯纳德·多诺霍发现整件事“不可思议”，尤其是“它显露出对于中情局及其他机关的猜疑情绪”。媒体将威尔逊的辞职解读为他不堪忍受肮脏伎俩所致，可能的作恶者千变万化，从中情局到摩萨德，再往前还包括克格勃和南非国家安全局，而事实上，威尔逊辞职只是因为其身体状况欠佳。多诺霍怀疑某些谣言是威尔逊故意恶作剧自己散播的[8]。其他内阁大臣的助手认为威尔逊的担忧反映出他犯了和尼克松一样的错误，据其中一人的观察，“哈罗德害怕安全部门将揭露这样的事实：他亲自下令对丹尼士·希利、詹姆斯·卡拉汉和其他所有人实施监听”。托尼·本恩想弄明白《彭考特档案》是否本身就是个阴谋，记者们是否曾利用南非问题引诱威尔逊泄露机密，以至于如今他无比后悔。“他们很有可能一直以来都在为安全局工作。”[9]

卡拉汉对待“威尔逊阴谋”态度严肃。威尔逊坚称军情五处主管迈克尔·汉利曾向他承认安全局内部的确存在心怀不满的右翼势力，这件事让卡拉汉及其内政大臣默林·里斯感到困扰。尽管汉利向他们保证威尔逊所说的两人会面的事并不属实，但威尔逊叙述中的一些小细节却是真实的，至少在某种程度上，并非《观察家报》报道的所有事情都能官方层面被否认。因此，卡拉汉觉得自己只能发表一份笼统的声明，让人们对军情五处的正直依旧保持信心。他不希望冒犯威尔逊，所以他担心威尔逊或许会大肆宣扬针对罗杰·霍利斯和格雷厄姆·米切尔可能是苏联特务，要求对其进行安全调查，导致事态进一步升级。卡拉汉意识到，只要他愿意，威尔逊有能力制造另一起更大的丑闻，这一点非常正确。[10]

保守党新任领导者玛格丽特·撒切尔也是心神不宁。对于阴谋的焦虑既蔓延到了左翼，也蔓延到了右翼。1977 年 8 月 9 日，在卡拉汉的催促下，内阁办公室负责人约翰·亨特与撒切尔夫人在斯科特尼城堡展开讨论，两天后两人又在切尔西再次展开讨论。撒切尔夫人最关心的不是唐宁街被窃听，她认为这只是虚构出来的，根本不相信。相反，她对威尔逊的政治可靠性感到忧虑。与军情五处最初产生怀疑一样，根源是威尔逊频繁访问苏联，而他的一些朋友，包括新闻记者杰弗里·古德曼和商人乔·卡甘，一直与东欧集团的安全机构保持联系。8 月 23 日，一定程度上为了回应撒切尔夫人的关切，卡拉汉发布了一份公开声明，坚称在威尔逊政府执政期间唐宁街从未被窃听，他打了好几遍草稿后使用客气的语言确认了威尔逊对政府的忠诚。[11]

私下里，卡拉汉已经着手调查这些问题，之前他询问汉利神秘的“第四人”究竟是什么身份。汉利的回答很模糊，说可能性非常多。[12] 尽管通过伯克·特伦德高度保密的调查，人们对霍利斯的恐惧终于平息下来，但如今媒体发现其他与菲尔比、伯吉斯及麦克林有关联的特工也有新的故事可挖。安东尼・布朗特这颗“定时炸弹”暂时还没被引爆，但英国政府很清楚，记者们迫不及待地想要引爆它。在玛格丽特・撒切尔政府上任的前几个月，“定时炸弹”最终被成功引爆——令撒切尔夫人感到十分难堪。[13]

受美国大事件和威尔逊指控的启发，越来越多的调查记者如今反过来把国家置于监视镜头之下。1977 年，英国保密程度最高的秘密，包括许多涉及政府通信总部及其美国同伴美国国家安全局的秘密，在一系列的新闻报道中遭到泄露，当局惊恐不已，上诉至法院。外交大臣戴维・欧文和司法部长带头向政府施压，要求诉诸法律。1978 年，英国王室根据《官方保密法》起诉了三名英国公民，其中包括两名记者。他们中有一人名叫邓肯・坎贝尔，他在未来的 10 年中将成为英国顶级的情报探查记者。由于英国记者工会和全国公民自由议会站出来为这三人辩护，此次案件在当时引起了极大的关注。庭审本身就是一场精心策划的猜谜游戏：政府方面的证人，即代号“A 上校”的奥康纳上校，出于保密考虑在这场闹剧中藏在一辆运马车中被带到法院。卡拉汉的顾问团十分愤怒，把此次庭审称为“荒唐可笑，浪费金钱”。[14]

回想起来，审判就是一个“精彩”的乌龙球。甚至在开庭之前，原来在政府通信总部任职的经验最丰富的通信情报官员约翰・胡珀就警告内阁办公室负责人：审判过程中造成的任何信息泄露“在政治层面造成的尴尬”会更甚于在技术或操作上对通信情报造成的麻烦。他是对的。此外，这桩案件开启了“潘多拉的魔盒”：它让无数问题浮出水面，这些问题关乎和平时期的通信情报声明、《官方保密法》的未来，以及秘密机构应如何应对这样的现实——决心揭开更多秘密的专业记者队伍在不断壮大。法官认为，在本案中引入《官方保密法》“过于严苛”，而且主要的工党议员如今正督促对该法案做出改革。内阁办公室负责人约翰·亨特也持保留态度，他警告道：“警方应该对自己的立场确定无疑，以免把事件搞得一团糟，导致结果适得其反。”他悲伤地补充道：“真是事与愿违啊。”[15]首相自己并未公开表态，但私下里向玛格丽特·撒切尔解释说，这起案件中存在的安全漏洞微不足道，他们不至于将其提交到安全委员会。[16]只有撒切尔夫人一个人想要继续向前推进。[17]

令卡拉汉感到焦躁的是，庭审激发后座议员和内阁大臣提出了更多关于监视的问题。最执着的人是能源大臣托尼·本恩。他对于在报纸上读到的有关美国中情局使用卑鄙手段的报道感到震惊，但他认为，华盛顿方面至少对公众做出了合理的解释，并且新的监督机制正在形成。他想知道英国这个透明度不高的地方正在发生什么事。作为工党内部德高望重的左翼人物，他一直对国家监控这个事物感到着迷，但即使现在身为内阁大臣，他依旧无法触及问题的答案。他所在的部门负责保证核材料的安全，所以他也是内阁反恐委员会的成员。不过，当他向公务员询问有关安全方面的问题时，得到的答案总是含混不清。

托尼·本恩不得不动用自己的关系调查安全问题。在一个平安夜，他与老朋友《观察家报》外交专栏编辑马克·阿诺德－福斯特在深夜共饮。[18]托尼·本恩向阿诺德－福斯特表达了自己的担忧——安全局把正在监视的范围扩大至英国公众生活的方方面面，但他不确定具体责任应该在哪个情报机关。威士忌可能开始引起阿诺德－福斯特的醉意了，他的回答有欠考虑：“军情五处是间谍，军情六处是反间谍。”托尼·本恩立刻表示同意。众所周知，他滴酒不沾，所以他斯时斯地表现出的无知表明他故意排斥情报圈，而不是酒后的胡言乱语。尽管当局一再保证没有内政部的授权不能对电话实施监听，但他对此仍旧抱有疑虑。他清楚某些不需要用到电话线的窃听装置不需要授权，而且他甚至怀疑自己的房子已经遭到了窃听。他同时表示，自己曾于 1971 年出席英国工业联合会的一场晚宴。席间，哈罗德·威尔逊一直向业界人士夸夸其谈，比如哪个工会领导被"窃听"了，这种情况让本恩十分担忧。[19]

阿诺德－福斯特让托尼·本恩发誓保密，随后他承认自从二战结束以来，自己一直在为军情六处做事。鉴于阿诺德－福斯特一直强调英国安全机关相对比较清白——与英国形成对比的是，法国情报部门会接到审查总统情妇的身份这一类任务——托尼·本恩的心终于又放下来一些。不过，阿诺德－福斯特之前是"左倾"报纸《卫报》资深编辑中的一员，现在他供职于《观察家报》，同时还为军情六处效力。托尼·本恩说出了心中的焦虑：中情局或许会"破坏"工党执政期间的英国政府的稳定，但阿诺德－福斯特再一次试图让好友保持冷静，声称英国与大西洋另一端的那个国家联系相当密切，这样的事情不可能发生。[20]

在更广泛的公共生活中，许多理智的人向托尼·本恩讲述了他们在此期间遭到窃听以及电话被监听的奇怪经历。工会领导人克莱夫·詹金斯，也就是之后的英国职工大会主席告诉托尼·本恩，他知道自己的电话已经被监听了。他在打电话时，窃听者有时真的会打断谈话并对他提出警告。詹金斯猜测这是持不同政见的监督人员所为。[21]

1977 年 7 月底，正是"威尔逊阴谋"达到高潮时候，托尼·本恩在唐宁街和戴维·欧文及默林·里斯喝酒时随意地提起了关于窃听的问题。欧文和里斯坚称他们"完全控制着安全机构"，还补充道，"你会为他们的优秀和正派而感到惊讶"。然而当讨论到具体案例时，里斯承认"在劳资纠纷的某些阶段的确会有实施监听的可能”；听说威尔逊曾就这种做法夸夸其谈，他感到震惊。欧文补充道，他觉得在1966年海员罢工期间，工会就遭到了窃听。这次交流在友好的气氛中进行，但托尼·本恩离开时依然不相信欧文或里斯所说的他们对自己管理的部门有着“非常严格的控制”。[22]

卡拉汉的确在监视工会。他害怕军事冲突会对他实施自己的经济战略造成威胁。英镑危机迫使他在上台之后不久便向国际货币基金组织寻求紧急援助。由于在一年间通货膨胀率高达16%，卡拉汉别无选择，只得大幅度削减财政开支。他需要获得工会的支持，虽然英国职工大会的成员铁板一块，但其组织化程度极高的左翼威胁要撇开工会。卡拉汉害怕会发生颠覆活动，而军情五处又有受到克格勃影响的嫌疑。[23]因此，他重新起用了内政部的一个秘密团体，令其跨部门监督，以防公共生活中出现颠覆活动。但是要准确整体界定“颠覆”这个概念有一定难度。与军情五处理应关注的其他问题不同，颠覆不属于刑事犯罪。军情五处副主管约翰·琼斯担心大臣们和高级官员或许会认为“把颠覆等同于威胁政府政策的活动”。[24]

卡拉汉同样为工党内部存在托洛茨基分子而感到不安。形形色色的组织有很多，但引起最大恐慌的是由特德·格兰特领导的“托洛茨基激进派”。格兰特是一名出生于南非的托洛茨基分子。这一高度保密的组织在20世纪70年代初期取得了对工党社会主义青年团的控制权，并且还渗透到地方选区的工党组织。虽然工党的全国组织者雷吉·昂德希尔于1975年对“托洛茨基激进派”进行了调查，但极端左翼从全国执行委员会获得了充分的支持，当格兰特声称调查文件为“中情局伪造品”时，他们将这件事压了下来。[25]1977年5月，全国执行委员会安排了另一个审查，但其他人控告昂德希尔与军情五处私下有勾结。许多内阁大臣小心翼翼，害怕他们选区的各种组织中存在极端主义者[26]。

在公开场合，首相绝口不提“激进派”问题。他私下认为“激进派”旨在颠覆民主制度，是一大威胁，并针对该组织采取了电话监听、音频监控，以及利用军情五处对其机构进行渗透等措施。在一个由 30 人组成的具有安全意识的内部团体的管理下，“激进派”成为一个很难对付的目标。尽管如此，军情五处还是成功地渗透到其内部。1977 年 8 月，默林 · 里斯和内政部高级官员罗伯特 · 阿姆斯特朗参观了军情五处总部，听取军情五处主管的全面简要汇报。现在，“激进派”被认为在多达 80 个工党地方分支设有据点。[27] 劳工国家执行委员会是主战场，卡拉汉的顾问团回忆起 1977 年的一个复杂的“阴谋”，实施这个阴谋的目的是除掉两名被唐宁街称为“斯大林的祖母”的女性成员，并让右翼分子取代她们。[28]

尽管面临这种颠覆活动的威胁，但托尼 · 本恩对监督的担忧依然如故。1977 年年底，他与自己在牛津大学念书时的旧相识美国人汤姆 · 法默见了一面。20 世纪 50 年代初，法默曾在艾伦 · 杜勒斯手下为中情局效力，而且在中情局岁月的最后的 6 个月里负责领导吉米 · 卡特新设立的情报监督小组。[29] 法默告诉本恩，时任中情局局长斯坦斯菲尔德 · 特纳致力于改革，“他们打算一起解决问题”。他还说，他来伦敦就是要与内政部情报协调人乔 · 胡珀讨论这一切。本恩注意到，“这绝对是白厅的典型特征”——作为参与反恐工作的内阁大臣，自己居然从未听说过胡珀这个人。[30]

本恩提出这些问题有一定的目的。他想要提议为英国情报部门建立一个美国式的监督体系，但卡拉汉并没有理会他。1978 年 10 月，本恩决定正式且直接地写信给默林 · 里斯，询问他的电话是否被窃听，以此引起卡拉汉的注意。几个星期过去了，没有任何回音，于是本恩又写了一封信。最终，本恩被告知卡拉汉想要见他，他欣喜地写道 ：“这意味着我钓到大鱼了。”10 月 25 日星期三的傍晚，他前往唐宁街内阁会议室面见卡拉汉，在一番旁敲侧击后，他们终于切入正题。“我们几乎没有对任何人实施过窃听，”卡拉汉向他保证，一切“都在内阁掌控中”。接着又补充道：“顺便说一句，你的电话没有被窃听。”本恩反驳道没有人能对此做出保证，负责监督的大臣和官员数量太少，难以兼顾。卡拉汉估计只有 139 部电话被窃听，并坚持说每隔三个月，内政部就会对授权进行确认。本恩回答道，作为邮政大臣，他与邮局工会接触较多，据他们估计，“仅在伦敦，就有 1000~2000 部电话被窃听”。谈话不可避免地转向了威尔逊。卡拉汉强调“哈罗德就是沃尔特・米蒂那样有幻想症的人”，之后他叙述了他所知道的“威尔逊的故事”。“有一次，在楼上的书房里，他把格拉斯顿的照片翻转过来，后面的墙上有个小孔……他用双手压住嘴唇，指着墙上的小孔说：‘嘘！’”[31]

有关窃听的讨论仅仅是开始。借鉴了卡特总统在华盛顿确立的新监督机制，本恩现在提出了具体的改革建议。虽然作为能源大臣，自己职级稍稍降低了一些，但他在劳工国家执行委员会的后盾依然强大。[32]他借机提出让国内政策委员会参与进来，调查“在不危及国家安全的前提下，安全局利用哪些手段能够实现范围更广的公众问责”。他在文件中建议定期公开政府财政预算和人员数量，创建全部由枢密院成员组成的监督委员会，以及建立与个人人事档案相关的申诉程序。所有这一切都以年度《安全局法案》为支撑，首次将安全机构写入法规汇编，给予它们公开的合法身份。在 1978 年，本恩的提案显得有些激进，但事实上在 1989 至 1994 年间其大部分经英国政府通过成为法律。[33]

美国情报系统深得白厅方面的敬重，因此卡拉汉认真看待本恩的建议，要求约翰・亨特与罗伯特・阿姆斯特朗、联合情报委员会主席安东尼・达夫爵士一起讨论，并向他汇报结论。在英国情报系统中，国内监控和海外情报行动由内阁大臣审批，而安全局的战略方向和财务控制则由情报勤务常设秘书委员会处理，该委员会可追溯至艾德礼的首相任期。亨特承认，尽管现行体制“运转良好”，但“它本质上取决于避免滥用信任”。他认为，美国国会监督委员会这一新体系尽管深得本恩欣赏，但也有缺点。德国用的是一个类似的体系，但发生了“一连串的泄密事件”，损害了国家安全，且降低了工作效率。他认为更好的选择就是设立部长级情报委员会，但同时担心它只被用来“装装门面”。加拿大采用了这一体系，但他注意到它也只是成了现存决策的“橡皮图章”。[34]本恩并未预料到自己的工作会有多大进展，但发现自己被指派到信息自由内阁委员会的一个新岗位，因此感到非常高兴。[35]

卡拉汉、默林·里斯还有戴维·欧文一起在幕后对本恩施加反作用力，不想让他把问题拿到工党政策圈里进行探讨。里斯随同卡拉汉的一位特别顾问戴维·利普西，被派去参加下一届工党全国执行委员会会议，本恩的提案就是此次大会的议程之一。会议持续时间很长，与会者提出了各种各样有关强化监督的建议。“里斯双手抱头坐在那儿，语无伦次地喃喃自语，说实在是太难了”。会议议程即将结束，利普西却完全不知道该如何就如此宽泛且杂乱无章的讨论拟出会议纪要。他鼓起勇气问里斯会议到底形成了什么决定。“里斯又开始口齿不清地嘟囔，我只好放弃了。”之后会议暂停，与会者纷纷离开了。

> 我领着里斯去电梯那儿，他仍然抱着脑袋，就仿佛它会不堪压力而掉下来。我们走进电梯，电梯门关上了。里斯抬起头，四下张望，以确保没人会听见我们的谈话。然后他笑容满面地说：“一切都很顺利，不是吗，戴维？我们没同意做任何事，对吗？”

利普西突然意识到，里斯确实有着“‘梅林’的某种特质”，用了一些魔法。这对于卡拉汉来说“的确是一场胜利”，尽管对于会议记录员利普西来说，这场胜利来之不易。[36]

卡拉汉不喜欢本恩提出的改革方案，部分原因是他有自己的想法。他的直接想法是把参与情报事务的大臣缩减为一个委员会，而非将其进一步扩大。他考虑着把三大情报机关从外交部和内政部分离出去，由首相直接管辖，紧接着考虑是否有可能把它们合并为一个实体[37]。到1978年年底，戴维·欧文为把军情六处和政府通信总部的控制权转向卡拉汉而感到焦虑。考虑到卡拉汉决定在诸如马尔维纳斯群岛等问题上独立指挥军情六处，欧文的担心也不是毫无依据。[38]结果，在卡拉汉任期的最后一年，包括“不满的冬天”和爱尔兰共和军袭击浪潮在内的一系列危机事件分散了他的注意力。[39]

卡拉汉在实现自由化方面有限的努力最终化为泡影。他希望结束假装军情六处不存在的这场闹剧，但戴维·欧文支持军情六处，争辩道保持沉默这一由来已久的传统最好地实现了其目的。[40]卡拉汉也没能鼓动军情五处进行文化变革。当1978年迈克尔·汉利即将退休时，卡拉汉决定给军情五处开辟新气象。虽然依照传统做出的决定会是晋升时任副主管约翰·琼斯为主管，但是卡拉汉坚持任命一位外来者担任主管。这是一个不寻常的做法，尤其是考虑到上一次任命外来者出任情报机构负责人的尝试并不成功。卡拉汉最终选定了当时的英国驻苏联大使霍华德·史密斯爵士。卡拉汉对其非常了解，[41]史密斯在情报工作方面有一定经验，因为在第二次世界大战期间，他曾在布莱切利园供职，并从那时起开始深入研究苏联。[42]然而，这一任命风险极高，因为克格勃早就把西方驻莫斯科大使馆作为长期渗透的目标。早在20世纪60年代，美人计——或者用克格勃的话说“吞没行动”——曾成功地将英国驻莫斯科大使招募进来。虽然没人暗示史密斯已被苏联人收买，但考虑到最近罗杰·霍利斯的身份问题引发的焦虑，卡拉汉的决定仍然显得不同寻常。[43] 任命一事确认后，卡拉汉亲自写信给身处莫斯科的史密斯：“和葛罗米柯说再见——告诉他你将回国接管军情五处。”[44]

内政部将史密斯将要出任军情五处主管的消息瞒了下来，因为知道这会引起极大争议。当这一消息最终正式宣布时，汉利十分不满，突然闯进默林·里斯的办公室大喊：“真是丢脸！”汉利的脾气是出了名的，要是他能直接见到卡拉汉，毫无疑问会表现得同样粗鲁。他之所以公开反对首相的任命，理由是史密斯在苏联人面前表现得过于柔和，而选择任命外来者出任军情五处主管对于该局来说简直就是公开的羞辱。汉利和首相之间的嫌隙不断加深。离开前，为阻止卡拉汉改革军情五处的招募制度，他立即任命新人担任高级职务。同时，他还史无前例地去见反对党领导人玛格丽特·撒切尔，并把他所有的情绪发泄出来。作为回应，卡拉汉委派克罗厄姆勋爵牵头对军情五处展开调查。整体而言，克罗厄姆的报告充斥着溢美之词，但他确定了扩大招聘范围的必要性，遣散了前殖民地警察招来的新手。令人遗憾的是，史密斯并没有给军情五处带来改变。他缺乏人格魅力，没有亲和力，似乎经常对军情五处的很多工作缺乏认同感。[45]

卡拉汉坚持出版历史学家哈利·欣斯利所著的长篇战时英国情报史，出版计划是十年前由迪克·怀特和伯克·特伦德提出的。讽刺的是，反对声最大的是怀特的副手兼门徒莫里斯·奥德菲尔德。现任军情六处主管的奥德菲尔德极力劝说他们应该努力“保守一切陈旧的秘密免于外泄”。这不仅仅是一个保护“我们的特工、行动和联络人”的问题，还是一个“避免未来的政府因潜在的爆炸性丑闻陷入窘境”的问题。奥德菲尔德言外之意指的就是“‘季诺维耶夫信’事件和克拉布案持续未消的余波”。[46]政府通信总部主任比尔·邦萨尔也认为“完全不能出版”。[47]玛格丽特·撒切尔夫人尤其感到忧虑，也认为这本书不应出版，劝告卡拉汉说，作为一名法学学生，她学到的重要一课就是“绝对不要承认任何事，除非迫不得已”。卡拉汉不为所动，允许出版欣斯利的历史书，得到了公众的高度评价。[48]

卡拉汉是英国首位与特种空勤团紧密合作的首相。尽管他的前任曾试图通过吹嘘派特种空勤团前去驻扎，造成一种政府在北爱尔兰问题上态度强硬的印象，但真正决定在爱尔兰北部六郡更广泛地利用特种空勤团的是卡拉汉。[49]在冲突中，包括特种侦察队在内的其他秘密小组参与行动的次数也越来越多，即引发了媒体的兴趣也招来了一些猜测。[50]不出所料，卡拉汉的私人秘书对首相随时可能被媒体问到关于“暗杀任务小组”的问题而倍感焦虑。[51]事实上，特种空勤团在南部边界迷路了，由此产生的问题才是最棘手的。该团成员前不久进入爱尔兰共和国境内执行绑架任务[52]，但在 1976 年 5 月，至少 8 名特种空勤团队员被都柏林政府逮捕，他们装配着手持轻机枪和一把装有 222 发子弹的霰弹猎枪。他们拒绝谈论他们的任务。[53]卡拉汉及其内阁无法就如何处理此事达成一致意见。北爱尔兰事务大臣罗伊·海森坚称，为防止跨境协作，特种空勤团成员不得不在都柏林出庭。他希望爱尔兰总统饶了他们，把他们送回去。其他人警告说，如果他们被关押到爱尔兰的监狱里，爱尔兰共和军几日之内就会暗杀他们。最终，卡拉汉与爱尔兰外交部长加勒特·菲茨杰拉德举行秘密会谈，悄无声息地解决了这一问题。个人外交是卡拉汉的强项——他向菲茨杰拉德解释道：“我的血管中流淌着爱尔兰人的血液。”[54]

在欧洲其他地方，特种空勤团为卡拉汉赢得了朋友。自 20 世纪 60 年代末开始，该团就在研究如何处理恐怖分子劫持和挟持人质的问题。发生 1972 年慕尼黑奥运会袭击事件后，特种空勤团组建了一支“特别任务小组”，开展了大量的演习和实验。利用这条经验，1977 年 5 月，卡拉汉授意特种空勤团协助荷兰安全部门应对南马鲁古恐怖分子劫持荷兰列车事件。此次围攻任务圆满完成，而特种空勤团继续训练自身技艺。9 月，在英国铁路公司和特别行动处当地分支的配合下，特种空勤团在赫里福德—伍斯特铁路线上进行了全面演习，随后在希思罗机场又开展了大量演习。他们还与以色列方面秘密交流了专业知识。近期，以色列人在乌干达恩德培机场成功地执行了一项精彩的人质解救行动。[55]

一个月后，联邦德国总理赫尔穆特·施密特致电卡拉汉，请求英国特种空勤团紧急援助，处理另一个劫持事件。1977 年 10 月 13 日，91 名度假者结束假期，乘坐汉莎航空 181 号班机从马略卡岛飞往法兰克福。4 名恐怖分子也成功地登上了这架飞机。他们有枪、手榴弹和炸药，武力控制了驾驶舱并命令飞行员改飞罗马。他们的要求包括释放关押在联邦德国监狱的 11 名巴德尔迈因霍夫团伙成员，以及提供 1000 万英镑现金。181 号班机在罗马加油之后接着一路飞往塞浦路斯、巴林和迪拜。劫机者在迪拜的机场停机坪上与德国大使谈判，但谈判失败了。[56]

10 月 14 日星期五晚上，德国精英突击队联邦警察第九国境守备队（GSG-9）的诸位负责人飞往伦敦。到达唐宁街后，他们与特种空勤团成员及 4 位英国内阁大臣一起开了个会。英国方面向德国同行提供了有关武器和策略的建议，还附上了一份详细的迪拜机场地图。[57]特种空勤团成员被召集到唐宁街，巴里·戴维斯中士和阿拉斯泰尔·莫里森少校也在其中。收到简短的通知后，反恐技术首席专家戴维斯急匆匆地被塞进一架停在赫里福德团部的直升机。他抵达巴特西直升机机场时手里依然“紧抓着装着脏衣服的包”。他告诉警官“带我们去唐宁街10号”。这位警察对他表示怀疑，但还是照办了。10分钟后，戴维斯中士和莫里森少校在外面的人行道上会合了，在进入首相府之前，两人“快速而简略地交换了一下意见”。[58]

在唐宁街内，戴维斯受到了“一位穿着一身企鹅套装的矮个子绅士”的欢迎，这位绅士拿给他一大杯金汤力鸡尾酒，这是他见过的最大的酒杯。“我呷了一小口，差点被呛着——里面差不多兑了半品脱纯杜松子酒。”情理之中，他束手束脚地坐在内阁会议桌边，率先向与会大臣们解释最有可能解救机上人质的办法是利用新研制的一种名为G-60的震撼手榴弹。它能产生160分贝的巨大噪声和相当于约30万支烛火亮度的强烈闪光，却只产生微弱的气流，能使人在3~5秒内不能动弹。他讲述了特种空勤团最近在希思罗机场开展的大量演习以及他们有什么收获。由于迪拜的总统卫队由原特种空勤团成员管理，所以特种空勤团在当地的外交中也扮演着重要角色。在迪拜，德国联邦警察第九国境守备队负责人及其先遣队最初被当作敌人在训练中受到看管，直到特种空勤团出面干预。[59]在几次长时间的通话中，“卡拉汉劝告施密特在任何情况下都不要屈服”。[60]

与此同时，被劫持的波音737班机继续飞行。飞机本来试图降落在阿曼的佐法尔省，但发现跑道被封锁，于是它继续飞往也门亚丁。在亚丁，飞行员于尔根·舒曼机长故意重着陆，然后假装检查飞机起落架。他勇敢地利用这一机会跑到了机场指挥塔台，告诉工作人员飞机上有炸药和武器，还说了一下人质的情况。但劫机者强迫他返回，威胁他如不照做就要炸掉飞机。再次起飞后，舒曼被推进客舱，在全体乘客面前被劫机者一枪击中了后脑勺，此时副驾驶开着飞机飞往索马里的摩加迪沙。在摩加迪沙，舒曼的尸体被扔在停机坪上，这促使德国联邦警察第九国境守备队决定迅速采取行动。

德国派出一支由 30 人组成的突击队。卡拉汉同意特种空勤团加入行动，莫里森少校和戴维斯中士携带特种空勤团专用的震撼手榴弹立刻起飞。[61]

10 月 18 日午夜刚过，营救小组悄声靠近被劫持的客机。各分队都携带着一个轻型梯，被分派到各个机门。他们破门而入并投掷震撼手榴弹，之前里面的所有人什么也看不见，只听见巨大的响声——特种空勤团的两名顾问坚持亲自投掷部分手榴弹。恐怖分子猝不及防。突击队迅速锁定了全部 4 名劫机者并朝他们开枪，其中两人死亡，另外两人受伤。尽管一名垂死挣扎的恐怖分子把炸弹扔进了客舱，但并没有导致任何人质严重受伤。救援行动大获全胜，同一天，卡拉汉飞往联邦德国，并与其他人一起默默地庆祝此次胜利。[62] 与安全局不同，特种空勤团到处都能获得热情且无条件的支持。内阁反恐委员会清楚，该团拥有一支时刻准备飞往英国的任何地方——包括全新的、易受攻击的北海石油钻井平台——进行反恐斗争的精英小组。反恐委员会想要扩大特种空勤团的规模，因为英国石油年产量价值 70 亿英镑，任何用来为恐怖袭击风险投保的费用都将远超让特种空勤团持续待命的成本。[63]

不过，正当他们谈话时，关于特种空勤团的一个阴暗故事徐徐展开。1977 年 10 月中旬，约翰·亨特告诉卡拉汉，军情五处和特种空勤团发现“一个涉及前特种空勤团成员的阴谋正在酝酿中，目标是暗杀非洲总统”。亨特补充道，证据“指向了暗杀多哥总统的一起阴谋”。安东尼·达夫爵士在唐宁街召开紧急会议，出席会议的包括军情五处、军情六处、特种空勤团、特别行动处、国防部和内政部。他总结道：“毫无疑问，暗杀行动正在筹划中，而且一些前特种空勤团成员被招募参与此行动。”令人惊讶的是，并没有法规可作为依据起诉这些前特种空勤团成员，但卡拉汉确信特种空勤团总部和特别行动处正合力寻找这些人，并告诉他们“阴谋已经被揭穿了”。同时，他们还考虑“向目标发送警告”。[64]

整个周末，“特种空勤团看着他们的前成员”，确信这支队伍已经“分裂”了。但令卡拉汉感到沮丧的是，军情五处此时发现了另一个以一名加拿大雇佣兵为首的暗杀团队，其成员大多数是外国人，但也包括两名前特种空勤团成员。军情五处曾警告这个团队离开，但与第一个团队不同，它“还没有同意中止行动”。这两个暗杀团队之所以接下近期的任务，似乎是因为多哥副总统也被标记暗杀目标，目的是为“给第三个人让路”。由于涉及英国的特种空勤团，军情五处获得情报称这两个暗杀团队打算乘坐轻型飞机从苏塞克斯起飞。卡拉汉被激怒了，要求提出刑事指控，但警方仍然强调既有证据不足以对它们中任何一个团队提起刑事指控。第二个暗杀团队的加拿大籍首领已被加拿大通缉，已经消失在一架飞往瑞士的飞机上。[65]

特种空勤团是一个巨大的政体安全网络的一部分，许多外国领导人都处于该网络的保护下。在世界范围内，中情局和克格勃同样有需受其保护者，他们小心翼翼地保护着这些人的安全。20 世纪 70 年代末，对于伦敦或华盛顿而言，任何人的重要程度都不及伊朗国王，所以，阿亚图拉·霍梅尼于 1979 年 1 月发动政变推翻巴列维国王的统治，用戴维·欧文的话说，是“一场地缘政治上的灾难”。英国对伊朗国王的人身安全并不直接负责，因为用欧文的话说，应由“令人反感的萨瓦克”负责。萨瓦克是一个凶残的秘密警察组织，有严刑逼供的传统。但欧文的确觉得英国围绕伊朗问题展开的情报工作是不成功的，而且伊朗国王遭到废黜引发了进一步的灾难：苏联入侵阿富汗、两伊战争，以及该地区的伊斯兰宗教激进主义。[66]

伊朗国王失势后，欧文下令进行“事后剖析”找出错误。他想起英国曾为伊朗国王能否活到 1977 年 8 月而苦恼。与其说是某种

“情报工作的失误”，不如说问题在于英国无法“操控伊朗国王”。事实证明，国王是个难以对付的傀儡，软弱怯懦，同时又过于傲慢，听不进人的建议。英国没能把那种必需的“冷酷无情”灌输给他以平息伊斯兰革命，而他过于目中无人，尽管已经对他进行引导，他依然没有提出替代方案，也没能确立更加稳定的政体。欧文认为，实际上西方已经推行了它想要的温和民主政变，让国王的儿子礼萨代替他，一个更多受到宪法限制的政体胜过原教旨主义革命[67]。

然而伊朗革命的根源恰恰在于这种西方干预。20世纪70年代中期，人权问题在这个国家一度引起轰动，《星期日泰晤士报》等报纸竞相报道“发生于伊朗的酷刑”。国际特赦组织将伊朗选为世界上死刑执行率最高的国家，没有民事法庭，实施酷刑的历史由来已久。美国国会也对此表示关注，吉米·卡特上任后曾向伊朗施压，要求其引入改革。伊朗国王命令萨瓦克停止实施酷刑（总的来说萨瓦克也照办了），同时允许红十字会对监狱进行视察。因为西方认为共产党是危险分子，他便把他们关押在监狱里，但释放了280名宗教激进分子，包括1965年参与暗杀哈桑－阿里·曼苏尔总理的一些人。[68]

以《私家侦探》和BBC国际频道波斯分部为首的媒体因萨瓦克问题对伊朗发起猛烈抨击，伊朗驻英国大使帕尔维兹·拉吉首当其冲。伊朗国王似乎特别厌恶《私家侦探》，当拉吉于7月访问德黑兰时，他们商量针对这家刊物采用秘密行动。伊朗国王被警告，“试图‘收买’他们将带来灾难性后果”，因为《私家侦探》可能会幸灾乐祸地把这件事报道出来。[69]后来，一名BBC记者被逐出德黑兰时，拉吉提出对BBC位于阿曼沿海马西拉岛上的信号传送器采取隐秘行动会更加有效。“伊朗蛙人队光拿钱不办事”，他们能做的是制造“临时风暴”——这是他委婉的说法，拆除信号传送器。他说，这是“让波斯语电台安静下来”的最佳办法。西方媒体不感谢巴列维王朝给伊朗带来巨大变革，对此拉吉真心感到愤愤不平。通过观察德黑兰装腔作势的统治者和伦敦的新闻迫害者之间令人不舒服的方针，可怜的拉吉意识到他的电话遭到了伦敦的军情六处以及自己在伊朗的对头双方的窃听[70]。

1978年9月14日星期四，卡拉汉向内阁解释说："我们必须继续支持伊朗国王对付反对他执政的疯狂的毛拉和苏联特工。"[71]他不能告诉他们的是克格勃德黑兰站成员弗拉基米尔·库济奇金最近刚成为军情六处的特工。库济奇金让英国人相信克格勃在伊朗展开的行动没什么力度，也没有取得成效。苏联在这场与库济奇金所说的"狂暴的"萨瓦克安全官员之间的战斗中失败了，这些官员找出了最优秀的苏联间谍——他于1978年年底被公开处决。虽然对在"冷战"中碾压伊朗抱有信心，但卡拉汉依然对国王政权的总体稳定，以及这对英国的海外石油收益和防务销售的影响感到担忧[72]。

首相最大的问题不在于发生在伊朗的冷战竞赛，而是伊朗国王对BBC国际频道宣传英国密谋感到担忧。1978年，BBC国际频道是伊朗国内反对派声音传播的唯一渠道，因而它变得颇受欢迎，导致伊朗国王形容它是自己的"头号敌人"。他相信，隐藏在BBC后面的是军情六处的全能之手。伊朗国王的姐姐阿什拉夫公主是他的圈子里最有能量的人，她曾拜访过卡拉汉。她的主要目的是竭尽所能地抱怨英国媒体，特别是BBC波斯语频道的行为。卡拉汉受其影响，也认为BBC波斯语频道"极度糟糕"，但他表示自己对此也无能为力。公主直言不讳地指出正是英国政府在资助BBC。之后不久，外交部慎重考虑关闭BBC波斯语频道。[73]

对于本国在伊朗的受保护人，英国和美国都有一条奇怪的"不监视"规定。伊朗国王对军情六处表示尊重，是因为他上台得到了军情六处的帮助；确实，据欧文回忆，大多数伊朗人"随时准备把一切近乎神奇的力量都归于英国保密局”。[74]军情六处有位联络人能与德黑兰的伊朗情报局部门对话，但军情六处没有按一般的做法在德黑兰设置情报站，也没有派特工监视伊朗人。在很大程度上，美国奉行相同的政策，并且中情局在伊朗设有一个大型的情报站，用作监视邻近的苏联的平台，不受国内政治的影响。少数真正想要在伊朗关注美国国内形势并与反对派联系的中情局官员被阻止，不管怎样，他们中几乎没人会讲波斯语。政府通信总部在伊朗北部有基地，其电子耳正对着北部里海附近的苏联导弹试验场。[75]

鉴于情报对英国的重要性，在伊朗没有情报覆盖显得十分离奇。根据 1953 年政变后达成的协议，英国石油公司可从伊朗获得其石油供给总量的一半。同时，伊朗还几乎单独维系着英国的国防工业。在 20 世纪 70 年代中期，伊朗购进了一千余辆不同类型的坦克，尽管伊朗陆军并不懂得如何进行维修养护。经济上，英国正在努力向波斯湾出口军用和民用产品，这对于平稳油价的波动极其重要。在地域方面，随着英国继续关闭海军基地，伊朗的帝国海军差不多控制了整个海湾地区。英国与孔雀宝座捆绑在一起，形成了一种前所未有的紧密关系。

在缺乏关于反对派的情报的情况下，伦敦借助外交报道了解他们的情况。长期以来一直担任英国驻伊朗大使的安东尼·帕森斯直到伊朗革命前夕都坚定支持伊朗国王。由于注意力一直在该国的大量宫殿上，他并不了解街头巷尾日益紧张的局势。在伊朗国王统治的最后一年从宗教中心库姆发生暴乱开始，此后便一直派系纷争不断，颓势难以逆转。骚乱者要求让流亡在外的宗教领袖阿亚图拉·霍梅尼回国，他当时身在巴黎，却操纵着伊朗国内的大规模骚乱，并且获取了伊朗多数学生的支持。不过，大使帕森斯仍然态度乐观，他认为伊朗国王掌握着强大的安全局，加上陆军誓死效忠，一定能帮助他渡过难关。

1978年夏天，他欢快地写道：“我无法预见在不久的将来会发生大麻烦。会有曲折起伏，但是在短期间我认为伊朗国王……会保住王位，不会真正遭遇任何方面的反对派的威胁。”[76]

同样，中情局对此也表现得有点儿离谱。美国国家安全顾问兹比格涅夫·布热津斯基告诉卡特总统：“好消息！根据中情局8月份公布的一份评估，伊朗没有处于革命局势中，甚至没有任何迹象表明伊朗处于革命前局势。虽然公众对伊朗国王严格控制政治进程表示不满，但在当前并不会对政府构成威胁。”[77]到了1978年10月，德黑兰的局势看起来更不稳定，但帕森斯力劝伦敦方面继续与伊朗国王站在一起，坚持认为当前的局面仍然有可能扭转。他警告说，为实现“再保险”，为寻找新的领导层所做的任何努力只会进一步破坏现有政权。詹姆斯·卡拉汉没那么乐观，10月30日，他在帕森斯的最新报告上批注道：“基于此，我不认为伊朗国王有太多获胜机会。我认为，欧文博士应该启动再保险进程！”暴徒已经开始袭击外国大使馆，几天后，英国大使馆严重受损。[78]

回头看看，戴维·欧文哀叹道，政府通信总部本应花更多时间监听伊朗人而非苏联人。同时，他还注意到，英国本应与摩萨德谈谈，但在1973年赎罪日战争期间，希思采取保持中立，此后英国与以色列情报局的关系就一直不好。多数在伊朗服役的摩萨德成员都是犹太人，他们在德黑兰长大，拥有强大的联络网。早在1978年8月，当帕森斯告诉欧文伊朗国王会想办法自保时，以色列人已经开始疏散人员，因为他们非常清楚暴风雨即将到来[79]。

可惜，伊朗国王是最拙劣的独裁者。作为一个无能的革新者和现代主义者，他曾经给了宗教反对派太多空间，使其得以动员反动力量。[80]西方推动了这一趋势的发展，他们希望得到伊朗国王的出口市场，但在看到媒体新闻对伊朗秘密警察的不法行动所做的描述时，却因无力改变什么而显得窘迫。事实证明，一旦遭到坚决反对，伊朗国王表现得专横独断，将其自身“神经敏感、犹豫不决的个性特征”暴露无遗。军情六处依靠萨瓦克来获取有关伊朗政治方面的报告，同时由于害怕冒犯到伊朗国王，情报局与伊朗反对派领导人或首席大毛拉保持着一定距离。伊朗国王统治的最后一年，英国军情六处的高级官员是德斯蒙德·哈尼，他的公开身份是摩根士丹利银行家们的顾问，在这一身份的掩护下他从事着秘密工作。[81]尽管曾在伦敦大学亚非学院安妮·莱姆顿教授门下学习，但他仍为伊朗革命的爆发感到吃惊。[82]

英国面临的最大问题是美国的优柔寡断。卡特在人权问题上向伊朗国王施加了巨大压力，拒绝向他提供配有催泪瓦斯的武装力量以扼制暴乱。即使在伊朗国王下台后，美国总统顾问在是否应支持军事政变以选出新的伊朗元首这个问题上依然分歧严重。布热津斯基希望立即采取军事行动，但美国国务卿赛勒斯·万斯坚持平民政府也应该获得机会。1979 年 1 月 7 日，卡特派空军高级将领罗伯特·海瑟前往德黑兰，与伊朗军方举行会谈。一个星期后，当伊朗国王逃离混乱局势后，海瑟与伊朗空军司令阿米尔·侯赛因·拉比中将举行了重要会议。拉比告诉海瑟，国王的飞机刚起飞，伊朗的所有将领就想发动军事政变。他解释说，不然军方将“迅速分裂”。他们指望华盛顿方面能够允许，但是海瑟告诉他们，他们应该给平民政府一个机会。事实上，伊斯兰革命者这些天并没有理睬这些平民，美国的优柔寡断让拉比付出了生命的代价。[83]

在 1978 年伊朗暴乱愈演愈烈之时，英国向伊朗派出了一位防暴专家并提供了充足的催泪瓦斯。卡拉汉和欧文对此有些担心，但认为唯一可能的办法就是把英国坦克开到德黑兰的大街上。军情六处决定不与霍梅尼在巴黎的部下做任何接触。伊朗国王踏上流亡之路后，

1979年2月1日，当霍梅尼将重返德黑兰时，中情局“试图与其做一笔交易”，但被断然拒绝。在伊朗国王统治的最后时期，与摩萨德关系极其密切的伊朗军方请求以色列人代表他们暗杀霍梅尼，但遭到拒绝。在伊朗国王安全离境后，前总理迈赫迪·巴扎尔甘被抓并获死刑，紧接着“在短短几分钟的时间内”，他在牢房里被射杀。

1978年1月，西方领导人在瓜德罗普岛举行八国峰会。卡拉汉承认，伊朗国王很难操控，年迈而偏执，“所有人都是这么认为的……非常虚弱”。他补充说道：“当时没人愿意把实情告诉伊朗国王。在这10年间，我们并没有告诉他有关国内分裂局势的真相。”[84]卡特曾提出让伊朗国王到美国流亡，但当人质危机露出苗头时，卡特收回了这一邀请。国王在英国萨里拥有一座豪宅，但显然他在那里也不受欢迎——英国政府接受了官员们的提议，如果让他来英国，德黑兰方面会以为军情六处正在密谋帮其复辟。值得注意的是，军情六处甚至是摩萨德，都不知道沙阿罹患癌症，活不了太长时间了。到头来，身患绝症且无人接纳的前盟友辗转于摩洛哥、巴哈马群岛和墨西哥之间，最终于1980年7月在埃及病逝。[85]

内政部高级官员罗伯特·阿姆斯特朗第一次听到媒体关于南非国家安全局的特工打入英国的相关报道时，嘲笑BBC“所有人看起来都很愚蠢”，因为它跟随哈罗德·威尔逊“疯狂地追击南非间谍”。[86]到了1979年，对他们不利的证据越来越多，阿姆斯特朗的部门别无选择，只得展开调查。这种认知是20世纪70年代发现范围更广、更加令人不安的转变的标志。在1971年希思大张旗鼓地驱逐克格勃特工之前，伦敦的大街小巷到处都是苏联间谍。如今，各种各样的外国间谍，包括参与暗杀行动、和恐怖分子狼狈为奸的中东特工在内，越来越令人担忧。

卡拉汉非常清楚这一切。1978年，两位工党议员曾对其抱怨他们在反种族隔离会议上看见了卧底探员，并猜测自己处于军情五处的监视之下。首相向他们保证，事实绝非如此。他解释道，会上的那些特工“是在密切监视 BOSS——南非国家安全局，并且找出 BOSS 正在参加什么会议”。[87] 议员们开始问一些试探性的问题。鉴于英国早在 10 年前驱逐了上百名克格勃间谍，为何这些南非特务没有被逐出英国？官员们处境困难。他们注意到，南非驻伦敦的情报官员“主要关心那些反对现有政权的组织”，而非像苏联人所做的那样直接采取行动破坏英国的国家安全。此外，他们还说，他们不能“让外界知道”南非情报官员出现在英国，英国政府对此知情并表示默许。政要们嘟囔道：“说得越少越好。”[88]

在英国最为活跃的南非特工戈登·温特在伦敦当记者时，他证明了秘密世界与宣传似乎以某种奇怪的方式相互交织。到了 20 世纪 70 年代末，英国报界开始披露温特的活动，令他感到不安。他的管理者们向他保证不存在英国政府把他驱逐出境的危险，因为他们手握英国政府的把柄，即一整卷尺度极大的性丑闻材料，“克里斯汀·基勒的事情与之相比都显得平淡无奇”。此事涉及一名借调到白厅的中情局女探员，为了给白宫方面收集情报，她曾与多名白厅议员上过床。

这些议员中至少有三人曾卷入伦敦一处房子里的纵欲活动，南非国家安全局在这所房子的一楼卧室拍到了大量照片，包括一些视频片段，从中可以看到两名涉事议员与两名全身赤裸的女子出现在床上……让南非国家安全局兴奋的是，房子女主人的父亲是苏联驻伦敦大使馆的员工。

温特和朋友们掌握着无数秘密，这些秘密会让白厅方面如坐针毡。他通过与其关系密切的军情六处特工、军火走私犯莱斯利·阿斯平，以及凭借他与伦敦警察局政治保安处的友好关系获得了这些情报。20世纪70年代末，南非国家安全局成功地阻止了大部分照片被泄露，温特只能打着献身反种族隔离事业的幌子逃往爱尔兰。几年后，他将自己掌握的秘密和盘托出，引起一片哗然。[89]

军情五处有许多其他不法之徒要监视。1978年7月，伊拉克总统萨达姆·侯赛因命人暗杀前总理赛义德·阿尔·纳伊夫，这成为当年伦敦发生的第三起涉及阿拉伯人的重大恐怖事件。1月，巴勒斯坦解放组织在伦敦的代表赛义德·哈迈尼遭到谋杀，而在4天前，叙利亚大使馆两名官员遭遇汽车炸弹袭击。1977年，包括北也门前总理在内的3人在伦敦遇害，而阿尔·纳伊夫将军躲过一劫。伦敦街头已变成外国情报机构所雇枪手的游乐场，危险无处不在。军情五处辩称，利比亚、伊拉克和也门三国情报部门“极大规模地参与了针对身在英国的异见人士的行动，包括定位，监控，如有必要则实施暗杀”，此外，他们还支持恐怖主义。军情五处和内政部强调了“打压”这些“暴徒团伙”的必要性。欧洲最近就反恐合作达成的协议意味着英国如今拥有肩负着更大的责任规范这些不受控制的情报机关。[90]

最令卡拉汉烦恼的政治暴力来自爱尔兰共和军袭击事件激增。仅在1978年11月底的一天，爱尔兰共和军就轰炸了16个北爱尔兰城镇。12月17日至18日，他们在伦敦和利物浦安装了约13枚炸弹。虽然安全部门使尽浑身解数拆除了其中的许多炸弹，并未造成任何人员伤亡，但爱尔兰共和军成功袭击了坎维岛和黑墙隧道的炼油厂。爱尔兰共和军在英格兰开展的运动开始减少，部分原因在于实际操作准备不充分，而且军情五处和军情六处共同管理的爱尔兰联合工作组的特工越来越成功地渗透入敌人内部。事实证明，爱尔兰共和军在欧洲大陆采取的行动更加有效。1978年8月期间，他们成功地在德国境内的英国陆军军营里安装了大量炸弹。尽管没有人员伤亡，但爱尔兰共和军发现了一个薄弱环节：英国在欧洲数量可观、高度分散的目标。他们开始认真地进行侦察。[91]

1979 年 1 月 25 日星期四傍晚，欧盟委员会主席罗伊·詹金斯接待了两位访客。其中之一是为他提供保护的保卫局的负责人，随行的是一名英国安全官员，两人表现得“焦虑不安、神神秘秘”。英国方面通知他们，“爱尔兰共和军密谋近期要暗杀英国驻布鲁塞尔的高级代表”。他们把暗杀目标范围缩小至詹金斯、外交官克里斯托弗·图根达特和克里斯宾·提克尔，还有两位将军。英国情报机关已经掌握暗杀计划的大量细节。詹金斯被告知，爱尔兰共和军“早就在目标的住所外设置了监视点或射击点”，并且发现他非常令人生气，因为他的生活习惯和行踪“有些不规律”。詹金斯明显松了一口气，他在日记里写道：“那并不是真正的我。”他们被告知，暗杀行动将“在今后几个星期内”实施。当意识到处于这个位子上的人就这样“令人难以置信地暴露在外”，而且对此几乎束手无策时，詹金斯紧张不安地步行回家，“猛冲过人行道”。[92] 5 天之后，英国驻法外交馆舍遭遇 3 次炸弹袭击。一直到 1979 年 2 月 19 日，唐宁街才讨论了军情五处提交的有关布鲁塞尔存在的暗杀威胁的报告。[93]

事实证明，加强安全措施并不完全有效。3 月 22 日，英国驻海牙大使理查德·赛克斯爵士及其贴身仆人卡雷尔·斯特劳布遭到两名男子近距离枪击，一共 8 枪，枪枪致命。赛克斯之所以成为袭击目标，是因为他曾担任负责外交部北爱尔兰事务大臣。赛克斯的仆人有可能被误认为军情六处主管迪基·弗兰克斯，因为赛克斯和弗兰克斯在前一天见过面。出于安全上的考虑，弗兰克斯在最后一刻更改了他的拜访日期。[94] 同一天，在布鲁塞尔，比利时金融家安德烈·米肖走出家门后中弹身亡。几乎可以确定，住在街对面的英国驻北约代表团高级成员保罗·霍尔默也是袭击目标之一。罗伊·詹金斯发现，这与英国在6个星期前接收到的情报密切相关，但“其间他一如往常把这件事给忘了”。[95]

卡拉汉无比惊骇，下令严厉打击袭击者。此次任务的各负责人获得了防弹车，一个特种空勤团小组被派往巴黎检查安全漏洞，因为身在巴黎的英国大使雷希纳尔德·希伯特看起来像是下一个暗杀目标。不幸的是，防弹车不够分配。下一个将在欧洲遭遇枪击的是身在布鲁塞尔的克里斯托弗·图根达特，暗杀者“险些失手”。[96]枪击事件发生后，荷兰、联邦德国及英国的情报与安全机构开展广泛合作，虽然荷兰受到一些限制，因为政府几乎不可能授权对爱尔兰共和军支持者进行窃听和电话拦截。[97]英国方面，军情六处冲在最前面，并受到英国莱茵军在情报和安全武器方面的协助。在联邦德国和荷兰安全机关的配合下，英国针对爱尔兰共和军开展了大量渗透行动并获得巨大成功，最终迫使其收敛在欧洲大陆的活动。[98]

然而，1979年3月30日，爱尔兰共和军在伦敦暗杀了英国议员艾瑞·尼夫。在英国政治史上，很少有暗杀事件像这次一样意义重大。就国内党派政治而言，正是尼夫说服了撒切尔夫人支持保守党的领导，并在之后为她策划了竞选活动，吉姆·普赖尔形容这次竞选活动“持续太久，充满阴谋诡计”。[99]尼夫对撒切尔夫人至关重要，她依然没有让影子内阁的多数成员完全接受自己[100]。尼夫曾在战时领导过军情九处，负责秘密协助被俘英国士兵逃走，尼夫还与军情五处研究左翼颠覆活动的主要专家查尔斯·埃尔韦尔关系密切。[101]有人暗示说撒切尔夫人曾计划把尼夫指派到新的政府岗位上，负责监管安全和情报部门。

在玛格丽特·撒切尔努力争取进入唐宁街10号时，伦敦街头的暗杀行动和骚乱并不是她唯一关注的事情。与此同时，各地纷纷举行罢工，英国陷入瘫痪状态。起初，卡拉汉试图说服工会领袖们，大选将至，出现任何形式的罢工都对撒切尔夫人有利。因此，他们有充分的动机维持与政府达成的共识，即抑制通货膨胀。但是，当工资水平远远落后于物价水平时，不满的声音一浪高过一浪，工会领袖们宁愿与政府对抗，也不愿意面对愤怒的工会成员。这引发了大规模的劳工行动，特别是在公共部门。首相顾问戴维·利普西回忆道："在利物浦，由于市政工人罢工，死者得不到安葬。在莱斯特广场离政府中心数百码远的地方，散发着恶臭的垃圾在大街上堆积如山。我们觉得已经无法控制事态的发展，千真万确，情况就是这样。"工人罢工自下而上愈演愈烈，而且这并非激进分子或共产党所为。[102] 不管怎样，玛格丽特·撒切尔把它们视为阴谋正在酝酿的证据。在她上台的头几个月内发生了许多重要的事件，既有国内恐怖活动和显而易见的颠覆活动，也有由伊朗国王倒台而引发的种种危机。一旦成功入主唐宁街 10 号，她下定决心亲自处理这一切。

15

玛格丽特·撒切尔（1979—1990）

我非常了解克格勃传播假情报的做法。

——玛格丽特·撒切尔[1]

玛格丽特·撒切尔对情报工作极为重视。她的财政大臣尼格尔·劳森说："对安全机关来讲，这是多数首相的软肋，因为他们具有特殊的职责。但是，玛格丽特……却沉醉其中。"[2]她以喜欢深夜看文件而著称，并且具有敏锐的洞察力。她是继温斯顿·丘吉尔之后比其他任何首相都要更加关注情报信息的首相。据劳森所说，她是"弗·福赛斯作品的热心读者"，受此影响，就像战时前任首相一样，撒切尔夫人的情报观无可救药地充满幻想。1980年2月29日，星期五，在她上任的第一年里，她成为首位参加联合情报委员会会议的英国首相。事后，她对联合情报委员会主席安东尼·阿克兰说，她觉得与他们坐在一起能让她身临其境地理解情报工作。更为重要的是，她发现这种体验“本身就是一种彻底的享受”。[3]

阿克兰回忆道，“她是个很难对付的人”。“她很喜欢跟人对着干，你必须相当强硬，有时候跟她说话必须极其粗鲁。”他补充道，相当多的人认为玛格丽特·撒切尔总是会在早上 5 点就起床，阅读简报，并做好决定，所以“争论是没有意义的”。事实上，她喜欢被挑战，并且“偶尔她会改变主意”。“但是，你要足够强硬”。为了引起她的注意，阿克兰后来以辞职相威胁[4]。几乎没有首相会投入如此多的时间，集中精力阅读联合情报委员会所著的《红皮书》的每周情报集锦。和《红皮书》一样，政府通信总部也制作了《蓝皮书》，收集了其最佳的信号情报；同时，军情六处制作了《CX 书》，包含了该机构的顶级特工报告。撒切尔夫人如饥似渴地阅读这些书，她还经常在周末时把它们带回首相别墅，在闲暇时阅读。撒切尔夫人的私人秘书查尔斯·鲍威尔会把需要她多注意的地方标注出来。到周一，这些书就被带回来了，上面潦草地写着要求采取行动或提供更多信息的注释。[5]

撒切尔夫人也是一个敢于冒险的人。与罗纳德·里根一样，她希望加速对莫斯科的冷战。由于她比里根总统上位早了整整 24 个月，所以正是撒切尔夫人及其内阁大臣带头放手让军情六处和中情局参与秘密行动。虽然英国在阿富汗秘密地与苏联对抗，但撒切尔夫人的政策顾问团迫切要求利用莫斯科边境的地下反抗组织、秘密电台以及颠覆活动发动一场新的冷战。引人争议的是，她还乐于在国内采取进攻态势，利用私人的特工追捕她所称的“内部敌人”。她的特工引起了军情五处冷静的哨兵的警觉，并与其一决高下。

作为首相，撒切尔夫人私下里与许多情报要员关系密切。她崇拜莫里斯·奥德菲尔德，他曾在 1973—1978 年间出任军情六处主管。上任后不久，撒切尔夫人派他前往北爱尔兰协调一项严重分裂的情报工作，在这项工作中，警方、陆军、军情五处和军情六处各行其是。[6]她十分忠于朋友，当有人质疑奥德菲尔德是同性恋时，舆论一片哗然，她向媒体发表了一份对其表示支持的完整声明。[7]

尽管撒切尔夫人被称为“铁娘子”，但在谈及情报人员时，她展示了自己感性的一面。她分享着他们对于行动的热爱，钦佩他们敢于承担风险，当意外出现时，设身处地地同情间谍们的遭遇。此外，她还重视忠诚、服务和友谊，对待身边的人十分友善。当罗杰·霍利斯被控是苏联间谍时，她表达了对这位军情五处前主管的关心。撒切尔夫人显然不相信外界对霍利斯的各项指控，这些指控影响了她在任的一半时间。她非常遗憾地表示：“对于他的家人来说，这实在太糟糕了，被迫害了这么久，败坏他名声的方式又如此残酷。”[8]

撒切尔夫人与秘密世界的关系经常被误解。所有首相对情报的秘密世界都感到好奇，但正如我们所看到的那样，在 20 世纪 70 年代，高层表现出各自鲜明的风格。爱德华·希思和詹姆斯·卡拉汉对情报监督职责并不重视。第二届哈罗德·威尔逊政府专注于情报工作，但由于担心自己被阴谋所害，他的第二个任期笼罩在阴影中。有人恰如其分地形容撒切尔夫人对情报充满了无止境的热情，但她不信任英国的情报机关。[9]就像她怀疑外交部玩忽职守使国家利益受损一样，她也怀疑军情五处和军情六处在对付苏联时有所懈怠。在许多神秘私人顾问的敦促下，她想要进一步扩大对敌斗争：国际共产主义运动。

在任期间，撒切尔夫人培养了一支令人好奇地自封为“冷战专家”的团队。但更为重要的是，在她上任的前几年，这些影子人物塑造了她的思维模式。其中包括艾瑞·尼夫、莫里斯·奥德菲尔德和《经济学人》前记者布莱恩·克罗泽。定期会议开启了世界政治的新视野，它不仅体现了摩尼教的观点，而且充满阴谋。的确，有人或许会说，与情报世界已退休的强硬派之间的持续秘密谈话，塑造了未来撒切尔政府的安全模式。这些人物行踪飘忽，而撒切尔夫人此时还属于在野党，但等她一上台，外交部里的高级官员就变得警惕起来，“各种各样的陌生人”向她提出建议，她将其中一些人视为“密友”，将一些人视为“坏蛋”。[10]

用其中一人的话说，这些人中的每一个人都是“一名狂热的反共分子”。[11]可能最突出的就是布莱恩·克罗泽。他与中情局以及最近已退休的军情六处高级官员包括乔治·扬格和尼古拉斯·艾略特关系密切。20 世纪 60 年代，克罗泽创立了论坛世界特稿社，美国向其提供秘密支持；20 世纪 70 年代，他创立了“右翼”智囊团——冲突研究所[12]。克罗泽与撒切尔夫人的首度会面是在 1976 年 3 月 9 日星期二那天举行的一场正式晚宴上。其间，他阐述了“苏联在英国乃至世界范围内开展的颠覆活动”这一主题。令他感到意外的是，她拿出了一个笔记本，并潦草地写字，“我很快得知，她对事实和观点的胃口是无穷无尽的”。克罗泽与尼古拉斯·艾略特共事，为她准备摘要。克罗泽很快举行了一系列会议，出席会议者包括撒切尔夫人、基思·约瑟夫、威利·怀特洛及卡灵顿勋爵。[13]艾略特还就敏感话题做报告，如罗德西亚，在这个问题上，他建议支持史密斯政权。[14]

在撒切尔夫人当选前的阶段，克罗泽及其同事拟订了“一个全面的反颠覆计划”，以应对极左势力。他的想法是采用苏派策略打入其内部，并进行颠覆活动——他称其为敌人自己的方法。克罗泽在把这一活动与各种各样的大西洋两岸的支持者，包括传统基金会和后来的中情局联系起来方面起着至关重要的作用。[15]20 世纪 70 年代，世界政治充满不确定性，理解这一点很重要。在此期间，很多国家，如葡萄牙、西班牙、土耳其和希腊，上演了无数政变、阴谋和革命浪潮。在整个欧洲，右翼势力的反应是建立“比内俱乐部”，该俱乐部得名于其创始人安托万·比内，他曾在20世纪50年代初担任法国总理。[16]撒切尔夫人的一位内阁大臣称“比内俱乐部”是一个“右翼”智囊团，“由中情局资助”，由一个组织经营管理。朱利安·埃默里是组织成员之一，甚至与其关系最要好的朋友都认为他“着魔似的极力反苏”。[17]

“比内俱乐部”建立了一个“隐形”的网络，力图把欧洲的政治气候转向右翼一方。此外，它还试图创造一个私人情报局，以支持西方现有安全局的发展，去连官方都不敢涉足的地方。每一个欧洲国家都存在一个行动小组；在英国，这一业务部门被称为“61”，并且在20世纪70年代撒切尔夫人担任反对派领导人时，它对她形成安全观念非常有帮助。此时，克罗泽对撒切尔夫人的认识多少有些令人吃惊。他称她非常聪明，但想法天真，缺乏自信。不过，她学习能力很强，很快吸收了“61”的思想观念，最终把它们转变成自己的东西。[18]

1979年5月，她任期开始时，撒切尔夫人及其重臣已经痴迷于颠覆活动和“肇事者”。她一上任，就召集军情五处主管、首相顾问罗斯柴尔德勋爵及内阁秘书长举行了一次会议，要求找出“解决办法”。内阁秘书长拒绝这样做，告诉她说军情五处的工作是覆盖颠覆分子，而不是工业破坏者。虽然如此，到了10月，内阁办公室吹嘘道拥有了一个新组织，目的在于预先阻止破坏分子扰乱工业生产活动，该组织的领导人是极富野心的军情五处官员约翰·德弗雷尔，他与首相的非正式网络关系紧密。[19]此外，其他私人团体如经济联盟数量也不断增加。[20]

撒切尔夫人把工作重点集中在阴谋方面，从而使安全局变得警觉起来，同时安全局意识到她认为克格勃与和平运动有着密切的联系。英国核裁军运动主席琼·拉多克的确在无意间与苏联官员召开过会议。事实上，这些苏联官员是克格勃官员。克格勃本身对此提出了言过其实的要求，安全局“害怕”如果这些要求被汇报给撒切尔夫人，她一定会“完全按照字面意思”理解。[21]在此问题上，军情五处不信任撒切尔夫人，而她也不信任军情五处。相反，私人组织如“通过安全实现和平联盟”，作为反向运动组织被建立起来。这些机构渗入核裁军运动，希望借此收集有关极端左翼的操作证据，并找出苏联情报机关或特种部队的幕后操纵者。离奇的故事很快传播开来，其中涉及苏联女突击队员混入英国皇家空军格林汉康芒的妇女和平营中。军情五处自然而然地监视核裁军运动与极“左”分子之间的联系时，他们已被撒切尔夫人的私人保镖捷足先登了。的确，私掠者行动的规模和大胆程度令他们感到惊讶，其中包括从核裁军运动总部窃取文件——在这群秘密监视者不知情的情况下，核裁军运动办公室里的任何东西都没有被移动。[22]大臣们发挥了作用，作为前内政大臣和外交大臣，道格拉斯·赫德是少数公开表示撒切尔政府“成功地开展了反对核裁军运动”的政府官员之一。[23]

撒切尔夫人最早的新闻秘书伯纳德·英厄姆经常抱怨说记者们总是喜欢在唐宁街10号周围编织阴谋论。1985年11月，他在“媒体社会”上发言时，利用虚构的作品《布莱克的记者病概略》做参考，确定这就是他所说的“勒卡雷综合征”：深信政府必然不干好事，不足为信，充满阴谋诡计，一直如此。他继续说道，柯南·道尔并发症可能会使这种病加重。当一种异常复杂的替代理论被构建时，患这种病的记者没一个会相信简单的解释。他追溯“阴谋狂热”的开端至水门事件，强调说尼克松政府“负有不可推卸的责任”。但是，如今我们知道，事实比虚构更加离奇。与撒切尔夫人关系最亲密的顾问完全被阴谋与反阴谋的想法迷住了。[24]

1979年12月24日，不出所料苏联入侵阿富汗。西方情报机构表现不错，在入侵前数周，唐宁街10号和白宫共享了有关苏联动员的顶级情报报告。政府通信总部与美国国家安全局一直监视着苏联内部的一辆陌生的黑色装甲列车。这是苏联武装部队的秘密移动总部，当装甲列车从一条地下隧道中加速驶向另一条地下隧道时，西方监视着它的动向及其通信系统。每当这辆列车处于行驶中时，都有事情正在发生。[25]

有种暗示说阅读苏联高级别通信内容的能力——西方只是短暂地享有这种能力——使得莫斯科在此问题上可以有一定操控权。伦敦方面和华盛顿方面清楚，苏联人对时任阿富汗总理哈菲佐拉·阿明高度怀疑，因为他在美国纽约哥伦比亚大学读过书，甚至曾管理过一个由美国出资成立的喀布尔学生团体。克格勃喀布尔站确信阿明是一名美国间谍并试图让阿富汗倒向西方，正如安瓦尔·萨达特最近在埃及的所作所为一样。1979年夏天，吉米·卡特签署了一份总统“调查令”，批准制订秘密行动计划以协助伊斯兰武装分子，这使克格勃更加忧虑。在莫斯科的克格勃主席尤里·安德罗波夫向苏共中央政治局和有病在身的勃列日涅夫施压，要求其出兵入侵阿富汗。这违背了苏联军方的忠告，他们明白这将使苏联陷入困境。[26]

苏联入侵阿富汗前一周，撒切尔夫人与卡特总统会晤，会上卡特给她看美国强大的卫星拍摄到的图像，上面显示军队水平正在升级—— 两个消失于苏联边境的分支被认为已经进入阿富汗了。4个营驻扎在喀布尔飞机跑道附近，卡特认为苏联“正在逐渐准备向阿富汗采取军事行动”。他已经公开表示了担忧，并询问撒切尔夫人是否能够通过BBC表态。他还问，她是否“希望通过中情局获取有关阿富汗形势的定期报告”。不出所料，撒切尔夫人回答说她“确实希望如此”。[27]

1979 年圣诞节当天，克格勃受到特种部队的协助，包围了喀布尔郊外的达鲁尔·阿曼宫。他们奋力突破防守，进入宫殿，在激烈的交火中，克格勃的一位将军被杀，最终克格勃控制了宫殿。受过美国教育的哈菲佐拉·阿明总理及其支持者靠墙站立被击毙。早先时候，克格勃成功地使一名间谍渗入达鲁尔·阿曼宫。按照指示，这名间谍的任务是给阿明的食物中下毒，但总统活下来了。所有这些行动都是苏联领导人勃列日涅夫亲自批准的。

撒切尔夫人回忆道，苏联入侵阿富汗是“真正的分水岭”之一，人们经常对其做出预测，但却很少会发生。她想要就他们入侵一事惩罚苏联，认为秘密行动是一个必然选择。圣诞节后的第三天，卡特与撒切尔夫人通电话时断言道：“我认为，如果让他们侥幸逃脱，我们负不起责任。”撒切尔夫人表示同意：“我认为，当诸如此类的事情发生时，重要的是从一开始就要行动起来。”[28] 而我们倾向于把撒切尔时代与罗纳德·里根联系在一起，事实上，里根直到 1981 年 1 月才入主白宫；在阿富汗问题上，撒切尔夫人的首个合作者是吉米·卡特。卡特发现撒切尔夫人太固执己见，觉得她“不可能承认她的确不知道某些事”。而在撒切尔夫人看来，卡特对共产主义态度温和。但他们的观点正在不断统一，尤其苏联在军备控制方面犹豫不决已经让卡特逐渐失去耐心。苏联入侵阿富汗使卡特的忍耐到了极限。[29]

此外，撒切尔夫人的同僚也热衷于采取行动。外交大臣卡灵顿勋爵认为苏联入侵阿富汗向他们提出了最严峻的挑战，因为苏联可能会因此得寸进尺。同样，苏联入侵南斯拉夫后将在地中海地区占据重要位置，这可能带来具有灾难性的后果。但他还明确表示，西方将会获得不少机会。1980 年 1 月 2 日，他预测，苏联很可能会卷入阿富汗一场漫长而艰难的反暴动运动中。[30]1 月中旬，卡特写信给撒切尔夫人，表示他们应该弄清楚，就算没有对苏联进行“最严重的处罚”，苏联也不会做这种事情。[31] 几天之后，撒切尔夫人给卡特回信，向他保证“我们也在考虑采取秘密行动的各种可能性”。[32]

在该地区视察时，卡灵顿发现海湾国家处于一片混乱中，但他高兴地发现沙特阿拉伯正在与巴基斯坦联手动员穆斯林起来反抗苏联。他特别担心巴基斯坦人，他们受到驻扎在阿富汗和印度东部边境的苏联军队的压榨。巴基斯坦担心苏联突袭他们的领土。然而，卡灵顿想要开展广泛的秘密行动：“我们应该考虑在苏联控制区如也门人民民主共和国（也门）、埃塞俄比亚及阿富汗内部煽动叛乱的可行性。”此外，他还想提高情报评估报告流入海湾以及巴基斯坦等友好国家的方式，并协助它们与反颠覆运动做斗争。[33] 与此同时，内阁秘书罗伯特·阿姆斯特朗前往巴黎与英国在欧洲的盟国进行会谈。向来热衷于秘密行动的法国主张通过伊拉克把武器运过去，而联邦德国却被秘密战争的想法吓坏了。[34]

到 1 月底，卡灵顿就秘密行动提出了具体建议并对“我们需要为什么样的进一步行动准备妥当”做了概述：

> 现已经有两个想法。第一，通过秘密供应武器和进行训练向阿富汗境内的爱国者提供帮助。法国官员赞成这种做法，美国在此方面也很活跃。给穆斯林的资金已经在流转中，或许已经足够。存在的风险是苏联人会认为这是我们想奇袭阿富汗边境的借口。巴基斯坦人紧张不安，但这也可以理解。第二个想法是说服阿富汗爱国组织克服“习惯性的不团结”这一弊端。要想做到这一点，最好的方式是鼓励伊斯兰国家向统一的“阿富汗解放组织”提供支持。卡灵顿向首相解释说，开展秘密行动的目的是对阿富汗保持军事压力，向世界证明苏联人“不能

一切都按照他们的想法进行”。他承认这场战争将会持续很长时间，认为短期内苏联离开的前景“遥遥无期”。[35]

巴基斯坦充满信心，因此，1980 年年底，英国参与秘密行动的步伐加快。10 月 15 日，巴基斯坦伊斯兰共和国军政府总统齐亚·哈克在白宫拜访卡特，其间提出了“阿富汗全国抵抗运动组织获取外援这一非常敏感的话题”。齐亚意图获得更多外部援助，特别强调，他将接纳英国在该地区采取的举措。同一天，卡特请求撒切尔夫人加快步伐，强调美国人“已经活跃起来”。他表示，齐亚已经在寻求“你对其在此方面的正面支持”，并且他希望撒切尔夫人的答复能“非常直接地传达给他”。他补充道：“我让中情局局长与英方相应官员保持联系，以更加积极而切实的方式处理该问题，当然，这要取决于你在政治上的考虑。”[36]这是卡特总统任期结束前留给撒切尔夫人最后的具有实质性的启示。罗纳德·里根已经开始准备迁入白宫。

中情局与英国首相走得越来越近。1981 年 2 月 28 日，里根总统就职几个星期之后，撒切尔夫人被美国战略情报局退伍军人协会办公室授予多诺万荣誉勋章。美国战略情报局是美国中央情报局的前身，承担了第二次世界大战美国的情报和特别行动职责。艾伦·杜勒斯、理查德·赫尔姆斯、戴维·布鲁斯、约翰·麦科恩及威廉·史蒂芬森爵士也同样获此殊荣。[37]参加完在纽约华尔道夫酒店举办的晚宴之后，中情局新任局长比尔·卡西为撒切尔夫人介绍了聚集在此的美国秘密世界的老兵。在演讲中，撒切尔夫人一口气列出了曾在她称之为多诺万将军的“勇气大学”学习的学员们的名字：戴维·布鲁斯、卡尔顿·库恩、威廉·兰格和阿瑟·施莱辛格。接着，她转向卡西，继续说道：“还有什么比让在二战期间领导过战略情报局驻伦敦特别情报处的人出任中情局局长更鼓舞人心呢？”她接着谴责了苏联扩张政策的危害，并特意提到了阿富汗。[38] 撒切尔夫人喜欢在这些资深的神秘战士们面前讲话，她使用了最好的修辞，获得了震耳欲聋的掌声。在之后的几个小时里，撒切尔夫人都处于一种“兴高采烈”的精神状态中[39]。

在阿富汗战争开始的时候，军情六处享有很高的声望。它吹嘘与艾哈迈德·沙阿·马苏德之间的关系最好，马苏德是阿富汗关键的大军阀之一——一位军情六处高官声称，“我们认为，他具备成为第二个铁托的所有条件”。此外，马苏德控制着苏联物流所通过的阿富汗区域。[40] 同时，军情六处还享有让人羡慕的优势，其人员被允许进入阿富汗，而中情局官员却禁止入内，胆怯地在边境徘徊。特种空勤团 3 名间谍维护着军情六处与游击队的日常接触，他们每次在一个国家停留几周的时间。他们的经历——包括晚上躺着不睡觉，一直听着马苏德手下折磨苏联囚犯所发出的恐怖声音——这些都是原汁原味的。同时，特种空勤团并不尊重在白厅指挥他们行动的幕后人物，习惯性地称外交部的外交官是“同性恋毕业生”，并把军情六处官员当作“傻瓜”。[41]

中情局热衷于加强英国的参与度有三方面的原因。第一，英国素来对此区域十分熟悉。第二，支配其行为的法律框架限制忽然放松，特别是在暗杀领域。1975 年，当美国国会选择调查该机构试图除掉多位总理这一问题时，中情局发现自己陷入了极大的麻烦之中。第三，正如中情局所说，英国这位首相位于“匈人领袖阿提拉右边某个地方”。相比之下，水门事件之后，中情局受困于大量新的约束条件，感到烦不胜烦。然而，来自不同国家的大部分援助都经由巴基斯坦领导人齐亚将军输送到其他地方，因为他掌控着一切。

作为美国最出色的秘密特工之一，休·托瓦尔一辈子致力于为美国战略情报局以及随后的中情局工作。他回忆说，只是最近秘密行动才变成“一种垂死的艺术形式”。如今，他们重新学习这一职业。[42] 撒切尔时期给他们带来了新机遇，中情局驻阿富汗特工古斯特 · 阿夫拉托斯回想道：“英国人最终能够买到我们买不到的东西，是因为他们会冒着谋杀、暗杀以及肆意制造爆炸事件的风险。”他补充道：“他们能下发装着消音器的枪，我们不能那么做，因为消音器给人的暗示显然就是暗杀——并且，上天不容许发生汽车爆炸！我甚至连个暗示也绝不能做。”[43]

军情六处雇用了一个名为 Keeny Meeny Services（KMS）的公司提供的原特种空勤团人员。该公司起初专门服务于保镖工作，如今却经营着位于沙特阿拉伯和阿曼游击队基地的阿富汗游击队员培训学校。到了 1983 年，它同样经营着位于苏格兰的一家类似的培训阿富汗初级军官的机构，这些军官会在这里进行为期 3 个星期的学习，学习如何策划复杂行动，如何在战场上协调各个组织，并接受如何处理爆炸、伏击和袭击空军基地的相关训练。多少令人难以置信的是，他们被告知自己身处挪威。[44]

1984 年，齐亚将军向撒切尔夫人提出让媒体报道更多与秘密战争有关的新闻。在西方，对阿富汗游击队的援助已是公开的秘密，但公开秘密不是撒切尔夫人的风格。即使如此，军情六处求助于独立电视台资深记者桑迪 · 高尔，他已拍摄了一部有关游击队主题的电影，并向其转达，如果他再次访问阿富汗，齐亚将军将向其提供支持。一到那里，他发现巴基斯坦特种部队将要陪同他进入阿富汗，建议他们带上一些苏联制造的 SAM-7 防空导弹：“如果我们拍到一架苏联直升机被苏联导弹击落，那拍摄出的照片一定很精彩。”齐亚表示同意，尽管把防空导弹运送过去了，但并没有直升机被击落。当高尔返回英国后，军情六处主管科林 · 菲格斯爵士在军情六处总部的世纪大厦宴请他。[45]

在未来的5年里，英国对秘密战争的影响力下降，而沙特人、巴基斯坦人和美国人则加快了行动。在国会的敦促下，到了20世纪80年代中期，中情局在阿富汗战争中一年花费了70万美元，超过了军情六处的预算总和。此外，英国提供的武器装备遭到怀疑。英国提供的大批“吹管”（Blowpipe）单兵防空导弹连一架飞机都无法击落，游击队员们转而利用美国更有效的“毒刺”（Stinger）防空导弹来替代。在英国，适合反苏圣战者使用的古董步枪的点303弹药非常受欢迎，美国人投入市场的弹药量是5亿发，但国防部仅提供了50万发。[46]

桑迪·高尔对英国的糟糕表现感到不满。随着战争拖延，受军情六处保护的马苏德获得的物资援助越来越少。与此同时，中情局支持了一位更有势力的政治人物古勒卜丁·希克马蒂亚尔。当护送高尔进入阿富汗的一位小组成员、原特种空勤团士兵在前去见马苏德的途中遇害时，希克马蒂亚尔被认为是凶手。[47]正如战时的南斯拉夫一样，阿富汗国内不同组织之间的派系斗争十分严重，其中有些是克格勃背地里巧用代理人挑起的。到了1983年年初，苏联训练了约80支游击部队，伪装成中情局支持的圣战游击队混淆视听。令军情六处恼怒的是，中情局后来承认支持了错误的人[48]。20世纪90年代初期，苏联从阿富汗撤军后，希克马蒂亚尔和马苏德之间展开了一场激烈的内战。

玛格丽特·撒切尔同样不反对在阿富汗以外的地方开展秘密行动。她找来特别顾问、智囊团及策划者，他们在意识形态上更合她的胃口，这显示了她对公务人员尤其是外交官的厌恶[49]。外交政策制定方面尤其如此，出现了大量智囊新面孔，下定决心要使“冷战”愈演愈烈。最让他们感到沮丧的问题之一是卡拉汉政府已经关闭了负责开展宣传和政治斗争的情报分析部。他们确信该部门一定能够再次复苏，更为重要的是，他们——而不是公务员——将控制该部门。[50]

撒切尔夫人对有想法的人十分感兴趣，她吸引了很多思想家。苏联持不同政见的小说家亚历山大·索尔仁尼琴及其有关苏联政权本质的写作内容对这位西方领导人的思想产生了极大的影响。[51]乔治·乌尔班是撒切尔夫人典型的新“冷战专家”。1981年2月，他正在忙于为撒切尔夫人写一篇关于振兴情报分析部的文章，并呼吁英国与苏联打一场信息战。乌尔班在日记中高兴地写道：“假如外交部的人看到，他们肯定会受打击——因为这与稳重的政府行事风格完全不符。”他写道，但这将会是额外奖励，因为首相“对外交部提的意见持怀疑态度。”[52]

乌尔班陈述的完全是一套以西方的意识形态反击苏联的方法。他悲叹于西方在面对一个表面上似乎不可阻挡的对手时表示出的失败主义理念，他强调说，在情报政策方面，这一理念享有极权主义在战争中的所有优势。相比之下，“我们遭受处于和平状态中的议会民主秩序的各种限制”。但是，他补充道，“我们可以反击”。乌尔班提倡“把公开行动和秘密行动结合起来”。这一新计划将包括“自由电台”，类似于中情局的自由欧洲电台，但传播到诸如安哥拉、厄立特里亚和阿富汗等国家。他主张通过隐藏身份的黑电台秘密地在乌克兰、波罗的海诸国以及苏联的亚洲中部地区等地进行广播，同时向这些地区的地下反抗组织提供“情报和财政支持”。他坚称，在这场新的秘密斗争中，英国而非美国应该起带头作用，因为尽管罗纳德·里根受到欢迎，是美国复苏的象征，但华盛顿并未从“水门事件和越战的创伤和痛苦”中走出来。[53]

作为一名特种战争的长期爱好者，朱利安·埃默里是撒切尔夫人开展秘密工作最重要的间谍之一，是撒切尔夫人本人在“比内俱乐部”的私人使者[54]。整个20世纪70年代，埃默里一直梦想着“击退铁幕”，如今，“有一个守口如瓶、洞察力强的主演阵容”，他发现自己成了有影响力的人物。数十年来对苏联实行缓和政策的外交部官员们发现一切都是不切实际的，并听任英国在世界不断走下坡路。对于他们而言，埃默里及其异想天开的“国际战略”游戏似乎仅仅是许多“逃离现实者”中的一个。但事实上，私掠者已发现，苏联这座大厦正在坍塌，他们得到了唐宁街10号的重视。[55]

引人注目的是，撒切尔夫人将“自由”付诸实施。军情六处和中情局齐心协力支持波兰团结工会运动，秘密为其融资。有先见之明的记者蒂莫西·加顿艾什评论说，如果波兰团结工会运动将发生于苏联集团内部而不会引起诸如1968年苏联红军入侵捷克斯洛伐克那样的后果，那意味着共产主义运动实际上已经结束了。他的判断是正确的，他大概是第一个预料苏联终将解体的备受瞩目的公众评论员。[56]1984年5月，撒切尔夫人访问匈牙利，使尽浑身解数拉开中欧和东欧国家的距离。在匈牙利，她用了解放这一古语——提起“被俘掠的东欧国家”。[57]

撒切尔夫人对于秘密的热爱反映在对公开揭露秘密的强烈嫌恶上。最重要的是，她讨厌公开谈论间谍活动，在她担任首相期间，作家、记者以及撰写回忆录的原情报官不断揭露官员们的隐私，她经常被这些嘈杂的对抗打断。然而，在她的任期开始后，公开政府的提倡者不会因他们的乐观而被原谅。1979年11月，电台记者、BBC广播4台《同一个世界》（The World at One）节目制作人安德鲁·博伊尔出版了新书《背叛之风》。书中直接指出安东尼·布朗特就是“第四人”，详细地讲述了布朗特与更引人注目的盖伊·伯吉斯之间的密切联系——尽管因担心触犯诽谤法，作者并未对其指名道姓。原本是一位受人尊敬的“王国骑士”、女王的私人艺术顾问，如今，布朗特被公开为是卖国的“剑桥五杰”的另一位关键成员，该组织还包括菲尔比、麦克林和伯吉斯。这不仅在社会上让政府感到难堪，也使其在政界十分窘迫；而且令人愉悦的英国特色——情报机构再次局促不安起来。[58]

撒切尔夫人的 5 位前任成功地避免了布朗特这个发着嘶嘶声的定时炸弹爆炸。如今，她面对外界呼声，不得不对身处保守党的前首相亚历克・道格拉斯－霍姆解释为何在 1964 年批准不予起诉布朗特的秘密协定。1979 年 11 月，在向下议院发表的一篇长篇声明中，撒切尔夫人打破传统。历史上，对于情报问题，英国首相都采取“少说为妙”策略。她违背本能，不顾内阁办秘书长的劝阻，披露了大量有关布朗特的事情，她认为完整地叙述事情原委就能够就此打住。[59]下议院的旁听席上坐满了人，首相身体向前倾——伊恩・高把她的这一姿势称为“蓝彼得姿势”——毫无保留地回答了许多问题。[60]

这仅仅会导致在媒体之间激起日渐增长的“间谍狂热”情绪。1981 年 3 月，明显令撒切尔夫人感到沮丧的是，她又一次被迫就克格勃特工问题向下议院做完整陈述。这一次的起因是查普曼・平彻出版了新书，书中错误百出且耸人听闻地指控原军情五处主管罗杰・霍利斯自 20 世纪 40 年代开始直至 1965 年退休期间一直都是苏联人的间谍。[61]原内阁办公室秘书长伯克・特伦德退休后又被请出调查此事。撒切尔夫人公开宣称已查明霍利斯是清白的，但平彻坚称，一年后，英国催促最亲密的盟友实施损失评估。到 1982 年，撒切尔夫人就安全问题向下议院做令人不适的陈述似乎已经变成了每年的例行公事。在这一年，她详细陈述了间谍杰弗里・普赖姆潜藏在政府通信总部里一事[62]。

这些事情并不意味着政府对军情五处和军情六处直言不讳的新

世纪到来了。恰恰相反，撒切尔夫人是秘密的忠实守护者，一如既往地试图扼杀关于情报问题的公开辩论：在 900 多页的回忆录里，她几乎只字未提该问题。[63] 她不仅禁止出版两本以战时情报为主题的官方历史书籍，还频繁地利用 1909 年《官方保密法》恫吓那些泄密者。[64] 在撒切尔夫人上任之前，白厅就考虑对已经过时的《官方保密法》进行改革，然而在撒切尔夫人执政的前 5 年里，她每隔 18 周便会搬出该法案。鉴于在《官方保密法》立法后的前 70 年里平均每两年才会使用一次，因此撒切尔夫人的做法令人震惊。在撒切尔夫人任职期间，11 名公务员遭到起诉。[65]

撒切尔夫人对秘密的痴迷简直就是传奇。最著名的事件是她用 10 年时间的努力来打压来源不可靠的秘密的传播。1984 年，已退休的原军情五处副主管彼得 · 赖特决定在塔斯马尼亚岛上的种马场写回忆录。由于身体状况不佳，他的回忆录是由保罗 · 格林格拉斯完成并扩充的。保罗 · 格林格拉斯是格拉纳达电视台《世界动态》（World in Action）系列节目的制片人，也是后来的《谍影重重》三部曲的导演。出于安全考虑，赖特的回忆录将由海涅曼出版公司悉尼办公室出版。1984 年 7 月，赖特出现在《世界动态》纪录片当中，整个白厅一片恐慌。由于赖特在英国管辖权范围以外，所以其出现在纪录片中引发了关于如何让他闭嘴的激烈辩论。赖特曾是军情五处杰出的情报工作者，曾与来自美国、加拿大和澳大利亚的反情报精英团队开展过合作，他们合作的项目保密性如此之高，以至于西方情报界大多对此一无所知。[66]

赖特不够完善的回忆录《抓间谍者》（*Spycatcher*）之所以遭到唐宁街的斥责，主要有以下几个原因：第一，尽管这本书表面上是写军情五处，但其中一些最为敏感的秘密涉及政府通信总部，即布莱切利园译码员的继承者。政府通信总部或许是英国政府最后一个真正秘密的方面。在撒切尔时代，其实际规模——比军情五处和军情六处规模之和的两倍还多——甚至对英国内阁也没有公开。[67]第二，该书破坏了保密机关从业者不应写作回忆录的惯例，因此赖特的做法引来了一大批争相效仿的人。第三，该书又翻起了旧账。在3年前查普曼·平彻恶意指控罗杰·霍利斯是苏联间谍时，撒切尔夫人力图打压此事——事实上，赖特是向平彻提供内幕的主要来源，这样平彻才能出版有关间谍的大量出版物。第四，该书引发了新一波有关其他间谍的谣言，包括撒切尔夫人身边的一些人，例如维克多·罗斯柴尔德。[68]

撒切尔夫人派内阁办秘书长罗伯特·阿姆斯特朗向新南威尔士州最高法院提供证据。这是史无前例的，要求内阁秘书长做这样的事情，简直匪夷所思。与撒切尔夫人关系本就紧张的阿姆斯特朗显然十分有压力。在希思罗机场，面对媒体的追问，他竟然“用公文包猛烈攻击摄影师，并把其中一人推到墙上”。后来，在澳大利亚律师的强烈抨击下，他崩溃了。他否认英国存在军情六处这一机构，随后讨论了该机构负责人迪克·怀特的角色。他承认，在赖特的书出版之前，英国政府就已暗中获得了副本，并承认英国政府“隐瞒了事实”。之后，他遭到法官、媒体和公众的嘲笑。[69]

英国议会一片哗然。自由党领袖戴维·斯蒂尔形容阿姆斯特朗是政府的“垃圾经营者”，明显肩负着一个与意识形态有关的使命，破坏了其政治中立原则；如今，他成了“次品”。[70]这场审讯花费了英国纳税人超过300万英镑。令人惊讶的是，撒切尔夫人忽略了媒体评价，而是向她的核心集团称赞阿姆斯特朗“做得很好”。无论她是赢还是输，撒切尔夫人认为提起诉讼才“意义重大”——或许是对保密思想的一种表达。主要目的是制止从前在保密机关工作过的人员在公共领域“不停争吵”或试图“以此牟利”。[71]

讽刺的是，对《抓间谍者》一书的禁令反而使彼得·赖特大赚了一笔。尽管位居《纽约时报》畅销书之首，但在英国该书依然被禁，法院向各家报纸下达言论禁制令，禁止它们报道该书内容。在剑桥市场里，一个有胆量的摊贩免费赠送《抓间谍者》，前提是人们买一张 10 英镑的明信片。茫然的警员在一旁看着，但认为这种做法是合法的。如此荒谬的言行把法律当傻瓜，一本大多数内容在讲很久以前的故事而且还存在某些不准确表达的书，得到了源源不断的宣传。1988 年 10 月，上议院高等法官最终做出判决，赖特的书在国外出版使得法院下发的禁令毫无意义。但是，撒切尔夫人并不放弃，于 1989 年推出了严厉的新《官方保密法》，明确禁止情报和安全机关的老雇员或现任雇员在披露事实时索取公众利益。[72]

1982 年 3 月初，南大西洋正上演着一场喜剧。它与马尔维纳斯群岛的属地南乔治亚岛有关。它是一个殖民地中的小殖民地，欧内斯特·沙克尔顿正是从该岛离开前往南极探险。阿根廷声称对南乔治岛和马尔维纳斯群岛拥有主权，一些阿根廷做废金属生意的商人曾出现在南乔治岛并升起阿根廷国旗，给他们带来了麻烦。弗利特街的记者发现整件事非常可笑，称蹩脚的入侵者为“拉丁的斯特普托”。[73]

伦敦或许充满了欢声笑语，但阿根廷首都布宜诺斯艾利斯却陷入恐慌。几个月以来，阿根廷法西斯军政府一直在秘密策划，将于 1982 年秋天对马尔维纳斯群岛进行突袭。但如今，由于害怕暴露，他们撞坏了传动装置。3 月 23 日，军方获知他们没有 6 个月的时间准备，只有 6 天。即将在马尔维纳斯群岛出任阿根廷新一届政府领导人的高级军官在行动的前一天才得知自己担任的角色。值得注意的是，阿根廷进攻马尔维纳斯群岛不仅让英国感到意外，多数参与其中的阿根廷军官也没想到。这也就有助于解释为什么英国情报机关没注意到阿根廷的入侵准备工作，因为只有极少数人能看到。

尽管如此，英国情报机关还是失败了。他们记得每隔半年就会被问及阿根廷入侵马尔维纳斯群岛的可能性究竟多大，而情报评估人逐渐认为这从本质上说不太可能。他们还基于逐渐升级的局势，开发了一个固定的模型，有关马尔维纳斯群岛会以何种形式爆发战争。在 3 月 27 日至 28 日这个周末，英国驻阿根廷大使被阿根廷人告知南乔治亚岛问题已经“结束”了，以后不再做进一步讨论。伴随着这一不祥征兆的事情还有阿根廷驻世界各地大使馆统一被取消休假。所有这些活动都受到政府通信总部的监视，而联合情报委员会仍未想到南乔治亚岛危机将会对马尔维纳斯群岛造成直接影响。[74]

玛格丽特 · 撒切尔证明了自己是一位优秀的情报分析专家。正如我们所看到的，军情六处和政府通信总部坚持着他们的长期惯例，为唐宁街精心挑选原始情报。这使得撒切尔夫人像丘吉尔那样，对原始情报做“DIY 分析”。当她和外交大臣卡灵顿勋爵看到从南乔治亚岛截获的原始情报资料时，直觉告诉他们这意味着大事不妙。3 月 28 日星期天晚间，他们通过安全的防窃听电话讨论这一问题，决定立即派 3 艘核潜艇开赴南方。值得称赞的是，大概 3 天的时间，核潜艇抵达，就在此时军政府突然决定进攻马尔维纳斯群岛。

3 月 31 日星期三，政府通信总部最终获得了阿根廷即将发起进攻的明确信号。乘坐“圣达菲号”潜水艇的阿根廷突击侦察队在鲻鱼湾登陆马尔维纳斯群岛。这意味着唯一一件事——进攻越来越近。这条情报被火速发给内阁办公室。此外，政府通信总部也检测到无线电通信急速上升，暗示着一支舰队正在马尔维纳斯群岛集合。星期三傍晚，国防情报处一个小组来到下议院国防大臣约翰 · 诺特的办公室向其汇报工作。查看了一系列拦截的情报信息，显然，阿根廷计划于 4 月 2 日星期五早上攻击马尔维纳斯群岛。诺特要求立即见首相，与此同时内阁大臣和常务次官也聚集在首相办公室，召开了一场非正式会议，以商讨第一时间应如何反应。撒切尔夫人回忆道，政府通信总部提供的材料令人叹服，而且“没理由质疑这份情报”。[75]

会议快结束时，第一海军军务大臣亨利·利奇身穿军礼服现身。撒切尔夫人回想起来，觉得这件原本黑暗的事情此刻却显得有些“喜剧色彩”。利奇以“极其自信而确定”的语气报告说英国很多海军舰队恰巧正在直布罗陀海峡进行演习。在一个星期内派一支大型特遣部队前往南太平洋是有可能的，并且他预测，阿根廷人一看到英国皇家海军旗就会赶快逃跑。他的请求会得到批准吗？撒切尔夫人明显松了一口气，当即表示同意。她清楚，政府陷入了严重的麻烦之中，大臣们在随后将要举行的紧急辩论中也一筹莫展，无法消除政府无能的总体印象。许多人推断，如果当时没有做出派出特遣部队的冒险决策，那么撒切尔政府将无法存活。[76]

同一天，撒切尔夫人奋笔疾书写信给罗纳德·里根，询问他是否从美国国家安全局收到了同样的情报。暗藏在这一明显天真的询问中的是白厅的担心，担心身在众多美国机构之一的某个人或许察觉到了阿根廷发动进攻的迹象，但却没有把迹象告知英国。玛格丽特·撒切尔在内阁办公室里的情报协调人安东尼·达夫对此感到“愤怒”，他不得不花时间避开这类建议，有些是经验丰富的资深情报官提出来的，他们无法相信美国配备大量监视卫星的庞大舰队在阿根廷军队集合时没有发现端倪。在入侵结束后的这个月，中情局副主管博比·雷·英曼发表了一个公开否认声明。[77]

3 月 1 日星期四，卡灵顿勋爵到唐宁街 10 号见撒切尔夫人。当他朝着她的办公室走去时，向其新闻秘书伯纳德·因厄姆发出了“拇指朝下”的暗号，表达了自己想要辞职的愿望。[78]卡灵顿觉得自己不得不离开，部分原因在于情报失察，因为外交部主持联合情报委员会工作，并且还指挥着英国两个对外情报机关即政府通信总部和军情六处。4 月 5 日，他在“1922 委员会”遭到后座议员的冷遇，吉姆·普赖尔形容这简直可以说是“纯粹的仇恨”，他最终离开了[79]。这使他“非常难过”。卡灵顿是个极出色的外交大臣，但由于他不是议员，下议院几乎没人认识他。撒切尔夫人考虑让喜欢冒险的朱利安·埃默里代替他，但最终选择由弗朗西斯·波姆接替卡灵顿在外交部的职务。[80]

4 月 2 日一大早，内阁大臣们就接到电话通知前往唐宁街 10 号参加特别会议。他们多数人不清楚发生了什么事，并“对此感到意外”——有人乘坐家庭地铁抵达，有人骑着自行车赶来。[81] 当时还是初级大臣的肯尼思·贝克回想着说：“唐宁街 10 号没有危机感，而且玛格丽特非常冷静。”那天，贝克在唐宁街 10 号安排了午宴，午宴上，首相将会见 4 位实业家和 4 位专业学者，一起讨论技术培训事宜。他期望这场会面取消，然而事与愿违，会面如期进行。然而，首相问他们是否介意她提前一会儿离开，她一边从座位上起身一边说道：“我必须粉碎谣言，澄清事实。”[82] 到了 4 月 3 日，显然，阿根廷军队分批牢牢占领了马尔维纳斯群岛[83]。

很快，由国务卿亚历山大·黑格带领焦急的美国代表团进入了唐宁街 10 号那扇著名的黑门。与许多人一样，黑格坦白表示很“惊讶”，美国电子眼和电子耳事先并没有发现阿根廷攻击马岛的迹象。尽管华盛顿最初的立场保持中立，黑格试图效仿“穿梭外交家”基辛格的做法，但美国情报界早已暗地里表示赞同英国了。当美国驻联合国大使珍妮·柯克帕特里克告诉美国国家安全委员会说支持阿根廷对保障美国安全至关重要时，中情局副主管博比·雷·英曼却回应说柯克帕特里克胡说八道——在里根总统面前搞阴谋。一个星期之后，当军情六处官员访问位于弗吉尼亚兰利市的美国中央情报局总部时，他们发现走廊里装饰着英国国旗，一瞬间他们热泪盈眶。[84]

几乎正好过了一个月，最具争议性的战争行动发生了。5 月 2 日，阿根廷“贝尔格诺将军号”巡洋舰在位于英国宣布的马岛禁区外被英军“征服者号”攻击性核潜艇击沉。“贝尔格诺将军号”巡洋舰的主要威胁是其强大的雷达，而驱逐舰携带着致命的“飞鱼”导弹，因此对英国特遣部队构成了极大的危险。在指挥官克里斯托弗·里福德－布朗的指挥下，“征服者号”攻击性核潜艇尾随“贝尔格诺将军号”巡洋舰，而且海军上将要求改变交战规则：巡洋舰在禁区范围之外但构成安全威胁时，允许英军核潜艇对其发动攻击。经过一番辩论，战争内阁于上午 10 点批准改变交战规则。副首相威利·怀特洛提出了一个关键问题：如果“征服者号”仅仅被要求暂时尾随“贝尔格诺将军号”，那它能保证保持联系吗？由于天气恶劣，他得到的答案显然是“不能”。即使当这场激烈的讨论仍在进行中且内阁并不知情时，“贝尔格诺将军号”巡洋舰改变了航向，开始缓慢地呈“之”字形掉头离开了马岛。到了下午 1 点 30 分，英军“征服者号”攻击性核潜艇浮出水面，并收到了允许进攻的卫星信号。[85]

里福德－布朗选择了二战时所用的“MK8”鱼雷，“征服者号”逐渐移至距离“贝尔格诺将军号”约两英里的位置。在最后一刻，里福德－布朗觉得自己判断失误了，但经过几秒钟的犹豫，他命“征服者号”发射了 3 枚鱼雷。过了不到一分钟，第一枚鱼雷只击中“贝尔格诺将军号”船头的前炮塔。火光冲天，爆炸几乎炸掉整个船头。当第二枚鱼雷击中船身时，“贝尔格诺将军号”已经在劫难逃了。第三枚鱼雷也击中了目标，但并没有爆炸。“贝尔格诺将军号”在禁区 30 英里以外的地方沉没，386 名阿根廷海员阵亡。第二天，阿根廷所有海军舰船被召回到距海岸数英里处。

“贝尔格诺将军号”事件的一切都与信号情报和实时情报有关。“征服者号”攻击性核潜艇上的官员们对政府通信总部发来的大量秘密资料感到高兴。“显然，即使不是所有，我们也能够截获敌人的大量情报”，他们其中一人在日记中记录并补充道：“切尔滕纳姆的孩子们知道自己的本事。”但与此同时，他们认为，苏联很可能会向阿根廷人传递信号情报和图像情报。所以，为了避免被觉察，他们只能在苏联卫星从头顶飞过期间浮出水面，接收从伦敦发出的信号情报。更糟糕的是，“征服者号”攻击性核潜艇的一根通信桅出现故障，所以其信息是由新西兰发送出去的，而非直接发往伦敦。所有这一切对一连串事件产生了影响。[86]

玛格丽特·撒切尔因允许在禁区范围以外发起进攻而受到严厉的批评。然而，如今看来，伦敦在“贝尔格诺将军号”巡洋舰改变航线之前，收到了与此次颇具争议的袭击行动有关的关键信号情报。事件在很大程度上是由政府通信总部截获并读取的阿根廷海军一系列信号决定的。5 月 1 日，阿根廷海军被命令查找英国特遣部队的位置，并发动“大规模进攻”。“贝尔格诺将军号”奉命向南方航行，进入禁区。警报信号被政府通信总部拦截，影响了政府审议的意见。不久之后，战争内阁在契克斯首相别墅开会，授权对“贝尔格诺将军号”巡洋舰发起具有争议性的进攻。尽管在此时，它仍然位于禁区范围之外，但显然对英军构成了严重威胁。后来，新截获的一批信号情报显示阿根廷军事首领改变了想法，并命令“贝尔格诺将军号”反航线航行。但新情报没有被处理，直到第二天才被送往伦敦。因此伦敦方面也没能直接与潜艇取得联系。许多人断言撒切尔夫人采取此次行动的目的是“破坏”受美国支持的秘鲁和平计划，但如今看来似乎很明显，“贝尔格诺将军号”被击沉是出于操作性原因而非政治原因。[87]

由于阿根廷海军正在执行任务，所以英国特遣部队面临的最大威胁是其空军力量。配备法国制造的极其有效的“飞鱼”导弹，阿根廷飞行员有很好的机会摧毁特遣部队，英方紧张地要降低这一威胁的影响。一支特种空勤团侦察队被派往阿根廷监视其飞机跑道，并在敌机起飞时发送一条警报信号，而英国说服法国交出了“飞鱼”导弹的技术参数。最为重要的是，军情六处发动了几次行动，阻止更多导弹投入公开市场，因为法国向世界各国政府出售了百余枚“飞鱼”导弹。

最新情报显示，阿根廷人“只有两三枚‘飞鱼’导弹仍然可使用”。然而，力挽狂澜者来自外部。据说在4个星期内，“发货量”总数或许将升至多达10枚。[88]最令人担心的是从法国运往阿根廷的盟国秘鲁的一批“飞鱼”导弹。撒切尔夫人警告法国总统弗朗索瓦·密特朗，这批货可能转到阿根廷，并补充道，这将“对英法两国关系造成毁灭性的影响。的确，总的来说，这将对英法联盟造成灾难性的影响”。密特朗让她放心，这批导弹不会运到秘鲁。

5月4日，“贝尔格诺将军号”被击沉后的两天，英军“谢菲尔德号”导弹驱逐舰被“飞鱼”导弹击沉。此时，对其他“飞鱼”导弹的担心变成了恐慌。法国已经向许多国家提供了这种导弹，而且军火商清楚眼下“飞鱼”导弹供不应求。军情六处和世界各地的特种部队被要求找出更多货物，据说这些货物正在被运往以色列、南非及利比亚——这些国家全都被怀疑向阿根廷提供援助。英国计划采取猛烈行动，并要考虑此举在法律上的立场。检察总长迈克尔·哈弗斯建议：“阿根廷人获得更多空对海导弹再补给的风险，证明我们考虑的预防措施是合理的——即使是最奇特的做法——或许会被认为更适合出现在007系列电影里！”他暗示说，英国特工能够在途中抢劫任何货机。哈弗斯承认，这是一场“肮脏的交易”，但觉得这或许是英国为拯救特遣部队不得不付出的代价。很快，有关伊朗和利比亚可能通过巴西向阿根廷出售导弹的情报报告大量涌入唐宁街。在巴西东北部城市累西腓，英国空军武官发现一架疑为波音 707 的飞机，因为这架飞机运载着“飞鱼导弹”形状的集装箱。英国为在巴西国土偷袭一架飞机所付出的代价感到苦恼，但考虑后觉得在促进英巴两国关系的背景下此举风险过大，于是决定泄露消息，目的在于反过来让巴西承受媒体的压力。[89]

对“飞鱼”导弹开展的秘密战争最终将取得胜利，部分原因在于军情六处设计了圈套，由汉堡特工安东尼·迪瓦尔执行。他乔装成军火商并携带了 1600 万英镑的支票，诱使阿根廷武器买家相信他能够提供 30 枚“飞鱼”导弹。当 1982 年 6 月 14 日英国国旗在斯坦利港升起时，这些导弹仍未交货。[90]尽管法国总统密特朗亲自保证货物不会运往秘鲁，但伦敦依然怀疑法国的动机。有报道称，法国达索飞机制造公司的民用工程技术人员已飞赴阿根廷，就签订的导弹发射协议向其提供技术支持。事实上，法国对外安全局特勤处以暴行而出名。此时，它正忙于为英国利益而行动。几位代表阿根廷贩卖武器的军火商被法国间谍清算，他们消灭麻烦的军火供应商的传统历史悠久，可追溯至阿尔及利亚战争时期。军情六处驻巴黎情报官十分惊讶，他们回忆道那是他们职业生涯中最美好的时刻——他们唯一一次真正获得了杀人执照。[91]

玛格丽特·撒切尔说话算话。她告诉密特朗，未来的英法关系取决于这一问题，法国人履行了承诺。她对法国的看法发生了转变。1984 年，她批准建设英吉利海峡隧道，而迄今为止她依然抗拒此事。令她感到愤怒的是，起初美国人试图扮演一个调解人的角色，在马岛问题上寻求一个折中的方法。相比之下，法国却立即向英国伸出援手。忠诚是撒切尔夫人最为珍视的品质，而且令她感到异常惊喜的是，事实证明，密特朗是“我们的人”。[92]

1985 年年末，一架皇家空军直升机俯冲低飞掠过蒙克顿堡。这是一个位于英格兰南部沿海戈斯波特附近的前拿破仑一世时期的战争防御处，如今是军情六处的培训中心。中情局局长比尔·卡西坐在这架直升机里，在下面等候他的人是军情六处主管克里斯托弗·柯温，此行正是柯温邀请卡西共进午餐。在这场令人难忘的聚会上，重要客人并非卡西，而是一位名叫奥列格·戈尔季耶夫斯基的克格勃情报员。戈尔季耶夫斯基有可能是英国情报机关招募到的最重要的特工。[93]这次聚会更加引人注目，因为戈尔季耶夫斯基刚从克格勃的魔掌死里逃生。军情六处的危险行动得到了玛格丽特·撒切尔本人的亲自批准，该行动将挽救戈尔季耶夫斯基，使其免受莫斯科的审问，而且一旦落入克格勃执行死刑的射击队手中，他几乎必死无疑。[94]

在瑞士日内瓦举行的重要峰会即将召开，戈尔季耶夫斯基为卡西提供了一个洞察苏联想法的绝妙见解。他告诉卡西，苏联国家领导人米哈伊尔·戈尔巴乔夫特别害怕美国的“星球大战”反导弹技术，为了阻止美国防御技术的进一步发展，莫斯科愿意大幅度削减武器库存。此外，戈尔季耶夫斯基还给卡西看了他获得的数百页苏联文件，这些都是他自己辛苦拿到的。这一情报资料将使里根及其国务卿乔治·舒尔茨清楚自己在此次峰会上的立场。同时，它还提高了英国情报机关在美国人心目中的声望，进而提高了英国首相的威望。美国人对英国人所取得的成就感到惊讶。[95]

20 世纪 80 年代是世界顶级间谍辈出的十年。中情局从苏联总参谋部吸收了一名高级军官，该军官向他们提供了有关苏联领导层的一手情报资料，而与此同时，波兰外交官理夏德·库克林斯基则使中情局在“波兰团结工会事件”中占据有利的地位。克格勃尚未渗透里根的核心集团，但它招募的特工能够接近美国海军通信系统并了解其行动。[96]此外，克格勃还吸收了中情局对苏反情报处负责人奥尔德里奇·埃姆斯和美国联邦调查局资深反情报官员罗伯特·汉森，汉森将美国情报机关有关戈尔巴乔夫的绝密情报评估报告泄露给苏联。这使得苏联能够在保护他们自己的间谍的同时，结束西方间谍在苏联的许多秘密行动[97]。

然而，20 世纪 80 年代最重要的间谍由军情六处指挥。1963 年，奥列格·戈尔季耶夫斯基于加入克格勃，后来被派往丹麦。1968 年苏联入侵捷克斯洛伐克使他梦想破灭，随后他在哥本哈根一家壁球俱乐部里偶遇了军情六处驻丹麦负责人罗伯特·布朗宁，并被其策反。20 世纪 70 年代，戈尔季耶夫斯基成为军情六处吸收的明星成员，但在 1982 年，当他成为克格勃驻伦敦的高级官员、管理着几十名苏联特工及其行动时，他的价值变得不可估量。后来苏联派到伦敦的多名关键情报人员，包括军事情报主管在内的人遭到驱逐。1983 年，西方国家宣布超过 100 名苏联情报官不受他们的欢迎，其中许多人是戈尔季耶夫斯基辨认出的。克格勃疯狂地寻找其队伍当中的间谍。

戈尔季耶夫斯基解释了苏联核心集团的运作方式，他不仅提供了极好的文件，而且通过破译用稀奇的“克里姆林宫语”所写的文件为他们进行了翻译。[98]他最显著的贡献是通过提醒西方注意克格勃“瑞安行动”避免了一场可能发生的核对抗。起初，“瑞安行动”令人匪夷所思，以至于让他的军情六处联络人不清楚这是怎么回事。“瑞安行动”开始于 1981 年 5 月，当时，列昂尼德·勃列日涅夫接见包括尤里·安德罗波夫在内的克格勃领导人。他们对罗纳德·里根当选美国总统深感震惊，担心他会加速推进核计划，于是他们同意发动“瑞安行动”，以收集他们认为与里根的核导弹进攻计划有关的一切情报。在此领域的许多克格勃官员认为这些担心未免有点儿夸张，虽然如此，他们还是精力充沛地加入了情报收集行动。

1982 年 5 月，安德罗波夫卸去克格勃主席职务，转到苏共中央政治局任职，“瑞安行动”的速度放缓。但 1982 年 11 月，当安德罗波夫接替勃列日涅夫成为苏联共产党总书记时，“瑞安行动”再次加快步伐，东欧情报局参与到这些工作当中。美国决定在欧洲部署“潘兴Ⅱ”战术导弹，但由于其飞行时间很短，并不能让莫斯科消除疑虑。在 20 世纪 80 年代初的几年里，克格勃情报负责人被要求寻找美国即将发动第一次进攻的证据。1983 年秋天，北约“优秀射手”演习提供了证据，这在莫斯科引起恐慌。苏联的惊慌失措并非伪装：自古巴导弹危机以来，世界比以往任何时候离核大战更近了。里根发现这些事件“恐怖至极”。[99]

“优秀射手”是北约每年例行在联邦德国举行的指挥部演习，并且每次都能平安无事地圆满完成——或是看似如此。几个月后，玛格丽特·撒切尔获知，偏执的苏联差点引发了一场核战争。几十年来，莫斯科的领导人们越来越担心西方利用核武器对其进行偷袭。他们引进了精心制作的预警措施，包括原始的计算机模型，该模型的结构极其复杂，他们逐渐开始相信自己的理论。作为一名原克格勃官员，安德罗波夫相信，“优秀射手”军事演习很可能是西方发起进攻的掩护。奥列格·戈尔季耶夫斯基是这些可怕情报的主要来源，该情报反映了莫斯科此时的思想状态。[100]

在内阁办公室，评估人员意识到，在这场危机期间，苏联携带核武器的轰炸机实际上已在民主德国的飞行跑道上准备起飞。57 岁的哈利·伯克是政府通信总部中一名资深的苏联情报分析师，他也是第一个注意到莫斯科的指挥与控制网络有明显异常的人。伯克拥有 30 年监视苏联军方行为的经验，他感觉有些事情不太对劲。但玛格丽特·撒切尔是通过逐字查看戈尔季耶夫斯基的证词，才警觉现状的真正严重性。[101] 戈尔季耶夫斯基的情报说服撒切尔夫人不得不试图让美国人延缓其“星球大战”反导弹计划，该计划使整个东欧集团承受巨大的压力。它最终有助于说服里根总统不顾政府当中鹰派的反对在战略上加速军备限制谈判。撒切尔夫人回想道，她下定决心在这些事情上保持“严格的个人控制”，她还补充说：“内阁里和稀泥者靠不住。”[102]

这一插曲还改变了伦敦的战略思想。对撒切尔夫人而言，它使英国确认自己必须一马当先。当她认为里根的直觉是正确的时候，他的策略却被认为不当，甚至危险——在与戈尔巴乔夫的一次关键会面之前，他甚至建议撒切尔夫人阅读汤姆·克兰西写的惊险小说《赤色风暴》，以洞察苏联人的想法。[103] 西方不得不越过“邪恶帝国”的言辞，找到与新一代苏联领导人交流的方法。戈尔季耶夫斯基亲自帮助撒切尔夫人扶持米哈伊尔·戈尔巴乔夫上台，从而再次证明了他的重要性。戈尔季耶夫斯基的情报通知撒切尔夫人于 1984 年 2 月 9 日前往莫斯科参加安德罗波夫的葬礼。她对年老而衰弱的继任者康斯坦丁·契尔年科并没有留下什么印象，但开始对戈尔巴乔夫产生好感，并邀请其访问伦敦：“我之所以发现他，是因为我当时正在寻找一个像他一样的人。”她又说，他“显然是苏共中央政治局受教育程度最高的成员”，“当他的名字在苏联报告中被提到时我就开始特别注意他”。[104] 在随后的会议上，撒切尔夫人总是能从戈尔季耶夫斯基准备的夹带纸条中了解情况，她曾 4 次亲自会见戈尔季耶夫斯基。[105] 在短暂的时期内，他处于一种奇怪的位置：在戈尔巴乔夫和撒切尔夫人会见前，分别为两人准备简报摘要。[106]

“瑞安行动”强调了秘密情报的重要性，它被政府首脑视为现实活动的一扇窗口。1982年年末，苏联的一些官员对其领导人的偏执活动十分担心，以至于他们私下里试图提醒西方做好防备。外交部计划参事室负责人、能说一口流利俄语的苏联问题专家乔治·沃尔登曾访问莫斯科，并与苏联科学院美国研究所所长格奥尔基·阿尔巴托夫博士交谈。阿尔巴托夫费尽力气地使沃尔登相信，莫斯科对里根说话的语气颇感惊惧，“不稳定的风险正在加剧”。沃尔登注意到，“他似乎急于表现得令人信服”。但沃尔登认为，阿尔巴托夫“是一个笨蛋”，“一个不知疲倦的宣传者和假情报的散布者”，所以他并没有太在意阿尔巴托夫的话。阿尔巴托夫请求沃尔登把他的话带给卡灵顿和撒切尔夫人，但沃尔登“并没有多想，也没有那么做”。犬儒主义的程度如此之高，以至于连简单的外交沟通都变得不可能，而且只有最佳情报才能够刺穿帷幕。[107]

1985年5月22日，戈尔季耶夫斯基突然接到让其返回莫斯科的命令。他被关在莫斯科郊外克格勃的一座大楼里，一个苏联情报小组给他下药并对其进行审问。尽管审问持续了大约5个小时，但他拒不承认。显然，克格勃掌握的信息相对较少，审问无法继续进行下去，并且这个案子充满了不确定性。戈尔季耶夫斯基最终获释，但被告知他具有重大嫌疑，将再也不能前往国外工作了。克格勃希望戈尔季耶夫斯基此时能走错一步，于是密切监视着他，但戈尔季耶夫斯基成功给军情六处发出信号，告知了他的危险处境。

当时撒切尔夫人正在巴尔莫勒尔堡，与女王在一起。军情六处主管克里斯托弗·柯温急切地要求增加救援工作，与此同时，首相的外交事务顾问查尔斯·鲍威尔飞往苏格兰请求撒切尔夫人给予批准。撒切尔夫人十分清楚：“我们有责任去救他，不能让他失望。”[108]这是一个艰难的决定。尽管戈尔季耶夫斯基没有被关在一个安全的建筑物中，但想把他从苏联救出来将是一件危险的事。撒切尔夫人犹豫不决，但她明白，如果不尝试营救戈尔季耶夫斯基，那么柯温就会辞职。英国驻苏联大使被这一想法吓得胆战心惊，但他的意见被驳回。7 月 19 日，戈尔季耶夫斯基照常去外面跑步。他避开克格勃的监视，坐上开往列宁格勒的列车。在列宁格勒，军情六处的两位官员和他们的妻子小孩将戈尔季耶夫斯基偷带到芬兰边境上的一辆车上。然后，戈尔季耶夫斯基经由挪威乘飞机飞往英格兰，并接受为期 3 个月的讯问。[109]

军情六处营救小组想尽一切办法让戈尔季耶夫斯基穿越边境。由于是家庭旅行，所以当几名领着边防犬的边防警卫向他们走来时，他们扔掉了汽车里弄脏的尿片，用一种强大的尿布气味来掩盖戈尔季耶夫斯基的气味。当克格勃最终弄清楚戈尔季耶夫斯基是如何逃走时，它把新任英国驻苏联大使布赖恩·卡特利奇找来，用手指着照片里的两名军情六处军官，随后将两人驱逐出境。接着，更多英国人员被遣返。卡特利奇给撒切尔夫人发电报告诫说，不要将苏联驻英国的大使馆人员驱逐出境，并补充说："永远不要与卑鄙的人斗气。"但撒切尔夫人采取了进一步的报复性驱逐，正如卡特利奇悲伤地回想着说，很快"我们失去了一半的使馆人员"。[110]

是谁出卖了戈尔季耶夫斯基？在伦敦，他的身份被严格保密。在外交部常务次官的办公室里的角落放着一个巨大的保险箱，"有洗衣机那么大"，里面存放的文件过于敏感，无法交给主要的档案馆保管。文件内容具有"爆炸性"，包括可能潜藏在军情六处内部的苏联间谍的档案和王室成员在国外做出不正当举止的细节资料，以及英国提供给对自己有用而被免职的外国统治者的"秘密津贴"等。但戈尔季耶夫斯基的身份甚至比其中任何一个资料保密程度更高。反而是军情六处与常务次官之间的联络人彼得·沃利斯将从位于世纪大厦里的军情六处总部带来一个匿名上锁的公文包。沃利斯见到外交部常务次官之后，这一令人难以忍受的绝密资料将再次被带走。其他人谁都不准看这些材料，而且也没人问起这是什么资料。[111]

然而，军情六处与华盛顿方面分享了戈尔季耶夫斯基的宝贵情报，尽管军情六处并没有向美国方面透露他的名字。中情局禁不住好奇，并把确定提供情报者的身份这一任务交给对苏反情报处负责人奥尔德里奇·埃姆斯——埃姆斯很快就完成了这一任务。埃姆斯的同事并不知道，他其实就是一名克格勃高级特工，并且在某种程度上，他是戈尔季耶夫斯基的翻版。人们一般认为，奥尔德里奇·埃姆斯就是出卖戈尔季耶夫斯基的人，因为 1985 年年中，戈尔季耶夫斯基被召回莫斯科，几乎在同一时间，奥尔德里奇·埃姆斯也第一次提出为克格勃效命。但事实上，埃姆斯只在 1985 年 7 月向苏联提供了一份西方间谍名单，其中包括戈尔季耶夫斯基。是别人连累戈尔季耶夫斯基的身份被暴露。值得注意的是，克格勃上校维克多·切尔卡辛声称，是一名住在华盛顿的英国作家长期协助克格勃追踪记录的。[112]

撒切尔夫人与间谍的最后一次冲突显然是私人性质的。她非常看重戈尔季耶夫斯基，把他视为一个极具勇气的人。她后来把一张他们两人的合影寄给戈尔季耶夫斯基，在照片背面的题词道，他是“一个真正的英雄”。此外，他也受到罗纳德·里根及其继任者乔治·布什的热烈欢迎。[113] 撒切尔夫人坚持不懈地寻求让戈尔季耶夫斯基的家人从莫斯科来到伦敦与其团聚的机会。1987 年 12 月，她在莫斯科再次向戈尔巴乔夫提起这一话题。她小心翼翼地挑选时机。戈尔巴乔夫的妻子赖莎带着撒切尔夫人的一些随行人员去当地的一所学校观看圣诞剧，撒切尔夫人与戈尔巴乔夫闲谈起来，当时他刚刚在圣诞树前为她唱了一首俄罗斯民谣。气氛十分愉快而友好，与此同时，苏联翻译人员暂时听不见他们说话的声音：“我想问戈尔巴乔夫先生……是否能让奥列格·戈尔季耶夫斯基的家人离开苏联，去英国与他团聚。他噘起嘴唇，一言不发：答案再明显不过了。”[114]

对于玛格丽特·撒切尔来说，最棘手的情报问题并不是与米哈伊尔·戈尔巴乔夫有关，而是与罗纳德·里根有关。1986 年 5 月 28 日，里根总统的新任国家安全顾问约翰·波恩德克斯特向一名资深的英国外交官保证，美国立场坚定，不会拿人质做交易。就在同一天，他的前任巴德·麦克法兰乘着一架载着武器的飞机抵达德黑兰，希望黎巴嫩因此释放被扣留的美国人质。陪同麦克法兰一起到来的官员还有理查德·西科德少将和国家安全委员会官员奥利弗·诺思上校，以及已退休的中情局官员乔治·凯夫，他讲一口流利的波斯语，曾在伊朗和沙特阿拉伯供职。麦克法兰交了货，但人质并未获释。他大发雷霆指责伊朗人“极其不守信用”。事实上，德黑兰的不同派系正就如何回应美国人斗得不可开交。[115]

诺思和麦克法兰试图来个一石二鸟。黎巴嫩真主党是在黎巴嫩受伊朗人控制的一个激进组织，绑架了大量人质，其中包括中情局驻贝鲁特站长比尔·巴克利。令人难以置信的是，摩萨德安插在真主党内的一个特务曾冒着生命危险警告说该激进组织将要绑架巴克利，但以色列高级情报官没有将这一警告传递给美国人。[116]1984 年 3 月 16 日，巴克利在上班路上突然被抓走，美国人不顾一切地想要救他出来。比尔·卡西曾亲自向巴克利施压，让他接受这项任务，如今卡西“走到天涯海角”也要把他找回来。在世界的另一端，国会已经禁止美国向尼加拉瓜的反叛者提供援助，原因是其侵犯人权，使得中情局针对尼加拉瓜左翼政府开展的秘密战争紧急停止。里根政府官员计划通过以色列向伊朗人出售武器，协助其对抗伊拉克，他们也正武装起来，作为释放人质的交换条件。通过出售而非赠送给伊朗武器，他们计划建立一个难以被发现的现金池，以便通过该渠道向尼加拉瓜反叛军提供资金支持。里根签署总统令，在比尔·巴克利被绑架3周后，启动“伊朗门计划”。[117]

第一批武器交付时，巴克利已经被杀害了。卡西收到了3盘录音带，里面是黎巴嫩和伊朗审讯官对巴克利用刑时他发出的惨叫声，录音一个比一个悲惨。但由于还有另外12名美国人被俘，所以他们坚持不懈。[118]英国格外关注此次行动。通常而言，撒切尔夫人在人质事件上的立场十分坚定。在撒切尔政府初期，当恐怖分子占领位于肯辛顿的伊朗大使馆并绑架26名人质时，她曾拒绝对他们的让步。当特种空勤团从赫里福德赶往伦敦时，她在科布拉召集了一次紧急会议。会上，她“忙着试图把所有人组织起来，直到她被温和而礼貌地护送出门”——但她让那些参与者几乎可以肯定，伦敦的大街小巷不应被当作挟持人质的舞台。特种空勤团的一位军官甚至断言，她以口头形式向该军团传递了一条绝密消息，暗示他们不能让任何恐怖分子活着离开这里。[119]无论通过哪种方式，在特种空勤团突袭大使馆的行动中，6名人质中的5人被杀，整个过程在电视上进行了直播。

1986年，撒切尔夫人还拒绝就释放被扣押在黎巴嫩的两名人质与利比亚人谈判。前一个月，她允许里根利用英国基地轰炸利比亚，报复恐怖分子袭击柏林一家美国军人专用的迪斯科舞厅。美国国家安全局拦截到的利比亚通信内容证明卡扎菲无疑参与其中，而且令美国国家安全局和政府通信总部惊慌失措的是，里根将其拦截到的情报公之于众。突袭发生在1986年4月15日，作为报复，黎波里的利比亚卡扎菲政权将两名英国人和一名美国人处死。[120]作为撒切尔夫人核心集团成员之一，朱利安·埃默里忍不住在利比亚的穆阿迈尔·卡扎菲政权和埃及纳赛尔政权两者之间进行比较，提议对此类国家领导人应从远处欣赏或除掉，而不应激怒或刺激他们。当被问及他是否主张实施暗杀时，他回答说："在采取此类行动时，我不会太过拘谨。"此外，他还注意到，"苏伊士运河危机告诉我们，美国人并非完全可信"。[121]

撒切尔夫人已经明白，在"伊朗门事件"问题上，美国人向她撒了谎。去年年底，从国家安全顾问职务卸任之后不久，巴德 · 麦克法兰以普通公民身份飞往伦敦与奥利弗 · 诺思以及伊朗军火商马努切 · 戈尔巴尼法尔进行秘密会面。3 人惴惴不安地在希思罗机场附近的希尔顿酒店里开会。由于麦克法兰不再担任美国政府代表，军情五处会毫不犹豫地对其进行技术监控，并且他们对听到的事情感到非常惊讶。事后，一份高度绝密的窃听报告被拿给撒切尔夫人以及少数几个内阁大臣和安全官员传阅。几个星期之后，撒切尔夫人派现任外交大臣安东尼 · 阿克兰和联合情报委员会主席珀西 · 克拉多克赴华盛顿当面质问麦克法兰的接班人、"伊朗门事件"的新策划者波恩德克斯特。他们问波恩德克斯特："你在与那些阴险的人秘密交易吗？"波恩德克斯特对此不置可否。对于克拉多克而言，这实际上"相当于承认了"。[12]

其他情报也在涌向撒切尔夫人。其中参与这些交易活动的一位中间商是莱斯利 · 阿斯平。他原是特种空勤团的一名特工，后来变为军火商，并时不时地向军情六处汇报情况。[123] 此外，以色列情报官和沙特阿拉伯军火巨头阿德南 · 卡舒吉曾向一位出名的英国商人、伦敦 - 罗德西亚矿业和地产公司的老板"蒂尼"罗兰提出请求，希望利用他的公司帮忙向伊朗运送武器。伦敦 - 罗德西亚矿业和地产公司曾协助过美国开展其他秘密行动，包括向由若纳斯 · 萨文比领导的安哥拉反政府组织提供援助，并且为了支持罗德西亚，曾开展过破坏制裁行动。他们让他确信，这一秘密行动得到了白宫的支持。由于怀疑他们，他与美国国务院取得了联系，对方坚称对此一无所知，事实的确如此。[124] 但当军火交易或情报被牵涉其中时，撒切尔夫人著名的道德指南针便开始转动，所以唐宁街方面什么也没说。

撒切尔政府的大臣们像憎恨中东各类人质及其自称的释放者一样憎恨挟持人质者。外交部告诫民众不要前往黎巴嫩，但这一忠告完全被无视。接着，官员们花费数千个小时努力使这些可预见被扣押的“勇敢游客”被释放。其中一人是特里·韦特。他是坎特伯雷大主教的使者，与奥利弗·诺思见过至少十多次面。据说，尽管他拒绝携带设计成藏在他浓密的胡须里的中情局跟踪装置，却乘坐特种部队专用的直升机去贝鲁特。[125] 负责办这个苦差的其中一位大臣威廉·沃尔德格雷夫回忆道：“特里·韦特是个不听劝的人，他试图采取‘一人’外交政策，但该政策不能与危险分子完全分开，他们是美国政府标新立异者负责的“伊朗门事件”非法交易的参与者，因此让特里·韦特吃尽了苦头。” [126]

富有戏剧性的是，当负责“伊朗门事件”的“标新立异者”最终曝光时，撒切尔夫人正在华盛顿。1986 年 11 月的最后一个星期，当新闻媒体疯狂报道“伊朗门事件”时，奥利弗·诺思和秘书福恩·霍尔销毁了不计其数的文件，以至于碎纸机被堵塞了。随着调查人员的迫近，为了不顾一切地隐藏证据，霍尔把更多文件藏在衣服下面和靴子里偷偷带出办公室。约翰·波恩德克斯特销毁了被许多人认为的唯一一份有总统署名的秘密行动文件副本，这些文件可以证明美国总统授权中情局参与了对伊朗运送导弹。当波恩德克斯特递交辞职申请、奥利弗·诺思被里根开除时，撒切尔夫人正在华盛顿。白宫试图把责任推给以色列摩萨德。[127]

在公开场合被问及伊朗门事件时，撒切尔夫人都会表示极力支持，声称自己坚信里根总统“在那个问题上做到了完全的诚实”。后来，她与里根总统在戴维营单独会面，没有记录人员在场，因此我们只能推测两人说了些什么。私下里，撒切尔夫人毫不犹豫地斥责里根总统，但在公开场合里，她绝对无条件地支持里根，总统为此特别感激她。[128] 半年后，有关英国本身也参与了“伊朗门事件”的真相开始传出。诺思疯狂地碎纸，但碎得并不彻底，从国家安全委员会的文件里发现一张图表，该图表显示其大多数员工来为特种空勤团老兵的 Keeny Meeny Services 公司早先曾承担了英国外交部的联络工作，它在“伊朗门事件”中参与协助尼加拉瓜叛乱分子，包括招募罗德西亚飞行员，派其援助叛乱分子。[129]1986 年 11 月 26 日，美国国会委派参议员约翰·托尔调查“伊朗门事件”。比尔·卡西于 1987 年 5 月去世。80 年代开始之际，正是中情局局长卡西向撒切尔夫人颁发了美国战略情报局的多诺万荣誉勋章。尽管对于伊朗门等事件大为光火，但这位骄傲的英国获奖者仍继续投入自由事业。

在整个 20 世纪 80 年代，情报一直是一件极其重要的事情。1982 年，在马尔维纳斯群岛问题上的情报失败使撒切尔政府差点垮台。一年后，偏执的克里姆林宫领导人差点儿引爆核战，好在成功截获的特别情报避免了核灾难的发生，这得益于军情六处成功吸收了一位明星特工戈尔季耶夫斯基，他后来升任克格勃驻伦敦站站长。最大的麻烦是人质问题，美国袭击的黎波里，导致利比亚人处死了两名人质。与此同时，爱尔兰共和军争取独立的秘密战争的阴影挥之不去。撒切尔夫人刚上台，其亲密的顾问艾瑞·尼夫遭到暗杀，而在她下台之后不久，保守党议员伊恩·高又遇害，显然是因为他曾参与制定北爱尔兰政策，并与首相关系密切，或许是首相最亲密的知己。[130]1984 年 10 月，爱尔兰共和军引爆布莱顿酒店，撒切尔夫人死里逃生。而更多次死里逃生正等待着她的接班人约翰·梅杰。[131]

第五部分　动荡的年代

16

约翰·梅杰
（1990—1997）

一夜之间，安保系统来袭……

电子设备像讨厌的戴立克一样闯入了这所房子和花园。

——约翰·梅杰[1]

约翰·梅杰就职时正是世界局势风起云涌之时。1989 年圣诞节前夕，位于德国首都柏林市中心的勃兰登堡门重新开启，1990 年 10 月，德国重新统一。一个月之后，即 11 月 28 日，梅杰出任英国首相。到 1990 年年底，唯一一位留在曾经实力强大的东欧集团里的共产党领袖是米哈伊尔·戈尔巴乔夫。奇怪的是，似乎只有戈尔巴乔夫相信“冷战”并未真正结束，认为他可以依靠自己的人格力量维系苏联帝国。就像前任苏联领导人们一样，当克格勃提供的情况能确认他的观点时，他乐意接纳。但一位克格勃高级官员回忆道，当“政策和现实开始渐行渐远”时，“戈尔巴乔夫并不想去了解”。[2]

尽管联合情报委员会未能预料到苏联集团的解体[3]，但的确预见到戈尔巴乔夫很快将被鲍里斯·叶利钦取代。叶利钦是一个极具魅力的人物，且受过去的影响较少。此外，通过截获的情报及特工搜集的资料，情报机关注意到克格勃内部反政变的苗头[4]。梅杰上任才几个月，便收到联合情报委员会主席、传奇人物珀西·克拉多克的一份预警通知。由于情况紧急，首相和克拉多克授权英国驻苏联大使罗德里克·布雷思韦特立即通过一条未加密的电话线向叶利钦发出警告。克格勃反政变力量不足，且相当轻率。此外，这次反政变的失败还结束了一场措辞尖锐的辩论。这场辩论持续的时间已经超过了一年半，白厅内的每一位情报分析专家都参与其中，辩论主题是这场反政变宣告了真正意义上苏联时代的终结，还是某种精心设计的骗局。[5]1991 年 8 月 22 日，克拉多克给内阁办公室的评估智囊团送去香槟，邀请所有人举杯庆祝“苏联的灭亡”。[6]

如今，梅杰被要求批准军情六处的一系列奇怪的购物之旅。英国情报机关与之斗争数年的整个苏联集团的情报部门一夜间土崩瓦解。曾经行踪飘忽、掌握着众多秘密的克格勃军官如今自愿投奔西方。民主德国国家安全部斯塔西保管的有关英国公民的档案文件可以弄到了，而在布拉格，抗议者们冲进捷克海外谍报系统档案馆，获取了远在中国和伊朗服役的捷克特工的名字。这在西方也引起了反响。荷兰政府关闭了其海外情报系统，宣布解散其特工网络。机会在招手，但军情六处却像一头饥饿的熊面对着溪流里肥美的鳜鱼群无从下手，不知道怎样吃到它们。在疯狂的买方市场里，军情六处打算购买精英特工。混乱之中，并非一切都进展顺利。世界各地的一些捷克特工由于名字为公众知晓，被围捕起来全部枪毙。在海牙，军情六处站长早于美国对手成功地把荷兰最优秀的间谍全部买进，因此被称为“不受欢迎的人”，接着被荷兰政府驱逐出境。[7]这就是动荡不安的岁月。

一些肮脏的秘密传到了西方。“冷战”结束时，首批投靠英国的苏联重要人物之一就是微生物学家弗拉基米尔·帕谢奇尼克。据他提供的情报，莫斯科的生物武器计划比军情六处之前预想的还要大10倍。多年来，西方早已知道苏联人在打破军备控制条约中禁止攻击性生物武器的条款，但并不清楚其规模。戈尔巴乔夫曾被问到这一问题，但他面不改色地撒了谎。[8]1992年，第二个叛逃者肯·阿利别克证实了帕谢奇尼克所提供情报的真实性。阿利别克声称，可怕的基因工程超级武器新菌种的研制仍在继续进行。其中包括对炭疽、埃博拉、瘟疫和天花病毒加强毒性并将其改装成武器。1995年，联合情报委员会正在分析一个隐蔽的日本邪教组织奥姆真理教日本东京地铁使用神经毒气的情况。在梅杰任首相的前几年中，对于核毁灭的担忧几乎被新出现的大规模杀伤性武器扩散带来的危险所取代，虽然目前这些担忧只是在唐宁街内部暗自涌动。[9]

约翰·梅杰不是一个情报爱好者。情报对于撒切尔夫人和温斯顿·丘吉尔有着一种特殊的魔力，而梅杰则不同，国内事务以及经济问题比外交政策更能引起他的关注：他承认，在1989年，撒切尔夫人请他出任外交大臣时他感到有些沮丧，事实证明那是一段短暂且难以忍受的时期。他并不认识任何一位情报机关负责人，对外交和国防事务也缺乏经验。[10]

梅杰担任首相后，每隔两个月才与情报部门负责人见面[11]。有一次，军情五处主管斯特拉·雷明顿告诉梅杰她有权监视的人员的数量，梅杰却问军情五处私自监视的人有多少。雷明顿十分惊愕，她想知道首相到底认为军情五处是做什么的。等梅杰离开后，他的一位私人秘书出来向雷明顿表示歉意并解释说首相刚才提出那样的问题是无心的。[12]适应首相角色之后，在战争和危机时期，梅杰在情报上投注了大量关注，尤其是关于南斯拉夫解体的情报，但除此之外，他则将秘密世界留给了其他高级官员。他是一个理智的人，会优先处理机密资料，之后再处理非涉密资料。与他的前任形成鲜明对比，联合情报委员会主席很少需要了解他的行踪，或者对情报机关负责人直接提供的情报做背景分析，以防他失去理智。[13]

这反映出梅杰与撒切尔在个人风格方面的迥然不同。梅杰善于外交，但很少热衷于熬夜读简报到凌晨4点。珀西·克拉多克记得，尽管与撒切尔相比，梅杰“读文件少一些，更慵懒惰一些”，但他非常欣赏这位首相展现出的谈判技巧及其达成共识的能力[14]。梅杰更像一个学院派，不愿意通过将可信的大臣和官员组织成小规模、非正式的团体以处理秘密事务。撒切尔曾想把情报控制在她的私人办公室里，而渐渐不喜欢作为中央分析机器的情报委员会，这一惊人的特质10年后也会在托尼·布莱尔身上体现出来。相比之下，梅杰更加具有包容性，最终建立了一个内阁委员会，负责监督情报机构。[15]

历史会对约翰·梅杰表现得友好，观察家们已经开始修正他在历史上的地位。梅杰做出的最大成就是保留英国在欧洲货币联盟的永久位置。这场谈判非常复杂，他对秘密情报的巧妙运用起到了巨大作用。回想往事，在过去20年间，从都柏林到雅典，从罗马到马德里，欧洲多国经历了欧元灾难，透过这次灾难来看，就会了解梅杰取得了多么巨大的成就。尽管在议会中以微弱的优势获得多数席位，但他成功保持保守党政府执政达七年之久，超过了它的正常任期。虽然党内分裂严重，世界政局混乱，然而他却是英国这艘大船稳健的船长，给人以信心，散发着温暖，尤其是单独跟他在一起的时候体会更深。作为一位拥有敏锐观察力的后座议员，约翰·梅杰用肢体语言告诉我们“相信我，我喜欢你”，而托尼·布莱尔说的却是“相信我，你喜欢我”。[16]

“冷战”的结束深深地震撼了英国情报界。尽管不像美国情报部门那样鼠目寸光，只会把注意力放在莫斯科上，但大部分英国情报机关把目光投注于一条冰冻的边界上，在超过 40 年的时间里，它将东西方分隔开。随着主要威胁的消除，议会很快要求削减预算。在过去 10 年中，撒切尔和情报局之间的紧密联系如热恋一般，用她的一位大臣的话说，这意味着“他们的机构和硬件是 20 世纪 80 年代为数不多的几个未受经济形势影响的部分之一”。[17] 但如今，梅杰政府开始进行支出审查，残酷地削减三大情报机关的财政预算。尽管每年的预算被削减了约两亿英镑，但政府通信总部依然是花钱大户——让军情五处和军情六处这些所谓的“小机构”相形见绌。[18]

然而，事实上，情报机关负责人们比以往更需要钱。科技发展日新月异，世界各地的安全问题无法预料，因此需要掌握新的语言技能。他们的当务之急是从根本上重新评估威胁及优先权。情报工作面临的新挑战包括毒品、洗钱、人口贩卖、恐怖主义、核扩散和轻型武器非法贸易，但在规模上多数似乎小于之前的冷战。人们谈论更多的是经济情报。[19]20 世纪 90 年代，三大情报机关在打击有组织犯罪方面取得巨大成功，但依然认为这项活动为它们赢得的声望不如冷战时期的反苏活动。随之而来的是三者合并的可能性。[20] 然而，到了 20 世纪 90 年代中期，梅杰曾公开称赞情报界反应迅速，能够灵活应对不断变化的安全形势。[21]

此时，梅杰俯瞰着文化变革时期的到来。迄今为止，“秘密机关”希望避开人们的注意。在梅杰时代，它们获得了更多的自由空间参与公众生活。有后来成为兰开斯特公爵领大臣的威廉·沃尔德格雷夫鞍前马后，梅杰成了开放性议程的驱动力[22]。撒切尔执政后期困扰着政府的令人压抑的保密要求如今已撤销。[23] 在高度透明的总部指挥工作的新一代现代化负责人寻求以合法身份重塑自己的部门。

例如，军情五处主管斯特拉·雷明顿决心改变机构的形象。“那些指责我们做事保守、是老派的‘冷战’分子的诋毁者实在是远离真相，”她声称，“我们希望看到这些偏见被轻轻吹散。”[24] 同样，1996年，斯特拉·雷明顿退休，她的继任者斯蒂芬·兰德“思想开放、冷静、直率，稳步地推进民主化进程，这是他所有的前任所不曾得到过的评价”。一位议会议员写道：“你有没有想过，你或许会听见军情五处主管如此流利地四处散播《欧洲人权公约》的条款内容？”[25] 在新环境中，梅杰政府的间谍领导们不再害怕被曝光。如今，他们所要做的就是向世人证明他们从事的活动是正当的。民权运动者发现这是一件不断让人失望的事情。经推测，制定更多法规意味着秘密国度要受到更多限制，很快他们就会发现这属于非约束性立法：被允许更多的行动自由。自相矛盾的是，“按法律行事”意味着采取更多行动。[26]

紧随开放性来的是相应的监管。在过去的10年间，英国和瑞典受到欧洲法院的批评，因为他们的国家机构不是一种合法的存在，缺乏监管。随后，欧洲各国纷纷掀起强调监管权的热潮。珀西·克拉多克等政府高级官员对此十分谨慎，他们认为：“公开地对自身负责的机构，这种术语依然是内藏矛盾的。”[27] 虽然如此，1989年，英国正式把军情五处写入法令全书，在梅杰政府时期，英国承认拥有海外情报组织。1994年颁发的《情报服务法案》赋予军情六处和政府通信总部与军情五处同等的法律地位。

此外，1994年的《情报服务法案》还创立了一个全新的监管机构，即由议员组成的情报与安全委员会（ISC）。尽管这看上去像是一个议会特别委员会，但事实上，情报与安全委员会对首相负责，并且缺少很多与特别委员有关系的常规职权。同时，真正意义上具有合法权益参与情报事务的议会特别委员会，比如议会防务特别委员会和外交事务特别委员会，发现政府倾向于抵制他们调查秘密事件。相反，他们被告知如今情报属于情报与安全委员会的职能范围。有人争论道，约翰·梅杰尝试政务公开的真正目的在于重申保密性原则，以及重新获得控制权。[28]

梅杰加入了一场未结束的战争。新任首相或许没有处理防务、外交和情报问题的经验，但他不得不快速学习。1990 年 8 月，伊拉克入侵科威特。情报机关的表现相当好，并且早在 7 月 24 日，政府通信总部就成功地获取了伊拉克多个装甲部队的动向。两天后，在伊拉克进攻科威特 5 天之前，联合情报委员会发出明确警告，伊拉克有可能打击科威特。警告出现在首相的《红皮书》中，此外，珀西·克拉多克还亲自提醒玛格丽特·撒切尔，他相信伊拉克将很快对科威特发动进攻，但不确定行动的确切时间。预警信号继续出现，3 天后，伊拉克代号为“高王”（“Tall King”）的苏联制造的远程雷达系统在沉寂数月之后变得非常活跃。间谍卫星密切监视“高王”动向。令人惊讶的是，唐宁街和白宫完全忽略这些危险信号，所以尽管有联合情报委员会的警告，萨达姆·侯赛因的进攻还是让人大感意外。[29]

世界各国领导人的注意力却在别的地方。始料未及的是，美国总统布什的注意力完全集中在克什米尔问题导致的可怕的印巴核僵局上。与此同时，撒切尔正在处理一场个人悲剧。她最亲密的知己之一伊恩·高刚刚被爱尔兰共和军刺杀身亡。埃及和沙特外交官向西方保证，萨达姆致力于协商解决科威特问题，导致撒切尔驳回了其一贯悲观的情报顾问的意见。撒切尔选择相信伊拉克采取军事行动仅仅是在向西方炫耀武力，于是她飞往位于科罗拉多州的阿斯彭度假胜地出席经济会议。[30] 以色列摩萨德得出了同样的结论，坚称萨达姆只是在虚张声势。[31] 此外，英国外交大臣道格拉斯·赫德也对此感到吃惊。8 月 1 日，他盼望着如期而至的暑假。事实上，他在办公室里做的最后一件事是接见军情六处主管和政府通信总部主任，他们没什么事情要报告，然后他便带着孩子们去观看马戏团演出了。他回想到，在第二天早晨醒来时，“我打开收音机。听到广播里说伊拉克已经入侵科威特”。[32]

当联合国要求萨达姆在撤兵和军事制裁之间做出选择时，约翰·梅杰发现自己执政没几天就要为战争做准备了。他从上一届政府那里继承了一个混乱的、兼做准战争内阁的内阁协调小组，官方名称为“海外防务（海湾地区）”，该组成员不包括内阁办公室负责人及其他高级官员。梅杰对此迅速地做出纠正。[33] 此外，他还从珀西·克拉多克手里接任了外交政策顾问与联合情报委员会主席的职位，而克拉多克自 1985 年起就担任联合情报委员会主席一职。梅杰认为让一人分饰这两个角色是不正规的，甚至可能是有害的，他的这一想法十分正确。他回想道，克拉多克是个“有趣的人”，对待情报工作一丝不苟，不会多愁善感。由于事发突然，克拉多克认为，政治家不如外交家，他“毫无保留”地向梅杰首相提出了自己辛辣的建议。[34]

梅杰有两个问题想问克拉多克及其情报评估小组。首先，他需要确切知道伊拉克武装部队实力强到什么程度。萨达姆的军队不仅规模大，而且装备精良，因为萨达姆从莫斯科购买了价值约 130 亿美元的新武器，但大部分都是赊账。此外，伊拉克军人身经百战，参加了规模浩大的两伊战争，该战争直至两年前才刚刚停战。在回答首相的问题时，克拉多克“不知疲倦地”猜测伊拉克精锐的共和国卫队有多么出色。第二个问题是萨达姆在战场上是否敢于使用生化武器——或者确切地说，在英国或美国，人口密集地区是否面临生化武器的威胁。西方国家驻巴格达大使馆关闭，但通过情报部门提供的私人沟通渠道，西方向萨达姆传达了警告：如果他执迷不悟，必将自食苦果。[35]

1990 年圣诞节前夕，梅杰听取了有关作战计划的报告。这样的操作计划属于绝密且高度敏感的文件。令人惊奇的是，当天很晚，已向首相梅杰汇报的作战计划，其中包括一项至关重要的为掩护先头部队而设计的欺骗计划，在沃克斯豪尔汽车从白厅驶往海威科姆的打击司令部时被盗。途中，空军上将、中东英军总司令帕特里克·海因爵士的助手皇家空军中校戴维·法夸尔决定停车顺便去路虎展厅看看，并且把公文包留在了汽车后座上。于是小偷乘虚而入。警方找回了纸质文件，对于小偷来说这些文件不值钱，但存有与纸质文件同样的信息的笔记本电脑依然下落不明。约翰·梅杰决定，不让美国方面知道这件事。但是，12 月 29 日，《星期日邮报》报道了所有有关失窃事件的内容，让英国陷入极其尴尬的境地。怒气冲冲的英军海湾地区总司令彼得·德拉·比利埃将军生气地说道，我们“看起来很蠢”。几天之后，一个将自己形容为“爱国贼”的名叫“爱德华”的人归还了笔记本电脑。被盗的作战计划一直未做变动，直至战争爆发前两天。后来英国制订了一整套全新的作战计划。法夸尔则被军事法庭判定犯有玩忽职守罪，但五角大楼官员称“他应该被枪毙”。[36]

由于这件事的影响，伦敦只有少数人预先收到通知，西方联军准备夺回科威特，向伊拉克发动代号为“沙漠风暴行动”的进攻行动。1991 年 1 月 17 日凌晨，伴随着大规模的空袭，海湾战争爆发。唐宁街处于战时状态，中东临时情报组整夜都在工作[37]。内阁办公厅评估智囊团每天早晨 4 点集合，将大量的情报资源集中起来。联合情报委员会早上 6 点坐在一起，对他们收集的情报内容进行概述。早晨 8 点半，这些资料将出现在高官们的面前，最终于上午 10 点交给内阁大臣。在不同级别的作战指挥部，每天早晨都重复着类似的活动模式。[38]

尽管发生了笔记本电脑被盗这一不幸事件，但“沙漠风暴行动”意外地获得成功。在代号为“犀牛力量”的部队的指挥下，英军采取典型的欺骗操作手段。在英国第一装甲师几次野外演习期间，为避免遭受伊拉克信号情报部门的拦截，部队以低功率进行信号传输。1月23日，在实际的地面攻击中，第14信号团重新回放这些早期以最大功率传输的录音。伊拉克人清楚地听到了录音。这么做的目的是“让伊拉克人相信，英国第一装甲师已撤回到最初位于海边的位置”。事实上，大部分英军已向西行进了约125英里，前去与美国第七军大部队取得联系。信号情报显示，总体而言，伊拉克上当受骗了。与此同时，军情六处驻沙特阿拉伯的一个电台假装成“科威特广播电台”传播虚假新闻，声称科威特城已经沦陷，致使一些伊拉克部队惊慌失措地迅速逃散。[39]

在伦敦，后座议员中有关秘密战争的谣言传播开来。作为梅杰的内阁同僚之一，爱维娜·嘉莉曾在日记中写道：“显而易见，特种空勤团参与了刺杀大量高级官员的‘直接行动’，以便打击伊军士气……把一群伊拉克要员抓回来审讯。也许最明智的做法是不去问他们如何得到所需情报，也不去问那些人是否还活着。”[40]然而，英国的特别行动和秘密活动并不是特别成功。军情六处一位经验丰富的官员被派往利雅得，负责将科威特的流亡者训练成一支反抗力量。希望他们能够在科威特国内开展破坏活动，并查找最初入侵时落入伊拉克的英国人质的下落。虽然他们配备有黑克勒–科赫冲锋枪，并与特种空勤团一同训练，但收效甚微。特种空勤团寻找飞毛腿导弹的行动也没有效果。梅杰提出了一个想法：在伊拉克北部的禁飞区保护库尔德难民，使其免遭萨达姆·侯赛因的袭击。这是一个富有想象力的举动，不仅增加了反抗力量，还使自己成为许多库尔德人心中的英雄。[41]那么，伊拉克违反禁飞区规定激发起梅杰对情报的兴趣或许也就不令人感到惊讶了。他一改往日很少召见联合情报委员会主席的惯例，严加盘问情报顾问想暗示什么，还有是否萨达姆计划进一步违反禁飞区的规定。[42]

同时，军情六处还赞助了伦敦的一个名为“伊拉克民族团结阵线”的流亡组织。该组织的成员多数是从伊拉克军队叛逃的变节军官和安全人员。该组织的领导者是萨达姆政权前特种部队旅长阿德南·努里将军。此外，该组织还获得了中情局伦敦站的支持，因为美国布什政府里的官员正在寻找除掉萨达姆的方法。所以，唐宁街和白宫一致支持战败但受民众拥护的伊拉克叛乱武装，有些暴动是“伊拉克民族团结阵线”从其位于约旦的花费不菲的新办公地点发起的。[43]

一旦军事行动开始，英国对伊拉克在英国从事的秘密活动真感觉到了害怕。安全局对此拥有长期的经验。正如以色列不守规矩的情报部门摩萨德所做的那样，非洲国家也周期性地绑架并谋杀伦敦居民。20 世纪 80 年代，卡扎菲政权极其可恶地滥用英国政府给予利比亚驻英国大使馆的外交特权，并在英国的大学校园里袭击持不同政见的大学生。但如今，这种恐惧感越发严重，联合情报委员会提醒大臣们警惕伊拉克特工在伦敦从事破坏和暗杀行动。大量对巴格达遭遇表示同情的武装派别引发了人们的担忧。最重要的是，有人担心伊拉克人可能偷偷地把生化武器带入位于伦敦市中心的驻英大使馆内。人们忽略了他提出的伊拉克入侵伦敦的警告，反而散播伊拉克可能对大臣们发动袭击这种耸人听闻的消息，珀西·克拉多克被这一事实激怒。所有的伊拉克驻英使馆外交人员中，被怀疑为特工的一律遭到驱逐，另外有 60 位伊拉克籍公民也遭到驱逐。此外，白厅还开展了一项秘密行动，确认伊拉克大使馆内是否暗藏有任何武器，然而什么也没找到。官员们让特种空勤团的一个中队严阵以待，以防发生人质劫持事件或暗杀事件。[44]

没过多久，一场进攻即将到来。1991 年 2 月 7 日，星期四，珀西·克拉多克正在参加战争内阁会议，讨论科威特一旦被解放，重建可能需要花费多少成本。财政部首席次官戴维·梅勒做了一个详细的陈述。克拉多克一直默默祈祷有人打断他的陈述，这时，唐宁街 10 号的后花园发生爆炸，祈祷应验了！[45]前北爱尔兰事务大臣汤姆·金辨出了这一与众不同的声音，大声说道："这是迫击炮弹！"梅杰首相的私人秘书查尔斯·鲍威尔反应敏捷，迅速将首相推到会议桌下面。紧接着又发生了两起爆炸。在军情五处的建议下，会议室窗户上安装了用铁丝网特制的窗帘，以阻挡横飞的玻璃碎片，还好有这块窗帘，没有造成太大的伤害。这次真的好险，梅杰首相回想道，"如果炮弹射得再远 10 英尺，那么半个内阁的人都会被杀"。他暗示，他们将换个地方继续开会，战争内阁成群结队地走向位于英国首相府地下的科布拉安全紧急会议室。[46]很快事情被查清楚了，袭击者并非伊拉克突击队队员，而是爱尔兰共和军成员。

梅杰是爱尔兰民族主义者拟定的死亡名单上的目标之一，名单上有一长串历任首相的名字。梅杰的前任撒切尔夫人之所以能逃过布莱顿饭店爆炸，仅仅是因为运气好——她的一位大臣将此比作"冯·施陶芬贝格的公文包"，并补充道，这次袭击是爱尔兰共和军的一次巨大"政变"。[47]相比之下，梅杰的脱险并非侥幸。频繁的暗杀企图，包括 1990 年伊恩·高被杀，促使政府机构不断加强确保人身安全的措施。[48]在撒切尔夫人卸任之前，她安装了十分威风的黑色大门，彻底阻止了公众进入唐宁街，此举也引发了热议。梅杰的财政大臣诺曼·拉蒙特一直打算把唐宁街 11 号内的安全防护帘拆除，因为窗帘“挡住了皇家骑兵卫队阅兵场的景致”，但在 2 月 7 日发生的爆炸中，这些安全防护帘挽救了他的家人和职员。在 1991 年的爆炸事件之后，唐宁街开始了新一轮的强化加固工程。[49] 内阁大臣们习惯了有警卫队陪伴左右，让携带着越来越可怕武器的警卫在他们自家的房子外执勤。威廉·沃尔德格雷夫回忆道：“我们试图让警察用乌兹冲锋枪消灭灰松鼠，因为这些萨默塞特郡的灰松鼠正在破坏房子周围的山毛榉树，但他们从来没照办过。”[50]

20 世纪 90 年代，爱尔兰共和军比过去 50 年间的任何时候都更接近军事胜利。他们摒弃了袭击位于欧洲各地的英军的战略，而把火力集中于伦敦。20 世纪 80 年代，伦敦只发生了十几起爆炸袭击。在 1990 年至 1994 年间，发生的爆炸案超过了 100 起，与此同时，他们越来越集中于打击经济目标的策略被证明十分有效。1992 年 4 月，爱尔兰共和军使用一辆装有肥料的大型白色卡车，轰炸了位于伦敦金融城的波罗的海交易所。此次爆炸造成的财产损失高达 8 亿英镑，远超爱尔兰共和军先前制造的 1 万起爆炸事故所造成的经济损失总额。第二天，位于斯泰普尔斯科纳天桥下面的一枚威力巨大的炸弹爆炸。爆炸发生在 M1 高速公路起点附近，使得运输系统全面瘫痪。1993 年 4 月，爱尔兰共和军再次轰炸了伦敦金融城。这次爆炸发生在主教门，造成的经济损失高达 10 亿英镑。由于保险费用过于高昂，此次事件导致伦敦劳埃德保险公司几近破产。1993 年 12 月，加密的炸弹警告使几十个火车站和地铁站关闭，预计使伦敦遭受约 3400 万英镑的经济损失。几个月之后，迫击炮袭击导致希思罗机场关闭。1996 年，爱尔兰共和军轰炸了金丝雀码头和曼彻斯特市中心，两次爆炸分别造成约 1 亿英镑和 7 亿英镑的经济损失。

令人觉得反常的是，所有这一切都发生在爱尔兰共和军决定放弃武装斗争的那一刻。在 1993 年 2 月的某个下雨的傍晚，约翰·梅杰独自坐在内阁会议室里。他的一位私人秘书，好像是斯蒂芬·沃尔，打断了他的思绪。他给首相带来了一条不同寻常的消息。这条消息是爱尔兰共和国领导人马丁·麦吉尼斯经由军情五处的联络渠道传来的，内容是："冲突已经结束，但我们需要听取您有关如何结束它的意见。"麦吉尼斯提出只要不让爱尔兰共和军公开投降，他们可以停火，通过协商解决冲突。梅杰大吃一惊，他不知道是否要相信这条消息，并向军情五处求证信息的真实性。由于他相信爱尔兰共和军"异常偏执且冷酷无情"，所以担心这仅仅是一个计谋。到时候，英国政府将面临很多无理要求，一旦暴力事件再起，政府将受到公众的谴责。此外，他还担心，与爱尔兰共和军公开协商之后，如果伦敦继续遭受袭击，那么他将承担怎样的政治上的后果。没有哪位首相想被看作对恐怖主义持温和态度。即使爱尔兰共和军是认真的，梅杰也想知道那些邪恶而忠诚的准军事组织将如何回应。军情五处安慰首相说这条消息真实可信，于是他非常认真地对待它。[51]

有一段时间，爱尔兰共和国内部的情报渗透越来越多。梅杰监视着全面负责爱尔兰共和军转移的人从伦敦警察局政治保安处转变为军情五处，导致特工流动性越来越大。在帕特里克·沃克的领导下，军情五处发起了一项精心组织的运动，说服包括珀西·克拉多克和内阁办公室负责人罗宾·巴特勒在内的白厅安全官员把这个新地盘交给他们。[52]被折服的巴特勒告诉首相说伦敦警察局的优势在于警务行动以及事后调查。军情五处的情报技能出类拔萃，伦敦警察局无法与之相提并论。1991 年 11 月，梅杰认同，"当务之急是让安全局负责情报行动，打击英国大陆上来自爱尔兰共和国的目标"。考虑到涉及的复杂情况，他要求安全局做一份更加详细的报告，直到半年后才最终批准了这次变动。[53]当冷战时期的颠覆目标减少时，国内反恐活动便成了军情五处的新工作。其工作表现突出，不断向爱尔兰共和军施压，首相亲自对其加以褒奖。[54]

军情六处通过秘密沟通渠道与爱尔兰共和军密切联系，从而为和平进程铺平了道路。这条秘密的沟通渠道从20世纪70年代初开通一直使用到20世纪80年代末。正如我们所看到的，多数情况下都是德里的商人布伦丹·达迪和军情六处的迈克尔·奥特利在负责联络。1991年，达迪联系老友奥特利并邀请其共进晚餐。奥特利已经是军情六处欧洲情报事务的负责人，即将退休。令奥特利感到意外的是，马丁·麦吉尼斯后来也加入了他们。奥特利认为麦吉尼斯为人非常通情达理，是一个不错的谈话对象，并将他比作伞兵团或特种空勤团中层军官。一个星期之后，爱尔兰共和军用迫击炮袭击英国首相府，表明其打定主意一边谈判一边进攻。梅杰及其阁僚并不觉得意外，他们预料到爱尔兰共和军会争取处于一个优势位置来进行谈判。[55]由于此时军情五处掌握着爱尔兰恐怖主义活动的线索，所以当斯特拉·雷明顿"强烈反对"军情六处在军情五处的地盘上动手时，反恐部门与北爱尔兰情报主管兼协调人约翰·德弗雷尔接管了秘密渠道。[56]军情五处每两周与马丁·麦吉尼斯进行一次会面[57]，梅杰首相亲自批准了这个秘密联系渠道，军情五处一位官员向他报告说达迪"非常了不起。他致力于实现北爱尔兰的和平"，尽管对他自己来说存在很高的风险。[58]

由于共和党运动的分裂性，暴力冲突仍在持续。但是，所有情报主管都力劝梅杰说他们最好的情报已确认，至少一些爱尔兰共和军的领导正在认真重新考虑他们的方法。但在1993年3月，正当爱尔兰共和军与唐宁街方面开始考虑进行有组织的会谈时，爱尔兰共和军再次发起袭击，沃灵顿市中心发生爆炸，导致两名小男孩死亡。随之而来的是大规模的爆炸袭击，主教门遭到严重毁坏。尽管发生了这些恐怖事件，但英国情报官仍继续到麦吉尼斯母亲家里拜访他。之后，发生在贝尔法斯特的另外一次大爆炸事件使得和谈进程戛然而止。与此同时，梅杰核心集团决定，他们不能继续进行谈判，除非暴力事件停止。通过平时的秘密沟通渠道，梅杰政府把他们的想法告知爱尔兰共和国新芬党的要员格里·亚当斯和麦吉尼斯，但到了 3 月底，这个情报联络方式遭到《观察家报》的披露。梅杰对秘密渠道被泄露一事感到愤怒，尽管做了调查，但还是没有找到泄密者。[59]

议会对《观察家报》的泄密感到惊慌。这些事情发生在爱尔兰共和军致命暴力的背景下，更加糟糕的是，梅杰早些时候就告诉过下议院议员们，面对面地与爱尔兰共和军联系“让他感到难以忍受”。他公然轻蔑地表示，“我们不会这么做”。[60]秘密会谈破灭。后来梅杰表示失去这条秘密渠道让他感到非常遗憾。“它的确有时候给我们造成了一些困难，但却发挥着它的作用。”他带着其典型的轻描淡写的口吻哀叹道，“讲和是件棘手的事情。”[61]像许多前任首相一样，梅杰明显意识到，当公众发现政府与恐怖分子谈判，并发现这件事造成了损失时，他必须对公众撒谎。

如今，首相在北爱尔兰政治问题上犹豫不决。与北爱尔兰事务大臣帕特里克·梅休商量之后，他决定公布与爱尔兰共和军之间的交流，以示政府“没有与其达成任何秘密协议”。不幸的是，梅休搞砸了一些文件的抄写，而作为中间人的情报官在未经授权的情况下与麦吉尼斯举行了“面对面会议”，当这件事被泄露之后，政府说过的否认与之有关的某些话不得不收回。这些都破坏了政府发言的可信度。[62]

同时，爱尔兰共和国也在尽力掩盖，控告唐宁街伪造信息。马丁·麦吉尼斯声称自己从未给梅杰传递过原始信息，他声称“原始信息是英国政府虚构的，目的是让爱尔兰共和国其他成员干掉他”。

[63]之后，梅杰称其为“令人难以置信的诽谤”。爱尔兰政府插手干预此事，试图继续推进和谈，以促进 1993 年 12 月《唐宁街宣言》的签署，由于格里·亚当斯没能继续开展剩余的共和运动，致使和平会谈进程止步不前。

自 1991 年 2 月唐宁街遭到爱尔兰共和军迫击炮弹袭击之后很长时间，暗杀威胁依然盘旋在首相和内阁头顶上。一名小报编辑前往位于伊顿广场的内政大臣迈克尔·霍华德的家进行拜访。他很好奇，想知道“内政大臣长期生活在被爱尔兰共和军袭击的阴影中感受如何”。答案是“非常可怕”。从他到霍华德家门口那一刻开始，他看到，房子里里外外到处都是武装警察——“有些人竟然一直住在他家楼下”。[64]霍华德的这种情况并不是个例。梅杰的情报安全团队曾讨论过麦吉尼斯那封信的性质，他们的名字被泄露后，他们的住所就装上了精心设计的安全系统，尽管一系列的假警报意味着这些系统总是用不了多久[65]。

尽管处于不安全和不稳定的形势下，但有关情报显示，爱尔兰共和军准备停火。1994 年夏天，在梅杰刚度假回来后，官员们告诉他，爱尔兰共和军即将停火。情报是准确的，6 天后，临时爱尔兰共和军宣布“停止敌对行动”。[66]梅杰不相信这次停火会持续很长时间，而情报和安全部门让他消除了疑虑，相信这次是真的停火了。[67]最终，在军情五处不断的推动下，以及美国总统克林顿的施压下，爱尔兰共和军于 1994 年宣布停止军事行动。谈判拖拖拉拉，十分缓慢。但自 1995 年开始，在此后的约四分之一个世纪再也没有发生恐怖主义杀戮事件。[68]他们已经踏上了通往 1998 年 4 月的《贝尔法斯特协议》即《耶稣受难日协定》的道路，除了肯·克拉克对此持怀疑态度，梅杰的内阁大臣们相信取得持久的和平是有可能的。[69]与继任者托尼·布莱尔相比，约翰·梅杰面临着更大的政治风险，以他为首的保守党一直对民族主义甚是反感，给日后埋下了隐患。

冷战结束后，情报在世界范围内扩大。原来的目标早已不见了踪影，甚至连爱尔兰共和军也笨拙地跌跌撞撞走向和解，所以到了20世纪90年代中期，“经济福利”变得更为重要——并且在《情报服务法案》中明确规定强制执行。[70]经济实力取代军事力量成为国家实力的指标，经济安全与国家安全之间的联系越来越多。这涉及暗中监视盟国。即使双方在政治和军事领域密切合作，经济竞争依然存在。[71]

白厅和议会中负责经济、贸易或谈判的行家充分认识到情报的重要性。的确，经常是那些做着听上去无趣工作的人发现最吸引人的事物。例如，环境交通区域部政务次官克里斯·穆林回忆道，自己曾读着令人着迷的绝密信号情报资料——但前提是必须有政府通信总部两名阴郁的身着灰色西服的官员在场，他给他们取绰号为“送葬者”。这些材料是从与英国有经济竞争关系的国家那里收集来的情报中总结出来的，这些国家会被大多数人视为中立国或者友好国家。只有美国、新西兰、澳大利亚和加拿大不在监视范围内。[72]

欧洲国家成为被准许捕猎的猎物。约翰·梅杰曾注意到，英国加入的“峰会召开俱乐部”的数量甚至比其他任何国家都多。除了每年召开2~4次高层峰会的欧盟，英国还是以下组织的成员，包括七国集团、二十国集团、北大西洋公约组织、英联邦、欧洲安全与合作组织，以及对于人们来说比较陌生的组织如亚欧会议，该组织旨在加强东南亚与欧洲国家间交流与合作。不出席的话好像是故意怠慢，但在梅杰执政期间，峰会的确“大爆发”，与其惊人的扩散速度相比，这些会议的价值却在降低。虽然如此，一些会议还是很重要的，对于梅杰来说，没有什么事情比1991年和1992年围绕《马斯特里赫特条约》的签署所召开的欧洲共同体首脑会议更为重要。该条约促使欧洲共同体转变为欧盟。梅杰相信，英国未来发展的关键在于欧洲，但是他在诸如货币联盟等问题上持保留态度。[73]因此，谈判需谨慎对待。英国情报部门花重金拉拢国际谈判和国际首脑会议的支持团队。如今，他们的付出获得了丰厚的回报。

在领土问题上，包括北爱尔兰问题上，英国情报和安全机关长期以来一直处于激烈的竞争与对抗之中。然而谈判协商被证明是个例外，因为英国拥有一支跨机构团队，其成员来自各个部门。20 世纪 80 年代，英国采用当时最高的工艺水平在门上安装配有一长串电池的窃听器，并用钉子把麦克风钉牢在墙上。到了 20 世纪 90 年代，技术水平提高，一大群“清洁工”成天忙碌地把特制的通用串行总线（USB）插入所有不受保护的笔记本电脑以及他们可以访问的台式电脑的插口中。计算机安全性薄弱，英国可以大显身手。[74]

“冷战”的结束对西欧和东欧都产生了影响。德国人民坚决要求实现重新统一，许多国家，特别是法国并不想让德意志帝国复苏。于是，德国借助欧洲共同体来让它的邻居们放心。为此，德国提出深度一体化，包括普及欧洲联盟公民身份，实现人口自由流动，以及创造统一货币——欧元。但是保守党对此感到震惊，其成员十分厌恶欧洲联邦主义。梅杰在保守党内面临着一场内战，他的政治生涯取决于新欧盟谈判的结果。在单一货币和社会立法方面，他力图选择一系列的“退出”。总之，即将于 1991 年底举行的谈判将是梅杰政治生涯存亡的关键。

梅杰需要充分发挥他的所有聪明才智。他记得，欧洲理事会会议正式开始前，总是会先举办一场非正式的午宴，为与会者准备“精美可口的食物以及顶级好酒”。午宴上，长期担任欧盟委员会主席的雅克·德洛尔，一个来自法国的老谋深算的家伙，看起来十分可怕，浑身充满了“危险”的信号。在午宴过程中，主席催促人们提起相关事项，德洛尔经常“充分利用这一机会”。他故意加重口音，在可能对英国没有吸引力的话题上泛泛而谈。梅杰决定不去碰酒杯：“我可不想告诉下议院说，在我品尝着上好的产自皮利尼－蒙拉谢的葡萄酒时，一些可怕的提议从我脑海中闪现。”[75]事实上，他的策略更多地依赖于优质情报，而非他的冷静与专注。其中的一个消息来源是英国驻欧盟大使约翰·克尔。在一轮特别关键的谈判中，顾问被禁止参与，只有国家元首能够出席，于是克尔藏在桌子下面，小心翼翼地将纸条递给首相，首相对他心存感激[76]。

20世纪90年代，理查德·汤姆林森曾是军情六处的一名职员，他回忆道，有一次，自己的同事问主管科林·麦科尔，军情六处是否监视欧洲其他国家。麦科尔回答说：“是的，确实如此。我们对有关欧洲伙伴在经济意图方面的情报有着重要需求，特别是关于他们在《马斯特里赫特条约》谈判中的立场的情报。”法国通信系统毫无保密性可言，部分原因在于他们糟糕的通信安全纪律，另一部分原因在于美国国家安全局向政府通信总部提供帮助。德国和荷兰通信系统更具挑战性，使用特工成了必选项。所以，自20世纪80年代中期开始，德国政府的一位财政高级官员听命于英国。该官员不仅向英国提供了有关德意志联邦银行的内部情报，还预测到其利率变动及德国在《马斯特里赫特条约》谈判中的立场。这或许是军情六处招到的最重要的情报员，与奥列格·戈尔季耶夫斯基占据着同样显著的地位。在政界，单单“招到明星情报员”这一项就足够证明军情六处的年度预算是值得的。[77]

梅杰回忆道：“我们知道这么做风险很大。”1991年12月5日，他的团队有些惶恐不安地飞往荷兰马斯特里赫特。其团队成员包括白厅中一些最聪明的人，他们中有财政部负责制订不加入欧元区草案的奈杰尔·威克斯、外交部的迈克尔·杰伊和约翰·克尔。据梅杰说，约翰 · 克尔是欧洲“十二象棋”游戏的高手。背地里，梅杰和他的团队还带了一支近距离收集情报的小组，小组成员来自军情六处和政府通信总部，他们使用新型设备来搜集情报并交给其上级。梅杰运用的主要策略就是等待，一直等到欧洲各国政府首脑开始害怕陷入僵局，到时候再提出他不加入欧元区的要求。英国情报机关把梅杰的重要对手弗朗索瓦 · 密特朗作为目标人物，且幸运的是法国通信系统漏洞百出。梅杰团队还利用他们手里高度敏感的文件：总结列出他们在每一个条款上遇到的症结。梅杰在他的手稿中做了大量注释。在会场休息时，梅杰提出看看手写稿，让他感到万分惊恐的是，“手稿不见了”。梅杰团队担心手稿“落入另一个代表团的手中”，如果真是这样的话，“我们的立场和底线将彻底暴露”。梅杰团队曾一度十分惶恐；一位外交官称之为“我职业生涯里最恐怖的时刻”。[78] 但最终，他们在财政大臣诺曼 · 拉蒙特的一堆杂乱文件中找到了梅杰的手写稿。

英国在监视其他人的通信系统是一个公开的秘密。实际上，这常常显而易见：他们对欧洲人建议的回应太过精彩和及时了。德国总理赫尔穆特 · 科尔是温斯顿 · 丘吉尔首相的超级崇拜者，同时还是“一位言辞犀利、头脑精明”的谈判者。他喜欢拿这件事调侃约翰 · 梅杰。科尔总是拿梅杰的私人秘书提着的首相红盒子开善意的玩笑。“是的，就是它！”他就会哈哈大笑，“里面装着英国政府的所有秘密。如何在一个盒子里战胜欧洲？”对于科尔和梅杰来说，这已经变成了一个笑话，经常在午餐时间被拿出来详细讨论。梅杰十分喜欢这种打哑谜的方式，以至于最终他给德国总理科尔也做了一个复制品，这个盒子看起和英国首相的红盒一模一样。但正如梅杰给科尔解释的一样，“这一个不一样，它里面装的都是德国的秘密”，把盒子转过来，上面“用烫金浮雕着”德国国徽和科尔的名字。科尔万分欣喜，梅杰忍不住又开了一个玩笑继续说道，明年“你就能拿到钥匙了”。[79]

1990 年 3 月一个宁静的夜晚，特立独行的火炮专家杰拉尔德・布尔提着一个公文包到其位于布鲁塞尔一个风景优美的郊区的住所外散步。潜伏在暗处的一个杀手正在静静地等待他出现。当布尔走到离他不远的地方时，杀手朝着他的头部连开两枪。布尔当场殒命。布尔的公文包里有两万美金，但杀手对此置之不理，把钱留在了人行道上。几天后，英国海关截获 8 根巨大的钢管，每一根的直径有 1 米，被用来组成一个 60 米长的大炮筒。它们以“石油管道”类目出口，这些由谢菲尔德铸锻公司制造的大炮筒被放在一辆开往伊拉克的货轮旁边。随后，官员们在 5 个欧洲其他国家发现了更多部件。布尔曾希望为西方效力，但当没人支持他的试验时，他把自己的成果卖给了伊拉克。他把数百支改装过的 155 毫米的枪交给正与伊朗打得不可开交的伊拉克，这种“超级枪”堪称其职业生涯的巅峰之作。“超级枪”的代号为“巴比伦计划”，是伊拉克策划的一场耗资数百万美元的大规模行动，但这项计划最终未能实现。[80]

“巴比伦计划”是一个传奇故事，实现的可能性微乎其微，因此许多英国官员根本不会相信。当时负责贸易和工业部事务的内阁大臣伊恩・朗回忆道，“巴比伦计划”像“一个 007 系列故事”，涉及“间谍活动、谋杀以及为萨达姆・侯赛因制造世界上最大的枪这一国际阴谋”。设计“超级枪”的目的在于能从很远的距离发射出特殊炮弹。朗继续说道，“摩萨德和军情六处参与其中，英格兰中部地区的工程公司也不例外，而且政府大臣艾伦・克拉克也不可避免地卷入其中”。英国的作用包括生产出枪支的部件即高规格的钢管，也就是“在最后时刻被英国海关截获的钢管”。伊恩・朗注意到，尽管生产商已使其有所警觉，但军情六处的调查进展十分缓慢，大臣们得到的消息也不全面。但很难说这一结论就是全部事实。[81]

首相们经常不得不面对前任首相执政期间所发生的丑闻。玛格丽特·撒切尔困扰于安东尼·布朗特和间谍躁狂症，而她的前任詹姆斯·卡拉汉则忍受着“威尔逊阴谋”的折磨。但是，没有哪个丑闻在嘈杂程度或危险性上，比得上“对伊售武”这一丑闻，它使得约翰·梅杰政府看起来好像是因为一桩情报丑闻而提前终结。梅杰知道，20 世纪 80 年代，英国曾过多地参与了中情局的多次秘密战争，从黎巴嫩迷宫般复杂的秘密斗争到支援尼加拉瓜反政府武装的秘密军队。中情局参与的另一场战争是发生在 1980—1988 年间的漫长而充满血腥的两伊战争。当双方打得不可开交时，英国议会选择支持联合国对两国实行武器禁运，禁止向冲突地区出口更多武器。但由于西方把伊朗看作一个较大的威胁，所以在两伊战争将要结束时，大臣们默默地“重新解释”了指导方针，允许向萨达姆·侯赛因出口一些武器。英国政府有意“放缓”情报工作，以贴合其首选的武器出售政策，从而将伊拉克的预期用途解释为民用而非军用。[82]

伊拉克拥有丰富的石油资源，据估计，20 世纪 80 年代，萨达姆花费了约 500 亿英镑用于购买武器。许多国家，包括法国、苏联、巴西和智利，都曾不加选择地向其出售武器。面对这场混战，贸易部的大臣艾伦·克拉克以及国防部负责武器销售的大臣特雷夫加恩勋爵极力游说内阁放宽限制条件。梅杰声称，无论是作为外交大臣（尽管他参与了向伊拉克出售“鹰”式教练机的相关讨论）还是作为首相，都没有人就任何政策的变动向其进行汇报。此外，他还表示，他不可能把所有现有情报都读一遍。他声称，每年有多达 4 万条来自政府通信总部和军情六处上交的情报，让大臣们把所有情报都读一遍“显然荒谬之极”。筛选程序十分必要。[83] 正如影子外相罗伯特·库克在下议院强有力（且满腹狐疑）地指出的：“首相的辩护能力众所周知。虽然不够文雅，但胜在简单：并没人告诉他这一点。”[84]

同时，放松制裁还有其他秘密的原因。有限制地向其出口一些不太明确的“双用途”技术能够洞察萨达姆的武器计划，特别是他在发展化学武器和核武器方面的动作。位于英格兰中部地区生产高质量机械工具，包括车床的英国公司拥有特殊的利益：军情五处把某公司一位名为马特里克斯·丘吉尔的出口销售经理招募进来；而军情六处则选择了长期合作的该公司总经理保罗·亨德森。政治保安处指挥着其他特工，包括奥德科技公司总经理约翰·格雷西安。该公司是一家制造保险丝的公司。相应地，当时在外交部任职的大臣威廉·沃尔德格雷夫批准了制定更加宽松的指导方针的请求。所有这些都是在德黑兰对英国作家萨尔曼·拉什迪发出“追杀令”这样的背景下发生的，这件事情使英国再次将注意力聚焦于主要敌人伊朗。[85]

然而，英国海关与货物税务署并不知道秘密活动。1991 年，保罗·亨德森发现自己站在被告席上，被控违反了联合国武器禁运条例。他的辩护律师辩称政府知道并批准了他公司的活动。内阁大臣杰弗里·豪对军情六处派间谍监视伊拉克武器计划了如指掌，但他还是冒着可能使无辜者坐牢的风险签署了《公共利益豁免证》以掩盖政府活动。说得好听一些，政府的行为是伪善的；说得不好听那就是政府正在从事犯罪预谋。[86]不管怎么看，实际的政策与政府的公开声明存在明显的分歧。[87]

参与放宽指导方针的内阁大臣艾伦·克拉克使亨德森案的审判归于失败。他承认在陈述与公司经理们会面的真相（或如他所说的“事实”）时“有所保留”。他故意使用这样的措辞让人们回想起玛格丽特·撒切尔在澳大利亚法院《抓间谍者》一案中惨败。同样，国防销售负责人伊恩·麦克唐纳告诉法庭，“真相是一个很难界定的概念”，此后，各家媒体对此争相报道。

梅杰想要了解真相究竟是什么。珀西·克拉多克向军情六处的科林·麦科尔问了一些尖锐的问题。麦科尔不诚实地回应道，军情六处收到的报告说这批出口商品是传统的155毫米口径的大炮或是钢管，而钢管太大以至于“看不出是火炮”。这或许又是故意“放缓”情报，以贴合民用政策的条款。在理查德·斯科特法官随后开展的调查中，他看到了军情六处给麦科尔的简报注释，并得出结论说并不存在会混淆不清的情况。换句话说，斯科特认为麦科尔故意设法误导唐宁街，以掩盖其在“超级枪”事件中的踪迹。[88]

约翰·梅杰觉得自己被许多人的谎言欺骗了。“超级枪”事件刚爆发时，刚刚上任没几天的首相在内阁会议室召见艾伦·克拉克，问他是否故意就如何隐瞒出口产品的军事用途这一问题向这些公司提供了建议。克拉克冷静地向他和内阁大臣罗宾·巴特勒保证，事实并非如此。然而，之后他的确修改了巴特勒的会议记录，目的在于将其建议轻描淡写。[89]尽管如此，在此基础上，政府在下议院驳回了媒体对克拉克的断言。但当1992年11月马特里克斯·丘吉尔案开庭审判时，克拉克改变了他的口供。梅杰觉得自己被出卖了。其他指控被撤销，已经承认向伊拉克出口保险丝装配线的奥德科技公司附属公司的4位高管成功地对判决提起上诉。如今，看上去似乎是英国和美国一直通过军情六处和中情局负责的一个计划秘密向伊拉克运送武器。[90]

约翰·梅杰发现自己被问到一些他不想回答的问题。有些问题与一个身份不清的名叫史蒂芬·科克的人有关，他是前罗德西亚特种空勤团成员，好像为牵扯进对伊售武事件的许多军火公司提供指导。工党议员迈克尔·米彻步步紧逼，质问梅杰是否履行了职责，梅杰冷酷地答道：政府一贯的政策是“对于个人与安全局或情报局有没有联系不予评论”。[91] 尽管议会没有进一步调查神秘人科克的身份，但察觉出丑闻即将被曝光，并指控梅杰内阁里的许多大臣。他别无选择，只好让一位高级法官开展一项独立调查，希望以此避免被指控对此有掩饰嫌疑。[92]

梅杰立刻指定上诉法院法官斯科特展开调查，斯科特极其享受这一过程。乍看之下，这正合梅杰的心意，因为本次调查预期是在6个月内提交总结报告，结果却花了3年时间做总结。但是，制定的条款涉及范围十分广泛，使得斯科特能够调查各种各样有趣的事情，包括军情六处及其与军火贸易的关系。[93] 他要求玛格丽特·撒切尔提供证据。撒切尔夫人向其描述了她每周如何收到与此有关的情报资料，“这些情报材料会被放到红皮书里……每个周末我会把它们放进我的盒子里，有时可能会附有一个便签，为我做有效的总结，引导我去注意极其重要的必须去了解的事情”。但除了声称化学武器“绝对让人毛骨悚然”，她还补充道，“我们知道，他们（伊拉克人）使用化学武器”，她声称具体细节已经回想不起来了[94]。

梅杰对斯科特报告感到忧虑的原因之一是担心它将撒切尔夫人及其他高层人员卷入其中。首相都痛恨调查前任可能犯下的过错，而且每个人都知道，撒切尔夫人及其高层之所以促进英国武器销售，是因为销售武器与其切身利益相关。1985年，时任美国国防部长卡斯帕·温伯格到唐宁街拜访撒切尔夫人。在近来的马岛之战期间，温伯格是撒切尔夫人的忠实伙伴。但撒切尔夫人没有热情招待温伯格，反而对他进行指责。国防部刚刚决定花费40亿美元从法国购买加密级别最高的通信系统“丽塔”，丢弃了英国的“松鸡”系统。这件事情与撒切尔的几个爱好有关系：秘密、阴谋以及商业利益。她坚称“有人在紧要关头从事了不法行为”，她抱怨道：“我们都被骗了。你听到我说什么了吗？被骗了。而且别试图告诉我别的。”陪同温伯格一同访英的科林·鲍威尔将军发现撒切尔夫人表演得“太精彩了”。玛格丽特·撒切尔的声望令人敬畏，而此时他已经看到“她正挥舞着她的手提包砸向温伯格的脑袋”。[95]

赫尔穆特·科尔曾说道，撒切尔夫人“在为英国追求利益的时候冷酷无情”。[96]但如今，10年之后，许多人想知道，在向伊拉克出售军火以对抗伊朗的事件中，西方究竟做了什么，以及哪些人卷入了哪些事情。撒切尔夫人通过美国情报得知伊拉克在利用英国生产的泵制造芥子毒气后，表现出一个大转变，她不再阻止萨达姆·侯赛因获得化学武器。因为这件事，而且因为“我们自己的毒气弹贸易逃脱不了批评（苏联人声称，我们在北爱尔兰使用了化学武器，违反了《日内瓦定书公约》）”，一位外交官警告，“我们自己在化学武器出口上的立场并非无懈可击”。[97]

正如1996年年初斯科特做的报告一样，由军情六处协助的一项旨在推翻萨达姆·侯赛因政权的阴谋失败，引起了伊拉克安全部队广泛展开报复行动。中情局和军情六处通过位于伦敦的“伊拉克民族团结阵线”开展合作。该组织的领导人是伊亚德·阿拉维博士，他曾是伊拉克执政党复兴党成员，自1971年以来就一直居住在英国。1996年年初，“伊拉克民族团结阵线”在约旦设立地区总部，之后约旦总部试图招募伊拉克现役官员以推翻萨达姆政权。但许多人认为“伊拉克民族团结阵线”里有很多为巴格达工作的双面间谍，于是这桩阴谋很快便结束了。那一年年底，大约有8名高级官员被逮捕并处决。当地的中情局官员再次在没有伊拉克军队驻扎的3个库尔德省份以外的地区开展颠覆行动，但这一未获授权的行动也没有获得成功。[98]

白厅官员把斯科特报告称为“有毒的酒杯”，知道几个内阁大臣的命运，也许还包括政府本身，都处于险境当中。[99]经过3年之久的调查，斯科特报告最终于1996年2月15日递交给议会。坐在前座席上的威廉·沃尔德格雷夫和总检察长尼古拉斯·莱尔“看起来神色不快”，或许两人正处于危险之中。[100]莱尔告诉大臣们，与军情六处有关的文件可能对马特里克斯·丘吉尔案的辩护至关重要，他们有责任提出公众利益豁免要求。他也本应该向上诉法院法官斯科特简单汇报一下，在大臣们中有恐慌情绪在蔓延，但他没能这么做。[101]尽管事实上，斯科特报告公布得十分小心，但最终报告指出政府并没能将更为宽松的武器出售政策告知议会，这差一点导致约翰·梅杰政府倒台。处于丑闻中心的大臣们早已看过这份报告，并就如何反驳斯科特的批评得到了指导。仅仅3个小时后，影子外相罗伯特·库克获准阅读一份超过100万字的报告。梅杰痛斥保守党，声称对政府投反对票就是对政府的不信任。库克的表现十分出色，而在辩论中未发表看法的梅杰侥幸逃脱。他回忆道：“投票结果是320票对319票，我们以1票胜出。”[102]梅杰在任期间只躲过了一桩情报丑闻，它发生在他执政的最后一年。他的继任者托尼·布莱尔已经严阵以待，而他几乎不知道自己是如何险些被情报之争拉下台的。

17

托尼·布莱尔
（1997—2007）

能与联合情报委员会的人一起鬼混，其价值高于生命。

——托尼·布莱尔[1]

情报之争是托尼·布莱尔政府的特征。与前任首相丘吉尔和撒切尔夫人一样，在上台之前布莱尔已经对情报大为着迷。但与两位前任不同的是，他在入主唐宁街之前从未担任过部长级职务，因此对该职务缺乏足够的认识。除了与军情六处主管“C”一起吃了一顿略显古怪的午餐，以及对允许政府通信总部工作人员加入工会所做的长期承诺[2]，布莱尔与秘密世界打过的交道屈指可数。相比之下，使议会肩负起监督情报局和安全局的责任是工党一直坚持的政策。但布莱尔刚一上台便决定使情报局和安全局受首相控制——预示着未来会发生何种情况。[3]

然而，上任伊始，他在情报方面初步获得了相当成功的经验，他几乎没有发现山雨欲来的迹象。他在前任首相梅杰之后继续积极展开谈判，同时得到情报计划的频繁支持，为北爱尔兰争取实现和平，而英国对科索沃和塞拉利昂的军事干预取得了巨大成功，并在1998年底对伊拉克大规模杀伤性武器（WMD）所在地进行了为期4天的空袭，这似乎表明情报能够为英国开展有效的军事行动提供帮助。无独有偶，英国介入波黑内战和科索沃战争表明了特种部队对于新任首相的价值。[4] 可是，小的磕磕绊绊在所难免。当口蹄疫疫情突发、各地农民举行抗议示威时，唐宁街惊慌失措地向军情五处主管史蒂芬·兰德问道："你为什么没有像在玛格丽特·撒切尔时期监视矿工那样为我监视农民？"[5]

布莱尔醉心于情报带来的无限可能。这对于他来说是一种全新的体验——一个新玩具——正如任初他在白厅手舞足蹈地跳跃那样。[6] "冷战"结束后，他很快开始兴致勃勃地推翻下议院削减情报预算的法案。作为一个生性好斗、主张输出民主的自由党党员，新首相需要利用情报支持他对他国进行军事干涉。伴随着全球化进程的加速，他还把秘密破坏作为对付随之而来的许多险恶威胁的手段，如毒品、有组织犯罪和人口走私。有一天早晨，布莱尔打电话给美国总统比尔·克林顿。在通话中，两位国家领导人讨论了无国界之分的恐怖主义和有组织犯罪呈上升趋势及其带来的威胁。克林顿强调，非洲和中东的武装组织，"与政府无关，不是由政府资助的"，他们"就像多年前上映的007系列电影《诺博士》和《幽灵党》中的人物"，并预测他们是"21世纪新版的'诺博士'和'幽灵党'"。[7] 或许需要使用詹姆斯·邦德新技能才能打败他们。

1999年，军情五处主管史蒂芬·兰德和政府通信总部负责人弗朗西斯·理查兹与军情六处新任主管理查德·迪尔洛夫一起参加在唐宁街举行的"以犯罪为主题的峰会"扩大会议，议题涉及俄罗斯黑手党和拉丁美洲毒枭带来的威胁。他们向布莱尔汇报了军情六处、政府通信总部和特种空勤团联合团队合力帮助哥伦比亚追捕和清算重要目标的工作。这给布莱尔留下了深刻的印象，他要求他们继续开展更多此类行动。他强调了情报与犯罪之间的联系，要求三大机关加强与国家刑事情报局的合作。[8] 跨过那扇举世闻名的黑门显然使一位政治家的看法发生了改变：作为影子内政大臣，布莱尔之前曾一直对政府利用军情五处打击犯罪的做法感到不满。[9]

尽管在布莱尔时期情报机关得到扩大，但年轻的首相没能理解它。而三大情报机关发现他的一些想法令其产生反感。前不久，布莱尔政府试图重提建立内部市场情报这一奇怪的提议，让外交部、国防部、内阁办公厅及其他政府部门承担情报机关的水费、燃气费或电费。时任内阁秘书理查德·威尔逊解释道，财政大臣戈登·布朗“企图在情报机关与其下属部门之间建立一种客户关系”。威尔逊明白，这将是主观性情报报告的终结，于是“拍桌而起，坚决实行”改革。“我很高兴地告诉你们，”他后来说道，“我赢了。”他沮丧地回想起来，他“向唐宁街 10 号求助”，但“他们还有其他重要的事情要做，顾不上我”。安抚怒气冲冲的财相布朗比保护英国宝贵的中央情报机关更加重要。[10]

在其他方面，中央机关出了大乱子。在军情六处，分别监管情报评估和传播的各级负责管理链不见了，导致内部挑战和质量控制降低。[11] 在高层，内阁大臣们恐怕正在参加安全情报委员会会议，对其缺少活动感到失望。安全情报委员会主席由首相担任，它是一个高级机构，负责为高层监管情报部门。他们反复催促布莱尔召开会议，但他拒绝了。事实上，主要是因为他意图霸占这一地盘，所以该委员会从未开过会。

最终，首相也开始对联合情报委员会提交的文件视而不见。布莱尔的幕僚长乔纳森·鲍威尔后来将联合情报委员会斥为“粗制滥造报告，两面讨好人，对指明前路毫无帮助”。[12] 反之，布莱尔更喜欢看从他在军情六处的熟人那里拿到的“评估文件”，这些文件会“被直接送往首相府”。军情六处高级官员后来解释说，这是由于他们“与唐宁街10号的关系变得很有个性”所致，的确“太有个性了”。[13] 布莱尔处理政务的随意方式延伸至秘密世界。[14]

最终，布莱尔喜欢自己的情报带有观点。他甚至想过消除长期存在于情报与政策建议之间备受推崇的差别。一位前内政大臣对布莱尔获取情报的举措给予肯定，称赞他懂得利用法律培训，而不会从表面上看问题。但是，情报从业人员却指责他对情报漠不关心，除非情报符合其世界观。[15]

2001年9月，“基地”组织在美国策划的恐怖袭击事件从根本上改变了布莱尔个人与情报部门的关系。早在“9·11”事件之前，理查德·威尔逊就尝试过把布莱尔首相与情报部门主管们拉到一起开会以建立良好的关系，但首相很少与他们见面。一夜之间，情况就完全变了。此时，间谍主管们，尤其是来自军情六处的高级官员与他并排坐在处于政府中心的著名沙发上。从此以后，首相遇事往往先想到他们。[16] 布莱尔及与他最亲密的顾问喜欢有军情六处人员做伴。布莱尔的联络办公室主任和密友阿拉斯泰尔·坎贝尔自然与首相有同样的热情。在首相有史以来第一次召开内阁会议之后，联合情报委员会主席科林·巴德亲自向坎贝尔通报了委员会肩负的职责。尽管坎贝尔问的问题合情合理，但巴德依然小心地掌握着自己与媒体关系的分寸。很显然，坎贝尔对于布莱尔政府举足轻重。[17]

迪尔洛夫希望唐宁街和军情六处能够在媒体活动上“加强和改善合作”，1999年7月，他建议坎贝尔访问军情六处总部，与“他手下的得力干将”见一面。坎贝尔认为迪尔洛夫“深谙媒体之道”，当披露某些情报资料符合双方的利益时，军情六处就会给公关专家打电话，征求其意见。[18] 坎贝尔并不反对，还迫使理查德 · 威尔逊"把军情五处和军情六处开展的更多媒体活动带入政府高层的视野内"。[19] 几个月后，坎贝尔到访军情六处新址，其间，"他们为他展示了一些信息战活动"。[20]

布莱尔及其助手与军情五处和政府通信总部保持着一种礼貌但更加疏远的关系。此外，坎贝尔还拜访了军情五处，史蒂芬 · 兰德主管告诉他，中情局投入的公关费用比安全局的整个预算还要多。[21] 由于害怕政府通信总部的扩建对军情五处的经费造成影响，兰德担心军情五处只在北爱尔兰问题上不可替代，恐怕安全局在布莱尔眼里不算什么。[22] 然而，"9 · 11"事件再次改变了布莱尔与军情五处之间的关系。正如克里斯托弗 · 安德鲁所说，他们的关系从"疏远转为热情"，而且布莱尔公开表扬军情五处工作出色，表扬次数比所有前任首相都多。兰德是首位获邀参加内阁会议的军情五处主管，专门接受首相的道贺——主要祝贺他在大规模反恐行动中表现优异，正因如此，才挫败了恐怖分子在英国发动的多次袭击。[23] 相比之下，尽管对大规模杀伤性武器兴趣浓厚，但布莱尔首相似乎并未察觉到英国最大的 WMD 分析中心就是离唐宁街只有数百码远的国防情报处。此外，正是对这一问题的分析将成为自己政府的一大特征。

布莱尔在情报工作中取得了一些初步的成功。事实证明，秘密情报对于支持政府与北爱尔兰的共和党分子展开对话至关重要。虽然军情五处起初担心新任首相对于他们的工作兴趣有限，但他经常密切关注北爱尔兰情报报告。[24] 布莱尔曾接受过律师业务训练，受此影响，他先是理性又认真地阅读情报报告，之后再盘问"目击者"。尽管他尚未开始制定出详细政策，而这些政策需要用情报做后盾，但他把情报看作政府机构的重要组成部分。[25]

到了 1997 年 10 月，兰德得以当面向首相汇报，有关窥察爱尔兰共和军想法的情报有新收获。[26] 当布莱尔及其谈判代表们试图了解爱尔兰共和国领导者的想法时，这只会帮助推进和平进程。当月，新任首相布莱尔在斯托蒙特与格里·亚当斯和马丁·麦吉尼斯初次见面。的确，这是 8 年来英国首相第一次与爱尔兰共和国领导者公开会晤[27]。由此可见情报对于英国所采取的策略的重要性。这一策略是布莱尔的前任梅杰首相奉行的，目的是通过“鼹鼠”的有力渗透保持对爱尔兰共和军的压力，同时鼓励新芬党勇敢地在这条政治道路上走下去。情报帮助他面对了自己在共和运动中所扮演的令人迷惑的双重角色。例如，他反复要求见到爱尔兰共和军的最高指挥官，但对方从未答应他的要求。而根据高度敏感的简报——经常只有他一人有权听取——此时，他明白，新芬党领袖事实上就是爱尔兰共和军的指挥官[28]。

布莱尔十分幸运，从前任手里接过了针对北爱尔兰问题日渐行之有效的情报组织，包括在梅杰时期重现生机的各类秘密渠道。和谈十分顺利，进展惊人，亚当斯和麦吉尼斯于 1997 年 12 月 11 日访问唐宁街。乔纳森·鲍威尔的回忆带有几分历史的沧桑感。没人想错过一个嘲笑他人的机会，麦吉尼斯说道：“所以这就是造成的所有损失。”鲍威尔回答道：“是的，迫击炮弹落在了你身后的花园里。海湾战争期间的英国内阁……躲到了会议桌下面，之后退到了下面花园的房间里。窗户起了作用，没人受伤。”事实上，麦吉尼斯指的是 1921 年爱尔兰革命领导人迈克尔·柯林斯正是在唐宁街签署了《英爱条约》。[29] 两人之间的交流突出了爱尔兰共和军深厚的历史底蕴。

格里·亚当斯对监控十分敏感，这一点可以理解。他“平时不带手机……因为他知道别人因此能够跟踪他”。[30] 爱尔兰共和军领导层对情报有非常直观的认识，因为整个北爱尔兰数十年以来一直处于英国的监视之中；监控无处不在，以至于北爱尔兰几乎相当于一座开放式监狱。借由大规模的情报行动，政府通信总部一直在截获爱尔兰拨出或接收的大部分电话，直到 1998 年在都柏林的一再坚持下，该行动才停止。[31] 其他领导者同样担心被监视——尽管监视者不一定总是英国人。例如，1997 年 9 月，北爱尔兰统一党领导人戴维 · 特林布尔致电布莱尔，告诉布莱尔说自己的电话被爱尔兰共和军窃听——这个“对爱尔兰共和军所具备的能力的看法略显诡异”，鲍威尔后来沉思道。[32]

相比之下，布莱尔的北爱尔兰事务大臣玛乔丽 · 莫勒姆在利用通过侦听截获的情报资料方面感到头疼，因为这过于错综复杂。值得注意的是，她与马丁 · 麦吉尼斯在很多地方讨论过自己如何想尽办法阻止首相罢免自己，而她与麦吉尼斯的谈话通通被英国情报机关安装的窃听器录了音。更令人担忧的是，她在跟亚当斯、麦吉尼斯的交谈中偶尔带有某些细节，共和党分子清楚这些细节只能靠技术手段收集。由于莫勒姆口风不严，共和党分子能根据她的谈话内容找到安装在他们的一个重要藏身处的监听设备。1998 年 5 月，莫勒姆“搞砸”了窃听住在贝尔法斯特的新芬党重要官员格里 · 凯利的一次行动。窃听器被藏在格里 · 凯利家乡村风格开放式厨房的木椽子里，这个木椽子被凿成空心，并用窃听设备将其填满。3 年来，藏在木椽子里的窃听器一直为英国提供非常有用的情报。[33] 玛乔丽 · 莫勒姆或许在结交民族主义领导人方面比较在行，但她却并不招英国情报机关的待见。

在和谈进程中，每当英方推动爱尔兰共和军取得进展时，亚当斯和麦吉尼斯就频繁地拿怕内部闹矛盾说事儿。情报机关见招拆招，再次发挥了重要作用。布莱尔之所以能够识破对方的战术，是因为情报让他看到亚当斯是共和运动的“绝对主导力量”。[34]情报在和谈进程中发挥了重要作用，这主要是几个因素共同导致的，如长期的秘密联络、梅杰政府时期所做的工作为此打下了根基，并安排鼹鼠获取情报以及拦截信号情报。不过至此，情报的作用已经发挥到极致了。布莱尔的优点在于他有巨大的人格魅力、领导力和外交技巧，鲍威尔形容“他像狐狸一样”。他成功地与双方建立了人际关系，因一本经文而与立场强硬的北爱尔兰民主统一党党魁伊恩·佩斯利形成精神上的默契，同时把爱尔兰共和军带到谈判桌前，从而说服亚当斯和麦吉尼斯敢于冒牺牲自己政治生涯（和生命）的风险。[35]

到了 1998 年 1 月，和平在望。《贝尔法斯特协议》规定，在大多数北尔兰爱人表示赞同的前提下，这个区域依然是联合王国领土的一部分；北爱尔兰统一党将与新芬党组建一个分享权力的政府。在《贝尔法斯特协议》全民公决开始不久之前，军情五处报告说：“起初临时爱尔兰共和军（PIRA）的许多成员对该协议持怀疑态度的时候，长期以来志愿军认为临时军将于 5 月再次引发暴力冲突，现在看来持有这一观点的人似乎减少了。”[36]1998 年 4 月 10 日，英国和爱尔兰政府在这一历史性的协议上签字。到了 1998 年年底，军情五处在北爱尔兰的资源“大大削减”并被爱尔兰占有。如今，“伊斯兰组织的恐怖威胁，”史蒂芬·兰德说道，“不容忽视。”[37]

在被问到英国面临的最大威胁是什么这一问题时，兰德不假思索地回答道：“法国。”他指的是以北非为重点打击对象的伊斯兰激进分子，其中许多人都选择来伦敦避难。[38]但另外还有一个恐怖组织——“基地”组织，组织成员遍布在世界各地。该组织的创始人是奥萨马·本·拉登，总部设在阿富汗，在世界各地都有分支，本·拉登通过新购入的一部卫星电话遥控指挥其在世界各地的分部。到 1997 年，美国国家安全局监控本·拉登的通信——一般而言，它不会与中情局追踪本·拉登的特别行动部队分享成果。这些数字描绘了一张有趣的图片：6 通电话打给了美国、57 通打给了沙特阿拉伯、59 通打给了巴基斯坦、131 通打给了苏丹、260 通打给了伦敦。[39]

几年后的 2001 年 10 月 21 日，星期日，格里·亚当斯呼吁爱尔兰共和军解除武装。在唐宁街的记忆中，这是一个“重要的时刻”。对于布莱尔来说，这本应是他任内最重要的一个时刻——这可能意味着近代英国一场长达 30 年的流血冲突结束了。但在一个月前的美国“9·11”恐怖袭击事件面前，这一历史性的宣言显得几乎无足轻重。[40] 令人揪心的恐怖画面有所改变。兰德几乎有些怀旧地提醒首相布莱尔说：“‘基地’组织与一般恐怖组织不一样：当我们在讨论‘基地’组织时，我们并不是在指爱尔兰共和军——后者在引燃炸弹后会离开事发现场，去喝一杯吉尼斯黑啤酒。”[41]

2001 年 9 月 11 日，数名国际恐怖主义分子袭击美国。同时，对纽约和华盛顿特区发动的数次袭击共造成 3000 多人死亡。在大洋彼岸的英国，当布莱尔听到这个消息时，他正在参加英国工会总会在南部城市布赖顿举行的年度大会。他急匆匆地乘坐火车赶回伦敦，政治保安处的保护部队用封锁犯罪现场的胶带把他所在的车厢部分区域封锁起来。[42] 他一到唐宁街就听取了联合情报委员会主席约翰·斯卡利特和军情五处主管史蒂芬·兰德做的简报。

关于袭击是何人所为、出于何种动机等等都不确定。约翰·斯卡利特和史蒂芬·兰德相信此次恐怖袭击肯定是“基地”组织所为。其他任何组织都不具备发动多次袭击行动的实力，而且还能策划得如此严密。斯卡利特和兰德都觉得任何政府都没有参与其中。很显然，他们在提到“基地”组织时，明显能看出布莱尔“此时一头雾水”，并且问兰德是否了解他们。兰德坦率地回答说联合情报委员会“一直在报告关于该组织的情况，就在《红皮书》里”，《红皮书》是指联合情报委员会每周都做的关于现时情报的情况简报。“可能你还没有看这些《红皮书》。”他补充道。“说得对。”布莱尔耸着肩说道。凭着他的聪明才智和一名律师具有的敏锐头脑，首相布莱尔很快就进入了状态，到了晚上，他向情报主管们连连发问，俨然是奥萨马·本·拉登问题的资深专家。[43]

布莱尔对本·拉登如此感兴趣其实并不足为奇。从那时起，情报机关越发担心“基地”组织可能对布莱尔起了杀心。每一天，内政大臣戴维·布伦基特都会收到情报报告。报告称，布莱尔“成为美国总统乔治·W. 布什之后‘基地’组织打击报复的世界第二大目标”。[44] 面临恐怖主义威胁，英国加强安全措施全力保护布莱尔，安全部门如此紧张，以至于把布莱尔从伦敦的某个地方转移至另一个地方时，类似于开展一场大规模的军事行动。警察摩托车队在前面开路，鸣响警笛实施交通管制，首相坐在一辆配有新防毒系统的捷豹装甲车里。进入唐宁街 10 号，或者是拜访下议院议员时，这辆装甲车都要接受机场安检扫描仪扫描，迎接它的只能是一名架着冲锋枪的警察。[45] 唐宁街的核心团队一度在一处名为“品达工程”的秘密碉堡周围巡视了一番。这是一个 3 层楼高的地底碉堡，位于国防部大楼底下，建造此地堡的目的是以防不测。该遗迹建于“冷战”的高峰时期，里面修建了双层床和内部广播电视台。[46] 突然之间，占领这一应急场所的前景似乎非常真实。唐宁街的工作人员被分成 4 组——红组、蓝组、绿组、橙组，各组在地堡中都有预先分配的位置。在切丽手下任职的阿拉斯泰尔·坎贝尔的太太菲奥娜·米勒，地位和资历与首相手下的坎贝尔相当。切丽·布莱尔被分到地堡里，但米勒却没有。切丽宣称本地堡“要绝对保密，要令人不寒而栗”，她最终不惜花重金对地堡的装潢进行升级，令钱包被掏空的大臣们烦恼不已。[47]

“9・11”事件发生后，兰德、斯卡利特和布莱尔立即开始担心美国的反应。他们害怕布什会迫于压力速战速决，做出“不负责任”的行为。这一担心并非没有道理。布什总统的反恐顾问理查德・克拉克记得当时白宫讨论了在“9・11”事件的第二天早晨袭击伊拉克，“怀疑我们除了消灭‘基地’组织，其他的我们都谈到了”。几天后，国防部长唐纳德・拉姆斯菲尔德建议对伊拉克展开空袭。“起初，我以为拉姆斯菲尔德在开玩笑。但没想到他是认真的。”[48] 于是，英国情报专注于追击本・拉登，希望他的迅速落网能够满足美国的复仇欲望。据理查德・迪尔洛夫报告，军情六处正在与中情局合力开展一项大规模的行动，找出发动“9・11”恐怖袭击的幕后组织。在这一周结束之前，政府通信总部负责人弗朗西斯・理查兹主任确认，一切证据都指向了本・拉登及阿富汗的训练营，而且当时对西方态度强硬的阿富汗塔利班政权有可能向其提供了直接帮助。但由于有些证据来自信号情报，所以“把大部分证据公布出来是不可能的”。[49]

塔利班拒绝交出本・拉登，于是 2001 年 10 月，英美联军在特种部队的带领下发动了“持久自由军事行动”。尽管军事行动的侧重点是阿富汗，但布莱尔深刻认识到一场西方与许多国家之间的全球冲突蓄势待发。俄罗斯总统弗拉基米尔・普京“图谋借此机会奋力一搏，追击车臣”。以色列总理阿里埃勒・沙龙打算利用这场新冲突收拾巴勒斯坦领导人亚西尔・阿拉法特。与之类似，印度打算以此为借口在印巴克什米尔秘密战争中对巴基斯坦采取更强硬的态度。[50] 托尼・布莱尔十分清楚，他需要未雨绸缪，踏上一段世界反恐之旅，为全球范围内可能出现的不同反应做好准备。

在“9・11”恐怖袭击事件之后的 4 周里，布莱尔与情报主管见面的次数比执政后的 4 年里都多[51]，尤其是与军情六处主管见面的次数，迪尔洛夫经常发现自己不知不觉地登上了首相的专机。他跟随布莱尔出访俄罗斯、巴基斯坦、印度——自始至终，情报都是不变的主题。在飞机飞越瑞士城市施坦斯上空时，布莱尔和迪尔洛夫的关系更进了一步。尽管理论上迪尔洛夫应向外交大臣报告，但他与首相布莱尔的关系反而变得更加密切。其中一位随行人员形容迪尔洛夫，“他的出现犹如给首相打了一针强力镇静剂”。[52] 坎贝尔在回忆中说，有一次，他们提起印度情报局的名字，即“研究分析处”（RAW），这个笑话令首相与迪尔洛夫“笑了一路”。他们开玩笑说要给唐宁街研究情报局（“RAW”）重新命名，同时，“把绝密人员交由‘RAW 行动处’管理”。大概就在这个时候，坎贝尔发现迪尔洛夫有意跟首相布莱尔保持热络。当然，没有政治头脑的情报主管不可能有机会接触到国家领导人。作为一位公共关系专家，坎贝尔十分欣赏迪尔洛夫“接近托尼·布莱尔的方式，并趁机争取到高层对于军情六处的大力支持”。迪尔洛夫给坎贝尔的感觉是他“非常有政治头脑”，似乎十分清楚布莱尔看问题的侧重点。[53]

10 月的第二周，布莱尔旋风般地访问了阿曼、沙特阿拉伯和埃及。他们随身带着一个智能设备，随时向首相提供最新情报，使其了解阿富汗境内追击本·拉动行动的最新情况。在出访途中，布莱尔不断担心美国人对阿富汗的空袭有些过火，而没有充分调动地面部队抓捕本·拉登。当他也“担心中情局在积极找借口扩大对伊拉克的打击范围时”，却惊闻伊拉克人刚刚击落了一架“捕食者”无人侦察机。他忧心忡忡，并在接下来的一周飞赴华盛顿会见中情局局长乔治·特尼特。此时此刻，布莱尔显然认为对伊拉克发动战争并不是一个高明的做法，主要是因为多位中东地区领导人曾提醒过他，战争会导致为对付本·拉登组成的国际联盟出现分化。[54]2001 年年底，布莱尔的核心集团以“阻止布什进攻伊拉克”为己任。军情六处表示同意。[55]

12 月 3 日下午 4 点，布莱尔的外交事务顾问戴维·曼宁向军情六处询问有关伊拉克问题的最新意见。美国的入侵计划正在“加紧进行”。迪尔洛夫的中东问题顶级专家马克·艾伦狂热地投入到工作中，两个小时后，他找出了一条反对入侵阿富汗的有力论点。[56] 他警告说，对伊拉克采取的行动会被视为对反恐战争议程做出改变，这是大多数阿拉伯政权所支持的，所以将使“今天的共同目标不再一致”。每一天，街头的阿拉伯人都会对伊拉克人的处境表示同情，这将威胁到阿拉伯友好国家的政权，不仅如此，这还将导致“他们对号入座，误解我们为反对使用大规模杀伤性武器采取行动的同时会反过来对付他们”。进攻伊拉克将意味着我们与什叶派穆斯林和库尔德武装为伍，艾伦认为“他们作为盟友是靠不住的，与他们结盟还会将其邻国激怒”。“宗教激进主义”会进一步泛滥，总的来说，它会破坏地区稳定，因为约旦政府、叙利亚政府、科威特政府和沙特政府的权力根基都十分脆弱。在评估了风险和成本之后，艾伦最后说的话是：“可能引发难民或人道主义危机。”军情六处很少能做出一个比艾伦更富有洞察力且准确的预测。[57]

然而，布莱尔热衷于采取军事行动，而且到目前为止，一切都很顺利。在阿富汗，其随从人员对一小批勇敢无畏的探路者所取得的巨大成就印象深刻。英国在喀布尔设立外交机构，联合国在此地设立办事处，阿拉斯泰尔·坎贝尔感觉到公共关系领域发生了一次深刻变革，并希望宣传军情六处取得的大小成就。他觉得，如果迪尔洛夫“准备好”讲故事的话，“我们一定能听到关于几个密探和特种部队所经历的一段动听的奇闻趣事”。[58] 坎贝尔总能意识到军情六处在宣传和情报战中的潜在作用。

过完圣诞节后，布莱尔动身出访阿富汗。一支由多辆装甲车组成的车队护送他前去拜访阿富汗新任总统哈米德·卡尔扎伊及其核心集团——“十分飞扬跋扈的一帮人”。之后，他们再次出发，缓慢而小心翼翼地驶往特种部队总部。在那里，特种空勤团和皇家特种舟艇中队成员向首相一行讲述了他们的战争见闻。特种空勤团引起了布莱尔的好奇心，他开始感激该军团的存在，并在“9·11”事件之后不久便把特种部队指挥官格雷姆·兰姆传唤到首相别墅。巴特·辛普森参加会议时穿了一双短袜，兰姆所做的简报与辛普森袜子上面印着的标语一致：“没问题。”[59] 与许多首相的做法一样，布莱尔也把特种部队作为解决难以应付的问题时的一种实用手段，自然而然地（并且兴奋地）被吸引到特种空勤团作战阵地中去。特种部队指挥官有责任淡化和管理这一倾向，而且经常与短期效益主义肆虐等问题混在一起。[60] 首批在阿富汗向布莱尔报告的特种部队成员是一个执行追击本·拉登任务的四人小组。他们收到举报说本·拉登藏在“蝙蝠洞”里。由于物资匮乏，凡是能吃的东西他们就会拿来吃，以此勉强维持生存，如有一次，在一个 30 个小时的时间段里，他们只能靠一小瓶水和附近树上的叶子为生。他们曾与保护本·拉登的军官搏斗，但令他们感到沮丧的是，“当他们到达本·拉登的藏匿点时，他已经逃走了”。[61] 在“9·11”事件发生后数周内，很明显，布莱尔与情报界发展了更为密切的关系。可惜，他们的关系随着伊拉克问题受到越来越多的关注而很快成为众矢之的。

2002 年 3 月，首相布莱尔召开了一次内阁全体会议，会议议题“主要与伊拉克问题”及其大规模杀伤性武器有关。此时，布莱尔想要有所行动。尽管内阁对“全面进攻巴格达”的做法深表关切且存在严重分歧，但大多数大臣觉得若有联合国的支持，某种行动是可以接受的。值得一提的是，外相罗伯特·库克是这类行动最坚定的拥护者。他表示，萨达姆是个精神病——一个枪毙 1.5 万名服刑期最长的囚犯以解决监狱人满为患问题的精神病。库克提醒阁僚们说，他还“下令对伊拉克北部的库尔德人施放毒气”。库克支持颠覆萨达姆政权，在伊拉克实现改朝换代，强调如果能够彻底摆脱萨达姆，就值得我们放手一搏。布莱尔此时插话进来，为阁僚们讲述了他最近同埃及总统胡斯尼·穆巴拉克的讨论。穆巴拉克总统形容萨达姆是他有生以来所遇到过的最为危险的人物，并向布莱尔吐露了心事，认为把萨达姆拉下马将“使整个地区发生翻天覆地的变化”。内阁会议未做出任何决定，但会上的许多人都想摆脱萨达姆——只要能获得联合国的支持。[62]

强烈反战的声音来自英国军方。4 月 2 日，布莱尔在契克斯首相别墅召开了一次高层会议，为访美做准备，到时他将探访乔治·W. 布什位于得克萨斯州的农场。布莱尔在会议开始时指出，如果既能摆脱萨达姆，又不会出现意料之外的糟糕情况，将是大有裨益的。但对此深感震惊的国防参谋长迈克尔·博伊斯海军上将试图引导会议议题朝着不对伊拉克采取任何行动的方向发展。此外，他还预估了这将给英国情报机关收集与美国国家核心战略有关的情报带来困难的情况。博伊斯承认布莱尔将与布什总统及其国家安全顾问康多莉扎·赖斯谈谈，但又反问他们是否真的清楚状况。为了捍卫自己的立场，布莱尔断言做出最终决定的人将会是布什。博伊斯再次对首相的话提出质疑，坚称美国总统只会遵循美国国防部长唐纳德·拉姆斯菲尔德的意见，他还补充道：“除了拉姆斯菲尔德，只有四五个人真正占据更加有利的地位。”这些人中包括副总统迪克·切尼、国防部副部长保罗·沃尔福威茨、国防部负责政策的副部长道格拉斯·费思。

布莱尔需要知道这个小集团里的每个人在想些什么。因此，混迹于华盛顿政治圈包括中情局和美国国家安全局在内的，分布于数百个联络站的英国官员，使劲儿支起他们的耳朵，认真打探与五角大楼所做打算有关的任何消息。谜题很快变得明确：是与美国人并肩作战，产生一定的影响，还是退到一边，让美国人孤军作战？在动身前往得克萨斯州之前，布莱尔已经倾向于前一种选择。[63] 在布莱尔出发前一天，军情六处已向其明确表示，事实上利比亚的大规模杀伤性武器构成的威胁比伊拉克大得多。理查德·迪尔洛夫表示，基于以上事实，首相“明白把重点放在打击伊拉克大规模杀伤性武器方面存在的风险”。据军情六处一位资历较深的官员所说，伊拉克研制核武器很大程度上是理论上的说法，是“为数不多的科学家用脑袋想出来的”。尽管如此，2002 年 4 月 6 日，首相布莱尔依然选择了与美国人保持一致，赴克劳福德同布什总统会晤。虽然军情六处高官声称首相回来后就会转变心意，但布莱尔基本上在出发前就已拿定了主意。[64]

一些批评者着眼于“布莱尔以美国马首是瞻”这一点[65]，暗示布莱尔利用情报为美国提供了“一块政治遮羞布”，据此证明有必要对伊拉克发动战争。这一说法与事实不符。自然是布什首先经考虑后决定“换人”——值得一提的是，英国驻美大使克里斯托弗·迈耶爵士表示这一想法早在 2001 年 9 月 20 日就存在了。[66] 传统解释是 2002 年春天，与布什总统密谈数日后，被催眠的布莱尔在一眨眼间摇身一变，成为战争的坚决支持者。他在得克萨斯州自然发表了主张发动战争的豪言壮语。4 月 7 日在乔治·布什总统图书馆发表的演讲中，布莱尔断言：

> ……当美国为维护那些价值观念而战斗时，无论多么艰难，我们都要与她并肩作战。我们不会哗众取宠，不会为苟且偷安而不痛不痒地为她提出任何令人难以置信却不切实际的计策；

不会对恐怖主义和大规模杀伤性武器抱有幻想，以为我们能够不费吹灰之力就消除它们，或者妄想在中东地区建立和平是一件易事，而要同心协力共进退……如果世界此时做了正确的选择——在这一决定命运的时刻——我们就要完成这一使命。英国将与美国跨入同一条战壕之中。[67]

事实上，布莱尔以及非常不情愿的英国内阁在一周之前就做出了参战决定。尽管首相布莱尔公开声称依然在各种选择之间权衡，但在克劳福德农场会晤一周前，美国国务卿科林·鲍威尔就让布什总统放心，“要是军事行动势在必行，布莱尔会跟我们站在一起”。鲍威尔写道，布莱尔会值此会晤之际展示“战略性、战术性和公共事务行动路线，他相信这样一来会使国际社会加强对我们共同事业的支持”。的确，布莱尔的手段和人格魅力足以使他“师出有名，让国内外相信当前伊拉克对世界和平构成威胁”，而且他也能“从容灵活地处理来自联合国安理会对和平的呼吁”。[68] 对于首相而言，与美国一样取得控制权显然比作为局外人旁观更好一些。

很快，军情六处官员注意到唐宁街方面提出的要求出现变化，开始频繁地要求他们提供更多与伊拉克有关的资料。[69]2002 年 9 月初，美国人开始行动了。战争一触即发。在很长一段时间里，布莱尔计划着发布一份基于联合情报委员会提供的情报证明伊拉克拥有大规模杀伤性武器的档案，但“直到我们做出关键决定以后他才付诸实施”。此时，他改变主意，要求“在今后几周内”公布这份档案，希望能够影响社会舆论。布莱尔越来越担心公众议论，尤其是考虑到媒体已经把人们对军事行动的关注撩起来了，弄得人心惶惶，而且议员和公众都试图找到英国貌似计划入侵伊拉克的原因。一场马力十足的乱战随之到来。阿拉斯泰尔·坎贝尔认为舆情“一时半会儿很难得到扭转”。他清楚最难回答的问题会是：“为什么是现在——在我们尚未被引导相信我们必须选择在此时发动战争时？真相到底是什么？”此外，他还怀疑出现了更多新证据。他绝望地发现人们对这份档案“寄予厚望”。[70]

他的想法是对的，问题是档案里要有新的内容。9月5日，星期四，在被议会召回之前，坎贝尔与约翰·斯卡利特、评估智囊团的朱利安·米勒及国防部、外交部的许多官员见过面，与他们一起审查档案内容。他发现档案“必须能够揭露事实”，但斯卡利特提醒说档案里涉及核武器的内容“少得可怜”。之后，斯卡利特见到了迪尔洛夫，迪尔洛夫“同意把所有相关材料都整理一遍”。白厅内部已经活动起来，随后在星期一，坎贝尔和斯卡利特与军情六处3位官员见了一面，有人报告说他们3个临阵脱逃，不敢披露档案，这令他们“都很生气”，并相信外交部担心出乱子，所以让他们当替罪羊。[71]

严格说来，档案的事情当由联合情报委员会主席约翰·斯卡利特负责。坎贝尔不负责此事。然而，坎贝尔的确异常积极，一个月内找过“助手”斯卡利特二十几次，跟他商量档案的事情。自此，斯卡利特和迪尔洛夫被批与拥有过人魅力的首相过从甚密，没有看住首相。[72]联合情报委员会前任主席辩称委员会进入了首相的“魔法圈”里，“变得晕头转向，遇事失去分寸，缺乏客观性”。[73]当然，彼此间的界线变得模糊不清，朱利安·米勒回忆说，“花45分钟时间宣称”伊拉克准备向我们发射化学武器令人感到困扰，这一说法最先出现在9月10日或11日的一份草案里，还借鉴了一两天前联合情报委员会做的简报。[74]据称，布莱尔要求重新诠释这一材料，使其更加容易理解、更有说服力。[75]

9月12日，布莱尔、乔纳森·鲍威尔、戴维·曼宁和迪尔洛夫及军情六处另一位官员召开了以档案为议题的最后一次实质性会议。尽管认可应对外称萨达姆“为巩固区域力量”而持有大规模杀伤性武器，但并不相信这是一场骗局。“这些都是真的。”他们总结道。第二天，也就是 9 月 13 日，星期五，坎贝尔与朱利安 · 米勒见面，把档案的“新结构”又检查了一遍。与此同时，斯卡利特直奔华盛顿，部分原因是他得知美国人要把他们自己的一份档案公之于世，“我们担心他们这么做会使我们公布档案的效果大打折扣”。5 天后，唐宁街的一位演讲稿撰写人乔 · 纳丁（特长是写青少年小说）最后把这份档案读了一遍——从头读到尾，并且觉得它“很有说服力”——唯独没有提核武器。布莱尔为档案作序，这部分应该是最有力的内容，而他未做过多讨论就在上面签了字。[76]9 月 24 日，星期二，这一天是“档案日”，下一周唐宁街会为新闻媒体的报道感到高兴，因为政府的资料登上了新闻简报的头版头条。[77]

事后看来，在唐宁街公布的整份档案中，有关伊拉克核武器的内容显得过于不搭调，几乎了无新意。真正的情报战侧重于使联合国安理会对伊拉克做出一项强硬决议，令美国继续实行多边主义方针——据英国在华盛顿的潜伏人员披露，拉姆斯菲尔德一伙人正在把布什总统逼到死角。更重要的是，根据情报部门从法国通信系统拦截的资料，特别是法国总统雅克 · 希拉克的通信记录，英国发现，对于联合国安理会提出的任何此类决议，希拉克都可能行使否决权，反对其通过。与德国的情报局一样，法国情报局深信萨达姆拥有大规模杀伤性武器，但希拉克不以为然。与布莱尔不同，他理解各个情报局在这个问题上有多少共同点，明白这些共同点可能会使不同国家的情报局形成某种“群体思维”。希拉克认为，形形色色的情报局趋于“互相陶醉”，这一点他说得很对。[78]

2002 年 11 月初，联合国安理会通过了解决伊拉克问题的 1441 号决议。该决议决定伊拉克一直在，而且仍然在严重违反包括联合国第 687（1991）号决议在内的各项有关决议对其规定的义务，以本决议给予萨达姆履行安理会有关决议规定的裁军义务的最后机会。11月底，联合国武器核查人员自1998年12月离开后的4年以来首次重返伊拉克。有来自世界各地的12家情报局在背后为其收集情报。而到了12月，联合国监测、核查和视察委员会（监核视委）主席汉斯·布利克斯承认，他们没找到确凿证据。[79]

英国情报机关成为人们此时关注的焦点。2003年1月28日，布什向国会发表国情咨文演说。他在演说中论述了伊拉克大规模杀伤性武器的威胁，出人意外地，他向国会暗示伊拉克正在发展核武器。更令人惊奇的是，布什提到了英国情报机关获取的证据："英国政府获悉，萨达姆·侯赛因最近试图从非洲购买相当数量的铀原料。"英国所公布的档案中包含几份最新情报，其中一条情报便断定伊拉克一直试图从非洲国家尼日尔购买精铀矿，这种铀矿被称为"铀饼"。[80]可惜，后来经证实，这条"情报"是劣质的假情报——令英国大为尴尬。[81]

一场耍赖使坏的演出拉开帷幕。2003年2月，情报机关把工作重点放在联合国的外交伎俩上。在联合国，布莱尔迫不及待地希望联合国能一致通过另一项决议，支持对伊拉克动武。这一问题的关键是"中间6国"，即安理会非常任理事国中所谓的摇摆选民：安哥拉、几内亚、喀麦隆、墨西哥、智利与巴基斯坦。布莱尔希望说服它们支持新决议。一位美国外交官表示，这6个国家"炙手可热，在今后几天内，它们将感受到英美更大的热情"。联合国安全理事会的一项决议在获得法定9张赞成票的情况下获得通过，而美国和英国只能确定保加利亚和西班牙会对关于伊拉克的新决议投赞成票。同时，他们希望摇摆选民的足够支持能够劝阻俄罗斯、法国和中国行使否决权。伦敦方面和华盛顿方面此时把他们所有的情报力量都部署下去了。[82]

2月，布莱尔致电智利（“中间6国”之一）总统里卡多·拉戈斯。“我想派两个人去同你会面。”他表示，并解释说他们两个是英国在伊拉克情报方面的顶级专家。他们于2月24日抵达圣地亚哥，并被带到一个安全的地方，不用顾忌隔墙有耳。这两位“密使”分别是布莱尔的外交事务顾问戴维·曼宁和约翰·斯卡利特。曼宁和斯卡利特先后做了介绍，拉戈斯回顾说，斯卡利特“打算把证实伊拉克拥有大规模杀伤性武器的确凿证据拿给我看”。在情况介绍期间，拉戈斯多次打断英国客人的话并问道：“我想问一个简单的问题：你知道这些武器被放在哪里吗？”他们只是“含糊其辞”地回答道：“总统先生，这是个秘密！我们真的不能回答你这个问题。”私下里，拉戈斯把上一周法国情报机关发给他的情报简报拿出来与他根据英国密使的介绍所做的笔记做比较。经比较，他发现英法两国的说法恰恰相反。他明白，曼宁和斯卡利特像是在进行参观访问。他们的下一站是墨西哥，在那里他们将向总统比森特·福克斯介绍情况。后来，他给福克斯总统致电，讨论英国的情况介绍，他们两人都判定英国这次会“败得一塌糊涂”。[83]

也是在2月，《观察家报》披露了一条美国国家安全局发给政府通信总部的秘密消息。这条消息显示，美国国家安全局加大了秘密行动的力度，对联合国安理会“中间6国”代表的电话实施窃听，拦截他们的电子邮件，不仅入侵其办公地点，还侵入了他们家中。美国国家安全局向政府通信总部求助，要求“加大攻势”弄清楚这些代表对第二次伊拉克决议的态度及他们的谈判立场，以及是否存在“中间6国”可用来向美国施压的所谓的“附庸国”。被流出的这个便笺表明英美在暗中操纵选民，使英美两国的外交工作受到严重拖累，在国际事务中处于被动地位。[84] 自1973年的军事政变以来，智利民众一直就对情报局有关“暗箱操作”的报告十分敏感，因为据说1973年的政变就是中情局策动的。此次军事政变导致民选总统萨尔瓦多·阿连德的统治被推翻，皮诺契特将军继任实行独裁统治。[85]3月2日，星期日，在新闻报道数小时之前，拉戈斯总统打电话给布莱尔，然后在下周三又给布莱尔打了两次电话，把自己的观点表达得一清二楚。与此同时，智利外交部长索莱达·阿尔韦亚尔向英国外交大臣杰克·斯特劳提出了一连串有关政府通信总部的令人尴尬的问题。[86]

对联合国进行窃听和操纵选票看起来很糟糕。国际开发事务大臣克莱尔·肖特已公开证实自己看到过联合国秘书长科菲·安南的通话记录。克莱尔还表示，2月26日，她的内阁办公室负责人安德鲁·特恩布尔给她写了一封恐吓信，威胁说如果她继续谈论这一问题，他就会采取“进一步行动”，但未具体指明是什么行动。肖特在接受电视采访时把特恩布尔的恐吓信拿出来展示，对其施以报复。[87]杰克·斯特劳的特别顾问迈克尔·威廉姆斯向一位朋友承认，“联合国大楼里的每一部电话几乎都被装上了窃听器”，这也是以美国为首的联合行动的一部分。整个事件的后果是“灾难性的”，威廉姆斯警告说，在数月的时间里，窃听问题将继续对外交关系“产生影响”，他还以悲哀的语气补充道，它“就像鞋踩到屎一样，怎么甩也甩不干净”。[88]

然而，最尴尬的事情是情报局自摆乌龙。除了负责唐宁街新闻办公室，坎贝尔还掌管着联合信息中心。该中心总部设在外交部，人员工作背景差异悬殊，既有公务人员、外交官，也有工党顾问，而且全部都是借调过来的。坎贝尔命他们再制作一份档案。它将从萨达姆“藏匿大规模杀伤性武器的基础设施”下手，做足表面功夫，但通过详细交代伊拉克的秘密警察政体，它也试图表明萨达姆是一个令人讨厌的人。2003年2月3日，第二份档案公布，在宣传中它的内容被说成有一部分来自情报，而其实档案的大部分材料是抄袭的，这篇文章的作者是加利福尼亚州一个名叫易卜拉欣·阿尔－马拉希的研究生。他们把阿尔－马拉希的作品偷走却没有引起他的注意，不满足于此，他们还篡改了文章内容，使之符合他们的目的。有些句子像“帮助敌对国家中的反对派组织”变成了“支持敌对国家中的恐怖组织”。这一报道在报纸上刊登出来之后，阿尔－马拉希担心自己的作品与一份支持英国政策的文件产生联系，会“对我远在伊拉克的家人产生灾难性影响”。他还表示：“萨达姆政权已经让我失去了两位亲人。”[89]

布莱尔在下议院的议员席上说这份文件是“进一步的情报”。数天后，当真正的来源被曝光后，唐宁街方面方寸大乱。[90]坎贝尔震惊不已，强调说“所有内容全部从互联网上被撤下来了”。他写道，唐宁街“狼狈不堪”，当约翰·斯卡利特“对此事表示十分宽容”之时，这件事明摆着是一次“自摆乌龙”，而且让人下不来台。英国第四台把该文件称为“欺诈性的档案”——一个甩不掉的绰号。坎贝尔悲伤地写道：“暂时肯定再也不会公布更多档案了。”[91]自由民主党党员、议会情报与安全委员会的阿兰·贝斯爵士指出，“密探对于他们所谓的六年级水平的作文感到非常生气”，尤其其中还暗示出作文是他们写的，这更让他们火冒三丈。“不用说，甚至连问都没问过他们。”[92]在接下来一周开展的“调查”中，斯卡利特和军情六处一位资历较深的官员奈杰尔·英克斯特报告说，军情六处人员“情绪低落、萎靡不振”。新任安全与情报协调人戴维·奥曼德发布了一些关于如何处理情报的新规定，“其意图显然是要紧缩开支”。[93]

3月中旬，人们日益感到美国五角大楼随时可能采取行动。当唐宁街的一辆多人运输车载着首相府工作人员沿着一条曲折的安全路线行驶在伦敦市中心的路上时，乔纳森·鲍威尔笑眯眯地开玩笑说：“我纳闷我们会把唐纳德·拉姆斯菲尔德的雕像放在哪里。”[94]3月20

日，美国人告诉布莱尔，他们已经开战了。根据美国国家安全局和政府通信总部收集的情报，美国发现有机会把萨达姆斩首，华盛顿方面动作迅速，起初都来不及通知唐宁街。美国对伊拉克发动战争之后，军情六处一位官员暗示说："应该承认大规模杀伤性武器在一定程度上完成了它的使命；我们已参与其中，我们与伊拉克打过仗了。"[95]

甚至在伊拉克战争爆发之前，媒体就感到不妙。"欺诈性的档案"发布两天之后，阿拉斯泰尔·坎贝尔吃惊地发现英国广播公司的记者安德鲁·吉利根获取了一份国防情报处秘密文件，表明"基地"组织与伊拉克之间根本没有实质性的关联。[96]更糟的是，早在4月10日的时候，坎贝尔在日记中坦言："主要问题是……大规模杀伤性武器在哪里？"4月29日，约翰·斯卡利特给坎贝尔打电话并问道："假如我们找不到任何大规模杀伤性武器，最严重的后果是什么？"坎贝尔的回答可谓言简意赅："大麻烦。"同一天，为使布莱尔难堪，弗拉基米尔·普京故意在新闻发布会上向其提出关于伊拉克化学武器位于何处的问题。很显然，这一问题令戴维·曼宁局促不安。[97]在一场令人印象深刻的"震慑行动"迅速击退伊拉克政府军之后，作战行动在两天后停止。美国五角大楼宣布成立伊拉克调查小组，负责寻找失踪的大规模杀伤性武器。事实上，中情局和军情六处已经发疯似的找了一个多月，但一无所获。私下里，他们知道另一场情报风暴正在酝酿中。

5月29日星期四早晨6点，风暴来临了。在接受BBC"今日"栏目主持人约翰·汉弗莱斯采访时，吉利根披露唐宁街"夸大"了去年9月发表的伊拉克武器报告，断定伊拉克有能力在45分钟内使用大规模杀伤性武器向英国发动攻击。吉利根强调，政府"甚至在决定写入45分钟这一数字之前，很可能就知道它是不对的"。[98]一个小时后，再次接受采访时，吉利根声称伊拉克武器报告"在发表之前就被改动过，目的是使其更加具有轰动性”。这样一来，他变成了名副其实的大规模杀伤性武器专家、国防情报处发言人，该机构认为，伊拉克战争爆发前，在对武器报告评估和公布过程中，军情六处使其处于被动地位。[99] 特别需要指出的是，国防情报处觉得军情六处几乎没有大规模杀伤性武器方面的专长。尽管数十年来核扩散一直是个大问题，但军情六处继续从牛津和剑桥大学古典文学专业招聘新人，而其真正需要的是有科学背景的人才：2001 年，其员工队伍中，有扎实的大规模杀伤性武器专业知识的人只有一位，而且还是从国防情报处挖来的。[100] 虽然斯卡利特怀疑或许是军情六处爱闹意见的反战军官向吉利根走漏了风声 [101]，但奥曼德说得更准确，他相信国防情报处才是肇事者。[102] 吉利根的一些说法与事实简直相差十万八千里，但在未找到大规模杀伤性武器的背景下，情报的政治化在媒体中引发了轩然大波。

次日清晨，坎贝尔发现，“大规模杀伤性武器大风暴”进一步恶化。他把睡梦中的布莱尔叫醒，提醒他说这些文件“糟糕透顶”。首相“担心密探们会因此抓狂”，但坎贝尔安慰他说，去年 9 月发表的伊拉克武器报告“出自情报局之手”，并补充说：“认为这些事情是我们编出来的，这种想法是荒唐可笑的。”[103] 约翰·斯卡利特差一点就写信确认此事了。真实的情况是情报部门、咨询部门和公共关系部门绝望地挤在唐宁街的沙发上，没人能够想起来谁做了笔记、记了什么。

6 月 1 日，星期日，吉利根把《星期日邮报》有关政府“夸大”伊拉克武器报告的一则报道拿来当面炮轰坎贝尔。布莱尔记得，这标志着唐宁街 10 号——或者更准确地说是坎贝尔——与英国广播公司之间战争的开始。那篇新闻“真的是火上浇油”。[104] 从波兰旅行回来后，在看到《星期日邮报》的报道时，布莱尔当场怔住。他的随从人员觉得报纸标题甚至比他们之前收到的警告“更严重”，坎贝尔意识到，“大规模杀伤性武器问题致使大量人员调查我们的可信度……太可怕了”。[105]

吉利根的轻率指控最终让布莱尔得利。他们放任吉利根有恃无恐地在下议院声明：“针对我或者其他任何人通过证明有关大规模杀伤性武器的情报实属假情报，进而对下议院说谎，或有意误导英国民众的指控才是假的，他们在说谎。”[106]他在措辞上非常用心。

尽管布莱尔极力辩护，但工党长期以来对于秘密世界的焦虑再次悄然浮现。6 月 4 日，从政经验丰富的下议院领袖兼内阁大臣约翰·里德博士向媒体表示，安全局内部的“不良分子”想方设法地给政府捣乱。他说的话“占领”了《泰晤士报》的头条，在唐宁街进一步引发恐慌。[107]工党督导长希拉丽·阿姆斯特朗在为记者作简报会时提出过类似指控。[108]甚至在唐宁街 10 号内部，也有人担心军情六处会把责任推到政府身上。布莱尔的资深顾问萨莉·摩根明明白白地问道：“从什么时候起情报局开始支持工党政府了？”[109]

对伊拉克武器报告的深究已令这个国家着魔。一位魄力十足的记者调查发现，以 word 文档形式发表的第二份伊拉克武器报告表明了每一个句子是谁写的。其中一位撰稿人在政府当官，但身份可疑，因为其头衔是“故事发展主管”。[110]尽管是情急之下让自己的团队火速制作了这份材料，但此时布莱尔却认为坎贝尔对此事负有责任，而他与自己最信任的助手之间的个人关系出现了裂痕。[111]6 月 7 日，两组议员即外事委员会和议会情报与安全委员会，分别就伊拉克武器报告和大规模杀伤性武器遍寻未果问题展开调查。布莱尔装作若无其事，坚称很快就能找到失踪的武器，但一位大臣如是写道：“我们迫切需要找到神经毒气的藏匿点。”[112]

与布莱尔的做法一样，军情六处依然保持强劲势头。在 2003 年整个秋季，军情六处自始至终坚持认为一旦让伊拉克科学家确信他们的人身安全有保障，他们能免于被起诉，那么“多少会出现一些线索”。与之类似，在伊拉克战争期间，理查德·迪尔洛夫习惯于安慰布莱尔说：“明天我们就会找到它们，不是在这儿就是在那儿。”布莱尔会如此回答：“好，不错——它们最好在那里。”[113]有一次，布莱尔惊人地阐明了他和迪尔洛夫的关系。他向迪尔洛夫承认说：“理查德，我的命运就掌握在你的手里。”[114]但对于身处困境的首相来说，更不幸的是，克里斯托弗·迈耶大使从华盛顿发回报告，情况恰恰相反。从伊拉克被抓获的许多科学家已经向中情局交代了，并且“所有人都口径一致”：据他们交代，1995年8月，当萨达姆的女婿从伊拉克叛逃出来时，萨达姆就把剩余的生化武器处理掉了，并且“在过去的7年中，他手里没有一件生化武器”。[115]其中一位科学家是侯赛因·卡梅·阿尔－马吉德，他曾负责伊拉克的武器研制计划。1995年，当他叛逃时，他就把一切都解释清楚了，但他的报告被忽视或“瞒了下来”。[116]

调查之后，外事委员会声称，在草拟2002年9月发表的伊拉克大规模杀伤性武器报告时，托尼·布莱尔的联络办公室主任“没有施加影响，或试图施加不当影响”，从而证明坎贝尔是清白的。但是，这次调查与情报毫无关联。它坚持认为，情报部门在9月发表的伊拉克武器报告中所做的主张有可能是“有根据的”。[117]不得不提的是，议会情报与安全委员会犯了同样的错误。这些调查加快了坎贝尔与英国广播公司之间的长期战争的节奏，情报局内看法各异的人员站在了各自的对立面，为了明哲保身，外交大臣杰克·斯特劳显然有意拉开了自己与唐宁街联络办公室的距离。差不多在这个时候，英国国防部生化武器专家戴维·凯利挺身而出，承认自己是吉利根那篇报道的主要消息来源之一。7月初，国防大臣杰夫·胡恩向唐宁街方面说起了凯利与“罗金厄姆行动”的配合工作。“罗金厄姆行动”是国防情报处里的一个小牢房，负责为联合国调查人员提供伊拉克武器的线索，并对调查人员返回来的材料进行分析。凯利博士对伊拉克武器研制计划方面的知识掌握程度极高，7 月 15 日，他现身外事委员会作证。4 天后，他的尸体被人发现，根据现场情况，可以判断他是自杀的。凯利博士自杀引发一系列阴谋论，赫顿勋爵负责调查导致其自杀的事件[118]。

在赫顿勋爵调查到一半的时候，坎贝尔提出辞职，此时许多人认为布莱尔这下完了。布莱尔幽幽地抱怨说：“阿拉斯泰尔的问题使我讨厌媒体。”[119]2004 年 1 月 28 日，赫顿勋爵证明唐宁街未卷入凯利博士自杀案中。议员们纷纷表示惊讶。克里斯·穆林注意到，赫顿勋爵反而“把大部分责任怪罪在英国广播公司头上”。“密布的阴云突然之间便散去了”，布莱尔“比几个月前看上去还要高兴”。[120] 而随着调查的进行，披露情报内幕的大量资料势如雪崩涌来，如饥似渴的记者大军借机大谈特谈。大规模杀伤性武器文件越来越像是有人故意设下的骗局，主要是因为据赫顿披露，在化学武器报告发表前夕，乔纳森·鲍威尔向约翰·斯卡利特表示，这份档案“根本不能证明萨达姆对英国构成威胁，更不用说构成迫在眉睫的威胁”。[121]

同时，赫顿还揭露了更多不法行为。联合国武器核查员斯科特·瑞特尔对核查团讲述了军情六处开展的一场代号为“广泛诉求行动”的宣传运动，目的是向国内外媒体散播有关大规模杀伤性武器的传言。后来，白厅证实军情六处的确实施过此类行动，通过宣传萨达姆·侯赛因政权保有毒气库存，获得公众支持，使英国有理由惩罚萨达姆和对伊拉克动武。瑞特尔写道，有关伊拉克有“神秘地下设施”和正在推进神经毒气计划的许多传闻纷纷出现在国际媒体的报道中，他还说：“都是废物。”[122]2004 年，原内阁办公室负责人巴特勒勋爵带头对围绕着大规模杀伤性武器的情报展开调查，而且他表示对该宣传行动感兴趣[123]，因为它表明军情六处的信息作战能力——一直为阿拉斯泰尔 · 坎贝尔所欣赏——难以发挥。

伊拉克大规模杀伤性武器报告这场灾难是情报局情报失利的结果，还是政客或公关专家设计的圈套？答案是两者都有。1991 年海湾战争前，伊拉克大规模杀伤性武器的库存被严重低估，情报官们由于不想再被发现自己的工作有纰漏，于是选择进行"最坏情况分析"。换言之，他们矫枉过正了。此外，盟友在大规模杀伤性武器评估工作中的合作异常密切，他们不仅不对彼此的发现提出质疑，反而服从某种形式的"群体思维"。只有荷兰和加拿大情报界深表怀疑。罗宾 · 巴特勒经调查发现，英国获得的大多数情报都是由少数特工提供的，这些特工的身份不一定完全"合法"，而且他们提供的资料顶多算是二流情报。[124] 除了发现这次情报失误以外，还有迹象表明情报受到某种程度的政治操纵。主管欧洲情报事务的美国中情局官员泰勒 · 德拉姆黑勒与军情六处密切合作，他告诉我们，伊拉克总理纳吉 · 萨布里为披露本国军事机密做了大量工作。不幸的是，一旦决策者们发现他究竟要说什么——也就是眼下没有正在进行中的大规模杀伤性武器计划——的时候，"他们便兴味索然了"。[125]

迈克尔 · 劳瑞少将对整体局势的看法恰如其分。作为国防情报处情报收集工作的负责人，在工作中他不仅与军情六处和政府通信总部密切配合，而且还同内阁办公厅和联合情报委员会紧密合作。他记得 2002 年 3 月至 9 月各方为大规模杀伤性武器报告所做的大量努力，还补充道："迫于压力，我们要找到能够强化伊拉克拥有大规模杀伤性武器的证据。"他的上司乔 · 弗兰奇同样"承受着巨大压力"，频繁地问"我们有没有遗漏什么内容"。可是，他们找不到显示飞机、导弹或与大规模杀伤性武器有关的设备存在的证据，从而得出它们一定是被拆除、掩埋或运往国外的一般性结论。他写道：

> 有可能从来没有对任何一个国家的土地进行过更加详细的审查。在伊拉克武器档案定稿过程中，每个事实都尽量有理有据，经得住推敲，最后陈述在超出情报评估推出的各个结论时，一般也是从这类事实中推断出来的。我清楚地看到，联合情报委员会及其拟稿人都接到过指示，承受着各种压力。[126]

尽管付出了超乎想象的努力，但唐宁街于 2002 年 9 月发表的伊拉克化武报告与其说非常具有误导性，不如说是干巴巴。它说明不了什么问题。据说，有些情报表明，伊拉克人或许把 1991 年的一些旧式生化武器库存藏了起来。这没错，但这些武器不一定还能用，充其量只能拿去做学术研究。同时还有证据显示伊拉克继续试图在国际市场上购买核部件，可见其野心勃勃，不满足于眼下。这也没错，但从没有人想过伊拉克会重振其核计划。一个重要的主张是伊拉克参与了大规模杀伤性武器的“持续性”生产，但仅在首相布莱尔为武器报告作的序中，这一论断才被强行植入。

没有证据能证明这一点。[127] 过了些时候，布莱尔向下议院保证，情报“涉及范围广泛，面面俱到，具有权威性”——可是，正如罗宾·巴特勒所论证的那样，事情并非如此。[128] 的确，自那时起，巴特勒便承认，英国公众“完全有权利感到被首相误导”。[129] 布莱尔的确相信这批武器的存在，但在支撑这一观点的情报质量如何方面，他没有说实话。在战争进入倒计时时，他仓促地做出决定：把情报写入将向公众发表的“武器报告”中。这一决定史无前例，而且事实证明，它引起了大量争议，有百害而无一利。

托尼·布莱尔算不上是称职的情报消费者，也不擅长管理间谍机构。本质上，他不懂情报，认为“绝密”意味着“准确且真实”，这是一个低级错误。罗宾·巴特勒指责唐宁街文化是伊拉克化武灾难的罪魁祸首。布莱尔损害了现有的决策程序，回避了传统上由内阁委员会提出的挑战。职责的界线过于模糊了。在接受采访时，外相杰克·斯特劳和防相杰夫·胡恩都不清楚武器报告是谁写出来的，而且唐宁街说这项工作的负责人是约翰·斯卡利特，对此他们无力辩驳。军情六处因开展“信息作战行动”而颇被布莱尔核心集团赞赏，而且它已转变成一个提供政策建议而非真相的机关。[130] 尽管关于情报事务的讨论异常激烈，某些情报已被公布，但在布莱尔时期，情报仍然保持不透明。其中，部分原因是，唐宁街经常混淆情报战与信息战的含义。布莱尔团队曾同时打了好几场信息战：一场仗是与已被英国宣布为敌人的外国打的，另一场是与联合国的永久中立国打的，还有一场是与英国民众和媒体打的。

情报继续占领多家报纸的头版头条。2005 年 7 月，伦敦交通系统遭恐怖袭击，致使 52 人死亡。就在这天之前，军情五处新掌门伊丽莎·曼宁厄姆－布勒对一组工党政党纪律委员说，没有理由相信伦敦即将遭受袭击。不可避免地，有人问起潜在的情报失误，尽管议会情报与安全委员会对资源匮乏而非判断失误颇有微词。布莱尔警告说，“游戏规则”变了。军情五处、军情六处、政府通信总部和警界之间的合作一夜之间就得到了深化，令人印象深刻。预算增加，政府通信总部开发的新技术也被应用到工作当中去。[131]

另外，一场残暴的叛乱活动继续在伊拉克加速推进。布莱尔已收到多条提醒他注意该情况的情报。美国发动伊拉克战争两个月前，国防参谋长迈克尔·博伊斯海军上将曾告诉他：“美国人自诩为解放者。根本不是那么回事儿。他们会遭人怨恨。”[132]2003 年 2 月，联合情报委员会警告说，美国入侵伊拉克将对社会安定和政治稳定产生哪些影响是不可预见的。3月，该委员会直截了当地提出了这一问题："假如进展缓慢，伊拉克人民将指责英美联盟。怨恨可能会导致暴力事件。"情报机关做的此类评估最终交到了首相的手上，但仍然没有制订战略计划，有人以为美国人会把计划制订出来。[133] 在华盛顿，英国驻美大使克里斯托弗·迈耶爵士密切留意着伊拉克国民大会领导人艾哈迈德·沙拉比，后者数十年来"娴熟又孜孜不倦地"推销他的想法——轻而易举地实现政权更迭。他宣扬的主题只有一个，即伊拉克叛变的时机已经成熟，只要外部力量轻轻地推一把，伊拉克人就会起来反抗，推翻萨达姆政府的统治。尽管1996年中情局策动的一场起义失败，但已经认识沙拉比许多年的华盛顿"鹰派""永远对他展露出自己脆弱的一面"，相信西方将受到欢迎。[134] 在伊拉克战争爆发后的8年里，巴士拉和巴格达的英军一直受到欺骗。

在布莱尔政府任期届满前最后几个月里，重点转移到中情局设立秘密监狱、引渡航班和虐囚等工作上来。包括英国在内的欧洲许多国家同意在引渡问题上开展合作，条件是对此必须保密。但正如唐宁街前高级官员所说："美国是世界上最神秘的国家——而且是最守不住秘密的国家。"[135] 到2006年年初，中情局在欧洲设秘密监狱的新闻见诸报端，而且内容翔实，到2007年，有关英国参与幕后帝国的引渡计划和拘留所的情况开始曝光。但布莱尔此时离卸任首相一职时间已经不多了，他只能把这一不良遗产留给继任者了。

18

戈登·布朗（2007—2010）

我们强烈谴责虐囚行为。我们非但自己不对囚犯用刑，而且拒绝他人以我们的名义这么做。

——戈登·布朗[1]

戈登·布朗对首相宝座可谓望眼欲穿。前任首相布莱尔在任期间，英国遭受了伊拉克和大规模杀伤性武器情报的滑铁卢，所以自2007年6月布朗入主唐宁街10号以来，他本能地想要避免重蹈覆辙。布朗在情报问题上是出了名地谨慎，因为他知道正是“情报门”事件让托尼·布莱尔深陷泥潭，而且殃及英国政坛及工党。“这事关乎政府信誉，”他说，“毕竟我们是因为相信伊拉克拥有大规模杀伤性武器才对其开战，但现在根本找不到相关证据，结果捅了个大篓子。”布莱尔离任前的新闻发布会上，《每日镜报》主编皮斯·摩根偏偏哪壶不开提哪壶，问布朗：“现在回过头来看，您还认为对伊拉克开战是个明智的决策吗？因为最近您好像总是对此事闭口不谈。”布朗恶狠狠地盯着他冷笑，随口用笑话“搪塞”了过去。[2]

但是布莱尔的情报丑闻将是布朗难逃的阴影，他得收拾上届政府在情报工作中留下的一大堆烂摊子，伊拉克问题、阿富汗问题、全球恐怖主义问题、俄罗斯冷战问题，都留待他去解决，这里哪个不牵扯到情报？现在事情全都堆在了一起，看来困扰布朗政府的不仅是间谍问题，还有审讯、酷刑、秘密行动，甚至暗杀。于是，布朗企图鼓动政府重新调查伊拉克问题以平民愤。十多年来，针对伊拉克情报问题的调查开展了不下5次。此外，他还命令情报与安全委员会调查英国是否真正参与了美国中情局的秘密“引渡”计划，并着手修改军情五处、军情六处的工作纲领，以表明英国对虐囚持零容忍的态度。但是唐宁街在情报工作中一手遮天的日子一去不复返了，法官意图掌握绝密情报，夺过情报监管权，因为他们怀疑政府官员蓄意隐瞒英美虐囚真相。一场权力争夺战即将上演。

托尼·布莱尔和戈登·布朗都是控制欲极强的人，但又截然相反。布莱尔在大事上坚决果断，而布朗在小事上优柔寡断。事务性的东西布莱尔乐得让大臣们自己做主，但是布朗则巨细无遗什么都管。所以，布莱尔的“沙发政府”一下台，布朗觉得如鱼得水，着手拟订各项计划，准备打造一台精密的情报机器。众所周知，布朗尤为青睐内阁办公室简报室（简称“科布拉”，COBRA）。它是一个危机应对委员会，专门协调情报机构和政令的上传下达。安全与反恐大臣、皇家海军上将艾伦·韦斯特表示：“它就是一个普通的办公室而已，并没有什么神奇之处。不知道为什么他对简报室如此情有独钟。”布莱尔最开心的时候就是BBC播报布朗主持“科布拉”会议的时候。这并不是因为“科布拉”有多神秘、多刺激，而是因为这说明首相有所作为——现实中的他总是犹豫不决。[3]

但“科布拉”有时也会起反作用。虽然它是布朗的得力助手，但危机真正来临时，它会削弱相关部门对事件做出快速反应的能力，因为安全部门各主管经常得在“科布拉”会议室门外排排坐，等着向官员汇报工作，而不是落实工作。[4]也许多关注一些其他的情报机构，在应对危机时会更得心应手，但是布莱尔毫无此意。他很少关注其他部门，有时即便去开个会，也多半是走个过场。联合情报委员会未能充分发挥其职能，但布朗似乎不太在意，也很少指导该部门的工作，除非有事找它商议，否则根本不闻不问。这与布莱尔的作风完全不同[5]，果不其然，上台还不到几个月，情报问题堆积如山。抉择的时候到了。

“9·11”事件已经过去10年了，这10年间各种阴谋、暗杀编织交错，接踵而来的各式策反行动让戈登·布朗疲于应对，而且形势一次比一次严峻。布朗上任才几周，军情五处就粉碎了一起针对鲍里斯·别列佐夫斯基的暗杀阴谋。鲍里斯因是俄罗斯大亨、普京政府的政敌，于2002年到英国寻求政治庇护。为应对这位大亨对伦敦安全局势造成的威胁，防止伦敦沦为俄罗斯各派金融势力的战场，维护法纪，唐宁街方面下令重整安全防务。次年，军情五处大幅增加监督俄方行动的情报人员。[6]

然而，一波未平，一波又起，2006年11月，俄罗斯记者、联邦安全局前官员亚历山大·利特维年科因服用放射性元素钋210中毒身亡，在英国引起轩然大波。2007年5月，英国皇家检控署要求引渡毒杀利特维年科的头号嫌犯安德烈·卢戈沃伊，但是遭到莫斯科方面拒绝。莫斯科政府在国家电视台公开采访卢戈沃伊，采访中卢戈沃伊称利特维年科是英国间谍，系在情报活动中被军情六处误杀。莫斯科政府企图以此种方式奚落戈登·布朗。[7]利特维年科确实为军情六处卖过命，情报官员告诉布朗，利特维年科于2000年逃到英国后，曾通过一名叫“马丁”的接头人与军情六处攀上关系，为其充当顾问，靠出卖情报每月拿取 2000 英镑的好处。利特维年科提供的情报还牵扯到谢尔盖·伊万诺夫。伊万诺夫是弗拉基米尔·普京的密友，曾于 2000 年秋出访伦敦，此行旨在推动英俄两国在打击毒品走私等犯罪活动方面的情报合作。[8]1989 年苏联解体之前，利特维年科和卢戈沃伊都曾为克格勃效力，解体之后，两人又都在俄罗斯联邦安全局（其前身为克格勃）效命，直到冷战结束。

因未能成功引渡卢戈沃伊，为了报复莫斯科，布朗只得将俄罗斯驻伦敦大使馆的 4 名外交官驱逐出境，因此引发了一场新的冷战。他解释说：“无辜百姓受害，更多的手无寸铁的民众性命堪忧，独立检察机构徇私枉法，对方拒不配合，此时不行动，更待何时。”外交大臣戴维·米利班德在对待此问题上同样立场强硬，他宣称这是向俄罗斯方面释放的“一个明确而适当的信号”。[9] 尽管莫斯科方面警告伦敦此举将“产生一系列严重后果”，但是戈登·布朗毫不示弱，并在 2008 年 6 月召开的八国集团首脑峰会上继续向俄罗斯施压。

亚历山大·利特维年科反对普京政府，并与英国情报机构交好，想必是真的了。利特维年科确实惹恼了普京，但军情六处认为前克格勃特工才应对此次谋杀案负责，因为老克格勃成员之间有这样一条潜规则：叛国者人人得而诛之，他们甚至以清算这类叛徒为荣，把它视作一种爱国行为。公然暗杀旨在明确地向世人传达这样一条信息：叛国者遗臭万年、天理不容。[10] 利特维年科死的时候特别痛苦，遭受了长时间的身心折磨，即使医术再高超的医生都回天乏术。下令毒杀他的很可能是克里姆林宫。2016 年公布的调查报告直指俄罗斯联邦调查局为凶手，并认为此次谋杀事件“极有可能”是普京亲自批准的。[11]

但凡与暗杀有关的秘密行动，最后往往都与首相脱不了干系。

利特维年科被毒杀前14个月，弗拉基米尔·普京曾与英国安全主管们一同出席了“科布拉”会议。会议由英国伦敦警察局反恐行动主管安迪·海曼与伊丽莎·曼宁厄姆－布勒负责，两人在布勒就职的泰晤士大厦军情五处总部会面，共商日程安排，她们准备向普京汇报7月7日伦敦爆炸案的情况。曼宁厄姆－布勒在自己的办公室会见了海曼，她的办公室内墙装饰着护墙板，座椅上放着一个靠垫，靠垫已经被手下人拍得蓬松，因为曼宁厄姆－布勒知道海曼喜欢松软的靠垫，“这是她的嗜好”。她们一致认为军情五处应该先与普京讨论讨论情报问题，然后由海曼展示伦敦地铁爆炸案使用的帆布包炸弹的实体模型。“我们很少带领外国领导人参观这个地下室，因为它是白厅的心脏所在”，海曼认为允许普京来参观是“首相对与俄罗斯人建立亲密伙伴关系及友谊而做出的承诺”。[12]

会议当天，曼宁厄姆－布勒和海曼第一批抵达“科布拉”会场。海曼真的把炸弹模型带了过来，她端坐在椅子上，心里多少有些紧张，“炸弹模型就放在脚边”。

首相与普京总统阔步走来——我真没想到他个头这么矮……普京总统西装革履、彬彬有礼，虽然只是在会上做一个简短的讲话，但他神情严肃……会议开场三四十分钟之后，他开始发言……谈到了北高加索地区别斯兰发生的可怕的校园人质劫持事件……毫不掩饰自己的愤怒和厌恶之情。

海曼原以为会议很成功，但是利特维年科被毒杀之后再回过头来看却觉得“疑点重重”。政治家、外交官和情报人员之间的关系冷到了冷战水平。“俄罗斯反政府人士亚历山大·利特维年科离奇身亡，并遭受巨大身心折磨是其中的根本原因”。[13]

不久之后，英国情报人员又揭发了一起发生在英国境内的谋杀案，使得这段关系雪上加霜。情报部门提议“集中优势兵力”，随时待命，“秘密跟踪杀手”。他们觉得这样做最安全，不但能暴露杀手同伙的身份，而且能挫败他们的阴谋。这是情报部门惯用的一招——“守株待兔”法，但是议会和白厅却因此闹得“鸡飞狗跳”。海曼清楚地记得政客和外交大臣们都“被这招逼疯了”，于是唐宁街召开紧急会议，决定“提前介入”。疑犯很快被捕，审讯两天之后被驱逐出境了。[14]

虽然人们觉得利特维年科因钋中毒而身亡这件事有点儿蹊跷，像是黑色电影中的情节，但死亡军团一直以来都没闲着，即使在戈登·布朗上台之后也不例外。此时，大西洋彼岸的乔治·W. 布什总统派出特种部队中的精英攻击队在全球范围内暗杀“基地”组织领导人，他下令：活要见人，死要见尸。2009 年 1 月贝拉克·奥巴马一上台更是变本加厉地开展暗杀行动。有传言说中情局特工和美国“黑水”保安公司的雇员曾试图在汉堡街头杀害一名疑似恐怖分子的叙利亚裔德国人，这事在布朗执政期间甚至还被报道了出来。欧洲各国领导人大惊失色，觉得这犹如“恐怖小说”中的情节。在公众看来，21 世纪的情报活动不再是情报分析员耐心地计算敌方有多少导弹，更多的是如何开展秘密行动。[15]

不安的氛围给本就显得荒唐的秘密行动阴谋论火上浇了一把油。布朗不得不亲自出面打破阴谋论的谣言，其中最荒唐的当属十多年前戴安娜王妃去世时的阴谋论。布朗政府执政第一年，主审大法官斯科特·贝克对戴安娜王妃的死因进行了全面调查。此前，伦敦警察局已经在“佩吉特行动”中对戴安娜王妃之死展开了多项调查，但军情六处某位情报官称戴安娜王妃发生车祸时，有人试图向其乘坐的汽车照射白色镭射光，结果导致了车毁人亡的惨剧，这一幕与塞尔维亚前总统斯洛博丹·米洛舍维奇遇刺时的情况颇相似，因此阴谋论的说法似乎有那么一丝可信度。斯科特·贝克想如果是因为有人向汽车照射白色镭射光而导致戴安娜王妃香消玉殒的话，照此推理，那么英国情报部门是不是可能撇不了干系？[16]

为了打破阴谋论的谣传，理查德・迪尔洛夫决定出庭作证。戴安娜王妃出事之前，他是军情六处的作战指挥官，因此证言的可信度较高，当然他本人也非常能言善辩，他坚决否认各种阴谋论，认为这些指控不可信、荒唐、纯属无稽之谈。他明确表示菲利普亲王、“名流”、军情六处、自由职业者及法国情报局均与戴安娜王妃的车祸无任何关系。但值得注意的是，他的确承认军情六处有“杀人执照”，他们虽然不会直接出面刺杀，但是出于保护国家的目的，确实拥有使用“致命武器”的权力。不过迪尔洛夫还说军情六处虽然手握特权，但在他任职期间从未使用过该特权。他承认在 20 世纪 90 年代，军情六处驻巴尔干半岛地区的一名下级军官曾提议暗杀一名当地军阀，但其直属上级以“与情报工作惯常做法不符”为由否决了这一提议。[17]

2008 年 3 月 31 日，英国法庭得出最终裁决，主审法官斯科特・贝克在最后的宣判时说：“没有任何证据显示”爱丁堡公爵或是情报部门策划了这一行动。一周之后，陪审团认定戴安娜王妃的死亡是司机、巴黎丽兹酒店雇员亨利・保罗及其他汽车司机驾驶时的疏忽造成的。[18] 据报道，此次聆讯耗资 1250 万英镑，审理过程极其复杂，逾 278 名证人作供。一个月之后，戈登・布朗劝告民众“就此打住”对戴安娜之死的无端猜测，以此次调查的结论为定论。他还说：“威廉王子和哈里王子的话代表了全体民众的心声——是时候结束这一切了。”[19] 可是，正当布朗和迪尔洛夫要向阴谋论挥手说再见时，“反恐战争”问题又迎面而来。这一次不再是空穴来风了。

当初入主唐宁街 10 号时，戈登・布朗就曾料想到恐怖分子将制造诸多“壮举”。大概一年前，基地组织制造了精巧的“液体炸弹”，试图炸毁从希思罗机场起飞的4架班机，参与此次行动的8名来自海威科姆的嫌疑犯最终被判终身监禁。[20]恐怖袭击接二连三，使得布朗政府疲于应对。2007年6月29日是周五，一大早伦敦西区就发生两起汽车爆炸案，所幸并未引爆成功。第二天，苏格兰格拉斯哥机场又发生了一起未遂的恐怖袭击，否则场面将十分惨烈。因为情况复杂，不好定性，而且海威科姆炸机事件规模不小，所以专家推测很可能是"基地"组织策划的又一次"壮举"。随着国家安全级别提到最高等级——"危急"，布朗强打精神，准备迎战。他以首相的身份呼吁公众"保持警惕"，配合警方和安全部门开展工作。"我相信，"他说，"英国民众一定会万众一心、众志成城、不畏艰险、百折不挠。"

表面看起来他信心十足，但私底下却紧张得不得了。与前首相布莱尔不同，布朗缺少一个以自己为核心的安全团队。拿伦敦西区爆炸案来说，由于两颗汽车炸弹在爆炸前就被拆弹专家成功拆除了，所以唐宁街的官员们决定不在深夜打扰首相，而是叫醒了内政大臣雅基·史密斯，把这件事告诉了他，布朗首相则是到早晨5：30收听广播时才得知此事，他怒气冲冲地从唐宁街10号夺门而出。"为什么不告诉我？"他质问道。戈登·布朗要是生气了，可不是开玩笑，更何况这事激起了他的控制欲。[21]

虽然在格拉斯哥机场恐怖袭击事件中只有一名充当人肉炸弹的恐怖分子身亡，而且布朗的新任反恐顾问史蒂文斯勋爵表示，这些袭击事件表明"伊斯兰恐怖主义活动在不断升级"，[22]但真相却截然相反。5年来，美国对"基地"组织采取各种惩罚措施，其中包括中情局对阿富汗和巴基斯坦实行无人机攻击，关押或处死相当一部分水平高超的炸弹制造者和技工。暂且不论这场残忍的反恐运动（中情局称之为搜捕－修正－肃清运动）的后效如何，但至少从目前来看，伊斯兰激进分子的指挥控制系统已经失灵，因此，2007 年恐怖分子在英国的行事风格发生了巨大转变。没有了国外势力的指挥和支持，业余武装分子只能在当地小打小闹一下，格拉斯哥机场恐怖袭击手段低劣，一名歹徒不慎在引爆时误伤了自己，搭上了性命，这说明此次恐怖袭击缺乏严密组织，而且袭击者不具备专业的爆破知识。[23]

布朗责令安保及反恐大臣、海军上将艾伦・韦斯特重新评估安全等级，评估对象包括伦敦各处受保护区域、交通基础设施及其他全国性基础设施。韦斯特的调查结果没有向大众公布，但是他提请了议会讨论。布朗公开表扬军情五处警惕性高、勇气可嘉，并且敦促火车站、机场、码头加强安保工作，尤其注意防范汽车炸弹袭击。[24] 安保监控的范围大大扩展，布朗甚至公开强调在反恐行动中使用政府通信总部开发的新技术。[25] 在这件事上，任内阁办公厅安全与情报顾问的戴维・奥曼德功不可没。英国于 2003 年成立了一个网络反恐中心，用于收集各方面的反恐信息，该中心隶属军情五处，名为"联合反恐分析中心"，或者 JTAC，2008 年布朗对外宣布，自这个网络反恐中心成立后，英国获取信息的能力提高了一成。[26]

此外，英国政府提出了另一项稳健的反恐战略，简称"竞赛"（"CONTEST"），并为整个欧洲所效仿。2007 年新成立的安全与反恐办公室同样获得了内阁办公室的大力支持，这个反恐办公室有大约 600 名员工，人数是 5 年前的 12 倍，但工作量却没有变化，它的成立旨在全方位协调反恐行动。此外，目前每个地区还成立了由特警，军情五处、军情六处的官员及陆军军官组成的专门的反恐小分队。所有的付出都获得了回报。2009 年 3 月，布朗对英国的反恐计划提出表扬，称男女老少都堪称业余情报官。他说："英国成千上万的市民，上至警卫下至经理都接受了培训，足以应对各种突发事件，他们知道人们常去的人流量较大的火车站、机场、购物中心及体育场等地应该如何监控。”[27]

当然这样风声鹤唳、草木皆兵是要付出代价的，布朗在任期间人心惶惶。2008年5月14日，诺丁汉大学研究生里兹万·萨比尔及其好友希沙姆·伊埃扎因涉嫌恐怖主义活动而被捕。当时萨比尔正在攻读国际安全和恐怖主义的文学硕士学位，忙着准备毕业论文的材料，但两人却因私藏“基地”组织“训练手册”被警方逮捕，后来证实这些手册是学校图书馆馆藏资料，6天后，两人无罪释放。同年9月，有人举报牛津大学学生史蒂芬·克拉克在曼彻斯特中央图书馆借阅室外拍摄了一张窨井盖的照片，克拉克因此被捕。警方以2000年《反恐法》第41条的罪名逮捕了克拉克，把他关押了36个小时，其间，警方搜查了其住处及电脑，随后，克拉克同样无罪释放。以上两起案件均招致诸多非议。

戈登·布朗面临的问题不仅是反恐这么简单，由于加强了安全监控，而且反恐活动日益频繁，举国上下人人自危，他还不得不安抚民心。“9·11”事件之前，对于政府增加安保人手投入的举措，英国公众还是一副事不关己，高高挂起的姿态，那时，倘若哪个政界人士胆敢质疑反恐立法，他立马会收到选民发来的大量恐吓信，一位下议院议员悲叹道：“只要警察一句话，这些人恨不得把恐怖嫌犯放进油锅里炸。”[28]但是聒噪的新兴城市中产阶级和经常看书阅报的民众开始渐渐地担心起民众自由来。正是在这种背景下，布朗于2008年年初正式向议会提出新的《反恐法》草案。其中有一条提议警方可以在不提出指控的情况下将犯罪嫌疑人羁押的时间延长至56天。

其实，布朗刚上台没多久就已经提出延长羁押期的建议。他敦促反对党领袖戴维·卡梅伦把国家利益放在首位，暂且搁置党派政治，因为"世道不同了"。[29] 虽然布朗似乎更加倾向于把拘押期限延长至 56 天，[30] 但伦敦警察局局长伊恩 · 布莱尔爵士却坚持劝说下议院议员把它延至最长 90 天。由于担心被影射政府限制公民自由，特别委员会进行了多方详细论证，认为没有证据表明有必要修改现行法案，应继续维持当前的 28 天羁押期。不过作为让步，特别委员会同意在最终草案中提议：在特殊情况下犯罪嫌疑人羁押时间延长至 42 天。其他议项还包括允许将警方将通过窃听等手段获取的信息作为法庭审讯证据（不过，此举令情报界倍感担忧），为保障国家安全利益禁止向公众披露法医验尸报告等。布朗的草案不仅遭到了潜在对手的反对，而且遭到了党内后座议员的反对，所以即使是在民主统一党的协助下，该草案也仅以 9 票的优势在下议院勉强通过。当保守党和自由民主党向民主统一党咆哮着"你们被人收买了"时，布朗肯定知道自己已经失去了民心。[31]

布朗的死对头是前军情五处女掌门伊丽莎 · 曼宁厄姆 – 布勒。布勒曾借自己当选为上议院议员发表首次演讲之际，猛烈抨击政府延长羁押期限的计划，她一直坚信这个计划无论从原则上还是从实践上，都是错误的。布勒在反情报和反恐领域工作积累了 30 年的工作经验，凭借这一点，她得到了上议院的支持。她提醒大家说"绝对安全是不可能的"，"我们来之不易的公民自由"才最为重要。她还说，不论从哪方面讲，延长羁押期都只会起到反作用，因为它有可能会影响后续审判的公正性。她自始至终认为这个提议不仅从理论上说不通，在实践上也行不通。持有相同看法的还有联合情报委员会前任主席保利娜 · 内维尔 – 琼斯，她公然抨击此项提议是"多此一举、不受欢迎、不切实际的"。上议院议长福尔克纳勋爵和前总检察长戈德史密斯勋爵也同意她们的看法。布朗政府全面溃败，议会上议院以 309 票对 118 票否决了《反恐法》的修订，警方在审判前拘留犯罪嫌疑人不得超过现有的28天的期限。[32]布朗首相信心大为受挫，但仍呼吁“上议院在此问题上应听从下议院的意见”。[33]不过很快，他就放弃了。

一个月后，也就是2008年11月，恐怖分子对印度孟买发动大规模恐怖袭击。这场声势浩大的恐怖袭击持续了4天多，恐怖组织“虔诚军”的主要目标是克什米尔地区，他们一共制造了12起枪击和爆炸事件，造成500余人遇难或受伤。

布朗深感震惊，认为这起事件“提出了一个新的议题：如何应对全球极端暴力活动”。[34]当然，这也坚定了他加强英国反恐力度的决心。不过反恐应该考虑的是如何部署特种兵力，而不是打情报战。孟买事件似乎给布朗政府出了一道难题：英国警方该如何对付这一小撮手持AK-47步枪和手榴弹在英国大街小巷肆意妄为的恐怖分子。答案是：升级警方武器配备，集结各地类似特种空勤团的组织，严阵以待，随时准备支援。[35]到了2015年，布朗的继任者戴维·卡梅伦上台时更是有过之而无不及，直接宣布在伦敦警察局内成立一支类似特种空勤团的小分队。[36]

2009年11月，英国方面宣布释放正在服刑的“洛克比空难”炸机嫌疑犯阿卜杜勒·巴塞特·阿里·迈格拉希，美国总统奥巴马盛怒难遏，威胁要中止与布朗政府的情报合作关系。美国情报局认为迈格拉希致使多名美国人在空难中丧生，而英国政府偏偏要将其释放，不过是为了换取价值150亿英镑的石油和天然气合同罢了。[37]美国情报局这边的怒气未消，另一边一名患有阿斯伯格综合征的超级黑客加里·麦金农布朗利用黑客技术侵入了美军方电脑系统，寻找有关不明飞行物（UFO）的证据，这一下美国情报局彻底火了。[38]

自“9·11”事件之后，英国三大情报与安全机构一直与美国同行保持着密切的合作关系，其中不仅包括某些高度敏感的反恐行动，而且还包括秘密地利用飞机引渡恐怖主义嫌疑犯，以及使用无人机实施反恐空袭。不过，在美国，参与情报工作的雇员多达一百多万，他们都有机会获取绝密信息，所以机密难免会被泄露出去，星期二还是“绝密”的信息，往往到了星期四便登上了《华盛顿邮报》的头版头条。在英国，后座议员、人权活动家和国际律师如饥似渴地阅读着国际新闻，收集各种机密信息。这么做无异于引火自焚。

甚至美国方面都对中情局的行为感到费解。2008 年 1 月，奥巴马当局新任中情局局长莱昂·帕内塔在兰利市的情报局总部走马上任。帕内塔在克林顿总统任期间曾担任预算办公室主任，情报工作经历相对欠缺，而如今却要主管情报收集和分析工作。所以，当帕内塔的前任、空军上将迈克尔·海登拿出一份单独藏在秘密情报设备里的简报并交接给他时，他着实吓了一跳。帕内塔回忆道：“真正让我惊讶的是，他告诉我中情局越来越多地参与到逮捕‘基地’组织高级成员的行动中。”这些可都是要人命的事啊，此时帕内塔突然意识到自己就是那个下令执行追杀任务的“反恐战争作战指挥官”。2009 年年初，帕内塔访问以色列特拉维夫市，与以色列情报和特殊使命局（“摩萨德”）的元老级人物、备受他人尊敬的局长梅尔·达甘举行会谈。会场设在摩萨德总部一排低矮的金属大楼里，它坐落在特拉维夫市南端海滨，其建筑经过特别加固，安全性较好。帕内塔就如何正确处理“基地”组织问题向达甘局长征求意见。“要是我，就把他们统统剿灭，”达甘说，“连他们的家人也都杀了，一个不留。”[39]

贝拉克·奥巴马上台后更是加紧了对“基地”组织的围剿，不再是用刑这么简单了。但帕内塔公开上任中情局围剿“基地”组织的做法不仅惹恼了华盛顿，也使得包括军情六处在内的盟友感到不安。正如帕内塔看到的那样，大家对此事的看法呈现两极分化的状态：一些人认为此事事关忠诚，靠严刑拷打逼不出优质情报；而持反对意见的人则把是否使用水刑看作对国家开展反恐战争决心的一种考验。虽然有时候确实可以通过用刑获得有情报价值的只言片语，但是包括大名鼎鼎的联邦调查局局长罗伯特·米勒在内的许多官员都认为，只有感化式讯问方能获得有价值的情报，因此，真相到底如何，无人知晓。但不管怎样，对这个问题讨论得越多，泄露的秘密就越多，如今几乎每个月都会发生泄密事件，唐宁街方面和军情六处为此恼怒不已，两方都希望大家能尽快忘记这一令人尴尬的话题。[40]

但讽刺的是，美国倒打一耙，斥责英国泄露机密。奥巴马除了对英国释放迈格拉希一事心怀不满之外，还威胁要中断与英国的情报合作，因为英国法官曾在一起诉讼案中做出英国政府应公开美国中情局为获情报刑讯逼供的裁决。这个案子的当事人就是宾亚姆·穆罕默德，原籍埃塞尔比亚，自 1994 年开始，他便以难民身份居住在英国。2002 年，宾亚姆在阿富汗和巴基斯坦的边境地区遭到围捕，在“不见天日的监狱”里度过了 7 年，这些监狱是美国用来关押引渡恐怖分子的地方。最后，宾亚姆被送入古巴关塔那摩监狱。在其支持者多年不断奔走呼吁之后，于 2009 年 2 月获释，数年来他一直没有受到正式指控。当年 5 月，政府法律顾问极力阻止高等法院法官将美国中央情报局提供给英国情报机构的机密文件公之于世。这份 7 个段落的文档记录了穆罕默德遭受严刑逼供的细节。

10 月，伦敦高等法院裁定，公开美国中央情报局于 2002 年共享给军情五处的这份记录对宾亚姆严刑审讯的情报。一名军情五处的军官出庭作证，但是法官没有采信他的证词，法官希望他能把自己去巴基斯坦前中情局转交给他的 42 份机密文档公之于世。[41] 奥巴马听闻裁决结果后，立刻致电戈登·布朗。中情局跟进了此事，并写信警告军情六处，信中写道："如果你方情报机构由于贵国司法体系的缺陷不能保护我方提供的情报，我们将慎重考虑将来情报共享的级别。"[42] 听闻此事，英国外交大臣戴维·米利班德警告法官：情报一旦公开，将"给英国与美国之间未来的情报合作带来不利影响"，但他的警告根本不起作用。与此同时，法官指控政府当局多个部门有计划地隐瞒其参与虐囚的证据，这一指控令局势雪上加霜。例如，纽伯格勋爵这样评价军情五处："镇压是这个部门的传统。"作为一名高等法院法官，他居然警告民众及法庭，不能轻信外交部关于人权的任何安抚性言论。面对奥巴马总统的威胁，法官们顺理成章得出结论：美国人只不过是虚张声势罢了，他们不会对英国的国家安全构成"严重威胁"。显然军情五处知道作为一名英国公民，穆罕默德一直戴着手铐脚镣，而且被人为地剥夺了睡眠，这些行径在联合情报委员会看来就是刑讯逼供，不仅如此，还有人还想让他"人间蒸发"。[43]

2010 年 2 月，上诉法院强制政府公开虐囚文件的 7 个关键段落，披露军情五处是中情局虐囚同谋的事实。外交部极不情愿地公布了文档，他们强调说："倘若英国政府确实实施了此类虐囚行为，那么它明显有悖于英国政府 1972 年出台的相关规定。尽管我们没有必要给这些审讯方式定性，但在美国当局看来，这可以说'已经将残忍、侮辱控制在最低水平'。"[44] 美国国家情报总管警告说，该裁决给英美情报关系制造了"新挑战"，而且他对伦敦上诉法庭的判决表示"非常失望"。[45] 米利班德立即与美国国务卿希拉里·克林顿通话，希望能摆平此事。[46]

宾亚姆·穆罕默德本人的讲述比文档中的记录更令人不寒而栗。他被关押在摩洛哥一处地牢时遭到毒打，审讯人员往他身上浇开水，甚至动手术刀割去了他的睾丸。那时他就意识到"审讯人员肯定是收到了英国情报机构发来的问题和资料"。穆罕默德的这些指控虽不能一一查实，但虐囚文件的确明确记载，在穆罕默德被关押和受刑期间，军情五处的一名军官曾3次到访摩洛哥。2010年，英国政府宣布给予16名获释的前关塔那摩囚犯巨额赔偿，并将继续就虐囚指控深入调查。[47]

布朗继续和法院对抗，坚持唱反调。他公开表示已经与军情五处新任主管乔纳森·埃文斯会过面，并对他尽力保护公众安全的行为给予了表扬。"英国有着全世界最卓越的情报机构。"首相说，并表示自己亲眼看见了情报人员"英勇无畏"的精神。他向民众保证："我们强烈谴责虐囚行为。我们相信情报官们绝不可能是虐囚者的同谋。"他还说，政府将重新修改情报机关人员对待外籍被关押人员的指导方针，并予以公布，但是他强调："情报机关的工作性质决定很多时候他们不能为针对他们的指控辩护。但我相信——并且深信，他们没有践踏原则和价值观，而这些原则和价值观正是我们国家未来安全的保障。"[48]可实际上，布朗心里却打起了退堂鼓。这一切，议会情报与安全委员会都看在眼里，记在心上。[49]

背地里，首相想方设法摆平此事。他向奥巴马总统保证，公布中情局文档这类事情再也不会发生，并立马兑现自己的承诺，但是他能做的只不过是重新平衡行政机关和司法机关的关系，保证法官不再公布中情局文档罢了。白厅办公人员着手起草法案，保证机密文件受到法律程序保护，以免法院再次下达类似判决，要求公开被政府视作敏感信息的机密文件。布朗还想方设法让奥巴马保证美国媒体不会泄露英国机密，以保证英国国家机密安全。[50]

2007年，北爱尔兰漫长而艰苦的和谈进程取得了不错的效果。白厅终于认清了一个令人不快的事实：打击恐怖主义，从本质上讲就是与暴力对话，这其中最重要的是保持对话渠道的畅通。尽管玛格丽特·撒切尔曾向下议院保证，英国拒绝与恐怖分子对话，但军情六处一直耐心地提醒爱尔兰共和军，还有另一条政治途径可以选择。他们的坚持终于得到了回报。布朗执政时期，英国政府也曾想过与阿富汗对话，但很快导致了越南问题的重演。其实直到2006年英国进驻阿富汗赫尔曼德省之前，英军的伤亡人数一直是最少的，但是到了2009年，英军死亡人数上升到108，是前一年的2倍，对此，不少人提出了质疑。与越南战争时的情况一模一样，国防情报人员认为英军在赫尔曼德省的战事进展顺利，而包括军情六处在内的非军用情报机构反而觉得英国大势已去。[51]

军情六处常在危急之时扮演准外交官的角色。20世纪六七十年代，英国尚未与越南民主共和国建立外交关系，是军情六处的官员通过其控制的一个位于河内的、只有2名哨兵的小哨兵所，与越共（民族解放阵线）领导层及苏联高级将领联络，当时局势十分危急，美军B52轰炸机经常在这一带进行大面积轰炸。[52]这些年来，中情局及后来的军情六处一直都在巴勒斯坦解放组织（简称“巴解”，PLO）总部接受培训，以期促进时局转变。[53]20世纪90年代，军情六处前特工阿拉斯泰尔·克鲁克曾抵达耶路撒冷与哈马斯（巴勒斯坦伊斯兰抵抗运动）会面。当然这些任务也不是每次都能成功，但即使在最艰难无望的时候，英国也不懈努力，等待奇迹发生。[54]

布朗不善于扮演军事英雄的角色，而且他迫切希望兑现削减英国在海外军事基地驻军的承诺。反倒是戴维·米利班德对局势越来越乐观，他觉得有望分裂阿富汗的敌对势力。政府当局一直否认其在暗中与敌方势力谈判，但其实谈判不过是另一个更加宏伟的战略意图中的一枚棋子，该战略旨在孤立塔利班政权，煽动地位较低的塔利班武装分子叛变，加大对其援助，并且铲除从罂粟到毒品的生产链。2007年12月12日，布朗在下议院会议上公开宣布：“我们正在孤立、推翻塔利班政权；我们拒绝与阿富汗政府谈判。”几分钟后他再次重申：“我想说清楚的是，我们绝不与这些人开展任何形式的谈判。”[55]

事实上，布朗和米利班德就是否与塔利班政权谈判这点存在分歧[56]，但是布朗默许米利班德继续暗中分裂塔利班政权中的温和派。但几个星期之后，这个秘密就被曝光了。节礼日当天，《每日电讯报》披露军情六处特工与阿富汗与塔利班高级成员举行了数次秘密会谈，为此，首相不得不再次面临议会的质疑，向议员解释军情六处与塔利班各派举行会谈的原因。反对党坚持认为塔利班政权一直在残杀英方士兵，军情六处就不应该与他们谈判。反对党国防大臣利亚姆·福克斯警告说：“首相必须给英国民众一个交代。”[57]戈登·布朗果真私下向塔利班政权求和吗？

其实，高级将领心里都明白，局势远比表面上的要复杂得多。阿富汗是由部落和族群混合统治的国家，塔利班政权其实是一盘散沙，要想分裂该政权，或者至少让部分派系保持中立也不是办不到。2007年夏天，在英国政府的直接授意之下，军情六处特工在赫尔曼德省与塔利班关键人物举行了一系列“族长会议”，即谈判。这意味着特工们交手的对象是阿富汗总统哈米德·卡尔扎伊的死敌，因此连他们的上级情报主管对此事都是一无所知。但卡尔扎伊有自己的眼线。英国两名“外交官”在赫尔曼德省被捕，随即被驱逐出境。他们的真实身份分别是联合国驻阿高级政治顾问马文·帕特森和来自爱尔兰的欧盟驻阿机构代理负责人迈克尔·森普尔。一位与二人共事过的阿富汗退役空军将领因此遭到刑讯逼供，并被关押在拉什卡尔加监狱。[58]

卡尔扎伊这个人比较极端，看待事物非黑即白。他认为塔利班政权背后的支持者是巴基斯坦，而巴基斯坦背后的靠山是巴基斯坦的最高间谍机构——巴基斯坦三军情报局，简称 ISI。他还认准戈登·布朗与巴基斯坦联手的目的是控制阿富汗地区。用英国驻阿富汗大使谢拉德·考珀－科尔斯的话说，卡尔扎伊自始至终都认为军情六处与巴基斯坦关系“特别亲密”，一直代表巴基斯坦在阿富汗从事间谍活动。英国一直以来都在开展针对前塔利班成员的重新安置和训练工作，并且得到了卡尔扎伊某些追随者的允许。当然，这事得瞒着卡尔扎伊，因为他对塔利班深恶痛绝。军情六处以此事为幌子，同塔利班政权中的温和派展开对话。[59]

但糟糕的是，军情六处与美国意见不一。中情局与卡尔扎伊的看法一样：塔利班要灭了才好。它信奉的理念就是一个字——“杀”，出动最好的特种部队和高科技手段将其一举歼灭。中情局在巴基斯坦布下了天罗地网，引起巴基斯坦政府的极大不满。中情局巴基斯坦分局就像一座密不透风的堡垒，军情六处无从下手。不久，美国参谋长联席会议主席干脆代表华盛顿把话挑明——对美国发动袭击的“哈卡尼网络”是塔利班政权中一支较大的武装组织，“其真实身份是巴基斯坦三军情报局的分支机构”。美国驻喀布尔大使认为军情六处才是始作俑者，怎么能让他们出面摆平此事呢，所以 2008 年当人们发现军情六处与塔利班政权谈判时，中情局暗中大喜。[60]

为鼓舞英国驻喀布尔使馆工作人员的士气，大使考珀－科尔斯做了一个惊人之举，他决定请好友“基特”上演大使馆有史以来的第一场滑稽剧，基特是这方面的“行家里手”，他擅长操纵“舆论情报”，所以一开始就叮嘱参与此次任务的各位成员“尽可能地把见不得人的家丑都宣扬出去”。最后，他们以最近发生的事情为蓝本，上演了一幕滑稽剧《喀布尔的小伙子》，讽刺“女王的大臣们”只会耍嘴皮子，企图通过区区一纸粗略的战略草案逼迫塔利班就范，结果大水冲了龙王庙——一家人不认识一家人。哪承想在“国际发展日”

当天，由英国国际发展部 (简称 DEID) 牵头，一群激进的环保者在表演进行时冲上舞台，对英国最近上演的“爱到天荒地老”的戏码表示不满。剧中，他们还戏称爱生气的美国大使为“化工草案”。正如考珀 – 科尔斯所说的那样，荒诞的背后是“更加黑暗的现实”。[61]

2009 年布朗政府尝试转变策略，用另一种方式向阿富汗政府施压，逼迫其与塔利班交锋，他设想让西方势力从阿富汗撤军，孤立卡尔扎伊，逼他与对手谈判。提出这个和解策略的是时任军情六处官员谢拉德 · 考珀 – 科尔斯以及英国特种部队前指挥官格雷姆 · 兰姆中将，现在二人一个是英国阿富汗和巴基斯坦问题特使，另一个是英国驻喀布尔高级军官。

布朗对塔利班的态度发生了重大转变，从之前的一味采取军事打击转向推行在继续施加军事压力的同时开展政治和解“双管齐下”的措施。他召集兰姆中将一起参与会议讨论，并向其征求意见。兰姆的回答是：这个方法可行。他认为虽然战争是其他政治手段的延伸，但终究还是要用政治的手段来解决。此话有理。但他也提醒布朗政府：和谁谈，这是一个问题，并建议成立一个包括前圣战分子在内的高等理事会，以便撇开卡尔扎伊。于是布朗派兰姆前往阿富汗完成这项艰巨的任务：说服叛军放弃武装抵抗。但是兰姆认为战士们普遍对西方的做法愤愤不平，而且上级军官也觉得美国撤军是迟早的事，所以孤立卡尔扎伊还有一段很长的路要走。[62]

考珀 – 科尔斯试图做美国人的工作，他说美国私下向卡尔扎伊示好，在公开场合反而对其大加数落的策略是完全错误的。2009 年 4 月，美国驻阿富汗特使、资深外交官理查德 · 霍尔布鲁克与金融家乔治 · 索罗斯计划在伦敦剧院会面。科尔斯成功劝说霍尔布鲁克在晚宴之前出席军情六处在沃克斯豪大厦举办的塔利班问题高层情况通报会。军情六处主管约翰 · 斯卡利特邀请英方阿富汗问题资深专家向霍尔布鲁克汇报情况，霍尔布鲁克听得入了神，不知不觉 3 个小时就过去了。考珀－科尔斯回忆道：“这是秘密情报局最风光的时候。”不过最后，霍尔布鲁克想起自己还有应酬，从口袋里掏出手机，打了 3 通电话，使得军情六处情报人员不知如何是好。[63] 所幸美国国务卿希拉里·克林顿和霍尔布鲁克越来越倾向与塔利班政权谈判，但是贝拉克·奥巴马、五角大楼和中情局则继续力挺“先兵后礼”的策略。[64]

外相戴维·米利班德和军情六处希望和谈后，联合国能把塔利班武装人员的名字从制裁名单上移除。此举旨在从内部分裂塔利班政权，削弱其实力，削减叛军的数量，以便阿富汗新安全部队能以多胜少。这种“打一巴掌给一个甜枣”的策略，与对待北爱尔兰问题的方法如出一辙，英国从军事和情报两方面对塔利班政权施加压力，迫使其做出要么和谈，要么“光荣退出”的选择。2009 年，军情六处提出了更为激进的方法，他们不仅要把塔利班政权中的温和派分裂出去，而且要与躲藏在邻国巴基斯坦的塔利班领导人达成和解。但是在公开场合，布朗对此只字不谈，只是承认“战术”和解的目的是帮助步兵及其直接指挥官重新融入社会。为回应米利班德与塔利班温和派和谈的号召，首相更胜一筹，大胆提出“把那些眼下有助于推进民主进程的人员都争取过来”。但实际上英国政府更希望地方政府官员能上台替代无药可救的阿富汗卡尔扎伊政府，因为比起与后者做交易，前者似乎更加可靠一些。[65]

2010 年，军情六处的努力终于有了回报。英国方面的战略目标是与地方政权做交易，因此它找来塔利班高级指挥官毛拉阿赫塔尔·穆罕默德·曼苏尔为自己出谋划策。“据说，他们拿着曼苏尔的照片给被俘的塔利班士兵看，以便确认他的身份。”希拉里·克林顿认为这条路“前景可期”[66]。但是，11 月有人告发说这个曼苏尔是别人冒充的，使得人们不得不怀疑军情六处的可信度。这个小插曲只是英国在试图与恐怖分子谈判的过程中遇到的重重困难的冰山一角，但平心而论，如果军情六处要等到完全确认对方身份之后再行动的话，那么谈判将停滞不前。也许与卡尔扎伊会谈后曼苏尔会收到约 50 万美元作为回报，但此时的他只不过是个小店老板，充其量也不过是从巴基斯坦北部奎达镇出来的一个有头有脸的诈骗犯罢了。[67] 一位资深官员说："事实上我们不可能真正地与塔利班分子谈判，因为我们压根不认识他们。"但如今布朗政府的任期眼看着就要满了。[68]

戈登·布朗任英国首相期间，正是 2008 年全球性金融危机爆发之时，但所幸布朗深谙金融之道，能在世界经济中充当弄潮儿。[69]2008 年两场重要的二十国集团峰会在伦敦召开，更是让英国占尽了优势，因为峰会的召开为政府通信总部监控计算机和拦截电话提供了便利，如果是他国举办这次会议，可能监听起来就没有这么方便了。此外，新技术的使用也使得互联网的作用进一步加强。20 世纪 90 年代政府通信总部能监听《马斯特里赫特条约》谈判就已经很了不起了，现如今它能监听世界峰会，这更不得了。这其中最有效的策略是利用网吧作为英国情报机构的前哨，这使得政府通信总部不仅在峰会召开期间能够搜集大量密码，检查电子邮件流量，而且在峰会结束后还可以继续这样做。

在盟友的帮助下，英国对其他盟友进行监视。政府通信总部与大大小小的情报机构紧密协作，共享情报，大的有美国国家安全局，小的有加拿大、澳大利亚和新西兰等国情报机构。它们的共同目标是北大西洋公约组织成员国如土耳其，以及包括南非在内的英联邦国家。政府通信总部的间谍行动复杂程度惊人，需要同时对 20 个代表团开展的业务活动进行跟踪。让事情更扑朔迷离的是，这 5 个共享情报的国家政治目标根本就不一致。所以，仅有分享是不够的。虽然英国和美国目标各异，但是它们在某些关键问题上还是能达成共识，俄罗斯代表团团长德米特里·梅德韦杰夫是他们的头号攻击目标。美国国家安全局最大的海外监视和窃听基地坐落在英格兰北约克郡的门威斯希尔，它的主要任务是监听俄罗斯代表团从伦敦打往莫斯科的电话。土耳其是他们另一个主要的监听目标，这个国家经济繁荣，又处于欧亚交界处，但却在是否与二十国集团内的其他国家合作方面摇摆不定。[70]

美国中央情报局情报分析员爱德华·斯诺登最新爆料的文件显示，从戈登·布朗上任直到2009年，首相及其大臣们一直得到新型间谍技术的支持。政府通信总部不仅利用按键记录软件访问二十国集团峰会各与会国代表团的电子邮箱，而且利用外形酷似黑莓手机的设备实时向客户推销产品。政府通信总部的密室里坐着一支40多人的专家队伍，他们的任务就是先整理获取的所有数据，之后再根据数据的重要性转发给客户。陪同布朗出席八国集团和二十国集团首脑峰会的政治顾问强调说，这是一场网络攻击和安全防御的持久战。他们清楚，几乎所有的国家都在利用这次峰会进行间谍活动，所以我们“不允许使用笔记本电脑、复印机、无线网络以及普通的黑莓手机”。与此同时，政府通信总部着手研发仅在国家领导人峰会召开期间使用的、安全性能更高的手机和笔记本电脑。[71]

“我们监视别的国家，”达米安·麦克布赖德回忆说，“因为别的国家也在监视我们，这太普遍了。大家都在互相监视。”[72]作为唐宁街的战略规划负责人，麦克布赖德是布朗“身边的走狗”[73]。他原是财政部的通信主管，工作职责之一就是收集对他人不利的信息，写入简报，以此威胁当事人。绝大多数议员都有见不得人的一面，所以这招很管用。麦克布赖德混迹于记者圈，和他们一起喝酒、运动或者和男性友人参加其他类似活动，2008年夏天，他向首相汇报了有关戴维·米利班德的负面消息，因此获得了“麦克毒药”和“疯狗”的外号。[74]

麦克布赖德可谓是首相身边的特别政治顾问和政策专家团队中资格最老的人之一。但奇怪的是，这些人虽然从事的是危险的政治间谍活动，却从未接受过任何关于情报使用和安全通信方面的训练。他们只是被“非常严肃地”告知绝不要在唐宁街使用手机，因为俄罗斯经常窃听他们的谈话。“但并非所有人都遵守规定。”麦克布赖德毫不隐瞒地说。情报界还警告布朗首相的顾问团，有人能够“利用唐宁街10号和唐宁街11号中正在通话中的手机侵入同一条电话线上的计算机”。首相府的工作人员都觉得这简直像一部科幻大片，令人难以置信。[75]

如果出国访问，布朗的随从人员通常会配备拥有特别安全性能的手机。安保小组命令他们不要打开普通的黑莓手机，因为各种各样的敌方情报机构会对他们的手机发起黑客攻击，同时任何留在客房的物品都会被偷偷检查、复制。2008年1月末，布朗率领一支贸易代表团访华，随后，布朗将出访印度，与印度方面签订协议，吸纳新德里为反洗钱国际组织“反洗钱金融行动特别工作组”成员。[76]

陪同首相出访的政府工作人员有20多名，其中包括外交政策高级顾问、环境高级顾问、国际贸易高级顾问及25名商界领袖，他们分别是英国能源公司主席阿德里安·蒙塔古、英国移动运营商沃达丰（Vodafone）首席执行官阿伦·沙林以及维珍集团主席理查德·布兰森。[77]达米安·麦克布赖德回忆道：

理查德·布兰森主管的维珍航空公司首次推出了伦敦飞往上海的新航线，所以在上海开设了一场新闻发布会。当晚唐宁

> 街工作人员和随行记者受邀参加会议，其中绝大多数是男性，结果我们一进会场就被一众中国美女和俄罗斯金发女郎团团围住。虽然驻地安全专家警告我们不要被她们漂亮的外表迷惑，但一眨眼的工夫，我们中的一位男士就已经和其中一位美女上了楼，朝出口走去，他还回头笑着对我们做了一个“切尔西的匕首”乐队的招牌动作，好像中了乐透大奖一样开心。

这个人不是别人，正是布朗的高级政策顾问。可想而知，第二天他醒来的时候会发现“黑莓手机和公文包里一半的文件都不见了”，估计还会头疼不已，因为睡前“照顾”他的女士灌他喝了迷药。[78]

参加峰会时被成群的女间谍盯上一点儿也不稀奇。曾有一个顾问回忆道：“有时我仿佛置身喜剧片《王牌大贱谍》的场景。”布朗的两名随行人员决定利用男色，上演反间计。在前往海外举办的首脑峰会时，他们甚至准备了虚假电话和情报资料作为“诱饵”，引诱操之过急的女间谍，以确保他们中了美人计之后，对方不会空手而回。他们制造了看似真实的文件，并设置了非常复杂的密码，给人一种极具情报价值的错觉。这份文件其实是一份商业机密，不是什么绝密文件，不过他们给文件做了一个封面，上面有 JIC 的字样，让人们误认为这是一份关于联合情报局与中国建立长期贸易伙伴关系、与哈萨克斯坦建立原油供应关系的绝密文档。但值得注意的是，当英国安全机关识破他俩的诡计之后，立刻下令他们停止手中的动作，因为安全机关担心这些材料对军情六处设置的真正具有欺骗性的资料构成不利影响。换句话说，他们担心弄巧成拙。[79]

布朗一向热衷于在谈判中使用电子监控，而且不事声张。虽然他不满伊拉克与美国有染，但对反恐行动，以及有助于捍卫英国利益的情报机构确实没少用心。而这种电子监控让他的某些同僚感到不安。英格兰银行行长默文·金就是其中一个，他不想对客户使用电子监控并对首相表示：自己有责任告知民众电子监控的覆盖程度。布朗闻言震惊不已。他悄悄示意大家出去，然后“劈头盖脸地把默文骂了一顿”，警告他说一旦这么做，反恐行动就会岌岌可危，英美关系势必破裂。他还斥责金“胡说八道”，无视国家职责，完全只考虑“他自己”。不过，布朗这么说未免显得有些不公，[80] 其实“9·11”事件之后，有关电子监控的真相渐渐被披露，布朗也清楚纸终究是包不住火的。不过让他感到宽慰的是，大坝是在戴维·卡梅伦（而非他自己）的日盯夜防下最终决口的。

19

戴维·卡梅伦 （2010—2016）

我喜欢看电视上播的犯罪剧，或许这是我最后一次说这些。几乎没有哪个犯罪剧不借助移动通信设备就能破案。

——戴维·卡梅伦[1]

2010年5月11日晚间，保守党领袖戴维·卡梅伦入主唐宁街10号。[2]这一胜利一定会是苦乐参半，因为他是自温斯顿·丘吉尔之后首位领导联合政府的首相——由于没能获得议会多数席位，以卡梅伦为首的保守党与尼克·克莱格领导的自由民主党联合组阁。卡梅伦当年四十多岁，是自1812年利物浦勋爵之后英国历史上最年轻的首相，而且刚做了9年的下议院议员。他从未担任过政府职务。因此，与丘吉尔不同，新任首相卡梅伦缺乏与情报机关打交道的背景。然而，他的确经常喜欢讲一个故事：在19岁那年，在去苏联周边度假时，克格勃间谍试图招揽他为苏联的情报机构工作。但后来莫斯科方面感觉这个年轻人是同性恋试图搭讪的对象遂作罢。[3]

卡梅伦也不像丘吉尔对原始情报那般贪婪，不会抑制不住地亲自干预情报工作。他的管理风格与斯坦利·鲍德温更像，强调以同僚管理方法领导属下，并以此为荣，下放权力，允许内阁大臣各司其职，管理自己主管的部门。事实上，他采取的这种放任式的管理方法引来批评声，评论者指责他在管理政府上投入的时间过少，反而花大把时间在网球场上“挥汗如雨”，还不停地给自己放假和玩电子游戏——与安东尼·艾登那种神经质式的干预相去甚远。卡梅伦是位“做大格局”的首相，与托尼·布莱尔很像；但与布莱尔不同的是，他采取了一种更有包容性的“董事局主席”做法，而非走亲信路线。由于喜欢当机立断，他对原始情报的细枝末节兴趣寥寥，反而更喜欢看联合情报委员会主席和新设立的国家安全委员会内部直接提交给他的简报。

不过，卡梅伦被认为是一个勤奋的情报消费者。他喜欢与情报局配合工作，继续在布莱尔的基础上大胆革新，命令情报界每天为他准备一个容易消化理解的“情报集锦”一揽子总结。[4]与亚历克·道格拉斯－霍姆一样，作为另一个老伊顿生，戴维·卡梅伦除了有“叫我戴夫”这迷人的一面，还有冷酷无情、如钢铁般坚毅的另一面。这一点最为明确地体现在他与秘密国家打交道时。

经济紧缩政策贯穿了卡梅伦联合政府的始终，结果是他首先考虑的事情绝大部分都是国内事务，以大幅度实施经济紧缩应对欧债危机为主。这一日程并未阻碍他将精力几乎立即转到国家安全问题上来。在某种程度上而言，卡梅伦的经济紧缩政策实际上影响了他处理情报的方法。经济危机迫使英国走上裁军之路，下令“裁军、减轻财政负担、提供基本安防保证即可”。[5]同时，卡梅伦还固执地认为英国在全球的角色不会受到影响。与前任首相们一样，卡梅伦不惜一切地想要处于领导地位。情报机构再次奉命使出花招，弥补英国的全球野心与经济衰退的冷酷现实之间的差距。

情报是个力量倍增器。它是一种特别的信息，不仅向人们发出警告，而且还能使行动更加有效。它赋予各个国家力量，使其能够以一当十，使手头的任何有形资料都能为我所用。通过预测全球危机，情报还为外交或人道主义行动铺平了道路（至少在理论上），防止威胁进一步恶化。同时，一旦有精确情报显示危机一触即发，情报机关还能破例有选择地动用军事力量，达到手到病除。无独有偶，在情报的指引下，有针对性地调遣特种部队比正面开战的成本更低且较少引起争议。情报甚至能使军情六处不露痕迹地参与其含蓄地称为“重要事件”的事件中。在所有这些方面，卡梅伦都不负所望。尽管国防预算的削减力度最大，但卡梅伦的国家安全委员会和《战略防务与安全评估报告》突出了情报和特种部队的重要性，以确保它们的预算能够通过，不会像白厅其他部门那样被大幅削减。

由于有意要吸取托尼·布莱尔的惨痛教训，卡梅伦还试图调整他处理情报的策略。尽管曾自称“布莱尔的继承人”，卡梅伦与戈登·布朗一样，不顾一切地想要摆脱前任首相不正之风的影响，在决策方式上与其拉开距离。卡梅伦一进入唐宁街 10 号便开始把首相与三大情报机构负责人的关系制度化。他一直把国家安全委员会（NSC）吹嘘得神乎其神，而且不失时机地于 2010 年 5 月 12 日召开了新的国家安全委员会第一次会议——距大选结束不到一星期——讨论阿富汗问题、巴基斯坦问题和恐怖主义威胁。卡梅伦政府执政后前几周，该委员会每天都会召开一次例会，商议阿富汗问题。[6] 只要得空，每次会议都会由首相卡梅伦主持。国家安全委员会很快如日中天。由于首相无时无刻不在，所以国务大臣们和情报机构负责人们也随之出席例会。这就是英国政府的运作方式：当首相把精力投入某件事情中去时，所有人都开始关注起来，开会时也会露面。正如一位成员所回顾的，参加国家安全委员会会议需要你有“很好的表现”。[7] 虽然有情报主管和其他高官在场，但是由国家安全委员会讨论会而非内阁高层做出和国家安全有关的许多决定。[8] 该委员会同时还兼容并蓄，把许多机构纳入进来，如国家打击犯罪局（NCA），其主要任务是采取卧底行动打击跨国有组织犯罪。这是一个巨大的进步，从 1909 年开始，情报机构和首相府的关系在 101 年之后达到鼎盛。

在某种意义上说，卡梅伦政府实行的变革只是对内阁办公厅现有体制加以强化，是对布朗时期便开始实施的改革进行全面提速。布莱尔在位时，内阁委员会制度的作用未得到充分发挥，人们都知道，他更喜欢采取“自上而下”的“沙发政治”行动风格，因此往往做不到广泛听取民众意见。后来，布朗对这一作风稍做修正，改进了五花八门的委员会和构成联合情报委员会的附属委员会。卡梅伦正是在这种轰轰烈烈的阵势之中整治了布朗政府的官僚制度。[9] 此外，他还比布朗表现出更多的热情——有些人觉得布朗对事物没兴趣，反应冷淡，开会只是为了走个过场。[10]

另外两个本质区别对首相和情报机构之间的关系产生了重大影响。首先，国家安全委员会在起初狂风暴雨般地召开例会之后，开始有规律地在安全性有保证的科布拉会议室召开每周工作例会。在会议室里，各种各样的屏幕和通信技术一应俱全，直接将来自世界各地的情报交到首相手上，而不像原有系统那样根据需要决定让首相看到哪类情报。与布朗一样，卡梅伦对科布拉会议室情有独钟。其次，最重要的一点是，三大情报机构的掌门人和联合情报委员会主席会参加会议。在每次会议开始前，联合情报委员会主席亚力克斯・艾伦都会简要地概述最新收集到的情报。卡梅伦改变了布莱尔过于随便地制定政策的倾向，因此能够广泛地听取包括情报机构在内的各方提出的意见。[11] 作为国家安全委员会主席，卡梅伦纪律严明。他会让三位情报主管和国防参谋长首先发言，然后再请政府大臣们表态。

卡梅伦实行的各项改革措施立即开创了一种完全不同的首相与情报主管定期见面的方式。只要三位情报机构负责人都在伦敦，首相就会在每周二上午把他们一同召集起来，同时也有关键决策者在场，这种做法还是有史以来第一次。这与过去那种非正式、人物性格驱动型的安排截然不同。对于每一对以克莱门特·艾德礼和珀西·西利托为代表的、联系密切、沟通频繁的搭档来说，都有与之相反的詹姆斯·卡拉汉和迈克尔·汉利组合与之对应。卡梅伦一举建立了一种正式制度，迫使情报领导者和一国最高决策人士进行互动。在座的与会者中，英国秘密情报局（军情六处）现任局长约翰·索沃斯拥有强大的话语权——虽说不轻易开口说话。[12] 此外，卡梅伦还使切尔特纳姆的政府通信总部负责人伊恩·洛班与首相府的关系更加密切。洛班对国家安全委员会赞不绝口，认为它是“政府贡献的最大政绩之一”，因为它“能集思广益，然后由每个机构付诸实施”。“‘这是不列颠人的权利①’。太好了。”[13] 自丘吉尔的战时内阁之后，没有哪一位首相能像戴维·卡梅伦一样与情报机构负责人互动得如此频繁[14]。

国家安全委员会是英国政府情报安全界的核心。它推动着情报界的工作，而且与政策制定者之间的互动空前频密，表明在过去数十年间情报对制定决策发挥着越来越核心的作用。可惜，这一新体制也带来了严重的问题。由于过多地参与决策过程，情报界如临深渊，而

① 原文为Civis Britainnicus Sum，借鉴了civis romanus sum这一著名短语。后者意为“我是一个罗马公民”，一般在恳求获得罗马人的权利时使用。——编者注

且这样一来，卡梅伦便有机会滥用情报。这使英国政府最资深的观察者们警铃大作。出身上议院的彼得·轩尼诗担心情报掉进了“人云亦云或者拣客户爱听的话说的陷阱之中”。有人建议，就联合情报委员会的角色而言，卡梅伦推行的新制度很可能造成混乱：新的庞然大物可能使白厅长期以来实行的、卓有成效的制度受到威胁[15]。因为此时不断收到问题报告，情报机构能够快速、几乎立即便能负责执行“解除”威胁的任务，所以它自然打开了通往更加活跃的海外秘密行动的一扇大门[16]。制度的某些制定者担心战术思想使卡梅伦格外倾向于利用这一制度。[17]

由于担心自己的绝佳想法在初期遇到暂时性的困难，所以卡梅伦于2011年1月下令开展审查，而且要速战速决。然而，有一点很快变得明朗起来，那就是，情报界——以联合情报委员会的形式——与英国最高决策人士如首相息息相关，其地位令人称羡。在卡梅伦与各个负责人召开的周例会底下工作，联合情报委员会会做情报评估报告，而称为“国家安全委员会（官方）”的一组人则将高级公务员召集在一起，想出可以在周二例会上向卡梅伦提议的想法。整个体系与三军参谋长在第二次世界大战期间运作的体系出奇地相像。与布莱尔政府及很早之前的张伯伦和艾登政府不同，情报此时关联性更高，其观众更有经验。它使政府高层在制定决策过程中展现出浓郁的学派气息。[18] 该制度似乎运行良好。过不了多久它就将面临着一次真正的考验。

戴维·卡梅伦并未想到自己会这么快就插手阿拉伯国家的事务。尽管不是一个孤立主义者，但新任首相不会本能地想把自己穷困潦倒的国家拖入国外战争的泥潭之中。与布莱尔不同，他不是一个拿着枪的自由主义者，受意识形态倾向的驱使由内而外地实行民主。由于亲眼看到过布莱尔政府为伊拉克遗毒所害，所以卡梅伦坚决要避免引起外交纠葛，特别是军事入侵。他怀疑继续管理五角大楼的白宫官员，甚至小心地介入人道主义干预，提防着被人认为是在发动圣战[19]。

反过来，卡梅伦领导的联合政府存在的根本原因是实现经济复苏。所谓的“大社会”和公共服务改革被放在卡梅伦政府下一个优先考虑名单上的突出位置。[20]卡梅伦政府前期推行的外交政策，只要是目前尚且存在的政策，基本上都把重点放在改善与新兴经济体的贸易联系上。[21]英国正在对外出售武器。在某个多少有些不幸的例子中，卡梅伦政府在“阿拉伯之春”数周前曾向利比亚推销狙击枪。[22]当他的确认真考虑了外国干涉问题之后，他始终如一地强调了各国勠力同心的必要性，推崇坚持“自由保守主义”的思想。[23]甚至在当权之前，他就曾暗中与财政大臣乔治·奥斯本就从阿富汗撤军达成一致意见，而就奥斯本而言，英国不可能很快就把驻阿富汗英军撤回。2010年6月，卡梅伦就撤回驻阿富汗英军问题在契克斯首相别墅举办了一场高层会议，有些人就英国政府与塔利班进行政治谈判的可能性发表了一些过于激进的观点（他戏称这些发言者是“激进分子”），在让军事首脑听取了这些人的看法之后，他与部门负责人和“军情五处工作人员”商讨了一项退出策略。[24]

英国首相注定要重新发现那则古老谚语说的真相：“也许你对战争不感兴趣，但战争会对你感兴趣。”当地时间2010年12月17日，突尼斯一位叫卖水果的小贩自焚。这是对女城管暴力执法的绝望而戏剧性的抗议，象征着受害者对贪污腐化的权威体制心灰意冷。示威抗议席卷突尼斯，继而蔓延至埃及、也门、利比亚和叙利亚，成为众所周知的“阿拉伯之春”。老百姓纷纷走出家门，占满广场，为民主呐喊。卡梅伦的副首相尼克·克莱格发现动荡局面“让他莫名地激动”。[25]至于首相卡梅伦，他除了声援示威者之外什么都没做。

随着动荡态势持续在整个地区扩散，他强烈地希望这些国家能顺利地推进民主进程，从而尽量避免通过外来武力干涉向其提供支持。[26]然而，他对未来持乐观态度，未来前景使其热血沸腾。约翰·索沃斯敦促卡梅伦谨慎行事，提醒首相说中产阶级抗议潮不一定预示着更大范围内的人民革命运动。[27]

专政者往往会予以反击。打头阵的是利比亚臭名昭著的穆阿迈尔·卡扎菲上校。虽被叙利亚总统巴沙尔·阿萨德、长期统治巴勒斯坦的已故领导人亚西尔·阿拉法特及几乎每一位地区领导人称为“中东疯狗”，但卡扎菲无意为自己正名。一想到卡扎菲，人们立即会想到那个要求上上下下服从其命令的疯狂的独裁者，而他是一个反复无常的人，同样以建立女子卫队，对金饰的品位不俗，出访时愿意待在贝都因人搭建的帐篷里和暴力镇压国内的反对派而为人熟知。自从1969年上台以来，他试图支持依靠恐怖主义活动输出革命。此时他对抗议者进行残酷镇压。

到2011年年初，利比亚战事陷入血腥僵局。平民、异见人士和叛军统统死在卡扎菲政府的安全部队的屠刀之下。卡梅伦反对干涉的本能只能坚持到这种程度。托尼·布莱尔或许会与卡扎菲达成和解，但追溯到20世纪80年代，保守党人跟他还有未了的瓜葛。卡梅伦和时任法国总统尼古拉·萨科齐试图向利比亚的反政府组织提供援助。他一直以来都“发自内心地讨厌”卡扎菲，而布莱尔做出的对付独裁者的决定令其心生反感[28]。他获得了奉行强硬立场的新保守主义势力，如教育大臣迈克尔·戈夫和乔治·奥斯本的支持。

首相向专业人士寻求帮助，但却失望而归。军情六处不支持他，索尔斯坚决反对干涉利比亚内战的做法，不管是公然开战还是发动秘密战争。国防参谋长、国家安全委员会的另一位常客戴维·理查兹也持有类似的看法。用首相的一位盟友的话说，卡梅伦察觉到索尔斯和理查兹心说，“又来了，我们的新首相又是一位想打一场愚蠢的战争的主儿”。[29] 有一次，索尔斯甚至告诉卡梅伦说军事介入利比亚内战有悖于国家利益。情报和国防部门官员担心卡梅伦并未把整件事情考虑清楚。[30] 被斯雷布雷尼察大屠杀事件的恐怖所震慑，而且由于英国并未直接参与伊拉克战争，所以“当提及处理摩擦和冲突时”，人们认为卡梅伦及其年轻团队的思想还停留在 20 年前。[31]

当号召军情六处或特种空勤团这两个秘密组群立即采取行动时，卡梅伦并非首位感到失望的首相。然而，军情六处主管提供专业判断，建议谨慎地采取此类行动的做法是合情合理的。而且，很明显，卡梅伦的确提出了一个作战计划，但它至少是需要进一步利用军情六处的一系列特殊技能进行完善的。他提议向利比亚空投崭新的钞票（价值 10 亿英镑），向反政府武装提供援助。总检察长米尼克·格里夫不得不给卡梅伦投反对票，并指出这一想法违反了联合国冻结利比亚全部资产的规定，而且首相可能会因此被拘留。此外，根据国际法，该想法还可能是违法的。卡梅伦气得暴跳如雷。[32]

最终，“卡梅伦的决定万分孤立无援”。[33] 到了 2011 年 3 月 19 日，英国军队开始干预利比亚局势，击退防空力量，试图“挤走”卡扎菲。英国介入了另一个中东国家的战争之中。就在第二天，卡梅伦组建了一个战争内阁——国家安全委员会（利比亚局势），或者是“NSC（L）”。新委员会由首相主持，负责管理此次运动，约召集过 60 多次会议。在必要且能脱开身的情况下，情报部门负责人、国防参谋长和总检察长须全部到场。卡梅伦喜欢看到所有人列席会议，倚赖各个机关各司其职，并汇总各方意见迅速地做出决定。根据一位知情人士所说，卡梅伦“非常善于观察，官员们溜号会被他发现”。他会“不断地寻根究底”，但却有分寸，懂得适可而止。他不想“残酷地对待人们”。[34] 尽管不算是一个与之有直接关联的不管部大臣，但事实证明，乔治·奥斯本和卡梅伦一样，也是一个令人印象深刻的审讯者。[35]

假如战争内阁要有效地开展工作，那么，获取即时情报至关重要：卡梅伦需要根据掌握的情报做出决定。直接从战区发来的军事、情报和外交评估报告帮助首相及其幕僚详细地了解战情——由于他们承受着战术与战略问题带来的双重压力，在媒体界24小时滚动报道新闻的情况下，这一点事关全局。[36]相应地，联合情报委员会主席亚力克斯·艾伦这个曾在铁路工人罢工期间在泰晤士河上冲浪的颇具争议的人物[37]，会在每次会议开始前先向卡梅伦及其他高级大臣们报告当前面临的情报局势。这是一段节奏紧凑的时间，艾伦每天早晨5：30开始工作，为2个半小时后召开的会议准备好所有资料。白厅联合情报机构通宵达旦、彻夜不眠。[38]除了国防情报处负责人的情报评估报告，索尔斯和洛班还会对每日的资料更新进行补充[39]。简言之，卡梅伦会拿到大量资料。对于一位刚上任的首相来说，这或许令其目不暇接，难以进入状态。卡梅伦的国家安全顾问皮特·里克兹似乎想到过这一点。他后来建议，集外交、情报、人道主义和军事形势于一体的一份简报就足够首相用了，从而使情报部门高级主管们腾出手去处理更加紧迫的任务。[40]

尽管收到一连串的简报，但首相卡梅伦掌握的情报并非总能靠得住。经常会看到过期的情报，而且太过笼统，缺乏具体细节。或许2004年时任首相布莱尔与卡扎菲签署的所谓的“沙漠协议”使军情六处在利比亚的工作重心下移。无论如何，用北非地区一位国防情报分析专家的话说，利比亚是“情报的无底洞”。地面情报覆盖区域十分有限，而且唯一可用的资料是发往英国驻塞浦路斯基地的图像情报。[41]“阿拉伯之春”爆发之后，军情六处不得不快速地扩大其情报覆盖范围。[42]令人尴尬的是，外交大臣威廉·黑格一度对媒体说卡扎菲已逃往委内瑞拉，声称手里掌握着“表明他此时正在去往委内瑞拉的情报”。[43] 一旦对利比亚发动大规模空袭，情报的匮乏意味着分析专家发现难以区分前线的保王派和反对派。2011 年 4 月初，美法英等多国联军空袭利比亚时偶然间击中了反政府武装的一整支纵队。但是，不久，英国就发现需要在地面部署侦察系统，以便引导空袭位置，防止此类事故再次发生。[44]

卡梅伦此时还面临着其他问题。情报资料经常使他尴尬地在道德与行动之间做出选择。甚至当情报能够引导针对卡扎菲的空袭行动时，轰炸也未取得明显效果。首相不知道的是，即使在附带伤害或者平民伤亡最小的地方（英国单方面地建立了一个计算机模型，用以计算如何使附带伤害的容许值缩小为零），自己的国防大臣利亚姆·福克斯都拒绝批准发动任何空袭。卡梅伦怒气冲冲地说“这太荒唐了”。[45]

卡梅伦批准加强军情六处和特种部队在利比亚的活动。[46] 可惜，这虽然是他在秘密战争世界里的首次尝试，但却开局不利。2011 年 3 月，一支秘密部队，用官场中的谦辞雅语说就是，“在对自己的角色出现一次重大误解之后撤退，并被带到临时拘留所”。[47] 实际上，这更像是经常出现在《老爸上战场》而非詹姆斯·邦德影片中的经典闹剧。军情六处的策划者曾选择利用一支被称为“E 中队”的秘密特种部队护送情报人员深入敌后。成立于 2000 年年初，由军情六处和特种部队指挥官安排其在利比亚的作战行动的“E 中队”是精锐部队中的精锐部队，队员分别来自特种空勤团、皇家特种舟艇中队和特种侦察团。[48]

军情六处曾希望与反政府武装建立安全通信系统并探索在班加西地区为英国外交官设立联络基地的可能性。在军情六处一位年轻的中东问题专家的带领下，一个身穿一袭黑色制服的人员小组搭乘一架“奇努克”直升机经由马耳他和克雷特的一条秘密航线飞往利比亚，以避免在边境被拦下。但直升机在 3 月 4 日凌晨时分降落在利比亚的一家农场时还是引发了当地人的猜疑。由于担心坐在直升机上的人是亲卡扎菲政权的雇佣兵，所以当地农民们朝他们开枪，然后狠揍了英国人一顿，用塑料手铐铐紧他们的手腕，接着把他们交给了反对派武装。英国外交部发狂似的把有外交部抬头的一封信用传真发给利比亚反对派，确认“外交代表团”的身份，很快，使团成员在一片不得人心的宣传之中很快被驱逐出境。[49]

这次派驻外交使团行动之所以被搞砸乃是上面的意思。约翰·索尔斯听取了全面通报，对军情六处的工作十分感兴趣的外相威廉·黑格已批准此次行动。唐宁街 10 号的发言人证实，首相卡梅伦与黑格保持不断的沟通，但卡梅伦事先是否了解此次行动尚不得而知。[50] 不管怎样，这一事件损害了——至少是暂时如此——英国与反政府武装人员之间的关系。此外，它造成的政治影响还使国家安全委员会的某些内部人员反对进行秘密干预的想法，阻碍了军情六处说服卡扎菲核心集团一些成员改变立场计划的实施。[51]

外交使团也是军情六处在安全问题上犯下的一次错误。据说，反政府武装设法截获了大量的高科技间谍装备，包括 GPS 全球定位仪、标注有降落点和撤离点的地图、护照（包括同一个人的 3 本护照）、信用卡、卫星电话、枪、移动式点焊机和短波收音机。或许更令人担忧的是，特种部队小组明显一直随身带着上面写有秘密计算机系统的用户名和密码的碎纸片。媒体对这场外交使团风波大肆宣扬，很显然，首相气得火冒三丈。[52]

卡梅伦暂时只得让军情六处开展一些没有那么戏剧化的行动。其中一起行动是艾伦·邓肯一手策划的，开展活动的地点在外交及英联邦事务部顶层弃之不用的房间里。在外交部和国防部官员的配合下，此次行动建立了绝密的“利比亚石油小分队”。其使命是：确保对卡扎菲政权的各项制裁规定得到遵守。但这说起来容易做起来难。由石油交易商升任国际开发大臣的邓肯曾提醒卡梅伦说，情况往往如此，采取制裁的结果就是反政府武装大受其害，反西方政权却固若金汤。要是哈罗德·威尔逊尚在人世，他一定会同情我们。5 月 5 日，在首相卡梅伦和国家安全顾问皮特·里克兹的支持下，新团队立即行动起来。这支小分队最初由海军少将尼尔·莫里塞蒂领导，之后被国防部和国家安全秘书处官员尼古拉斯·比德尔接管。通过使出与经济暗战有关的各种各样的招数，如协助对处于卡扎菲政府控制下的港口实施封锁、查明哪些油轮在向利比亚政府供应石油、找出陆上走私路线图等，小分队试图断绝卡扎菲的一切经济来源，使其弹尽粮绝，不战而降。

与此同时，通过请英国最大的保险组织劳合社为开往班加西地区的船舶投保，“利比亚石油小分队”还为保证利比亚东部的反政府武装的石油燃料供应做出了贡献。此外，它还试图帮助反政府武装出售石油，帮其筹集现金，并且为准备好不收取预付款就向叛军提供石油供应的各家公司安排会面时间和地点。另外，它还向叛军提供情报，建议其切断某条重要的石油运输管线，占领的黎波里西南的奈富塞山地区，使政府军的作战行动受阻。[53]

此外，军情六处也被迫为卡扎菲制定了一项退出策略。这位利比亚领导人知道得太多了，伦敦担心他会在国际法庭上把包括他与军情六处的联系等事情和盘托出。由于政治形势十分微妙，所以卡梅伦希望在有关最终化解敌意方面保留灵活的选择权。因此，军情六处及与之相关的内阁办公厅人员密谋如何把卡扎菲诱骗到赤道几内亚，以在必要时逼迫他同意退位。这个富有又腐败的西非国家可能会是一个理想的选择——尤其是因为赤道几内亚不是《国际刑事法院罗马规约》签约国。[54] 这个计划最后并不一定会用上，但为意外情况做好准备终归不是坏事。

血腥的对峙仍在继续。随着冲突的继续进行，情报和特种部队需要在战场上直接协助反对派武装这一点变得越来越明显。虽然很不情愿，但卡梅伦最终批准了另一个行动。在法国、卡塔尔和阿联酋类似团队的配合之下，军情六处和特种空勤团人员向当地人传授发动叛乱的艺术。这包括如何使用武器、如何打巷战和暗中搞破坏活动。从 2011 年 4 月开始，身处班加西的手无寸铁的英国官员以协调水平业余、容易激动的反对派武装为己任，与其策划有组织的军事攻击行动，他们反而更加习惯于一边在尘土飞扬的街道上高速驾驶着破旧的卡车一边朝空中疯狂射击。国际秘密部队还向利比亚走私了数百件武器，英国显然提供了千余套防弹衣。军情六处和特种空勤团齐心协力，就夺取的黎波里制订地方作战计划提供建议，到了 2011 年 8 月，200 多名利比亚叛军占领首都的黎波里——来自沿海地区的叛军伪装成了渔民，还有的人借道西部山区而来。[55]

此时在伦敦，索尔斯及其军事同行建议卡梅伦把注意力从班加西转移到利比亚西部上面来。首相对此表示赞成，同意实施由驻巴黎特别行动小分队协调的新计划。联军特种部队和情报队开赴利比亚西部地区，协助叛军开展活动，向其提供战术建议，收集急需的情报。他们装扮成利比亚人，混迹于当地叛军队伍之中。尽管支持战略中心转移，但军情六处高级官员总是犹疑不决，担心这个计划不够果断。一直以来，英国政府的秘密策划者都认为只有当利比亚叛军能够取得决定性胜利，才能向其施以援手，同时承认僵局持久难破将损害当事国的利益，白白地拿政治资本冒险。索尔斯还担心干预结束之后会怎样以及西方没有能力掌控或者处理好“阿拉伯之春”。[56]但卡梅伦冒险派遣部队进入利比亚，标志着这场运动的转折点。[57]

10 月 20 日，卡扎菲被击毙。当北约联军空袭卡扎菲的车队时，他已逃离自己的老家——利比亚沿海要塞苏尔特。被重重包围的利比亚独裁者靠着双脚穿过块块农田，被迫钻进主路下面一条塞满垃圾的排污管里藏身。就是在这里民团发现了卡扎菲，收缴了他的金枪，将其击毙。卡扎菲死得并不光彩，他的尸体遭游街示众，全过程被录像。3 天后，反对派武装宣布胜利。乔治·奥斯本奖励卡梅伦战争内阁每位成员一套第纳尔纪念币。[58] 这种必胜信念转瞬即逝。利比亚局势依然动荡，索尔斯后来公开表示："如果你决定不（重建），正如我们在利比亚的做法一样，部分原因是我们参与过伊拉克战争而遭受过创伤，那么你推翻政府统治，最终你将一无所有。"[59] 国家安全委员会另一位成员也承认："当回过头来看时，我们可能太过专注于短期利益……我们或许曾对随之而来的动乱事件发出过一些警告，但我认为所发生的事情还是超出了我们的预料。"[60]

在利比亚这样一个国家里，军情六处已有多年的经验，人脉资源十分丰富。由于这个原因，卡梅伦发现自己逐渐被依赖军情六处评估文件和专属报告这一布莱尔主义倾向所吸引。每当这时，联合情报委员会主席亚力克斯·艾伦都无比恼火。他觉得情报局把最为原汁原味的情报直接发给唐宁街 10 号后，卡梅伦的私人办公室有义务为首相决定哪些情报值得看，并提醒他应该注意些什么。[61] 但相较于 2003 年，整个情报界此时明白这种事情其实很难做：问题一旦被发现便会导致一时的情绪爆发，而且很快会被纠正过来。但一般说来，国家安全委员会的表现让人满意，同时联合情报委员会负责对其向首相及其核心集团提供的，供他们与列席大臣讨论的选项进行评价，确保它们达到官方文件的水准。国家安全委员会似乎把托尼·布莱尔从来不想要的东西交给了卡梅伦：一份情报目标分析、各种各样的方案，针对最佳行动方案展开的公开辩论。[62]

卡梅伦和奥巴马两人都把利比亚视为一个制造情报的机会。由于对该地区一些最忠实的秘密盟友，如令人闻风丧胆的埃及情报局反水深感震惊，所以他们正盼着建立一个新的滩头阵地。利比亚革命之后，美国中央情报局和军情六处增加了各自在班加西和利比亚东部地区的秘密存在。这是对宣誓效忠“马格里布基地组织”的激进组织实施监控的理想地点。西方驻外机构迅速开放；他们宣布要开展的任务包括把战争期间以不可阻挡的势头涌入利比亚的海量武器收集起来，在某些情况下，部分武器差不多是用成箱的钞票买回来的。2012 年夏天，约有 100 名来自多达 12 支不同部队的情报和特种部队的大批特工纷纷来到利比亚东部。他们的主要目标之一是把利比亚的武器走私给叙利亚叛军，与阿萨德政权对抗。美国政府否认中情局向叙利亚运送武器，但拒绝就美国其他秘密部队的活动发表评论，对盟国的行动也表示无可奉告。[63]

英美两国的行动处于敌方的监视之下。2012 年 6 月 11 日，英国驻利比亚大使、赫伯特·阿斯奎斯的曾孙多米尼克·阿斯奎斯刚开完会正在回来的路上。他的车队在靠近领事馆时遭火箭炮袭击。阿斯奎斯因刚换到另一辆车而幸免于难，但两名警卫人员在袭击中受伤。[64] 此后，英国普通外交官开始从班加西撤回英国，而留下来的一支安保队在美国大使馆附近检查他们的车辆和武器。[65] 更糟的事情在后面。9 月 11 日晚间，正当美国人纪念“9·11”悲剧发生 11 周年之际，激进分子对美国驻班加西领馆的两座大楼发动军事袭击。就在晚上 10 时之前，百余名袭击者，有些人携带着重武器机枪，并有架到机枪卡车上的大炮助攻，对美国驻班加西领事馆发动猛烈进攻。他们高喊着“真主伟大”的口号，隔墙把大量手榴弹投入领事馆院内，并且很快翻墙而入。值得注意的是，大多数外交安全局特工手头都没有武器。美国大使克里斯多夫·斯蒂文森成功地躲进了安全屋，但这个房间很快便处于熊熊大火之中，他因在逃跑过程中吸入过多浓烟窒息而亡。中情局特工和特种部队就位于距此一英里外的另一处大楼内，并且设法营救使馆人员。但刚过午夜，这所大楼也遭到袭击。经过数小时的重火力袭击，袭击者利用猛烈的迫击炮对大楼发动疯狂进攻，两名中情局特工在狂轰滥炸中遇难身亡。[66]

2013 年 1 月，这次轮到英国了。首相卡梅伦叫特种部队指挥官到白厅参加紧急会议。他已听说阿尔及利亚发生人质危机，包括英国人在内的大量人质在一家天然气处理厂被恐怖分子劫持，他们的脖子上被挂上了炸药。数小时后，一支特种空勤团部队秘密奔赴塞浦路斯，准备在阿尔及利亚沙漠开展大胆的营救行动。最后，阿尔及利亚政府决定派自己的安全部队施救，营救行动最终以血腥暴力收尾，导致约 40 名人质被炸身亡。经过这一连串不可预测事件之后，与他的许多前任的做法一样，首相卡梅伦认识到了特种部队的价值，承诺将对其增加资金投入，保护其不受政府大幅削减国防预算影响。[67]

2011 年，戴维·卡梅伦对爱德华·斯诺登这个人闻所未闻。而且他也没理由会听说这个人。那时候，斯诺登还是一个固执己见、自命不凡、年纪轻轻的美国计算机天才，整天忙着用“TheTrueHOOHA”的网名在在线聊天室里发帖子。他曾是美国中央情报局的技术分析员，后受雇于美国国家安全局的一家承包商，为了激发全球计算机行业的活力，时任美国国家安全局局长迈克尔·海登将安全局的许多后台服务私有化，此时，斯诺登充分地尝到了“后 9·11 时代”信息咨询行业大爆炸带来的甜头。爱德华·斯诺登正是走了这个后门。2012 年，他换了一份新工作，这一次是在夏威夷侦听站，它是国家安全局、政府通信总部及其盟友领导的全球窃听链的关键节点。这使得他获得了访问成千上万份文件的权限，了解了西方在推特时代采集和分析绝密信号情报的方法。

国家安全局能玩转 21 世纪的各种魔法：从大规模情报收集到窃听外国领导人的电话，从渗透进电动游戏到采用医疗和汽车新技术，它无所不能。斯诺登阅读的文件越多，对国家安全局侵犯个人隐私的行为越是担心。他是一个坚定的自由主义者，是美国右翼成员，就这一点而论，他是一个告密者，或者说是叛徒，准备伺机而动，但这取决于你怎么看。[68]

2013 年夏天，斯诺登将美国国家安全局的绝密资料交给媒体。6 月 6 日，《卫报》记者格伦·格林沃尔德报道，美国国家安全局有一项代号为“棱镜”的秘密项目，要求电信巨头威瑞森公司必须每天上交数百万用户的通话记录。这是改变斯诺登个人一生的独家新闻。尽管美国政府阻止他在法庭上证明这些问题，但斯诺登披露的内幕一定会被哈佛大学和耶鲁大学的顶级法学家判定为违反宪法的行为。这一报道之后很快又曝出了另一个代号为“棱镜”（PRISM）的绝密监控项目的内幕，美国国家安全局直接进入美国网际网路公司的中心服务器里挖掘数据、收集情报，包括脸书、雅虎、微软和 Skype 等在内的多家网络巨头皆参与其中。美国总统奥巴马立即开始为“棱镜门”辩白，称开展这些项目是出于反恐需要，同时试图打消美国民众的疑虑。然而，斯诺登偷走的远不止与一两个绝密监听项目有关的文件，这一点很快变得明朗起来。他不再只是为公众隐私被侵犯打抱不平，继而把数千份与美国国家安全局和政府通信总部所从事活动有关的所有文档都抖了出来。在公开场合，美国的最高情报主管极力为自己开展的项目申辩；而私下里，英国搭档政府通信总部的平行活动被曝光却让他们肝胆俱裂。[69]

卡梅伦极其重视政府通信总部，并且对神通广大的美国国家安全局做出的重要贡献心知肚明。最近几个月，这两大情报机构同心协力，共同应对他们所谓的随着眼下许多世界大事而来的“一波未平一波又起的燃眉之急”，而且唐宁街是实时情报流的受益者。与伊朗的矛盾关系仅仅是其中一个例子。在过去的一年里，政府通信总部和美国国家安全局通力合作，为侦破英国驻伊朗大使馆洗劫案提供信号情报，发现“火焰”（Flame）电脑病毒，在伊核六方会谈期间为决策者提供支持。美国国家安全局尤其羡慕政府通信总部能成功地把其他合作伙伴拉入伙，与其一起收集与阿富汗有关的信号情报，尽管它仍未就在中东地区应与以色列人发展何种程度的合作关系达成一致意见。[70]

然而，奇怪的是，戴维·卡梅伦起初对斯诺登的爆料并不怎么感兴趣。他自称“情报局大臣”，在“棱镜门事件”之后，只是简单地谈了谈自己对情报监管问题的看法。[71] 数周之后，他其实并没有我们看上去的那么无所谓。《卫报》报道轰动性消息，披露了戈登·布朗如何借 2009 年举办两次二十国集团峰会之机授权政府通信总部暗中窃取与会外国政要的通话。选择在这个时候报道这条消息让前任首相坐立不安，因为卡梅伦即将在北爱尔兰举办八国集团峰会。这是一场备受世界瞩目的盛会，英国首相将以国际政治家的身份亮相。像弗拉基米尔·普京、贝拉克·奥巴马和安吉拉·默克尔等大人物都将在峰会上亮相。与 20 世纪 80 年代“冷战”高峰时期的英国首相安东尼·艾登一样，卡梅伦不希望情报争论抢了自己的风头，但斯诺登的爆料向我们提出了一个显而易见的问题：首相进行了何种授权？他授意政府通信总部对如今与他站在一个讲台上、被他口口声声称为朋友的人做了什么？媒体喜欢看热闹，喜欢看有脸面的大人物翻脸，每一家报纸都刊载了一张德国总理默克尔焦急万分地用自己走到哪儿带到哪儿的手机通话的照片。[72]

所以首相卡梅伦与《卫报》开始了一场恶战。尽管卡梅伦是在私立学校以及牛津和剑桥大学接受的教育，而《卫报》的读者大多来自知识界，但卡梅伦与《卫报》秉持左翼政治立场的编辑阿兰·拉斯布里杰的关系从来都不好。跟卡梅伦和其他媒体领袖建立个人友谊，以及为讨好他们做出的努力不同，他和拉斯布里杰相处的时间非常有限。[73] 然而，从 2013 年夏天开始，两人之间的火药味儿越来越浓。最近，《卫报》就电话监听事件展开调查，在此背景下，卡梅伦批准采取行动，到《卫报》驻伦敦办公地点销毁存有斯诺登提供的信息的计算机硬盘，至此，卡梅伦与拉斯布里杰之间的关系已坏到极点。

空军少将安德鲁·瓦兰斯是“DA 通知”委员会（改组后的“D 通知”）秘书，使得他一人分饰两角：当代的萨米·罗汉和君子协议的中间人。他打电话给《卫报》，态度谦和地埋怨对方在报道英国监听二十国集团峰会这一消息前没有事先和他商量一下。差不多在同一时间，当卡梅伦在北爱尔兰扮演世界领导人之时，其公共关系主管克雷格·奥利弗也终于静下心来给拉斯布里杰打个电话。当时国家安全事务顾问金·达罗克就在他身边，奥利弗警告拉斯布里杰说，这条消息有可能会“无意间损害”国家的安全利益，并且煞有介事地补充说某些政府官员想把他关起来，让他吃不了兜着走。待八国集团峰会宾客们离开后，奥利弗和达罗克向首相充分说明了斯诺登的情况。根据奥利弗的说法，他们“忧心忡忡地”离开了卡梅伦的办公室。[74]

卡梅伦此刻行动起来了，派内阁办公室负责人杰里米·海伍德到《卫报》办公大楼考察。6 月 21 日上午 8 点半，杰里米·海伍德这位英国资历最老的公职人员来到报社。很显然，海伍德正在气头上，他重申了首相“严重关切”斯诺登爆料的事情，警告他们说这会如何危及国家安全等，并且辩称假如新的事情被披露出来的话，军情五处特工的处境就危险了，让恋童癖者有机可乘，使《卫报》

成为外国间谍攻击的目标。“我们不能，”他继续说道，“把这些资料公布给大众，否则日积月累，造成严重后果。”《卫报》的目的达到了，这件事已经闹得沸沸扬扬，应该立即停止报道相关新闻。如果这还不够明白的话，海伍德之后又威胁着要把报社告上法庭。[75]

这次考察显然枉费心力，海伍德于 7 月 12 日再次出现在《卫报》办公室里。克雷格·奥利弗站在身边，海伍德要求报社交还政府通信总部的文件。毕竟斯诺登非法偷取了公家财产。拉斯布里杰一口回绝了他的要求。3 天后，奥利弗给拉斯布里杰发短信说：“玩也玩了，闹也闹了。是时候把文件归还给我们了。”卡梅伦在这件事上反应慢半拍，但事情闹得越来越大。不久之后，政府通信总部的两个人——被《卫报》记者称呼为“霍比特人”——到报社讨论销毁硬盘事宜。7 月 20 日，他们回到政府通信总部，还带了一个消磁器回来，准备用它破坏掉硬盘里的磁场，并且下到《卫报》办公楼下面的一个密不透风、没有窗户的地下室里。两个“霍比特人”看着报社人员用钻孔器和角磨机毁坏硬盘。火花飞溅。[76]

在某种程度上，整件事像是在玩一场文字游戏——顶多算是象征性的抗争。但这并非没有先例。1983 年，跟卡梅伦类似，由于自觉过于做作，玛格丽特·撒切尔曾派“几名戴着面具的男子”潜入鲍利海出版公司的办公室，非法伪造了一本政府通信总部情报人员乔克·凯恩的回忆录。[77] 她还曾在 1986 年委派罗伯特·阿姆斯特朗前往澳大利亚，向新南威尔士州法院起诉，以损害英国国家安全为由，要求法庭禁止彼得·赖特撰写的回忆录《抓间谍者》在澳大利亚出版，造成了灾难性的后果。卡梅伦发现海伍德同样对付不了《卫报》。想必他知道文件以电子方式被保存在世界其他地方。毁掉《卫报》的电脑硬盘对控制信息根本无济于事。卡梅伦束手无策，因为法律顾问们告诉他，他们的任何起诉企图都可能被陪审团拒绝判处被告有罪击得粉碎。但从某种程度上来讲，无望的反抗或许能让首相感觉好些。

受美国宪法第一修正案（简称“第一修正案”）保障言论自由权的钳制，奥巴马总统不能做不利于美国新闻界的事情，并和英国政府与记者之间的对抗撇清关系。他反而集中火力对付告密者，被他起诉的泄密者数量比历届美国总统任内加起来的都多。至于卡梅伦，欧洲联盟各种各样的机构和组织及联合国人权专家对他的过激反应进行了谴责。2014 年 2 月，倡导新闻自由的团体写信给卡梅伦，呼吁其不要掺和声讨《卫报》的事情。正如《卫报》一位记者所说，卡梅伦不想争辩，他反而选择枪杀信使。[78]

2013 年 8 月，格林沃尔德的同性伴侣戴维·米兰达准备从伦敦希思罗机场转机返回巴西里约热内卢时被英国警方以反恐为由拘留。在失去自由长达 9 个小时的时间里，其手机、笔记本电脑和 DVD 等随身设备均被警方没收。令卡梅伦哭笑不得的是，白宫新闻秘书声称是“英国政府”而非具体哪家安全机构决定对米兰达实施拘留。唐宁街方面断然否认政府与拘留米兰达的决定有关，但承认卡梅伦此前收到过相关预警，并且一直在“密切关注事态发展”。所以，他非常有可能提供指导或者进行干预。但卡梅伦并没有这么做，他自然会被认为是默认了警方可以拘留米兰达。另外，卡梅伦个人被卷入销毁《卫报》硬盘风波，确实引发了人们对米兰达被捕背后的政治动机和政府想要威胁恐吓一家全国性报纸的质疑。[79] 总体而言，卡梅伦对自己不能控制信息流动感到万分沮丧。

2013 年 10 月 16 日，首相卡梅伦在下议院会议上严厉地斥责《卫报》刊登美国国家安全局前雇员斯诺登的揭秘资料。他此时的情绪几乎失控，辩称“《卫报》的做法已经对英国国家安全造成了严重伤害”。单单销毁《卫报》计算机内保存的揭秘档案并不会让卡梅伦感觉好一些，这一点在他说话时表现得很明显。他聪明地掉转矛头，表示《卫报》本身也意识到了自己的做法有些不妥。他谎称："《卫报》自己在许多方面也承认这一点。当我的国家安全顾问及内阁办公室负责人要求他们销毁档案文件时，他们同意了我们的要求，并销毁了那些档案。"他坚称这一点通过《卫报》"亲自销毁那些文档"的事实得到证实。"所以，"他含糊地得出结论，"他们终于意识到，他们所处理的事情危及了国家安全。"[80] 卡梅伦在这里耍了一点小手腕。拉斯布里杰之所以同意销毁计算机硬盘，是因为他非常清楚，除了《卫报》地下室，斯诺登泄露的机密文件在别的地方有备份。卡梅伦话锋一转，变得霸气而强硬。"我不希望使用禁令、'D 通知'或者其他更严厉的措施"；然而，他继续说道："如果他们不展现出一定的社会责任感，那么政府就会很难对此袖手旁观。"[81]

卡梅伦的演讲并不成功。通过这场演讲，卡梅伦对于国防咨询系统运作方式的无知一览无余。"D 通知"被"国防咨询通知"或"DA 通知"取代已经过去大概 20 年的时间了。此外，正如拉斯布里杰所指出的，首相卡梅伦"曾威胁说要下达'DA 通知'。这样不合章法"。[82] 它是一个自愿的咨询性系统。即使卡梅伦的确下发一个"DA 通知"，那也不具有法律效力。拉斯布里杰依然有权选择接受或拒绝关心瓦兰斯或说到底卡梅伦所关心的问题。卡梅伦极力掩盖的事情是他曾考虑过以违反《官方保密法》为由对《卫报》提出起诉的可能性，但在试图把知名报纸编辑关入大牢的选择面前，他反而退缩了。拉斯布里杰事后对卡梅伦的想法做了推测，意识到他实际上油盐不进。[83]

事实上，拉斯布里杰与瓦兰斯进行过长时间的交流——他允许瓦兰斯前往报社，在许多场合下，让其回答记者问题。根据拉斯布里杰的说法，瓦兰斯"十分明确地表示，就拿以身犯险来说，我们所看到的事情并未危及国家安全”。瓦兰斯承认，斯诺登泄露的大多数机密资料“在政治上令人难堪”，但却不会像卡梅伦说的那样危及国家安全。拉斯布里杰觉得卡梅伦是故意吓唬《卫报》。[84] 瓦兰斯意识到，《卫报》和美国媒体造成的大部分伤害已成定局。秘密已经被泄露出去了。

事实上，最大的安全问题是双重的。首先，斯诺登揭露跨国犯罪和恐怖分子通信途径在较大范围内产生了影响。从短期来看，他们完全抛开了电子设备；从长远来看，他们试图找出更好的加密方法。其次，像吉尔吉斯斯坦和巴西这样多元化的国家现在也意识到，电子监控技术为其监视本国公民带来了新的机遇，开始排队从大胆的软件公司购买监控设备。这或许并非斯诺登的初衷。[85]

同时，卡梅伦也没能认识到这个问题的复杂性。随着美国国家安全局和政府通信总部将工作重点从国家转到问题公民，超市会员卡和情报机关在监视活动中发挥的作用变得大同小异。认真地就公民自由举行公共辩论，同时又不泄露某些信息来源和可能对恐怖分子有用的方法，已变得不再可能。所以，斯诺登既是英雄，又是败类。卡梅伦及其外相威廉·黑格断言政府通信总部没有做过任何违法的事情，这一点他们都说错了。经过历时一年多的复杂调查之后，拦截通信仲裁庭宣布，政府通信总部和美国国家安全局的监控制度确属违法。[86]

与哈罗德·威尔逊和 1967 年的“D 通知”事件不同，其他媒体并未与被攻击的《卫报》同心协力克服困难。这在某种程度上完全是出于新闻工作者的嫉妒心理。《卫报》本身成了新闻的主角，而且其他媒体的工作人员觉得它得到了过多的报道。另外，是《卫报》曝光了窃听丑闻，导致大量小报记者遭审判和监禁、《世界新闻报》停刊、实施新的报刊准则。其他编辑们听从政府的命令，拿到了大量的秘密简报。除此之外，政府、情报机构和某些资深媒体评论员之间的关系变得十分和谐。相应地，多数报刊基本上都能遵照政府的要求，不再对《卫报》的消息进行追踪报道，尤其是不再报道曾被忽略的敏感细节。[87]然而，专业媒体和外国记者继续深挖斯诺登的资料，例如，逐渐揭露政府通信总部设在阿曼东南沿海的马西拉岛海底电缆窃听站的事情。[88]

卡梅伦终于能听到新闻界友好人士提出的私人建议，因此他反其道而行，试图降低斯诺登的影响。当他控告《卫报》“没完没了地拿斯诺登告密说事”时，他说话的语气开始变得不屑一顾。他又说道：“据我判断，我认为，公众做出的反应并非是震惊，更多的是想表明：‘情报机关开展情报工作。很好。’”当他说“我认为斯诺登没有对社会产生巨大影响”时，他是对的。与美国和德国的情况不同，斯诺登的内幕爆料在英国并没引起大范围的公众辩论。卡梅伦继续在英国议会的国家安全战略委员会坚持实事求是的方法，形容他看电视的品位是：“我喜欢看电视上播的犯罪剧，或许这是我最后一次说这些。几乎没有哪部犯罪剧不借助移动通信设备就能破案。这与其内容无关。”[89]

卡梅伦关于看电视的爱好随口说出的话为我们指出了一个重要问题。政府通信总部前官员认为，大规模访问个人数据不能与大规模监控同日而语。无论如何，安全机关关心更多的是地理数据、呼叫模式和社交网络——并非通话内容。这方面的大量工作都是通过计算机以匿名方式进行的，所以没有间谍监视着所有英国民众。相比之下，斯诺登和《卫报》发现《终结者》电影系列故事中关于人工智能的部分及其隐含的意义是最可怕的。现在辩论的主题是究竟什么构成了侵扰性的监控——观者眼中有什么。

2014年夏天，卡梅伦最终意识到了政府通信总部的主要过失。

多年来，政府通信总部压根拒绝向任何人解释自己的职能。当军情五处和军情六处最近选择向独立的历史学家开放他们的档案，政府通信总部拒绝走这条路。甚至连美国国家安全局都公开了一段四卷本的历史。政府通信总部新闻办公室简直一团糟，其中一位新闻官员阿尔弗雷德·巴克斯试图以种族歧视的罪名起诉它。[90]原政府通信总部主任如戴维·奥曼德也参与到辩论之中并做出重要贡献，但政府通信总部本身因未参加公众讨论而最引人注目。

卡梅伦此时介入进来，做了个戏剧性的动作。他委派从未在情报机构任过一官半职的罗伯特·汉尼根出任政府通信总部主任。汉尼根在一家公共关系公司开始了自己的职业生涯，之后加入北爱尔兰办公室新闻团队。在他的老板离开北爱尔兰办公室加入阿拉斯泰尔·坎贝尔所在的唐宁街联络办公室之后，他在官场上平步青云，最大的专长便是善于沟通。任命一个从来没有在三大情报机构之一的政府通信总部工作过的人担任一把手，这实属罕见，而且它表明了卡梅伦进行变革的决心。由于不能完全相信各机关能够做好自家的宣传工作，卡梅伦还特意在唐宁街中央情报机器内部建立了一个新的新闻部门，开始对他认为的一群坚决反情报的记者发起反击。[91]作为首相，他断言："我是情报大臣……我觉得自己有责任在公众面前站起来为它们（情报机关）说句公道话，因为它们不能像其他紧急服务机关一样让人们感激它们。我需要试着解释它们的工作内容，而且我在某些情况下确实这么做了。"[92]

当2013年6月"棱镜门"事件曝光后，戴维·卡梅伦即将在北爱尔兰弗马纳郡境内融五星级酒店和高尔夫度假区为一体的厄恩湖度假村主持召开八国集团峰会，他心里正在想的事情比政府通信总部的监控技术被曝光更重要。叙利亚危机和"阿拉伯之春"反反复复、旷日累时，联合情报委员会悲观地预测"这场内战将是一场持久战”，一个难以掌控的联盟逐渐崭露头角。外交大臣威廉·黑格认为，解决此问题的“唯一希望”是“阿拉维派将领倒戈或实施一个刺杀计划”。[93] 卡梅伦还想要叙利亚阿萨德政权迅速下台。与利比亚独裁者卡扎菲一样，阿萨德领导的政府军残酷镇压反政府武装，在此过程中制造了一场人道主义灾难。与卡扎菲不同的是，叙利亚依然具备主动发动化学战争的能力，假如其政权倒台，这种能力或许会落入危险分子手中。更麻烦的是，反政府组织支离破碎、凌乱不堪，成员中包括隶属于“基地组织”的极端主义者，而且得到西方在该地区的两大关键盟友土耳其和沙特阿拉伯的暗中支持。[94]

卡梅伦早已在唐宁街与俄罗斯总统普京举行会晤，商议叙利亚乱局。一场“艰难的”秘密会议之后，普京在随后召开的新闻发布会上公开斥责卡梅伦：“你不必向这些人提供支持和帮助，因为他们不仅把敌人杀死，而且还当着众人的面、对着镜头剖开敌人的尸体，吃掉他们的内脏。这些真的是你想要支持的人吗？”普京接着又说道，这不符合“欧洲宣扬了数百年之久的人道主义价值观”。相比之下，卡梅伦反而热衷于对叙利亚进行军事干预。奥巴马总统曾有意允许英法两国领导联军在叙利亚的军事行动，而且卡梅伦为其在叙利亚取得的成功所鼓舞。自从 2010 年入主唐宁街，他就对首相需扮演的国际角色和可能借助特种部队悄然控制局势感到兴奋异常。他早已在国家安全委员会内部讨论过训练叙利亚反政府武装的利与弊。可是，他的确驳回了一项野心勃勃的建立“叙利亚流亡军队”的军事计划，令国防参谋长戴维·理查兹感到灰心丧气。[95] 理查兹后来表示：“如果他们有种，他们一定能够做到……如果他们按我说的去做，那么恐怖组织‘伊拉克和黎凡特伊斯兰国’（ISIS）的气焰不会像现在这样嚣张。”[96] 虽然如此，卡梅伦仍然想要做些什么，再次把这个问题拿到八国集团峰会上讨论。但在一场主食为牛肉、甜品是烤苹果奶酥的工作晚宴上，他发现其他国家领导人根本没有采取行动的意思。[97]

卡梅伦把情报局当作一剂包治百病的万灵药，起初让政府通信总部通过线上秘密活动“影响叙利亚战争的最终结果”。除了大规模收集情报，信号情报人员还开发了各种各样的工具，对现实世界施加影响，实质性地影响对其对手的计算机进行渗透和破坏的能力。对于卡梅伦而言，不幸的是，“除了传送消息和有限的线上特效行动”，这一工作收效甚微；按照美国国家安全局的说法，最主要的原因就是政府通信总部“受到资源的限制”，妨碍了英国充分施展能力，以便对叙利亚信号情报的整体工作“做出重大贡献”。首相需要采取更大规模的军事而非情报行动。[98]

两个月之后，当阿萨德跨越了奥巴马总统前一年为其划出的“红线”时，卡梅伦感觉新机会来了。8 月 21 日早晨，大马士革东部郊区的姑塔地区遭无差别的化学武器袭击，致使超过 1000 人丧生。卡梅伦援引联合情报委员会提供的可靠证据，指控此次袭击是阿萨德所为。在强调冲突造成的混乱场面的同时，他还担心叙利亚的化学武器落入“基地”组织和其他极端组织的手中。“这就是联合情报委员会向我描述的画面，由于受历史问题影响，在这个问题上，我说话总是十分谨慎。”他说道。[99]

卡梅伦要求英国与美国立即采取联合行动。他和奥巴马想要对叙利亚发动空袭、设立禁飞区。卡梅伦清楚，这主要是为了针对大规模杀伤性武器，但同时还能被秘密地用来打破力量平衡，使其倾向于反政府武装。理查兹虽然和约翰·索尔斯在这方面开展合作，但不合他心意的是卡梅伦倾向于支持以美国为首的跨国空袭行动。由于希望某些具有决定性但更加可控的事情发生，理查兹和索尔斯考虑着实行一个计划，即武装和训练一支由 10 万名叛军组成的反政府军队，利用秘密情报人员和以色列人及美国人配合采取行动。这将使得西方拥有更多主动权，能够在阿萨德下台后决定让哪一个反对派上台执政。事实上，这是 2011 年利比亚秘密行动的扩大版，那时，军情六处和特种空勤团训练叛军组织，当他们挺进的黎波里时，有近距离空中支援配合其行动，并有西方禁飞区保护其免受攻击。强硬派伊斯兰教徒成为反对派主导力量之前，军情六处曾不惜一切代价地想要扶持温和派。[100]

然而，理查兹和索尔斯十分不看好在中东地区再做一次冒险。他们都担心卡梅伦的选择或许最终意味着英国会遭遇抵抗。索尔斯举止文雅有礼且一表人才，所以媒体经常拿他跟詹姆斯·邦德做比较，但与这一虚构人物的鲁莽性格相反，军情六处主管反而力劝卡梅伦谨慎行事。[101] 但经历了 8 月的化学武器袭击事件，在读完联合情报委员会新任主席约恩·戴伊提交的情报简报之后，卡梅伦说服国家安全委员会同意采取行动。同时，奥巴马也敦促军方于数日内发动空袭。卡梅伦明白，在非法入侵伊拉克长达 10 年的灾难背景下，自己不得不时刻考虑到公众和议会对于对叙利亚动武的感受。

首相此时面临着一些情报官员所谓的“托尼·布莱尔形势”。当卡梅伦试图介入某个中东国家的事务，以情报资料为证据，说服下议院议员相信大规模杀伤性武器的存在时，他深刻地意识到英国军事干预其他主权国家已有多起先例。这是一步险棋，因为无论所提证据的客观性如何，决定性因素是伊拉克战争的阴影和下议院由衷而发的情绪。卡梅伦热切地希望吸取布莱尔的教训。他相信，用不同的方法解决问题，利用不带个人感情色彩的文件、部署分遣队，自己一定能够说服听众。可是，他内心里清楚，关于“情报评估报告”的任何讨论都将引起厌战人民的怀疑。

卡梅伦记得，下议院议员们休暑假回来后为军事干预原则进行了重大表决。工党领袖埃德·米利班德要求“证据必须明确”。[102] 与托尼·布莱尔一样，卡梅伦把安全的情报资料拿给下议院看。下议院议员们呼吁其尽量提供足够多的信息，并以这些信息为基础做出决定。[103]卡梅伦承认："我们必须认识到，在空袭伊拉克之后，英国许多民众将对此举提出质疑，担忧情绪上涨。"[104]他解释说，联合情报委员会认为，叙利亚政权"极有可能"对针对本国公民进行的化学武器攻击负有责任。[105]乍看之下，这场辩论跟美国电影《偷天情缘》的情节有点像：另一场战争、另一个档案。可是，卡梅伦已经从运气不佳的前任首相身上汲取了教训。此时此刻，约恩·戴伊也对如何处理情报这一问题做过长时间的深入思考。[106]他们已经弄清楚，这个文件并不包含在被首相夸大一百倍的前言中；相反，戴伊写了一封简短的附信，表明这份情报由联合情报委员会而非首相发表。[107]卡梅伦在下议院辩论开始不久时对这一点进行了强调："我们对联合情报委员会有关键而独立的判断。"[108]

但卡梅伦没能说服下议院。下议院议员看到的秘密实在很少，因为联合情报委员会的资料就是一份只有两页的分析报告，没有解密任何报告，没有披露任何原始情报。首相卡梅伦反而呼吁下议院议员们去别的地方找找看，说"有大量来源公开的报告可看，如我们所有人都能看的视频"。[109]他承认，所有这一切都涉及一定程度的政治判断力，因为在这个世界里，"终归不能百分之百地确定谁来负责"。[110]但当被问及阿萨德的动机时，卡梅伦无言以对，只是回答说"如果我尊敬的朋友读了联合情报委员会的总结，那么他将会发现最大的困难就是归因于动机"，之后再次指出"做出判断"的必要性。[111]他继续提出理由说道，情报"是这一画面的一部分，但我们不要自以为一份能提供确凿证据的情报可以一劳永逸地解决整个问题。这是一个关于判断力的问题，'议员阁下'有必要做出自己的判断。"[112]他明确地说明自己不想把单独情报的地位提高到"某种准宗教崇拜的高度”，恰似伊拉克所发生的情况一样。[113]

但一切情报都是零碎的东西。在幕后，军情六处关心与叙利亚有关的情报的收集。这些零星碎片并不能很好地结合在一起。军情六处知道，土耳其新任领导人雷杰普·埃尔多安在暗中向反对派圣战组织“救国阵线”提供支持。军情六处里的一些人怀疑叙利亚反政府组织正在冒充政府在国内制造沙林毒气袭击事件，目的是刺激奥巴马总统加强军事干预。他们推断，就动机而言，反对派设计这场骗局合情合理。鉴于奥巴马曾公开威胁说叙利亚政府动用化武等于跨越红线，因此很难解释阿萨德为何会使用化学武器，而且相较于上一年，如今阿萨德所占军事阵地的优势地位更加明显。另外，2013 年 5 月初，当“救国阵线”的 12 名成员遭围捕时，当地警方向媒体透露，他们已发现了一些沙林毒气——尽管土耳其政府官员后来否认此类说法。[114] 即使在议会投票表决之前，联合国秘书长潘基文就曾坚称其武器调查员的证据收集工作尚未结束。[115]

事实上，我们绝不会判断出谁是姑塔恐怖袭击案的元凶。联合国调查员获准对袭击现场进行考察，但却慎之又慎：“在联合国调查团到来之前，已经有其他人先后访问过袭击发生地点。”即使在调查员在现场调查期间，“许多人携带着其他疑似炸药物来到这里，意在暗指此类潜在证据正在被人移开，而且可能被人操纵”。与英国和美国做出的总结不同，调查团的结论仅限于袭击的本质，他们知道仍然很难确定袭击事件的始作俑者。[116]

与布莱尔类似，卡梅伦也因为将问题过度简化而误导了公众认知。他没有对任何一场正在幕后进行的有关罪责的激辩给出任何暗示。在远离议会的地方，首相卡梅伦声称阿萨德肯定有责任，大大超出联合情报委员会的底线，比如他在 7 月曾公开指责“这一恐怖政权使用化学武器的恶劣行为”。[117] 8 月，英美两国领导人都坦率地断言阿萨德是罪魁祸首。[118]英相卡梅伦明确表示："叙利亚国内尸横遍野、民不聊生的原因是阿萨德政权使用化学武器。"[119]实际上，联合情报委员会内超过半数的主张都附加了某种资格性声明，与《议会议事录》简报一样。[120]

卡梅伦政府军事干预叙利亚提议在议会遭否决。他承认："从来不是一份或数份情报能让你有绝对的把握。"[121]但在入侵伊拉克之后，大多数下议院议员想要做到近乎确定，试图达到一个不可能到达的界限。30多位保守党成员投反对票，援引了战略案例，指出有关战争的情报有过多的不确定性或存在种种疑团。[122]下议院否决了政府提出要求议会原则上支持对叙利亚采取军事行动的动议，致使首相权威尽失。布莱尔带来的沉重阴影将在未来数年一直笼罩在议会上空，当在竭力争取议会支持对别国动武时，未来的英国首相始终要付出艰苦卓绝的努力。[123]

正在暗中进行的事情比唐宁街愿意承认的更多，最后事实证明，跟布莱尔的情况一样，有关化武的情报令卡梅伦同样感到茫然。军情六处一直都在暗中与国防部设在威尔特郡的波顿唐实验室密切配合。一个多世纪以来，该实验室一直都是英国主要的生化武器研究中心。英国情报机构已获得了姑塔化学武器袭击中使用的沙林毒气的一小份样品，他们惊讶地发现，沙林毒气并不像叙利亚军队的化学武器部门保存的资料中描述的那样，所有样本已经由叙利亚官员之手交给了军情六处（尽管这些样本同样可能是一场骗局）。不受欢迎的新闻传到了美国白宫，成为奥巴马暂停发动攻击的因素之一。[124]

风声开始被走漏出去。2013年9月6日，美国一群德高望重的退役情报人员声称，暗地里，美国情报界官员与白宫在评估报告方面意见不一。美国中央情报局情报分析师、原国家情报评估董事会主席雷·麦戈文投身情报事业27年，他表示同事们"直截了当地"

告诉他，与白宫的说法不同："最可靠的情报表明，8 月 21 日的化学武器袭击事件造成大量平民死伤，但事件的制造者不是巴沙尔·阿萨德，而且英国情报官员也清楚这一点。"[125]

事实上，没人真正知道真相是什么。俄罗斯情报机构也声称获取了姑塔化学武器袭击中使用的沙林毒气样本，并与英国一起分享这一成果。但军情六处担心这是俄罗斯人设下的一个圈套，因为支持阿萨德、谴责反政府武装符合普京的利益。一些样本显示外行者把各种各样的毒性药剂掺入鸡尾酒中，意指只有反政府武装人员做得出来。但释放毒气的武器的型号指向了叙利亚政府军。不同的分析师有不同的判断、不同的理论。没人能够确定真相是什么，但事实肯定比约恩·戴伊给卡梅伦写的长达两页的信中描述的更为复杂。[126]

同时，卡梅伦也没承认军事干预原则意味着提议发动空袭，它是使叙利亚政府破产的宏伟计划的一部分。美国出动一个载弹量为 2000 磅的 B-52 轰炸机机群打头阵，率先展开一次"震慑与敬畏"行动，目标是粉碎阿萨德固若金汤的指挥大本营。法国空军也将参与此次轰炸行动。甚至当英国议会否决政府提出的军事干预提案时，皇家空军台风战斗机正在塞浦路斯为投入战斗做准备，同时，皇家海军已派一艘巡航导弹潜艇出战。但到了 9 月初，中情局一些高官害怕他们会被反叛的反对派设计陷害。奥巴马向国会表示，取消空袭行动的原因是因为担心此举将加剧地区不稳定局势。事实上，这反映了针对姑塔化武袭击事件的激烈争议仍未平息，十年前西方情报界的错误判断使这件事更是雪上加霜。

2013 年年末，军情六处终于找到了解决办法。西方慢慢开始有选择地向反叛的反对派组织增加援助。做到这一点很难，因为中情局、摩萨德、令人望风而逃的土耳其国家情报署、沙特阿拉伯和卡塔尔的安全机构都在帮助叙利亚国内不同的反政府势力，并且密切配合，他们既要竞争又要合作。军情六处的关键作用就是把大批轻武器从利比亚组织运送至叙利亚。美国驻利比亚的外事机构和中情局情报站曾在前一年遭遇袭击，因此英国的作用格外重要。2013 年 9 月 13 日，英美对叙利亚的空袭行动结束后，奥巴马骄傲地宣布中情局训练的首支叛军部队将加入推翻阿萨德政权的战斗中，但这绝非全部事实。[127] 至于英相卡梅伦，他在国际舞台上的地位已经被“致命性地削弱”。[128]

中东地区动荡局势延续。所谓的“伊斯兰国”（IS）或者叫“伊拉克和黎凡特伊斯兰国”（ISIS）的崛起成为媒体和唐宁街 10 号有关安全问题讨论的焦点。“伊拉克和黎凡特伊斯兰国”是“伊拉克伊斯兰国”和“胜利阵线”组成的一个统一组织并与“基地”组织有着密切联系，它在叙利亚国内拥有各类伊斯兰教战士。如今，“伊斯兰国”控制着伊拉克和叙利亚的大量国土，它以残忍暴虐著称于世，比如把大量俘虏斩首处决。甚至更残暴的是，出于宣传目的，在行刑后发布令人发指的砍头视频。2014 年 9 月，其中一个视频戏剧性地引起了英国观察者们的注意，因为出现在镜头中的人是一个操着英伦口音、挥刀行刑的刽子手。新闻界给他起了个“圣战者约翰”的绰号。

把一名英国人质斩首之后，“圣战者约翰”向英相卡梅伦传达了一条信息：“卡梅伦，这位英国人要为你承诺武装库尔德自由斗士组织对抗‘伊斯兰国’而付出代价。”接着，这位刽子手又警告说：“卡梅伦，扮演听话的小狗的角色只会把你和你的国民拖入另一场血腥的必败战争中。”[129] 数周之后，“圣战者约翰”公布了斩首另一位英国人质的一段视频。

卡梅伦把情报主管们叫到其位于乡间的契克斯首相别墅，命令他们把“圣战者约翰”找出来——后来，“圣战者约翰”身份曝光，此人真名叫穆罕默德 · 埃姆瓦齐，生于科威特，一生中的大部分时间都生活在伦敦——所以特种空勤团才得以抓住或除掉他。[130] 卡梅伦密切注意军情五处提交的关于国内阴谋的报告，尤其关心从叙利亚回国的英国穆斯林制造的阴谋。他频繁地要求了解更多消息，询问安全机构存在哪些能力缺陷，要求扩大这些机构的职权范围，包括获取访问经常出现在社交媒体如 WhatsApp 上的加密通信内容的权限。卡梅伦对情报"上了瘾"。与之前的撒切尔夫人一样，他不放过放在首相盒子里的任何机密文件。[131] 2015 年 1 月 7 日，在位于巴黎的法国讽刺杂志《查理周刊》总部遭遇恐怖袭击之后，卡梅伦同意军情五处和军情六处主管同时向他和德国总理安吉拉 · 默克尔（当时正在伦敦访问）汇报。他清楚，英国随时可能发生与之类似的恐怖袭击案。[132]

2015 年 5 月，卡梅伦连任英国首相之后，他对秘密世界的兴趣越来越浓厚。他批准特种空勤团以"积极主动"的新方法应对"伊斯兰国"。很明显，这意味着他交给特种空勤团一份全权委托授权书，同意该军团在叙利亚和伊拉克采取行动，突袭"伊斯兰国"，并且明确了一点，那就是英国拥有一份经过国家安全委员会批准的"死亡名单"。[133] 在这份名单上，其中包括一些英国公民，就有"圣战者约翰"，此人就遭美军无人机定点清除。[134] 在 2015 年秋季国防开支审议报告临近公布前，首相卡梅伦再次强调，作为反恐的关键手段，有必要更为广泛地增加特种空勤团和情报的财政预算经费。[135] 尽管一开始经验不足，但经过五年的历练，在快节奏的世界中处理各类事件，戴维 · 卡梅伦对于情报的力量有了很多的认识。

结论

英国的首相们及对情报机关未来的展望

在我们的国家，我们能够允许一种无法被正常读取内容的通信方式存在吗？

答案是："不，绝对不能。"

——戴维·卡梅伦[1]

温斯顿·丘吉尔和克莱门特·艾德礼不太可能唱双簧。不过，在他们两人的共同努力下，情报机构与唐宁街10号的关系迎来了彻底变革，为英国开创了一条治国理政新途径。尽管事实证明，他们的一些继任者或许比其他人更加懂得运用这一新策略，但情报实现了从边缘走到舞台中央的转变，成为现任或候任首相不能视而不见的东西。通过建立国家安全委员会，戴维·卡梅伦推动了这一转变过程的加速。他的接班人们将离不开情报甚至其他形式的秘密活动，因为全球化世界是一台不断给决策者制造惊喜的机器。另外，随着每一位首相进入他或她执政后半段时期，他或她的自信心越来越强，暗中进行干预的想法越来越强烈。相应地，首相与情报机关的关系变得日益重要、更加复杂——也更加具有挑战性。[2]

“情报是为保护英国利益而开展的一场无休无止的地下斗争。”联合情报委员会资深主席珀西·克拉多克说道。[3]一直以来，历任首相都利用情报维护英国在世界上的地位。正如克拉多克另外观察到的一点，过去数十年中，英国地位的持续下降“使其越来越会伪装自己、姿态也越摆越高”。历任政府试图“通过操纵代表权力、核地位、特殊关系、外交手腕、外在装饰而非内在品质等弥补有形资产不断减少带来的损失”。[4]毫无疑问，情报在这方面发挥了作用，构成了一种类似于经济或军事实力的权力形式。[5]“在这个复杂多变、充满竞争的世界中，这是一种宝贵的资本形式”，首相因此能够在谜中谜游戏中高枕无忧。[6]值得注意的是，自20世纪80年代以来，英国历任领导人都注意到英国实力不断下滑的趋势。在这次复兴中，首都伦敦颇具代表性——伦敦或许是闻名遐迩的世界之都，是问鼎全球亿万富翁最多的城市。英国财富实现神奇逆转的一部分原因应归于其间谍机构为世界各国所羡慕这一事实——尽管令英国的许多敌人闻风丧胆，但英国人却不怎么畏惧它们。为保证未来英国继续在世界上保持领先地位，情报机构需要更多地使出这类花招；特别是因为巴西、俄罗斯、印度这几个新兴大国跟英国一样，也是情报的狂热爱好者，不断吹嘘他们各自的秘密文化多么优越。[7]

同时，情报还关乎个人存亡。在公众意识里，刺杀首相行动往往与恐怖组织有关，比如1991年，爱尔兰共和军朝时任首相约翰·梅杰的办公室发射三枚迫击炮弹。但在个人意识里，正巧在袭击发生的时候，伊拉克情报局成员因涉嫌实施类似袭击或更恶劣的行为被英国驱逐出境。若论置身刺杀险境的数量，没有哪位首相比得上温斯顿·丘吉尔，但自从战争开始，极端主义、恐怖主义和由国家资助的袭击行动三者之间的界限变得比以往更加模糊。对于某些国家而言，清算某国的敌人占据着日常政治生活的一部分。哈罗德·威尔逊在他的日记中写道，数周前，克格勃领导人贝利亚被处死，当有人坐在了他的椅子上时，赫鲁晓夫和布尔加宁哑然失笑。他们“笑得无法自已”，“身体跟着来回晃动”。麦克米伦写道：“一种莫名可憎的幽默感。”[8] 托尼·布莱尔和其后的戈登·布朗都有过一面会晤俄罗斯总统弗拉基米尔·普京，一面为利特维年科伦敦毒杀案善后的可怕经历。没有哪位英国首相喜欢被人认为对恐怖主义心慈手软，但相比之下，首相不得不面对的一些外国情报局反而使恐怖分子几乎显得有些温和。

至少在“冷战”期间，首相们知晓哪些人是间谍：英国有三大标志性组织，即军情五处、军情六处和政府通信总部。自一上任，他们便认识到了较小规模的专门组织如情报分析部和特种空勤团的重要性。克格勃和美国中央情报局的名字频繁地出现在首相的办公桌上，其频繁程度令人吃惊，与此同时，摩萨德、南非国家安全局和法国国外安全总局就潜伏在后面，在谍战剧中主演的绿叶，只是为主角们跑跑龙套。英国情报与安全机构依然屹立不倒——但它们不再是所有情报的主人。谍报新成员是能收集公民信息的每一个机构：航空公司、银行、超市和互联网服务提供商。每一部手机都是一个微型的布莱切利园。任何一起恐怖袭击发生之后，大群围观者携带的 iPhone 和安卓手机收集的资料就是某些最好的情报来源：2013 年美国波士顿马拉松爆炸案发生之后不久，人们便开始分享用手机拍到的潜在嫌犯的照片，把人名和此人模样放到一起对照着来看。很快，主嫌犯的房子被人群围得水泄不通。让人担忧的是，在“间谍？我们？”运动中，这场由居民主导的演习抓错了人。[9]

实时通信方面取得的进展把情报推到了唐宁街的中心。“随时备用的”情报一直就是战争年代作战的主要食粮，但科技的发展提高了首相的参与度。例如，戴维·卡梅伦对利比亚的兴趣显示出首相渴望获得直接来自战区的作战情报，打开了唐宁街10号即时指挥特别行动的“潘多拉的盒子”。人们期待未来首相不仅能够跟得上“大局”事态的进展，而且能消化掉指挥中心从数千英里之外的地方汇报的战役细节，在这里，大大小小事件的地图都是逐秒绘制出来的。就连思维最敏锐的人都苦于应付，而且围坐在桌边的那些人总是在帮倒忙，向其施加额外压力，这对领导层的决断力提出了更高的要求。温斯顿·丘吉尔本来会乐得有机会在作战计划细节中横插一脚，但在近些年来上台执政的首相当中，至少有一位首相在这种压力重重的环境下垮台。[10] 与此同时，情报变得不再那么被动，军情六处更像是一个执行者或调停者，其承担的各种角色更具争议性，在落到实处时需要得到政府高层的批准。[11] 历任首相越来越依赖能直接从情报局获取情报的特种部队超越传统界限，实现可否目标。[12] 在推动政治透明化和制定合乎道德的政策的大环境下，既要使得行动引人注目，又要达成不可告人的目标，是很难做到的，或许根本不可能做到。[13]

在推特时代，情报让首相面临一个艰巨挑战。一直以来，高层决策者总是哀叹信息量过于庞大，他们不眠不休地挡在首相前面，使其免受数字信息洪流冲击。每隔一小时都要遭到关于日益增多的国家安全问题的新信息轰炸一次——现今，这些信息不仅涉及危险，甚至还包含公众对遭受危险的担忧——首相们或许忽略了一个关键细节，或者只是单纯地对某个新想法后知后觉。[14] 数字化时代使得境况进一步恶化。今天，唐宁街在数据资料的海洋中淹没，而尽管雇用了热心的毕业生做“地平线扫描仪”，让其同情报局一较高下，但做到与时俱进并非易事。[15] 情报将越来越多地包含秘密资料、从飞行记录和移民数据库中提取的个人隐私信息，甚至要从大规模监控中收集更多的信息。[16] 私营企业将比政府掌握更多的个人信息，使得谷歌、特斯科或汇丰银行成为准情报参与者。随着以“知识密集型防护”为特征的私有化时代制造出更大的信息量，收集情报犹如大海捞针，所以无奈之下，未来的首相甚至更加依赖经过评估的全源情报简报。[17] 通过阅读这些简报，首相几乎能无所不知。它们能够把这与适当的反应匹配起来吗？英国首相如内维尔·张伯伦和托尼·布莱尔，往往拿情报充当菜单选项，从中挑选出几样符合他们的特殊嗜好和偏见的可口佳肴。这些简报能抵制这样的倾向吗？

“大数据”世界是未来首相将要面临的最大挑战。英国之所以加强国内监视力度并不是受到间谍的影响，而是出于我们对有意思的监视装置的热爱。到 2025 年，我们在商店里购买的价格超过 10 英镑的所有商品都有可能获得一个互联网协议地址（IP 地址），并且包含一个小型计算机。我们兴高采烈地刚购买的商品将一周 7 天，一天 24 小时地收集我们的所有数据，并且与网络连接，创建“物物相连的互联网”（物联网）。在不久的将来，其他将与互联网连接起来的“东西”将是我们，建立起“人人相连的互联网”（人联网），因为远程健康监控将被广泛用于发达国家。即使到现在，欧洲依然有 100 万头牛身上携带着 SIM 卡（智能卡），在 10 年的时间里，许多人将加入其中。我们将自愿地交出许多个人隐私信息，因为光凭这类互联互通活动一项，我们就能得到许许多多的健康福利。[18]

彻底弄清楚这一点对唐宁街是个极大的挑战。如果个人数据的所有权能得到妥善管理，保持相对稳定和透明，那么这将为我们带来数不尽的好处，作为英国领导人获得的政治回报。如果组织结构晦涩难懂、等级分明，并且处于内政部里名不见经传的人物想出的草率法规的支配之下，那将是一场灾难。克莱门特·艾德礼认识到了在安全与自由这两者之间保持微妙平衡的重要性，因为这个缘故，他见军情五处主管的次数比他之前或之后的任何一位首相都多，戴维·卡梅伦或许是个例外。但早在1950年那会儿，安全问题在极大程度上与档案和不请自来、鬼鬼祟祟的间谍有关。唉，鲜少政界人士对数字化世界有深刻理解，不懂得安全、隐私、方便、享受这四者之间交换的本质。政府出于保护首相的目的，在内阁办公厅内设立某些知情人士所谓的“网络灾难大臣”一职。这些知情人士心里清楚，政府在处理IT项目方面的记录惨不忍睹，从以失败告终的价值140亿英镑的国家卫生服务体系（NHS）数据库到臭名昭著的内阁办公厅的“范围2”（Scope 2）系统不一而足，其本来的目的是想在白厅周围实现情报的安全传递。英国在保护公民隐私信息方面的记录有过之而无不及。由于中央政府孤陋寡闻，大趋势是把这些问题外包给外面的公司去处理，但当一切都乱了套时，首相发现自己压根儿不想面对的问题总是会出现在办公桌上。[19]

对于首相来说，个人隐私的外泄是双向的。“大数据”不仅意味着普通人不再有隐私，它或许还意味着有权势者也没有秘密可言。20世纪末，若想从自己所在的部门窃取秘密，泄密者需要在24小时中都能接触到影印机，另外还需要一些大的购物袋。在未来世界中，告密者能够用一个U盘把100万份文件泄露出去，企业很难隐瞒逃税内幕，或者做出不道德行为。同时，政府设立秘密监狱或对囚犯滥施酷刑的难度更大。在白厅和华盛顿，当看到秘密帝国规模缩小明显时，公职人员惶惶不可终日。政府、企业、公民和间谍或许都会发现自己生活在一个透明的世界里，他们发现自己所在的地方十分陌生。[20]

通过揭露真相进行规范已经是眼下的事实。自“9·11”事件以来，全球民间团体和人权活动家改变了情报的可靠性和透明性。全球互联的告密者和勇敢无畏的记者经常与法官和欧洲调查人员开展密切合作，继续照亮秘密国家最黑暗的角落，未来的首相们将不得不公开讨论情报机构。历任首相将面临来自公众的更严格的监督，当情报参与者开展更具争议性的行动时，他们将不得不回答许多难以回答的问题。唐宁街在布莱尔时代学到的惨痛教训之一就是没有什么事情是不会泄露的。负责调查戴维·凯利博士死因的《赫顿调查》将仅仅几个月前内阁办公厅写给博士的邮件发布在官方网站上，邮件内容包含内阁办公厅用脏话谩骂博士。未来的首相一定要学会一些高难度的执政技巧，在从事秘密活动时要时刻牢记这件事随时可能被公之于众这一点。每一位现任首相都有必要问一句："我能够看着摄影机替我正准备签字的秘密行动辩护吗？"或者，"这会令以我为首的政府垮台吗？"内幕披露虽姗姗来迟，但美国白宫的保密性已在这个世界上消失。威斯敏斯特正在出现同样的现象。[21]

首相们清楚，有时候，所处境遇要求他们采取高级行动。2006年2月，工党议员克里斯·穆林为遭遇不公的受害者伸张正义的感人事迹无人不知，如今他又前往乌干达北部，其肩负的任务是调查乌干达北部叛乱——在约瑟夫·科尼的领导下，乌干达游击队"圣主抵抗军"在当地发动叛乱，长年战事不断，生灵涂炭。这支游击队像一场蝗虫灾害，绑架平民儿童加入战争，迫使他们成为军人。尽管这个地区有迷人的尼罗河和基奥加湖，风光旖旎，但这里到处都是处于"恐怖大王"蹂躏之下的村庄。穆林对此最深的印象是一无所有，人们生活在平静的绝望之中。甚至包括当地的主教在内的大多数居民都低声细语，频繁地中止交谈，拿手揉揉眼睛。这样的噩梦已经困扰了他们二十多年，他们觉得自己被政府和国际社会抛弃了。"主要谈论了谈判的必要性，"穆林指出，"但就什么进行谈判呢？”穆林听人说得越多，正如安哥拉反政府组织“安盟”领导人若纳斯·萨文比所说，越觉得“若想彻底结束这场疯狂，只需朝约瑟夫·科尼的脑袋上开一枪”。但他又问：“谁来给予科尼这致命一击呢？”如果在英国最亲切的议员中有人偶尔产生这类阴暗的想法，那么首相是否经常希望用一颗银色子弹解决他们的问题呢？[22]在一个信息披露延迟的社会里，这样做甚至会比过去更难。

在最令人绝望的保密问题上，唐宁街不会控制会议议程。最近时期，最令人担忧的情报丑闻——从秘密监狱到爱德华·斯诺登——都出自华盛顿，而非白厅或威斯敏斯特。如何应对困扰着中情局和美国国家安全局，又甚至是五角大楼里的秘密军队面临的难题呢？从历史上看，英国及与其最为密切的情报盟友在业务合作上经常因意见不一而发生矛盾，尤其是在第三世界国家里。中情局在不同时期里向一支国际性阵容中的人物如胡志明、穆罕默德·穆萨迪克、纳赛尔、黑人民族主义解放运动领袖弗朗茨·法农，一开始甚至包括菲德尔·卡斯特罗等等提供过武器、军事训练、资金，甚至医疗救助等援助。尤其是在20世纪80年代期间，中情局因遭国会调查而陷于停顿，此时，英国向美国提供了一名得心应手的秘密行动联络人。曾历经玛格丽特·撒切尔和约翰·梅杰两届政府的内阁大臣彭定康在追忆中表示：“我们特别通过在全球开展监听行动获取情报，一旦发生不测，我们会对一切进行否认，谁知道我们从事的业务会得到何种回报呢？”[23]

克里斯平·提克尔爵士曾先后担任过撒切尔夫人、梅杰和布莱尔的顾问，还是英国驻联合国代表。他指出，美国中央情报局通常单独行动。另外，“华盛顿一般被这些部门——白宫、国务院、中情局……之间的纷争弄得四分五裂”，这些“斗争”使英国首相难以判断美国政策正在发生着何种变化。提克尔记得，自己的一位阁僚曾对他说："美国人就像一个大脑受损的巨人，他不能完全理解发生了什么事情，但最终却会点头同意或摇头反对。大多数时候，没人提出反对，但当大脑受损的巨人开始弄坏家具时，人们确实会表示反对。"[24]

中情局无疑会回应说英国对某些"后坐力"也负有一定责任，而且在20世纪90年代，奥萨马·本·拉登的主要作战基地就是伦敦，另外还与北非某些最凶狠的恐怖分子勾结。情报机构负责调查案件的许多官员常常为了到底谁应为加速塔利班和"基地"组织策划恐怖活动负主要责任的问题争论到半夜。[25]美国情报机构试图欺侮英国某些首相，致使其他人包括最近为我们所熟悉的首相戴维·卡梅伦面红耳赤、尴尬不已。他们私下里通常反应激烈；几乎没有首相能像玛格丽特·撒切尔"用手提包打"亚历山大·黑格、卡斯帕·温伯格和比尔·卡西那样狠狠地教训美国人。但在政治人物日益受到公众关注的时代，英国首相将经常被要求对美国情报工作人员及其英国帮手秘密犯下的罪行进行善后处理。

我们现在生活在一个以脆弱和恐惧为特征的全球化世界。[26]唐宁街认识到了这一点，英国政府于2010年公布了《战略防务与安全审查》（*SDSR*）评估报告，分析了一系列令人眼花缭乱的威胁、影响国泰民安的因素，用一位资深情报顾问的话说，"从太阳黑子活动到人行道上的香蕉皮等"。[27]最近上任的内阁秘书格斯·奥唐纳尔曾经说过，相对于担心"基地"组织，他反而更怕老天爷下雨。即使我们知道今后我们将要面临的威胁中还包括流行病、贫困和气候变化，但如何用情报克服它们依然不得其法。[28]民族国家的无上地位正在受到宗教救主思想、经济寡头、超级城市崛起和建立在有组织犯罪之上的新帝国等因素的挑战。[29]在全球化环境下，传统情报部门比其对手更显笨拙，而情报机构似乎有必要降低期待值。等到首相们已经了解了他们需要了解的事情的时候，很可能为时已晚。[30]

正如亨利·基辛格曾经说过的那样，“我不知道我想要看到何种情报，但当情报出现在我眼前时我的心中就有了答案”。[31]

受全球化、“大数据”、科技和保密性挑战的影响，首相的负担一定会增加。所以，未来的首相们必须是好的情报消费者。他们之中最优秀的人将具备三大核心素质：经验、判断力与性格，以及与情报领导人建立牢固联系的关键能力。

经验很有用，但并非总能得偿所愿。在丘吉尔领导的战时政府中任过职、在战后时期上台的首相们欣赏情报本身具备的价值，懂得把情报融入政策或战略中。后来的首相，比如当选首相前在内阁担任要职的詹姆斯·卡拉汉，同样得天独厚，能够冷静地接近秘密世界。然而，这些事情往往成为历史事件。托尼·布莱尔及其首个内阁——在野 17 年的工党成员——几乎没人拥有实际的内阁履历。但英国政府呈现出年轻化的特点：丘吉尔和卡拉汉初任首相时已到花甲之年；布莱尔和卡梅伦在 43 岁时就当上了首相。[32]

可是，经验只能帮首相到这里了。置身于这个职位中，首相要承受超乎常人想象的独特压力。2003 年 1 月，工党议员布鲁斯·乔治告诉托尼·布莱尔说，在动武问题上，“你责无旁贷”，他又说，“最终决定权由你掌握”。[33] 情报同样如此，它与相位缠夹不清，剪不断，理还乱，并且让人无从准备，只能匆忙地做出决定，而这些决定或会牵涉到批准身在世界另一头的潜艇上的情报员实施一项可否行动。决断力和保持一个建设性的批判态度就是一切。一个好的消费者不仅对情报感兴趣，而且要像比如说哈罗德·麦克米伦那样能高于现实，保持正确的判断力。在执政的头几年里，托尼·布莱尔的态度给人留下了深刻印象。他利用自己学过法律这一大长项，反复认真地研读情报评估报告。与之类似，一个好的消费者不能被秘密世界迷住或被其搞糊涂。丘吉尔是一个令人赞叹的创新者，正是他一手打造了现代的英国情报体系，这一创新之处无人能比；不过，撇开他的所有优点不说，他经常乖乖就范，任由孩子般的热情说了算。总而言之，首相一定不能把“最高机密”解读为“真实”“重要”或甚至是“有用处”——这是玛格丽特·撒切尔偶尔会走进的陷阱。她的属下有时会把非机密资料插入精选的精彩情报盒子里，只是为了确保她能读这些材料。[34] 这种情况在将来会越来越普遍，因为情报与数据信息这一无限世界之间的界线变得模糊。[35]

高层情报目前由戴维·卡梅伦的国家安全委员会处理，该委员会可能是把秘密资料与高层决策结合在一起的最佳机构，并且走过了 100 年的风雨历程。在此框架下做出的判断越来越多。内阁大臣们每周必须面对与情报有关的、令人尴尬的实际决策。英国是否应该与像俄罗斯这种对犯有绑架罪的罪犯处以死刑，对性犯罪者进行化学阉割的国家分享情报呢？这个问题令人极其苦恼，政府高层对此展开辩论，并且经常以人情常理为依据。[36]1916 年，莫里斯·汉基以保密原则为由逃避把秘密世界与内阁机器联系起来的挑战，致使政府在长达 20 年的时间里都没有一个情报中枢。丘吉尔的有力创新解决了这一难题，继而由克莱门特·艾德礼圆满完成了这项任务，到 20 世纪 50 年代初期，英国已经建立了一个井然有序的中央情报机关。自从增设了更多关键岗位，如新添一位负责处理情报事务的内阁秘书，标志着情报在核心行政机构中的地位变得日益重要。[37]

有秩序的制度和官僚式管理为领导者裹上了一层舒适又安全的毯子，但一旦爆发危机，首相就会走到台前。[38] 当他们精心制订的计划破产、逐个分崩离析时，首相竭力挽救局面。正是在这种时候，一些人的表现好得出乎我们的意料。亚历克·道格拉斯-霍姆、约翰·梅杰还有托尼·布莱尔都能做到临危不乱，事实证明，他们在压力之下依然能够消化掉数量惊人的信息。丘吉尔和撒切尔夫人热情奔放，但反复不定，过于熟悉行动细节。戈登·布朗可能是最差劲的例子：事必躬亲、亲力亲为，因此无法应付海量的数据，不能兼顾左右。就布朗而言，在科布拉会议室开会表面上看是在运筹帷幄，但其实是对他根深蒂固的优柔寡断这一缺点的一种掩饰。离开唐宁街之后的2014年，随着苏格兰独立公投的日子临近，布朗马不停蹄、费尽口舌，竭力要把苏格兰留在英国。他的举动令曾经的手下私下里感到失望和沮丧。他们多么希望他在实际掌权时能表现出类似的个性。[39]

首相的个性是解决四大情报困境的不可或缺的一部分。第一，如果首相过于教条主义，他或她就没有开明的心胸接受新观点，只会机械地解读情报；而思想过于开放就会导致混乱。首相必须能够容忍作为所有评估报告组成部分的含糊其辞的陈述：原中央情报局局长迈克尔·海登曾经说过，“如果这是一个事实，那它就不能被称作情报”。[40]第二，他们必须接受那些对他们自己制定的政策与制订的计划（有些或许花费了数月时间）提出明确挑战的情报评估结果。在某些特定的情况下，如以内维尔·张伯伦为例，质疑情报会使情报主管产生一种被迫害感，甚至有自我牺牲的感觉。[41]第三，假如首相投入过多时间寻找原始数据，那么他们有可能会变成DIY分析师。在多维度、高安全性的线上数据库时代，这么做的风险越来越高。就其本质而言，首相是被动的，而且随着岁月的流逝，经常会变得更加冲动、更加想要掌控一切——以撒切尔夫人和布莱尔为证。可如果他们想获得情报工作的感受，或者在有必要采取秘密行动时，他们就需要置身其中，多熟悉熟悉原始资料。第四，如果首相拥有超量的信息，那他或她就会没时间妥帖地研究这些信息；而过少的信息将对决策过程产生不利影响。在数字化的未来，唐宁街或会成为用神学术语说就是全知全能者，于是信息来源越来越难以获取。

为了解决这些困境，正如克劳塞维茨所言，政府领导者需要有“敏感且有差别的判断”。[42]

除了这些个性特征，历史还告诉我们，首相必须与情报主管建立良好的工作关系。这可能是其中最重要的一方面。倘若首相缺乏与秘密世界打交道的经验，那么信任就变得更加关键。唐宁街与情报机构之间一旦缺乏强有力的关系，情报界的关联性和影响力将迅速减少。[43] 二者之间的关系必须建立在可靠性、互相尊重和一定程度的亲密性基础之上。根据彼得·轩尼诗所谓的“拿破仑式执政”方式，托尼·布莱尔因与军情六处里的大人物过从甚密而广受诟病——但这反映出人们对布莱尔与军情六处之间关系的一种误解。英国现行制度最大的优点之一就是政府批准秘密行动流程的有序性，不会有情报机构单独行动，哪怕是口头上的。[44]

相反地，20 世纪六七十年代的许多问题大部分是关系过于疏离、政府内部过度保密造成的。原军情五处主管斯特拉·雷明顿为我们生动地描述了这样一个世界：情报负责人沟通能力差，想尽办法躲避政治灾难，而唐宁街有时候并不想知道正在酝酿着什么。这无疑会导致双方胡思乱想、互不信任。[45] 克莱门特·艾德礼足智多谋，懂得反其道而行，三天两头与珀西·西利托会面，在 20 世纪中叶推动英国情报界获得合法地位。玛格丽特·撒切尔与她的联合情报委员会主席兼政策顾问珀西·克拉多克的关系不一般，因为他说话似乎比她更尖刻。同样道理，英国第 22 特别空勤团指挥官彼得·德拉·比利埃得到撒切尔夫人的器重是因为他知无不言，言无不尽，而且用一位知情人士的话说：“当捅了娄子时，他也不会找借口，而是认错。”[46]

大家都知道，托尼·布莱尔政府和军情六处似乎互献殷勤。尽管因穿衣品位过时，还像他们所谓的“军情五处”那样着装——

“黑色套装搭配……破公文包”，阿拉斯泰尔·坎贝尔觉得这表示两代人之间有代沟——而受人指责，不过布莱尔政府却为他们着迷。[47]间谍主管与领导者们一起并肩作战似乎越来越成为一种趋势：正如我们所看到的，2001年年底，军情六处主管理查德·迪尔洛夫曾与布莱尔和坎贝尔一同踏上反恐外交的世界之旅。2016年年初，在本书撰写之时，以约翰·齐尔考特为首的伊拉克战争调查委员会的调查工作尚未收工，此时他们已花费了大量时间苦苦地思考着首相与军情六处主管保持多大距离才算合适这一问题。一些前任官员认为双方的关系过于密切，其他人则表示，情报局向首相提出能够影响事件成败的行动计划及情报，因此双方保持亲近关系十分必要。这是在暗指窃听、敲诈勒索和行贿手段——时间是在2003年，伊拉克战争爆发之前，英国为争取联合国“中间六国”投票赞成对伊决议草案而紧张地开展外交活动。“压力是很大的，警告是实实在在的。”墨西哥外交官评论道。在国际法庭和联合国“报告起草人”都伺机攻击任何犯规者的世界中，情报主管在没有确定唐宁街为其提供庇护时就敢于采取重大行动，其胆量令人佩服。[48]

唐宁街10号和情报之间的关系还涉及暗处的其他参与者。一个多世纪以来，内阁秘书一直充当着绝密体制下的那个关键对话者。他很少在公开场合露面，直接影响着首相运用情报的方式，而且还管理着情报界及其经费预算。第一任内阁秘书莫里斯·汉基强烈反对设立任何中央情报机器，而且，尽管向戴维·劳合·乔治提出了很好的个人建议，但正因为他，唐宁街10号和情报界之间留出了一个令人担忧的分析真空地带，直到第二次世界大战时这个缺口才被补上。一开始，在艾德礼的鼓励下，历任内阁秘书包括爱德华·布里奇斯、诺曼·布鲁克和伯克·特伦德在内都建立了一个神秘而行之有效的计划机器，地位显赫的常务次官能够代表首相管理秘密世界。撒切尔政府的内阁办公室负责人罗伯特·阿姆斯特朗记得事实证明“内阁秘书在情报和安全事务上对首相多么重要”。[49] 在阿姆斯特朗任内，最棘手的任务是管理秘密与公开两者之间的界限，而他在希思罗机场与一名记者发生身体对抗，随后飞往澳大利亚就禁止《抓间谍者》一书出版的问题打输了官司，代表着他做人更大的失败。[50] 布莱尔时期的内阁办公室负责人安德鲁·特恩布尔把这一职位看作是“情报安全体系的巅峰”，他在大规模杀伤性武器的痛苦与磨难中基本上无足轻重。[51] 有可能这是因为那时候，内阁办公室第二位负责人戴维·奥曼德获得任命担任情报、安全与防范风险部负责人。

奥曼德代表着终极情报的独一性。他以内阁情报和安全顾问身份著称，2005 年伦敦“七七爆炸案”发生之时，英国需要开发一整套全新的反恐架构，他的这一角色或发挥了最为重要的作用。奥曼德是现任的内阁办公室负责人，他发明的反恐战略，即“CONTEST”，赢得了世界各地尤其是欧盟的广泛称赞和推崇。很少人有能力应付所有这些错综复杂的问题，原来奥曼德及 50 个手下从事的工作如今交由内政部安全与反恐办公室处理，员工队伍达数百人。包括向首相建言献策、做好“单一情报账户”财务监督工作等核心业务，已移交给新任国家安全顾问。[52] 现今，该体系可能比十年前奥曼德在任时更加分散。尽管如此，首相不管是与情报主管、联合情报委员会主席、内阁办公室负责人或国家安全顾问相处，还是与内政部新兴的安全帝国打交道，最重要的品格依然是对对方的信任和与其进行开诚布公的谈话的能力。[53]

关于未来的首相如何与情报主管相处，历史告诉我们什么？时间总在冲刷着过去，我们总是被时间推着走，在未来，“秘密情报”这一概念或会消失，取而代之的是为航空公司、银行或甚至超市所拥有的“大数据”。历史能成为值得我们信赖的指路人，引导我们面对充满挑战的未来吗？道格拉斯·赫德曾把创作该书的某些人称作“事后诸葛亮”，这个称呼是对其无情而大致精准的描述。[54] 回过头来看，从档案的后视镜里查看这些事件，我们很容易像井底之蛙一样，不慌不忙地对那些被迫在高压下、在对情况一知半解的情况下做决定的人做出有说服力的判断。与人分享有关经验、判断力和性格的成熟智慧容易，但却很难应用在随时可能发生不测的秘密情报领域。不过，由于领导人们懂得从近代史中吸取经验教训，在制定决策时能以此为鉴，所以我们总能从将来看到过去的影子。在情报、秘密行动，甚至更笼统地说是国家安全的世界中，决策者在某种程度上是在过去事件的集体记忆的指引下做出决策：前事不忘，后事之师。21 世纪初期，过去的阴影重重地笼罩在情报上空，其中包括的事件如伊拉克大规模杀伤性武器报告、秘密监狱和爱德华·斯诺登。[55]

很少有人能在来到唐宁街时感受不到一种普遍存在的历史感。2003 年夏天，美国中情局将其最优秀的官员派到伦敦。英国的评估智囊团每周要为托尼·布莱尔准备 2~4 份情报报道，迈克尔·莫雷尔的任务是全力配合其工作。莫雷尔同时意识到历史的重要性，他发现到今天英国的中央情报机关已经走过了 50 多个春秋。他对“自 1936 年便存在于英国政府的机构”联合情报委员会赞不绝口。他还说，“分析专家依然需要跨过该委员会的大门才能把情报评估报告递到首相大人手上”。联合情报委员会有权批准一份文件，或者打回去让分析专家重新做，或者“当场将报告淘汰掉”。他毫不掩饰自己对这一有序运转的机器的钦佩之情，还啧啧称羡道：“美国就没有像联合情报委员会一样的情报机器。”[56] 但正如我们已经看到的，这并非全部事实。实际上，布莱尔倾向于与秘密国家建立私人关系，模糊情报评估与政策建议之间的区别，更喜欢盘查个人底细的文件。的确，颇具讽刺意味的情况是，带着对联合情报委员会具备的历史沉淀感的羡慕之心，莫雷尔在伦敦任职期间碰巧赶上了英国传统内阁委员会体系及其提出客观独立、批判性建议的能力正处于史无前例的衰退期，正如巴特勒所形容的一样。[57]

眼下，我们正在努力摆脱托尼·布莱尔穿着拳击运动员短裤，过于随意地处理政务及其“沙发政府”的模式。戈登·布朗和戴维·卡梅伦都在进入唐宁街以后便宣布想要使工作更加结构化，减少干预，减少实施总统制类型的外交政策。非常好笑的是，在朝着这一目标努力的过程中，他们建立了一个美国式的国家安全委员会，还明显具有“白宫西楼”（总统办公处）的特色。事实上，英国情报机器的角色作用很大程度上取决于谁是领导以及他们行使权力的方式。不管他们是否展现出丘吉尔的冲动个性或采用了艾德礼的工作程序和流程，新制度至少包含了慎重地把首相与秘密世界的关系进一步制度化的可能性。然而，它同时还使在特种部队、秘密行动和破坏活动的驱使下建立更不为人所知的外交政策成为可能。看看这将把我们带向何处会是一件耐人寻味的事情。无论怎样，历经布莱尔、布朗和卡梅伦三届政府的内阁秘书格斯·奥唐纳尔相信，新方法会持久下去。[58]与此同时，在半个多世纪里，历任首相都已意识到，情报是某种不容忽视的东西。一些人或许比其他人更加自然地接纳它，但唐宁街未来的所有主人都将竭尽全力地去面对其所处的困境，处理潜伏在那扇黑门背后的各种危险。

附录一：1909年以来的重要官员

内阁秘书

莫里斯·汉基，1916—1938

爱德华·布里奇斯，1938—1946

诺曼·布鲁克，1947—1962

伯克·特伦德，1963—1973

约翰·亨特，1973—1979

罗伯特·阿姆斯特朗，1979—1987

罗宾·巴特勒，1988—1998

理查德·威尔逊，1998—2002

安德鲁·特恩布尔，2002—2005

格斯·奥唐纳尔，2005—2012

杰里米·海伍德，2012—

首席私人秘书

沃恩·纳什，1905—1911

莫里斯·博纳姆·卡特，1911—1916

约翰·戴维斯，1916—1922

爱德华·格里格，1921—1922
罗纳德·沃特豪斯，1922—1928
罗伯特·范西塔特，1928—1930
阿兰·巴洛，1933—1934
奥斯蒙德·克莱弗利，1936—1939
阿瑟·拉克，1939—1940
埃里克·西尔，1940—1941
约翰·米勒·马丁，1941—1945
莱斯利·罗恩，1945—1947
劳伦斯·赫尔斯比，1947—1950
丹尼斯·里基特，1950—1951
胡阶森，1951—1955
戴维·皮布拉多，1951—1956
弗雷德里克·毕晓普，1956—1959
蒂莫西·布莱，1959—1964
德雷克·米切尔，1964—1966
阿瑟·霍尔斯，1966—1970
亚历山大·伊塞利，1970
罗伯特·阿姆斯特朗，1970—1975
肯尼斯·施特韦，1975—1977
克莱夫·惠特莫尔，1977—1979
罗宾·巴特勒，1979—1985
奈杰尔·威克斯，1985—1988
安德鲁·特恩布尔，1988—1992
亚力克斯·艾伦，1992—1997
约翰·霍姆斯，1997—1999

杰里米·海伍德，1999—2003
伊万·罗杰斯，2003—2006
奥利弗·罗宾斯，2006—2007
汤姆·肖勒，2007—2008
杰里米·海伍德，2008—2010
詹姆斯·鲍勒，2010—2012
克里斯·马丁，2012—2015
西蒙·凯斯，2015—2017

联合情报委员会主席

德斯蒙德·安德森，1936—1937
罗杰·埃文斯，1938
弗雷德里克·博蒙－内斯比特，1938—1939
拉尔夫·史蒂文森，1939
维克托·卡文迪什－本廷克，1939—1945
哈罗德·卡恰，1945—1948
威廉·海特，1949—1950
帕特里克·赖利，1950—1953
帕特里克·迪安，1953—1960
休·史蒂文森，1960—1963
伯纳德·伯罗斯，1963—1966
丹尼斯·格林希尔，1966—1968
爱德华·佩克，1968—1970
斯图尔特·克劳福德，1970—1973
杰弗里·亚瑟，1973—1975
安东尼·达夫，1975—1979

安东尼·阿克兰，1979—1982

帕特里克·赖特，1982—1984

珀西·克拉多克，1985—1992

罗德里克·布雷思韦特，1992—1993

保利娜·内维尔－琼斯，1993—1994

保罗·利弗，1994—1996

科林·巴德，1996—1997

迈克尔·帕克南，1997—2000

彼得·里基茨，2000—2001

约翰·斯卡利特，2001—2004

威廉·埃尔曼，2004—2005

理查德·莫特拉姆，2005—2007

亚力克斯·艾伦，2007—2012

约恩·戴伊，2012—2015

查尔斯·法尔，2015—

情报协调人

迪克·怀特，1968—1972

彼得·威尔金森，1972—1973

乔·胡珀，1973—1978

布鲁克斯·理查兹，1978—1980

安东尼·达夫，1980—1985

科林·菲格斯，1985—1989

克里斯托弗·柯温，1989—1991

格里·沃纳，1991—1996

约翰·阿尔帕斯，1996—1998

迈克尔·帕克南，1999—2000

彼得·里基茨，2000—2001

安全与情报协调人

戴维·奥曼德，2002—2005

比尔·杰弗里，2005

情报、安全与防范风险部常务秘书

理查德·莫特拉姆，2005—2007

情报、安全与防范风险部负责人

罗伯特·汉尼根，2007—2010

情报、安全与防范风险部副国家安全顾问

奥利弗·罗宾斯，2010—2014

军情五处主管

弗农·凯尔，1909—1940

奥斯瓦尔德·艾伦·哈克，1940—1941

戴维·皮特里，1941—1946

珀西·西利托，1946—1953

迪克·怀特，1953—1956

罗杰·霍利斯，1956—1965

马丁·弗尼瓦尔·琼斯，1965—1971

迈克尔·汉利，1971—1978

霍华德·史密斯，1978—1981

约翰·琼斯，1981—1985
安东尼·达夫，1985—1987
帕特里克·沃克，1987—1992
斯特拉·雷明顿，1992—1996
史蒂芬·兰德，1996—2002
伊丽莎·曼宁厄姆－布勒，2002—2007
乔纳森·埃文斯，2007—2013
安德鲁·帕克，2013—

军情六处主管

曼斯菲尔德·史密斯－卡明，1909—1923
休·辛克莱，1923—1939
斯图尔特·孟席斯，1939—1952
约翰·辛克莱，1953—1956
迪克·怀特，1956—1968
约翰·雷尼，1968—1973
莫里斯·奥德菲尔德，1973—1978
阿瑟·（迪基）·弗兰克斯，1979—1982
科林·菲格斯，1982—1985
克里斯托弗·柯温，1985—1989
科林·麦科尔，1989—1994
戴维·斯佩丁，1994—1999
理查德·迪尔洛夫，1999—2004
约翰·斯卡利特，2004—2009
约翰·索沃斯，2009—2014
亚力克斯·扬格，2014—

政府通信总部主任

阿拉斯泰尔·丹尼斯顿，1921—1942

爱德华·特拉维斯，1942—1952

埃里克·琼斯，1952—1960

克莱夫·洛尼斯，1960—1964

乔·胡珀，1965—1973

阿瑟·邦萨尔，1973—1978

布莱恩·约翰·梅纳德·托维，1978—1983

彼得·马里彻奇，1983—1989

约翰·安东尼·埃迪，1989—1996

戴维·奥曼德，1996—1997

凯文·特比特，1998

弗朗西斯·理查兹，1998—2003

戴维·佩珀，2003—2008

伊恩·洛班，2008—2014

罗伯特·汉尼根，2014—2017

附录二：重要情报和安保机关

1909：英国国家安全局，简称 SSB。军情五处和军情六处的前身

1912—1993："D 通知"制度。它代表媒体与政府之间的一种自愿关系，以免新闻报道损及国家安全

1919—1946: 政府密码学校，简称 GC&CS。提供信号情报

1931—1939: 工业情报中心（IIC）。提供所有来源的经济和生产工作的情报评估

1936 至今：联合情报委员会（JIC）。提供一切来源的情报评估

1946—1964：联合情报局（JIB）。负责经济、后勤、科技情报

1946 至今：政府通信总部（GCHQ）。前身是政府密码学校

1948—1977：情报分析部（IRD）。属外交部，负责开展秘密宣传工作

1949—1951：常务次官委员会（PUSC）。工作内容是确保外交部的战略思想与计划

1949—1998：常务次官部（PUSD）。外交部中负责与国防、情报和安全机关联络的部门

1949—1951（左右）: 内阁共产主义委员会，简称 AC（M）。协调反共活动

1949—1956：官方共产主义委员会（海外），简称 AC（O）。协调海外反共活动

1951—1962（左右）：官方共产主义委员会（国内），简称 AC（H）。协调国内反共活动

1951—2010：常务次官情报委员会（PSIS）。负责监管情报界的发展

1961—1970（左右）：反颠覆委员会。负责打击民族主义分子的颠覆活动

1963—2007：国防和海外政策委员会。负责审查防务和外交政策

1964—20 世纪 70 年代中期（左右）：联合行动委员会。负责协调部门间的秘密行动和特别行动

1964—2010：安全委员会。负责调查违反保密行为

1964—2009：国防情报处（DIS）。代替联合情报局

1968—1974：联合情报委员会（B），即 JIC（B）。提供一切来源的与经济和科学技术有关的情报评估

1972—约 1978：公共生活里的颠覆活动（SPL）。负责监督与颠覆活动和行业动荡有关的情报工作

1993—2015：国防、出版和广播咨询委员会，或者叫“DA 通知”。其前身是“D 通知”系统

1994 至今：情报与安全委员会。负责进行监督

2009：国防情报，简称 DI，它代替了原来的“国防情报处”。

2007—2010：国家安全、国际关系和发展委员会，简称 NSID，它代替了原来的“国防和海外政策委员会”

2010 至今：国家安全委员会（NSC）。负责协调首相主持的关于安全问题的讨论会，其前身是“国家安全、国际关系和发展委员会”

2015 至今：国防和安全媒体咨询通知制度。它替代了原来的“DA 通知”制度

吃完再读：浅谈方法论

“我得到准许看一些情报资料。它们会装在上锁的盒子里送来，盒子上有严厉的指令——吃完再读。”詹姆斯·卡拉汉的特别顾问戴维·利普西在他精彩的回忆录《权力走廊》中这样回忆道。“我从来用不好锁和钥匙，”他补充道，“于是很快就放弃了这无法胜任的抗争。”这句话很好地捕捉到了在英国政府的巅峰时期，情报具有什么样的特点。由此了解情报的历史是一项艰巨的任务。连接唐宁街和黑暗的情报世界的走廊如此神秘，要想一窥究竟，作者们将面对特殊的挑战。

《官方保密法》这一奇特事物的存在对我们帮助很大。没有哪项法案会比它更全面地反映英国的阶级制度了。《官方保密法》于 1911 年立法，当时由于议会下议院十分害怕“威廉二世的间谍”，仅仅讨论了 20 分钟就通过了该法案，它无疑是英国最具“中世纪”特征的法律之一了。

尽管《官方保密法》在起诉或引渡方面存在一些明显的失败，但每一次“改革”都使其变得更加可怕。1978 年，当时的外交大臣戴维·欧文承认，官员们对大臣提出的使《官方保密法》自由化的要求不予理会，反而试图使其变得更具倒退性和报复性。结果，另一项试图改革《官方保密法》的尝试也被迫放弃。20 世界 90 年代，进一步的修改确保受到该法案起诉的人在审判期间不会走漏任何风声，不会使人认为其曾为公共利益采取行动。如今，公共利益不被认为是有效的辩护，这是对《欧洲人权公约》第 10 条所载的言论自由权利的践踏。

然而，有一些特殊人士凌驾于法律之上。政府通信总部的翻译人员可能会因为泄露一封邮件而被起诉，但一直以来，首相们认为自己不受纯粹的法律的约束。从温斯顿·丘吉尔到托尼·布莱尔，他们从自己创作的文学作品中获得丰厚的报酬，这些文学作品中每一页都展示着国家的机密。《泰晤士报》仅为安东尼·伊登回忆录的连载版权就向他支付了相当于目前 900 万英镑的报酬。充满阳刚之气的特种空勤团下士们可能会因为撰写回忆录而被送上法庭，而他们的指挥官们曾被授予爵士头衔，佩戴着将军肩章，却能自由地撰写畅销自传。黎明时分的突袭可能会扰乱记者们平静的生活，他们的报纸被政治保安处带走，但首相的新闻官员们却不知为何在合同中以霍尼迪式的华丽辞藻逃脱了责任。总之，虽然退休的特工很少提及有关情报的内容，但是，英国的政治阶层却相当轻率。这就是我们能够写这本书的部分原因——我们要感谢他们所有人。

政治日记是最好的资源。如果说日记作者是当代的编年史家，他们能够捕捉到人们当时的想法。在唐宁街任职期间，阿拉斯泰尔·坎贝尔写了多达 4000 页的日记。高层安全官员一直紧张地观察着他。2003 年 8 月 28 日，时任英国内阁情报安全协调员、英国最杰出的特工戴维·奥曼德爵士警告他："我希望你将所有的日记安全地锁在某个地方——否则黑衣人可能会寻找它们。"坎贝尔在日记中写道："我不是很确信他是否在开玩笑。"就像丛林中的动物一样，日记作者对其他在灌木丛中活动的日记作者拥有一种超自然的意识。那一年早些时候，3 月 27 日，英国国会议员、布莱尔时期最讨人喜爱的观察家之一克里斯·穆林议员偶遇了布莱尔的私人助理、首相的老朋友安吉·亨特。亨特透露道，阿拉斯泰尔·坎贝尔一直在“用小字”写日记，每天要写三四大页纸。穆林听了后非常激动，高兴地记录道：“终于有一名目击者了。”

日记作者还为我们了解早期首相的情况提供了宝贵信息。原军情六处副主管盖伊·利德尔小心翼翼地记录着其在第二次世界大战以及“冷战”初期的经历。这些内容如此机密，以至于它们有自己的代号——“壁花”——并且直到最近才被藏在军情五处总干事的私人保险箱里。它们实事求是的风格掩盖了一个以阴谋、叛徒和颠覆为特征的时代的动荡。重要的是，利德尔可能绝对没有想到这些日记会被好奇的历史学家仔细研究。其他日记作者也极有价值，例如哈罗德·麦克米尔，他相当细致地记录了其在任职期间的经历，其中涉及秘密事务和情报丑闻。还有像理查德·克罗斯曼和芭芭拉·卡素等人，他们都是哈罗德·威尔逊时代热心的编年史家。他们提供了极好的个人见解，但同时也提出了警告。任何过分依赖这些资料的历史学家都会使得这些人物在历史上比实际中拥有更大的发言权。

不合格的日记、回忆录也是有用的。尽管为了方便而对事件进行重新排序，但它们还是捕捉到了随着时间的推移，人们对情报局问题的成熟回顾，甚至偶尔会改变论调。布莱尔在引进《信息自由法》时的公开自我鞭挞就是一个典型的例子。即使是那些以虚夸闻名的人也会记录一些有价值的内容。例如，爱德华·希思的回忆录就提供了有关军情五处以及驱逐克格勃间谍的个人细节。约翰·梅杰的回忆录委婉地提及间谍活动以及马斯特里赫特谈判事宜。尽管如此，历史学家必须嘲讽式地接近他们。书写历史时夸大一个人的成就是人之本性。例如，原军情六处官员蒙蒂·伍德豪斯低调的回忆录可能会被指责自相矛盾，夸大了1953年军情六处在伊朗政变中起的作用。托尼·布莱尔的自传《旅程》的原书名拥有某种使徒般的庄严感，而丹尼斯·希利却被指责在智力上胜人一筹。还有一些明显具有爆炸性的爆料，例如彼得·赖特所著的《抓间谍者》，经过更细致的观察发现，其有关恩怨的推测至少在某种程度上是不准确的。情报局的回忆录像是不请自来的叛逃者，需要历史学家进行仔细的审查，但事实证明，有些像斯特拉·明斯顿这样能够深思熟虑进行观察的人的确很有价值。

所以我们如何才能知道这些日记作者和自传作者是否以及什么时候说的是真话呢？我们夜以继日待在档案室里，将日记与文字记录进行分析和对比。英国PREM档案，即首相办公室的文件的光环，构成这本书的大部分内容，其中捕捉到作为英国核心执行机构的首相私人秘书的秘密草稿。在某种程度上，它们是最重要的情报档案，因为它们显示了首相办公室与英国情报界发动机房之间的联系。联合情报委员会的档案可能已经被大张旗鼓地公布出来了，但最有趣的是，实际上这些都是拜唐宁街10号的在位者所赐。往往这些是不会被记录下来，所以哈罗德·威尔逊或爱德华·希思在联合情报委员会文件边缘写下的只言片语像极了比阿特丽克斯·波特在《格洛斯特的裁缝》中描绘的魔法般“从天而降的丝线”。它们是钩织这幅秘密世界织锦的金线，从唐宁街到军情六处总部，一直向前延伸到帝国最边缘处的秘密特工。文档也可以与秘密文件相互参照，带着勇敢的历史学家在英国乃至世界各地进行档案的朝圣之旅。这里放置的信件和日记有时被政府把关者所忽略，解开曾经一度秘密的故事需要耐心，但我们能做到。

致 谢

许多人、许多机构给予了我们无私的帮助，他们的鼎力相助出乎我们的意料，能够在这里向他们衷心地表示感谢实在太好了。尽管有人告诉我们说贝尔马什监狱的伙食非常棒，但直到我们发誓决不会触犯《官方保密法》，我们两个才安全地站在议会下议院里。相应地，本研究是从公开的信息来源编制而成的，没有用到任何机密材料。一切错误将由我们承担，考虑到我们讲述的秘密事情来自非秘密的来源，所以出现差错在所难免。欢迎读者发表评论或对错误予以指正，邮箱地址：r.j.aldrich@warwick.ac.uk，或者是 rory.cormac@nottingham.ac.uk。

许多朋友和同事向我们提供了建议、信息或为我们安排了座谈会，我们从中获益匪浅。我们谨特别感谢克里斯蒂安·巴克、休·贝内特、汉斯·博恩、彼得·卡特罗尔、戈登·科雷拉、亚力克斯·丹切夫、菲利普·戴维斯、安德鲁·德福提、史蒂芬·多里尔、罗伯·多弗、休·迪伦、戴维·伊斯特尔、戴维·埃杰顿、杰弗里·艾略特、保罗·埃尔斯顿、拉尔夫·厄斯金、罗伯·埃文斯、约翰·费里斯、史蒂文·吉布森、罗伊·贾尔斯、戴维·吉尔、彼得·吉尔、戴维·吉奥伊、迈克尔·古德曼、安德鲁·哈蒙德、马克斯·黑斯廷斯、迈克尔·赫尔曼、格里·休斯、彼得·杰克逊、基斯·杰弗里、罗德里·杰弗里斯－琼斯、克莱夫·琼斯、马修·琼斯、约翰·卡苏库、希拉·克尔、丹·拉尔森、保罗·拉什马、伊恩·利、朱利安·刘易斯、斯韦特兰娜·洛克霍娃、W.斯科特·卢卡斯、保罗·麦加尔、本·麦金太尔、保罗·麦爵尔、汤姆·马奎尔、卡斯滕·梅普尔、彼得·马特兰德、保罗·默瑟、凯顿·米斯特里、安德鲁·芒福德、菲利普·墨菲、戴维·奥曼德、马克·菲西安、戴安娜·雷兹克、伦恩·斯科特、马克·西曼、扎基亚·希拉兹、迈克尔·史密斯、戴维·斯塔福德、马克·斯托特、菲儿·廷莱恩、卡琳娜·乌尔巴赫、达米安·范·普伊韦尔德、考尔德·沃尔顿、韦斯利·K.华克、迈克尔·沃纳、蒂姆·沃森、塞斯·威贝斯、马克·威尔金森、西蒙·威尔梅茨、艾丹·威尔斯和约翰·W.扬。同时，我们还十分高兴有许许多多来自诺丁汉和沃里克两所大学的才华横溢的研究生和研究人员陪伴在我们身边，这些研究生和研究人员组成了一支专门研究夜袭的精英团队。他们知道自己是谁。

部门中负责做记录的官员和官方史学家非常出色。感谢这些年来为我们解密材料、让我们有机会一窥文献真容的那些人。我们要感谢总检察长办公室的克里斯托弗·辛普森；内阁办公厅的艾伦·格伦尼、布莱恩·霍根和舒迈拉·穆因丁；外交及英联邦事务部的吉尔·贝内特、琳西·休斯、珍妮特·詹姆斯、彭尼·普赖尔、邓肯·斯图尔特、斯图尔特·泰勒和史蒂芬·特威格；国防部的伊恩·古德、西恩·马什和史蒂夫·罗珀；财政部的罗斯玛丽·班纳、阿什利·布里滕、达伦·克里默、弗朗西斯·休斯顿、凯特·詹金斯和肖恩·莫洛伊；财政部法务局的帕特里克·德里斯科尔。这三个机关的许多记录人员和历史学家也给予了我们莫大的帮助。

庞大的档案管理员和图书管理员团队——做出了不懈的努力——待人热忱友好，很遗憾，不能在此一一点名表示感谢。美国总统图书馆给予了我们极大的帮助，一旦搬走，它们几乎变成了首相图书馆。在华盛顿，我们想要特别说一下乔治城大学劳因格图书馆特色馆藏中心的尼古拉斯·奇斯；美国国会图书馆的杰弗里·M.弗兰纳里，以及美国国家档案和记录管理局的达内·哈特格罗夫、威尔·马奥尼、凯茜·迈卡斯特罗、埃德·里斯和已故的传奇人物约翰·E.泰勒。剑桥大学丘吉尔学院档案馆对我们尤其重要，给予了我们无穷多的帮助。但多半是英国国家档案馆的工作人员在本书的创作过程中为我们提供了极大的便利。他们超负荷地工作，经常面对着两个脾气暴躁的研究者，但却一直不失礼节、忙前跑后、不知疲倦。诺丁汉大学和沃里克大学在我们创作本书的那些年里为我们营造了良好的创作环境，两家高等学府同时为我们提供了充足的进修假期，直至我们完成本书。

有几个人是我们尤其感激不尽的。我们的文稿代理人安德鲁·劳尼特别重要，正是其提供了这一写作思路。哈珀·柯林斯出版集团的马丁·雷德芬、阿拉贝拉·派克和史蒂芬·吉斯都是很好的合作伙伴。罗伯特·莱西火眼金睛，审阅了一遍最新草稿。詹姆斯·奥德里奇以惊人的效率阅读了校稿。克里斯托弗·安德鲁、彼得·轩尼诗和克里斯托弗·莫兰为我们提供了至关重要的帮助，并不断地激励着我们。最重要的是，在这些年里，家人给予了我们莫大的鼓舞，让我们对他们感激不尽。由于随我们奔波于北美各历史档案馆查找资料，利比、尼古拉斯和哈里特甘愿忍受了数周的分别之苦。只要有他们在，我们的身边就总是充满欢声笑语，工作的疲惫感顿时一扫而光：听音乐、跳舞和看戏，每一次的艺术创举都打败了历史写作。乔安妮始终如一地支持着我们，例如宣传首相的轶闻趣事；我们第一次接受电视采访，她只是站在镜头之外，手里挥舞着“作弊”纸条等。她是一个讨人喜欢的人。谢谢你。

注　释

Introduction

1. Churchill, 'My Spy Story', *Thoughts and Adventures*, p.85
2. Laqueur, *A World of Secrets*, p.90
3. Churchill, *The World Crisis*, Part 1, p.193
4. Reynolds, *In Command of History*, pp.36–7
5. Hastings, *The Secret War*, pp.13, 17, 70, 80. Hastings offers the supreme account of intelligence in the Second World War
6. Anglim, *Orde Wingate*, pp.13–14
7. Walton, *Empire of Secrets*, p.334
8. Goodman, *Joint Intelligence Committee*, p.80
9. Bennett, *Morton*, p.266
10. Goodman, *Joint Intelligence Committee*, pp.80, 329; Hennessy, *The Prime Minister*, pp.152–5; Hennessy, *Secret State*, pp.95–7
11. Barker, *British Policy in South-East Europe*, p.141
12. Michaels, 'Heyday of Britain's Cold War Think Tank', pp.152–4
13. David Cameron, 'Minutes of Evidence Taken Before the Joint Committee on the National Security Strategy', 20 January 2014, HC.1040
14. Aldrich, 'Policing the Past', p.923; Moran, *Classified*, pp.22–54; Murphy, 'Whitehall, Intelligence and Official History', pp.236–50
15. Entry for 29 September 1977, Donoughue, *Downing Street Diary*, p.241
16. Entry for 11 December 1996, Mullin, *Decline and Fall*, p.205; Aldrich, *Hidden Hand*, pp.354–6; private information
17. Straw, *Last Man Standing*, pp.98–102
18. Entry for 10 March 1976, Benn, *Against the Tide*, p.532
19. 'Security: Tony Benn, Energy Secretary: access to SIGINT material', PREM 16/1863; also private information
20. Entry for 23 February 1977, Donoughue, *Downing Street Diary*, pp.152–3; Christopher Leake, 'The day Britain's top civil servant rolled naked on the floor ranting about the end of the world', *Daily Mail*, 20 September 2008
21. M. Oliver, 'Blair avoids questions over British spy ring', *Guardian*, 23 January 2006
22. Chairman of the JIC (Ref: Jp 115) to prime minister, 'Syria: Reported Chemical Weapons Use', 29 August 2013. https://www.gov.uk/government/publications/syria-reported-chemical-weapons-use-joint-intelligence-committee-letter
23. Charlotte McDonald-Gibson, 'David Cameron defends Britain's spy services as anger mounts in Europe over US and UK state surveillance', *Independent*, 26 October 2013
24. Entry for 7 January 1976, Benn, *Against the Tide*, p.492
25. Levitt, *Hezbollah*, p.306; Duncan Gardham, 'Former soldiers shackled and shot by kidnappers, inquest hears', *Daily Telegraph*, 22 June 2011; Kim Sengupta, 'Peter Moore: "I feel guilty I'm the only one alive"', *Independent*, 14 February 2012
26. BBC News, 'Margaret Thatcher "Negotiated with IRA"', http://www.bbc.co.uk/news/uk-northern-ireland–16366413, 30 December 2011
27. Entry for 12 October 1984, Clark, *In Power*, pp.99, 138
28. 'Wilson blocked plans for barriers outside No. 10', *Huddersfield Daily Examiner*, 28 December 2007
29. The full details are now available in 'Project Pindar: refurbishment of accommodation beneath the South Citadel, Main Building', Cm 46/26
30. Entry for 11 October 2001, Campbell, *Burden of Power*, p.49
31. Entry for 15 October 2001, ibid., p.55

32. Sean O'Neill and Duncan Gardham, 'Terror Suspect "Discussed Syria and Buying Firearm"', *The Times*, 17 October 2014
33. Duncan Gardham, '"Al-Qaeda in Britain" leader who threatened Gordon Brown and Tony Blair pleads guilty,' *Daily Telegraph*, 10 May 2010
34. Private information
35. 'Pacifist Sentenced', *Sydney Morning Herald*, 12 September 1939
36. Wigg, *Churchill and Spain*, pp.12–15
37. Ben Macintyre, 'How we won the war', *The Times*, 24 May 2013
38. Paul Callan, 'Adolf Hitler's orders: Kill Winston Churchill', *Daily Express*, 21 July 2012

Chapter 1: Herbert Asquith, David Lloyd George and Andrew Bonar Law (1908–1923)

1. Lloyd George, *War Memoirs 1915–16*, p.60
2. Thomas, *Empires of Intelligence*
3. Satya, *Spies of Arabia*, pp.34–5
4. Walton, *Empire of Secrets*, pp.2–4; Bayly, *Empire and Information*, pp.3–14
5. Porter, *Vigilant State*
6. Shpayer-Makov, *Ascent of the Detective*, pp.2–7
7. J.C. Wood, review of ibid., http://www.history.ac.uk/reviews/review/1409
8. Porter, *Vigilant State*, pp.131–3
9. Moran and Johnson, 'In the Service of Empire', pp.9–10
10. Satya, *Spies of Arabia*, pp.17–18
11. Moran and Johnson, 'In the Service of Empire', pp.9–10
12. Ibid., pp.1–2
13. Le Queux, *The Invasion of 1910*, pp.vi, 1–5
14. Moran and Johnson, 'In the Service of Empire', pp.9–10, 14; Andrew, *Secret Service*, pp.39–40
15. Boghardt, *Spies of the Kaiser*, pp.23–5
16. Porter, *Vigilant State*, pp.186–8; Macenczak, *German Enemy Aliens*, pp.13–15
17. Stafford, 'Spies and Gentlemen', p.505
18. Hiley, 'The Failure of British Counter-Espionage', p.844
19. 'The Spy Mania', *The Times*, 21 August 1908, quoted in Macenczak, *German Enemy Aliens*, p.15
20. Moran and Johnson, 'In the Service of Empire', pp.14–15
21. Ibid., p.16
22. Boghardt, *Spies of the Kaiser*, pp.28–31; Hiley, 'The Failure of British Counter-Espionage', pp.838–40
23. Andrew, *Defence of the Realm*, p.9
24. See Sub-Committee of Committee of Imperial Defence, 'Foreign Espionage in the United Kingdom: Report and Proceedings', 1909, CAB 16/8
25. Andrew, *Secret Service*, pp.58–60
26. 'Formation of SS Bureau: meeting at Scotland Yard; findings of The Committee For Imperial Defence (CID) Sub-Committee on Foreign Espionage', 26 August 1909, KV 1/3; Walton, *Empire of Secrets*, pp.6–7; Richelson, *Century of Spies*, pp.10–11
27. Porter, *Plots and Paranoia*, pp.119–21; Andrew, *Secret Service*, pp.60–1
28. Moran, *Classified*, p.71
29. Panayi, *German Immigrants in Britain*, pp.248–51; Stibbe, 'A Question of Retaliation?', pp.23–4
30. Seligmann, *Spies in Uniform*, pp.2–29; Richelson, *Century of Spies*, pp.10–12; Andrew, *Secret Service*, pp.81–2
31. George Riley (Scotland Yard), 'Suffragettes', 27 September 1909, HO/144/1709/425859
32. Anon to Gladstone, 27 September 1909, HO/144/1709/425859; Maev Kennedy, 'Suffragettes plotted to assassinate Herbert Asquith', *Guardian*, 26 September 2006
33. Webb, *The Suffragette Bombers*, pp.1–17
34. Sellers, *Shot in the Tower*, pp.11–35
35. Moran and Johnson, 'In the Service of Empire', p.13
36. Kate Williams, '*The Fateful Year: England 1914*, by Mark Bostridge', *Independent*, 17 January 2014; de Courcy, *Margot at War*, pp.221–2
37. Cresswell, *Living With the Wire*, pp.2–4
38. Panayi, 'An Intolerant Act by an Intolerant Society', p.58
39. Andrew, *Defence of the Realm*, pp.3–5; Jeffery, *MI6*, pp.11–16; Walton, *Empire of Secrets*, pp.8–9
40. Quinlan, *The Secret War*, pp.3–4
41. Popplewell, *Intelligence and Imperial Defence*, pp.219–22
42. Aldrich, *GCHQ*, pp.14–19
43. Brock and Brock (eds), *Margot Asquith's Great War Diary 1914–1916*, pp.2–24
44. McMahon, *British Spies and Irish Rebels*, pp.18–19
45. Andrew, *Defence of the Realm*, p.86
46. McMahon, *British Spies and Irish Rebels*, p.19
47. Andrew, *Defence of the Realm*, pp.86–9
48. Foy and Barton, *The Easter Rising*, p.57
49. McMahon, *British Spies and Irish Rebels*, pp.20–1

50. BOD: Asquith to Sylvia Henley, 26 April 1916, MS. Eng. lett. c.542/3, fols.640v–641r
51. BOD: Margot Asquith's Diary, Easter 1916, MS. Eng. d.3214, fols.396v–397r
52. H.C.G. Matthew, 'Asquith, Herbert Henry, First Earl of Oxford and Asquith (1852–1928)', *Oxford Dictionary of National Biography*, Oxford University Press, 2004, online edn
53. Foy and Barton, *The Easter Rising*, p.286, 322
54. Andrew, *Defence of the Realm*, pp.85–92
55. Cassar, *Asquith as War Leader*, pp.122–3
56. Naylor, *A Man and an Institution*, pp.11–19
57. Larsen, 'The First Intelligence Prime Minister', p.1
58. Hiley, 'Internal Security in Wartime', pp.395–415
59. Lloyd George, *War Memoirs 1915–16*, p.60
60. Larsen, 'War Pessimism'
61. Richards, *Secret Flotillas*, pp.16–17
62. Naylor, *A Man and an Institution*, pp.27–8
63. Turner, *Lloyd George's Secretariat*, p.19
64. Ibid., p.3
65. Naylor, *A Man and an Institution*, pp.21–6, 61–4
66. Larsen, 'The First Intelligence Prime Minister', pp.5–6
67. Budiansky, *Battle of Wits*, p.28
68. Lloyd George, *War Memoirs 1915–16*, p.988
69. Satya, *Spies of Arabia*, pp.10–11
70. J.C. Wood, review of *Ascent of the Detective*, http://www.history.ac.uk/reviews/review/1409
71. Andrew, *Defence of the Realm*, pp.107–9
72. Richelson, *Century of Spies*, pp.64–5; Naylor, *A Man and an Institution*, pp.21–6, 61–4
73. Quinlan, *The Secret War*, pp.22–3
74. Andrew, *Secret Service*; Jeffery, *MI6*, pp.211–12
75. Crosby, *The Unknown David Lloyd George*, pp.271–9
76. Ibid.
77. Bar-Joseph, *Intelligence and Intervention*, pp.278–80; Ullman, *Anglo-Soviet Relations*, pp.280–7
78. Bar Joseph, *Intelligence and Intervention*, pp.285–6
79. Ibid., pp.286–7; Ullman, *Anglo-Soviet Relations*, p.290
80. Crosby, *The Unknown David Lloyd George*, pp.280–1
81. Service, *Spies and Commissars*, p.124
82. Bar-Joseph, *Intelligence and Intervention*, pp.290–6; Andrew, *Secret Service*, pp.272–4
83. Larsen, 'The First Intelligence Prime Minister', pp.7–8
84. Richards, *Secret Flotillas*, pp.16–18
85. Quinlan, *The Secret War*, pp.19–22
86. This is captured in the delightful essay Jeffery and Sharp, 'Lord Curzon and Secret Intelligence', pp.103–27
87. Best, *British Intelligence and the Japanese Challenge*, pp.44–6
88. McMahon, *British Spies and Irish Rebels*, pp.56–64
89. Ibid., pp.78–80
90. Naylor, *A Man and an Institution*, p.121
91. Satya, *Spies of Arabia*, pp.13–14
92. Lloyd George, *War Memoirs 1915–16*, p.988; Moran, *Classified*, pp.69–73

Chapter 2: Stanley Baldwin and Ramsay MacDonald (1923–1937)

1. Bennett, *A Most Extraordinary and Mysterious Business*, p.73
2. Hansard, Baldwin, 22 May 1935, vol. 302
3. Jenkins, *Baldwin*, p.65
4. Ibid., p.63
5. Marquand, *Ramsay MacDonald*, pp.6, 69; Pearce and Goodlad, *British Prime Ministers*, p.91; Neilson and Otte, *The Permanent Under-Secretary for Foreign Affairs*, p.207
6. Andrew, *Defence of the Realm*, p.151
7. Pearce and Goodlad, *British Prime Ministers*, p.97
8. Andrew, *Secret Service*, p.298; Andrew, *Defence of the Realm*, p.146; Bennett, *Churchill's Man of Mystery*, p.79
9. Andrew, *Defence of the Realm*, pp.146, 129–30
10. Andrew, *Secret Service*, pp.298–9
11. Rose, 'Vansittart, Robert Gilbert, Baron Vansittart (1881–1957)', *Oxford Dictionary of National Biography*, Oxford University Press, 2004, online edn
12. Ferris, 'Indulged in all too Little', pp.50–1
13. Bennett, *Churchill's Man of Mystery*, p.127
14. Andrew, *Secret Service*, p.300
15. Quoted in Madeira, *Britannia and the Bear*, p.121
16. Ibid., pp.120–1, 190
17. One of the first things George Brown wanted to do when he became foreign secretary in August 1966 was to track down who had authorised the publication of the Zinoviev letter. He issued instructions to find the draft and see where it was initialled. Anxious officials

searched the archives for the draft, but couldn't find it. One junior Foreign Office official recalled that the 'search was so desperate' that they even came up to his small room in the Northern Department of the Foreign Office, which had been responsible for Russia in 1924, 'and searched all the cupboards … just in case the draft happened to be lying around in the pile of papers preserved forty years later by some accident of history'. Predictably, they didn't find it. BDOHP, Sir Brian Lee Crowe, 15 October 2003

18. Marquand, *Ramsay MacDonald*, pp.381, 383
19. Bennett, *A Most Extraordinary and Mysterious Business*, Annex A: The Zinoviev Letter, 15 September 1924, pp.93–5
20. Henderson to Lord Stamfordham, 26 August 1924, PREM 1/45
21. Handwritten note by MacDonald, 13 September 1924, PREM 1/45; handwritten note by MacDonald on a letter addressed to the Home Office, 20 August 1924, ibid.; note to the Attorney General, 23 August 1924, ibid.
22. Jeffery, *MI6*, p.216
23. Bennett, *A Most Extraordinary and Mysterious Business*, pp.88, 92; Smith, *Six*, p.309
24. Bennett, *A Most Extraordinary and Mysterious Business*, pp.84, 91–2
25. Richard Orange, 'Revealed: the dark past of "Outcast", MI6's top wartime double agent', *Observer*, 10 October 2015
26. Jeffery, *MI6*, pp.218–19
27. Ibid., p.216; Bennett, *A Most Extraordinary and Mysterious Business*, pp.34–5
28. 'History of the Zinoviev Incident', November 1924, PRO 30/69/234; Bennett, *A Most Extraordinary and Mysterious Business*, p.37; Bennett, *Churchill's Man of Mystery*, p.52
29. 'History of the Zinoviev Incident', November 1924, CAB 24/168/87
30. Quoted in Marquand, *Ramsay MacDonald*, p.383
31. Bennett, *A Most Extraordinary and Mysterious Business*, p.40
32. Bennett, *Churchill's Man of Mystery*, p.82
33. Bennett, *A Most Extraordinary and Mysterious Business*, pp.82–3; Smith, *Six*, p.310; Bennett, *Churchill's Man of Mystery*, p.83
34. Bennett, *A Most Extraordinary and Mysterious Business*, pp.44, 28
35. Andrew, *Secret Service*, pp.339–40; Bennett, *Churchill's Man of Mystery*, pp.126–7; Ball, *Portrait of a Party*, p.448
36. Jeffery, *MI6*, p.222
37. Andrew, *Defence of the Realm*, pp.148–50; Bennett, *A Most Extraordinary and Mysterious Business*, p.45; Bennett, *Churchill's Man of Mystery*, p.80
38. McMahon, *British Spies and Irish Rebels*, pp.189–90
39. MacDonald quoted in 'History of the Zinoviev Incident', November 1924, PRO 30/69/234
40. 'History of the Zinoviev Incident', November 1924, PRO 30/69/234
41. Marquand, *Ramsay MacDonald*, pp.384, 387; Bennett, *A Most Extraordinary and Mysterious Business*, p.52
42. Marquand, *Ramsay MacDonald*, p.384
43. Ibid.
44. 'History of the Zinoviev Incident', November 1924, PRO 30/69/234
45. Quoted in Marquand, *Ramsay MacDonald*, p.386; Bennett, *A Most Extraordinary and Mysterious Business*, p.72
46. Marquand, *Ramsay MacDonald*, pp.386–7; Bennett, *A Most Extraordinary and Mysterious Business*, p.73
47. Bennett, *A Most Extraordinary and Mysterious Business*, p.73
48. 'The Zinoviev Letter: Report of Cabinet Committee', 4 November 1924, CAB 27/254; Marquand, *Ramsay MacDonald*, p.388
49. Bennett, *Churchill's Man of Mystery*, p.88; Jeffery, *MI6*, pp.222, 224–5
50. Jeffery, *MI6*, p.228
51. Perkins, *Baldwin*, pp.52–64
52. 'The Soviet Trading Organisation in London', March 1927, KV 2/818
53. Smith, *Six*, p.318; Andrew, *Defence of the Realm*, p.153
54. Kell, 'Arcos: A Chronological Note of Events', 14 May 1927, KV 3/15; Bennett, *Churchill's Man of Mystery*, pp.97–8; Andrew, *Defence of the Realm*, p.154; Madeira, *Britannia and the Bear*, pp.163–4
55. Madeira, *Britannia and the Bear*, p.190; Clayton, 'The Life and Career of Sir William Joynson-Hicks', p.19
56. Madeira, *Britannia and the Bear*, p.242, n44
57. Bennett, *Churchill's Man of Mystery*, p.99
58. Smith, *Six*, p.319
59. Ibid.; West, *MI5*, pp.66–7
60. Bennett, *Churchill's Man of Mystery*, p.95

61. Smith, *Six*, p.318
62. Hansard, Mr Thurtle MP, 24 May 1927, vol. 206 cc1808
63. Note in catalogue of documents found during the raid, 1927, KV 3/35
64. Cabinet Minutes, 32(27)2, 20 May 1927, CAB 13/55/3
65. Ibid.; Andrew, *Defence of the Realm*, p.155
66. Hansard, Baldwin, 24 May 1927, vol. 206 c1845
67. Ibid., c1849; Andrew, *Defence of the Realm*, p.155
68. 'Documents Illustrating the Hostile Activities of the Soviet Government and Third International Against Great Britain', cm 2874, 1927, KV 3/15
69. Andrew, *Defence of the Realm*, p.155
70. West, *Mask*, p.2
71. Smith, *Six*, p.320
72. Aldrich, *GCHQ*, p.19
73. Madeira, *Britannia and the Bear*, p.180
74. Jeffery, *MI6*, p.229
75. Cave Brown, *'C'*, p.146
76. Andrew, *Secret Service*, p.333
77. Cabinet Minutes, 32(27)2, 20 May 1927, CAB 13/55/3
78. Andrew, *Secret Service*, p.332
79. Cave Brown, *'C'*, p.147
80. Smith, *The Bletchley Park Codebreakers*
81. Entry for 30 November 1978, Benn, *Conflicts of Interest*, p.405
82. Churchill, *The Gathering Storm*, p.107
83. McMahon, *British Spies and Irish Rebels*, pp.223, 233–9
84. Best, *British Intelligence and the Japanese Challenge*, pp.69–71, 83
85. Ferris, 'Now that the Milk is Spilt', pp.544–5
86. Bennett, *Churchill's Man of Mystery*, p.163; Ferris, *Intelligence and Strategy*, p.70; Dilks, 'Appeasement and Intelligence', p.144
87. Stuart Ball, 'Baldwin, Stanley, First Earl Baldwin of Bewdley (1867–1947)', *Oxford Dictionary of National Biography*, Oxford University Press, 2004, online edn
88. Wark, *The Ultimate Enemy*, p.47; Perkins, *Baldwin*, pp.100, 103; Pearce and Goodlad, *British Prime Ministers*, pp.78–9; Ball, 'Baldwin'
89. Walton, *Challenges in Intelligence Analysis*, pp.75–6; Dilks, 'Appeasement and Intelligence', p.140
90. Ferris, 'The Road to Bletchley Park', p.87
91. Quoted in Dilks, 'Appeasement and Intelligence', p.142
92. Andrew, *Secret Service*, pp.340–1; Morrow, 'States and Strategic Airpower', pp.48–9
93. Walton, *Challenges in Intelligence Analysis*, p.71
94. Wark, *The Ultimate Enemy*, p.47
95. Wark, 'British Intelligence on the German Air Force and Aircraft Industry', p.630
96. Ferris, 'Now that the Milk is Spilt', p.543
97. Wark, 'British Intelligence on the German Air Force and Aircraft Industry', p.631
98. See Committee of Imperial Defence Minutes, CID(28) 238th meeting, 8 November 1928, CAB 2/5; Ferris, 'Now that the Milk is Spilt'; Bennett, *Churchill's Man of Mystery*, p.135; see also Goodman, 'Learning to Walk', p.42
99. Bennett, *Churchill's Man of Mystery*, pp.187, 163
100. Dilks, 'Appeasement and Intelligence', p.142
101. Wark, 'British Intelligence on the German Air Force and Aircraft Industry', pp.627–48
102. Churchill, *The Gathering Storm*, p.105
103. Quoted in ibid., p.107
104. Wark, *The Ultimate Enemy*, p.43
105. Hansard, Baldwin, 22 May 1935, vol. 302 (emphasis added)
106. Pearce and Goodlad, *British Prime Ministers*, pp.71, 76
107. Wark, *The Ultimate Enemy*, p.44
108. Ibid.
109. Wark, 'British Intelligence on the German Air Force and Aircraft Industry', pp.632, 638; Walton, *Challenges in Intelligence Analysis*, pp.70, 72, 75
110. Dilks, 'Appeasement and Intelligence', p.169
111. Ferris, 'Now that the Milk is Spilt', p.557
112. Marquand, *Ramsay MacDonald*, pp.700–1
113. Wilson, *Nazi Princess*, pp.100–2
114. Perkins, *Baldwin*, pp.109–18; Pearce and Goodlad, *British Prime Ministers*, p.80
115. Hansard, Baldwin, cm 2190, 10 December 1936, CAB 21/4100/1; Horace Wilson, 'King Edward VIII', undated, CAB 127/157
116. Hansard, Baldwin, cm 2191, 10 December 1936, CAB 21/4100/1; H.C.G. Matthew, 'Edward VIII [*later* Prince Edward, Duke of Windsor] (1894–1972)', *Oxford Dictionary of National Biography*, Oxford University Press, 2004, online edn
117. Williams and Baldwin, *Baldwin Papers*, p.338
118. Curry, *The Security Service 1908–1945*, p.60; Elliott, *Gentleman Spymaster*, p.84
119. Curry, *The Security Service 1908–1945*, p.60; Elliott, *Gentleman Spymaster*, pp.83, 84; Caroline Davies et al., 'Mrs Simpson

had secret affair with car salesman', *Daily Telegraph*, 30 January 2003, p.1; West, 'Review of *Defence of the Realm*', p.770; West, 'To Defend the Realm', *Sunday Telegraph*, 27 September 2009, p.18

120. Letter from Home Office to Sir Thomas Gardiner, 5 December 1936, CAB 301/101
121. Elliott, *Gentleman Spymaster*, p.84
122. Cahal Milmo, 'National archives reveal MI5 bugged Edward VIII's phone calls', *Independent*, 23 May 2013
123. Hansard, Baldwin, 10 December 1936, cm 2186, CAB 21/4100/1
124. 'Scenes in the Streets', *The Times*, 11 December 1936, CAB 21/4100/1

Chapter 3: Neville Chamberlain (1937–1940)

1. Chamberlain to Hilda Chamberlain, 27 August 1939, in Self (ed.), *The Neville Chamberlain Diary Letters, 1934–1940*, pp.440–2
2. Typically, R.A.C. Parker's dominant book on Chamberlain has no reference to intelligence or secret service in its index. Robert Self, *Chamberlain*, only mentions intelligence twice before the outbreak of war, but the works by Frank McDonough and David Faber are more interested in secret service
3. There is an important specialist literature. The pathbreaking essay is Dilks, 'Appeasement and Intelligence'. The most important literature is Wark, *Ultimate Enemy*, Ferris, *Intelligence and Strategy*, and Keren Yarhi-Milo, 'In the Eye of the Beholder'. Andrew's *Secret Service* and *Defence of the Realm*, together with Jeffery, *MI6*, give Chamberlain strong coverage
4. Best, 'The Japanese Threat to British Interests', p.92
5. Groth and Froeliger, 'Unheeded Warnings', p.335; see also Weinberg, *Hitler's Foreign Policy*, pp.112–13
6. Layne, 'Security Studies', p.402
7. Ferris, 'The Road to Bletchley Park', pp.67–70; Best, *British Intelligence and the Japanese Challenge*, pp.136–8
8. 'C', 'Memorandum on Secret Service Funds', C/39, 9 October 1935. CAB 127/371, quoted in Goodman, *Joint Intelligence Committee*, pp.45–6
9. Faber, *Munich*, p.128
10. Wark, *The Ultimate Enemy*, pp.5–18
11. Goodman, *Joint Intelligence Committee*, pp.11–12, 45–6; Crowson, *Facing Fascism*, p.140
12. Goodman, *Joint Intelligence Committee*, pp.12–13
13. Crowson, *Facing Fascism*, p.188
14. Faber, *Munich*, p.85
15. Cockett, 'Ball, Chamberlain and "Truth"', pp.131–2
16. Mills, 'The "Secret Channel" to Italy', pp.286, 292. Mills has conducted extraordinary historical detective work to uncover the trail of Joseph Ball
17. Faber, *Munich*, p.85
18. Parker, *Chamberlain*, p.121
19. Mills, 'The "Secret Channel" to Italy', pp.297, 300
20. Marsh, *The Chamberlain Litany*, pp.292–4
21. Ibid., p.303
22. Self, *The Neville Chamberlain Diary Letters 1934–1940*, p.432
23. Mills, 'The "Secret Channel" to Italy', p.304; Cockett, 'Ball, Chamberlain and "Truth"', pp.131–4
24. Dilks, 'Flashes of Intelligence', pp.101–26
25. Mills, 'The "Secret Channel" to Italy', p.306
26. Watt, *How War Came*, p.95
27. Giorgio Peresso, 'Major Adrian Dingli, éminence grise of Anglo-Italian diplomacy in 1930s', *Times of Malta*, 30 September 2012
28. Mills, 'The "Secret Channel" to Italy', pp.313–14
29. Faber, *Munich*, p.177
30. Beck, *Scoring for Britain*, pp.1–3
31. Andrew, *Defence of the Realm*, pp.197–204; Ferris, 'Indulged in all too Little', pp.125–7
32. Self (ed.), *The Neville Chamberlain Diary Letters, 1934–1940*, p.292
33. Minutes of 6 May 1933, Vnst 2/3, Vansittart MSS, CCC
34. Ferris, 'Indulged in all too Little', pp.129–30, 138–9
35. Richards, *Secret Flotillas*, pp.18–21
36. Faber, *Munich*, pp.227–9; Jeffery, *MI6*, pp.299–303
37. Ferris, 'Indulged in all too Little', pp.142–4
38. Jeffery, *MI6*, p.303; Ferris, 'Indulged in all too Little', pp.160–2
39. Andrew, *Defence of the Realm*, pp.202–4; Faber, *Munich*, pp.224–6
40. Watt, *How War Came*, p.613; Neville, 'Henderson, Sir Nevile Meyrick (1882–1942)', *Oxford Dictionary of National Biography*, Oxford University Press, 2004, online edn
41. Yarhi-Milo, 'In the Eye of the Beholder', pp.39–42
42. Ferris, 'Indulged in all too Little', pp.167–8
43. Best, 'The Japanese Threat to British Interests', p.93

44. Chamberlain to Ida Chamberlain, 6 October 1938, Chamberlain Papers 18/1/1071, Birmingham University Library
45. Mills, 'The "Secret Channel" to Italy', p.306
46. Andrew, *Defence of the Realm*, pp.206–7
47. Andrew, 'Churchill and Intelligence', p.181
48. Thorpe, *Supermac*, pp.133–5; Faber, *Munich*, pp.433–4
49. Andrew, *Defence of the Realm*, pp.202–3
50. Yarhi-Milo, 'In the Eye of the Beholder', pp.42–4
51. Andrew, *Defence of the Realm*, p.205
52. Andrew, 'Secret Intelligence and British Foreign Policy', p.24; Richards, *Secret Flotillas*, pp.19–20
53. Goodman, *Joint Intelligence Committee*, p.46
54. Ferris, 'The Road to Bletchley Park', p.68
55. Andrew, *Defence of the Realm*, pp.205–10; Yarhi-Milo, 'In the Eye of the Beholder', pp.42–4
56. Watt, *How War Came*, pp.208, 214
57. Andrew, *Defence of the Realm*, p.208
58. Wark, 'Something Very Stern', p.150
59. Gerrard, *The Foreign Office and Finland*, pp.17, 22, 26, 58
60. Watt, 'Intelligence Surprise', p.512
61. Goodman, *Joint Intelligence Committee*, pp.52–4
62. Watt, *How War Came*, pp.440–1; Self, *Chamberlain*, p.374
63. Roberts, *Holy Fox*, p.170
64. Goodman, *Joint Intelligence Committee*, pp.53–4
65. Ibid., pp.64–6
66. Ferris, 'Intelligence and Diplomatic Signalling', p.688
67. Self, *Chamberlain*, p.402
68. Jeffery, *MI6*, pp.382–3
69. Richards, *Secret Flotillas*, pp.19–21
70. Self, *Chamberlain*, p.396
71. Duncan Gardham, 'Ballet dancing agent leaked battle plans to Nazis', *Daily Telegraph*, 26 August 2010, p.5
72. Jeffery, *MI6*, p.345
73. Goodman, *Joint Intelligence Committee*, pp.71–5
74. Wark, 'Williamson Murray's Wars', pp.472–81; Peden, *Rearmament and the Treasury*, pp.13–15
75. Goodman, *Joint Intelligence Committee*, p.51
76. Ferris, 'The Road to Bletchley Park', p.74

Chapter 4: Winston Churchill (1940–1941)

1. Churchill, *Their Finest Hour*, p.342
2. Bennett, *Churchill's Man of Mystery*, p.234
3. Morton to Thompson, 6 September 1960, Thompson, *Churchill and Morton*, p.89
4. Andrew, 'Churchill and Intelligence', pp.180–2
5. Ibid., pp.189–90
6. Hinsley, 'Churchill and Special Intelligence', p.412
7. Ibid., p.408; Goodman, *Joint Intelligence Committee*, pp.71–2
8. Hinsley, 'Churchill and Special Intelligence', p.409
9. Hinsley, *British Intelligence*, Vol. 1, p.295
10. Jablonsky, *The Great Game*, p.157
11. Entry for 22 February 1945, Dilks (ed.), *Cadogan Diary*, pp.719–20
12. McMahon, *British Spies and Irish Rebels*, pp.1–3
13. Hull, *Irish Secrets*, pp.301–4; Bowyer Bell, *Secret Army*, pp.157–8; O'Halpin, *Spying on Ireland*, pp.39–42
14. McMahon, *British Spies and Irish Rebels*, pp.259–68
15. O'Halpin, *Spying on Ireland*, pp.48–52; McMahon, *British Spies and Irish Rebels*, pp.262–70
16. McMahon, *British Spies and Irish Rebels*, pp.268–72
17. MI6 messages, 8 and 16 December 1941, KV 2/1321; Stephenson to MI6, 12 September 1941, KV 2/1321
18. Hull, *Irish Secrets*, pp.341–3
19. Hermann Goertz document, December 1944 (MI5 translation), KV 2/1322
20. Entry for 6 January 1942, 'The Diaries of Guy Liddell', KV 8/189
21. O'Halpin, *Spying on Ireland*, pp.26–7
22. Hull, *Irish Secrets*, pp.341–3; McMahon, *British Spies and Irish Rebels*, pp.307, 322–3
23. Richard, *Secret Flotillas*, p.5
24. Ben Macintyre, 'Britain is not Immune from the Enemy Within', *The Times*, 28 February 2014
25. Andrew, *Defence of the Realm*, p.223
26. Rebecca Maksel, 'Spy Pigeons: Unlikely soldiers during World War II: more than 250,000 pigeons were deployed by the British', *Smithsonian Air and Space Magazine*, 18 December 2012
27. McMahon, *British Spies and Irish Rebels*, pp.305–6
28. Kershaw, *Making Friends With Hitler*; Max Hastings, 'When the Nazis came round to play golf', *Daily Telegraph*, 28 December 2004
29. Interrogation of Tyler Kent by Captain Maxwell Knight, 20 May 1940, KV 2/543;

Statement of Captain Maxwell Knight to Special Branch, 24 May 1940, ibid.
30. Quinlan, *The Secret War*, p.137
31. Andrew, *Defence of the Realm*, p.225; Bearse, *Conspirator*, p.265.
32. Anon, 'Tales of Internment', *Daily Telegraph*, 6 December 2006
33. Stafford, *Churchill and Secret Service*, p.181
34. Andrew, *Defence of the Realm*, p.231; Lafitte, *Internment of Aliens*, p.201
35. Ibid., p.222
36. Ibid., p.227
37. Warren Manger, 'Secret files reveal mystery MI5 genius who foiled British Nazi spy network with fake Iron Crosses', *Daily Mirror*, 27 February 2014
38. Stafford, *European Resistance*
39. Bennett, *Churchill's Man of Mystery*, pp.259–60
40. Stafford, *Churchill and Secret Service*, pp.185–8
41. Keene, *Cloak of Enemies*, p.73
42. Bennett, *Churchill's Man of Mystery*, p.261
43. Greenwood, *Titan at the Foreign Office*, p.103
44. Bennett, *Churchill's Man of Mystery*, pp.249–52
45. Ibid., pp.249–50
46. Jablonsky, *The Great Game*, p.15
47. Ben Macintyre, 'How Hitler's inner circle was penetrated by an MI6 agent', *The Times*, 13 February 2010, pp.34–5
48. R.V. Jones, *Most Secret War*, pp.102–5; Churchill, *Their Finest Hour*, pp.383–5
49. Staffford, *Churchill and Secret Service*, pp.194–5
50. Hodges, *Turing*, pp.219–22
51. Winks, 'Winston Churchill, Intelligence and Fiction', p.7
52. Jablonsky, *The Great Game*, p.157
53. Correspondence between Sempill and Toyoda, KV 2/871
54. Larry Getlen, 'The traitor of Pearl Harbor', *New York Post*, 27 May 2012; Paul Lashmar and Andrew Mullins, 'Churchill protected Scottish peer suspected of spying for Japan', *Independent*, 24 August 1998
55. Churchill, *Grand Alliance*, pp.317–20
56. Ibid.
57. Hinsley, 'Churchill and Special Intelligence', p.421
58. Hinsley, *British Intelligence*, Vol. 1, pp.59–60
59. Murphy, *What Stalin Knew*, pp.120–34
60. Gorodetsky, *Grand Delusion*, pp.120, 232, 316
61. Churchill to Eden, 13 May 1941, PREM 3/219/7
62. Churchill to Eden, 30 March 1941, PREM 3/510/11
63. Churchill to Stalin, 3 April 1941, FO 371/29479/N1366
64. *Documents on German Foreign Policy*, Series D, Vol. 12, pp.604–5
65. Gorodetsky, 'Churchill's warnings to Stalin', p.979; see also Kimball, *The Juggler*, p.209
66. Churchill to Eden and Beaverbrook, 14 October 1941, PREM 3/403
67. Jablonsky, *Great Game*, p.161
68. Christopher Andrew and Vasili Mitrokhin, *The Mitrokhin Archive*, p.150
69. Reppetto, *Battleground New York*, pp.168–70
70. Bratzel and Rout, 'Pearl Harbor, Microdots, and J. Edgar Hoover', pp.1342–51, 953–60
71. Winks, 'Winston Churchill, Intelligence and Fiction', p.10
72. Charlotte McDonald-Gibson, 'David Cameron defends Britain's spy services as anger mounts in Europe over US and UK state surveillance', *Independent*, 26 October 2013
73. Bennett, *Churchill's Man of Mystery*, p.253
74. Cull, *Selling War*, p.145
75. Entry for 4 March 1940, Berle Diary, reel 2, frame 03093, FDR Library, Hyde Park, New York
76. Berle to Hull, 5 September 1941, Berle Diary, reel 3, frame 0308, FDR Library, Hyde Park, New York
77. Bratzel and Rout, 'FDR and the "Secret Map"', pp.167–73
78. See also his 'Will Hitler Take Ireland?', *Nation*, 31 January 1942, Shirer papers, George T. Henry College Archives, Stewart Memorial Library, Coe College
79. West, *Counterfeit Spies*; Cull, *Selling War*
80. Paul Fussell argues that it was penned by Stanley Preston Young at the New York publisher Harcourt, Brace. Fussell, *Wartime*, p.166
81. Holliday, *Children in the Holocaust*, pp.33–54
82. Cull, *Selling War*, p.4
83. Ben Macintyre, 'How we won the war: bugging, burglary, bribes; the defectors, double agents and saboteurs who outfoxed Nazi Germany met their match in the Soviet Union', *The Times*, 24 May 2014
84. Stafford, *Churchill and Secret Service*, pp.198–202

Chapter 5: Winston Churchill (1942–1945)

1. Rose, *The Literary Churchill*, p.122
2. Colville, *Fringes of Power*, pp.124–5
3. Minute by Churchill, 11 March 1944, F1176/66/61, FO371/41723
4. Hinsley and Stripp (eds), *Codebreakers*, pp.4–7
5. Hinsley, 'Churchill and Special Intelligence', pp.422–4
6. Andrew, *Defence of the Realm*, p.289
7. Ben Macintyre, 'How we won the war: bugging, burglary, bribes', *The Times*, 24 May 2013
8. Andrew, *Defence of the Realm*, p.239
9. Ibid., p.289
10. Record of a meeting at 10 Downing Street, 'War Cabinet Committee on "Overlord" Preparations', 8 March 1944, CAB 98/40
11. Macintyre, *Operation Mincemeat*, pp.122–9
12. Andrew, *Defence of the Realm*, p.287
13. Cave Brown, *'C'*, pp.317–18
14. Jablonsky, *Great Game*, pp.160–1
15. Aldrich, *GCHQ*, pp.55–6
16. Davies, *MI6*, pp.187, 238
17. Paul Callan, 'Adolf Hitler's orders: Kill Winston Churchill', *Daily Express*, 21 July 2012
18. CSS No. 635, 'Triangle', 30 May 1943, HW 1/1709
19. Payn and Morley (eds), *The Noël Coward Diaries*, p.21
20. John Mitchell diary, 2–4 June 1943, MISC 59, CCC, pp.15–17
21. McJimsey, *Harry Hopkins*, p.454, n34
22. O'Sullivan, *Dealing With the Devil*, pp.201–3
23. O'Sullivan, *Nazi Secret Warfare*, pp.222–3
24. Skorzeny, *Meine Kommandounternehmen*, pp.189–93
25. Rezun, *The Soviet Union and Iran*, pp.362–4
26. Erickson, *The Road to Berlin*, pp.153–4
27. O'Sullivan, *Dealing With the Devil*, pp.201–3; see also West, *Historical Dictionary of World War II Intelligence*, pp.140–1
28. Vaughan, *Sleeping With the Enemy*, pp.204–8. Chanel paid for the support of his family after the war, and for his funeral in 1952
29. Picardie, *Coco Chanel*, pp.126–37; Doerries, *Hitler's Intelligence Chief*, pp.165–7
30. Kern, 'How "Uncle Joe" Bugged FDR'
31. Gregory Vartanyan obituary, *Daily Telegraph*, 11 January 2012
32. Duncan Gardham, 'MI5 files: Zionist terrorist plotted to kill Winston Churchill', *Daily Telegraph*, 3 April 2011
33. John Mitchell diary, 25 December 1944, MISC 59, CCC, pp.15–17
34. Cahal Milmo, 'Rommel plot revealed: Plan to assassinate the Desert Fox – and why MI6 abandoned it', *Independent*, 23 May 2013
35. Seaman, *Operation Foxley*; Rigden, *Kill the Führer*
36. John Keegan quoted in Stafford, 'Churchill and SOE', pp.47–8
37. Max Hastings, 'Winston Churchill the terrorist', *Daily Mail*, 24 August 2009; see also Hastings, *Finest Years*, pp.451–76
38. Stafford, 'Churchill and SOE', pp.48–56
39. Van Creveld, *Hitler's Strategy*, pp.5–9
40. Martin, *The Web of Disinformation*, pp.52–75
41. Roberts, *Tito, Mihailović, and the Allies*, pp.131–2
42. Frank McLynn, 'Sir Fitzroy Maclean Bt', obituary, *Independent*, 19 June 1996
43. Lindsay, *Beacons in the Night*, p.235; Maclean, *Eastern Approaches*, pp.319–21
44. Randolph Churchill to Fitzroy Maclean, 9 November 1944, WO 202/283
45. Entry for Friday, 27 October 1944, Davie (ed.), Waugh diary
46. Randolph Churchill, HQ Croatia, to PM, 12 April 1944, PREM 3/511/12
47. Diamond, *Wingate*, pp.2–7
48. Mountbatten, *Report to the Combined Chiefs of Staff*, p.173; Cruickshank, *SOE in the Far East*, pp.184–5
49. Cruickshank, *SOE in the Far East*, pp.189–90
50. Stopford to Browning, 21 July 1945, WO 203/4398; see also 'Note of Operation Character up to 25 April 1945', WO 203/54
51. Churchill's remarks reported in Martin to Harvey, 12 June 1942, F4097/2878/40, FO 371/31866
52. Garden to Ripley, 'Long Range Intelligence in Thailand', 13 April 1945, File 3469, Box 250, Entry 146, RG 226, NARA
53. Aldrich, *Intelligence and the War Against Japan*, pp.119–23
54. Entry for 23 February 1945, Colville, *Fringes of Power*, p.563
55. Downes, *Scarlet Thread*, p.31
56. MacDonald, *Undercover Girl*, p.121
57. 'Report on American activities in Bombay', by O.C. Censor Station, 15 March 1943, and note by Chief Censor India to DMI, 27 March 1943, WO 208/816
58. Interview with Ralph Block (OWI India), May 1967, Oral History collection, Harry

S. Truman Library, Independence, Missouri
59. Stafford, *Roosevelt and Churchill*, p.256
60. R. Aldrich interview with Colin Mackenzie, Special Forces Club, London, April 1985
61. Bartholomew-Feis, *The OSS and Ho Chi Minh*, pp.203–8
62. Air Vice Marshal Harcourt Smith to Air Vice Marshal Whitworth Jones, DO/GHS, 22 February 1945, MBI/C42/66/4, Mountbatten papers, Southampton University Library
63. Stafford, *Roosevelt and Churchill*, pp.182–9
64. Thorne, *Allies of a Kind*, p.266
65. Entry for 15 March 1943, 'Interview with prime minister', Wilkinson, Diary, 1/2, 2, CCC. The authorities swooped on this MI6 diary in 1998 and closed it, but this attempt to police the past was thwarted, since copies exist in the Anthony Cave Brown papers, Lauinger Library
66. Entry for 26 May 1942, Danchev and Todd (eds), *Alanbrooke: War Diary*
67. Entry for 22 March 1943, Wilkinson, Diary, 1/2, 2, CCC
68. Wilkinson (BSC) to Sir George Sansom, 28 December 1944, Box 1, 4, Wilkinson papers, CCC
69. See Zamir, *The Secret Anglo-French War*
70. Killearn (Cairo) to Cavendish-Bentinck, 8 June 1945, HF/EP (1154/1/45G), E4569/1630/65, FO 371/45272
71. Selborne to Churchill, 'Armistice and Post-war Committee', 27 April 1944, SOE main office files. We are most grateful to the SOE adviser Duncan Stewart for providing us with a copy of this document, which was in the process of being released to the TNA
72. Zamir, 'The "Missing Dimension"', pp.791–899
73. Churchill quoted in Colville to Hollis, 18 April 1945, CAB 120/827
74. Lynch (London) to Hoover (FBI), 12 July 1945, Donovan papers, US Army War College, Carlisle
75. Donovan to Truman, 31 August 1945, Box 15, Conway files, Harry S. Truman Library
76. Churchill to Eden, M537/4, 8 May 1944, Eden papers, Pol 44/90, FO 954/20A/169
77. Entry for 23 February 1945, Colville, *Fringes of Power*, p.563
78. A careful account is offered in the second edition of Lewis, *Changing Direction*, pp.xxxvi–xlvi
79. *Guardian*, 2 October 1998. We are indebted to Gary Rawnsley for this reference. 'Operation Unthinkable', 22 May 1945 (Final), CAB 120/691
80. PM to Ismay, 10 June 1945, CAB 120/691; Bryant, *Triumph in the West*, pp.469–70; Lewis, *Changing Direction*, pp.242–3. For Churchill and Truman on this see Bryden, *Best-Kept Secret*, pp.262–4
81. Goodman, *Joint Intelligence Committee*, p.144
82. JIC (44) 467 (0), 'Russia's Strategic Interest and Intentions from the Point of View of her Security', N678/20/38, FO 371/47860; JIC (45) 163 (0), Revised Final, 'Relations with the Russians', 23 May 1946, CAB 81/129
83. Jon Ungoed-Thomas, 'Attlee Feared Atom Bomb Armageddon', *Sunday Times*, 4 November 2007, p.11
84. Eden to Churchill, P.P./44/1, 4 January 1944, CAB 120/827; Churchill to Ismay, D.41/4, 10 February 1944, ibid.
85. Entry for Saturday, 20 January 1945, 'The Diaries of Guy Liddell', fos.59–60, KV 4/196
86. Denning to Cavendish-Bentinck No.11519, 11 May 1945, fo.1025, WO 203/5625
87. Penney to Sinclair, 2 May 1945, 5/21, Penney papers, Liddell Hart Centre for Military Archives
88. Reynolds, *In Command of History*; Clarke, *Mr Churchill's Profession*; Goodchild, *R.V. Jones*, p.8
89. Brook to Churchill, 4 June 1948, CAB 21/3749; Brook to Menzies, 8 November 1948, ibid.; Churchill to Brook, 7 June 1948, ibid.; Menzies to Brook, C/1438, 29 September 1948, ibid.

Chapter 6: Clement Attlee (1945–1951)

1. Attlee scribbled note on memorandum from Strang to Attlee, 26 March 1949, FO 800/437
2. Attlee to Swinton, 8 April 1950, Attlee dep.100, fol.12, Bodleian Library, Oxford
3. Bastable, *Prime Ministers*, p.102. He was challenged as an MP by an Italian captain
4. Jeffery, *MI6*, p.619
5. Schlaepfer, 'Signals Intelligence and British Counter-Subversion', p.3
6. 'C' to deputy prime minister, 'Boniface', C/5249, 29 December 1943, HW 1/2308
7. Ismay to Attlee, 3 January 1944, CAB 120/827; also Jacob to Attlee, 1 December 1943, ibid.
8. Attlee, *As it Happened*, p.151; Scowcroft, *Attlee's War*, p.51

9. Hennessy, *The Prime Minister*, p.152
10. Jeffery, *MI6*, pp.649, 751
11. Attlee was Churchill's deputy in the War Cabinet and on the Defence Committee, and spoke for the coalition government in Parliament when Churchill was away. He was Lord Privy Seal in 1940, and assumed the newly created post of deputy prime minister in 1942
12. Entry for 25 May 1940, 'The Diaries of Guy Liddell', KV 4/186
13. Lomas, 'The Defence of the Realm and Nothing Else', p.16
14. Walton, 'British Intelligence and Threats to British National Security', p.45
15. Entry for 1 January 1949, 'The Diaries of Guy Liddell', KV 4/471
16. Toye, 'Winston Churchill's Crazy Broadcast', pp.655–80
17. Winston Churchill quoted in Francis Beckett, *Clem Attlee*, p.213; Gilbert, *Never Despair*, pp.32–5; see also Colville, *Fringes of Power*, p.612
18. Andrew, *Defence of the Realm*, p.382
19. Entry for 18 October 1945, 'The Diaries of Guy Liddell', KV 4/466
20. Entry for 28 June 1946, ibid., KV 4/467; see also entries for 10 May and 2 July 1946, ibid.
21. Lomas, 'Labour Ministers, Intelligence and Domestic Anti-Communism', p.115
22. Entry for 19 November 1946, 'The Diaries of Guy Liddell', KV 4/468
23. Entry for 1 January 1946, ibid., KV 4/467
24. Entry for 20 February 1946, ibid.
25. Andrew, *Defence of the Realm*, pp.321, 323; Sillitoe, *Cloak Without Dagger*, p.176
26. Andrew, *Defence of the Realm*, p.323; Andrew, *Secret Service*, p.489: Jones, *Reflections*, p.21
27. Entries for 17 and 31 December 1945, 'The Diaries of Guy Liddell', KV 4/467
28. R.W. Johnson, 'Find the Birch Sticks', *London Review of Books*, 27/17 (2005), p.17
29. Lownie, *Burgess*, pp.289–91
30. Lycett, *Fleming*, pp.251–310
31. Entry for 4 March 1950, 'The Diaries of Guy Liddell', KV 4/472
32. Theakston, 'Brook, Norman Craven, Baron Normanbrook (1902–1967)', *Oxford Dictionary of National Biography*, Oxford University Press, 2004, online edn
33. Attlee to Swinton, 8 April 1950, Attlee dep.100, fol.12, Bodleian Library, Oxford
34. Turchetti, *The Pontecorvo Affair*, pp.81–98
35. Andrew, *Defence of the Realm*, pp.382, 369; Jeffery, *MI6*, p.657
36. On the latter see 'Letter from prime minister to prime ministers of Canada, Australia, New Zealand and South Africa on discussion of security at autumn conference: counter-action of Soviet infiltration methods', 1947–1951, PREM 8/1343
37. Hennessy, *Secret State*, pp.87, 89; Andrew, *Defence of the Realm*, p.383; minute by Attlee, 21 December 1947, CAB 130/20
38. Schlaepfer, 'Signals Intelligence', p.13
39. Hennessy and Brownfeld, 'Cold War Security Purge'
40. Entry for 25 March 1948, 'The Diaries of Guy Liddell', KV 4/469
41. Entry for 14 April 1948, ibid.
42. Entries for 22 February and 16 March 1949, ibid., KV 4/471
43. Clement Attlee, 3 July 1949, Attlee dep.85, fols.110–47, Bodleian Library, Oxford
44. Deery, 'A Very Present Menace', pp.70–2
45. Ibid.
46. Andrew, *Defence of the Realm*, p.324
47. Ibid., p.837
48. Entry for 19 November 1946, 'The Diaries of Guy Liddell', KV 4/468
49. 'Communism in the United Kingdom: Note by the Official Committee', 16 December 1950, attached to 'Communism in the United Kingdom: Note by the Secretary', AC(M)(51)1, 19 January 1951, CAB 134/2
50. Correspondence of 25 October 1950, ED 34/135
51. 'Official Committee on Communism (Home): Constitution and Terms of Reference of the Committee', AC(H)(51)1, 7 June 1951, CAB 134/2
52. See Maguire, 'Counter-Subversion in Early Cold War Britain', pp.1–30
53. Clement Attlee, 'Russian Infiltration', attached to letter from Attlee to the leaders of Canada, Australia, New Zealand and South Africa, July 1948, PREM 8/1343
54. Ibid.
55. Clement Attlee, 'Foreword' in Percy Sillitoe, *Cloak Without Dagger*, p.v; Aldrich, *Hidden Hand*, p.425
56. Hennessy, *Secret State*, p.92
57. Hoover to Souers, 18 June 1951, Box 169, PSF Files, Harry S. Truman Library, Independence, Missouri
58. Hennessy and Brownfeld, 'Cold War Security Purge', pp.969–73
59. John Crossland, 'Attlee sought answers about Burgess and Maclean', *The Times*, 2 April 2007, p.7

60. Robert Verkaik, 'Revealed: Attlee's ignorance of the Cambridge spies who defected', *Independent*, 3 January 2007, p.14
61. Rossiter, *The Spy Who Changed the World*, pp.57, 145, 212, 295
62. Goodman, 'Who is Trying to Keep What Secret from Whom and Why?', pp.99–109
63. Quoted in Rossiter, *The Spy Who Changed the World*, p.296
64. Bower, *The Perfect English Spy*, p.97
65. Entry for 3 March 1950, 'The Diaries of Guy Liddell', KV 4/472
66. Goodman and Pincher, 'Research Note: Clement Attlee, Percy Sillitoe and the Security Aspect of the Fuchs Case', p.69
67. Ibid., p.68
68. Ibid., p.69; Hennessey and Thomas, *Spooks*, p.75
69. Memorandum from Sillitoe to Attlee, 'Klaus Fuchs', 7 February 1950, PREM 8/1279
70. Hennessey and Thomas, *Spooks*, p.81
71. Memorandum from Sillitoe to Attlee, 'Klaus Fuchs', 7 February 1950, PREM 8/1279; Goodman and Pincher, 'Research Note', p.70
72. Roger Hollis quoted in Hennessy and Thomas, *Spooks*, p.80
73. Goodman and Pincher, 'Research Note', pp.70–1
74. 'Extract from Prime Minister's Speech in the Debate on the Address: Official Report 6 March 1950. Cols 71–2', attached to note from Ministry of Supply to 10 Downing Street, 13 March 1950, PREM 8/1279
75. Memorandum from Sillitoe to Attlee, 'Klaus Fuchs', 7 February 1950, PREM 8/1279
76. Moran, *Classified*, p.114
77. 'Extract from Prime Minister's Speech in the Debate on the Address: Official Report 6 March 1950. Cols 71–2', attached to note from Ministry of Supply to 10 Downing Street, 13 March 1950, PREM 8/1279
78. Attlee, *As it Happened*, p.162
79. Goodman, 'Who is Trying to Keep What Secret from Whom and Why?', pp.99–109
80. Entry for 17 March 1950, 'The Diaries of Guy Liddell', KV 4/472
81. Brown, *Bernal*, p.330
82. Close, *Half Life*, p.205
83. Turchetti, *The Pontecorvo Affair*, p.124
84. Quoted in ibid., p.135
85. Skinner to Perrin, 13 June 1951, J1117/11, Cherwell papers, Nuffield College, Oxford
86. On the 'Cold Warrior' debate see Smith and Zametica, 'The Cold Warrior', p.241
87. Peter Hennessy, *The Prime Minister*, pp.166–7; Phythian, *The Labour Party, War and International Relations*, p.25
88. Young, *Masters of Indecision*, p.15
89. Ian Cobain, 'Special report: How T-Force abducted Germany's best brains for Britain: Secret papers reveal post-war campaign to loot military and commercial assets', *Guardian*, 29 August 2007, p.12
90. Beckett, *Clem Attlee*, p.231; Pearce, *Attlee*, p.164
91. Lucas and Morris, 'A Very British Crusade', pp.85–90
92. 'Extract from the Conclusions of the 78th Meeting of the Cabinet held on Wednesday, 14 August 1946', FO 945/400
93. Attlee to McNeil, April 1947, PREM 8/624
94. 'Propaganda to Jews in Europe', GEN.180/4, 2 June 1947, CAB 130/20
95. For details of the operations see Jeffery, *MI6*, pp.689–94
96. Interview, David Smiley, London, May 1999
97. Jeffery, *MI6*, pp.689–94; West, *Friends*, pp.33–40; Dorril, *MI6*, pp.545–9
98. Jeffery, *MI6*, p.712
99. Vickers, *The Labour Party*, p.186; Bullock, *Bevin*, p.78
100. Jeffery, *MI6*, p.714
101. Attlee scribbled note on memorandum from Strang to Attlee, 26 March 1949, FO 800/437
102. Memorandum from Strang to Attlee, 5 April 1949, FO 800/437
103. Ibid.
104. 'Conversations Between Bevin and Acheson on Albania', 14 September 1949, Box 312, Records of Post CFM meetings, RG 49, NARA
105. John Ward to Air Marshal William Elliott, 20 February 1950, attached: '"Deception" Organisation', DEFE 28/1
106. 'Composition and Terms of Reference', AC(M)(49)1, 31 December 1949, CAB 21/2992
107. Gwinnett, 'Attlee, Bevin and Political Warfare'
108. Cliffe, 'Anti-Communist Activities in Europe', AC(M)(50)2, 22 December 1950, PREM 8/1365
109. 'Proposed Activities behind the Iron Curtain', AC(O)(50)52 (Third Revise), November 1950, CAB 21/2750
110. Brook to Attlee, 'Meeting of the Ministerial Committee on Communism, 21 December 1950', 20 December 1950, PREM 8/1365
111. Aldrich, *Hidden Hand*, pp.468–9

112. Jackson to Keating (AIOC), 6 August 1951, Box 52, CD Jackson Papers, Dwight D. Eisenhower Library, Kansas
113. David Howell, 'Morrison, Herbert Stanley', *Oxford Dictionary of National Biography*, Oxford University Press, 2004, online edn. The quote was from Hugh Gaitskell
114. Attlee, *As it Happened*, pp.176–7
115. Goodman, *Joint Intelligence Committee*, p.358
116. EP 1531/674 and FO 371/91550, EP 15331/713, FO 371/91548, cited in Dorril, *MI6*, pp.562–3
117. Smiley, *Albanian Assignment*, p.161; Bethell, *Great Betrayal*, pp.71, 137–9; Lapping, *End of Empire*, p.215; interview, David Smiley, London, May 1999
118. Louis, 'Britain and the Overthrow of the Mossadeq Government', p.132
119. Swinton to Attlee, 5 April 1950, SWIN III, ACC 313, 4/1, Swinton papers, CCC
120. Ibid.
121. Attlee to Swinton, 8 April 1950, ibid.
122. Swinton to Attlee, 18 May 1950, ibid.
123. Herman, 'The Postwar Organisation of Intelligence', pp.11–35
124. Goodman, *Spying on the Nuclear Bear*, pp.36–56
125. Cabinet Office correspondence with the authors, 16 August 2011
126. DJWR to Attlee, 25 October 1950, enclosing Brook minute to Attlee, PREM 8/1527. We are especially grateful to Daniel Lomas for sight of this document
127. In December 1951 GEN 374 was wound up and reconstituted as PSIS
128. Chiefs of Staff (52) 152nd meeting (1), Confidential Annex, 4 November 1952, DEFE 11/350
129. Swinton to Maude, 15 June 1951, SWIN III, ACC 313, 4/1, Swinton papers, CCC
130. Maude to Swinton, 19 June 1951, ibid.
131. Mistry, 'Illusions of Coherence', pp.39–66
132. Mason to Greenhough, 19 October 1951, LAB 13/697

Chapter 7: Winston Churchill (1951–1955)

1. Wilford, *America's Great Game*, p.193
2. Young, *Winston Churchill's Last Campaign*, pp.12–52
3. Theakston, 'Baron Normanbrook (1902–1967)', *Oxford Dictionary of National Biography*, Oxford University Press, 2004, online edn
4. Jenkins, *Churchill*, pp.492–3
5. Entry for 3 May 1953, Dixon diary, in Carlton, *Churchill and the Soviet Union*, p.183
6. Hennessy, *The Prime Minister*, p.183
7. Entry for 31 July 1954, Catterall (ed.), *Macmillan Diaries*, Vol. I, pp.351–3
8. Hennessy, *The Prime Minister*, p.185
9. Entry for 31 July 1954, Catterall (ed.), *Macmillan Diaries*, Vol. I, pp.351–3
10. Whitehead, 'Intelligence archive: Churchill and Stalin's boozy meeting', *Daily Telegraph*, 23 May 2013
11. Montague Brown, *Long Sunset*, p.133
12. Andrew, 'Churchill and Intelligence', p.182
13. Montague Brown, *Long Sunset*, pp.133–4
14. Dorril, *MI6*, p.494. The quotes are from George Blake and Kim Philby respectively
15. Stafford, *Churchill and Secret Service*, p.393
16. Aldrich, *Hidden Hand*, pp.315–42
17. Entries for 13 and 14 March 1953, 'The Diaries of Guy Liddell', KV 4/475
18. Stafford, *Churchill and Secret Service*, p.391; Colville, *The Churchillians*, p.60
19. Bower, *Perfect English Spy*, p.146
20. Stafford, *Churchill and Secret Service*, p.390
21. Aldrich, *Hidden Hand*, p.440; Andrew, *Defence of the Realm*, pp.155, 224, 229
22. Entry for 17 November 1951, 'The Diaries of Guy Liddell', KV 4/473
23. Simkins, 'Sillitoe, Sir Percy Joseph (1888–1962)', *Oxford Dictionary of National Biography*, Oxford University Press, 2004, online edn
24. Stafford, *Churchill and Secret Service*, pp.391–2
25. Entry for 7 December 1951, 'The Diaries of Guy Liddell', KV 4/473; Page, Leitch and Knightley, *Philby Conspiracy*
26. Entry for 12 December 1951, 'The Diaries of Guy Liddell', KV 4/473
27. Bower, *Perfect English Spy*, p.146
28. Ibid.
29. Stafford, *Churchill and Secret Service*, p.390
30. Entry for 22 February 1952, 'The Diaries of Guy Liddell', KV 4/474
31. Dutton, 'Fyfe, David Patrick Maxwell, Earl of Kilmuir (1900–1967)', *Oxford Dictionary of National Biography*, Oxford University Press, 2004, online edn
32. Entries for 22 February and 3 March 1952, 'The Diaries of Guy Liddell', KV 4/474; Andrew, *Defence of the Realm*, p.324
33. Entries for 22 February and 17 March 1952, 'The Diaries of Guy Liddell', KV 4/474
34. Stafford, *Churchill and Secret Service*, p.390

35. Entry for 16 December 1952, 'The Diaries of Guy Liddell', KV 4/474
36. Entry for 17 November 1951, ibid., KV 4/473
37. Entry for 7 December 1951, ibid.
38. Entry for 16 June 1952, ibid., KV 4/474; Dick White, untitled, 16 June 1952, KV 2/1367
39. Entry for 1 January 1953, 'The Diaries of Guy Liddell', KV 4/475
40. Dick White, untitled, 16 June 1952, KV 2/1367
41. Entry for 16 June 1952, 'The Diaries of Guy Liddell', KV 4/474; Dick White, untitled, 16 June 1952, KV 4/474
42. Entry for 23 June 1952, 'The Diaries of Guy Liddell', KV 4/474
43. Prime Minister to SoS for Air, M.412/52, J122/131, Cherwell papers, Nuffield College, Oxford; Air Ministry to Churchill, 9 August 1952, ibid.
44. Young, 'Churchill's bid for peace with Moscow, 1954', p.445
45. Gervase Cowell in Andrew and Aldrich (eds), 'Intelligence Service in the Second World War', p.163
46. 'Record of Meeting between Churchill, Nutting, Rennie, Kirkpatrick,' 1 May 1954, PREM 11/773
47. Khokhlov quoted in 'I led KGB Hit Squad', *Daily Mirror*, 21 July 2007; 'The Khokhlov Case: A Russian Secret Agent's Fantastic Weapons', *Illustrated London News*, 1 May 1954, p.719; Brook-Shepherd, *The Storm Birds*
48. Churchill to Nutting and Kirkpatrick, 14 May 1954, PREM 11/773
49. Lloyd to Churchill, 15 May 1954, ibid.
50. CAB 195/13/6, Cabinet Minutes, 8 December 1954, Cabinet Secretary's Notebook; CAB 128/27, Cabinet Conclusions, 8 December 1954, CC(54) 84th Conclusions; CAB 128/8, Cabinet Conclusions, 20 January 1955, CC(55) 5th Conclusions. For legal and other advice see LO 2/937/LCO 2/5190
51. Stafford, 'Churchill and SOE', pp.47–8
52. Braden to Bedell Smith, 28 December 1949, Box 4, ACUE, Bedell Smith papers, Dwight D. Eisenhower Library, Kansas; see also Aldrich, *Hidden Hand*, pp.342–70
53. Reilly minute, 3 April 1952, ZC.52/54, DEFE 11/433
54. Entry for 1 February 1951, Catterall (ed.), *Macmillan Diaries: The Cabinet Years*, pp.50–1
55. Entry for 10 August 1951, ibid., pp.94–5; see also p.123
56. Shuckburgh, *Descent to Suez*, 27 August 1953
57. Defty, *Britain, America and Anti-Communist Propaganda*, pp.193–4
58. Robert Joyce, 'Final Meeting in London with British Foreign Office and SIS Representatives', 20 December 1951, Executive Secretariat, PSB Working File, 1951–53, Box 6, RG59, NARA. We are indebted to Thomas Maguire for this file
59. Dorril, *MI6*, p.489; Young, *Winston Churchill's Last Campaign*, pp.37, 70, 85; Young, 'The British Foreign Office and Cold War Fighting', pp.1–8
60. Young, *Winston Churchill's Last Campaign*, p.37; Corke, *US Covert Operations*, pp.153–5; Larres, *Churchill's Cold War*, pp.163–7
61. Louis, 'The Significance of Muhammad Mossadegh', *Times Literary Supplement*, 27 June 2012
62. Mawby, 'The Clandestine Defence of Empire', p.105
63. Battersby, 'Sir Winston Churchill's family begged him not to convert to Islam, letter reveals', *Independent*, 28 December 2014
64. Montague Brown, *Long Sunset*, p.164
65. Stafford, *Churchill and Secret Service*, p.397
66. Kinzer, *All the Shah's Men*, pp.144–7
67. Wilford, *America's Great Game*, pp.162–9
68. Eisenhower to Churchill, 5 May 1953, in Boyle (ed.), *Churchill-Eisenhower Correspondence*, p.52
69. Woodhouse to Amery, 13 February 1952, Julian Amery papers, 1/2/93, CCC
70. Thomas to Greenhough, 28 July 1952 (No Circulation), LAB 13/1069
71. Woodhouse, 'Iran 1950–53', 16 August 1976, Woodhouse 8/1, p.5, LHCMA
72. Dorril, *MI6*, p.581
73. Churchill to Bedell Smith, T.96/53, 15 April 1953, PREM 11/515. We are indebted to Dina Rezk for bringing this file to our attention
74. Top-secret minute to Churchill on discussions with John Foster Dulles, New York, 7 January 1953, ibid.
75. Woodhouse, 'Iran 1950–53', 16 August 1976, Woodhouse 8/1, p.12, 16, LHCMA
76. Montague Brown, *Long Sunset*, pp.132, 166
77. Andrew, 'Churchill and Intelligence', p.182
78. Molotsky, 'Kermit Roosevelt, Leader of C.I.A. Coup in Iran, Dies at 84', *New York Times*, 11 June 2000; Anon., 'Kermit Roosevelt; Arranged Iran Coup', *Los Angeles Times*, 11 June 2000

79. CIA Clandestine Services History, 'Overthrow of Premier Mossadegh of Iran', March 1954, pp.31–8, 54–63
80. Stafford, *Churchill and Secret Service*, pp.401–2
81. Roosevelt, *Countercoup*, p.207; Mokhtari, 'Iran's 1953 Coup Revisited', p.477
82. Wilber, *Regime Change in Iran*, pp.61, 81
83. Ibid., pp.79–80
84. CIA History Staff, *The Battle for Iran*, c.mid-1970s, p.71
85. Wilber, *Regime Change in Iran*, pp.81–3
86. Eubank (COS) to Rowlands (MoS), 31 January 1952, DEFE 11/350; Eubank to DPRC, 31 January 1952, ibid.; COS (52) 152nd mtg (1), Confidential Annex, 4 November 1952, ibid.
87. Cathcart, *Test of Greatness*, p.51
88. Lashmar, *Spy Flights*, p.72
89. Aldrich, *Hidden Hand*, p.394
90. Remarks by Saunders at RAF Historical Branch conference on Cold War intelligence gathering, RAF Hendon, 18 April 2000
91. Lashmar, *Spy Flights*, pp.64–87
92. Aldrich, *GCHQ*, pp.123–4
93. Ibid.
94. Stafford, *Spies Beneath Berlin*, p.108; Maddrell, 'British–American scientific intelligence collaboration', p.88
95. Aldrich, *GCHQ*, pp.177–8; private information
96. Evans, 'MI6 pays out over secret LSD mind control tests', *Guardian*, 24 February 2006
97. Shawcross, *Queen and Country*, p.51

Chapter 8: Anthony Eden (1955–1957)

1. Fred Emery, 'Lord Avon denies "Kill Nasser" Story', *The Times*, 18 June 1975
2. Karen McVeigh, 'How PM and Successor Clashed', *Guardian*, 4 February 2008, p.6
3. *Colville Diary*, p.706
4. Robert Blake, 'Late Deceiver', *London Review of Books*, 17 September 1981
5. Bower, *Perfect English Spy*, p.177; Hennessy, *The Prime Minister*, pp.208–14
6. Entry for 7 December 1951, Catterall (ed.), *Macmillan Diaries: Vol. I*, p.122
7. Hennessy, *The Prime Minister*, p.213
8. Paul Lashmar and Peter Day, 'Wodehouse secretly in pay of the Nazis, say MI5 files', *Daily Telegraph*, 17 September 1999
9. Faber, *Speaking for England*, p.532
10. Entries for 28 September and 3 October 1944, Duff Cooper, *Diaries*, pp.324–5
11. Eden to Churchill, 29 November 1944, AP 20/11/743, Avon papers, Birmingham University Library; Churchill to Eden, 'Wodehouse', 20 December 1944, AP20/12/679, M/1193/4, ibid.
12. Beevor and Cooper, *Paris*, pp.74–6
13. Eden to Churchill, 6 February 1944, PM/44/45, AP20/11/45, Avon papers, Birmingham University Library
14. Eden to Churchill, 2 June 1944, PM4/402, AP20/11/401, ibid.
15. Andrew, *Defence of the Realm*, p.310
16. Thorpe, *Eden*, p.362
17. Wright, *Spycatcher*
18. Andrew Lownie, 'Unmasked: SIXTH man in Cambridge spy ring sent nuclear secrets to the KGB allowing Russia to develop their own atom bomb', *Mail on Sunday*, 6 September 2015
19. Lownie, *Stalin's Englishman*, pp.266–7
20. Ibid., pp.268–9
21. Hansard, HC Deb, 25 October 1955, vol. 545 cc28–9
22. Macintyre, *A Spy Among Friends*, p.186
23. Pincher, *Treachery*, pp.410–11
24. Hansard, HC Deb, 7 November 1955, vol. 545 cc1483–1611, 1532–3, 1535, 1599, 1604
25. Entries for 19 and 21 September and 20 October 1955, Catterall (ed.), *Macmillan Diaries: The Cabinet Years*, pp.478–9, 493
26. Hansard, HC Deb, 7 November 1955, vol. 545 c1497
27. Macintyre, *A Spy Among Friends*, p.192
28. Ibid., p.178
29. Bower, *Perfect English Spy*, pp.152–3
30. Thorpe, *Eden*, pp.446, 463
31. Andrew, *Defence of the Realm*, pp.408–9
32. Bower, *Perfect English Spy*, p.159
33. Kapitonova, 'Visit of Soviet leaders', p.2
34. Corera, *Art of Betrayal*, p.76; Bridges min., 18 May 1956, PREM 11/2077
35. Aldrich, *GCHQ*, p.178
36. Goodman, 'Covering up Spying in the "Buster" Crabb Affair', p.769
37. Westell, *Inside Story*, pp.88–9; Taubman, *Khrushchev*, pp.370–1; private information
38. Kapitonova, 'Visit of Soviet leaders', p.11
39. Private information
40. Macintyre, *A Spy Among Friends*, p.194
41. Ibid., pp.194–5
42. Moran, *Classified*, p.122
43. Macintyre, *A Spy Among Friends*, p.195
44. Ibid., pp.193–5
45. Kapitonova, 'Visit of Soviet leaders', p.1
46. Goodman, 'Covering up Spying in the "Buster" Crabb Affair', p.769
47. Bower, *Perfect English Spy*, pp.160–1
48. Moran, 'Intelligence and the Media', p.694; Macintyre, *A Spy Among Friends*, p.199

49. Goodman, 'Covering up Spying in the "Buster" Crabb Affair', p.773
50. Ibid.; Macintyre, *A Spy Among Friends*, p.196
51. Bower, *Perfect English Spy*, p.160
52. Although he was treated kindly and in fact promoted: McDermott, *Eden Legacy*, p.129
53. Thorpe, *Eden*, p.472
54. Goodman, 'Covering up Spying in the "Buster" Crabb Affair', p.778
55. Corera, *Art of Betrayal*, p.77
56. Andrew, *Defence of the Realm*, p.328
57. Bower, *Perfect English Spy*, p.186
58. Ibid., p.162
59. West, *The A to Z of British Intelligence*, p.578
60. Hansard, HC Deb, 9 May 1956, vol. 552 cc1220–3
61. Ibid., cc1220–1
62. 'From the archive, 19 January 1963: Editorial: The death of Hugh Gaitskell', *Guardian*, January 2015
63. Hansard, HC Deb, 14 May 1956, vol. 552 cc1751–87, 1751–61
64. Moran, 'Intelligence and the Media', p.685
65. McDermott, *The Eden Legacy*, p.130
66. Hailsham, *A Sparrow's Flight*, p.281
67. Moran, 'Intelligence and the Media', p.694
68. Elliott, *With My Little Eye*, p.25
69. Ibid., p.26
70. Ibid., p.24
71. Macintyre, *A Spy Among Friends*, p.7
72. Ibid., p.201
73. David Williams, 'Cold War mystery solved? I killed Buster Crabb says Russian frogman', *Daily Mail*, 16 November 2007
74. Hutton, *The Fake Defector*, pp.1–21
75. Macintyre, *A Spy Among Friends*, p.201
76. Eden to Bridges, 9 May 1956, M.104/56, AP20/21/228, Avon papers, Birmingham University Library
77. Bridges, 'Report of an Enquiry on an Intelligence Operation against Russian Warships', 18 May 1956, para 9, CAB301/121
78. Moran, 'Intelligence and the Media', pp.694–5
79. Eden to MoD, 22 December 1956, AP20/21/228, Avon papers, Birmingham University Library
80. Aldrich, *GCHQ*, pp.141–3; Aldrich, *Hidden Hand*, p.526
81. Woodhouse, 'Iran 1950–53', p.12, 16 August 1976, Woodhouse 8/1, LHCMA
82. McDermott, *The Eden Legacy*, p.133
83. Bower, *Perfect English Spy*, p.196
84. Goodman, *Joint Intelligence Committee*, p.379
85. Ibid., p.386; Campbell, 'Dean, Patrick', *Oxford Dictionary of National Biography*, Oxford University Press, 2004, online edn
86. McDermott, *The Eden Legacy*, p.137
87. Hennessy, *The Prime Minister*, p.228
88. Walton, *Empire of Secrets*, p.299; Rezk, *Western Intelligence and the Arab World*, pp.2–23
89. Goodman, *Joint Intelligence Committee*, p.382
90. Hennessy, *The Prime Minister*, pp.230–2
91. Cradock, *Know Your Enemy*, p.173
92. 'Egyptian Nationalisation of the Suez Canal Company', 10 August 1956, JIC (56)80, CAB 158/35
93. Cradock, *Know Your Enemy*, p.133
94. Goodman, *Joint Intelligence Committee*, p.409
95. Reiter, 'The Weight of the Shadow of the Past', pp.490–526
96. Braun, 'Suez Reconsidered', p.548
97. Ibid., pp.547, 553
98. Cradock, *Know Your Enemy*, p.116
99. Quoted in Walton, *Empire of Secrets*, p.301
100. Ibid., pp.300–1
101. Dulles to Phleger, 11 May 1964, File 31, Box 53, Dulles papers, Seeley G. Mudd Library, Princeton
102. McDermott, *The Eden Legacy*, p.159; private information
103. Bower, *Perfect English Spy*, p.176
104. Ibid., p.177
105. Eden, 'Counter-Subversion', 10 December 1955, PREM 11/1582
106. Brook to Eden, 28 November 1955, PREM 11/1582
107. Curtis, *Secret Affairs*, p.71; see also Lloyd to Eden, 15 March 1956, FO371/121858
108. Lucas, *Divided We Stand*, p.117
109. Gerolymatos, *Castles Made of Sand*, p.14
110. Goodman, *Joint Intelligence Committee*, p.378
111. Ibid.
112. Ibid., p.387
113. Lucas, *Divided We Stand*, p.194; Gerolymatos, *Castles Made of Sand*, p.14; Dodds-Parker, *Political Eunuch*, p.102; Cradock, *Know Your Enemy*, p.117
114. Eden to Lloyd, M.95/96, 4 May 1956, AP20/21/94, Avon papers, Birmingham University Library
115. Aldrich, *Hidden Hand*, pp.481–2; Bower, *Perfect English Spy*, p.200; Lucas, *Divided We Stand*, p.101; Scott Lucas, 'Suez – The Missing Dimension', BBC Radio 4, 28 October 2006; Gerolymatos, *Castles Made*

of Sand, pp.13–14; 'Interview with Julian Amery conducted by Anthony Gorst and W. Scott Lucas 12 June 1989', SUEZ Oral History Project, SUEZOHP1:AMERY, LHCMA
116. Hennessy, *The Prime Minister*, p.215
117. Goodman, *Joint Intelligence Committee*, pp.378, 408
118. Quoted in 'British Rift Causes new Suez Crisis', *Michigan Daily*, 7 January 1953
119. Richelson, 'When Kindness Fails', p.251
120. Dorril reviews the evidence carefully in *MI6*; see also Bower, *Perfect English Spy*, p.195
121. Blake, *No Other Choice*, p.157; West, *Secret Service*, p.65
122. Young, *Who is My Liege*, pp.79–80
123. Bower, *Perfect English Spy*, pp.185–6
124. Corera, *Art of Betrayal*, pp.79–80
125. Simon Usborne, 'Top Secret: A Century of British Espionage', *Independent*, 6 October 2009
126. Aldrich, *Hidden Hand*, p.480
127. Ibid.; Bower, *Perfect English Spy*, p.192; Dorril, *MI6*, pp.633–4; Simon Usborne, 'Top Secret: A Century of British Espionage', *Independent*, 6 October 2009
128. Gerolymatos, *Castles Made of Sand*, p.10
129. Dorril, *MI6*, p.633
130. Curtis, *Secret Affairs*, pp.62–3; Kyle, *Suez*, p.555
131. Bower, *Perfect English Spy*, p.192; Dorril, *MI6*, p.639
132. Dorril, *MI6*, p.633; John McGlashan obituary, *Daily Telegraph*, 10 September 2010; and private information
133. 'Egypt Demands Death for "Spies"', *Daily Telegraph*, 5 February 1957
134. John Stanley obituary, *Daily Telegraph*, 18 August 2000. For their detention in Cairo see FO 371/125612/1691/2
135. Dorril, *MI6*, pp.631–3
136. Verrier, *Through the Looking Glass*, p.147
137. Bower, *Perfect English Spy*, p.196
138. Aldrich, *Hidden Hand*, p.479
139. Lucas, *Divided We Stand*, p.196
140. Kyle, *Suez*, p.555
141. Fred Emery, 'Lord Avon Denies "Kill Nasser" Story', *The Times*, 18 June 1975
142. Copeland to Avon, 25 June 1975, Folder 117, Box 544, Buckley papers, Yale University Library
143. Goodman, *Joint Intelligence Committee*, pp.403–4
144. Hennessy, *The Prime Minister*, pp.237, 242
145. 'Exclusive extracts from the memoirs of Clarissa Eden', *Daily Telegraph*, 19 October 2007

Chapter 9: Harold Macmillan (1957–1963)

1. Entry for 15 March 1963, Catterall (ed.), *Macmillan Diaries*, Vol. II, p.549
2. Hennessy, *The Prime Minister*, p.249
3. Entry for 23 October 1962, Catterall (ed.), *Macmillan Diaries*, Vol. II, p.510
4. Macmillan to Foreign Secretary, 1 August 1960, PREM 11/4721
5. Macmillan, *At the End of the Day*, p.422
6. Entry for 23 May 1962, Catterall (ed.), *Macmillan Diaries*, Vol. II, p.472
7. Entry for 4 March 1959, ibid., p.198
8. JHR to Bligh, 25 October 1960, PREM 11/4721
9. 'Meeting at No. 10 Downing Street to Discuss Intelligence and Intelligence Targets', 25 November 1959, PREM 11/3101
10. Cradock, *Know Your Enemy*, p.298
11. Entries for 11 and 21 July 1963, Catterall (ed.), *Macmillan Diaries*, Vol. II, pp.575, 579. There are many discreet references to intercepts in his diary – see for example on Rhodesia, 26 February 1962, ibid., p.452
12. Drew Pearson article quoted in Reilly to FCO, No.830, 14 June 1960, NS1381/82, FO 371/152002
13. Entry for 6 September 1961, Catterall (ed.), *Macmillan Diaries*, Vol. II, p.409; see also Macmillan to Foreign Secretary, 1 August 1960, PREM 11/4721
14. Horne, *Macmillan*, p.457; Thorpe, *Supermac*, p.310
15. Entries for 16 November 1962 and 19 February 1963, Catterall (ed.), *Macmillan Diaries*, Vol. II, pp.520, 542; also p.579, n89
16. Entries for 18 and 19 March 1958, Catterall (ed.), *Macmillan Diaries*, Vol. II, pp.374–5
17. Hart-Davis, *The War that Never Was*, pp.34–5
18. Horne, *Macmillan*, p.457; Bower, *Perfect English Spy*, p.258; Ring, *We Come Unseen*
19. Hermiston, *The Greatest Traitor*, pp.229–31; Johnson, *Thwarting Enemies*, pp.150–2
20. Horne, *Macmillan*, p.457; Grant, *Jeremy Hutchinson's Case Histories*, pp.23–4
21. Entries for 4 and 14 May 1961, Catterall (ed.), *Macmillan Diaries*, Vol. II, pp.380–2
22. Quoted in Moran, *Classified*, p.129
23. Ibid., p.131; Catterall (ed.), *Macmillan Diaries*, Vol. II, p.451; Thorpe, *Supermac*, p.527
24. Thorpe, *Supermac*, p.527
25. Bower, *Perfect English Spy*, p.294; Martland, 'Vassall'
26. BDOHP interview, Dennis Amy, 19 March 1998

27. Andrew and Mitrokhin, *The Sword and the Shield*, pp.406–8
28. Andrew, *Defence of the Realm*, p.493
29. Horne, *Macmillan*, p.461
30. Ibid., p.461 and n32
31. Bower, *Perfect English Spy*, pp.294–5
32. Horne, *Macmillan*, p.467; Andrew, *Defence of the Realm*, p.483
33. Minutes of the First Meeting, Radcliffe Inquiry, 25 October 1962, TS 58/658
34. Purvis and Hulbert, *When Reporters Cross the Line*
35. Lamb, *Macmillan Years*, pp.452–3
36. Macmillan to Home Secretary, 5 November 1962, PREM 11/3975
37. 'The Vassall Case', notes on a meeting between Prime Minister, Defence Minister, Brook, and First Lord of the Admiralty, 28 September 1962, ibid.
38. Macmillan to Carrington, 5 November 1962, ibid.
39. Andrew and Mitrokhin, *The Mitrokhin Archive: The KGB in Europe and the West*, pp.366–7
40. Norman Brook to PM, 25 April 1962, and attached memo on Golitsyn, PREM 11/4463. On the agenda one session is denoted 'The Prime Minister and President will talk alone', Shuckburgh to Hood, 19 April 1962, CAB 21/5558
41. Kennedy to Macmillan, 21 October 1962, PREM 11/3689; see also Macmillan, *At the End of the Day*, pp.180–3
42. Macmillan to Kennedy, 22 October 1962, PREM 11/4052
43. Cooper, *The Lion's Last Roar*, p.260; Scott, *Macmillan, Kennedy and the Cuban Missile Crisis*, p.50
44. Scott, *Macmillan, Kennedy and the Cuban Missile Crisis*, pp.46, 50; Catterall (ed.), *Macmillan Diaries*, Vol. II, pp.508–10; Macmillan, *At the End of the Day*, pp.184–7
45. British Ambassador (Washington) to Macmillan, 22 October 1962, PREM 11/3689
46. Hart, *The CIA's Russians*, p.59
47. See Scott, *Macmillan, Kennedy and the Cuban Missile Crisis*, p.120
48. Hennessy, *The Prime Minister*, p.128; Horne, *Macmillan*, pp.369–70
49. Andrew, *Defence of the Realm*, p.493
50. Bower, *Perfect English Spy*, p.280
51. Aldrich, *GCHQ*, pp.322–3
52. Macmillan, *At the End of the Day*, p.187
53. J.F. Kennedy–Macmillan phone call, 24 December 1962, PREM 11/3690; Macmillan to Kennedy, 25 October 1962, PREM 11/3690; also quoted in Thorpe, *Supermac*, p.532
54. Macmillan, *At the End of the Day*, p.197; Scott, *Macmillan, Kennedy and the Cuban Missile Crisis*, pp.83, 117–18
55. Ormsby-Gore to Home, 12 November 1962, No.135, AK 1261/526/G, CAB 21/5581
56. Hennessy, *The Prime Minister*, p.132
57. Thorpe, *Supermac*, p.533
58. Macmillan to Randolph Churchill, 29 October 1962, Macmillan Dep.334, fol.19, Bodleian Library
59. Lord Harlech (William David Ormsby-Gore), Oral History Interview – JFK#1, 03/12/1965, p.50, JFK Library, Boston
60. Scott, *Macmillan, Kennedy and the Cuban Missile Crisis*, p.186; Thorpe, *Supermac*, p.529
61. Aldrich, 'Whitehall Wiring', p.11
62. YP4/19 'Emergency Communication with HM Ambassador, Washington, and with US Secretary of State', 14 November 1963, FO 850/321
63. Reed to Cabinet Office, 'Defence Inter-Departmental Teleprinter network', 1 July 1963, CAB 21/5429
64. Note by Woodhouse, 2 December 1954, Woodhouse 8/1, LHCMA; Note by Woodhouse, 10 December 1954, ibid.
65. Macmillan to Eden, 19 October 1955, PREM 11/1582, TNA; Macmillan to Eden, 19 October 1955, Macmillan Dep.31, fols. 386–92, Bodleian Library
66. Hennessy, *The Prime Minister*, p.264; Jones, 'Anglo–American Relations After Suez', p.51
67. Entry for 17 November 1960, Catterall (ed.), *Macmillan Diaries*, Vol. II, p.338
68. De Zulueta to Macmillan, 1 November 1961; de Zulueta to Macmillan, 2 November 1961; Macmillan to Dulles, 3 November 1961, PREM 11/4591
69. Britain also used its embassy personnel in Havana to advise on promoting the overthrow of Castro during late 1962: Ormsby-Gore to Kennedy, 31 October 1962, President's Office Files. Countries. United Kingdom: Security, 1962: October–December, JFK Library, Boston
70. On Congo see Cabinet Conclusions, 15 September 1960, CC(60) 50th Conclusions, CAB 128/34; Corera, *Art of Betrayal*, p.121; Davies, *MI6*, p.227. On British Guiana see Macmillan quoted in Walton, *Empire of Secrets*, p.161; Curtis, *Unpeople*, p.279; see also Andrew, *Defence of the Realm*, pp.477–80. On Nasser see

Dorril, *MI6*, p.652. On Syria see Jones, 'Preferred Plan', pp.401–15
71. McDermott, *The Eden Legacy*, pp.170–1
72. Jones, 'Joint Plan'; see also discussion between Dick White and the Chiefs of Staff on 'certain proposals dealing with the situation in Syria', COS (57) 74th mtg, 25 September 1957, DEFE 32/5
73. J.F. Dulles to Macmillan, 5 September 1957, Syria file (3), Box 43, Ann Whitman international series, Dwight D. Eisenhower Library, Abilene
74. Scott to Macmillan, 12 December 1957, FO 371/129531
75. CoS Minutes, 'Confidential Annex' to CoS (58) 34th mtg, 15 April 1958, FO 371/135878
76. Aldrich, *Hidden Hand*, p.587
77. Private information
78. Notes for discussion of Indonesia in Cabinet, South-East Asia Department, 5 February 1956, FO 371/135847. The document is dated 1956, but seems to relate to discussions from February 1958
79. Aldrich, *Hidden Hand*, p.587; Jones, 'Maximum Disavowable Aid', p.1994
80. Entry for 24 March 1958, Catterall (ed.), *Macmillan Diaries*, Vol. II, p.105; see also Curtis, *Unpeople*, p.193; Kahin, *Subversion as Foreign Policy*, p.156
81. Brook to Macmillan, 2 June 1958, enclosing 'Indonesia', PREM 11/2324
82. See also Brook to Macmillan, 2 June 1958, enclosing 'Propaganda/Counter-Subversion', and 'Propaganda', PREM 11/2324
83. Lord Harlech (William David Ormsby-Gore), Oral History Interview – JFK#1, 03/12/1965, p.29, JFK Library, Boston
84. Caccia to Home, 'President Kennedy's Difficulties with the United States Press', 14 June 1961, CAB 21/5133. We are indebted to Christopher Moran for this document
85. Roland Challis, 'Our Dirty Secret Behind Indonesia's Coup', *Sunday Times*, 29 July 2001
86. Easter, 'British and Malaysian Covert Support for the Rebel Movements in Indonesia during the "Confrontation", 1963–66', pp.195–8; de Zulueta to Macmillan, 27 December 1962, PREM 11/4346; 'Extract from Record of Conversation at HM Embassy Washington', 26 November 1963, PREM 11/4905
87. Mawby, 'The Clandestine Defence of Empire', pp.105–17
88. Bower, *Perfect English Spy*, pp.245–8
89. Cormac, *Confronting the Colonies*, pp.139, 142
90. Colonel Neil McLean, 'Report on a visit to the Yemen and the Middle East', 1 March–8 April 1963, AME 1/7/3, Julian Amery papers, CCC; Munro to Amery, 9 July 1963, ibid.
91. Bower, *Perfect English Spy*, pp.245–8
92. Ibid., pp.219, 252
93. Mawby, 'The Clandestine Defence of Empire', pp.109–14, 117–18; Mawby, *British Policy in Aden and the Protectorates*, p.140; Cormac, *Confronting the Colonies*, p.145
94. Mawby, 'Clandestine Defence of Empire', p.119
95. Fielding, *One Man in His Time*, p.156
96. Andrew, *Defence of the Realm*, p.494
97. Vernon Bogdanor, '"A Racy Read" on the Profumo Affair', *New Statesman*, 3 January 2013; Mort, *Capital Affairs*, p.322
98. Denning, *The Scandal of Christine Keeler, 1963*, pp.2–3
99. Horne, *Macmillan*, p.457
100. Entries for 15 and 22 March 1962, Catterall (ed.), *Macmillan Diaries*, Vol. II, pp.548–9, 552
101. Andrew, *Defence of the Realm*, p.495; Catterall (ed.), *Macmillan Diaries*, Vol. II, p.549, n40; Thorpe, *Supermac*, p.541
102. Entry for 19 September 1963, Catterall (ed.), *Macmillan Diaries*, Vol. II, p.595; private information
103. Aldrich, *Hidden Hand*, p.629; Andrew, *Defence of the Realm*, pp.495–6; Lamb, *Macmillan Years*, pp.455–6
104. Shepherd, *Iain Macleod*, pp.294–6, 305; see also Davenport-Hines, *An English Affair*, pp.274–5
105. Thorpe, *Supermac*, p.544
106. Horne, *Macmillan*, p.477
107. Chapman Pincher to Paddy Menaul, 27 March 1982, 11/205/6, Menaul papers, LHCMA
108. Scott and Twigge, *Planning Armageddon*
109. R. Aldrich, conversation with Chapman Pincher, 27 November 2007
110. Telephone Recordings: Dictation Belt 15B.1. Prospective Posting to Latin America for Samuel H. Beer; Schlesinger Trip to England; Profumo Scandal, Presidential Papers. President's Office Files, 22 March 1963, JFK Library, Boston
111. Dallek, *John F. Kennedy*; see also entry for 4 March 1963, Catterall (ed.), *Macmillan Diaries*, Vol. II, p.543
112. Peres, *Battling for Peace*, p.259

113. Knightley and Kennedy, *An Affair of State*, pp.206–7
114. Summer and Dorril, *The Secret Worlds of Stephen Ward*, pp.267–76
115. Entry for 17 November 1960, Catterall (ed.), *Macmillan Diaries*, Vol. II, pp.337–8
116. Meeting between Wilson and Macmillan, 1 May 1963, PREM 11/5092
117. Lamb, *Macmillan Years*, p.467
118. Ibid., pp.468–9
119. Horne, *Macmillan*, p.478
120. Entry for 30 May 1963, Catterall (ed.), *Macmillan Diaries*, Vol. II, p.569
121. Entry for 7 July 1963, ibid., p.571; Mort, *Capital Affairs*, p.323
122. Hansard, 'Security (Mr. Profumo's Resignation)', HC Deb, 17 June 1963, vol. 679 cc34–176; Lamb, *Macmillan Years*, pp.474–5; Horne, *Macmillan*, pp.480–1
123. Hansard, 'Security (Mr. Profumo's Resignation)', HC Deb, 17 June 1963, vol. 679 cc34–176; Lamb, *Macmillan Years*, pp.474–5; Horne, *Macmillan*, pp.480–1
124. Shepherd, *Iain Macleod*, p.298
125. Sam Marsden, 'The Profumo Affair secrets will be told; we may just have to wait another 50 years after inquiry files are given preserved status', *Daily Telegraph*, 2 January 2014, p.13
126. Bligh to PM, 23 November 1963, PREM 11/4472; see also Trend to PM, 22 November 1963, ibid.
127. Denning, *The Scandal of Christine Keeler*, p.115
128. Horne, *Macmillan*, p.492
129. Macmillan to Helsby, 'Lord Radcliffe's Proposal', M.168/63, 8 April 1963, PREM 11/5092
130. Ibid.; entry for 16 November 1962, Catterall (ed.), *Macmillan Diaries*, Vol. II, p.521
131. David Keys, 'The Real Profumo Scandal: Book Claims Russian Spy "Photographed Top Secret Documents"', *Independent*, 14 August 2015
132. Ormsby-Gore to Home, 'Defector Leak', 15 July 1963, PREM 11/5090; see also Mangold, *Cold Warrior*, p.101
133. Entries for 21 February, 28 May and 23 July 1963, Catterall (ed.), *Macmillan Diaries*, Vol. II, pp.543, 569, 580
134. Macmillan had resigned due to ill-health by the time White's working party reported in the negative: Andrew, *Defence of the Realm*, p.500; Thorpe, *Supermac*, p.545; Alan Hamilton and Sam Coates, 'Macmillan, the Queen and the Profumo Affair', *The Times*, 7 March 2003, p.4
135. Entry for 21 September 1963, Catterall (ed.), *Macmillan Diaries*, Vol. II, pp.596–7
136. The full correspondence is in the file 'Downing Street and Treasury, Whitehall, London: reconstruction', 1963 Jan 01–1963 Dec 31, Cm 23/211
137. Thorpe, *Supermac*, pp.479–80; Richard Norton-Taylor, 'MI5 bugged cabinet room at No 10, says historian', *Guardian*, 19 April 2010, p.9
138. Biffen, *Semi-Detached*, p.209
139. Shawcross, *Queen and Country*, p.84; also entry for 21 July 1963, Catterall (ed.), *Macmillan Diaries*, Vol. II, p.579

Chapter 10: Alec Douglas-Home (1963–1964)

1. Callaghan quoting Douglas-Home, Hansard, HL Deb, 9 December 1993, vol. 550 cc1023–79
2. Dutton, *Douglas-Home*, p.31; Pike, *Britain's Prime Ministers*, p.463
3. Hennessy, *The Prime Minister*, pp.274, 278, 280
4. Le Bailly, 'Reflections: The Development of Defence Intelligence Staff: Stage II, 1970–75', p.4, Box 7 (6), Le Bailly papers, CCC
5. Hughes, 'Giving the Russians a Bloody Nose', p.236
6. Thorpe, *Alec Douglas-Home*, p.322; Harrison, 'J.C. Masterman and the Security Service, 1940–72', pp.790–1
7. Hansard, Douglas-Home, 16 December 1963, vol. 686 col.858
8. Bulloch, *MI5*. He had also co-authored a book about the Portland spy ring in 1961
9. Masterman to Swinton, 20 April 1961, Swin III, Acc.313, 4/4, Swinton papers, CCC; Masterman to Hollis, 20 April 1961, ibid.
10. Hansard, Douglas-Home, 16 December 1963, vol. 686 col.858
11. Ibid.
12. Ibid.
13. Ibid., col.861
14. Ibid.
15. Helmsby to Trend, 3 November 1964, CAB 21/6031
16. Trend to Helmsby, 22 November 1962, T216/1005; Winn to PM, 25 June 1965
17. Davies, 'Britain's Machinery of Intelligence Accountability', pp.148–9; 'Fathers' rights protester scales Buckingham Palace', *Guardian*, 13 September 2004
18. Hughes, *Britain, Germany and the Cold War*, pp.67–71; Aldrich, *GCHQ*, pp.178–83; Macmillan to Kennedy, 28 April 1961, PREM 11/4052

19. Horne, *Macmillan*, pp.246–7, 265–8
20. Thorpe, *Supermac*, p.379
21. Jones, *No. 10 Downing Street*, p.155
22. Bourne (ACA.I) to Johnson (AS.31), 'Reconciliation Statement – Be No.20 and 22', 19 November 1962, Appendix G. Downing Street/Treasury: Strikes, Withdrawal of Labour etc', WORK12/575
23. Warwicker, *An Outsider Inside No. 10*, pp.85–6
24. Rothwell (Superintending Architect) memo, 'Downing Street Treasury Reconstruction', 29 August 1962, WORK 12/571
25. Jason Lewis and Tom Harper, 'Revealed: How MI5 bugged 10 Downing Street, the cabinet and at least five prime ministers for 15 YEARS', *Daily Mail*, 18 April 2010
26. Ibid.
27. Memorandum of a conversation between Kissinger, Schlesinger, Colby, Areeda, Silberman and Scowcroft, 'Investigation of Allegations of CIA Domestic Activities', 20 February 1975, NARA online release, document 1552858. We are indebted to Simon Willmetts for this reference
28. Barell (Erith's Architects) to Davey (site quantity surveyor), 21 February 1963, WORK 12/572; see also Climon to Deputy Secretary, 'Downing Street and Treasury Report 4', 3 May 1962, WORK 12/601
29. Gay (A.S.31) to Lightman (A.S.8.(L)), AR.3001/112 Pt.II, 23 April 1963, WORK 12/602
30. Memo to Gay (A.S.31), 'Downing Street and Treasury Reconstruction', AOV/Y/478, April 1963, fol.21, WORK 12/576
31. Perry, *Last of the Cold War Spies*, pp.290–2
32. Andrew, *Defence of the Realm*, pp.436–7
33. Entries for 21 July and 2 August 1963, Catterall (ed.), *Macmillan Diaries*, Vol. II, pp.579, 583
34. Andrew and Mitrokhin, *The Sword and the Shield*, pp.63–5
35. Wright, *Spycatcher*, pp.213–15
36. The matter of who took the lead on Blunt's immunity and who was told is disputed: see Carter, *Anthony Blunt*, pp.664–5; Bower, *Perfect English Spy*, pp.325–6
37. Andrew, *Defence of the Realm*, pp.437–8
38. Entry for 16 December 1986, Curtis (ed.), *The Journals of Woodrow Wyatt*, pp.248–9
39. Andrew, *Defence of the Realm*, p.507
40. Pincher, *Treachery*, p.75
41. See the case of Jane Archer in O'Halpin, *Spying on Ireland*, p.219; Pincher, *Treachery*, pp.97, 163
42. Bower, *Perfect English Spy*, p.325
43. Entry for 13 July 1951, 'The Diary of Guy Liddell', KV 4/472
44. Hugh Trevor-Roper, *Sunday Times*, 25 November 1979; John Costello, *Mask of Treachery*, pp.452–7
45. A forensic account of the visits is offered by Urbach, *Go-Betweens for Hitler*, pp.212–14
46. Carter, *Anthony Blunt*, pp.449–50; Perry, *Last of the Cold War Spies*, p.291
47. Andrew, *Defence of the Realm*, p.501
48. Thatcher Archive Online, 'The Diary of Lord Hailsham', 9 January 1977
49. Andrew Pierce, 'How Alec Douglas-Home foiled student kidnappers with beer', *Daily Telegraph*, 14 April 2008
50. Thatcher Archive Online, 'The Diary of Lord Hailsham', 9 January 1977
51. Mawby, 'Clandestine Defence of Empire', p.120
52. Cabinet Conclusions, CC(60)50th Conclusions, 15 September 1960, CAB 128/34; Corera, *Art of Betrayal*, p.121; Davies, *MI6*, p.227
53. Corera, *Art of Betrayal*, p.125
54. HFT Smith minute, 'The Congo', 28 September 1960, FO 371/146650
55. Kelly, *America's Tyrant*, p.71
56. Caroline Alexander letter recounting her 1988 interview, *London Review of Books*, Vol.35, No.11, 6 June 2013
57. McIndoe to Wright, 23 April 1964, enclosing 'Draft Letter to the Nigerian Prime Minister from the Prime Minister', CAB 21/6007
58. Lacouture, *Charles de Gaulle*, pp.275–9
59. Douglas-Home, *The Way the Wind Blows*, pp.197–8
60. Sir Alec Douglas-Home Oral History Interview – RFK#1, 3/17/1965, John F. Kennedy Library, Boston
61. Easter, 'British and Malaysian Covert Support', p.198
62. Jones, *Britain and the Yemen Civil War*, pp.75–6
63. Jones, 'Where the State Feared to Tread', pp.724, 726
64. Amery to Douglas-Home, 16 December 1964, AMEJ, 1/2/7, Julian Amery papers, CCC
65. Jones, *Britain and the Yemen Civil War*, p.78
66. Ibid., p.100
67. Quoted in Dorril, *MI6*, p.691
68. Many of these are preserved in the papers of Julian Amery; see for example 'Report on Visit to Aden and Saudi Arabia', January 1964, AMEJ, 1/2/7, Julian Amery papers, CCC

69. Greenwood to Amery, 23 December 1964, ibid.
70. Bower, *Perfect English Spy*, pp.248–52
71. Note from Prime Minister to Foreign Secretary, 8 March 1964, PREM 11/4678; handwritten note by Prime Minister to Foreign Secretary, 20 March 1964, 'The Yemen and South Arabian Federation', ibid.; Foreign Secretary to Prime Minister, 'The Yemen and South Arabian Federation', 20 March 1964, ibid.
72. Komer to Bundy, 21 April 1964, Box 213, NSF Country Files: Yemen, Lyndon B. Johnson Library, Austin, Texas. Bob Komer was a veteran CIA officer seconded to the NSC
73. Memo of a conversation between Butler and Bundy, 'Countering UAR Pressure Against the British Position in Aden', 27 April 1964, ibid.
74. Komer to Bundy, 28 April 1964, ibid.
75. Note from Douglas-Home to Butler, 20 July 1964, DEFE 13/570; Jones, *Britain and the Yemen Civil War*, p.111
76. Thorpe, *Alec Douglas-Home*, p.326
77. 'Brief for Chairman JIC – 29 October', 28 October 1964, CAB 163/130
78. FOI Request, 'Composition and Terms of Reference: Joint Action Committee', 13 August 1964, JA(64)1
79. FOI Request, JAC Minutes, 23 September 1964, JAC(64) 2nd Meeting
80. FOI Request, JAC Minutes, 8 September 1964, JA(64) 1st Meeting
81. FOI Request, 'The MI6 Role and Relationships with Departments of State and the Armed Services in the Conduct of Deniable Operations in Conditions Short of War', 2 November 1964, JA(64)3
82. Hansard, Douglas-Home, 21 July 1964, vol.699 cc267–9, 268
83. Curtis, *Unpeople*, p.297
84. Cooper, *One of the Originals*, pp.172–8
85. Jones, *Britain and the Yemen Civil War*, pp.154–6
86. Quoted in Curtis, *Unpeople*, p.298
87. Cormac, *Confronting the Colonies*, p.147
88. Mawby, 'Clandestine Defence of Empire', p.123
89. Jones, *Britain and the Yemen Civil War*, p.87
90. Bower, *Perfect English Spy*, p.253; private information
91. Mawby, 'Clandestine Defence of Empire', pp.119–20, 124
92. Quoted in Easter, 'British and Malaysian Covert Support', p.199
93. Ibid., pp.199–200
94. Quoted in Holt, *The Foreign Policy of the Douglas-Home Government*, p.115
95. Quoted in Easter, 'British and Malaysian Covert Support', p.200
96. Ibid.
97. Jones, *Conflict and Confrontation*, pp.128–9
98. Wright to Douglas-Home, 20 January 1964, PREM 11/5197
99. Bernard Burrows, 'Supplementary Briefs for Talks with Mr McCone: Indonesia–Malaysia', 21 January 1964, ibid.
100. 'Record of Conversation between the Prime Minister and Mr John McCone at 4.00pm on Tuesday, January 21 at 10 Downing Street', 21 January 1964, ibid. This was not the only time Douglas-Home met McCone during his brief stint as prime minister. The two met again in September 1964. This time McCone came with cryptic warnings wrapped up in 'rather elaborate secrecy'. He tried to warn Douglas-Home off collaborating with the French on Concorde, and spoke of 'exceedingly serious' 'new and unexpected problems', as well as risks that the British did not know they were undertaking. Burke Trend was suspicious, fearing that the Americans sought an excuse to send over advisers in an underhand attempt to gain details of the project. During the meeting, Douglas-Home simply sat quietly and listened. Trend to Prime Minister, 'Mr McCone's Visit', 18 September 1964, ibid.; 'Record of a Conversation between the Prime Minister and the Head of the Central Intelligence Agency of the United States, Mr J.J. McCone, at No. 10 Downing Street, at 3.30 pm, on Monday September 21 1964', ibid.
101. Jones, *Conflict and Confrontation*, pp.41, 260–2
102. 'Indonesian Confrontation of Malaya', extract of note of meeting held 14 July 1964, DEFE 25/158
103. Easter, 'British and Malaysian Covert Support', p.201
104. Holt, *The Foreign Policy of the Douglas-Home Government*, pp.116, 117
105. Private information
106. MoD memo, 'The Counter-Subversion Committee', Annex to COS.1593/10/3/63, Top Secret – Very Restricted Circulation, 10 March 1964, CAB 21/6006
107. SV (65) 3, 'Summary of recent activities by working groups', 8 February 1965, CAB 134/2544

Chapter 11: Harold Wilson (1964–1970)

1. Jenkins, 'Wilson, (James) Harold', *Oxford Dictionary of National Biography*
2. Hennessy, *The Prime Minister*, p.287
3. Ibid., pp.287–8, 291–2; Andrew, *Defence of the Realm*, p.526
4. Wilson, *The Labour Government*, pp.2–3
5. Hennessy, *The Prime Minister*, p.292; Andrew, *Defence of the Realm*, p.526
6. Mangold, *Cold Warrior*, p.91
7. Hailsham, *A Sparrow's Flight*, p.331
8. Wyatt, 'Wigg, George', *Oxford Dictionary of National Biography*; 'Extract of a Note of Meeting on 17 November', attached to Wigg to Wilson, 21 December 1965, PREM 13/3471; Moran, *Classified*, p.138
9. Andrew, *Defence of the Realm*, pp.522–3
10. Trend to Wilson, 'Security', 17 October 1964, PREM 13/3471
11. Trend to Wilson, 21 October 1964, PREM 13/352
12. Trend to Wilson, 'Security', 17 October 1964, PREM 13/3471
13. Quoted in Young, 'George Wigg, the Wilson Government and the 1966 Report into Security in the Diplomatic Service and GCHQ', p.199
14. Note attached to Trend to Wilson, 'Security', 17 October 1964, PREM 13/3471
15. Helmsby to Trend, S50/114, 3 November 1964, enclosing minute to Wilson, CAB 21/6031; Anson to McIndoe, 17 November 1964, ibid.
16. Mitchell to Wigg, 15 December 1965, PREM 13/3471; Wigg to Wilson, 20 December 1965, ibid.
17. The outcome, it seems, was that the home secretary could be bypassed if the director-general came to Wilson directly – but not the other way around. 'Note for the Record', 27 July 1969, ibid.
18. Wilson, *The Labour Government*, pp.302–3
19. Young, 'George Wigg, the Wilson Government and the 1966 Report into Security in the Diplomatic Service and GCHQ', p.199
20. Wilson minute on JIC Special Assessment on Indonesia, 5 October 1965, PREM 13/2718; Wilson minute on JIC(A) 74(17), 10 May 1974
21. See 'Aden and the Federation: Ministerial Meeting held at No. 10 Downing Street at 11.30 am on Wednesday, November 25, 1964', DEFE13/404; Trend to PM, 'Malaysia', 23 February 1965, PREM 13/430
22. Hayes, *Queen of Spies*, p.198
23. Kaunda to Wilson, T764/65, 24 February 1965, CAB 21/5568; Wilson to Kaunda, T.97.65, 12 March 1965, ibid.
24. Wilson, *The Labour Government*, pp.116–17
25. Wood, *A Matter of Weeks Rather Than Months*, pp.1–5
26. Watts, 'Killing Kith and Kin', p.413; Pimlott, *Harold Wilson*, pp.375–6; Cradock, *Know Your Enemy*, p.232
27. Castle, *The Castle Diaries*, p.68
28. Palliser to D. Day (FCO), 'Avon Engines for Rhodesia', 21 May 1968, DEFE 13/713; D. Morphet (FCO) to Palliser, 'Avon Engines for Rhodesia', 24 May 1968, ibid.; D. Andrews to Morphet, 4 June 1968, ibid.; see also Cormac, 'Secret Intelligence and Economic Security', p.109
29. Quoted in Cradock, *Know Your Enemy*, p.232
30. Wood, *A Matter of Weeks Rather Than Months*, p.54; Moorcraft, 'Rhodesia's War of Independence'
31. Wood, *A Matter of Weeks Rather Than Months*, p.22
32. White, *Unpopular Sovereignty*, pp.126, 132
33. JIC (6) 19 Final, 'Rhodesia and Zambia: the Present Position and Forward Look', 2 March 1966, CAB 159/61
34. Pimlott, *Harold Wilson*, p.377
35. Palliser, 'Note for the Record', 2 August 1967, PREM 13/2688
36. Trend to Helmsby, 10 June 1967, T 216/1017–8; J 82/793; MAF2345.67, 9 June 1967, LO 2/375
37. Report of the Security Commission, June 1967, 'Report relating to Helen Mary Keenan', Cmnd.3365
38. Ken Flower, *Serving Secretly*
39. Trend to Wilson, 10 February 1966, PREM 13/1116, cited in Coggins, 'The British Government and Rhodesian UDI', in Kandiah (ed.), *Rhodesian UDI*, p.21
40. Sneling to Hughes, 9 March 1966, covering 'Plan A; A Rhodesian Coup', March 1966, PREM 13/1117
41. Johnson to Wilson, 23 April 1966, Smith (ed.), *The Wilson–Johnson Correspondence*, pp.140–1; Wilson to Johnson, 24 April 1966, Johnson to Wilson, 27 April 1966, ibid., pp.142–3
42. Wood, *A Matter of Weeks Rather Than Months*, p.67
43. Coggins, 'Wilson and Rhodesia'
44. Wood, *A Matter of Weeks Rather Than Months*, p.496
45. Wilson, *The Labour Government*, p.42
46. 'British Policy Towards Indonesia', JAC(65)9, February 1965, FO 371/181503;

see also Trend to PM, 'Malaysia', 23 February 1965, PREM 13/430
47. 'British Policy Towards Indonesia', JAC(65)9, February 1965, FO 371/181503
48. Trend to PM, 'Malaysia', 23 February 1965, PREM 13/430
49. Desmond Seward, 'John Colvin: Colourful British diplomat on watch in the world's troublespots', *Guardian*, 15 October 2003
50. Burrows, 'Supplementary Brief for Talks with Mr McCone: Indonesia–Malaysia', 21 January 1964, PREM 11/5197
51. Hughes, *Harold Wilson's Cold War*, pp.86–8
52. Elson, *Suharto*, pp.88–91
53. Wilson to Johnson, 29 January 1965, No.669, Prime Minister's Personal Telegram, T.40/W, PREM 13/2718
54. Myles Maxfield and Edward G. Greger, 'VIP Health Watch', *Studies in Intelligence*, pp.53–62, CIA NND 947003
55. Easter, 'British Intelligence and Propaganda during the "Confrontation"'
56. Elson, *Suharto*, pp.97–8
57. Hunter, *Sukarno and the Indonesian Coup*, pp.125–7
58. Bittman, *The Deception Game*, pp.107–18, 119–20; Conboy, *Intel: Inside Indonesia's Intelligence Service*, p.47, n22
59. Kahin, *Southeast Asia: A Testament*, pp.156–7
60. Myles Maxfield and Edward G. Greger, 'VIP Health Watch', *Studies in Intelligence*, pp.53–62, CIA NND 947003
61. Ibid.
62. JIC/796/65, 'Special Assessment: Indonesia' (TRINE), 4 October 1968, PREM 13/2718
63. Jones and McGarr, 'Real Substance', pp.81–9
64. Office of the Political Advisor to the Commander-In-Chief (Far East) to FO, 5 October 1965, FO 371/180317; see also Easter, 'British Intelligence and Propaganda', pp.95–9
65. Curtis, *Web of Deceit*, pp.392–3
66. Bittman, *The Deception Game*, pp.107–9
67. DD/S CIA, Diary Notes, 27 January 1965, CREST CIA-RDP76-00183R000500050054-7, NARA
68. Entry for 11 December 1929, Pimlott (ed.), *The Political Diary of Hugh Dalton*
69. Easter, 'British Intelligence and Propaganda during the "Confrontation"'
70. SO (PM) (64) 38, 'Instructions for the Use of the Marking "Guard"', 30 April 1964, CAB 21/5246
71. Hawkes to Green, discussing JIC (54) 74 and JIC (57) 44, SY/POL.145/3, 4 November 1965, CAB 21/5346
72. Heaton to Joy, 15 October 1965, CAB 21/5246
73. Aldrich, *GCHQ*, pp.222–3
74. See 1965 report, DEFE 31/47
75. COS (56) 94th mtg, 'American representation at Operation Grapple', DEFE 32/5
76. Matthew Aid and Jeffrey T. Richelson, 'U.S. Intelligence and China: Collection, Analysis, and Covert Action', *National Security Archive*, p.6
77. Wolf, 'This Secret Town'
78. Aldrich, 'The Value of Residual Empire', pp.226–58
79. Wolf, 'This Secret Town'
80. Ibid.; Bill Collier, *Diplomatic Wanderings: From Saigon to the South Seas*, p.29
81. J.C. Pratt (ed.), *Vietnam Voices: Perspectives on the War Years, 1941–1975*, pp.266–9
82. Palliser to Wilson, 5 January 1967, PREM 13/1917
83. Ibid.
84. Dumbrell and Ellis, 'British Involvement in Vietnam Peace Initiatives', p.114
85. 'Record of a Conversation between the Prime Minister and Mr Kosygin at 3.30 on Monday', 6 February 1967, PREM 13/1917; see also Shah, 'This Secret Town'
86. Wolf, 'This Secret Town'
87. Ken Hughes, *Chasing Shadows*
88. Helms to Bundy, 30 November 1964, Box 208, NSF Country Files, Lyndon B. Johnson Library, Austin, Texas; see also Coleman, *A Special Relationship?*, p.33; Pimlott, *Harold Wilson*, pp.366–7
89. Andrew, *Defence of the Realm*, p.416
90. Ibid.
91. Pimlott, *Harold Wilson*, p.705
92. Andrew, *Defence of the Realm*, p.526
93. Corera, *Art of Betrayal*, p.208; Mangold, *Cold Warrior*, p.96
94. Andrew, *Mitrokhin Archive*, pp.528–9
95. Pimlott, *Harold Wilson*, pp.703–4
96. Hayes, *Queen of Spies*, p.194
97. Ibid., p.705
98. Mangold, *Cold Warrior*, pp.94–6
99. Thorpe, 'The "Juggernaut Method"', p.483
100. Andrew, *Defence of the Realm*, pp.528–9; private information
101. Wilson, *The Labour Government*, p.236; Andrew, *Defence of the Realm*, pp.529–30
102. Andrew, *Defence of the Realm*, pp.529–30
103. Wilson, *The Labour Government*, p.238
104. Quoted in Andrew, *Defence of the Realm*, p.528
105. Dorril and Ramsey, *Smear*, p.131
106. Ibid., p.132; Pimlott, *Harold Wilson*, p.407
107. Wilson, *The Labour Government*, p.236

108. Moran, *Classified*, p.136
109. Wilson, *The Labour Government*, p.373
110. Chapman Pincher obituary, *Daily Telegraph*, 6 August 2014
111. Moran, *Classified*, p.137; Aldrich, *GCHQ*, p.238
112. Creevy, 'A Critical Review of the Wilson Government's Handling of the D-Notice Affair', pp.212–13
113. Andrew, *Defence of the Realm*, p.531
114. Moran, *Classified*, pp.140, 142
115. Travis, 'How Wilson Hounded the Colonel', *Guardian*, 13 April 1999
116. Pimlott, *Harold Wilson*, p.444; Moran, *Classified*, p.153
117. Moran, *Classified*, pp.141–2; Andrew, *Defence of the Realm*, p.532
118. Wilson, *The Labour Government*, p.375
119. Moran, *Classified*, pp.146–7
120. Wilson, *The Labour Government*, pp.374–5
121. Ibid.
122. Crossman, *The Diaries of a Cabinet Minister, Volume 2*, p.254
123. Wilson, *The Labour Government*, p.376
124. Wilkinson, *Secrecy and the Media*, p.292; Moran, *Classified*, p.147
125. Wilson, 'Statement by the Prime Minister', 25 February 1967, PREM 13/1816
126. Andrew, *Defence of the Realm*, p.531
127. Wilson, *The Labour Government*, p.375
128. Lee Howard (*Mirror* editor) to Lohan, 24 February 1967, PREM 13/1816
129. Moran, *Classified*, p.147
130. Ibid., p.149; Creevy, 'A Critical Review of the Wilson Government's Handling of the D-Notice Affair', pp.209, 216; Wilkinson, *Secrecy and the Media*, pp.303–4
131. Moran, *Classified*, p.150
132. Aldrich, *GCHQ*, p.240
133. Moran, *Classified*, p.151
134. Ibid., pp.152, 155; Creevy, 'A Critical Review of the Wilson Government's Handling of the D-Notice Affair', p.221
135. Quoted in Creevy, 'A Critical Review of the Wilson Government's Handling of the D-Notice Affair', p.218
136. Hennessy, *The Prime Minister*, p.312
137. Pimlott, *Harold Wilson*, p.445; Wilkinson, *Secrecy and the Media*, p.310
138. Crossman, *The Diaries of a Cabinet Minister, Volume 2*, p.394; Castle, *The Castle Diaries*, p.270
139. Hansard, Wilson, 22 June 1971, cm 2008–2095
140. Castle, *The Castle Diaries*, p.270
141. Crossman, *The Diaries of a Cabinet Minister, Volume 2*, p.394; Castle, *The Castle Diaries*, p.270
142. Wilson to Chief Whip, 10 July 1967, PREM 13/1328
143. Pincher to Arthur Lewis MP, 24 July 1967, PREM 13/1641
144. Wigg to Arthur Lewis MP, 5 September 1967, ibid.
145. Pincher to Arthur Lewis MP, 9 October 1967, ibid.
146. Wilson to Wigg, 3 September 1967, ibid.
147. Young, 'The Wilson Government's Reform of Intelligence Co-ordination, 1967–68', pp.133–51
148. John Young, 'The Wilson Government'; O'Halpin, 'The British Joint Intelligence Committee and Ireland'
149. Poulden to Stewart, D/8987/1402/37, 'JIC (A) Sub-Committee on Automatic Data Processing', 29 September 1969, CAB 163/119
150. File: Sigint: enquiry into cost, funding and scope for economy, 24 June–13 December 1968, CAB 163/79. This file is currently closed to public inspection
151. Young, 'The Wilson Government's Reform of Intelligence Co-ordination, 1967–68', pp.133–51
152. Hastie-Smith to Thomas, 'Third Intelligence Methods Conference', 25 October 1966, enclosing address by Healey, 13 September 1966, DEFE 13/923
153. Chapman, 'Change in the Civil Service', pp.599–610. We are indebted to Christopher Moran for observations on the Fulton Review
154. Goodman, 'The Dog that Didn't Bark', pp.529–51
155. Le Bailly to Butler, 9 December 1993, Box 21 (5), Le Bailly papers, CCC; see also Dorril, *M16*, p.727; Cradock, *Know Your Enemy*, p.249
156. Dunnett to CDS, PUS/68/151/32/1/10, n.d. 1968, DEFE 13/923
157. Earle to Healey, 20 September 1967, ibid.
158. Wilson, *The Labour Government*, p.375
159. Stewart to Wilson, 'Soviet Intelligence Activities in this Country', 27 September 1968, PREM, 13/2009; M. Palliser to FCO, 21 October 1968, ibid.
160. Stewart, circular cypher, 11 November 1968, ibid.
161. Home Office to Halls, 10 October 1968, ibid.
162. Michael Stewart to Wilson, 'Soviet Intelligence Activities in this Country', 27 September 1968, ibid.
163. Home Office to Halls, 10 October 1968, ibid.

164. The best account is in Davies, *MI6*, pp.275–9

Chapter 12: Edward Heath (1970–1974)

1. Heath, *The Course of My Life*, pp.475–80
2. Private information
3. Vague, *The Great British Mistake*, p.84
4. Heath, *The Course of My Life*, p.474
5. Hugh Trevor-Roper, 'Sir Dick White, 1906–1993: A Personal Memoir', in Harrison (ed.), *The Secret World*, pp.155–8
6. Campbell, *Heath*, pp.492–3; Beevor and Cooper, *Paris*, pp.74–6
7. Kenneth Rose, 'Rothschild, (Nathaniel Mayer) Victor, Third Baron Rothschild (1910–1990)', rev. *Oxford Dictionary of National Biography*, Oxford University Press, 2004; online edn
8. L. Baston and A. Seldon, 'Number 10 Under Edward Heath', p.68
9. Record of a meeting in Harold Wilson's room, House of Commons, 31 October 1966, PREM 13/952
10. Wilson to Heath, 16 March 1970, DEFE 23/107
11. Heath to Wilson, 17 April 1970, ibid.
12. Trend to Heath, 'Official History of Intelligence in the Second World War', 16 November 1970, ibid. By this stage Professor Michael Howard, Charles Stewart and Donald McLachlan were also being spoken of as possible authors; Trend to Heath, 1 March 1971, ibid.; Hooper to Trend, 14 May 1971, ibid.; McIndoe to Lohan, 19 November 1966, CAB 21/5865; Moran, *Classified*, pp.278–80. As Moran shows, one or two historians had uncovered the secret but were persuaded to stay silent
13. Transcript of an interview with Detective Sergeant Roy Cremer of the Metropolitan Police Special Branch, December 2002, in Carr, *The Angry Brigade*, pp.189–91; also private information
14. Jonathon Green, 'The urban guerrillas Britain forgot', *Spectator*, 27 August 2001
15. Hoefferle, *British Student Activism in the Long Sixties*, pp.177–9
16. Cormac, 'Much Ado About Nothing', p.478
17. Andrew, *Defence of the Realm*, p.609
18. Zein Rifai to Heath, 17 December 1971, PREM 15/1053; Heath to Rifai, 15 December 1971, ibid.
19. Bridges memo, 12 September 1972, and Cradock to Bridges (Downing Street), 26 September 1972, ibid.
20. Heath minute, 28 December 1971 on JIC (71) (WSI Supplement) 88, 22 December 1971, PREM 15/1053; also Moon to Nortbury, 30 December 1971, ibid.
21. Angel to Meadway, 14 January 1972, PREM 15/1053
22. Neil Tweedie and Peter Day, '1973: A Year of Conflict and Scandal', *Daily Telegraph*, 1 January 2004, p.4
23. Andrew, *Defence of the Realm*, pp.615–16
24. Ibid.
25. Hughes, 'Skyjackers, jackals and soldiers', pp.1019–22
26. Aspin, *The Kovacs Contract*, pp.105–7, 144
27. Mumford, *The Counter-Insurgency Myth*
28. Armstrong to Neil Cairncross, 7 August 1972, CJ 4/261
29. Quoted in Mike Thomson, 'Britain's Propaganda War During the Troubles', BBC News, 22 March 2010
30. Donald Maitland to Edward Heath, 4 November 1971, document released through the Bloody Sunday Inquiry, http://www.webarchive.nationalarchives.gov.uk/20101103103930/http:/bloody-sunday-inquiry.org/
31. Trend to PM, 'Northern Ireland', 29 October 1971, document released through the Bloody Sunday Inquiry, ibid.
32. Armstrong to Neil Cairncross (NIO), 7 August 1972, CJ 4/261
33. Ibid.
34. Chris West, 'Army Warned Against Internment', BBC News, 1 January 2002; Andrew Sparrow, 'Heath Stands by Internment Move', *Daily Telegraph*, 2 January 2002
35. Heath, *The Course of My Life*, pp.429–30
36. Richard Popplewell, 'British intelligence in Mesopotamia', pp.139–72
37. Additional information kindly supplied by Richard Popplewell; see also Rejali, *Torture and Democracy*, pp.329–30
38. This was JIC (65) 15, 'Joint Directive on Military Interrogation in Internal Security Operations Overseas', 17 February 1965, PREM 15/485. Known as 'The Bible', it was subsequently widely circulated as JIC/108/65, 3 February 1965, CAB 163/171
39. In reality, other *ad hoc* techniques were sometimes used. In the late 1970s it was not unusual for detainees to be threatened with being dropped from helicopters. Private information
40. Nicholson, 'Report on Operation Calaba – August 1971', CAB 163/173. The technical staff were responsible for the installation and maintenance of tape recorders and noise generators. See 'Standing Order

No.3: Order for Technical Staff', 1971, CAB 163/171
41. Compton to Allen (Home Office), 13 October 1971, CAB 163/171
42. 'How Ulster internees are made to talk', *Sunday Times*, 17 October 1971
43. Lewis (BGS Int DIS), 'The Noise Machine: Sound Level Measurements Conducted at Ashford on 24 November 1971', BGS (Int)/1/16, 25 November 1971, CAB 163/172
44. Heath (PM) to Trend (Cab Sec), M66/79, PREM 15/485
45. Transcript of Radio 4 *Today* programme with John Timpson, 17 November 1971, 'The Compton Report', CAB 163/171
46. Trend to Armstrong, 'Interrogation Procedures', A0697, 7 November 1971, PREM 15/485. The request came from cabinet subcommittee GEN 47
47. Stewart, 'Report on Interrogation Methods Used in Northern Ireland', draft, October 1971, CAB 163/171
48. Report by Intelligence Co-ordinator, 'Prisoner handling in Interrogation centres in Northern Ireland', 4 November 1971, PREM 15/485. A further copy is at CAB 163/171
49. White to Dunnett, 2 December 1971, CAB 163/172
50. 'Report of the Committee on Interrogation procedures', 31 January 1972, CAB 163/189. This was published in March 1972 as *Report of the Committee of Privy Councillors appointed to consider authorised procedures for the interrogation of persons suspected of terrorism*, Cmnd. 4901 (London: HMSO, 1972)
51. Trend to Herman, A01791, 8 May 1972, CAB 163/189
52. JIC, 'Joint Directive on interrogation in Operations by the Armed Forces', 3rd Draft, 17 April 1972, CAB 163/189. This later became JIC (A) 72 (21) (Final), 'Directive on Interrogation by the Armed Forces in Internal Security Operations', 29 June 1972, WO 32/21726
53. Herman to Trend, 'JIC (A) Directive on Interrogation', 12 May 1972, CAB 163/189
54. GOC Northern Ireland, to Rees, 16 April 1974, DEFE 13/838
55. Donelly, min, 'Settlements in Deep Interrogation Cases', 17 December 1974, FCO 87/410
56. Sanders and Wood, *Times of Troubles*, p.252
57. Andrew and Gordievsky, *KGB*, pp.435–6; Walden, *Lucky George*, pp.144–8
58. Hughes, 'Giving the Russians a Bloody Nose', pp.229–35
59. Heath, *My Life*, pp.249, 468, 474
60. Andrew and Mitrokhin, *The Sword and the Shield*, pp.381–4
61. Davies, *MI6*, p.277
62. West, *The A to Z of Sexspionage*, pp.165–6
63. Andrew, *Defence of the Realm*, pp.569–71
64. Record of a meeting in the PUS's Office, 25 May 1971, in *DBPO*, Series II, Vol.1, Doc. 66, pp.339–43; see also Bennett, *Six Moments*, pp.123–5
65. Heath, *Course of My Life*, pp.475–80
66. Andrew, *Defence of the Realm*, pp.566–7
67. Trend to Palliser (Private Secretary to PM), 29 September 1968, PREM 13/2405; see also Hughes, 'Giving the Russians a Bloody Nose', p.243
68. Bennett, *Six Moments*, p.125
69. Ibid., pp.123–5, 127
70. Ibid., p.144
71. Ziegler, *Edward Heath*, p.399
72. Nicholson, *Activities Incompatible*, p.171
73. Heath quoted in Ziegler, *Edward Heath*, p.399
74. Andrew and Mitrokhin, *Mitrokhin Archive*, p.543
75. Andrew, *Defence of the Realm*, p.574
76. Walden, *Lucky George*, p.148
77. Heath, *Course of My Life*, p.476
78. Ibid., pp.473–4
79. Andrew, *Defence of the Realm*, pp.588–9
80. Ibid., pp.590–1
81. Ibid., pp.594–5
82. 'Former NUM chief was police informer', BBC News, 24 October 2002; private information
83. 'Former NUM chief was police informer', BBC News, 24 October 2002
84. Private information
85. Rawlinson, Secretary BAT, 'Economic League', memo to Chairman's Policy Committee, 6 September 1972, BAT papers, Special Collections, University of California San Francisco. BAT had funded the Economic League since at least 1952 – see Notes of Chairman's Committee 1956, 3 January 1956, doc.201059121, ibid.
86. Andrew, *Defence of the Realm*, pp.547–8; private information
87. Sir Michael Hanley obituary, *Daily Telegraph*, 8 January 2001; private information
88. Andrew, *Defence of the Realm*, pp.547–8
89. Ibid., pp.596–7
90. Neil Tweedie and Peter Day, '1973: A Year of Conflict and Scandal', *Daily Telegraph*, 1 January 2004, p.4

91. Heath to Trend, PM Personal minute, M.84/73, 21 August 1973, PREM 15/2130
92. Trend to Heath, A05194, 21 September 1973, ibid.
93. Armstrong PPS to Hunt, 'Industrial Assessment', A05446, 24 October 1973
94. Armstrong to Dawe, 17 December 1973, ibid.
95. Hunt to Heath, A05854, 18 December 1973, ibid.
96. Hunt to Heath, 'Your speech tomorrow: Subversion', A06972, 8 January 1974, ibid.
97. Andrew, *Defence of the Realm*, p.599

hapter 13: Harold Wilson (1974–1976)

1. Warwicker, *An Outsider Inside No. 10*, p.77
2. Quoted in Wheen, *Strange Days Indeed*, p.9
3. Entries for 16 September 1975 and 6 January 1976, Benn, *Against the Tide*, pp.440–1, 492
4. Rimington, *Open Secret*, pp.118–19
5. Andrew, *Defence of the Realm*, p.633
6. Haines, *Glimmers of Twilight*, p.44
7. Taylor, *Brits*, p.110
8. Coogan, *The Troubles*, pp.174–5
9. Craig, 'From Backdoors and Back Lanes to Backchannels', p.104; Taylor, *Brits*, p.111
10. Mumford, 'Covert Peacekeeping', p.637
11. Haines, *Glimmers of Twilight*, p.64
12. Cowper-Coles, 'Anxious for Peace', pp.228–9
13. Powell, *Great Hatred, Little Room*, p.67
14. Craig, 'From Backdoors and Back Lanes to Backchannels', p.110; Cowper-Coles, 'Anxious for Peace', p.228; Andrew, *Defence of the Realm*, pp.641, 625; Mumford, 'Covert Peacekeeping', p.642
15. Powell, *Great Hatred, Little Room*, pp.67–9
16. Craig, 'From Backdoors and Back Lanes to Backchannels', p.110; Cowper-Coles, 'Anxious for Peace', p.228
17. Craig, 'From Backdoors and Back Lanes to Backchannels', p.110; Cowper-Coles, 'Anxious for Peace', p.228; Andrew, *Defence of the Realm*, p.626
18. Nigel Wicks to PM, 18 December 1975, PREM 16/676; Bill Innes (HO) to Nigel W (No10), 19 December 1975, ibid.; Duncan Gardham, 'Queen's art gallery on IRA death list, secret files show', *Daily Telegraph*, 28 October 2009, p.4
19. Private information
20. Andrew, *Defence of the Realm*, p.626
21. Hughes, 'Model Campaign', pp.277, 287, 294; Worrall, *Statebuilding and Counterinsurgency in Oman*, p.204
22. Grob-Fitzgibbon, 'Those Who Dared', pp.11, 16
23. Ibid., p.17
24. Hansard, Wilson, 12 January 1976, cm 28
25. Wilson, *Final Term*, p.209
26. Geraghty, *Who Dares Wins*, p.138
27. Grob-Fitzgibbon, 'Those Who Dared', p.17; Taylor, *Brits*, p.190; O'Leary, 'Northern Ireland', p.249
28. Wilson, *Final Term*, p.209
29. Hansard, Fitt, 12 January 1976, cm 37–38
30. Hansard, Wilson, 12 January 1976, cm 38–39
31. Ibid.
32. Entry for 13 January 1976, Donoughue, *Downing Street Diary*, p.628
33. Urban, *Big Boys' Rules*, p.7
34. MacKenzie, *Special Force*, p.239; see also Urban, *Big Boys' Rules*
35. Haines, *Glimmers of Twilight*, p.84; Anthony Bevins, 'Wilson Wanted to Assassinate Amin', *Independent*, 18 September 1996
36. Haines, *Glimmers of Twilight*, pp.84–5
37. Sir Maurice Oldfield obituary, *New York Times*, 12 March 1981
38. Owen, 'Diseased, Demented, Depressed: Serious Illness in Heads of State', p.326; Ingram, *Obote*, pp.142–5
39. Andrew, *Defence of the Realm*, p.534
40. Pincher to le Bailly, 15 September 1981, le Bailly papers, 8 (2), CCC; see also Chapman Pincher, 'How the MI5 Chief lied', *Daily Mail*, 27 March 1982
41. Rimington, *Open Secret*, p.116
42. Andrew, *Defence of the Realm*, pp.534–5; Martland, 'Hanley, Sir Michael Bowen'
43. Sandbrook, *Seasons in the Sun*, p.74
44. Ibid., p.449
45. Entry for 2 February 1976, Donoughue, *Downing Street Diary*, p.653
46. Wheen, *Strange Days Indeed*, p.264
47. Bridges to PM, 17 September 1974, PREM 16/273; Bill Mumford (MoD) to Tom Bridges, 12 September 1974, ibid.
48. Ibid.
49. Hennessy, *The Secret State*
50. Warwicker, *An Outsider Inside No. 10*, p.35
51. Ibid., p.121
52. Ibid., pp.29, 118
53. T(75)1, 'The Responsibility for Approving the Overall Security of Secure Telephone Schemes', note by MI5, 4 February 1975, CAB 134/3967; see also Aldrich, 'Whitehall Wiring', pp.19–34
54. Para 190, 'Potential eavesdropping on telecommunications equipment', in *Report*

on the Security of the Cabinet Office, 1965, CAB 21/6078
55. Ziegler, *Wilson*, p.477, 478
56. Entry for 1 April 1974, Donoughue, *Downing Street Diary*, p.85
57. Andrew, *Defence of the Realm*, pp.637–8
58. Entry for 18 February 1976, Donoughue, *Downing Street Diary*, p.670
59. Private information
60. Aldrich, *GCHQ*, p.357; Hughes, 'Soldiers of Misfortune', p.15
61. Hunt to Wright, 12 March 1976, PREM 16/1151; Wright to Wilson, 12 March 1976, ibid.; Hunt to Wilson, 'Visit of Mr George Bush', 24 March 1976, ibid.
62. Dorril and Ramsey, *Smear*, pp.302–3
63. Steiner, *The Last Adventurer*, pp.57–93
64. Hughes, 'Soldiers of Misfortune', pp.10, 15
65. Sanders, *Apartheid's Friends*, pp.62, 121
66. Quoted in Ziegler, *Wilson*, p.478
67. Bush to Wilson, 28 March 1976, PREM 16/1151
68. Entry for 18 July 1975, Benn, *Against the Tide*, pp.420–1; private information
69. Corera, *Art of Betrayal*, p.213
70. Rimington, *Open Secret*, pp.197–9
71. Hansard, HL Deb, 9 December 1993, vol. 550 cc1023–79
72. Rimington, *Open Secret*, pp.197–9
73. Hansard, HL Deb, 9 December 1993, vol. 550 cc1023–79
74. Ibid.
75. Rimington, *Open Secret*, pp.197–9
76. Ibid., pp.98–105
77. Entry for 31 October 2001, Mullin, *A View From the Foothills*, p.234
78. Entry for 19 January 1976, Donoughue, *Downing Street Diary*, p.634
79. Pimlott, *Harold Wilson*
80. Moran, 'Conspiracy and Contemporary History', p.162
81. Ibid., pp.167–8
82. Sandbrook, *Seasons in the Sun*, p.70
83. Rimington, *Open Secret*, pp.99–102
84. Wright, *Spycatcher*, p.369
85. Ziegler, *Wilson*, p.476
86. Pimlott, *Harold Wilson*, p.698; Rimington, *Open Secret*
87. Quoted in Moran, 'Conspiracy and Contemporary History', p.172
88. Pimlott, *Harold Wilson*, p.713; quoted in Dillon, *The Dirty War*, p.201; Coogan, *The Troubles*, p.242; Cadwallader, *Lethal Allies*, p.166; Dorril and Ramsey, *Smear*, p.258
89. Urban, *Big Boys' Rules*, p.77
90. Hansard, HL Deb, 9 December 1993, vol. 550 cc1023–79
91. Foot, *Who Framed Colin Wallace?*, pp.45–7, 50–2, 58–63, 73–9, 176–80
92. Ibid., pp.94–100, 179, 370
93. Quoted in Pimlott, *Harold Wilson*, p.714; Cavendish, *Inside Intelligence*, p.171
94. Pimlott, *Harold Wilson*, p.714
95. Quoted in ibid., p.718
96. Sandbrook, *Seasons in the Sun*, p.67
97. Wright, *Spycatcher*, p.369; West, *Historical Dictionary of British Intelligence*, p.323
98. Cudlipp, *Walking on the Water*, pp.324–5
99. Ibid., p.326
100. Ziegler, *Mountbatten*, p.660
101. Gupta, 'The Mountbatten Saga', p.297
102. Ziegler, *Mountbatten*, p.662
103. Ziegler, *Wilson*, pp.501–2
104. Wheen, *Strange Days Indeed*, p.254
105. Bennett and Cormac, 'General Sir Frank Kitson as Warrior Scholar'
106. Quoted in Dorril and Ramsey, *Smear*, p.286
107. Sandbrook, *Seasons in the Sun*, p.135
108. Ibid., pp.136–7
109. Routledge, *Public Servant*, p.270
110. Jonathan Freedland, 'Enough of the Cover-up: the Wilson Plot was our Watergate', *Guardian*, 15 March 2006, p.29
111. Mason to Wilson, 2 September 1974, PREM 16/450
112. Entry for 9 February 1976, Donoughue, *Downing Street Diary*, p.659
113. Ziegler, *Wilson*, p.475
114. Moran, 'Conspiracy and Contemporary History', p.167
115. Rimington, *Open Secret*, p.101
116. Entry for 5 February 1976, Donoughue, *Downing Street Diary*, p.657

Chapter 14: James Callaghan (1976–1979)

1. Entry for 25 October 1978, Benn, *Conflicts of Interest*, p.379
2. Morgan, *Callaghan*, pp.47–9, 608; Walden, *Lucky George*, p.191; private information
3. 'Final Report of the Select Committee to Study Governmental Operations with Respect to Intelligence Activities, United States Senate (Church Committee), 26 April 1976, US Government Printing Office
4. Carl Bernstein, 'Watergate reporter: Nixon is still tricky after all these years', *New York Times*, 24 July 2015. Many of these things have only come to light recently as a result of the policies of the enlightened Nixon Librarian, Timothy Naftali
5. Wright, BIS (Washington) to Turner (FCO), 'Northern Ireland: Special Air Service', 9 January 1976, FCO 87/582

6. Private information. Callaghan was preoccupied with IMF negotiations over that weekend
7. Wheen, *Strange Days Indeed*, pp.268–72
8. Entry for 17 July 1977, Donoughue, *Downing Street Diary*, pp.222–3
9. Entries for 3 August 1977 and 2 February 1978, Benn, *Conflicts of Interest*, pp.222–3, 273–4
10. Andrew, *Defence of the Realm*, pp.638–42
11. Morgan, *Callaghan*, pp.609–12; private information
12. Andrew, *Defence of the Realm*, p.440
13. Entries for 8 and 20 September 1977, Donoughue, *Downing Street Diary*, pp.234, 238
14. Entry for 17 November 1978, ibid., p.391
15. Armstrong (HO) to Hunt, 'ABC Trial', 28 November 1979, DEFE 47/34; Hunt to Armstrong (HO), 28 November 1978, ibid.
16. Diplock to Callaghan, 'Security Commission: Crispin Aubrey, John Berry, Duncan Campbell', 14 March 1979, PREM 16/2240; Callaghan to Thatcher, 21 March 1979, ibid.; Thatcher to Callaghan, 21 March 1979, ibid.
17. Thatcher to Callaghan, 26 April 1978, DEFE 47/34
18. For more details see John Rosselli, 'Mark Arnold-Forster', *Oxford Dictionary of National Biography*
19. Entry for 24 December 1976, Benn, *Against the Tide*, pp.691–2
20. Ibid.; entry for 2 February 1976, ibid., p.310; also private information
21. Entry for 18 May 1977, Benn, *Conflicts of Interest*, p.141; Jenkins, *All Against the Collar*, pp.35–87, 163–4
22. Entry for 29 July 1977, Benn, *Conflicts of Interest*, pp.202–3
23. Andrew, *Defence of the Realm*, pp.656–7
24. Ibid., pp.657–9
25. Ted Grant obituary, *Daily Telegraph*, 27 July 2006
26. Entry for 25 May 1977, Benn, *Conflicts of Interest*, pp.150–1
27. Andrew, *Defence of the Realm*, pp.663–4
28. Entry for 2 March 1977, Donoughue, *Downing Street Diary*, p.155; private information
29. Jimmy Carter, 'Statement on the Appointment of the New Members of the Intelligence Oversight Board', 5 May 1977, *Public Papers of the Presidents, Jimmy Carter 1977: Book I*
30. Entries for 24 November 1977 and 29 October 1978, Benn, *Conflicts of Interest*, pp.252, 401–2; see also Sloan to Burroughs, 26 October 1978, PREM 16/1862
31. Entries for 11 September, 18 and 25 October 1978, Benn, *Conflicts of Interest*, pp.336–7, 371, 376–9
32. Lipsey, *In the Corridors of Power*, pp.114–15
33. Benn, 'Civil Liberties and the Security Service: the case for an inquiry', 17 October 1978, PREM 16/1862
34. Minute by Hunt to Callaghan, A08150, 24 October 1978, enclosing 'Procedures for Control of United Kingdom Intelligence Activities', PREM 16/1862
35. Ibid.; see also Sloan to Morris, 27 October 1978, ibid.
36. Lipsey, *In the Corridors of Power*, pp.130–1
37. Morgan, *Callaghan*, p.612; private information
38. The current scholarship suggests that Callaghan's claim to have despatched a warning to the Argentines via MI6 is correct: see Hayes, *Queen of Spies*, p.194
39. Entry for 30 November 1978, Benn, *Conflicts of Interest*, pp.403–4
40. Owen to Callaghan, PM 78/49, 13 June 1978, CAB 103/717. We are indebted to Dina Rezk for bringing this file to our attention
41. Andrew, *Defence of the Realm*, pp.552–5
42. Albert Buckley, 'Obituary: Sir Howard Smith', *Independent*, 10 May 1996
43. Nicholson, *Activities Incompatible*, p.55
44. Entry for 25 October 1978, Benn, *Conflicts of Interest*, p.452
45. Andrew, *Defence of the Realm*, pp.553–5
46. 'C' to Palliser, C/4886, 8 July 1977, CAB 103/706. He added: 'You may like to recall the amount of trouble we ran into over Michael Foot's book on SOE in France.' See also Hooper to Dick White, Jf.0639/J.425, 18 July 1975, ibid. We are indebted to Dina Rezk for bringing this file to our attention
47. 'Official History of British intelligence in the Second World War', A05289, mins. mtg. 21 July 1977, ibid.
48. Callaghan to Thatcher, 14 July 1978, ibid.; Thatcher to Callaghan, 17 July 1978, ibid.
49. Meadway to Rotherham, 8 December 1976, WLN042/1, FCO 87/582
50. Cragg to Meadway, 'The SAS and the Special Reconnaissance Unit (SRU) in Northern Ireland', 20 September 1976, MO19/3/15, FCO 87/582
51. Merlyn Rees to Callaghan, 'The SAS – Special Reconnaissance Unit in Northern

Ireland', 21 September 1976, NLU062/1, FCO 87/582
52. Geraghty, *The Irish War*, p.119
53. Taylor, *Brits*, pp.192–3
54. Entry for 17 February 1977, Donoughue, *Downing Street Diary*, pp.148–9
55. Private information
56. Whitmore to Morland, 'The Lufthansa Hijacking', 26 October 1977, FCO 33/3186
57. Entry for 18 October 1977, Donoughue, *Downing Street Diary*, pp.248
58. Davies, *Fire Magic*, pp.4–6
59. Ibid., pp.7–8; private information
60. Davies, *Fire Magic*; telephone calls 14 and 16 October 1977, Box 33, Callaghan papers, Bodleian Library
61. Davies, *Fire Magic*, pp.86–98
62. Entry for 18 October 1977, Donoughue, *Downing Street Diary*, pp.248
63. Entry for 22 September 1977, Benn, *Conflicts of Interest*, pp.219–20
64. Hunt to Callaghan, A056701, 10 October 1977, PREM 16/1456
65. Hunt to Callaghan, A05696, 'Plot to Assassinate the President of Togo', 10 October 1977, PREM 16/1456; Callaghan minute, 10 October 1977
66. Owen, *Time to Declare*, pp.386–7
67. Ibid.; Cowper-Coles, *Ever the Diplomat*, pp.51–3
68. Abrahamian, 'Mass Protests in the Iranian Revolutions', pp.162–9
69. Entries for 12 and 19 July 1978, Radji, *In the Service of the Peacock Throne*, pp.17–20
70. Entries for 22 November and 1 December 1978, ibid., pp.263–4, 270–1
71. Entry for 14 September 1978, Benn, *Conflicts of Interest*, p.339
72. Kuzichkin, *Inside the KGB*, pp.101–4, 197–201; Andrew, *Mitrokhin II*, pp.191–2
73. Sreberny and Torfeh, *Persian Service*, pp.78–83, 92, 99, 113
74. Owen, *Time to Declare*, p.390
75. Lebovic, 'Why Intelligence Fails' (review of Kane, *The Negative Asset*)
76. Neil Tweedie, 'National Archives: British ambassador to Iran failed to predict downfall of Shah', *Daily Telegraph*, 29 December 2008
77. 'Declassified diplomacy: Washington's hesitant plans for a military coup in pre-revolution Iran', *Guardian*, 11 February 2015
78. Neil Tweedie, 'National Archives: British ambassador to Iran failed to predict downfall of Shah', *Daily Telegraph*, 29 December 2008
79. Bar-Joseph, 'Forecasting a Hurricane', pp.15–17; Owen, *Time to Declare*, pp.391–2
80. Callaghan to the Shah, 14 September 1978, FCO 8/3185
81. Harney, *The Priest and the King*, pp.17, 65
82. Owen, *Time to Declare*, pp.391–2
83. 'Declassified diplomacy: Washington's hesitant plans for a military coup in pre-revolution Iran', *Guardian*, 11 February 2015; entry for 8 January 1979, Radji, *In the Service of the Peacock Throne*, pp.306–7
84. Petersen, *Anglo-American Policy Toward the Persian Gulf*, pp.64–9
85. Shawcross, *The Shah's Last Ride*, pp.219–23; Owen, *In Sickness and in Power*, pp.202–10
86. Entry for 3 November 1976, Donoughue, *Downing Street Diary*, pp.92–3
87. Entry for 25 October 1978, Benn, *Conflicts of Interest*, p.378
88. Barder (FCO) to Allinson and PUSD, 'Allegations of South African Security Services Activity in Britain', 13 October 1980, FCO 105/480; Allinson minute, 16 October 1980, ibid.
89. Winter, *Inside BOSS*, pp.452–3
90. Hervey (PUSD) memo, 'Activities of Arab Intelligence Services in the UK', 26 July 1978, FCO 76/1875
91. Andrew, *Defence of the Realm*, pp.650–1
92. Entry for 25 January 1979, Jenkins, *European Diary*, pp.389–90
93. Cartledge, 'Protection of UK Head of Mission in Brussels', 19 February 1979, PREM 16/2244; Lever (FCO) to Cartledge (PM/PS), 'Bomb attacks in France and Possible Threat to British Targets in Belgium', 12 February 1979, ibid.
94. Hervey to FO, 23 March 1979, PREM 16/2244; private information
95. BDOHP Interview, 'Colin Munro', p.23, CCC. Others suggest the target was John Killick, British ambassador to NATO – see entry for 23 March 1979, Jenkins, *European Diary*, p.430
96. Ferris, 'Head of Mission Cars' draft, 16 June 1979, FCO 33/3848; entry for 3 December 1980, Jenkins, *European Diary*, p.651
97. Hervey to FCO, 20 April 1979, FCO 87/906
98. Private information
99. Prior, *A Balance of Power*, p.99
100. Entry for 27 November 1979, Clark, *Into Politics*, p.139
101. West, *At Her Majesty's Secret Service*, p.197
102. Lipsey, *In the Corridors of Power*, pp.126–7

Chapter 15: Margaret Thatcher (1979–1990)

1. Hansard, HC Deb, 26 March 1981, cc1/1079–85
2. Lawson, *The View From No. 11*, p.314
3. Thatcher to Acland, 5 March 1980, THCR 3/2/22 (156), Thatcher MSS, CCC
4. BDOHP interview, Sir Antony Acland, CCC
5. Hilaire Barnett, *Britain Unwrapped*, pp.72–6; Urban, *UK Eyes Alpha*
6. Carrington to UK Missions and Embassies, 'Security Coordinator in Northern Ireland', 2 October 1979, PREM 19/82
7. Entries for 20 and 23 April 1987, Curtis (ed.), *Journals of Woodrow Wyatt*, Vol.1, pp.333–5
8. Ibid., p.236
9. Campbell, *Margaret Thatcher, Volume Two: The Iron Lady*, p.385
10. BDOHP interview, Sir Antony Acland, CCC
11. Collin, *Altered State*, pp.99–100
12. Crozier, *Free Agent*, p.198
13. Ibid., pp.127–8
14. 'Note of a telephone conversation between prime minister and Mr Nicholas Elliott on 13 August 1979', 15 August 1979, PREM 19/10. The conversation concerned Smith's distrust of the UK Foreign Office and secret diplomacy between the United States, Rhodesia and South Africa
15. Crozier, *Free Agent*, pp.244–5, 250–1
16. Private information
17. Entry for 30 November 1990, Clark, *In Power*, p.373, also p.369 n; entry for 5 May 1981, Clark, *Into Politics*, p.225
18. Crozier, *Free Agent*, pp.131–3
19. Andrew, *Defence of the Realm*, pp.670–1
20. Between 1977 and 1980 BAT doubled its contribution to the Economic League to about £20,000 at current values: Dennis (Secretary BAT), 'Economic League', memo to Chairman's Policy Committee, 2 April 1980, doc.201033297, British American Tobacco papers, Special Collections, University of California San Francisco
21. Andrew, *Defence of the Realm*, p.674
22. Confidential interview
23. Hurd, *Memoirs*, p.284
24. Ingham, *Kill the Messenger*, pp.362–3
25. Private information
26. Andrew and Mitrokhin, *Mitrokhin II*, pp.393–404; Diamond, *The CIA and the Culture of Failure*, pp.59–72; Haslam, *Near and Far Enemy*, pp.244–5
27. Record of a meeting between the PM and the President of the US, Mr Jimmy Carter, at the White House on 17 December 1979 at 10.30, part IV, PREM 19/127
28. PM's personal message T180A/79T, telephone conversation between Thatcher and Carter, Friday, 28 December 1979, THCR 3/1/4, Thatcher MSS, CCC
29. Campbell, *Iron Lady*, pp.141–2
30. PM/80/1, Carrington memo to Thatcher, 'Iran and Afghanistan', 2 January 1980, PREM 19/273
31. Letter from Carter to Thatcher handed over by Warren Christopher on 14 January 1980, THCR 3/1/5 f.33, Thatcher MSS, CCC
32. Thatcher to Carter, 26 January 1980, THCR 3/1/5 f.84, Thatcher MSS, CCC
33. PM/80/5, Carrington to PM memo, 'Afghanistan', 19 January 1980, PREM 19/135
34. Martin Beckford, 'Britain agreed secret deal to back Mujahideen', *Guardian*, 30 December 2010
35. PM/80/8, Carrington to Thatcher, 'Afghanistan: The Next Steps', PREM 19/136
36. Carter to Thatcher, 15 October 1980, Prime Minister's personal message series No. T202/80, THCR 3/1/10 f66, Thatcher MSS, CCC
37. Casey to Meese, 23 December 1985, CREST CIA-RDP88B00443R001804410033-1, NARA
38. Speech to the veterans of the Office of Strategic Services, 28 February 1981, Thatcher Archive, document 104584
39. Entry for 28 February 1981, Henderson, *Mandarin*, pp.385–7. Denis Thatcher was moved to tears
40. Purvis and Hulbert, *When Reporters Cross the Line*, pp.248–9
41. Crile, *Charlie Wilson's War*, pp.199–203; private information
42. Private information
43. Crile, *Charlie Wilson's War*, p.201
44. Connor, *Ghost Force*, pp.419–20; Cooley, *Unholy Wars*, pp.74–7
45. Purvis and Hulbert, *When Reporters Cross the Line*, pp.249–53
46. Crile, *Charlie Wilson's War*, pp.199–203; see also Corera, *Art of Betrayal*, p.305
47. Purvis and Hulbert, *When Reporters Cross the Line*, pp.254–5
48. Woodrow Wilson International Center for Scholars, 'The KGB in Afghanistan: Defector's Documents Shed New Light on Soviet War', 25 February 2002
49. Carrington, *Reflections*, p.285

50. See the material on the Central Policy Review Staff (CPRS) review of the Information Research Department (IRD) at FCO 79/498
51. Renwick, *Margaret Thatcher*, pp.13–14
52. Diary entry for 28 January 1981, reproduced in G.R. Urban, *Diplomacy and Disillusion: At the Court of Margaret Thatcher: An Insider's View*, pp.28–36
53. Ibid.; see also discussion on paper by Urban, 'Case for a Western information policy', January 1982, George Urban memo, Churchill/URBN 1, CCC
54. See the extensive correspondence in files 53–55, AMEJ 1/10, Amery papers, CCC
55. Walden, *Lucky George*, pp.252–3
56. Ash, *The Polish Revolution: Solidarity*, p.45; Prados, *How the Cold War Ended*, p.26
57. Prados, *How the Cold War Ended*, p.99
58. Moran, *Classified*, pp.324–5
59. Ingham, *Kill the Messenger*; Moran, *Classified*, pp.320–4
60. Entry for 21 November 1979, Clark, *Into Politics*, p.138
61. Entry for 19 March 1981, Clark, *Into Politics*, p.217; Andrew, *Defence of the Realm*, p.754
62. Pincher to le Bailly, 15 September 1981, le Bailly papers, 8 (2), CCC; see also Chapman Pincher, 'How the MI5 Chief lied', *Daily Mail*, 27 March 1981
63. The exception is perhaps Gordievsky, for whom she clearly had a 'high regard': Thatcher, *Downing Street Years*, p.470
64. Thatcher to Callaghan, 7 August 1980, THCR 3/2/34 (57), Thatcher MSS, CCC. Remarkably, one of these volumes was written by Michael Howard, the Chichelle Professor of Military History at Oxford, who was even at that moment serving as an informal adviser to Thatcher on Cold War tactics
65. Vincent, *Culture of Secrecy*, p.262
66. Moran, *Classified*, pp.336–8
67. Armstrong to Whitmore, 'Civil Service manpower: GCHQ', A03229, 14 October 1980, PREM 19/152
68. Entry for 24 November 1986, Curtis (ed.), *Journals of Woodrow Wyatt*, p.229
69. Luke Jones, 'The time when spy agencies officially didn't exist', *BBC News Magazine*, 8 November 2014
70. Moran, *Classified*, p.337
71. Entry for 24 November 1986, Curtis (ed.), *Journals of Woodrow Wyatt*, pp.229, 236
72. Hurd, *Memoirs*, p.325
73. Ingham, *Kill the Messenger*, p.284
74. Goodman, 'The Dog that Didn't Bark', pp.529–35
75. Aldrich, *GCHQ*, pp.396–9
76. Ibid.
77. Ibid.; Duff to le Bailly, Jf 0154, 12 May 1982, Le Bailly papers, 9 (3), CCC; see also Wallace Turner, 'Adm. Inman says U.S. Has Intelligence Gaps', *International Herald Tribune*, 29 April 1982; author interview with Inman, May 2002, Austin, Texas
78. Ingham, *Kill the Messenger*, pp.284–5
79. Prior, *Balance of Power*, p.147
80. Faber, *Speaking for England*, p.532
81. Fowler, *Ministers Decide*, p.155
82. Baker, *The Turbulent Years*, p.67
83. Briefing by Lt Gen Glove, Deputy Chief of the Defence Staff (Intelligence) to COS 3rd mtg./82, 3 April 1982, FCO 7/4472
84. Renwick, *Margaret Thatcher*, pp.47, 53; private information
85. Private information
86. Prebble, *Secrets of the Conqueror*, pp.108–10
87. Freedman, *Falklands Campaign*, pp.242–52
88. FCO notes of 51st Meeting/82 of Chiefs of Staff Committee, Section (a) 'Exocet', FCO 7/4474
89. Neil Tweedie, 'Thatcher's blistering attack on French over Exocets during Falklands', *Daily Telegraph*, 28 December 2012
90. Ibid.
91. Private information
92. John Follain, 'The Sphinx and the curious case of the Iron Lady's H-bomb', *Sunday Times*, 20 November 2005; also private information
93. Gordievsky, *Next Stop Execution*, pp.353–5
94. John Barron, *Operation Solo*, pp.318–60
95. Barrass, *The Great Cold War*, p.320
96. Prados, *How the Cold War Ended*, pp.167–80
97. Barrass, *The Great Cold War*, p.397
98. Ibid., p.382
99. DNSA: President's Foreign Intelligence Board, *The Soviet 'War Scare'*, 15 February 1990
100. Barrass, *The Great Cold War*, p.299
101. Prados, *How the Cold War Ended*, pp.188–9; private information
102. Thatcher, *Downing Street Years*, p.463
103. Cahal Milmo, 'Ronald Reagan Prepared for Historic Cold War Meeting by Reading Tom Clancy Thriller', *Independent*, 30 December 2015
104. Thatcher, *Downing Street Years*, pp.450–3

105. Aldous, *Reagan and Thatcher*, p.160
106. Corera, *Art of Betrayal*, p.272
107. Walden, *Lucky George*, pp.223–5
108. Corera, *Art of Betrayal*, p.277
109. Private information
110. BDOHP interview, Sir Bryan George Cartledge, 14 November 2007
111. Cowper-Coles, *Ever the Diplomat*, pp.89–92
112. Diamond, *The CIA and the Culture of Failure*, p.467; Cherkashin and Feifer, *Spy Handler*, p.25
113. Barrass, *The Great Cold War*, p.397, also p.449, n27
114. Thatcher, *Downing Street Years*, pp.773–4
115. Bergman, *The Secret War With Iran*, pp.124–6; private information
116. Bergman, *The Secret War With Iran*, pp.97–8
117. Levitt, *Hezbollah*, p.38
118. Ibid.
119. Peter Taylor, 'Six Days that Shook Britain', *Guardian*, 24 July 2002
120. Walter Pincus and David Ottaway, 'Poindexter Assured British on US Policy', *Washington Post*, 23 November 1986
121. Hansard, HC Deb, 16 April 1986, vol. 95 cc875–962
122. Aldous, *Reagan and Thatcher*, pp.225–8; Wroe, *Lives, Lies and the Iran–Contra Affair*, p.165; private information
123. Curtis, *Secret Affairs*, pp.161–3
124. Walter Pincus and David Ottaway, 'Poindexter Assured British on US Policy', *Washington Post*, 23 November 1986
125. Wroe, *Lives, Lies and the Iran–Contra Affair*, pp.286–7
126. Waldegrave, *A Different Kind of Weather*, pp.256–7
127. Report of the Congressional Committees Investigating the Iran/Contra Affair, pp.317–19; Bergman, *The Secret War With Iran*, pp.127–8
128. Aldous, *Reagan and Thatcher*, pp.225–8; Campbell, *Margaret Thatcher*, pp.267–8
129. David Rogers, 'UK Security Firm with Thatcher Ties had Role in Contra Aid, Data Indicate', *Wall Street Journal*, 25 March 1987
130. Entry for 16 December 1983, Clark, *In Power*, p.57
131. 'IRA Says it Attacked Lawmaker', *Washington Post*, 1 August 1990

Chapter 16: John Major (1990–1997)

1. Major, *Autobiography*, p.114
2. Barrass, *The Great Cold War*, pp.382–3
3. See Aldrich, Cormac and Goodman, *Spying on the World*, pp.380–1
4. Barrass, *The Great Cold War*, pp.363–5, 368
5. Urban, *UK Eyes Alpha*, pp.189–91
6. Barrass, *The Great Cold War*, pp.363–5, 368
7. Private information
8. Renwick, *Margaret Thatcher*, p.239; Waldegrave, *A Different Kind of Weather*, p.255
9. Vladimir Pasechnik obituary, *Daily Telegraph*, 29 November 2001; Mangold and Goldberg, *Plague Wars*, pp.167–8; Barrass, *The Great Cold War*, p.408
10. Hennessy, *The Prime Minister*, p.440
11. Private information
12. Private information
13. Private information
14. Malcolm McBain interview with Percy Cradock BDOHP, CCC
15. Private information
16. Parris, *Chance Witness*, pp.403–5
17. Lawson, *The View From No. 11*, p.314
18. See Report by Sir Michael Quinlan, 'Review of Intelligence Requirements and Resources, Part 1: Processes for Handling', 23 November 1993. Professor Peter Hennessy obtained this document under FOIA, and we are most indebted to him for sight of it; GCSF Annual Report 2005, pp.24–5, GCHQ-UR, MSS.384/3/37, WMRC; Urban, *UK Eyes Alpha*, pp.258–9; Aitken, *Pride and Perjury*, pp.4–7; Andrew, *Defence of the Realm*, p.781
19. Lustgarten and Leigh, *In From the Cold*, pp.393–4
20. Andrew, *Defence of the Realm*, pp.788–9
21. Aldrich, Cormac and Goodman, *Spying on the World*, p.382
22. Private information
23. Private information
24. Andrew, *Defence of the Realm*, pp.776–8; private information
25. Entry for 31 October 2001, Mullin, *A View From the Foothills*, pp.234–5; private information
26. Robertson, 'Recent Reform of Intelligence in the UK', pp.144–58; Gill, 'Reasserting Control', pp.313–15
27. Cradock, *In Pursuit of British Interests*, p.45
28. Entry for 2 March 1999, Mullin, *Walk-On Part*, p.425
29. Urban, *UK Eyes Alpha*, pp.143–8; C. Powell, 'Reading behind the lines', *Spectator*, 2 March 2002
30. Freedman, *A Choice of Enemies*, p.219

31. Baker, *Politics of Diplomacy*, p.274
32. Hurd, *Memoirs*, p.390
33. Hennessy, *The Prime Minister*, p.443
34. Major, *Autobiography*, p.221
35. Ibid., pp.222–3
36. Ibid., pp.223–4; 'He Should be Shot', *Newsweek*, 14 January 1991; Atkinson, *Crusade*, p.153
37. Cradock, *In Pursuit of British Interests*, p.39
38. Major, *Autobiography*, p.234
39. Gillespie, *Desert Fire*, p.119; J. Fullerton, 'British Ruse Held Iraqis' Attention While Real Invasion Came Elsewhere', *Philadelphia Inquirer*, 3 March 1991
40. Entry for 13 March 1991, Currie, *Diaries*, p.24
41. Private information
42. Private information
43. Private information
44. Urban, *UK Eyes Alpha*, pp.166–8
45. Sir Percy Cradock obituary, *Daily Telegraph*, 28 January 2010
46. Major, *Autobiography*, pp.224–5, 432
47. Entry for 7 November 1984, Clark, *In Power*, p.99
48. Butler (Cab Sec) to Whitmore (HO), 'Review of Security Arrangements for Public Figures', AO90/2395, 12 October 1990, Cm 44/34; Home Office, 'Review of Security Arrangements for Public Figures', section on 'Technical Protection', pp.30–41, September 1990, ibid.
49. Lamont, *In Office*, p.48
50. Waldegrave, *A Different Kind of Weather*, p.210
51. Major, *Autobiography*, p.432; Taylor, *Brits*, p.323; private information
52. Andrew, *Defence of the Realm*, pp.773–6
53. Ibid., pp.773–4
54. Ibid., p.785
55. Taylor, *Brits*, p.318; Powell, *Great Hatred*, pp.66–8
56. Powell, *Great Hatred*, p.71
57. Taylor, *Talking to Terrorists*, pp.33–5. Oatley's work was continued by a retired MI6 officer re-employed by MI5
58. Andrew, *Defence of the Realm*, p.783
59. Major, *Autobiography*, pp.444–5; Taylor, *Talking to Terrorists*, pp.33–5
60. Hansard, HC Deb, 1 November 1993, vol. 231 cc19–37, cm 34
61. Major, *Autobiography*, p.447
62. Ibid., p.446
63. Powell, *Great Hatred*, p.72
64. Entry for 1 May 1996, Morgan, *The Insider*, p.115
65. Private information
66. Andrew, *Defence of the Realm*, p.786
67. Taylor, *Brits*, p.338
68. Major, *Autobiography*, pp.446–7
69. Powell, *Great Hatred*, pp.72–3
70. Hansard, HL Deb, 9 December 1993, vol. 528, cc1–12, cm 1039–40
71. Cormac, 'Secret Intelligence and Economic Security', p.99
72. Entry for 6 August 1999, Mullin, *A View From the Foothills*, p.11
73. Cradock, *In Pursuit of British Interests*, p.136
74. Private information
75. Major, *Autobiography*, pp.266–7
76. Private information
77. Shashank Joshi, 'France should remember its own history before complaining too much about American espionage', *Daily Telegraph*, 1 July 2013; private information
78. Major, *Autobiography*, pp.271–85; private information
79. Major, *Autobiography*, p.267
80. Kevin Toolis, 'The Man Behind Iraq's Supergun', *New York Times*, 26 August 1990
81. Lang, *Blue Remembered Years*, pp.286–7
82. Phythian, 'A Tale of Two Inquiries', p.162
83. Norton-Taylor, *Truth is a Difficult Concept*, pp.68, 100
84. Hansard, HC Deb, 23 November 1992, vol. 214 cc.631–712, cm 638
85. Urban, *UK Eyes Alpha*, pp.119–24
86. Barker, 'Practising to Deceive', pp.41–2
87. Scott Inquiry, D8.16
88. Urban, *UK Eyes Alpha*, pp.126–8
89. Scott Inquiry, G5.41
90. Lang, *Blue Remembered Years*, pp.270–1
91. Hansard, HC Deb, 24 May 1994, vol. 244 c102W
92. Major, *Autobiography*, p.559–61
93. Butler to Le Bailly, AO93/3693, 14 December 1993, Le Bailly papers, 21 (5), CCC
94. Thatcher, evidence to the Scott Inquiry (Arms for Iraq), 8 December 1993, document 110798, Thatcher Archive, CCC
95. Powell, *A Soldier's War*, pp.309–10
96. Renwick, *Margaret Thatcher*, p.232
97. Cahal Milmo, 'Why Britain backed down on banning Saddam Hussein's chemical weapons during Iran war', *Independent*, 3 July 2015
98. Patrick Cockburn, 'MI6 in plot to kill Saddam', *Independent*, 17 February 1998
99. Lang, *Blue Remembered Years*, p.269
100. Entry for 15 February 1996, Mullin, *Decline and Fall*, p.147
101. Paul Vallely, 'The Scott Report', *Independent*, 15 February 1996

102. Major, *Autobiography*, p.565

Chapter 17: Tony Blair (1997–2007)

1. Entry for 4 June 2003, Mullin, *A View From the Foothills*, p.413
2. Lanning and Norton-Taylor, *Conflict of Loyalties*, p.204; Grindley to Blair, 28 July 1992, MSS.384/3/49, GCHQ-UR, Warwick Modern Record Centre; Blair to Grindley, 14 August 1992, ibid.; Brown to Grindley (GCHQ TU), 18 June and 19 August 1992, ibid.
3. Entry for 29 July 1998, Mullin, *Decline and Fall*, p.363
4. MacKenzie, *Special Force*, pp.225–8
5. Rawnsley, *The End of the Party*, p.4
6. Private information
7. 'Telcon with British Prime Minister Blair', 16 August 1998, National Security Council and Records Management Office, 'Declassified documents concerning Tony Blair', Clinton Digital Library
8. N. Rufford, 'Blair's Spy Summit on Red Mafia', *Sunday Times*, 5 December 1999; also private information
9. Andrew, *Defence of the Realm*, p.793
10. Alex Baker, 'Gordon Brown's "internal market" for MI6', *Financial Times*, 25 January 2011
11. SIS5, evidence to Iraq inquiry, p.11
12. Jonathan Powell, *The New Machiavelli*, p.286
13. SIS1, evidence to Iraq inquiry, p.64
14. Even in 2008 there were still some WMD true believers in MI6: see entry for 29 October 2008, Mullin, *Decline and Fall*, p.387
15. Aldrich, Cormac and Goodman, *Spying on the World*, p.410; private information
16. Corera, *Art of Betrayal*, p.334
17. Private information
18. Entries for 5 June and 26 July 1999, ibid., pp.42, 91
19. Entry for14 September 1999, ibid., pp.109–11
20. Entries for 25 January and 22 February 2000, ibid., pp.218–19, 242-3
21. Ibid.
22. Andrew, *Defence of the Realm*, p.793
23. Ibid., pp.811–12, 846
24. Ibid., p.797
25. Private information
26. Andrew, *Defence of the Realm*, p.797
27. Powell, *Great Hatred, Little Room*, p.16
28. Jonathan Powell, 'A moment in history: sitting down to talk with Adams and McGuinness', *Guardian*, 17 March 2008
29. Ibid.
30. Entry for 31 March 1999, Campbell, *The Blair Years*, p.375
31. 'How Britain Eavesdropped on Dublin', *Independent*, 16 July 1999; see also Laura Friel, 'Spying on the border', *An Phoblacht* Republican News, 21 December 2000
32. Powell, *Great Hatred, Little Room*, p.19
33. In 2003 Liam Clarke, a journalist on the *Sunday Times*, was arrested after he included transcripts from a bugging operation codenamed 'Narcotic1' in a biography of Martin McGuinness: 'Editor arrested over "phone tap"', *Sunday Times*, 1 May 2003
34. Private information
35. Powell, *The New Machiavelli*, pp.54–5
36. Andrew, *Defence of the Realm*, p.798
37. Entry for 14 January 1999, Mullin, *Decline and Fall*, p.404
38. Entry for 24 January 2000, Morgan, *The Insider*, p.249; see also Morell, *The Great War of Our Time*, p.22
39. Coll, *The Bin Ladens*, p.468
40. Entry for 21 October 2001, Campbell, *Burden of Power*, p.61
41. Rawnsley, *The End of the Party*, p.89
42. Ibid., p.21
43. Ibid., pp.24, 33
44. Entry for 13 March 2003, Morgan, *The Insider*, p.383
45. David Leppard, 'Blair gets gas-proof armoured Jaguar', *Sunday Times*, 9 March 2003
46. Entries for 21 October, 7 and 14 November 2002, Campbell, *Burden of Power*, pp.334, 355–6, 364
47. Entry for 6 November 2008, Mullin, *Decline and Fall*, p.283; Blair, *Speaking for Myself*, p.307
48. Clarke, *Against All Enemies*, pp.30–1
49. Entries for 11–14 September 2001, Campbell, *Burden of Power*, pp.5–11
50. Entry for 20 September 2001, ibid., pp.23–5
51. Private information
52. Seldon, *Blair Unbound*, p.61
53. Entries for 4 and 5 October 2001, Campbell, *Burden of Power*, pp.36, 39
54. Entries for 10, 11 and 21 October 2001, ibid., pp.48–9, 61
55. Ibid.; see also entry for 3 March 2002, Morgan, *The Insider*, p.322
56. Evidence from SIS4, Iraq inquiry, http://www.iraqinquiry.org.uk/media/50700/SIS4-part-1.pdf
57. Dearlove's Private Secretary to Manning, Appendix 1, SIS4, 3 December 2001, http://www.iraqinquiry.org.uk/transcripts/declassified-documents.aspx

58. Entry for 14 November 2001, Campbell, *Burden of Power*, p.89
59. Urban, *Task Force Black*, p.8
60. Private information
61. Entry for 7 January 2002, Campbell, *Burden of Power*, p.135
62. Entry for 7 March 2002, ibid., pp.183–5
63. Entry for 2 April 2002, ibid., p.198; also private information
64. Jonathan Owen, 'Tony Blair and Iraq: The damning evidence', *Independent*, 7 April 2013
65. Campbell at Camp David talked of 'poodle-ology gone mad'
66. Bryan Burrough et al., 'The path to war', *Vanity Fair*, May 2004, p.110
67. Taken from http://www.number10.gov.uk/Page1712 on 6 January 2010
68. Powell to Bush, 'Your Meeting with the UK Prime Minister Tony Blair', 2 April 2002. The document was leaked to the *Mail on Sunday* and published in full on 17 October 2015
69. Jonathan Owen, 'Tony Blair and Iraq: The damning evidence', *Independent*, 7 April 2013
70. Entries for 3–5 September 2002, Campbell, *Burden of Power*, pp.291–3 and n1; Aldrich, Cormac and Goodman, *Spying on the World*, p.390
71. Entries for 5 and 9 September 2002, Campbell, *Burden of Power*, pp.293, 297
72. Rawnsley, *The End of the Party*, p.111
73. Corera, *Art of Betrayal*, p.361
74. Simon Jeffery, 'Julian Miller: Head of the Cabinet Office unit responsible for providing classified assessments to the joint intelligence committee (JIC)', *Guardian*, 20 August 2003
75. Kampfner, *Blair's Wars*, p.204
76. Entries for 12, 13 and 18 September 2002, Campbell, *Burden of Power*, pp.300–3
77. Entries for 24 and 25 September 2002, ibid., p.309
78. Blix, *Disarming Iraq*, p.128
79. Entry for 5 November 2002, Campbell, *Burden of Power*, p.354
80. 'Blair Says Iraq Could Launch Chemical Warheads in Minutes', *New York Times*, 25 September 2002
81. 'Some Evidence on Iraq Called Fake: UN Inspector says Documents on Purchases were Forged', *Washington Post*, 8 March 2003; S.M. Hersh, 'The Stovepipe: How conflicts between the Bush Administration and the intelligence community marred the reporting on Iraq's weapons', *New Yorker*, 27 October 2003
82. Steven R. Weisman with Felicity Barringer, 'U.S. Seeks 9 Votes From U.N. Council to Confront Iraq', *New York Times*, 21 February 2003
83. Lagos, *The Southern Tiger*, pp.217–19
84. S. Shane and A. Sabar, 'Alleged NSA memo details U.S. eavesdropping at UN', *Baltimore Sun*, 4 March 2003
85. The nature of American policy towards the coup is still disputed – see Gustafson, *Hostile Intent*, pp.3–12
86. M. Bright, E. Vulliamy and P. Beaumont, 'UN launches inquiry into American spying', *Observer*, 9 March 2003; private information
87. Nicholas Watt, 'Top civil servant tells Short to shut up', *Guardian*, 1 March 2004
88. Entry for 26 February 2003, Mullin, *A View From the Foothills*, p.455
89. Select Committee on Foreign Affairs Ninth Report, 'The Decision to go to War in Iraq', 7 July 2003, HC813–1, para.129
90. Ibid., para.135
91. Entry for 7 February 2003, Campbell, *Burden of Power*, pp.451–2
92. Entry for 3 March 2003, Mullin, *A View From the Foothills*, p.372
93. Entry for 11 February 2003, Campbell, *Burden of Power*, p.456
94. Entry for 12 March 2003, Stothard, *30 Days*, p.30
95. Jonathan Owen, 'Tony Blair and Iraq: The damning evidence', *Independent*, 7 April 2013
96. Entry for 5 February 2003, Campbell, *Burden of Power*, p.448
97. Entries for 10 and 29 April 2003, ibid., pp.542, 554
98. BBC Radio 4 *Today* programme, 29 May 2003, 6.07 a.m. *Today* timeline at http://www.bbc.co.uk/radio4/today/reports/politics/hutton_audio_timeline_20040128.shtml
99. Ibid., 7.32 a.m.
100. Private information
101. Entry for 1 June 2003, Campbell, *Burden of Power*, p.592
102. Entry for 9 June 2003, ibid., p.601
103. Entries for 29 and 30 May 2003, ibid., p.589
104. Rawnsley, *End of the Party*, p.204
105. Entry for 1 June 2003, Campbell, *Burden of Power*, p.592
106. Segal, *Axis of Evil*, p.241; see also entry for 27 June 2003, Morgan, *The Insider*, p.407
107. Entry for 4 June 2003, Mullin, *A View From the Foothills*, p.413

108. George Jones and Toby Helm, 'No 10 fails to endorse Reid claim', *Daily Telegraph*, 5 June 2003
109. Rawnsley, *End of the Party*, p.207
110. Danchev, 'Story Development'. CIC contained a five-person team called the 'Strategic Story Development Unit'
111. Entry for 4 June 2003, Campbell, *Burden of Power*, p.596
112. Entry for 4 June 2003, Mullin, *A View From the Foothills*, p.413
113. Seldon, *Blair Unbound*, p.138
114. Corera, *Art of Betrayal*, p.362
115. Entries for 2 and 7 September 2003, Mullin, *A View From the Foothills*, pp.424–5
116. John Barry, 'The Defector's Secrets', *Newsweek*, 3 March 2003
117. Hansard, HC 813-I, 'The decision to go to war with Iraq', 9, paragraph 8. However, opinion varies as to the extent to which the IISS has drawn on informal assistance from Whitehall
118. Entry for 1 July 2003, Campbell, *Burden of Power*, p.625
119. Rawnsley, *End of the Party*, p.206
120. Entry for 28 January 2004, Mullin, *A View From the Foothills*, p.447
121. Email from Jonathan Powell to John Scarlett, 17 September 2002; Hutton inquiry evidence, CAB/11/69
122. Nicholas Rufford, 'Revealed: how MI6 sold the Iraq war', *Sunday Times*, 28 December 2003; see also Mackay, *The War on Truth*, pp.104–6; Ritter, *Iraq Confidential*, pp.280–1
123. Hansard, 41HC 898, Butler, 120, paragraph 485
124. Aldrich, 'Four Enquiries', pp.74–7
125. Tyler Drumheller, *60 Minutes*, CBS News, 23 April 2006
126. Michael Laurie, Statement to the Iraq inquiry, http://www.iraqinquiry.org.uk/media/52051/Laurie-statement-FINAL.pdf
127. Aldrich, 'Four Enquiries', pp.73–5, 81
128. Seldon, *Blair Unbound*, p.140
129. Lord Butler quoted in Peter Taylor, 'Iraq: The spies who fooled the world', BBC News website, 18 March 2013
130. Entry for 8 July 2003, Campbell, *Burden of Power*, p.634
131. Ewen MacAskill and Ian Cobain, '7/7 Seemed to Herald a New Era of Terror on UK Soil – One that did not Materialise', *Guardian*, 7 July 2015
132. Entry for 30 January 2003, Campbell, *Burden of Power*, p.438
133. Aldrich, Cormac and Goodman, *Spying on the World*, pp.399–402
134. Meyer, *DC Confidential*, pp.229–30
135. Private information

Chapter 18: Gordon Brown (2007–2010)

1. 'Gordon Brown: Britain is not involved in torture', *Daily Telegraph*, 26 February 2010
2. Entry for 7 April 2004, Morgan, *The Insider*, p.447
3. Rawnsley, *End of the Party*, pp.467, 522–3
4. Hayman, *Terrorist Hunters*, p.305
5. Private information
6. 'Russia "backed Litvinenko murder"', BBC, 8 July 2008; private information
7. Owen, *Litvinenko Inquiry*, para.9.17
8. J. Blitz and N. Buckley, 'Moscow envoys expelled in spy row', *Financial Times*, 17 July 2007
9. Eastern Dept to Moscow, FCO Tel. No. 448, 'Subject: Russia: Visit By Sergei Ivanov: Overview', 2 November 2000, http://www.Cryptome.Org/Fco-Ivanov.Htm
10. Sixsmith, *The Litvinenko File*, pp.299–303
11. Owen, *Litvinenko Inquiry*, para.9.215
12. Hayman, *Terrorist Hunters*, pp.227–30
13. Ibid., pp.229–30
14. Ibid., pp.241–4, 308–10
15. Florian Gathmann and Veit Medick, 'Magazine Report Angers Politicians: Did the CIA Plot to Kill German Citizen?', *Der Spiegel*, 5 January 2010
16. Tomlinson, *Big Breach*, p.98
17. Richard Dearlove, Evidence to the Scott Baker Inquiry into the Deaths of Diana, Princess of Wales, and Mr Dodi al Fayed, 20 February 2008, http://www.webarchive.nationalarchives.gov.uk/20090607230252/http://www.scottbaker-inquests.gov.uk/hearing_transcripts/index.htm
18. Rebecca English, 'Ex-MI6 chief admits agents do have a licence to kill but denies executing Diana', *Daily Mail*, 21 February 2008
19. Peter Walker, 'Brown calls for line to be drawn under Diana death', *Guardian*, 8 April 2008
20. Duncan Gardham, 'Eight life sentences at the end of trans-Atlantic terrorist plot intended to eclipse 9/11', *Daily Telegraph*, 13 July 2010
21. Rawnsley, *End of the Party*, p.466
22. Mark Townsend, Jo Revill and Paul Kelbie, 'Terror threat "critical" as Glasgow attacked', *Observer*, 1 July 2007
23. Herrington, 'British Islamic Extremist Terrorism', pp.16–35

24. Hansard, Gordon Brown, 'National Security', 14 November 2007, cm 667
25. Hansard, Gordon Brown, 'National Security Strategy', 19 March 2008, cm 926
26. Ibid.
27. Gordon Brown quoted in IISS, 'UK Rethink on Counter-Terrorism', p.1
28. Entry for 26 August 1998, Mullin, *Walk-On Part*, p.367
29. Matthew Weaver, 'Brown considering 56-day terror suspect detention limit, reports say', *Guardian*, 25 July 2007
30. Gordon Brown, 'In Full: Brown Speech on Liberty', BBC News, 25 October 2007
31. BBC, 'Brown Wins Crunch Vote on 42 Days', BBC News, 11 June 2008
32. James Kirkup, 'Eliza Manningham-Buller, former MI5 chief, savages 42-day detention plan', *Daily Telegraph*, 8 July 2008; Rosa Prince, 'Terror bill: 42-day detention rejected by House of Lords', *Daily Telegraph*, 13 October 2008
33. Rosa Prince, 'Terror bill: 42-day detention rejected by House of Lords', *Daily Telegraph*, 13 October 2008
34. Damien McElroy, Rahul Bedi and Andrew Alderson, 'Mumbai attacks: 300 feared dead as full horror of the terrorist attacks emerges', *Daily Telegraph*, 29 November 2008
35. Private information
36. Vikram Dodd, 'Scotland Yard creates SAS-style unit to counter threat of terrorist gun attack', *Guardian*, 29 June 2015
37. Rawnsley, *End of the Party*, p.663
38. David Leigh, 'WikiLeaks cables: US spurned Gary McKinnon plea from Gordon Brown', *Guardian*, 30 November 2010
39. Panetta, *Worthy Fights*, pp.204–5, 272–3
40. Ibid., pp.199–226, 293; private information
41. Richard Norton-Taylor and Ian Cobain, 'Top judge: Binyam Mohamed case shows MI5 to be devious, dishonest and complicit in torture', *Guardian*, 10 February 2010
42. Intelligence and Security Committee, Annual Report 2009–2010, p.18
43. Gordon Rayner and Duncan Gardham, 'Binyam Mohamed: release of secrets will harm relations with Britain, warns US', *Daily Telegraph*, 11 February 2010
44. US Government, 'Binyam Mohamed: read the secret torture evidence', *Guardian*, 10 February 2010
45. Intelligence and Security Committee, Annual Report 2009–2010, p.19
46. Richard Norton-Taylor, 'Binyam Mohamed torture evidence must be revealed, judges rule', *Guardian*, 10 February 2010
47. 'Binyam Mohamed: the torture allegations', *Daily Telegraph*, 12 January 2012
48. 'Gordon Brown: Britain is not involved in torture', *Daily Telegraph*, 26 February 2010
49. Intelligence and Security Committee, Annual Report 2008–2009 (2009), p.44
50. Private information
51. Cowper-Coles, *Cables From Kabul*, pp.53–5; Ford, *The CIA and Vietnam*, pp.75–89
52. Wolf, 'This Secret Town', p.556
53. Elaine Sciolino, 'Violence Thwarts C.I.A. Director's Unusual Diplomatic Role in Middle Eastern Peacemaking', *New York Times*, 13 November 2000; Chris McGreal, 'UK recalls MI6 link to Palestinian militants', *Guardian*, 24 September 2003; private information
54. Scott, 'Secret Intelligence, Covert Action and Clandestine Diplomacy', pp.322–41
55. Hansard, Gordon Brown, 12 December 2007, cm 303–5
56. Seldon and Lodge, *Brown at No. 10*, pp.410–12
57. Robert Winnett, 'Gordon Brown called to explain Taliban talks', *Daily Telegraph*, 27 December 2007
58. Ibid.
59. Cowper-Coles, *Cables From Kabul*, pp.68–9, 125–32
60. Ibid., p.134; Panetta, *Worthy Fights*, pp.204–5, 378–9; private information
61. Cowper-Coles, *Cables From Kabul*, pp.133–4
62. Private information
63. Cowper-Coles, *Cables From Kabul*, pp.221–2
64. Clinton, *Hard Choices*, pp.154–8
65. Richard Norton-Taylor, 'UK pressing Karzai to negotiate with Taliban', *Guardian*, 13 November 2009; James Kirkup, 'Gordon Brown Signals End to Afghanistan Offensive', *Daily Telegraph*, 27 July 2009
66. Clinton, *Hard Choices*, p.155
67. Tom Coghlan, Michael Evans and Daniel Lloyd, 'How MI6 was fooled by Taleban impostor', *The Times*, 26 November 2010; private information
68. Seldon and Lodge, *Brown at No. 10*, p.411
69. Rawnsley, *End of the Party*, p.634
70. Ewen MacAskill, Nick Davies, Nick Hopkins, Julian Borger and James Ball, 'GCHQ intercepted foreign politicians'

communications at G20 summits', *Guardian*, 17 June 2013
71. Nigel Morris and Andrew Grice, 'G20 summit: Britain plunged into diplomatic row over claims GCHQ spied on foreign politicians', *Independent*, 18 June 2013; also private information
72. McBride, *Power Trip*, p.121
73. Entry for 12 April 2008, Mullin, *Decline and Fall*, p.319
74. Seldon and Lodge, *Brown at No. 10*, pp.243–8
75. McBride, *Power Trip*, p.121
76. Andrew Porter, 'Gordon Brown's historic trade deal with China', *Daily Telegraph*, 18 January 2008
77. David Leppard and Claire Newell, 'Gordon Brown aide a victim of "Honeytrap" operation by Chinese', *Sunday Times*, 20 July 2008
78. McBride, *Power Trip*, pp.119–27
79. Private information
80. McBride, *Power Trip*, pp.124–6

Chapter 19: David Cameron (2010–)

1. David Cameron, 'Minutes of Evidence Taken Before the Joint Committee on the National Security Strategy', 20 January 2014, HC1040
2. See Seldon and Snowdon, *Cameron at 10*, pp.1–2
3. Michael Wilkinson, 'KGB spies who "tried to recruit" David Cameron were just a "gay pick-up"', *Daily Telegraph*, 30 July 2015
4. Hennessy, *Distilling the Frenzy*, p.96. On Cameron's leadership style see Theakston, 'David Cameron as prime minister', pp.194, 203, 205–7
5. Beech and Oliver, 'Humanitarian Intervention and Foreign Policy in the Conservative-led Coalition', p.11
6. Seldon and Snowdon, *Cameron at 10*, p.62
7. Private information
8. Theakston, 'David Cameron as prime minister', p.202
9. Davies, *Intelligence and Government*, p.307
10. Private information
11. Honeyman, 'Foreign Policy', p.124
12. Seldon and Snowdon, *Cameron at 10*, p.62
13. Iain Lobban, quoted in Charles Moore, 'GCHQ: "This is not Blitz Britain. We sure as hell can't lick terrorism on our own"', *Daily Telegraph*, 11 October 2014
14. Hennessy, *Distilling the Frenzy*, p.96
15. Aldrich, Cormac and Goodman, *Spying on the World*, pp.412–13
16. Personal information
17. Personal information
18. Aldrich, Cormac and Goodman, *Spying on the World*, pp.412–13
19. Honeyman, 'Foreign Policy', pp.122–4; Daddow and Schnapper, 'Liberal Intervention in the Foreign Policy Thinking of Tony Blair and David Cameron', p.335
20. D'Ancona, *In it Together*, pp.160–1
21. Daddow and Schnapper, 'Liberal Intervention in the Foreign Policy Thinking of Tony Blair and David Cameron', p.332
22. Colin Freeman and Patrick Sawer, 'UK Promoted Sale of Sniper Rifles to Gaddafi just Weeks before Uprising Began', *Daily Telegraph*, 11 September 2011
23. Honeyman, 'Foreign Policy', pp.122–4; Daddow and Schnapper, 'Liberal Intervention in the Foreign Policy Thinking of Tony Blair and David Cameron', p.335
24. Seldon and Snowdon, *Cameron at 10*, p.59
25. Tom Whitehead, 'Arab Spring provided new breeding ground for British terrorists – spy chief', *Daily Telegraph*, 25 June 2012
26. Honeyman, 'Foreign Policy', pp.124–5
27. Seldon and Snowdon, *Cameron at 10*, p.97
28. Ibid., pp.98–9
29. Quoted in D'Ancona, *In it Together*, p.167
30. Seldon and Snowdon, *Cameron at 10*, p.103
31. Ibid., p.102
32. D'Ancona, *In it Together*, p.172
33. Ibid., p.168
34. Quoted in Hennessy, *Distilling the Frenzy*, p.96
35. Private information
36. National Security Adviser, 'Libya Crisis,' pp.3, 19
37. 'Profile: Spy Chief Alex Allan', BBC News website, 4 July 2008
38. Private information
39. National Security Adviser, 'Libya Crisis', p.7
40. Ibid., p.20
41. Private information
42. Private information
43. Gaskarth, *British Foreign Policy: Crises, Conflicts, and Future Challenges*, p.30
44. Mark Urban, 'Inside Story of the UK's Secret Mission to Beat Gaddafi', BBC News, 19 January 2012
45. Quoted in D'Ancona, *In it Together*, p.177
46. Quintana, 'The War from the Air', pp.32–7
47. National Security Adviser, 'Libya Crisis', p.9

48. Mark Urban, 'Inside Story of the UK's Secret Mission to Beat Gaddafi', BBC News, 19 January 2012
49. Hala Jaber, 'SAS had Secret Computer Codes in their Pockets', *Sunday Times*, 13 March 2011, p.4
50. Patrick Wintour, 'William Hague Approved Botched Libya Mission, PM's Office Says', *Guardian*, 7 March 2011
51. Mark Urban, 'Inside Story of the UK's Secret Mission to Beat Gaddafi', BBC News, 19 January 2012
52. Hala Jaber, 'SAS had Secret Computer Codes in their Pockets', *Sunday Times*, 13 March 2011, p.4
53. Sam Coates, 'How the UK Waged a Secret Oil War in Libya', *The Times*, 1 September 2011; James Landale, 'How UK Starved Gaddafi of Fuel', BBC News, 31 August 2011; 'Supplementary Written evidence from Rt Hon William Hague MP, Secretary of State for Foreign and Commonwealth Affairs', 26 September 2011
54. D'Ancona, *In it Together*, p.178
55. Sean Rayment, 'How SAS Brought a New Dawn to the Mermaid of the Med', *Sunday Telegraph*, 28 August 2011, p.5; Mark Urban, 'Inside Story of the UK's Secret Mission to Beat Gaddafi', BBC News, 19 January 2012
56. Lionel Barber, 'Lunch with the *FT*: Sir John Sawers', *Financial Times*, 19 September 2014
57. D'Ancona, *In it Together*, p.178
58. Ibid., p.184
59. Lionel Barber, 'Lunch with the *FT*: Sir John Sawers', *Financial Times*, 19 September 2014
60. Private information
61. Private information
62. Private information
63. J. Risen, M. Mazzetti, M. Schmidt, 'U.S.-Approved Arms for Libya Rebels Fell Into Jihadis' Hands', *New York Times*, 5 December 2012; E. Schmitt, H. Cooper, M. Schmidt, 'Deadly Attack in Libya Was Major Blow to CIA Efforts', *New York Times*, 23 September 2012; 'Syrian rebels squabble over weapons as biggest shipload arrives from Libya', *The Times*, 14 September 2012; D. McElroy, 'CIA "running arms smuggling team in Benghazi when consulate was attacked"', *Daily Telegraph*, 2 August 2013; S. Hersh, 'The Red Line and the Rat Line', *London Review of Books*, 7 April 2014
64. 'British ambassador to Libya escapes uninjured after his convoy is hit by rocket-propelled grenade', *Daily Mail*, 12 June 2012
65. Raf Sanchez, 'Foreign Office admits British guns lost during Benghazi attack', *Daily Telegraph*, 7 February 2013
66. E. Schmitt, H. Cooper, M. Schmidt, 'Deadly Attack in Libya Was Major Blow to CIA Efforts, *New York Times*, 23 September 2012; Murphy and Webb, *Benghazi*, pp.25–58
67. Con Coughlin, 'The SAS: A Very Special Force', *Daily Telegraph*, 31 January 2013, p.21; James Kirkup and Tim Ross, 'Special Forces will go to Mali, says Cameron', *Daily Telegraph*, 22 January 2013, p.4
68. Harding, *The Snowden Files*, pp.37–9
69. Private information
70. NSA, 'VISIT PRÉCIS: Sir Iain Lobban, KCMG, CB, Director, Government Communications Headquarters (GCHQ), 30 April 2013–1 May 2013', National Security Archive online
71. Rowena Mason, 'David Cameron: We Can be Sure British Spies Keep Within the Law', *Daily Telegraph*, 10 June 1013
72. Harding, *The Snowden Files*, p.177
73. Ibid., p.178
74. Ibid., pp.178–80
75. Ibid., pp.182–3
76. Ibid., pp.191–2
77. Private information; the staff of The Bodley Head still recall the masks
78. Harding, *The Snowden Files*, pp.280, 320; Roy Greenslade, 'Press Freedom Groups Urge David Cameron to Lay off the *Guardian*', *Guardian*, 18 February 2014
79. Tim Ross, 'Cameron "sanctioned" destruction of paper's hard drives', *Daily Telegraph*, 21 August 2013, p.10; Nicholas Watt, 'David Cameron had advance warning of Miranda Detention, No. 10 Confirms', *Guardian*, 20 August 2013
80. Cameron quoted in 'David Cameron Criticised the *Guardian* for Publishing Snowden Data', BBC, 16 October 2013
81. Hansard, David Cameron, Prime Minister's Questions, 28 October 2013, cm 666–7
82. Alan Rusbridger, 'Oral Evidence Taken Before the Home Affairs Committee: Counter Terrorism', Home Affairs Committee – Minutes of Evidence, HC231–iv, 3 December 2013
83. Private information
84. Alan Rusbridger, 'Oral Evidence Taken Before the Home Affairs Committee:

Counter Terrorism', Home Affairs Committee – Minutes of Evidence, HC231–iv, 3 December 2013
85. Private information
86. See Owen Bowcott, 'UK–US surveillance regime was unlawful "for seven years"', *Guardian*, 6 February 2015
87. Private information
88. See for example the work of Duncan Campbell
89. David Cameron, 'Minutes of Evidence Taken Before the Joint Committee on the National Security Strategy', 20 January 2014, HC1040
90. 'Racism is rife at GCHQ, says officer suing for bullying', *Daily Telegraph*, 23 April 2012
91. Private information
92. David Cameron, 'Minutes of Evidence Taken Before the Joint Committee on the National Security Strategy', 20 January 2014, HC1040
93. Entry for 19 January 2013, Carr, *Diary of a Foreign Minister*, p.277
94. Private information
95. Seldon and Snowdon, *Cameron at 10*, p.327
96. Quoted ibid.
97. D'Ancona, *In it Together*, pp.357–8
98. NSA, 'VISIT PRÉCIS: Sir Iain Lobban, KCMG, CB, Director, Government Communications Headquarters (GCHQ), 30 April 2013–1 May 2013', National Security Archive online
99. Patrick Wintour, 'Syrian Regime Used Sarin Against Opposition at Least Twice, Says Cameron', *Guardian*, 14 June 2013
100. Richard Spencer, 'Britain drew up plans to build 100,000-strong Syrian rebel army', *Daily Telegraph*, 4 July 2014
101. Con Coughlin, 'How Coalition Came Close to Involving Itself in an Open-Ended Middle East Conflict', *Daily Telegraph*, 5 July 2014, p.18
102. Quoted in Seldon and Snowdon, *Cameron at 10*, p.344
103. Bochel, Defty and Kirkpatrick, *Watching the Watchers*, p.1
104. Aldrich, Cormac and Goodman, *Spying on the World*, p.418
105. Ibid., pp.418–19
106. Private information
107. Aldrich, Cormac and Goodman, *Spying on the World*, p.418
108. Hansard, David Cameron MP, 29 August 2013, cm 1426 (emphasis added)
109. Ibid., cm 1437
110. Ibid., cm 1432
111. Ibid., cm 1433
112. Ibid., cm 1437
113. Aldrich, Cormac and Goodman, *Spying on the World*, p.419
114. 'Turkey arrests 12 in raids on terrorist organization', Reuters, 30 May 2013
115. Seldon and Snowdon, *Cameron at 10*, p.337
116. Nafeez Mosaddeq Ahmed, 'Special report: fixing intelligence on Syria?', *Le Monde*, September 2013
117. Philip Sherwell and Rowena Mason, 'Syria's civil war could last for years, says US official, and is reviving Al Qaeda in Iraq', *Daily Telegraph*, 21 July 2013
118. Alex Delmar-Morgan and Jane Merrick, 'Special report: Syria to allow UN to inspect site of alleged chemical attack as David Cameron and Barack Obama warn Assad that military action looms closer', *Independent*, 25 August 2013; Martin Chulov and Toby Helm, 'Cameron and Obama on the brink of Syria intervention', *Observer*, 25 August 2013, p.1
119. David Cameron, 'Syria: transcript of PM's interview', 27 August 2013, https://www.gov.uk/government/speeches/syria-transcript-of-pms-interview
120. Dudley, *Understanding the UK Parliament's Decision*, pp.55–6
121. David Cameron, 'Syria: Transcript of PM's interview', 27 August 2013, https://www.gov.uk/government/speeches/syria-transcript-of-pms-interview
122. Dudley, *Understanding the UK Parliament's Decision*
123. Adam Withnall, 'Syria Crisis', *Independent* 3 September 2013
124. Seymour M. Hersh, 'The Red Line and the Rat Line', *London Review of Books*, 17 April 2014, pp.21–4
125. Nafeez Mosaddeq Ahmed, 'Special report: fixing intelligence on Syria?', *Le Monde*, September 2013
126. Private information
127. Private information
128. Seldon and Snowdon, *Cameron at 10*, p.345
129. Quoted in ibid., p.471
130. Richard Kerbaj, 'PM Orders Spy Chiefs to Find Jihadi John', *Sunday Times*, 5 October 2014
131. Seldon and Snowdon, *Cameron at 10*, pp.471–2
132. Ibid., pp.475–6
133. Mark Hookham, 'SAS gets "carte blanche" on Isis', *Sunday Times*, 5 July 2015, p.13

134. Peter Dominiczak, 'SAS "beefed up" to take fight to Isil', *Daily Telegraph*, 4 October 2015
135. Peter Dominiczak and Ben Riley-Smith, 'Britain's Special Forces will be increased ahead of fresh assault on Isil', *Daily Telegraph*, 12 July 2015

Conclusion: Prime Ministers and the Future of Intelligence

1. Christopher Hope, 'Spies should be able to monitor all online messaging, says David Cameron', *Daily Telegraph*, 15 January 2015
2. Daddow and Schnapper, 'Liberal Intervention in the Foreign Policy Thinking of Tony Blair and David Cameron', pp.330–49
3. Cradock quoted approvingly by Daphne Park, Hansard, HL Deb, 9 December 1993, vol. 550 cc1023–79
4. Cradock, *Know Your Enemy*, p.299
5. Herman, *Intelligence Power in Peace and War*, p.1
6. Handel, 'The Politics of Intelligence', p.7
7. Inkster, 'Chinese Intelligence in the Cyber Age', pp.45–54
8. Entry for 5 June 1959, Catterall (ed.), *Macmillan Diaries*, Vol. II, p.221
9. Starbird, 'Rumors, False Flags, and Digital Vigilantes'
10. Private information
11. Aldrich, 'Beyond the Vigilant State', p.891
12. Finlan, 'The (Arrested) Development of UK Special Forces', pp.971–82
13. Omand, 'The Future of Intelligence', p.15
14. Laqueur, *A World of Secrets*, p.97
15. Teitelbaum, *The Impact of the Information Revolution on Policymakers' Use of Intelligence Analysis*, p.76
16. Omand, 'The Future of Intelligence', p.16
17. Gibson, 'Future Roles of the UK Intelligence System', p.919
18. Moore, 'Real-time syndrome surveillance', pp.3–11
19. Field, 'Tracking terrorist networks', pp.997–1009
20. Aldrich, 'Beyond the Vigilant State', p.892
21. Phythian, 'Hutton and Scott', pp.124–37
22. Entry for 27 February 2006, Mullin, *Decline and Fall*, p.81
23. Patten, *Not Quite the Diplomat*, p.97
24. BDOHP interview, Sir Crispin Tickell, 28 January 1999, CCC
25. Coll, *The Bin Ladens*, pp.464–6
26. Beck, *World Risk Society*
27. Private information
28. Treverton, 'The Future of Intelligence', p.29
29. See Barber, *If Mayors Ruled the World*; John Milbank, 'British Foreign Policy: An Alternative Future', talk at the University of Nottingham, 2015
30. Treverton, *Reshaping National Intelligence*, p.179
31. Kissinger in Betts, 'Analysis: War and Decision', p.118
32. Asa Bennett, 'Today's prime ministers are younger than ever', *Daily Telegraph*, 1 April 2015
33. Hennessy, 'Rulers and Servants of the State', p.15
34. Private information
35. Gazit, 'Intelligence Estimates and the Decision Maker', p.262; Handel, 'The Politics of Intelligence', p.14; Lowenthal, *Intelligence*, p.147
36. Private information
37. Goodman, *Joint Intelligence Committee*, pp.3–15
38. Kaarbo, 'Prime Minister Leadership Styles in Foreign Policy Decision-Making', p.573
39. Private information
40. Evan Thomas, 'I haven't suffered doubt', *Newsweek*, 26 April 2004, pp.22–6
41. Hughes, *The Fate of Facts in the World of Men*, p.20
42. Handel, 'Leaders and Intelligence', pp.5–6
43. Ibid., p.35
44. Hennessy, 'Rulers and Servants of the State', p.15
45. Rimington, *Open Secret*, pp.190–1
46. Private information
47. Entry for 15 December 2001, Campbell, *Burden of Power*, p.14
48. Dafna Linzer, 'U.S. officials go to Security Council capitals in diplomatic drive for Iraq support', Associated Press, 24 February 2003
49. Lord Armstrong, interview with Lord Hennessy, *Men of Secrets*, November 2012, Mile End Group, QMU
50. 'The fall guy for Thatcher's "economy with the truth"', *New Straits Times*, 14 May 1989
51. Lord Turnbull, interview with Lord Hennessy, *Men of Secrets*, January 2013, Mile End Group, QMU
52. Cabinet Office, *National Intelligence Machinery*, p.21
53. Davies, 'UK Intelligence'
54. Hurd, *Memoirs*, p.vii
55. Reiter, 'The Weight of the Shadow of the Past', pp.490–526
56. Morell, *The Great War of Our Time*, p.115

57. Lord Butler, 'Review of Intelligence on Weapons of Mass Destruction, Report of a Committee of Privy Councillors', HC 898, 2004

58. Lord O'Donnell, interview with Lord Hennessy, *Men of Secrets: The Cabinet Secretaries* (February 2013), Mile End Group, QMU